普通高等教育“十一五”国家级规划教材
全国高等医药院校药学类专业第六轮规划教材
江苏省高等学校重点教材 ‖ 江苏省研究生优秀教材

GMP 教程（第5版）

供药学类（管理药学）、中药学类、药事管理等专业用

主　编　梁　毅
副主编　杨　悦　翁开源　池正明　范新华
　　　　杨　勇　柳鹏程　黄　哲　于　泳
编　者　（以姓氏笔画为序）
于　泳（东南大学成贤学院）
白庚亮（南京中医药大学）
池正明（浙江东亚药业股份有限公司）
杨　勇（南京中医药大学）
杨　悦（清华大学）
李明华（罗欣药业集团股份有限公司）
张永秉（浙江药科职业大学）
范哲辰（常州大学药学院 生物与食品工程学院）
范新华（常州四药制药有限公司）
罗　迪（天津医学高等专科学校）
柳鹏程（中国药科大学）
贾钰霞（华润三九医药股份有限公司）
翁开源（广东药科大学）
黄　哲（沈阳药科大学）
梁　军（亚宝药业集团股份有限公司）
梁　毅（中国药科大学）

中国健康传媒集团
中国医药科技出版社 · 北京

内 容 提 要

本教材是“全国高等医药院校药学类专业第六轮规划教材”之一，系根据本套教材编写原则及本课程大纲要求编写而成。全书共十四章，包括质量管理、机构与人员、厂房与设施、设备、物料与产品、确认与验证、文件管理、生产管理、质量保证与质量控制、委托生产与委托检验、药品发运与召回、自检、药品 GMP 认证与检查等内容。本教材为书网融合教材，即纸质教材有机融合电子教材、教学配套资源（PPT、微课、视频、图片等）、题库系统、数字化教学服务（在线教学、在线作业、在线考试），使教学资源更加多样化、立体化。

本教材可供高等医药院校药学类（管理药学）、中药学类、药事管理等专业本科及研究生教学使用，也可作为药品经营管理等相关行业人员的参考用书。

图书在版编目（CIP）数据

GMP 教程/梁毅主编．—5 版．—北京：中国医药科技出版社，2023.7（2025.6 重印）．

全国高等医药院校药学类专业第六轮规划教材

ISBN 978－7－5214－3968－7

Ⅰ.①G…　Ⅱ.①梁…　Ⅲ.①制药工业－质量管理体系－中国－医学院校－教材　Ⅳ.①F426.7

中国国家版本馆 CIP 数据核字（2023）第 112453 号

美术编辑　陈君杞
版式设计　友全图文

出版　**中国健康传媒集团**｜中国医药科技出版社
地址　北京市海淀区文慧园北路甲 22 号
邮编　100082
电话　发行：010－62227427　邮购：010－62236938
网址　www.cmstp.com
规格　889mm×1194mm $^1/_{16}$
印张　20 $^1/_2$
字数　634 千字
初版　2003 年 2 月第 1 版
版次　2023 年 7 月第 5 版
印次　2025 年 6 月第 3 次印刷
印刷　大厂回族自治县彩虹印刷有限公司
经销　全国各地新华书店
书号　ISBN 978－7－5214－3968－7
定价　69.00 元

数字化教材编委会

主　编　梁　毅
副主编　杨　悦　翁开源　池正明　范新华
　　　　杨　勇　柳鹏程　黄　哲　于　泳
编　者　（以姓氏笔画为序）
于　泳（东南大学成贤学院）
白庚亮（南京中医药大学）
池正明（浙江东亚药业股份有限公司）
杨　勇（南京中医药大学）
杨　悦（清华大学）
李明华（罗欣药业集团股份有限公司）
张永秉（浙江药科职业大学）
范哲辰（常州大学药学院 生物与食品工程学院）
范新华（常州四药制药有限公司）
罗　迪（天津医学高等专科学校）
柳鹏程（中国药科大学）
贾钰霞（华润三九医药股份有限公司）
翁开源（广东药科大学）
黄　哲（沈阳药科大学）
梁　军（亚宝药业集团股份有限公司）
梁　毅（中国药科大学）

前 言

随着新修订的《药品管理法》《药品注册管理办法》《药品生产监督管理办法》等与药品质量和质量安全密切相关的法律法规相继颁布实施，对药品质量与质量安全监管提出了新的理念和举措，进一步强化了对药品质量与质量安全要求。

就药品生产而言，GMP 是药品生产企业质量管理模式全面标准化的具体体现。药品生产企业要提高产品的质量与质量安全水平，实施 GMP 是最有效的途径。药品质量与质量安全关系国计民生，关系人民的生命健康，GMP 管理模式为全世界大部分国家以法律法规的形式确定下来。GMP 既是国家对药品生产企业管理生产和质量所制定的法定基本准则，更是药品生产企业保证产品质量，防止生产过程发生污染、混淆等风险，提高生产效率，完善和优化质量保证体系的主要措施，也是我国所生产药品进入国际市场的通行证，是我国医药产业走出国门、走向世界的关键。

虽然 GMP 是国家制定的、要求药品生产企业必须达到的“生产质量管理规范”，其法学含义和法律效力“不言而喻”。但是，GMP 就其本质来说是生产实践活动的具体产物，是药品生产企业提高生产效率、确保药品质量和完善质量管理体系的科学与经验总结，是质量管理发展到当今全面质量管理的标准化管理阶段的必然产物。因此，GMP 的最深层次和最基础的含义应该是管理学含义。根据这个观点，在教学中，除了指导学生掌握国家法定的 GMP 基本要求和准则，在今后的工作中，学会“遵法、守法和护法”外，更重要的是教会学生如何贯彻和实施 GMP，也就是把 GMP 作为一门“工程学”来对待。这一点是我们在以往的 GMP 及其他“药事法规”教学工作中最薄弱的，也恰恰是最需要解决的问题，医药行业也迫切需要懂得如何解决这些问题的人才。如果在教学活动中解决好这个问题，也就能使 GMP 的教学工作更加符合医药行业的实际需要，使培养的人才更加符合市场需要。

此次我们组织中国药科大学、清华大学、沈阳药科大学、广东药科大学等国内知名的高等医药院校长期从事药事管理、GMP 教学和科研工作的资深教授以及长期在生产质量管理、监管一线，从事质量管理、GMP 检查（认证和审计）实务，有着丰富实践经验的专家和药品监管工作者，对第四版进行修订，新增“学习目标”和“本章小结”模块，旨在帮助读者更有针对性的学习，梳理各章重难点。在教授、学者和企业实践经验丰富的专家们的共同努力下，同时编写了网络增值服务的数字化内容，在教材各个章节扫描二维码就可以浏览相应的教学课件及习题，配合本教材的使用，相信一定能有效提高教材的教学和学习效果，使得读者能更好理解、掌握 GMP 的内容。

当前，药品 GMP 管理模式已经向着药品质量的产业链上下游迅速延伸扩展，也就是在药品的研发领域，药品生产所需要的原料、辅料和包材领域进行扩展。同时，与药品相关相似的领域，如医疗器械、化妆品（医美产品）、食品、农药、兽药、精细化工等领域也要求实施 GMP 管理。

本教材内容丰富，层次条理清晰，既适合全国高等医药院校药学类（管理药学）、中药学类、药事管理等专业本科生以及初学者使用，也适合研究生及有一定实践经验的从事相关领域的工作者使用。虽然教材编写修订到“第五版”，但难免还存在疏漏之处，敬请读者批评指正，以便修订时完善。

编　者

2023 年 4 月

目 录

第一章 绪 论

学习目标

1. **掌握** GMP的渊源；GMP在我国的发展历程；我国现行GMP的主要内容和特点。

2. **熟悉** GMP的主要类型和基本内容；WHO、欧盟、PIC/S制定GMP的主要内容；美国、英国、日本等国家GMP的主要内容。

3. **了解** GMP发展及推行的趋势。

4. 学会GMP实施的四个要素，能够围绕这四个要素开展GMP的实施工作。

《药品生产质量管理规范》（GMP）是质量管理发展的产物，是质量管理从生产者管理阶段发展到全面质量管理标准化阶段的产物，是当今世界各国普遍采用的对药品生产全过程进行监督管理的法定技术规范，是保证药品质量和用药安全有效的可靠措施，是国际通行的药品生产和质量管理必须遵循的基本准则。GMP是英文"Good Manufacturing Practice"或"Good Practice in the Manufacture and Quality Control"的英文缩写，根据《中华人民共和国药品管理法》（以下简称《药品管理法》），翻译为"药品生产质量管理规范"。GMP适用于药物制剂生产、原料药生产、药用辅料生产、药用包装材料和直接涉及药品质量的有关物料生产的全过程。GMP以生产高质量的药品为目的，从物料购进到原料投入、生产、包装、储存、发运、召回等环节全过程实施标准而又规范的管理，确保整个生产过程稳定、可追溯和持续改进。世界卫生组织（World Health Organization，WHO）对制定和实行GMP制度的意义做过如下阐述："为保证使用者得到优质药品，在药品生产中，实行全面质量管理尤为重要。在生产为抢救生命或为恢复或为保持健康所需的药品时，不按准则而随意行事的操作方式是不被允许的。要想对药品生产制定必要的准则，使药品质量能符合规定的要求，这无疑是不容易的。GMP是我们推荐的为生产符合规定质量要求药品的规范。恪守这些规范，加上从生产周期开始到终了的各种质量检验，将显著提高产品的均一性和稳定性。"

世界各国药品生产与质量管理的长期实践也证明，GMP是防止药品在生产过程中发生差错、混淆、污染，确保药品质量与质量安全十分必要和有效的手段。在国际贸易中，世界各国已经把是否真正实施GMP看成药品质量有无保障的先决条件，是否符合GMP要求决定着药品能否进入国际市场。GMP作为指导药品生产和质量管理的法规，在国际上已有半个世纪的历史，在我国推行也已有几十年。随着我国2019年新修订的《药品管理法》等系列药事管理的法律法规颁布实施，我国GMP实施得到不断强化，GMP的理念已经深入人心，由于GMP理论与实践取得的成效，GMP管理模式向着医疗器械、食品及保健食品、化妆品（医美产品）、农药、兽药、精细化工等相关领域不断扩展。当前，我国GMP实施已进入向国际化迈进的实质性关键阶段。我们不断汲取其他国家GMP实施的优点与经验，对比相关国际组织和行业组织的GMP，从中国国情出发，提高GMP监管和实施水平，从而切实提高我国药品质量与质量安全水平，使得我国医药产业走出国门、走向世界。

第一节 GMP的产生与发展

PPT

GMP的理论和实践也经历了一个形成、发展和完善的过程。药品生产质量管理是一门十分复杂的科学，从产品设计、注册到生产，从原料、中间产品到成品的全部过程中，会涉及许多技术细节和标准，其中任何一个环节的疏忽，都可能导致药品质量不符合要求，进而导致劣质药品的产生。因此，必须在药品研发、生产和使用全过程中，进行全面质量管理来保证药品质量。人类进入 20 世纪后，各国制药行业和药品监督管理部门都开始不断探索质量管理科学在药品生产中的应用。各国在实践中也逐渐摸索总结出一些规范化的药品生产与质量管理制度，这些就是 GMP 的雏形。

一、GMP 的渊源

20 世纪 60 年代初，发生了震惊世界的“反应停”事件，这是人类历史上最大的药物灾难事件：一种曾用于妊娠反应的药物——Thalidomide（通用名为沙利度胺，商品名为反应停）导致了成千上万例畸胎。

沙利度胺于 1953 年首先由德国的格仑兰苏制药公司生产，1956 年进入临床并在市场上试销。1957 年，沙利度胺在德国上市，这种药物治疗早孕期间的孕吐反应，有很好的止吐作用，对孕妇无明显毒副作用，随后又相继出现在英国、瑞典、瑞士等 28 个国家的市场。1959 年，德国各地出生了手脚异常的畸形婴儿，同年 12 月，德国儿科医生 Weidenbach 首先报告了一例女婴的罕见畸形。1961 年 10 月，在德国妇科学术会议上，有三名医生分别报告发现很多婴儿有类似的畸形。这些畸形婴儿没有臂和腿，手和脚直接连接在躯体上，很像海豹的肢体，故被称为“海豹肢畸形儿”或“海豹胎”。除上述畸形外，尚可引起其他畸形的发生。医学研究表明，“海豹胎”的病因，是妇女在怀孕初期服用沙利度胺。

从 1956 年沙利度胺进入市场至 1962 年药品停止上市，其在市场上流通的 6 年间，全世界 30 多个国家和地区（包括我国台湾省）共报告了“海豹胎”1 万余例，各个国家畸形儿的发生率与同期沙利度胺的销售量呈正相关，如在德国就引起至少 6000 例畸胎，英国出生了 5500 个这样的畸胎，日本 1000 余例，中国台湾也至少有 69 例畸胎出生。

美国是少数几个幸免于难的西方国家之一。当时美国食品药品管理局（Food and Drug Administration，FDA）官员在审查此药时，发现该药缺乏美国药品监督管理法律法规所要求的足够的临床试验资料，如长期毒性试验报告，所以不批准其进口。这场灾难虽没有波及美国，但在美国社会激起了公众对药品监督和药品法规的普遍重视，促使美国国会于 1962 年对原《食品、药品和化妆品法》（1906 年）进行了一次重大修改。1962 年，美国《食品、药品和化妆品法》的修正案对制药企业提出如下要求。

（1）要求制药企业对出厂的药品提供两种证明材料：不仅要证明药品是“安全的”，还要证明药品是“有效的”。

（2）要求实行新药研究申请（Investigational New Drug，IND）制度和新药上市申请（New Drug Application，NDA）制度。

（3）要求实行药品不良反应（Adverse Drug Reaction，ADR）报告与监测制度和药品广告申请制度。

（4）要求制药企业实施药品生产质量管理规范。

美国是世界上第一个将药品生产质量管理制度形成法定性规范的国家。美国 FDA 于 1963 年颁布了世界上第一部 GMP，规定药品生产企业如果没有实施 GMP，其产品不得出厂上市销售。如果制药企业没有按照 GMP 的要求组织生产，无论样品抽检是否合格，FDA 都有权将其生产出来的药品视作伪劣药品。GMP 的公布从这个意义上来说，成为药品生产质量管理中“质量保证”概念的新起点。

二、GMP 的兴起

GMP 的理论在此后多年的实践中经受了考验，并获得了发展，它在药品生产和质量保证中的积极作用逐渐被各国政府所接受。自从美国 FDA 首先制定颁布了 GMP 作为美国制药企业指导药品生产和质量管理的法规后，WHO 于 1967 年开始制定 GMP，并于 1969 年向全世界推荐了 WHO 的第一版 GMP，标志着 GMP 的理论和实践开始从一国走向世界。在此后的 30 多年时间内，世界上很多国家、地区为了维护消费者的利益和提高本土药品在国际市场上的竞争力，根据药品生产和质量管理的特殊要求以及本国的国情，分别制定了自己的 GMP。推行 GMP 的热潮在全世界开始兴起。

WHO 的《国际贸易中药品质量认证制度》中明确规定：出口药品的生产企业必须提供有关生产和监控条件材料，说明生产系统按 GMP 的规定进行。因此，按照 GMP 要求生产成为药品进入国际市场的前提，特别是如英国、意大利、奥地利、瑞士、瑞典、丹麦、挪威、冰岛、德国、芬兰等西方国家，均在 20 世纪 70 年代制定并推行了适合本国实际国情的 GMP，并从原料投入到成品出厂，从硬件到软件等环节都提出了相当严格的标准。美、日、德等国还将 GMP 的推行纳入法制轨道，使药品生产和质量管理的地位获得极大提升。亚洲推行 GMP 也较快，尤其是日本，早在 1973 年便制定了 GMP，1980 年又制定了实施细则，作为法定标准实行。政府对实施 GMP 一方面采用引导和鼓励政策，另一方面不断加以研究、改进和提高。日本各大制药企业相继制定了企业内部更加严格、标准更高的企业 GMP。

三、GMP 在我国的发展

我国于 1982 年由中国医药工业公司制定了《药品生产管理规范》（试行），在一些制药企业中试行；1984 年，中国医药工业公司对 1982 年的《药品生产管理规范》（试行）进行修订，经原国家医药管理局审查后，正式颁布《药品生产管理规范》（修订稿），并在医药行业推行实施；在此基础上，1988 年 3 月 17 日，我国卫生部颁布了《药品生产质量管理规范》，并于 1992 年发布了修订本；1999 年国家药品管理局又颁布了《药品生产质量管理规范》（1998 年版），而且 2001 年修订的《药品管理法》第九条明确规定：“药品生产企业必须按照国务院药品监督管理部门依据本法制定的《药品生产质量管理规范》组织生产。药品监督管理部门按照规定对药品生产企业是否符合《药品生产质量管理规范》的要求进行认证；对认证合格的，发给认证证书。”从此，GMP 有了强制执行的法律依据；在 2004 年后，我国药品生产企业基本都通过国家 GMP 认证。在生产与质量管理水平大幅提高的基础上，国家药品监督管理部门不断吸纳国际先进标准，对 GMP 的具体内容进行了不断的补充与完善，于 2011 年 3 月又颁布了 2010 年版 GMP，在人员、硬件、软件等多个方面都进行了提升，在质量管理体系和验证管理要求上都有了质的飞跃，对我国药品企业生产、管理水平和国际通行的规则接轨具有重要意义。2019 年修订的《药品管理法》及 2020 年修订的《药品注册管理办法》《药品生产监督管理办法》等系列法律法规出台后，国家药品监督管理部门进一步加强了 GMP 的管理要求，在弱化 GMP 认证行政许可的情况下，大大强化和完善了 GMP 日常检查和飞行检查及其制度，建立了专职药品检查员队伍及其制度等。这一系列举措对于把 GMP 推向实质性的深入实施及提高药品生产质量水平起到重要的作用。

GMP 现已经成为国际医药贸易对药品生产质量的普遍要求，成为国际通用的药品生产质量管理必须遵循的准则。纵观国际上 GMP 的发展，各国都经历过两个阶段：①认识、接受及实施药品 GMP 这一新的科学的管理制度阶段；②在已经建立起的 GMP 制度基础上，不断地引入科学技术和管理技术的最新发展成就，丰富和发展 GMP，并借鉴其他国家或地区实施 GMP 的经验，相互融合，彼此相互确认，使得 GMP 国际化、标准化步伐不断加快。在长期的实践过程中，人们对药品生产及质量保证理念及其模式的认识逐步深化，GMP 的内容不断更新。如果对这类规范的各个版本做一历史性的回顾，可以看出两个主要趋势：①GMP 制度的“国际化”趋势，国家性的规范向国际性的规范靠拢或被其取代；②GMP 制度对质量管理由“治标”朝着“治本”的方向不断深化。

PPT

第二节　GMP 的主要类型和基本内容

全世界 GMP 的形式与内容丰富多彩，各有特色。我们把这些 GMP 类型做一归纳，便于掌握和研究 GMP 的特征和发展趋势。

一、GMP 的主要类型

目前，世界上现行 GMP 的类型，从适用范围来看，大体可分为国际组织、地区的 GMP，国家政府颁布的 GMP 和制药行业或企业自身制定的 GMP 三种。从 GMP 制度的性质来看，又可分为两类：①作为法律法规规定，如美国、中国等国的 GMP；②作为建议性的规定，有些 GMP 起到对药品生产和质量管理的指导作用，如 WHO 的 GMP。

（一）国际组织的 GMP

有关国际组织规定的 GMP 一般原则性较强、内容较为概括，一般无法规定强制性实施。

1. WHO 的 GMP　属于国际性的 GMP。WHO 的 GMP 总论中指出：药品 GMP 是组成 WHO 关于国际贸易中药品质量签证体制的要素之一，是用于评价生产许可申请并作为检查生产设施的依据，也是作为政府药品监督员和生产质量管理人员的培训教材。药品 GMP 适用于药物制剂的大规模生产，包括医院中的大量加工生产、临床试验用药的制备。

WHO 于 1969 年制定了第一版 GMP，随后对其内容进行多次修订。现行文本为 2003 年修订，包括四大部分：导论（总论）、质量管理宗旨和基本要素、生产和质量管理规范、增补指南等。药品质量保证列在第一部分第一章，因为它是主要药品生产方案中的关键部分。对此，WHO 发展了许多有关准则，特别是“国际贸易药品质量签证方案实施准则”，它是继药品检查协定之后发布的重要准则，有利于国际贸易组织中药品质量的保证。此外，WHO 有关专家委员会建议将第三版《国际药典》中的检验和分析进行分类来保证药品质量，不仅对主要药品，还对基本药品一览表（Model List of ESS Essential Drugs 7th Edition）中规定的剂型，药品的生物利用度、稳定性、建议的包装和储存条件等一起补充了资料。

目前有 100 多个国家（地区）已将 WHO 的 GMP 条款纳入其国家药品监管法律法规，更多的国家（地区）在确定本国（地区）GMP 要求时采用了其条款和方法。WHO 的 GMP 继续被用作 WHO 认证计划和疫苗资格预审的基础，只有通过 WHO 的 GMP 审核的疫苗生产，联合国相关机构才能进行疫苗采购。

WHO 的 GMP 所突出的重点如下。

（1）质量保证阐明了应保证药品生产和开发符合 GMP、药物非临床研究质量管理规范（Good Laboratory Practice for Clinical Studies，GLP）和药物临床研究质量管理规范（Good Clinical Practice，GCP）的要求。

（2）自检和质量审核提出由指定专家负责对制药企业进行定期检查，阐明了自检的目的是评定药厂在生产和质量管理方面遵循 GMP 要求。内容包括自检项目、自检班组、自检周期、自检报告、跟踪工作和质量审查（质量审查应体现在生产过程中间的检验，而不是药品最后在化验室的检验）。

（3）人员分为生产负责人、质量负责人和药品放行人员。列述各类人员的资格及职责，并写出对各种人员“培训”的书面大纲，明确对生产或质检人员的培训要求（包括技术、维修和清洁人员）。

（4）厂房具体分列出辅助区、储存区、称量区、生产区和质量管理区（应和生产区分开），避免交叉污染和混杂。

（5）无菌药品和原料药无菌药品生产尽量减少微生物、粒子、热原的风险。无菌药品生产分为 3 类：①最终灭菌产品，药液调配应在 B 级环境，如果调配操作采用密闭装置，则生产环境可为 C 级；

②非肠道用药品，其灌封应在A级层流工作台操作，背景环境可为B级；③无菌药品，如油膏、霜剂、混悬剂和乳剂的调配应在B级环境，如果调配操作采用密闭装置，则生产环境可为C级。无菌过滤后，产品的灌装必须在A级层流工作台或A级场所下操作，其背景环境可为A级或B级。从无菌原料药开始制备产品的一切工艺过程均应在A级层流工作台或A级场所下操作，其背景环境可为A级或B级。

WHO专家委员会对于有关GMP方面已经或准备进行的工作如下：WHO生物制品生产GMP；WHO药厂检查暂行准则；WHO国际贸易药品质量签证方案实施准则；WHO脱氧核糖核酸重组制备基因工程药品和生物制品质量管理准则；WHO血、血液组分和血浆衍生物的收集、加工和质量管理技术要求；WHO药品经营质量管理规范（GSP）；WHO草本药品GMP和药用植物的质量管理方法；WHO工艺验证补充准则。

2. PIC/S的GMP　药品监察协定（Pharmaceutical Inspection Convention，PIC）和药品监察合作计划（Pharmaceutical Inspection Cooperation Scheme，PIC Scheme）是两个并行运行的机制，PIC/S是两者的缩写，其提供政府和药品监管机构在GMP领域积极和建设性合作。欧洲自由贸易联盟（European Free Trade Association，EFTA）在1970年10月成立了PIC，其是药品生产检查领域最早的互认协议，也是一个国家间的法律条约，其宗旨是以统一的标准实施药品GMP认证，在自愿的基础上，各成员国相互承认官方GMP认证报告，以降低药品流通的非关税贸易壁垒，节省人力、时间和物质成本。最初成员由EFTA的10个成员组成，最初目标包括协调GMP的要求、对检查的互认、统一检查体系、培训检查员和互信，匈牙利、澳大利亚等8个国家随后陆续加入。到20世纪90年代初的时候，欧洲国家联盟（European Union，以下简称欧盟，EU）被授予了与第三国签订贸易和与贸易有关条约的权利，人们意识到由于PIC协定和欧盟法律相互冲突，欧盟法律不允许其成员国中的PIC成员单独与其他国家签订协议同意其加入，只有欧盟委员会有权与非欧盟国家签订协议，但是欧盟委员会本身并不是PIC成员，这并不利于PIC的发展。因此，1995年11月2日成立了相对PIC而言更加灵活、便捷的PIC Scheme，作为各国健康监管机构间的合作形式，是机构之间的一个非正式协议，相对于各国间正式协定的PIC而言，更利于其宗旨的传播和发展，以及国际GMP的融合和统一。目前PIC/S组织已发展到包括澳大利亚、加拿大、丹麦、英国、法国、德国、新加坡等46个成员国，另外还有爱沙尼亚、欧盟药物评价委员会（EMEA）、联合国儿童基金会（UNCF）和世界卫生组织（WHO）4个观察员。

PIC/S的职责涵盖GMP信息与经验的交换、对检查机构质量体系的开发、对检查员的培训、GMP的国际协调，PIC/S没有接受检查报告的责任。PIC/S的使命是“引导药品领域的GMP标准和检查员质量体系的建立、执行和维持”。这将通过建立和促进GMP标准和指南文件的统一、官方（特别是检查员）的培训、检查员队伍的评价或再评价，以及促进主管当局和国际组织间相互合作和信息交流等一系列措施来实现。通过PIC/S的运行，方便成员间的联系，增强相互的信任，加强在GMP和相关领域的信息和经验交流，协调GMP检查员和其他专家的相互培训，促进GMP的发展和国际统一。对于PIC/S成员，要求其健康监管机构能够采用与本计划要求同等的检查体系，其要求和程序能够保证检查体系的执行以及相互的合作，每一个成员的检查系统要以PIC/S联合评价项目或同等的项目为基础进行再评价。

PIC/S设有委员会和秘书处，共同确保机构的有效运行。由成员代表组成的永久性委员会每年至少召开2次会议，会议的主题可以是提出修改PIC/S规章、决定新成员的加入、建立适用于不同类型产品的GMP指南等。委员会还负责对PIC/S现行的GMP标准进行修改、更新和完善，提供建议和意见，交流检查信息和经验，提升检查的质量和检查员的检查技术，通过GMP标准的研讨和联合检查促进检查员间的交流培训学习，加强与非PIC/S成员的合作等。国际组织的代表可以观察员的身份列席委员会会议，检查员也可作为观察员受邀参加会议。秘书处是委员会的辅助机构，承担PIC/S的文件工作、活动的协调和组织。

PIC/S GMP指南本质上与欧盟GMP指南一致，主要区别在于对“质量受权人”的叫法不同，即

"Qualified Person"与"Authorized Person"，二者之间有协调机制。PIC/S GMP 指南包含基本 GMP 指南（第一部分）与原料药 GMP 指南（第二部分），连同附件涵盖无菌药品、起始物料与包装材料的取样、加压定量吸入气雾剂、液体制剂、软膏剂和油膏剂、计算机化系统、放射性药品等领域，也涉及生物制品、草药、药用气体、电离辐照的使用、临床试验用药品、源于人血或全血的药品、确认与验证、参数放行、对照样品与留样等。GMP 指导文件通常是在 PIC/S 研讨会结束时启动，成立 PIC/S 工作组，由作者准备起草，征求工作组、PIC/S 检查机构、行业的意见，由 PIC/S 委员会批准用于全体发布，欧洲药品管理局（EMA）同步发布（反之亦然）。

PIC/S 现行版 GMP 指南，文件编号为 PE 009－16，包含 4 个部分：介绍、第一部分药品的基本要求、第二部分 API 的基本要求、附录，文件于 2022 年 2 月 1 日生效。GMP 对整个过程做一般性规定，对于一些特定领域的生产活动，由单独的指南提供详细指导。PIC/S 现行版 GMP 指南内容详见表 1－1。

表 1－1　PIC/S 的 GMP 内容框架

PE 009－16 GMP 指南（第一部分药品的基本要求）	主要内容
1. 药物质量体系	药物质量体系、药品 GMP、质量控制、产品质量回顾、质量风险管理
2. 人员	一般要求、关键人员、培训、人员卫生、顾问
3. 厂房和设备	厂房、一般区域、生产区域、储存区域、质量控制区域、辅助区域要求等
4. 文件	要求的 GMP 文件、文件的制定和控制、良好文件记录规范、文件的保护、标准、起始物料和包装材料标准、中间产品和待包装产品标准、成品标准、生产配方和生产指令、包装指令、批生产记录、批包装记录、规程和记录、接收、取样、测试、其他
5. 生产	一般要求、预防生产过程中的污染与交叉污染措施、验证、起始物料、加工操作中间产品和待包装产品、包装物料、包装操作、成品、拒收、回收和退回物料等的要求
6. 质量控制	一般要求、良好质量控制实验室规范、文件记录、取样、检验、持续稳定性实验、分析方法技术转移等的要求
7. 外包活动	一般要求、委托方、受托方、合同等要求
8. 投诉和产品召回	人员和组织、处理和调查投诉的程序，包括可能的质量缺陷、调查和决策、根本原因分析以及纠正和预防措施等
9. 自检	自检的人员与周期等
PE 009－16 GMP 指南（第二部分 API 的基本要求）	**主要内容**
1. 介绍	目的、范围、原则
2. 质量管理	质量风险管理、质量部门的职责、生产活动的职责、内审（自检）、产品质量回顾
3. 人员	人员确认、人员卫生、顾问
4. 厂房和设施	设计和施工、公用系统、水系统、隔离装置、照明、排污和废弃物、卫生和维护等
5. 工艺设备	设计和施工、设备维护和清洁、校准、计算机化系统等
6. 文件和记录	文件系统和标准、设备清洁和使用记录、原辅料、中间产品、API 标签和包装物料的记录、主生产规程（主生产和控制记录）、批生产记录（批生产和控制记录）、实验室控制记录、批生产记录审核等
7. 物料管理	一般控制、起始物料验收、入库、取样和检验、储存、复验和出库等
8. 生产和中间控制	生产操作、时间控制、中间取样和控制、中间体或 API 的混合批次、污染控制等
9. API 和中间体的包装和贴签	一般要求、包装物料、标签发放和控制、包装和贴签操作等
10. 储存和发运	仓储管理规程、发运管理规程等
11. 实验室控制	一般控制、中间体和 API 的取样、检验、分析方法验证、检验报告书、API 的稳定性监测、失效期和复验期、留样管理等
12. 验证	验证方针、验证文件、确认、工艺验证的方法、工艺验证程序、已验证系统的定期回顾、清洁验证、分析方法验证等
13. 变更控制	控制系统及其管理程序等

续表

PE 009－16 GMP 指南（第二部分 API 的基本要求）	主要内容
14. 物料拒收和重复使用	拒收、返工、重新加工、物料和溶剂的回收、退货管理等
15. 投诉和召回	控制系统及其管理程序等
16. 合同制造商（包括实验室）	委托、受托及其合同要求等
17. 代理商、经销商、贸易商、分销商、重新包装和贴签商	适用性、已发运的 API 和中间体的可追溯性、质量管理、API 和中间体的重新包装、贴签和保存、稳定性、信息传输、投诉处理和召回、退货的处理等
18. 通过细胞培养/发酵制造的 API 的特定指南	一般要求、细胞库维护和记录保存、细胞培养/发酵、收获、分离和纯化、病毒去除/灭活步骤等
19. 用于临床试验的 API	一般要求、试验质控、设备和设施、原料的控制、生产、验证、变更、实验室控制、文件记录等
20. 术语	标准化等

PE 009－16 GMP 指南（附录）	
1. 无菌药品生产	11. 计算机化系统
2A. 人用先进治疗物产品的生产	12. 电离辐射在医药产品制造中的应用
2B. 人用生物药物物质和产品的生产	13. 临床试验用药品的生产
3. 放射性药物的生产	14. 源自人体血液或血浆的医药产品的生产
4. 免疫学以外的兽药生产	15. 确认和验证
5. 免疫兽药产品的生产	16. 受托人和批放行
6. 医用气体的生产	17. 实时放行测试和参数放行
7. 天然药产品的生产	18. 活性药物成分 GMP 指南
8. 起始物料和包装材料的抽样	19. 标准品和留样样品
9. 液体、霜剂和软膏的生产	20. 质量风险管理
10. 加压计量式剂量吸入器的气溶胶制剂的制造	

3. 欧盟的 GMP 欧盟（EU）前身是欧洲经济共同体（European Economic Community，EEC），欧盟是一个集政治实体和经济实体于一身、在世界上具有重要影响的区域一体化组织。欧盟的 GMP 属于地区性的 GMP。1972 年，EEC 颁布了该组织第一部 GMP，用于指导 EEC 成员国的药品生产。而第一版欧盟的 GMP 出版于 1989 年，它是以英国 GMP 为蓝本制定的。后来欧盟规定，其颁布的第二部 GMP（1992 年版）可取代欧盟各成员国的 GMP，或者可以和欧盟成员国政府颁布的 GMP 并行使用。因此，这版 GMP 从此处于不断反复补充与修订之中。最新版的欧盟 GMP 是 2017 年 9 月欧盟官方公布的欧盟委员会法令（EU）2017/1572，该法令规定，现行版的 GMP 法令 2003/94/EC 将于 2018 年 4 月 1 日正式废止，并由新法令（EU）2017/1572 所取代。新法令（EU）2017/1572 较旧法令 2003/94/EC 的主要变化如下。

（1）删除对临床试验用药品的规定［因欧盟委员会建立了适用于临床试验用药品的指令（EU）2017/1569，所以临床试验用药品需要从新的 GMP 指令中移除］。

（2）删除了质量受权人有关内容。

（3）管理范围包括进口操作。

（4）关键生产工序需要定期再验证，这是附件 15 被持续工艺确认取代的内容。

（5）其他的“新”技术只是对现有技术的调整，如风险管理、生产企业和上市许可持有人之间的合同要求；文件管理章节新引入参考数据完整性，对电子数据进行保护，防止非法访问；对于上市许可持有人要求需获取可能导致召回的相关信息处理，自检中增加了可能需要提出的预防措施等。

EudraLex 是欧盟关于药品法规、规则的集合，共有 10 部，其中第 4 部专门收集在欧盟有关药品管理的法规，包括对人药和兽药药品生产质量管理规范的解释。第 4 部共包括 3 个部分、19 个附录和术语解释。

欧盟 GMP 第一部分为对药品的基本要求，包括 9 个章节：质量管理，制药质量体系；人员；厂房和设备；文件管理；生产管理；质量控制；委托生产和检验，外包活动；投诉与产品召回；自检。修订后的第一章制药质量体系涵盖了在 ICH Q10 有关药品生产质量体系指南中描述的概念和原则。涉及的新管理方法为连续生产与持续改进管控，始终如一地交付符合标准质量属性的产品以及管理审核方式，识别可以对产品、工艺和系统本身进行持续改进的方法，高级管理层参与审核质量管理体系及其运行的措施。

欧盟 GMP 第二部分为对原料药的基本要求。通过修订欧盟 GMP 附录 18，将 ICH Q7 指南的理念引入了欧盟法规体系。目前附录 18 的内容被称为欧盟 GMP 指南的第二部分，ICHQ7 指南中包含了欧盟针对原料药 GMP 的统一指南。

欧盟 GMP 第三部分包括对工厂主文件、ICH Q9 质量风险管理和 Q10 及其更广泛的要求，包含了对于出口到欧盟的人用药品应具备制药质量体系（互认协议）MRA 批证书和“书面确认函”的要求等。

欧洲药品管理局成员国包括法国药品与保健产品卫生安全署、德国联邦药物与医疗器械所等 28 个成员。欧盟内由各国家药品监管机构对各成员国内药品生产进行 GMP 检查。在英国的 GMP 检查由英国药品和医疗产品监督局（MHRA）执行。

除三个部分的基本要求以外，欧盟 GMP 还包括一系列附录，对药品生产的特殊要求或规范中某些关键性内容进行了详细阐述，其指南中采用的术语收录在附录中。

欧盟的 GMP 由于其结构明确，内容清晰、全面、严谨，逐渐成为世界通用的 GMP。我国 2010 年修订 GMP 就是以欧盟的 GMP 为蓝本制定的。

（二）各国政府的 GMP

各国政府发布的 GMP 一般原则性较强，内容较为具体，有法定强制性。

1. 美国 FDA 的 cGMP 美国 FDA 于 1963 年首先颁布了 GMP，这是世界上最早的一部 GMP。在实施过程中，经过数次修订，可以说是至今较为完善、内容较详细、标准要求高的 GMP。美国要求，凡是向美国出口药品的制药企业以及在美国境内生产药品的制药企业，都要符合美国 GMP 要求。美国是 GMP 创始国，美国 FDA 对 GMP 的研究一直处于全球领跑地位。

美国的 GMP 又称为 cGMP（Current Good Manufacture Practices），旨在确保药品和医疗器械生产过程中的安全性与有效性，其法律依据为《联邦食品、药品和化妆品法》（Federal Foods Drug and Cosmetic Act，FDCA）。FDCA 规定，所有药品必须按照 cGMP 的要求生产，否则一律被视为假药（Adulterated Drug）。cGMP 以及美国联邦法 21CFR（Code of Federal Regulations，第 21 部分），211～226 部分为在药品生产、加工、包装或贮存中使用的现行生产质量管理规范及使用的设施或控制的最低标准，以保证该药品符合联邦食品、药品及化妆品法对安全性的要求，即具有均一性和效价（或含量），并符合或代表其生产过程的质量及纯度等特征。

（1）美国 cGMP 的组成　共分为两大部分：21CFR Part 210 部分与 21CFR Part 211 部分。

1）21CFR Part 210：规定了药品生产、加工、包装或贮存中使用的现行生产质量管理规范，并定义了法规中涉及的术语。具体结构如下：

210.1 cGMP 法规的地位；

210.2 cGMP 法规的适用性；

210.3 定义。

2）21CFR Part 211：为成品制剂的 cGMP。具体结构如下：

211 – A – 总则；

211 – B – 组织与人员；

211 – C – 厂房和设施；

211 – D – 设备；

211 – E – 成分、药品容器和密封件的控制；

211 – F – 生产和加工控制；

211 – G – 包装和标签控制；

211 – H – 贮存和销售；

211 – I – 实验室控制；

211 – J – 记录和报告；

211 – K – 退回的药品和回收处理。

（2）美国 cGMP 的特点

1）强调实施动态的 cGMP：所谓实施动态的 cGMP，就是强调药品生产与质量管理的现场管理（Current），美国 FDA 认为，只有具体的工作现场达到了 GMP 的标准，才是真正达到了 GMP 标准。因此，GMP 实施的侧重于对操作员工的现场操作管理。同时，在 cCMP 中，质量以及质量管理基本理念应当贯穿整个生产过程中。cGMP 强调生产与质量管理过程的真实性、及时性与规范性，不仅通过最终产品的检验来证明达到质量要求，而且是在药品生产的全过程中实施科学的全面管理和严密的监控来获得预期质量。

2）强调验证（Good Validation Practice，GVP）工作的重要性：美国 FDA 认为达到 cGMP 的途径有很多，只要药品生产企业能够用规范的验证方法能证明过程的目标的确定性就可以使用这个方法。对于达到 cGMP 要求，由于这个观点比较灵活，因此，cGMP 也具有一定的灵活性，也包含了美国 FDA 在 cGMP 实施过程中鼓励企业创新的观念。

3）强调工作记录（Good Documentation Practice，GDP）批记录的重要性：真实、及时、规范的记录才能对生产与质量管理活动的效果进行有效的追溯，才能为今后持续改进提供基础性支持。所以如果记录失去真实、及时、规范这些要素，将使得整个生产与质量管理过程变得灰暗不清。此外，要求所有与药品生产有关的记录必须完整保存，随时可接受检查。

（3）美国 FDA 对 cGMP 的改进方向加强对原料药厂的 GMP 检查；加强药品广告监管的工作和对药品标签的监管；加快仿制药品申请（ANDA）审批工作；为质量控制实验室制定 cGMP 准则；加强对电子记录包括电子签名的监管工作；加强对药品生产的中间过程的监督；将统计学、风险管理等应用到 GMP 管理等。

2. 英国的 GMP　英国卫生社会福利部（Department of Health and Social Security，DHSS）于 1983 年制定了英国 GMP，内容丰富齐全，共分 20 章，有许多内容已成为其他各国的制定 GMP 的依据。例如第七章确认（Verification），即为验证（Validation）的前身；第九章实验室的质量管理（Good Control Laboratory Practice），即药物临床前研究质量管理规范（GLP）的基础，药品销售管理（Good Pharmaceutical Whole Selling Practice）是药品经营质量管理规范（GSP）的先河；第十章无菌药品的生产和管理，率先列出了基本环境标准及洁净级别要求，章中还提出了环氧乙烷灭菌和放射灭菌方法；第十一章附加准则，是对固体剂型的片剂和胶囊剂、体药剂（Body Potion）、霜剂，油膏、药用气体的生产管理等，为这些药品 GMP 管理标准的制定建立了模板；此外，对第十三章放射性药品、第十四章承包药品生产和第十五章兽药生产等所做的规定也为今天这些药品的 GMP 管理奠定了基础。

英国卫生社会福利部下设的药品和健康产品管理局（Medicines and Healthcare Products Regulatory

Agency，MHRA），组建于2003年4月，是英国药品和健康产品的主要监管机构，由原来的药品控制局（Medicines Control Agency，MCA）和医疗器械局（Medical Devices Agency，MDA）重组后创立。MHRA具体负责英国药品GMP的实施与检查工作。英国GMP在对关于员工（包括管理人员和操作人员）的培训均未涉及。由于这个制度的不完善造成了不少药品生产企业产品质量问题，这些问题引起英国药品监管当局高度重视。英国从1995年开始要求评定药厂生产的产品，药厂亦可选择药品管理当局来评定其产品，例如MHRA。英国MHRA并不像美国FDA那样进行药品批准前的检查工作，而是只对提名药厂进行现场检查，对新产品的GMP进行检查。英国MHRA对验证的检查工作没有美国FDA那么深入，认为验证是一种独立技术工作，应由专业人员或者机构独立进行。

3. 日本的GMP　1969年，WHO向全球各国推荐在药品生产领域实施GMP，日本立即响应，同年日本制药工业协会（JPMA）成立了专门的特别委员会，开始起草日本自己的非强制执行的GMP指南，1970年该GMP指南制定完成。1973年5月，该指南在第25届JPMA年会上通过，1974年，JPMA在日本推广使用GMP指南。1979年，GMP在日本被强制执行。期间，日本GMP经过多次修订和补充。日本于1993年开始推行国际GMP，对进出口的药品需遵循国与国之间相互承认的GMP，日本和WHO的GMP版本被认为是等效的。日本对进口药品要求严格遵守日本药事法（Pharmaceutical Affair Law）。日本和其他国家认为进口商和经销处（Distributor）有所不同，日本卫生福利部（Ministry of Health and Welfare）并不像美国FDA那样去检查国外药厂，但对进口药品要求必须符合日本GMP。日本于1994年4月实施进口药品和医疗器械GMP，包括三部分：实施目的、进口药品、医疗器械。第二和第三部分中有基本相同的项目，内容概要如下：阐明药品进口管理人员和医疗器械进口负责技术人员的职务种类；掌握对进口药品和医疗器械生产厂的质量管理情况；在进口时要进行恰当的质量检验；产品应有正确的日语说明；有申诉管理。目前，日本最新版本为2004年修订的GMP。

日本的GMP主体结构分为两大部分，包括“软管理”和“硬管理”。“软管理”部分主要划分为生产控制、质量控制以及与生产控制、质量控制相关的其他职责，将管理标准与人员要求紧密结合，使得各类人员能非常明了自己的工作职责，并能认清自己在整个体系中的位置，便于更好地执行GMP规范。“硬管理”主要规范厂房、设施等硬件要求，分为生产商、进口商两大部分，每个部分再按不同品种逐项列出。

日本GMP遵循在关贸协定（GATT）中说明的相互确认GMP。相互确认的GMP（Mutual Confirmation of GMP）是指日本和其他国家的双边协定，互认彼此之间药品生产企业GMP检查的结果，在确保药品质量与质量安全的基础上，促进药品流通的便捷性。

1994年，日本对其《药事法》进行了大规模修改，从而对日本GMP内容有了很多补充。其中，影响最大的GMP内容更改是对于取得药品生产许可批准的条件和取得药品生产许可或者销售许可（包括进出口许可）的许可期可延长为3～5年。

日本对于符合药品GMP厂房与设施等的修改规定，与WHO的GMP（1993年修改版）大体保持一致。与WHO的GMP相同，药品和原料药GMP是编写在一起的，一些主要项目如验证、校准、产品回收、教育培训、自检，也都参考WHO的GMP进行了修订。

日本医疗器械方面的GMP与欧盟GMP一致。一般工业品的质量标准基本上与ISO 9000相同。临床试验药品不受GMP约束，但需要符合药物非临床研究质量管理规范（GLP）的要求。

（三）行业组织的GMP

制药行业组织制定的GMP无法定强制性，一般指导性较强，内容较为具体，例如，英国制药联合会制定的GMP、瑞典制药工业协会制定的GMP等。

我国最早于1982年由中国医药工业公司参照一些先进国家的GMP，制定了我国的《药品生产管理规范》（试行稿），并开始在一些制药企业中试行。1984 年被原国家医药管理局的《药品生产质量管理规范》所取代，作为行业 GMP 要求，建议药品生产企业参照执行。同时颁布的《药品生产管理规范实施指南》也为我国制药企业全面实施 GMP 奠定了基础。

此外，还有一些大型跨国医药公司也制定了本公司的 GMP。

由于国家的影响力及其科技与管理等因素，美国、日本和英国等发达国家的 GMP 在全世界影响力高，也逐渐成为国际通行的国际性 GMP。在国际性的 GMP 中，欧盟和 PIC/S 的 GMP 以前仅限于在欧洲范围内通行，其目的是降低 GMP 互认成本，促进药品流通，现在也对其他国家或者地区开放，美国也已经加入，我国也在申请加入，其趋势也会演化成国际通行的 GMP 标准。由于 GMP 交流不断广泛深入，且各自有着自己的优势和特色，很多国家采取多种 GMP 并行的情况，它们使得欧洲自由贸易联盟的国家之间对彼此药品生产的质量给予认可、简化了审批程序，进而增加药品的贸易往来。在国际性的 GMP 中，WHO 的 GMP 是其中最早形成的，也是影响最大、适用最广的。在一国中实施多种 GMP，例如在英国，虽然有本国的 GMP，但药品生产企业采用 WHO、EEC 和 PIC/S 的 GMP，也能得到认可。

二、GMP 的主要内容和特点

如前所述，国际上药品 GMP 种类繁多，内容也丰富多彩，但是其主要内容和框架却基本一致，基本特征也有规律可循。

（一）GMP 的主要内容

GMP 总体包括机构与人员、厂房与设施、设备与仪器、卫生与洁净管理、文件与记录管理、物料与产品控制、生产管理、质量管理、发运与召回管理等方面内容，涉及药品生产与质量的各个方面，强调通过对生产全过程的质量管理，来保证药品质量与质量安全。

1. 从质量管理的角度 GMP 可以分为质量控制系统和质量保证系统两大方面。一方面是对原辅料、中间品、产品的系统质量控制，被称为质量控制系统；另一方面是对影响药品质量的，生产过程中易产生差错和污染等问题进行系统的严格管理，以保证药品质量，被称为质量保证系统。

2. 从硬件和软件系统的角度 GMP 可分为硬件系统和软件系统。硬件系统主要包括对人员、厂房、设施、设备等的目标要求，可以概括为以资本为主的投入产出；软件系统主要包括组织机构、生产技术、洁净技术、各类程序制度、文件记录、教育培训等方面的内容，可以概括为以智力为主的投入产出。

（二）GMP 的特点

1. 原则性 GMP 条款仅指明了质量或质量管理所要达到的目标，而没有列出如何达到这些目标的解决办法。达到 GMP 要求的方法和手段是多样化的，企业有自主性、选择性，不同的药品生产企业可根据自身产品或产品工艺特点等情况选择最适宜的方法或途径来满足 GMP 标准。比如，无菌药品的灭菌处理必须达到“无菌”，也就是药品的染菌率不得高于 10^{-6}。但是，达到“无菌”的处理方式有很多，比如干热灭菌、湿热灭菌、辐射灭菌、过滤灭菌等，企业可以根据自身产品和产品工艺要求进行选择，只要能满足 GMP 要求，就是适宜的方法。

2. 基础性 GMP 是保证药品生产质量的最低标准。也就是说，对于药品生产与质量管理而言，GMP 是最基础的标准，而不是最高、最好标准，更不是高不可攀的标准。任何一国或地区的 GMP 都不可能把只能由少数药品生产企业做得到的一种生产与质量管理标准作为全行业的强制性要求。任何一国或地区在确定本国或地区的 GMP 水平时，都会把 GMP 本身所要求的水平与本国或地区制药行业实际生产力水平相匹配。比如，GMP 规定针剂灌封工序要求空气洁净程度为 B 级，也就是最低标准为 B 级，如果本行业药品生产企业都很难达到这个标准，GMP 也不会做这样的规定。但是，一旦规定 B 级为标准，如果有的企业为了确保质量，提高洁净度到 A 级，这完全符合标准，但如果企业降低到 C 级，则违反了 GMP 的规定。

3. 一致性 各个国家、组织或地区的 GMP 有一个最重要的特征——在结构与内容的布局上基本一致。比如，各类药品 GMP 都是从药品生产与质量管理所涉及的硬件，如厂房与设施、仪器与设备、物料与产品等；所涉及的软件，如制度与程序、规程与记录等；人员，如人员的学历、经验与资历等；现场，如生产管理、质量管理、验证管理等进行规定的，都基本分为人员与组织、厂房与设施、仪器与设备、物料与产品、文件管理、验证管理、生产管理、质量管理等主要章节。各类药品 GMP 都强调对这些元素或过程实施全面、全过程、全员的质量管理，防止污染和差错的发生，保证生产出优质药品。

4. 多样性 尽管各类 GMP 在结构、基本原则或基本内容上一致或基本相同。但同样的标准要求，在所要求的细节方面，有时呈现多样性，有时这样的多样性还会有很大差别。比如，日本的 GMP 规定，生产的片剂外观要有“圆润度和光洁度”，包括进口片剂在内，如果没有达到这个要求，就不符合日本的 GMP。再比如，药品生产厂房要涉及管道铺设问题。各国 GMP 中都对生产车间的管道铺设提出了一定要求，这主要是为了防止污染，保持室内洁净。但是，有些国家的 GMP 就要求生产车间中不能有明管存在，各种管道一律暗藏；也有不少国家，例如瑞典，在 GMP 中规定，只要能便于清洁并具有严格的卫生制度，管道不一定要全部暗藏。管道是否要暗设，对于药品生产企业来说，从厂房设计、管道走向设计到随之展开的工艺布局情况，可以说是大相径庭。再比如，一般药品生产企业要求绿化，有的甚至规定绿化的面积比例，以清新厂区空气质量，达到防止污染的要求，而在北非一些国家就没有要求，甚至不允许企业有绿化，因为这些地方的药厂处于沙漠地带，如果有绿化，反而会导致大量的鸟类来企业繁衍生活，使得企业环境被破坏。所以在各国的 GMP 条款中也表现出了一定差异和各自的特色。

各类 GMP 表现出的差异、特色和多样，有利于各类药品 GMP 个性彰显，绚丽多姿，使得各药品 GMP 得以相互借鉴、相互促进和提高。

5. 时效性 药品 GMP 条款是具有时效性的，因为 GMP 条款只能根据该国、该地区现有一般药品生产水平来制定，随着医药科技和经济贸易的发展，GMP 条款需要定期或不定期补充、修订。这和制定药品标准类似，对目前有法定效力或约束力或有效性的 GMP，称为现行 GMP，新版 GMP 颁布后，前版的 GMP 即废止。

6. 地域性 所谓地域性，就是一般而言，一个国家或地区在一个特定的时期，有一个版本的 GMP，只有通过这个版本的 GMP 认证，药品质量才能得到这个国家或地区有关政府部门的认可，才能在这个国家或地区进行销售使用。但是，有的国家却可以通行多个不同版本的 GMP，既认可本国的 GMP，也认可 WHO 的 GMP、美国的 GMP、欧盟的 GMP 等。

三、实施 GMP 的要素

实际上任何版本的 GMP，无论是国内的还是国外的，过去的还是现在的，简单的还是复杂的，其基本要素都有 4 个方面，即硬件、软件、人员和工作现场，如果能对这 4 个要素进行深刻分析，并紧紧围绕这 4 个要素展开 GMP 的实施工作，就能纲举目张、事半功倍。

（一）硬件要素

所谓硬件，就是药品生产与质量管理所涉及的环境、厂房设施、仪器设备、物料用品等。在 GMP 实施的过程中，硬件的建设、改造和完善是药品生产企业投入最刚性、最大的一个要素。所谓刚性，包括 3 个方面：①对于一定的药品品种来说，必须要购置和药品生产工艺匹配的生产与检验设备，如果没有这些设备就不可能进行正常的药品生产与质量控制，也不可能满足 GMP 标准；②购买硬件的价格，比如购买空调净化系统、纯化水制备系统、药品生产设备、高效液相分析仪，包括生产所用的原料、辅料和包装材料等的价格在一定条件下是固定的，也就是必须投入一定成本才能达到规定的标准，就我国国情来看，硬件投入所占 GMP 实施总体投入的比例是非常高的，一般其所占 GMP 建设与改造总投入的比例在 70% 以上；③硬件建设一旦完成，在今后的生产与质量管理活动中如果发生问题，进行改动也非常困难，改动的投入也不会小。比如，对于粉针剂生产线来说，由于粉针剂产品对尘粒污染和微生物污染控制有很高要求，因而对生产环境所使用的空调净化系统，包括这个系统的安装、运行要求都很高，即使这个空调净化本身达到标准，但如果安装与运行没有达到标准，那么实际工作环境就达不到规定标准，就要对空调净化系统进行重新安装，如果安装发生的问题比较大，那么改造成本将会很高。因此，硬件是 GMP 实施过程中的基础性要素。

谈及良好的硬件设施，人们普遍认为要有充足的资金投入。诚然，充足的资金投入是硬件建设的保障，但对于企业来说，资金充足与否始终是相对的，都要将投入的资金计入成本。因此，如何用有限的资金完成 GMP 硬件改造和建设成为企业在 GMP 实施过程中首要考虑的问题。在硬件建设与改造过程中，企业就应进行深入细致的评估和论证，广泛征求有关专家学者、药品监督管理部门及本企业生产部门、质量管理部门、物流控制部门等意见，进行严格的设计确认和安装确认等工作，对照 GMP 的要求，就硬件建设制定出合理的资金分配方案，使有限资金发挥最大的效能；而不应本末倒置，否则将给未来的生产和质量管理埋下隐患。

（二）软件要素

软件因为不如硬件那样直观、引人注目而经常不被重视。软件要素的特点有 3 个方面：①软件对硬件的依附性，也就是软件一定是在规定好的硬件条件下产生的，没有硬件或规定好的硬件，软件就无从产生，无法使用；②软件有价值，但价格水平很难评估，在国外，好软件的价格高过硬件，一个好的软件不但能提高生产与质量管理效率，甚至可以弥补硬件方面的缺陷或不足；③软件比较容易改进，而且改进的空间很大，也比较容易复制等。众所周知，质量是设计和制造出来的，而产品的质量要通过遵循各种标准操作和管理制度来保证，这就需要一套经过验证的，具有实用性、可行性的软件。

同其他事物一样，软件管理也经历了一个形成、发展和完善的过程。从纵向看，各种技术标准、管理标准、工作标准是在长期的生产过程及各类验收检查、质量回顾中逐步形成的，随着企业生产与质量管理的水平不断发展而发展。因此，对于软件这个要素，企业必须严格根据硬件条件及生产工艺的要求认真制定，在制定过程中进行必要的验证，确保所制定的软件能达到预定的使用标准。由于产品的生产环境，如生产设备及生产工艺等是不断发生改变的，同时软件进行升级、改进的成本比较低，因此，企业对已经制定好的软件要不断进行更新、升级。良好的文件是质量保证体系不可缺少的基本部分，是实施 GMP 的关键，其目的在于保证生产经营活动的全过程按书面文件进行运作，减少口头交接所产生的错误。药品生产企业都应建立一套由标准和记录组成的文件系统，必须建立和健全一切涉及药品生产、质量控制、营销活动所必需的书面标准、规程、办法、程序、职责、工作内容等，并对实际生产活动中执行标准的每一项行为进行记录。

（三）人员要素

对于药品生产企业，再好的设备也要靠人去操作，再好的软件也是人设计与制定的，要靠人去执行，因此，在从产品设计、研制、生产、质控到销售的全过程中，“人”是最关键的要素，产品质量的好坏是全体员工工作质量好坏的反映。那么，如何提升人这个要素的水平就成了药品生产企业必须思考的问题。就实际工作和药品生产与质量管理而言，人的素质由以下几个方面构成：①学历及其水平，也就是人必须具有和其工作相匹配的正规教育背景，比如从事药品生产管理的必须具有药学学历，从事药品质量检验的必须具有药物分析学历等；②资历及其工作经验，所谓资历就是从事某项工作的年限、工作经验，即有没有实际处理问题的能力，比如从事生产管理，如果没有从事过具体生产操作，没有实际生产管理工作经验，就不能做生产管理的工作；③培训及其考核，具体岗位的工作，比如片剂生产环节中的压片操作，从事这个工作就必须经过专业培训，并且经过考核合格后才能上岗操作。因此，企业在人员这个要素管理上，必须紧紧抓住人员要素形成的 3 个方面，提升人的素质，从而把握人员这个关键性要素。

（四）工作现场要素

在生产与质量管理的实际工作中，硬件、软件和人员这 3 个要素组成了工作现场。工作现场要素也有 3 方面特征：①工作现场要素的水平和硬件、软件与人员要素各自的水平没有成正比的线形关系，也就是说，有良好的硬件、软件和人员条件不一定就有良好的工作现场；②工作现场有关要素的组合水平是企业实际生产与质量管理水平的体现，也就是说，企业实际管理水平不是体现在有多好的硬件、软件和人员，而是体现在硬件、软件和人员同样的条件下，效率的高低；③工作现场要素提升空间很大，提升效果快而且高，也就是说，如果进行现场工作整改，效果会非常明显。工作现场各要素组合有没有效率的关键，就是工作现场是不是在按规定好的工作软件真实、及时和规范地工作，并形成真实、及时和规范标准的记录。这样就能为工作现场要素的持续改进打下基础。

实施好 GMP 是一项系统工程，需要药品生产企业紧紧抓住实施 GMP 的基本要素，并围绕要素的建设、改进和提高形成持续发展的机制，只有这样才能真正实施好 GMP，提高药品的质量与质量管理水平。

四、国际上推行 GMP 的趋势

和其他事物一样，GMP 不是一成不变的，而是不断地处在变化发展之中，我们不仅要能达到现有的 GMP 标准，而且要跟踪国际 GMP 发展趋势，调整我们实施 GMP 的策略，只有这样，才能使得我国药品生产企业跟上 GMP 发展步伐，使自己的产品能顺利进入国际市场，并能站稳脚跟。以下就国际上推行 GMP 趋势进行分析。

（一）强制性趋势

实践证明，GMP 是防止药品在生产过程中发生差错、混杂、污染，确保药品质量的十分必要和有效的手段。国际上早已达成共识，把药品生产企业能否达到规定的 GMP 标准，看成药品质量有无保障的先决条件。美国等国认为，即使药品质量检验合格，如果在生产与质量管理中，没有满足 GMP 要求，药品也将被视为不合格产品。世界上越来越多的国家把 GMP 作为指导药品生产和质量管理的法规，在自己的国家强制推广。GMP 的推行和实施已趋向越来越多、越来越严格的强制性，更多的国家用法律形式颁布 GMP，并限期强制实施。GMP 已成为国际医药贸易对药品生产质量的普遍要求，成为国际通用的药品生产和质量管理所必须遵循的准则，也是市场准入的必要条件，是否符合 GMP 要求决定着药品能否进入国际市场。

（二）国际化趋势

现在 GMP 种类很多，有国家政府颁布的，有地区形式的，有行业组织的，甚至有企业自己的。在实施方面，各种 GMP 在基本原则和实施方法上大同小异，目前已有近百个国家和地区实行 GMP。各国的 GMP，尽管其存在方式不同，有法规性强制执行的，有指导自愿的，而且章节不一，条款也有多少之分，但它们的基本内容都以人员机构、硬件条件、软件条件、生产管理、质量管理等制度为主要组成。这充分反映了世界各国政府、组织以及专家、学者通过多年以来药品生产与质量管理的实践，对 GMP 的认识和研究也趋向一致。

由于医药国际贸易的广泛深入和发展，无论是出口国还是进口国，都希望在药品质量、药品质量监管等方面能有一致的标准，这样可以节约很多不必要的成本，合理配置资源。根据ICH的精神，国际上关于药品质量和药品质量监管的法规要求也趋于一致，并在很多国家或地区趋于一体化，如欧盟等。这样，药品生产企业生产一种规格的药品，只要通过一种GMP认证，这个产品就可以进入很多国家或地区，大大降低了药品生产与贸易成本。对于药品监督管理部门，只要一个国家对某家药品生产企业按照通用的GMP进行检查，其他国家药品监督管理部门都可以认可，这样可以合理配置非常有限的药品监管资源。

根据这样的共识，欧盟的GMP由于内容丰富、结构合理、条理清晰，具有发展成国际通用的GMP管理标准的趋势，而PIC/S组织，就有可能成为统一合作的GMP检查与相互认可的组织。GMP标准国际化、趋同化的趋势非常明显。

（三）修订周期加快趋势

随着人们对自身健康状况越来越重视，对药品质量以及生产与质量管理水平的要求越来越严格，GMP的水平也随之不断提高。世界各国由于药品生产力发展水平存在差异，GMP的水平也不一致。由于医药国际贸易的需要，世界各国的GMP又在不断交流和融合之中。在这样的背景下，各个国家不断对自己的GMP进行修订。以前，修订周期是10年，后来变成5年、3年。现在，由于各个国家的GMP基本都是由通则、附录和指南3个部分组成，除了GMP通则每3、5年修订外，一些国家，比如美国等的附录和指南，几乎时时刻刻都处在修订与变化中。所以，我国药品生产企业应当适应这样的趋势，紧盯GMP发展潮流，不断改进自己的生产与质量管理体系，提高产品质量。

第三节 我国现行GMP的特点

PPT

2011年3月，国家药品监督管理部门颁布并实施了自我国强制实施GMP管理以来的第二部GMP。这部GMP是以欧盟GMP为蓝本，参考了WHO、美国和日本的GMP，根据我国药品生产企业实际情况制定的。2010年修订GMP共14章313条，相较于1998年版GMP的14章88条，篇幅扩大近4倍。2010年修订GMP的颁布实施，将对药品生产企业提高质量管理水平，与国际通行的标准接轨发挥重要作用。2010年修订GMP和前次版本的GMP相比，有以下特点。

一、人员与组织标准要求的变化

2010年修订GMP除了细化并提高对人员学历、资历、经验与培训的要求外，还提出了“关键人员”的概念，明确企业负责人、质量受权人、质量管理负责人以及生产管理负责人为制药企业药品质量的主要管理者与负责者，并对这四类人员的学历、资历、经验、培训的标准要求做了非常明确的规定；对这四类人员的各自的职责、共同的职责做了非常明确的界定，强化了其法律地位，使这些人员独立履行职责有了法律保证。

二、硬件标准要求的变化

（一）厂房与设施方面

2010年修订GMP修订为对厂房与设施的基本原则要求，在此基础上，分别对生产区、生产辅助区、仓储区和质量控制区这4个关系到药品质量的主要区域提出细化的标准要求。除此之外，最为关键的是洁净区的设计与划分原则的变化，洁净等级引入A、B、C、D级标准，要求洁净区温湿度、悬浮粒子、沉降菌等与所进行的药品生产工艺（操作）相适应，不同洁净等级区域基础压差由5Pa提高至10Pa。

（二）仪器设备方面

2010 年修订 GMP 细化了设备的清洗和存放要求，细化并强化了仪器计量校验、量程覆盖范围、仪器设备的使用范围的管理，提出了自动或电子设备应定期校准和检查的概念。值得注意的是，对制药用水的设计、安装与运行控制和监测措施提出了具体要求，把注射用水贮存方式由过去的 65℃以上保温循环变成 70℃以上保温循环，同时提出了水系统的日常监测与水质量指标要进行趋势分析的概念。

（三）物料与产品方面

2010 年修订 GMP 对物料管理的范围明显扩展，管理内容细化，分门别类地对原辅料、中间产品和待包装产品、内外包材料、成品等标准化管理进行规定，并且强化了这些物料的基础管理标准，如对物料编码管理、物料标识管理、物料的贮存条件设置、计算机化系统管理等做了明确规定。值得注意的是，对物料生产企业的质量管理体系的审计，物料在生产过程中的返工、重新加工、回收处理的控制等也都做了明确的规定。

三、软件（文件）标准要求的变化

2010 年修订 GMP 大幅度地增加了文件管理的内容，具体来看，可以分为 6 个方面。

（一）扩展文件管理的范围

2010 年修订 GMP 把所有与产品质量有关的，包括质量标准、生产处方和工艺规程、规程、记录、报告等都纳入 GMP 文件管理范围。这不仅在横向上大大扩展了文件的管理范畴，也在纵向上对文件的管理范围进行了扩展，要求有关文件的内容应与药品生产许可、药品注册批准的相关要求保持一致。

（二）细化文件系统的建立与运行要求

2010 年修订 GMP 规定企业应建立文件的起草、修订、审核、批准、替换或撤销、复制、保管和销毁等管理系统，并具有进行文件分发、撤销、复制、销毁等活动的管理机制。文件本身也要建立编码系统，所有与产品质量有关的文件的起草、修订、审核、批准均应由质量管理部门授权的人员进行，并经过质量管理部门的批准。

（三）强化记录类文件的管理

2010 年修订 GMP 明确提出，根据各项标准或规程进行操作所形成的各类记录、报告等都是文件，都必须进行系统化管理，并提出了批档案的概念，每批药品应有批档案，包括批生产记录、批包装记录、批检验记录和药品放行审核记录、批销售记录等与批产品有关的记录和文件。批档案应由质量管理部门负责存放、归档。这样就使得整个药品生产质量的记录管理形成了完整的体系，便于产品质量的追溯与改进。

（四）明确质量部门对 GMP 文件管理的责任

2010 年修订 GMP 规定，与 GMP 有关的文件（包括记录）应经过质量管理部门的审核。批档案应由质量管理部门负责存放、归档。所有记录至少应保存至药品有效期后 1 年，确认和验证、稳定性考察的记录和报告等重要文件应长期保存。强化了质量管理部门在产品质量管理活动中的地位、权威与作用。

（五）细化各类文件编写的具体内容

2010 年修订 GMP 把有关文件按性质分为质量标准、工艺规程、批生产记录、批包装记录、操作规程和记录 5 类，并对这 5 类文件的界定、编制、审核、批准、修订等进行了具体规定，提高了这些文件的管理标准。

（六）增加电子记录管理的内容

随着计算机程序控制化系统的广泛使用，2010 年修订 GMP 增加了电子记录管理的内容。规定如使用电子数据处理系统或其他可靠方式记录数据资料，应有所用系统的详细规程，且记录的准确性应经过核对。如果使用电子数据处理系统，只有受权人员方可通过计算机输入或更改数据，更改和删除情况应有记录；应使用密码或其他方式来限制数据系统的登录；关键数据输入后，应由他人独立进行复核。用电子方法保存的批记录，应采用磁带、缩微胶卷、纸质副本或其他方法进行备份，以确保记录的安全，且数据资料在保存期内应便于查阅。电子记录管理内容的增加充分体现了 GMP 与时俱进的特点。

四、生产和质量控制现场管理的变化

（一）生产现场管理

2010 年修订 GMP 形成了更为宽泛的洁净生产管理，强化并细化了对污染与交叉污染的预防要求和对混淆与差错的预防要求，初步提出了生产过程控制的要求和针对生产过程的质量风险分析要求。考虑到国内药品生产水平的实际情况，对委托生产与委托检验提出了管理要求。

（二）质量控制现场要求

2010 年修订 GMP 的亮点之一，就是把从法律法规角度审视、对待和实施 GMP 转变为从质量管理发展的必然的视野来审视、对待和实施 GMP，这是 GMP 制定与实施的“质”的飞跃。2010 年修订 GMP 引入质量保证与质量控制的概念，明确了药品质量管理、质量保证与质量控制的基本要求，引入了质量风险管理的理念；引入质量保证的新理念，如变更控制、偏差管理、纠正与预防措施（CAPA）、产品质量回顾分析等，细化与强化了药品质量控制实验室的管理要求，规范了实验室的管理流程，强化了对实验室关键检测环节的控制，明确了物料与产品放行的条件，对持续稳定性考察提出了明确要求。

（三）验证管理

2010 年修订 GMP 引入设计确认、验证状态维护、验证主计划等新概念，强化和细化了对验证生命周期的控制要求，完整地提出了设备从设计确认、安装确认、运行确认到性能确认的技术要求，提出了工艺验证、清洁验证等的技术要求，这对于提高验证水平，夯实 GMP 管理体系的基础有着极其重要的意义。

第四节　建立符合我国药品生产实际的 GMP 体系

PPT

对于药品生产企业来说，GMP 不仅是由国家颁布、强制力保证实施、具有普遍效力和严格程序的行为规范，更是要求制药企业要动员内外部资源调整有关人员和机构的设置、建设生产所用的硬件和软件、科学地管理生产现场等，以期满足 GMP 要求。企业能否完成这样一个庞大的系统工程，取决于其 GMP 体系的完善性和高效性。

一、我国药品生产企业实施 GMP 的特点

（1）我国社会经济发展的过程决定了我国药品生产企业的质量管理发展的历史。我国药品生产企业从手工业者的质量管理阶段，经过不成熟的检验者的质量管理阶段，跳过基于统计学的质量检验管理阶段，基本跳过了全面质量管理阶段，直接进入目前全面质量管理标准化阶段。而 GMP 是全面质量管理标准化阶段的产物，这就导致我国药品生产企业还不能掌握 GMP 的基本理念与核心内涵，因此，在 GMP 实施过程中，会遇到阻力，出现一些问题。

（2）我国药品生产企业数量大，发展水平不均衡，主要体现在：①科技发展水平悬殊；②规模发展悬殊；③地域发展水平悬殊。这些不均衡给集中式统一标准的监管带来困难。

（3）随着 2019 年新修订《药品管理法》及其相应的法律法规不断颁布实施，对药品生产企业 GMP

实施水平的要求越来越高。确立了药品上市许可持有人制度后，对药品整个生命周期实施 GMP 管理要求也越来越紧迫。给“小、散、低”质量保证能力不足的药品生产企业带来巨大压力。

二、我国药品生产企业构建 GMP 管理体系的主要内容

（一）GMP 体系结构上完善

完整的 GMP 体系分为 3 个层次：第一层次也就是 GMP 通则，规定了药品生产企业生产质量管理体系必须达到的基本要求，即现行版《药品生产质量管理规范》；第二层次是 GMP 附录，规定了一些比较重要或特殊产品必须达到的管理标准，如《药品生产质量管理规范——细胞治疗产品附录》；第三层次是大量而又具体的 GMP 实施指南文件，比如各类验证实施、风险管控的指南等。虽然它不具有 GMP 及其附录的法定地位，但其制定和修订不需要通过复杂的法定程序，既能及时体现医药科学技术的进步，又能体现药品监管部门或政府其他部门在制药行业倡导的方向及新的管理要求，还能成为药品生产企业在 GMP 实施过程中非常有价值的参考素材。三者层次分明，纲举目张，在 GMP 通则的基础下，GMP 附录和 GMP 实施指南互为依托、互为补充。

（二）GMP 体系内容上的完善

药品生产与质量管理技术发展迅速，GMP 管理标准也应保持其先进性、制度的时效性。我们应当保持 GMP 基本内容的稳定性，GMP 通则每 5 年重新修订一次，GMP 附录每 3 年修订一次，另外，由于指南文件不具有法律效力，可以定期（1 年修订一次）或不定期修订并及时予以公布，对药品生产企业进行辅导与指引。GMP 整个体系的不断完善，使得整个 GMP 成为一个动态的不断更新、持续改进的体系，不断提高我国的 GMP 管理水平。

（三）培育合格的 GMP 监管队伍

我国应该结合国情，完善我国 GMP 监管、检查队伍和智囊团队，使这个队伍的性质专业化、专门化，工作经常化、科学化。

GMP 是全面质量管理标准化管理在医药行业的具体体现，是药品生产质量管理的最佳模式，是确保药品质量与质量安全的最有效的手段。要实施好 GMP，首先，应当树立正确的 GMP 管理理念。GMP 不仅仅是国家颁布的有关药品生产质量管理的法律法规，更重要的是，GMP 的实施是确保药品质量与质量安全的系统管理工程。这个系统工程需要药品监管部门和药品生产企业一起进行大量深入细致的基础工作才能完成。其次，抓紧 GMP 建设与实施机构和人力资源的开发工作。不仅仅要加强 GMP 监管人员的系统教育与培训，更要建立 GMP 管理与法规研究、教育、培训机构。例如，可建立具有咨询与智囊功能的专家组织和集群，常规地开展 GMP 基础理论等方面的研究、培训、教育与指导工作。最后，在建立专家工作集群的基础上，迅速开展 GMP 通则、附录和指南修订的常规化工作，并展开对企业尤其是实力、能力和规模都比较弱小的企业的教育、宣传、培训和辅导工作。

（梁　毅　于　泳　梁　军　徐沁怡）

书网融合……

本章小结　　微课　　题库

第二章　质量管理

学习目标

1. **掌握**　质量与质量管理（QM）的定义与概念；质量与质量管理各个阶段的特征；质量管理体系及其构成、内容与职能；全面质量管理与全面质量管理标准化管理的原理与主要管理手段；质量风险管理的基本内容与管理工具。

2. **熟悉**　质量保证（QA）、质量控制（QC）的概念与基本功能；QM、QA、QC、GMP之间的关系。

3. **了解**　ISO 9000系列标准的基本内容。

4. 学会应用质量与质量管理的基本原理、方法与手段建立和运行质量管理体系，应用风险管理原理与工具对质量管理体系存在的问题进行分析，并解决问题。

药品作为一种特殊商品，其质量的优劣与人们的生命健康密切相关，因此，药品的质量管理工作成为医药行业重要的工作之一。2019年新修订《药品管理法》颁布实施，建立了药品上市许可持有人（Marketing Authorization Holder，MAH）制度，明确规定MAH依法对药品研制、生产、经营、使用及药品生命周期全过程中的安全性、有效性和质量可控性负责，包括药学研究、非临床研究、临床研究到药品生产和流通、上市后评价等各个环节，强调只有全方位、全过程、全员进行全面质量管理，才能确保所产出的药品质量符合标准。现在，人类社会对质量与质量管理的理解已经进入全面质量管理标准化管理阶段，而GMP就是全面质量管理的标准化管理在制药行业的具体体现。药品生产企业只有在进行全面质量管理工作的同时，贯彻GMP标准，才能够更好地确保药品质量与质量安全，不断提高药品质量与质量安全水平。

第一节　全面质量管理与GMP

PPT

一、质量管理发展概述

什么是质量？世界上对质量并没有统一的定义。英国和美国认为，质量就是消费者满意，只有消费者满意的产品才有质量。欧盟国家认为，质量就是产品与原设计的符合程度，符合程度越高产品就越有质量。世界标准化组织（International Organization for Standardization，ISO）对质量的定义：客体的一组固有特性满足要求的程度。也就是说，质量是质量体系运行的产物，质量体系及其运行的水平决定了产品质量的水平。而质量管理业内认为，质量就是稳定，就是产品的所有需要测量的维度能够稳定重复再现。

人类对质量与质量管理的认识并不是一蹴而就的，而是一个由初级到高级、由简单到深刻的不断发展的过程。质量管理的发展经历了以下5个主要阶段。

（一）生产者（手工业者）质量管理阶段

在有记载的历史长河中相当长的一段时间内，人类在这个质量管理的阶段中承担着多种角色，既是产品的生产者（设计者），又是产品的质量检验者、管理者和放行者。因此，生产者管理产品质量的主要手段就是依靠生产者本身的素质如诚信度，素质越高，产品质量就越能够得到保障。例如我国著名的中药生产企业“同仁堂”，凭借着“炮制虽繁必不敢省人工，品味虽贵必不敢减物力”的质量管理理念，其生产的药品质量享誉全国，企业的生命活力绵延不绝。

（二）检验者的质量管理阶段

到了19世纪，随着工业革命的暴发，人类生产力水平发生质的飞跃，产品的种类、数量等激增，导致生产者已经没有时间、精力和能力来进行产品质量的判别。因此，需要从生产者中分离出一批人，专门进行产品的质量判别和检验工作，人类的质量管理正式进入“检验者的质量管理阶段”。由于专门从事产品质量判别和检验工作的“专职人员”需要面对众多的生产者，所以产品质量判别和检验标准就必须进行统一，并且“专职人员”彼此之间也要保持产品质量判别和检验标准的统一，因此，质量标准就由以前生产者的“主观质量”过渡为检验者的“客观质量”，人类对质量与质量管理的理解也就演变成“客观质量”，这是人类对质量与质量管理认识的一次飞跃。从此，人类进入了“检验者的质量管理阶段”，探寻有效的、独特的产品质量检验方法和方式就成为这个质量管理阶段的主要手段。

（三）基于统计学的检验者质量管理阶段

进入20世纪后，随着基础学科，比如数学、物理等学科知识的不断积累和发展，尤其是统计学学科的发展和应用，人们逐渐认识到过去那种“随机抽样检验”以及检验项目的设定几乎都是凭借人类的“经验”，而没有科学的依据。因此人们开始将数理统计的理念和知识应用到产品检验工作中来，寻找“如何进行科学检验”的方法，也就是寻找出科学合理的“检验项目（维度）”以及影响每个项目（维度）的主要影响因素，通过第二次世界大战军工产品质量管控的实践，并取得了巨大的成功，由此推广到其他产品的质量管控工作中来，这标志着“检验者的质量管理阶段”进入了一个崭新的阶段。统计学、风险管理学等学科的理念和知识在产品检验领域中的应用，极大地提高了产品检验的效率和产品质量与质量安全的水平。

（四）全面质量管理阶段

20世纪中期，在军工、航天航空、汽车、医药等领域，人们发现对这些产品的质量必须保证百分之一百符合要求，否则就会产生严重后果，即使是学科理论知识极为丰富的基于统计学（风险管理）的产品质量检验，都具有“破坏性和滞后性”等特点，也很难起到满意的预防不合格产品产生的效果。1961年，美国通用电气公司质量经理菲根堡姆（A. V. Feigenbaum）出版了《全面质量管理》一书，菲根堡姆认为，全面质量管理是为了能够在最经济的水平上考虑到充分满足用户需求的条件下进行市场研究、设计、生产和服务，把企业各部门的设计质量、过程控制质量和质量改进等活动构成一体的有效体系。实际上，在菲根堡姆之前，美国的爱德华兹·戴明（W. Edwards. Deming）、约瑟夫·M·朱兰（Joseph M. Juran）、日本的石川馨（Ishikawa Kaoru）都不约而同地提出了“全面质量管理（Total Quality Management，TQM）”的理念，并且后来戴明在日本企业的应用与实践也取得了巨大的成功。简而言之，就是产品质量的优劣是由生产产品的质量体系及其运行状况决定的，和检验没有任何关系。检验仅仅是判别产品质量及其体系状况的一种“手段”。人们意识到要提高产品的质量水平，就必须提高质量管理体系及其运行水平，把“检验”这样的“事后”控制模式，转变成“过程”这样的“事先”控制模式，产品质量是质量体系运行的结果。至此，人类对质量与质量管理的认识从“结果质量”过渡为“过程质量”，又产生了新的飞跃。

（五）全面质量管理标准化阶段

由于人类社会发展的不断进步，“全球化”的热潮不断发展，全面质量管理也面临着新的问题。比如全面质量管理虽然强调对“全过程、全方位、全员”进行控制，对产品生产所涉及的硬件、软件、人员和工作现场（流程）这些要素进行全面管理，那么对这些要素管理的标准是什么？尤其对于药品这类关系到国计民生的产品，这个问题就显得非常重要，因此，“标准化全面质量管理”时代悄然到来。

在“全球化”不断深入的协作关系、贸易关系中，标准化是实行全面质量管理，稳定提高产品质量的重要保证。企业要加强质量管理，就需要对生产经营过程中的各个环节通过技术标准、管理标准和工作标准的形式为企业管理的全过程提供控制依据，使得全面质量管理得以“锚定”，实现从质量管理“过程质量”向“过程标准化质量”的转变，再次实现飞跃。因此，过程标准是否科学、合理及能否在生产实践中正确地贯彻都会直接影响产品的质量。企业只有积极采取国内外先进的过程标准，做到质量管理体系要素都满足客户的标准，才能够确保产品质量，使企业生产出更多让客户满意的产品。同时，由于过程标准化，揭示出产品质量的差距，使企业能够及时采取措施消除影响产品质量体系要素的差距，促进产品质量的不断提高。标准化为全面质量管理的系统化、科学化提供了指南和依据，对现代质量管理的发展起着深远的影响。全面质量管理标准化经过近 30 年的发展，融合了其他各个时代质量管理思想的精华，形成一个比较严密及完整的质量学说体系，目前已经成为全球通用的质量管理模式。

而 GMP 就是药品生产全面质量管理标准化的产物，是标准化全面质量管理在医药行业的具体体现。因此，全面质量管理在药品生产过程中的应用，必须贯彻 GMP 标准，使得全面质量管理更加生动、实用、切合药品生产与质量管理的实际需要。

二、药品生产企业的质量管理体系

所谓的质量管理（Quality Management，QM），就是指管理者对所拥有的企业内外部资源进行配置，实现质量目标（Quality Objective）的全部活动。

（一）质量管理体系的建立

质量管理体系是为确保质量管理工作的开展，实现既定的质量目标，确保产品质量满足规定的或潜在的要求，由“人、机、料、法、环、测”等资源构成的有机体。产品质量是质量体系及其运作的结果，质量体系及其运作水平的高低决定了药品质量与质量安全水平的优劣。为此，药品生产企业建立健全完善的质量体系，是使其所生产的药品质量与质量安全水平达到各种标准的基本工作。

1. 建立符合 GMP 要求质量管理体系的前提条件 GMP 是全面质量管理的标准化管理在医药行业的具体体现。我国医药行业的发展是跨越式发展，留在人们思维中的那些陈旧的质量管理模式根深蒂固，再者，GMP 的实施也需要资源的投入，为此，建立现代化的质量管理体系的先决条件有以下两个。

（1）药品生产企业负责人的认知 企业负责人对建立符合 GMP 要求的质量管理体系要有正确的认识，要清楚地认识到 GMP 是现代质量管理最有效、最先进的方法，由于药品关系到人类的生命健康，关系到国计民生，国家才把这样的质量管理模式以法定的形式固定下来并强制推行。通过实施 GMP 生产出优质产品才是目标，而实施 GMP 是手段。基于国情，实施好 GMP 是长期且艰巨的工作，需要让 GMP 的理念和管理模式深入每个员工的思想和行为中。如果生产企业负责人本身对 GMP 及其实施没有深刻的认知，仅仅把 GMP 实施当成达到国家规定标准以获得生产许可，也就是把“手段当目标”，目标与手段倒置，这个工作就很难推行，即使推行也会形同虚设。

（2）药品生产企业负责人的决心 由于在 GMP 实施的过程中，前期需要做很多深入细致的工作，需要资源投入，需要企业负责人能率先垂范、身体力行，甚至需要深入第一线做具体的工作。这就需要企业负责人有决心、有定力，才能保证质量体系的建立。若对这样艰巨而又细致的工作没有决心，没有旗帜鲜明的态度，就很难把 GMP 实施到位。

2. 建立质量管理的目标 是全面质量管理的基本手段之一，药品生产企业建立的质量管理目标必须考虑以下方面。

（1）根据客户要求（导向）建立目标。

（2）目标不是空洞的口号，而是具体的、有明确标准的、可及性高的。

（3）能够根据目标明确形成质量方针、行动方案和具体操作流程。

（4）能够根据目标形成一体的、有机的组织构架和职责。

（5）能够根据目标把具体工作任务（分目标）分解到全体人员。

（6）把目标传达给供应商和客户，能根据目标选择和管理供应商，能得到客户的满意。

（7）能够根据目标对设备（硬件）供应商进行选择和控制。

（8）能够根据目标规定质量信息的有效流动、处理及控制。

（9）能够根据目标形成有效的质量培训和工作激励机制。

（10）能够根据目标形成质量成本控制及质量绩效的标准及其衡量单位。

（11）能够根据目标形成有效的预防和纠正措施。

（12）能够根据目标形成有效的质量追溯和回顾及不断提高的工作机制。

3. 质量管理体系的基本内容

（1）设计体系所选用或参照的标准。对于药品生产企业来说，参照的标准有各国、各类或者各种 GMP 标准等。

（2）确定符合药品生产企业运行实际情况的质量环。对于药品生产企业来说，就是形成可以进行追溯、不断改进和提高的工作机制。

（3）质量管理体系要素的选择。对于药品生产企业来说，就是根据品种、工艺、产能、环保、人保和 GMP 类型等药事管理法律法规的需要，确定其硬件、软件、人员组织等。

（4）质量职能及其确定和工作的展开。对于药品生产企业来说，就是根据客户的要求，选择物控、生产、包装、质保、质控、工程及维保维修等职能，并确保这些职能能够相对独立地开展工作。

（5）根据（4）调整和确定与质量职能相适应的组织机构和人员分配。

（6）质量职能的分解。

（7）质量责任制。

（8）质量管理体系运行、测量和回顾、风险评估、验证和持续验证的必要程序。

（9）质量成本的管控。

（10）定义质量管理体系及其运行的文件体系的设计、产生和持续改进等。

上述 10 项基本内容，均应充分体现该药品生产企业自身的特点，结合该企业自身实际来设计和制定。

4. 质量管理体系的基本要求 建立和完善药品生产企业质量管理体系，要达到两方面要求：一方面要保证满足市场与客户（包括药品监督管理部门）的需要；另一方面要使药品（包括物料、中间产品等）在全部生产活动过程中保持质量稳定，并使之处于受控状态。

（1）将物料供应商、药品生产企业和客户形成统一的质量链，并为此进行有效协作。

（2）建立完整的质量管理文件体系，覆盖（1）中所有的要素及运行机制。

（3）明确规定各个系统、各个部门、各个环节中每个员工、部门的质量责任及权限。

（4）建立良好的、畅通的、快捷的信息传递、沟通和交流系统及运行机制。

（5）配置完整的质量管理体系要素，各个要素之间既要相互界限分明，又要密切联系。

（二）质量管理体系的构成要素

质量管理体系的要素是由总纲性要素、基础性要素和过程性要素组成。

1. 总纲性要素 是质量管理体系的指导性要素，主要包括组织机构与职责、质量成本分析与管理、质量管理体系文件及质量审核等内容。

（1）组织机构与职责 包括与质量保证、质量控制及群众性质量管理组织等有关的组织机构及其工作职责。药品生产企业负责人应对药品质量与建立质量管理体系及其运作等全部的质量管理活动负责。药品生产企业质量管理部门应发挥其专业优势，规划、组织、协调、监督企业开展全面质量管理的具体工作。质量控制部门要对企业质量管理活动的进展不断进行评估和测量，并提供具体数据和解决问题的方案。

（2）质量成本分析与管理 质量管理工作是需要资源投入的。质量成本分析是从经济学角度评价质量管理效益的重要方法。质量成本管理是通过质量成本分析与控制提高企业质量管理综合效益的有效措施。药品生产企业实施质量成本管理要做好4项工作：①确定设置质量成本项目、核算方法与管理制度；②开展预测，提出质量成本的短中期、年度计划和实施成本管理的计划；③对实施质量成本管理的结果进行分析；④采取措施以稳定提高质量管理的综合效益。

（3）质量管理体系文件与记录（数据） 药品生产企业的质量管理体系及其运行是由质量管理体系文件来定义的，文件主要包括程序（标准）性文件和记录（数据）文件两大类。程序（标准）性文件包括企业质量方针、质量（目标）计划、质量手册、各类标准、各类规程、各类岗位操作法与标准操作规程等。记录（数据）文件一般包括生产质量记录（数据）、信息报表、账卡牌单标识等，是用以表明质量管理体系运行情况和证实其有效性的文件。企业质量管理部门对质量文件应按规定统一进行管理，包括指定管理归口部门、文件编制程序、发放管理、更改控制与换版规定等。质量管理体系文件与记录是一项基础性要素，在管理中应努力做到一切工作要以文件为依据，严格执行文件的规定并形成记录（数据）。

（4）质量管理体系审核与复审 质量管理体系建立和运行后，要定期或者不定期地对其适用性和有效性进行审核、复审及评定。审核范围主要包括组织结构、管理与技术标准、工作程序、人员素质、记录（数据）等，并报告审核结果，提出和落实整改措施。质量管理体系的复审与评定应由药品生产企业负责人或委托质量管理部门进行。

2. 基础性要素 是为达到总纲性要素的要求和保证过程性要素正常运行而确定的必要条件。当然，使整个质量管理体系得以有效运转，也必须确定相应的基础性要素。基础性要素包括以下3项基本内容。

（1）人员与组织 人员的素质（资质）、数量、职责、教育培训、考核与奖惩、卫生健康水平等。

（2）硬件条件 厂房设施、仪器设备、实验室、物料产品等，包括这些因素的标准和运行水平等情况。

（3）软件条件 各类客户要求、法律法规要求、技术标准、管理程序（文件）、记录（数据）管理、信息沟通交流管理、群众性质量活动（如QC小组活动、班组升级活动、合理化建议活动和职工代表提案活动等）等。

3. 过程性要素 是指按实际的生产过程，包括从原材料采购、生产、销售到药品不良反应报告等各个环节。具体包括供应商审计、原辅材料的验收和入库、生产、质量管控与回顾、运输销售、药品不良反应报告等，质量管理贯穿整个生产的各个环节，这些环节的管控情况就决定了药品质量情况。

不难看出，总纲性要素和基础性要素是质量体系的核心，过程性要素是这两个要素的具体体现，三者紧密联系，相得益彰。

（三）质量管理体系的职能

质量管理体系建设完成之后，就要进行运行，在运行过程中，必须发挥其应有的职能。质量管理体系的具体职能如下。

1. 组织准备 当前，全面质量管理标准化管理的时代，药品生产企业质量管理的主要任务就是“贯标”，也就是把客户（包括药品监管等部门）所设立的各种标准，贯彻质量管理工作的方方面面。这就需要在药品生产企业负责人的引领和统筹规划下，制定“贯标”的总体规划，开展宣传教育、骨干培训，提高对 GMP 等药品监管法律法规的理解和认识水平。

2. 体系分析 采用标准化的风险管理方式，比如“头脑风暴”和“鱼骨图”等方法，调查企业质量管理的现状。就质量管理体系的三大要素进行深入细致的分析。对照客户（包括药品监管等部门）的标准，找出问题和差距，并进行风险等级评估，评价要素的重要程度，并与企业已有要素的水平状况进行比较。在评价、比较的基础上，进行层次分析，具体确定各个要素的重要程度等级，确定工作内容及目标（包括定量标准）。

3. 质量职能分配 是一项艰巨复杂的工作，要做好质量职能分配工作，应制定翔实的质量管理体系要素及其质量职能和质量活动的分配方案，并组织讨论。药品生产企业负责人要对这个工作负责，按“分配方案”对质量体系要素及其质量职能和活动进行分配，明确承担职能和活动的部门或者人员，确认质量职能和活动的分配结果。

4. 编制质量管理体系文件 在药品生产企业负责人的统一规划下，由质量管理部门按照客户（包括药品监管等部门）的要求，根据国家药事管理法律法规的要求，对企业各个要素及其运行制定管理文件，使得从药品生产企业负责人开始到员工，各个部门、各个岗位都有明确的工作程序和操作规程，包括质量目标管理、质量方针、质量手册、技术标准、工作程序、管理标准及质量记录（数据）等，并正式颁布实施。

5. 建立质量管理体系 质量管理体系文件编制后，质量管理体系进入运行前的准备阶段。具体进行以下几项工作：编制质量管理体系实施计划、药品质量管理及各项专业计划，建立健全组织结构、配备人员与资源，编制相应的专业规范如生产管理、质量管理、物流管理、工程维护管理等业务规范等，制备并统一记录表、卡、单据与标识等。

6. 教育和培训 组织全体员工学习和贯彻质量管理体系文件，有计划、有重点地开展员工各类教育和培训，提高认识，熟练业务流程，不断深化质量管理，提高管理水平。

7. 质量管理体系运行 就是执行质量管理体系文件、实现质量目标、保持质量管理体系持续有效和不断改进优化的过程。质量体系的运行，要依靠质量管理体系组织结构的组织协调、监督、考核与信息反馈，并通过体系审核来实现。

8. 监督执行 在药品生产企业负责人的统一领导下，由质量管理部门、生产管理部门、物控管理部门和工程维护部门，组织协调和监督的质量管理文件的执行，使各项质量活动在目标、分工、时间和联系方面协调一致，保证体系的正常运行。企业应组织对外部与内部两个方面进行不同形式的质量监督，主要是符合性质量的监督。对监督中发现的问题，通过质量信息的良好流通和反馈，采取纠正和预防措施。

9. 质量体系审核与评审 企业定期或者不定期进行质量管理体系的审核、评审是保证质量管理体系有效运行与完善的手段。审核与评审不仅可以评价、确定体系的有效性，还可以对存在的问题采取纠正预防措施，以保证体系的持续有效运行。具体审核方式有外部审计、内部审计、质量回顾、年度自检等。

（四）质量管理体系运行评价

药品生产企业质量体系建立并运行后，要对其适用性与有效性进行评价和认证。所谓质量管理体系认证，是指为确信产品（药品）、过程或服务完全符合有关的标准或技术规范而由第三机构（包括认证的管理控制及检查机构）进行的证明（包括评定与注册）活动，其目的在于通过认证评定（包括咨询）和事后监督来证明质量体系符合并满足需方对体系的要求，同时对质量管理能力给予证实。通过质量管理体系的认证与评定，可以为企业带来信誉，赢得顾客的信任；更主要的是，由于建立了完善的质量体系，可以进一步提高和保证产品（药品）的质量，降低质量成本。

药品生产企业质量体系的评价标准，主要有两个方面。首先是整个质量体系的评价标准，既要符合国家或行业的有关质量体系标准，如 GMP 的规定要求，又要符合 ISO 9000 国际系列标准的原则要求。其次是具体的产品（药品）质量标准和工作、服务质量标准，其检验判定可以采用不同的形式，包括抽样试验、全数试验方式等。受试产品（药品）可抽自不同环节，也可通过分析企业已有各类产品（药品）的质量数据和用户反馈意见进行评价。工作、服务质量的评价，应按确定的质量要素，逐项对照有关规定和企业自定标准进行综合评价。标准指标的项目设置，可分为综合性指标与过程性指标两类。综合性指标包括全企业的主要经济指标（如总销售额、总利税、总费用）和综合管理目标（如方针目标实施、TQC 教育、QC 小组活动等）。过程性指标应包含从原材料采购、药品生产、销售至售后服务各阶段的相关指标，还可包含相应的专业管理内容（如采购、生产、包装、仓储、运输、质量等）。所设指标要考虑其全面性、系统性、先进性、可行性与实用性。

三、全面质量管理及其标准化管理

全面质量管理（Total Quality Management，TQM）是指以企业为主体，建立质量体系把全体员工组织起来，综合运用管理技术、专业技术与现代化管理方法，努力控制各种因素，提高商品、工作服务管理水平，把企业内各部门的研制质量、维持质量和提高质量的活动构成为一体的一种有效的体系，以最经济的手段，为用户提供满意的商品和服务，并取得良好的社会和经济效益的全企业、全员、全过程的科学质量管理活动。TQM 的基本核心是强调员工的工作质量，保证工序质量，以工序质量保证产品质量，达到全面提高企业和社会效益的目的。TQM 强调，产品质量是过程质量的结果，没有好的过程，就没有好的质量。

（一）TQM 的主要内容

1. TQM 的中心思想 全面的质量，包括产品质量、服务质量和成本质量。“质量”并不是指“最好”，而是指“最适合于一定顾客的要求”，这些要求往往是产品的实际用途及产品的售价。

（1）全过程的质量 质量贯穿生产的全过程，工作质量决定产品质量。质量管理体系的建立与完善，是开展质量管理工作的一种最有效的方法与手段。在组织方面，全面质量管理是质量管理等部门的工具。质量管理工作必须有企业负责人的全力支持，企业负责人应当成为企业质量管理工作的“总设计师”。质量管理体系工作包括两个方面：①为有关的全体人员和部门提供产品的质量信息和沟通渠道；②为员工和部门参与整个质量管理工作提供手段。

（2）全员参与的管理 强调全员参与质量管理。将影响产品质量的因素划分为以下两大类：①技术方面的，如设施设备、材料工艺等；②人方面的，即操作者、维护和管理人员。并且在这两类因素中，人是决定性因素。因此，要有效地控制影响产品质量的因素，控制人是主要的，就是要“以人本”，控制好“人”这一决定性因素，其他问题就会迎刃而解。

（3）全方位的质量 目的是建立一套完善的质量保证体系。要有效地控制影响产品质量的因素，就必须在生产或服务过程的所有主要阶段加以控制，这些控制就叫作质量管理工作（Job of Quality Control）。按其性质可分为 4 类：设计控制、物料控制、产品工艺控制和专题研究等。

2. TQM 的特点和主要技术手段

（1）TQM 的特点 ①一切为用户着想——“质量第一”的思想；②一切以预防为主——产品质量

是设计和生产出来的；③一切用数据说话——按照统计的方法处理数据；④一切按“P（Plan）、D（Do）、C（Check）、A（Action）”办事，这四条即所谓的“全面质量管理的 4 个一切”。

（2）TQM 的主要技术手段 质量目标管理和 PDCA 循环。

（二）全面质量管理的标准化

1. 标准及标准化的概念 按照我国国家质量管理协会的定义，标准就是对重复性事物和概念所做的统一规定。它以科学技术和实践经验的综合成果为基础，经有关方面协商一致，由主管机构批准，以特定形式发布，作为共同遵守的准则和依据。如果说标准是科学、技术和实践经验的总结。那么为在一定的范围内获得最佳秩序，对实际的或潜在的问题制定共同的和重复使用的规则的活动，即制定、发布及实施标准的过程，就称为标准化。

标准化是稳定的质量管理系统的保障，是提高产品质量和发展产品品种的重要手段。因此，企业无论是生产还是质量管控，都必须有一定的标准。产品标准为质量管理提供了目标，同时又起到揭示差距、鞭策后进的作用。一般来说，企业的标准化工作推行得越全面，产品质量的提高和产品品种的发展就越有保证。

企业标准化的对象是企业生产经营活动中存在着的重复性事物和概念，具体包括“物”和“事”两大方面。所谓“物”是指产品、材料、设备和工具等有形的事物；所谓“事”则是指事物的处理方法、工作程序等无形的事务。

企业标准化的基本任务就是结合企业的各项工作，特别是全面质量管理。但是，各个企业全面质量管理的要求不尽相同，为此通过制定和贯彻统一标准，比如 GMP 等，使企业的生产质量管理方面的标准得以统一，更加客观统一地改进质量，从而获得业内的认可，提高效率，降低成本，以最少的投入实现企业的质量目标。

2. 标准化的基本原理 在全面质量管理标准化管理的过程中，首先要解决如何对质量要素进行标准化的问题。因此，标准化的原理决定标准化工作的实施。一般说来，标准化的基本原理主要有以下 5 个方面的内容。

（1）最佳协调原理 实际上是全面质量管理过程中进行标准化的意义和依据，也就是说，必须要协调和平衡生产系统、设计系统以及销售系统，使得它们能够按照我们所设计的质量要求生产出符合顾客需求的产品。因此，质量在管理过程中所起的作用就是对全过程进行平衡和协调。

（2）简化统一原理 含有高新科技的产品，其意义并不在于产品本身使用过程中的高科技性和复杂性，真正的高科技产品应该能够让顾客使用起来感觉非常简单，完全可以用最简单的操作来取代过去很复杂的程序，达到或超过原来的使用效果。这种原则就是标准化的简化统一原理。

（3）分解合成原理 可以用电脑的组装和拆卸过程进行形象的比喻。在质量管理过程中将整体的质量分解成独立的质量要素，选择质量要素进行调查、收集和分析数据。当每个独立的质量要素问题都得到解决以后，再将它们进行合成，从而将完整、完美的产品提供给顾客。因此，分解合成原理实际上为我们提供了一种进行标准化的方法。

（4）优选再现原理 在进行标准化的过程中，优选再现原理是指通过 PDCA 循环工作，一旦解决某一个质量问题后，就需要对所采取的有效措施进行标准化，这是一个优选的过程。优选再现原理必须能够使得这种质量控制方法可以不断得到提高和修订。因此，优选再现原理也为我们提供了一种标准化的方法。

（5）稳定过渡原理 在对原有的质量控制方法不断提高和修订的过程中，一定要学习和吸取前一版质量标准、质量要求和质量管理办法的优点，并在此基础上进行创新。这样也就形成了标准化的第 5 个原理——稳定过渡原理。

3. 标准化的形式与类型 从标准化的 5 个基本原理中，可以清楚地看到标准化的 5 种形式：简单化、统一化、系统化、通用化以及组合化与模块化。其中，简单化要求将最复杂的东西最简单化，让用户的使用更为方便；统一化要求使质量能有统一的标准可依；系统化、通用化以及组合化与模块化要求质量能够进行分解和组合。

标准的类型总体上可以划分为 3 大类：技术标准、管理标准和工作标准。其中，技术标准包括基础标准、产品标准、方法标准、工艺标准、设备标准、安全卫生与环境标准等；管理标准包括管理业务标准、质量管理标准（如 GMP、ISO 9000 等）、程序标准等；工作标准包括专用工作标准、通用工作标准、管理工作标准等。

（三）全面质量管理的技术手段

全面质量管理的技术手段主要有两个，即质量目标管理与 PDCA 循环及其应用。

1. 质量目标管理 目标管理是一种管理模式，它是根据注重结果的思想，先由企业负责人提出企业在一定时期的质量总目标，然后由企业各部门和员工根据总目标确定各自的分目标，并在获得适当资源配置和授权的前提下积极主动地为各自的分目标而工作，从而使质量的总目标得以实现的一种管理模式。目标管理模式的实施可分为 4 个阶段：确定总体目标；目标分解；资源配置；检查和反馈。目标管理模式的优点非常显著。首先，它使组织的运作有了明确的方向，使每个组织成员都明确了各自努力的目标；其次，促使权力下放，强调员工的自我控制，这可以充分激发员工的积极性；再次，它为组织业绩的检查反馈和效果评价提供了更为客观的基础。

（1）质量目标管理的概念 质量目标管理是一种程序和过程，即按照 PDCA 程序，通过企业中的上级和下级一起商定组织的共同目标来决定上下级的责任和分目标，并以此作为评估和奖励每个层次与个人贡献的标准。质量目标管理也是一种管理思想和法则，它强调以人为本，“千斤重担人人挑”，采取一系列有效的方法和手段，完成策划的目标，并评价和寻找改进的时机，以达成并推进目标的管理。

（2）质量目标的制定 企业质量目标是企业在质量方面追求的目的。企业质量目标的建立为企业全体员工提供了其在质量方面关注的焦点，同时，质量目标可以帮助企业有目的地、合理地分配和利用资源。一个切合实际的质量目标可以激发员工的工作热情，引导员工自发努力地为实现企业的总体目标做出贡献，在对提高产品质量、改进作业效果方面有其他激励方式不可替代的作用。那么，如何制定企业的质量目标呢？

制定质量目标的前提是要明确质量目标制定的依据。质量目标制定的依据应包括（但不限于）以下几个方面：①顾客需要和市场情况；②企业对顾客、对社会的承诺；③法律法规的要求；④本行业市场竞争对手的情况；⑤与本行业有关的社会经济发展动向和政府宏观政策调整；⑥企业中长期发展规划和经营目标；⑦企业质量方针；⑧企业管理评审的结果；⑨企业上一年度末的质量目标及存在的问题。

在明确质量目标制定的依据后，开始制定质量目标。

首先，企业质量目标应分阶段制定，可分为中长期质量目标及年度（季度、月度、周等）质量目标。企业各层次应依照企业的中长期质量目标和年度（季度、月度、周等）质量目标，制定本层次相应阶段的分解质量目标，企业内各层次相应阶段的分解质量目标值应不低于企业的质量目标要求。

其次，企业各阶段的质量目标都应包括总体质量目标和各层次的分解质量目标。质量目标制定的基本原则如下。

1）质量目标应根据企业的质量方针制定。质量目标应在分析当前主要质量问题的基础上制定，应根据企业当前的实际情况，选择重点、关键项目作为质量目标。质量目标的内容可包括：①产品要求，即体现产品的固有特性（如物质的、感官的、行为的、时间的、工效的、功能的特性）和产品的赋予特性；②满足产品要求所需的内容，即满足产品要求所需的资源、过程、文件和活动等；③质量目标应包括对持续改进的承诺，体现分阶段实现的原则。制药企业应根据自己的特点、产品和服务的特点确定质量目标的内容。

2）质量目标应能够具体量化，应设立可测量的质量目标值。质量目标应明确指标如何采集、数据如何处理、计算的公式、考核的频次等。并且质量目标应尽可能量化，让员工明确质量控制必须达到的程度，为员工提供自我控制质量的依据，为组织、层次、个人评判业绩提供标准。

3）质量目标应略高于现有水平，并确认经努力后可实现。质量目标值原则上应是经过员工努力之后可以达到的数值。质量目标既不能高不可攀、好高骛远和脱离实际，也不能唾手可得、失去对员工的激励作用和背离企业的发展需要。企业应制定适宜的、富有挑战性的质量目标，不断激励员工的积极性和创造性，满足企业与时俱进的发展要求。

4）质量目标应兼顾企业的长远考虑和当前需要、企业利益与社会效益、企业发展与员工发展。质量目标不能片面化，而应综合平衡各方面愿景、考虑和利益。只有全面的质量目标才会得到各方面的拥护和支持，才能使员工团结一致共同努力。只有这样的质量目标才有生命力，也只有全面的质量目标，才能真正地引导企业走向卓越。

（3）质量目标制定的步骤　一般来说，质量目标制定有以下几个步骤。

1）找出目前企业质量工作需关注的关键问题。通过对市场调查、管理评审、围绕质量工作难点问题的统计分析，明确企业与行业先进企业、顾客的需求等方面存在的差距和不足，找出对质量方针有重大影响的关键事项，也可以通过质量审核的结果、不合格出现的情况、纠正或预防措施等来发现问题。

2）对关键事项进行分析，确定问题的范围，分析对关键事项影响重大的因素，并充分考虑其资源、人员等配置情况，考虑其对企业的影响程度，根据这些影响因素来确定质量目标的范围。

3）由企业存在的问题引出质量目标。根据企业存在问题制定的质量目标具有针对性和挑战性，并且在实施过程中具有可操作性。例如，发现产品的合格率较低，可以产生一个新的合格率水平控制点；发现企业质量损失率太高，可以制定一个新的质量损失率控制标准。

4）可由质量管理部门根据质量目标建立原则，提出多个质量目标备选方案，通过“头脑风暴”集思广益后，确定企业的最终质量目标。

对于制药企业可以分两步制定质量目标：①每阶段终期由企业各层次统计、检查本阶段该层次分解质量目标的实现情况，并制定下一阶段的分解质量目标，完成分解质量目标报告提交至企业质量目标制定部门；②企业质量目标制定部门在整理汇总企业各层次分解质量目标报告后，提出下一阶段的质量目标草案，组织企业各层次进行评审和确认，形成企业下一阶段总体质量目标。

（4）质量目标的变更　当实现质量目标的主、客观条件发生变化，导致原质量目标无法实现时，企业应对质量目标做出及时修改，修改的具体情形包括（但不限于）：①质量目标存在不合理性或质量目标已实现，需制定新的质量目标；②企业组织机构发生重大变动；③与质量目标相关的法律、法规和其他要求发生变化；④相关方提出特殊要求。

2. PDCA 循环　是全面质量管理最基本的工作程序，即计划—执行—检查—处理（Plan、Do、Check、Action）。PDCA 循环是美国质量管理专家沃特·阿曼德·休哈特（Walter A. Shewhart）首先提出的，由戴明采纳、宣传，获得普及，所以又称戴明环。它是指在一切管理活动中，提高管理质量和效益所进行计划、实施、检查和处理等工作的循环过程。运用 PDCA 循环的原理，可以加强对企业生产质量的管理，对保障药品质量与质量安全具有重要的现实意义。全面质量管理理论认为，这个技术本身就是一个从初级向高级循环转动的过程，能使得一个体系达到对质量的有效管理，能更好地实施 GMP。

（1）计划（Plan）　包括方针和目标的确定以及活动计划的制订。PDCA 方法的核心是计划。计划在实施、检查和处理阶段都有其不同的内涵。把握好了计划，就把握了 PDCA 方法的灵魂，其他阶段的工作也就能顺利有效地展开，达到计划要求的结果。针对推行 GMP 实施的计划，首要前提是要求企业负责人对 GMP 有充分的认识，积极参与计划活动。质量管理计划涵盖以下内容。

1）以 GMP 为准则对企业现状进行全面分析：识别企业特点和运作的主要过程和各个关键子过程以及支持性过程，分析这些过程的相互关系和作用。企业建立的质量管理制度，可作为对企业状况进行分析的线索和路径。换言之，经综合分析所识别的企业生产特点及过程之间的相互关系作为制定这些管理制度的依据。

2）设计文件系统：设计不同层次的文件，在质量体系运行的过程中发挥不同作用。文件可以分为以下 3 个层次：①质量方针和质量目标类文件；②标准类文件，包括技术标准、管理标准和工作（操作）标准；③记录（凭证）类文件以及文件管理控制程序。文件应符合国家法律法规及明示规定要求。根据企业的特点制定管理和工作标准性文件和记录（凭证）类文件，强制性法规标准必须直接采用为技术标准性文件，通常记录（凭证）类文件对标准类文件起到支持性作用。最后，不可或缺的是要有如何控制文件的程序文件，以及确定文件编写、审批、修改、分发、保存、处置等的方式方法。

3）明确界定职责：质量管理体系和文件必须注重规定过程的接口关系，妥善界定和分配职责。因为在实施 GMP 时各个过程之间的关系作用纵横交错，如若不能清晰地加以区别和规定，会使各部门和人员的职责不明，进而影响体系运作的有效性和效率。实践中要注意根据实际操作情况适时对文件给予评审和修订。

4）建立质量管理体系：建立质量管理体系应考虑与企业原有的其他管理体系的相容性。避免将各种管理体系简单重叠而造成效率下降，甚至是产生负效率。建议编写文件时采用“自下而上”的方法，以确保文件能反映过程特点，增强文件的可操作性。

（2）实施（Do）　就是具体运作实现计划中的内容。当总体质量管理体系计划完毕形成文件后，则进入实施阶段。首先应对企业员工对体系文件进行培训，培训各相关岗位人员，研究分析实施过程中不可预见的因素以及确定对突发性事件将采取的应变措施等。按照循序渐进的原则推进实施，对药品研发、生产、质量管控以及相关的资源和活动均加以控制。实施过程必须有良好的沟通、交流和信息反馈渠道，以便企业负责人和有关员工都能及时知晓体系的建立和运行状况，确保实施顺利进行。

（3）检查（Check）　就是要总结执行计划的结果，分清对错，明确效果，找出问题。检查环节的重要性体现在为质量体系提供的自我完善、持续改进的机制。检查质量体系运作情况和各项改进措施的评价、审核和验证等，是推动 PDCA 方法不断向前转动的重要环节。应做好以下工作。

1）检查计划：主要内容包括体系、人员和措施，确定检查的准则、方法以及检查的实施方案。检查准则为相关的要求，如规范、法规、体系文件，包括顾客的要求。检查方法包括查（记录、档案）、问（与当事负责人交谈）、看（实际操作情况）、收集客观证据，并将其与检查准则对比评价，以获得检查结果。

2）体系运行状况的检查：企业负责人和质量管理部门应每年至少对企业质量体系进行一次自检。由各部门准备相关的体系运行情况资料，参加自检。对照检查准则评价体系运行是否符合规范要求，是否适合企业运作，是否具备有效性和效率，并提出改进建议和意见，形成决定落实实施。

3）人员的检查：根据 GMP 对企业各层次、各岗位人员的学历、技能、经验等方面的要求进行人员考核。检查培训计划是否制订和实施，以及培训记录的情况审核、评价培训效果、跟踪验证受训人员在岗位的能力状况改善的结果。有条件的企业应结合对员工绩效的管理考核，实施对 GMP 人员的检查。人力资源与业务部门共同确定岗位的工作要求，评定考核准则、员工岗位工作绩效记录和评价方式。

（4）处理（Action）　行动或处理是指对总结检查的结果进行处理，对成功的经验加以肯定，并予以标准化或制定作业指导书，便于以后工作时遵循，对于失败的教训也要总结，以免重现。处理既是

PDCA 方法中的最后一环，亦是启动下一轮 PDCA 转动的起始环，是 PDCA 循环的关键。因为处理阶段就是解决存在问题，总结经验和吸取教训的阶段。通常根据检查环节中发现的问题，确定处理的方式和应采取的措施。但在 GMP 的质量体系建立和实施之初，有些问题在各部门运行过程中已表现出来，遇到这样的情况相关部门应及时采取措施加以解决，而不要等下一轮检查再处理。若该问题无法得以解决或是新出现的问题，则需转入下一个 PDCA 循环去解决。

面对问题实施改进措施前，需对该措施进行评审，以确定是否有必要采取这些措施以及措施实施将会给体系的其他程序带来的相关影响。除符合规范和各种相关要求之外，还应与措施所针对的问题的影响相适应。例如，质量问题的不良影响已达企业外部，其措施就必须有达到消除不良影响的能力，才能称之为相适应。

并且改进措施的实施也应进行验证。实施改进措施实际上已使原体系提升一个台阶，而验证工作则是对体系在新台阶运行状况的分析，为下一个循环的计划提供依据。药品生产企业推行 GMP 是一项复杂的系统工程，企业可以通过 PDCA 循环方法，使质量管理工作更上一层楼。

GMP 是药品生产企业推行 TQM 的具体标准和措施。药品如果只按照质量标准检验合格，并不能完全客观地反映药品生产的全过程，而且对于药品生产企业来说，生产过程是一个连续的生产过程，质量检验是不可逆的，一旦发现原料、辅料、半成品、成品不合格，往往会造成很大的浪费，所以单靠原料、辅料、半成品、成品的终端控制是远远不够的，需要运用全面质量管理的思想进行生产全过程的控制。只有生产的全过程控制在稳定状态下，才能保证物料进入制造阶段、半成品流入下道工序、成品进入市场并最大限度地保证成品合格，尽可能地减少资源浪费。药品生产企业只有从原料采购、入库开始，一直到制造、成品出厂的全过程实施 GMP 管理，药品的质量才能够真正得到保证。因此，必须制定原辅料、包装材料、中间体（半成品）、成品质量标准（包括法定标准和企业内控标准），建立原辅材料生产企业质量审计和进厂验收等制度，对工艺用水、生产环境监测制定相应的标准，制定和完善产品工艺规程和岗位操作规程，健全工艺卫生管理制度、留样观察制度、用户访问制度等各项管理制度，并相应建立各项记录。生产管理、质量管理、物流管理与工程维护等部门应分别对自身系统内的各控制环节进行全面检查，不断发现问题，不断持续改进，最终才能够全面提高产品质量。

第二节　质量保证

PPT

ISO 9000 将质量保证（Quality Assurance，QA）定义为“质量管理的一部分，致力于提供符合质量要求的产品”。2020 年新修订《药品生产监督管理方法》规定：药品上市许可持有人应当建立药品质量保证体系，履行药品上市放行责任，对其取得药品注册证书的药品质量负责；药品生产企业从事药品生产活动时，要对质量体系运行过程进行风险评估和持续改进，保证药品生产全过程持续符合法定要求。

一、QA 的概念

质量保证是质量管理的一部分，它致力于提供质量要求会得到满足的信任。在全面质量管理标准化管理时代，QA 就是指药品生产企业按照客户（包括药品监管部门等）的标准，建立质量管理体系，并按照客户的标准运行这个体系，生产出符合客户标准产品的全部活动（工作）。QA 就是指为了使产品或服务符合规定的质量要求，并提供足够的置信度所必须进行的一切有计划的、系统的活动。QA 也可以理解为使客户确信某一产品、过程或服务的质量符合规定的质量要求所必需的全部有计划、有组织的活动。所以说，质量保证的内容绝不是单纯的保证质量，保证质量是质量控制的任务，质量保证是以保证质量为其基础，进一步引申到提供“信任”这一基本目的。

药品质量保证就是指按照客户（包括各类药品监管部门等）要求，建立满足各类 GMP 标准的质量管理体系，并按照确定的 GMP 运行这个体系，生产出符合客户标准（包括各类药典或者药品标准等）药品的全部活动或者工作。由于 GMP 等法律法规是目标市场对药品质量管理体系的最低要求，一般客户标准和这些法定要求一致，当然，也有要求比法定要求高的客户。而让客户置信度提高或者满意的办法就是提供质量管理体系的定义文件，并让客户按照文件进行生产现场的审核（检查、审计或者认证等）。当客户深刻体会到整个质量管理体系及其运行都是按照自己规定的标准进行时，客户的置信度就会达到峰值。

二、QA 的构成与建立

QA 体系的构成与建立是按照客户标准进行的，为此，必须通过与客户的沟通交流，明确客户的标准，包括产品和质量管理体系及体系要素的标准。比如，客户产品的用途是在中国销售，因此，客户标准为《中华人民共和国药典》（以下简称《中国药典》）和中国 GMP 等；如果客户产品的用途是在国外销售，那么客户的标准则为国外相关标准和国外 GMP 等。一般而言，QA 体系由以下 4 个基本方面构成。

（1）产品设计研发过程的 QA 体系　产品开发和设计是产品质量的源头，是决定产品质量优劣的最关键的环节，为此，要严格按照客户的标准进行质量管理体系的设计与建立，按照客户的标准进行验证和运行。

（2）产品生产过程的 QA 体系　产品生产过程涉及物料控制、生产工艺控制、质量控制与工程维护管控等环节，为此，要严格按照客户标准进行质量管理体系各个要素的设计和建立，严格按照客户的标准进行操作，生产出符合客户标准的产品。

（3）生产质量所涉及的制药装备 QA 体系　随着生产力和科技水平的不断提高，制药企业自动化、程控化和数字化装备的使用在“人、机、料、法、环”等方面越来越普遍，为此，要严格按照客户的要求，设计和建立工程装备的 QA 体系，确保生产过程稳定可靠。

（4）原辅材料、成品包括其储运过程的 QA 体系　由于上游企业产品质量水平决定了下游企业产品质量水平的边界，为此，要严格按照客户的标准，对上游企业进行审核，对其质量管理体系进行严格界定，对产品质量标准进行确认等，确保本企业生产质量管理工作的正常展开。

基于以上的构成，配置各个质量管理要素，构建 QA 体系。

三、QA 的要求

QA 体系的建立和运行必须满足以下要求。

（1）质量管理体系的所有要素都要有明确的客户标准，如果没有明确客户标准，企业自身设定的标准也要经过客户的认可。

（2）质量管理体系的所有要素，都要进行标准化的风险评估，并根据评估结果确定验证的范围和验证的深度。

（3）质量管理体系及其运行定义文件必须全面缜密，没有空白、交叉和重叠，文件所涉及的内容层次清晰、描述准确、内容明确。

（4）生产所涉及的物料、中间产品和成品，包括实验室所涉及的实验材料、实验试剂、实验仪器、实验动物、标准品、对照品等都要有明确的客户标准，或者得到客户的认可。

（5）关键人员的资质必须得到客户的认可，发挥好质量受权人的作用。

（6）培训体系符合客户要求，所有人员都要经过标准化的培训，包括上岗前培训和继续培训，确保质量管理体系文件的正确执行。

（7）按照客户的要求，能对质量管理体系及其运行能进行分析、评估和回顾，有能力进行预警和有效干预，确保 QA 系统的有效性和适用性。

（8）按照客户要求，建立符合国家法律法规要求的追溯系统、药品召回系统、投诉处理系统、药物警戒管控系统等，并确保这些系统正常运行。

PPT

第三节　质量控制

质量管理体系、QA 体系开始运行后，各个要素、各项功能和指标有没有达到规定要求，距离客户规定的标准要求差距情况，都必须进行不断的测量和评估，并提出结论和解决方案，这个过程就是质量控制（Quality Control，QC）。

一、质量控制的概念与分类

QC 是指 QM 或者 QA 为达到质量标准所采取的作业技术和活动。具体而言，QC 是从质量环运作开始，跟随质量环，并不断分析、评判质量环运行的状况，对不符合客户标准的情况提出预警，与 QA 或者 QM 一起研究解决方案，并指导监督实施，消除或降低质量环上所有阶段引起风险的因素，以达到质量标准，得到客户认可，而采用的各种质量作业技术和活动。

就具体工作而言，根据质量控制学说，现代质量工程技术把质量控制划分为若干阶段，在产品开发设计阶段的质量控制叫作质量设计控制，在制造中需要对生产过程进行监测，该阶段称为生产质量监控阶段。以抽样检验为手段的是传统的质量控制，也被称为事后质量控制。对在设计和生产过程所涉及的参数（质量特性值及其波动）进行评估和测量，一般称为事先质量控制。以抽样检验为手段的是传统的质量控制，也被称之为事后质量控制。和其他质量管理的原理一样，质量控制关键应是源头治理，预防越早越好，因此事先控制优于事后控制。随着现代质量管理科技的不断发展，事后检验控制逐渐被取代。一些发达国家中的制药企业实行“参数放行”，已经取消事后检验。

二、质量控制的功能与程序

（一）质量控制的功能

1. 鉴别功能　根据客户等管理和技术标准、作业（工序）规程或订货合同、技术协议的规定，采取相应的检测、检验方法观察、试验、测量产品的质量特性，判定产品质量是否符合规定的质量特性要求。

2. 预警功能　通过严格的质量检验，对药品质量检验结果、关键生产记录和偏差控制情况进行审核，剔除不合格品并予以“隔离”，实现不合格原材料不投产、不合格的产品组成部分，及中间产品不转序、不放行、不合格的产品不交付（销售、使用）。符合标准、条件的产品，经质量受权人签字后方可出厂放行。

3. 预防功能　对原材料和外购物料的进货检验，对中间产品转序或入库前的检验，既起把关作用，又起预防作用。前一个过程（工序）的把关就是对后一个过程（工序）的预防。通过过程（工序）能力的测定和控制图的使用以及对过程（工序）作业的首检与巡检都可以起到预防作用。

4. 报告功能　为了使质量管理部门或者 QA 及时掌握产品生产和服务提供过程中的质量状况，评价和分析质量控制的有效性，把检验获得的信息汇总、整理、分析后写成报告，为质量控制、质量考核、质量改进以及领导层进行质量决策提供重要的依据。

（二）质量控制实施的程序

QC 根据 QM 或者 QA 的要求，实施 QC 的功能，大致可以分为 7 个步骤。

（1）选择控制对象。

（2）选择需要监测的质量特性值。

（3）确定规格标准，详细说明质量特性。

（4）选定能准确测量该特性值的监测仪器和装备，测试工艺或者手段。

（5）进行实际测试并做好数据记录。

（6）分析实际与标准之间存在差异的原因。

（7）采取相应的预防和纠正措施。

当采取相应的纠正措施后，仍然要对过程进行监测，将过程保持在新的控制水准上。一旦出现新的影响因素，还需要测量数据分析原因进行纠正，因此这 7 个步骤形成了一个封闭式流程，称为“反馈环”。

三、QM、QA、GMP 与 QC 之间的关系

在全面质量管理标准化管理时代，一个企业 QM 一般会包括若干个 QA，就药品生产企业而言，会生产不同客户要求的产品，比如符合中国标准在国内销售，符合美国标准出口美国药品等。而 GMP 实施又是 QA 工作的一部分，因为就药品生产而言，药品生产过程要执行的药品监管的法律法规很多，例如《药品注册管理办法》《药品生产监督管理办法》等，GMP 只是众多法律法规中的一个主要标准。质量控制又是 GMP 的一部分，涉及对药品生产的整个过程的控制，从所用物料的购入、储存、发放到中间产品和成品，从设备的安装、维修、保养到各项卫生管理制度，从产品生产到产品销售与收回，从程序执行到各种记录形成，都必须要全面符合 GMP 的要求。

图 2－1 表示全部质量管理工作。

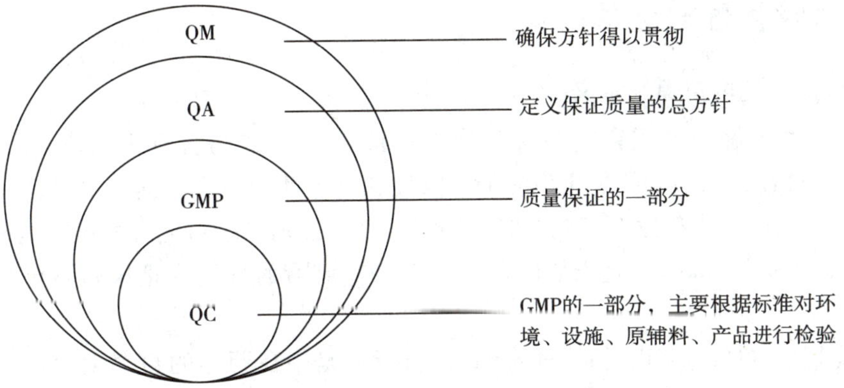

图 2－1　QM、QA、GMP 与 QC 之间的关系

总而言之，通过对 QM、QA 和 QC 的深入学习，不难看出，QA 就是满足客户对药品生产企业质量管理体系的要求所采取的所有活动。而实际上，客户对企业的质量管理体系的要求（标准）有很多，其中 GMP 只是对药品质量安全中的防止污染、差错的要求，因此，GMP 只是 QA 中的某一方面。同时 QC 是检测产品发生污染或差错的技术措施，所以 QC 又是 GMP 的一个要素。

当然，质量保证包含质量控制，质量控制的责任是为质量保证提供必要的测量与评估等技术支持。质量保证则着眼于整个质量管理体系，使得整个质量管理体系及其运行有目标、有标准。没有质量控制就谈不上质量保证。

四、GMP 对质量控制的要求

对于药品生产企业，结合质量控制的功能与实施的程序，GMP 对质量控制要求如下。

（1）应当配备适当的设施、设备、仪器和经过培训的人员，有效、可靠地完成所有质量控制的相关活动。

（2）应当有批准的操作规程，用于原辅料、包装材料、中间产品、待包装产品和成品的取样、检查、检验以及产品的稳定性考察，必要时进行环境监测，以确保符合本规范的要求。

（3）由经授权的人员按照规定的方法对原辅料、包装材料、中间产品、待包装产品和成品取样。

（4）检验方法应当经过验证或确认。

（5）取样、检查、检验应当有记录，偏差应当经过调查并记录。

（6）物料、中间产品、待包装产品和成品必须按照质量标准进行检查和检验，并有记录。

（7）物料和最终包装的成品应当有足够的留样，以备必要的检查或检验；除最终包装容器过大的成品外，成品的留样包装应当与最终包装相同。

第四节　质量风险管理

PPT

2005 年 11 月 9 日，国际人用药品注册技术协调会（ICH）发布了《质量风险管理》（ICH－Q9）指南文件，正式在人用药品领域引入质量风险管理的概念。2021 年 11 月 18 日，ICH 发布了新版 ICH Q9（R1）《质量风险管理》指南，明确制药企业必须对药品整个生命周期根据科学知识及经验对质量风险进行评估，并最终与保护患者的目标相关联。

一、质量风险管理概述

（一）质量风险管理的渊源及定义

风险（Risk）是指不确定性因素对目标的影响，被定义为“伤害发生概率和伤害严重程度的组合”。质量风险（Quality Risk）是指损害发生的可能性和严重性的组合。其中，损害（Harm）是指对健康的伤害，包括由产品质量或有效性降低造成的伤害；严重性则是指对危害所可能造成后果的衡量。

风险管理（Risk Management）是指如何在一个肯定有风险的环境内把风险减至最低或可接受水平的管理过程。

药品质量风险管理（Quality Risk Management，QRM）是指在药品的整个生命周期（包括从最初的研发、上市、生产、销售一直到最终从市场消失的全部过程）中对产品质量进行风险评估、控制、沟通和审核的系统过程，旨在将各类不确定因素产生的结果控制在预期可接受范围内，以确保产品质量符合要求。

1930 年，风险管理萌芽于美国，美国企业最初用于应对经济大萧条对企业所产生的影响，主要针对企业经营风险和金融风险。

1938 年后，美国企业对风险管理开始采用科学的方法，并逐步积累了丰富的经验。

1950 年后，风险管理发展成为一门学科，“风险管理”一词才形成，并开始逐渐应用。

1970 年后，随着应用所取得的巨大成果，掀起了全球性的风险管理热潮。法国和日本都相继开始风险管理的研究。

1983 年，美国召开风险和保险管理协会年会，世界各国专家、学者共同讨论并通过了“101 条风险管理准则”，这标志着风险管理的发展进入了一个新的发展阶段。

1986 年，由欧洲 11 个国家共同成立的“欧洲风险研究会”将风险研究扩大到国际交流范围。

2002 年 8 月，由美国 FDA 在《面向 21 世纪的药品 GMP：基于风险的方式》报告中首次正式提出。这标志着质量风险管理在制药行业中开始应用。

2005 年 11 月，ICH 发布了药品质量风险管理的指南——《质量风险管理 Q9》。该指南率先系统地阐述了药品质量风险管理的原则、范围、应用步骤以及潜在应用领域等，为药品质量风险管理的应用指明了方向。随后，该指南于 2006 年被美国 FDA 批准为行业指南，又于 2008 年被欧盟委员会批准为 EU GMP 附件。

2010 年 3 月 1 日，我国新修订《药品生产质量管理规范》也引入了质量风险管理的理念，在第二章第四节中做出了原则性的规定。

2019 年 12 月 1 日，我国颁布实施的新修订《药品管理法》引入了风险管理的理念，多次明确了风险管理的重要性和作用。这就标志着，药品风险管理的理念和方法已经被列入国家立法的视野和范围，并成为一个具体的法条固定下来。

（二）质量风险管理的意义

质量风险管理力求把风险导致的各种不利后果降低到最低限度，使之符合产品质量和服务质量的要求。一方面，风险质量管理能促进决策的科学化、合理化，减少决策的风险；另一方面，风险管理的实施可以使生产活动中面临的风险损失降低至最低。质量风险管理原则被广泛地应用于财务、保险、执业安全、公共健康、药物安全等众多领域。质量管理体系的重要性在制药行业已经得到认可。质量风险管理是质量管理体系的一个重要组成部分，这一概念也逐渐被人们所理解。在原料药、制剂、生物制品等产品的整个生命周期内，可以将质量风险管理应用于与药物质量相关的所有方面，包括原料、溶剂、辅料、药品（医疗）产品、生物和生物技术产品中原料、溶剂、辅料、包装和标签材料的使用，开发、生产、发放和检查及递交过程。在产品生命周期中的特定领域和关键过程的设计中，使用标准的质量风险管理方法能够帮助我们主动识别并控制研发和生产过程中潜在的质量问题，进一步保证和加强产品、工艺和服务的质量。质量风险管理应贯彻两个原则：①对质量风险的评估应基于科学知识，并最终与保护患者联系起来；②质量风险管理过程的努力程度、形式和文件应与风险水平相称。

二、质量风险管理的基本程序

质量风险管理过程包括启动质量风险管理过程、风险评估、风险控制、质量风险管理程序的输出/结果、风险回顾以及贯穿管理过程始终的风险沟通环节。

（一）启动质量风险管理过程

质量风险管理应设计为协调、促进并能科学地改善风险决策的系统过程。启动质量风险管理程序主要包括如下步骤。

（1）定义质量风险问题，包括确定潜在质量风险的相关假设。

（2）收集与质量风险评估相关的潜在危险、伤害或影响人体健康的背景信息、资料和（或）数据。

（3）确定领导和必要的资源，通常由医药企业的质量负责人作为质量风险管理团队领导，负责协调与质量风险管理的相关资源。

（4）就质量风险管理流程列出计划进度表。

（二）质量风险评估

质量风险评估包括质量风险识别、质量风险分析和质量风险评价 3 个要点。

质量风险评估是阐述一个明确界定的质量风险问题。如果所述质量风险得以明确界定和阐述，则将便于确定适当的药品质量风险管理工具和质量风险评估所需的信息和资料类型。在质量风险评估中，主要解决以下 3 个基本问题。

（1）什么可能出错或发生故障？

（2）出错或发生故障的可能性（概率）有多大?

（3）因出错或发生故障而产生的后果的严重性?

（三）质量风险控制

质量风险控制是指对降低和（或）接受风险做出决策。质量风险控制的目的是将质量风险降到一个可以接受的水平，相关措施应当与质量风险的重要性相匹配。在质量风险控制中，主要是解决以下4个基本问题。

（1）质量风险是否超出了预定的可接受水平?

（2）如何降低或消除质量风险?

（3）确定利益、质量风险和资源之间的恰当平衡点是什么?

（4）对确定的质量风险加以控制的结果，是否会引入新的质量风险?

质量风险控制主要包括质量风险降低和质量风险接受两部分。

（四）质量风险沟通

质量风险沟通，是指风险决策者和其他人员共享质量风险和质量风险管理的相关信息。各方可在风险管理管理过程任何阶段进行沟通。质量风险管理沟通的信息包括质量风险的存在、性质、形式、概率、严重程度、可接受性、控制、处理、可检出性或风险的其他方面。此外，必须注意质量风险管理结果输出的形式和深度，以便于相关质量风险的沟通和交流。

（五）质量风险回顾

应当定期对质量风险管理的结果进行回顾审核，以确认相关风险评价和控制步骤可以充分地解决风险问题。质量风险回顾的周期由风险的级别来确定。一般当发生如下事件时应启动质量风险回顾：①计划性事件，包括产品质量回顾、检查和审计以及变更控制；②非计划性事件，包括偏差调查和产品召回。

质量风险管理的基本程序如图2－2所示。

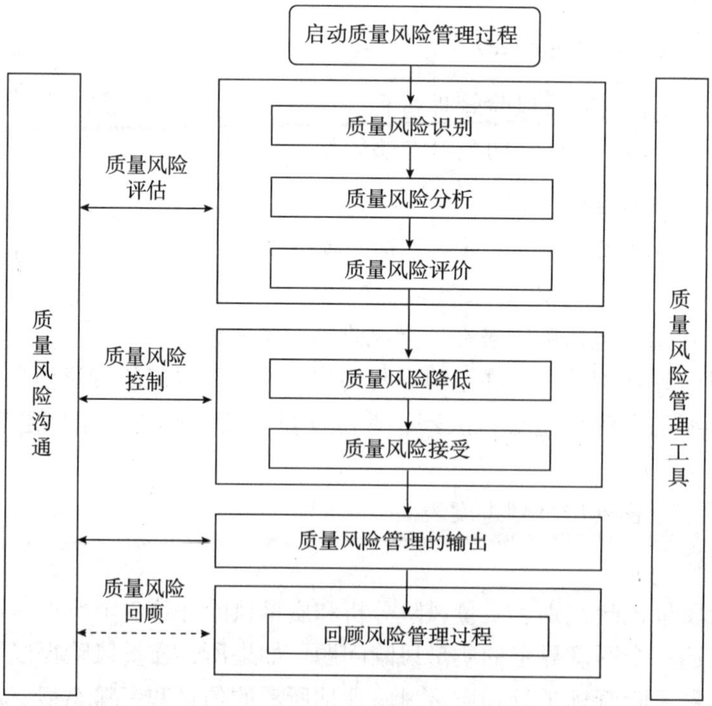

图2－2 风险管理程序示意图

三、质量风险管理工具

药品质量风险管理工具（Quality Risk Management Tool，QRM Tool），是指在药品质量风险管理的过程中用于识别、分析和评价相关质量风险情形和水平的工具或模型。风险管理工具的开发和使用，使得风险管理得以具体化和量化，使得质量风险管理成为可以评估和测量的工作。风险管控工具大致分为两类：定性（简单）工具和定量（复杂）工具。

（一）定性工具

1. 基准比较（Benchmarking） 基准比较工具的应用起源于美国施乐（Xerox）公司，施乐曾是影印机的代名词，但日本公司在第二次世界大战以后，实施 TQC，使得产品质量大幅度提升。1976 年，日本产品市场占有率居然高达 80%。因此施乐于 1979 年开始实行基准比较，总裁柯恩斯 1982 年赴日学习竞争对手，买进日本产品，并通过“逆向工程”，从外向内分析其零部件，并学习日本企业 TQC 的实施经验推动全面品管，从而在复印机上重新获得竞争优势，迅速把日本公司的产品占有率从 80% 降至 13%。

（1）基准比较的定义　IBCHDC（International Benchmarking Clearing House Design Committee）对基准比较的定义是“基准比较是一个系统地、持续地测评的过程，是同世界范围内杰出企业比较业务的过程，以便获得能够帮助企业采取行动以提高其业绩的信息”。

（2）基准比较的内容　包括 3 个方面：①通过测评找出企业内部哪些方面绩效低下；②寻找优秀企业进行比较；③确定改进方案并应用于实践以提高企业绩效。

（3）基准比较的分类　根据比较内容的不同，基准比较的类型有指标基准比较、过程基准比较、战略基准比较，见表 2－1；根据基准对象所处范围的不同，基准比较的类型有内部基准比较、竞争基准比较、职能基准比较及一般基准比较，见表 2－2。

表 2－1　根据基准比较内容的分类

类型	具体定义
指标基准比较	检查一组绩效测量指标，通常对每一个或一组具体特性进行比较，但并不提供造成这种不同的原因以及达到较好指标的途径
过程基准比较	用来比较并改进具体操作、工作实践和业务流程，通常检查过程流、效率、效果、周期或成本等，并且关注事情是如何做的
战略基准比较	对组织结构、管理实践和业务战略进行比较

表 2－2　根据基准比较对象所处范围的分类

类型	基准对象	优点	缺点
内部基准比较	同一企业不同部门	最容易，对于没有经验或经验不足的企业来说是最好的选择；实施速度快，成本低，可移植性好；改进的机会源于内部	期望收益最低，容易导致自我封闭，产生曲解
竞争基准比较	直接竞争对手	基准对象容易确定	信息获取难度大，以往的经验很重要
职能基准比较	同一行业内的非直接竞争对手	大量潜在的基准对象	由于文化和环境等的不同，造成信息的可移植性差，适合具有丰富基准比较经验的组织
一般基准比较	完全不同性质企业的过程比较	适合通用过程，潜在效果巨大，可以导致根本性变化和创新	非常难执行，要求有丰富的基准比较经验

（4）基准比较的流程　主要包括以下 9 步，如图 2－3 所示。

（5）基准比较应用的实例分析　为了更好地理解并应用基准比较，下面以基准比较在药品生产质量管理过程中的应用为例进行介绍，表 2－3 是各发酵厂产品的染菌率。

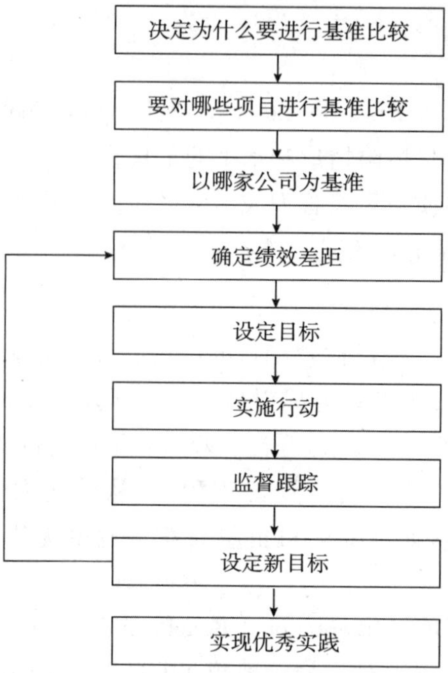

图 2－3　基准比较流程图

表 2－3　2000—2006 年各发酵厂产品的染菌率

	2000 年	2001 年	2002 年	2003 年	2004 年	2005 年	2006 年
A 厂 a 产品染菌率	23%	25%	24%	28%	20%	22%	23%
A 厂 b 产品染菌率	14%	15%	11%	16%	14%	13%	14%
B 厂 a 产品染菌率	5%	4%	6%	5%	4%	6%	5%
B 厂 b 产品染菌率	5%	6%	5%	7%	6%	4%	5%
C 厂 a 产品染菌率	8%	7%	6%	7%	7%	8%	6%
C 厂 b 产品染菌率	11%	10%	11%	9%	10%	11%	10%
D 厂 b 产品染菌率	7%	8%	6%	7%	8%	7%	8%
D 厂 b 产品染菌率	8%	9%	7%	8%	8%	7%	9%
E 厂 a 产品染菌率	11%	12%	12%	11%	13%	11%	12%
E 厂 b 产品染菌率	5%	4%	6%	5%	5%	4%	5%
F 厂 a 产品染菌率	10%	9%	11%	10%	9%	9%	9%
F 厂 b 产品染菌率	5%	5%	6%	5%	6%	5%	7%
G 厂 a 产品染菌率	11%	10%	10%	9%	10%	11%	9%
G 厂 b 产品染菌率	6%	6%	5%	5%	6%	5%	7%

通过计算可以得出，除 A 厂以外，其他发酵厂两产品的平均染菌率为 8%，但 A 厂这两个产品的平均染菌率却高达 19%。这意味着 A 厂对于染菌控制的能力低于发酵行业绝大多数企业的平均控制能力，质量控制水平较为低下，这样的“差距”就是“风险”，所以消除这个风险就成了风险管理的“任务”。

因此，可以设定本企业质量改进的目标为行业平均水平 8% 作为染菌控制的“基准”。然后在企业内部进行质量管理体系及运行的内部审核，在质量管理体系各个要素方面找到差距，并提出整改措施，进行改进和提高。当达到 8% 染菌率控制水平后，再寻找更高的目标，如 B 厂 4% 染菌率作为“基准”，进一步改进。

2. 鱼骨图　又称为石川馨图、因果图或特性因素图，是由日本著名现代质量管理学家石川馨发明的（图2－4）。它是指用树状结构将造成某项结果的原因画出，来表达结果与原因之间关系的图。其数据通常来自头脑风暴会议。鱼骨图形象地表示了探讨问题的思维过程，利用它分析问题能取得顺藤摸瓜、步步深入的效果。因此它是一种透过现象看本质的分析方法。

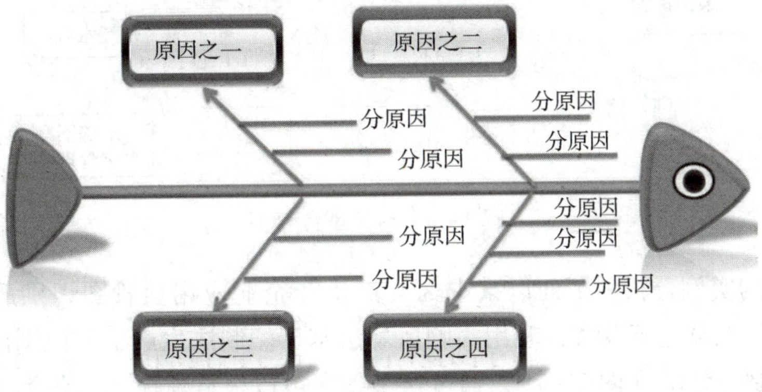

图2－4　鱼骨图

（1）鱼骨图的制作流程　一般包括4步，首先画一条主干骨及鱼头；然后将要解决的问题（风险）写在鱼头之上；再次画大骨，一般画6条大骨，与主骨成60°角；最后召集会议，针对问题，利用头脑风暴进行讨论得出数据。

（2）鱼骨图的基本原则　在药品生产质量管理过程中，针对风险问题，大骨上的内容一般为人、机、料、法、环等。在分析问题原因时要遵循以下基本原则。

1）不需要批评（如果有反对意见时，必须保留到会后）。

2）没有主导意见，追求数量（多多设想，构想数量越多越好，不必顾及设想内容的好坏）。

3）自由奔放（欢迎自由奔放，必须毫无拘束）。

4）结合改善（顺着他人的意见或创意，组合创造发展出另一创意）。

5）石川馨认为在使用鱼骨图时，采用5Why分析法，又称“5问法”，也就是对一个问题点连续以5个“为什么”来自问，以追究其根本原因，通常从有3个层次。虽为5个为什么，但使用时不限定只做“5次为什么的探讨”，主要是必须找到根本原因为止。例如，某操作员工在上班时滑倒：为什么滑倒——地上有油；为什么地上有油——从设备里漏出来；设备为什么有油漏出来——加油的时候油滴在设备外；为什么加油的时候有油漏出来——加油时加油嘴没法靠近油壶；为什么无法靠近油壶——加油嘴太短。

（3）鱼骨图的类型　鱼骨图应用类型通常有以下2种。

1）原因型鱼骨图：鱼头在右，特性值通常以“为什么…”来描写，如图2－5所示。

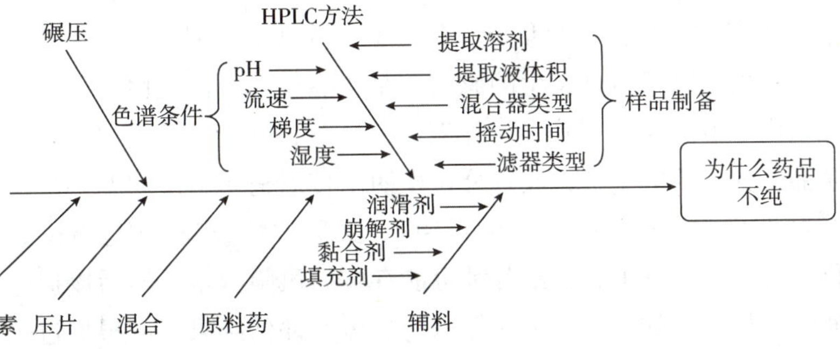

图2－5　原因型鱼骨图

2）对策型鱼骨图：鱼头在左，特性值通常以“如何提高/改善…”来描写。如图 2 –6 所示。

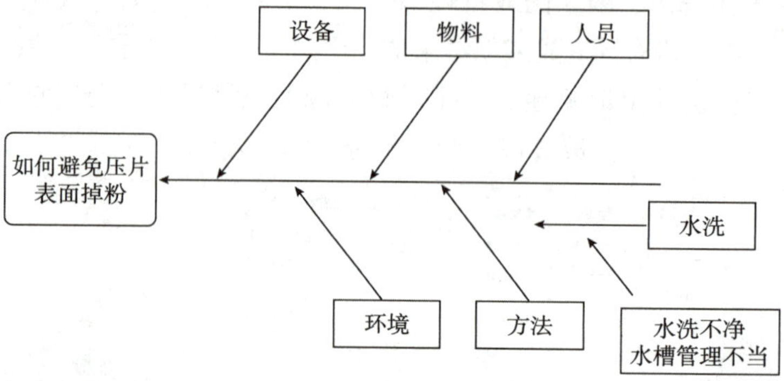

图 2 –6　对策型鱼骨图

（4）鱼骨图应用的实例分析　下面以某中药丸剂生产企业应用鱼骨图识别质量风险因素为例进行介绍。该企业组织有关人员进行调查，利用头脑风暴法基于塑制法生产工艺识别出了所有可能影响工艺质量的风险因素，绘制鱼骨图（图 2 –7），通过这个图，可以很清晰地判别各类风险因素及其归类，然后根据这个图，开展头脑风暴会议，形成对策型鱼骨图。

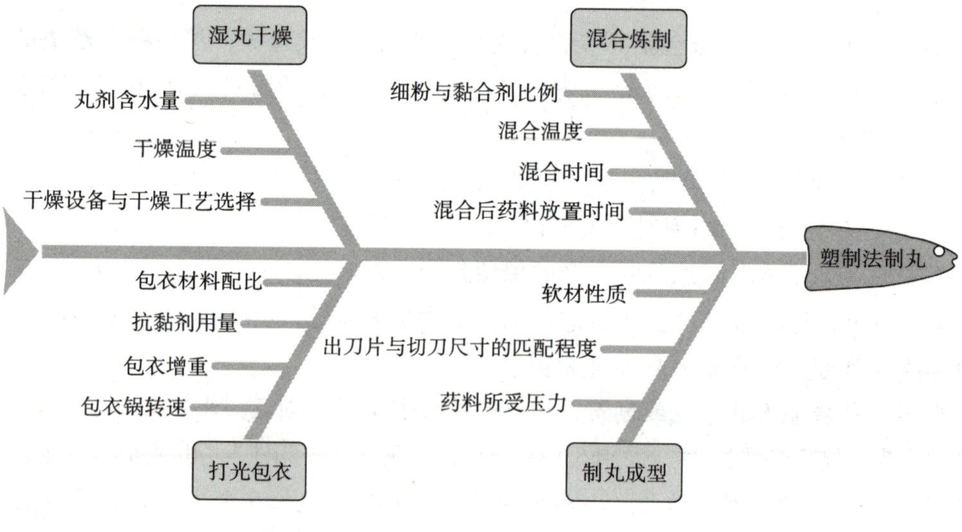

图 2 –7　某中药丸剂生产企业应用鱼骨图

根据图 2 –7，鱼骨图虽然可以清晰地反映风险因素所在，但缺陷在于只能告诉我们问题的原因在哪儿，而不会告诉我们哪一个更重要，哪一个需要优先处理，因此要结合其他风险管控工具（如帕累托图、FMEA 等），才能发挥更大作用。

3. 核对清单　1934 年，美国陆军航空军对外征求取代马丁 B –10 轰炸机的方案。波音公司的 B –17 轰炸机配备四引擎在各方面表现明显优胜。但在第二次飞行评估时，B –17 在起飞后快速坠毁。进行意外调查后，波音公司发现坠机意外发生的原因不是机器故障，而是由于飞行员失误——忘记解除飞行控制面的锁定装置。由于 B –17 在操作上远比双引擎轰炸机繁复，飞行员难以兼顾多出一倍的指令。为确保飞行员不会遗漏任何重要的细节，波音公司发明出核对清单解决问题。

（1）核对清单的定义　核对清单（Check List），又称“检查表”，是指按照系统工程分析方法，在对一个系统进行科学分析的基础上，找出各种可能存在的风险因素，然后以提问的方式将这些风险因素列成清单。清单通常根据先前的经验，可根据以前的风险评估结果，或根据过去的故障进行编制。

（2）核对清单的程序　核对清单实行的具体程序简要如下。

1）提供一种结构化的方式来收集质量相关数据。

2）检查表法可用来识别风险或者评估控制效果。

3）可以作为其他风险评估技术的组成部分进行使用。

（3）核对清单的内容 就是记录用/点检用检查表开展测量、审查与核实等活动，来判断工作和可交付成果是否符合要求及产品验收标准。即将工作成果应该要满足的质量标准列成表格，然后逐一检查是否满足，根据以往类似项目或从其他渠道积累的历史信息与知识，编制风险识别核对表。也就是说，根据经验，这个项目可能会有哪些风险，什么事情会导致这个风险发生，全部列出来，然后再一一核对。

（4）核对清单应用的实例分析 以某药品生产企业仓库接收物料时的检查核对清单为例进行说明，表2－4是某药品生产企业仓库管理员接收物料时的检查核对清单，其制作过程如下。

表2－4 某药品生产企业仓库管理员接收物料时的检查核对清单

检查项目	是	否
1. 是否来自合格供应商		
2. 是否带有厂家产品检验报告（COA）		
3. 是否是正确的品种		
4. 是否是正确的规格		
5. 是否是正确的包装		
6. 是否包装完好、清洁、没有破损		
7. 抽查数量是否在可接受的范围		
8. 是否有正确的采购核销单		
9. 是否指定唯一编号		
10. 是否完成请检单		

由于记录用/点检用检查表需要使用5W1H（WHAT、WHEN、WHY、WHO、WHERE、HOW）的方法进行制定，下面将详细介绍5W1H。

1）WHAT——GMP的哪一部分内容需要核对？核对清单的内容是根据GMP中对于物料接受的相关规定制定的。根据2010年版GMP中的第106条：原辅料以及与药品接触的包装材料和印刷包装材料应该有操作规程SOP，所有到货物料都要检查，并确认供应商已经由质量管理部门批准，外包装应有标签并进行适当的清洁，物料的接收记录建议有以下8项：①交货单和包装容器上所注物料的名称；②企业内部所用物料名称和（或）代码；③接收日期；④供应商和生产商（如不同）的名称；⑤供应商和生产商（如不同）标识的批号；⑥接收总量和包装容器数量；⑦接收后企业指定的批号或流水号；⑧有关说明（如包装状况）。

2）WHEN——什么时候进行核对（图2－8）？

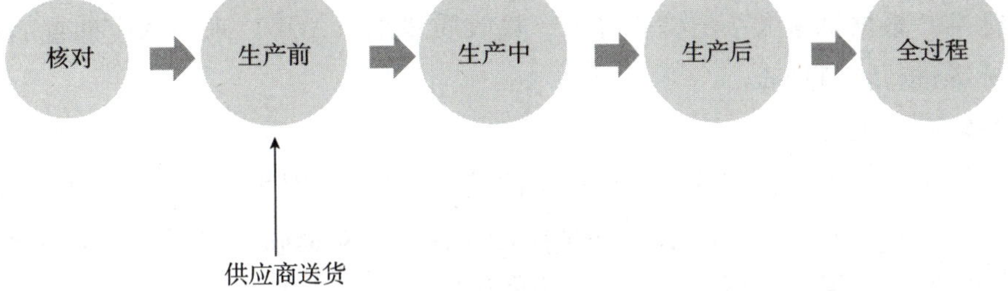

图2－8 核对清单中核对时间的确定

3）WHY——核对的内容为什么这样设定？物料是指用于药品生产的原料、辅料和包装材料，从物料到产品的过程就是形成药品质量的过程。原料、辅料是生产过程的第一个环节，其质量情况直接影响产品质量。物料质量水平的下限决定产品质量水平的上限。为了建立起物料管理系统，应明确物料接受时需要进行的主要关键操作活动，并统一物料标示的相关信息。

4）WHO——谁核对？由经过培训的仓库验收人员进行物料的初步验收。对于中药材、中药饮片，验收人员应经相关中药知识培训，具备识别药材真伪优劣的技能。

5）WHERE——核对场所是什么？在仓库专门的验收区域进行核对。

6）HOW——怎么核对？根据企业规定的物料验收程序，按批或批次验收。

物料验收流程：验收人员获取采购部门提供的订单或合同→进行验收→验收成功→将物料放置在待验隔离区→完成请检单并及时交给相关部门。

第一，是否来自合格供应商？根据采购部门提供的合格供应商清单，确认该供货品种是否来自已经得到质量管理部门批准的合格供应商。“合格供应商清单”选择供应商的原则：①质量标准符合药品生产企业标准；②进口的物料需提供《进口药品注册证》《医药产品注册证》《进口药材批件》、进口药品检验报告书等，必要时还应附上生产企业出具的检验报告书；③物料拥有生产批准文号；④对物料供应商质量体系进行评估；⑤中药材产地相对稳定；⑥物料供应商发生变更需重新进行评估。

第二，是否带有厂家产品检验报告（Certificate of Analysis，COA）？

确认厂家是否出具了对所运送物料的检验报告。厂家检验报告是厂家运送物料前的质量检查，是对鉴定物料质量达标的书面证明，一般包括检查项目、质量标准、检查结果，报告结果应符合药企质量标准。

第三，是否是正确的品种、规格、包装？

物料与送货凭证（单）和订货合同一致，票、物相符。根据采购部门提供的采购单或订货合同，确认接收的物料是否与约定的品种、规格、包装一致。

第四，外包装是否良好？

通过目检法检验外包装，初步判断物料是否受到污染。外包装应无破损、受潮、水渍、霉变、鼠咬、虫蛀的痕迹。

固体原辅料必须是双层包装，封口严密。每件包装上应贴上（标上）明显标志，注明品名、批号、规格、数量、生产厂、商标等，并附有产品合格证。

液体原辅料的容器封口严密，无启封迹象，无渗出或漏液，贴上或标上明显标志，注明品名、批号、规格、数量、生产厂、商标及产品合格证。

中药材必须有包装，不能使用竹箩、草席包及有毒材料制成的包装袋。每件包装上必须有明显标记，标明品名、数量、规格、来源、产地及采收（加工）日期。

第五，抽查数量是否在可接受范围？

对于较大数量的物料，无法逐一核查时，应采取抽查的方式。抽查数量应该在可接受范围内。药企应建立抽样检验标准，根据批量大小、检验等级、接收质量限（AQL）来确认应抽查的物料数量。仓管员根据抽样检验标准进行物料抽查。

第六，是否指定唯一编号？

在物料接收时，企业必须自行制订具有唯一性的编号/批号。因为在实际工作中，企业经常会遇到不同时间到货的某一物料为同一生产厂家同一批号的可能。如果企业不制订自己的入库（接收）编号/批号，容易造成物料状态的混淆和不可追溯，也不便于管理。

第七，是否完成请检单？

验收人员初步验收合格后，应填写请检单并交往质量管理部门，进而对物料进行下一步的取样检验。请检单应包括待验物料的品种名、物料编号、规格、数量、供应商、请检人签名以及日期。

第八，是否放置于待验隔离区？

初步验收合格的物料应放置到待验区，等待检验人员检验。

4. 控制图（Control Chart） 是在1924年由美国品管大师沃特．休哈特（Walter Shewhart）发明。当时美国贝尔实验室的工程师设法要提高电话传输系统的可靠性，因为放大器和其他设备必须埋在地下，需要减少失败和检修的比率。1924年，该实验室工程师休哈特根据系统和特殊原因把问题分类，并书写了一份内部备忘录，这份备忘录的1/3是个简单的图，也就是现在被称作控制图的图表（图2－9）。休哈特在其中介绍了如何利用控制图来区分系统原因及特殊原因。

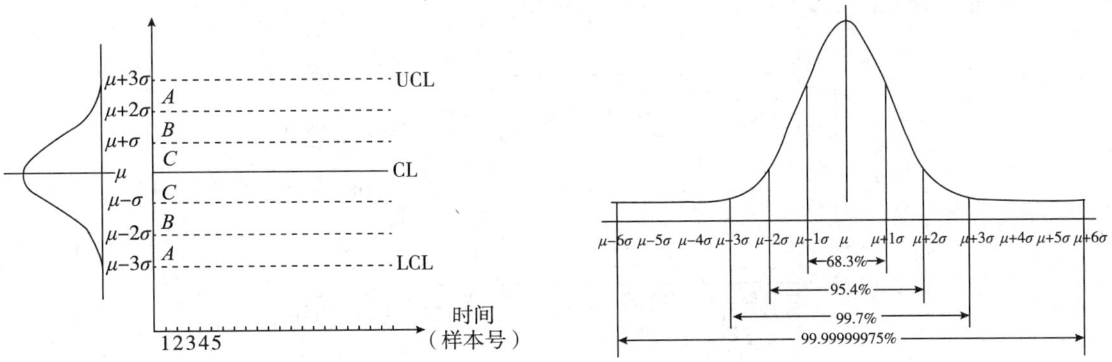

图2－9　控制图

（1）控制图的原理　控制图是对生产过程的关键质量特性值进行测定、记录、评估并监测过程是否处于控制状态的图形方法，也称为休哈特图或流程行为图。控制图是以统计学为基础，当过程中只存在偶然波动时，产品的质量将形成某种典型分布（如正态分布）；而若除去偶然波动外，还有异常波动，则产品质量的分布必将偏离原来的典型分布。控制图的原理是通过观察典型分布是否偏离，即可区分质量波动的原因是系统的还是偶然的，从而判断生产过程是否处于受控状态。

（2）控制图的内容　控制图中包括中心线（Central Line，CL）、上控制限（Upper Control Line，UCL）和下控制限（Low Control Line，LCL）。过程是否处于稳定受控状态时质量数据所形成的典型分布的（$\mu \pm 3\upsilon$）范围，是判断过程正常与异常的依据。

将2σ定义为警戒限，数值出现在这区间概率为95.4%；将3σ定义为行动限，数值出现在这区间概率为99.7%；超出3σ即超出规格标准（小概率事件原理）。

从实际应用角度来看，控制图大致分为计量值控制图和计数值控制图两种。

1）计量值控制图：计量数据是指对于所考察子组中每一个单位产品特性值的数值大小进行测量与记录所得到的观测值，如含量、浓度等。

2）计数值控制图：计数数据是指通过记录所考察的子组中每个个体是否具有某种特征，记录具有该特征的个体数量，或记录一个单位产品、一批产品等事件发生的次数所获得的观测值，如不合格品数、不合格品率、缺陷数等。

（3）控制图的制作流程　首先，确定过程质量特性值，如含量、浓度等，并选择制作控制图的类型，控制图的类型如下。

1）均值－极差控制图：对于计量数据而言，这是最常用、最基本的控制图。它的控制对象为含量、浓度、纯度等计量值的场合，这时的$n \leqslant 10$。

2）均值－标准差控制图：当$n > 10$时，这时应用极差估计总体标准差的效率降低，需要用S图来代替 R 图。

其次，取预备数据，依测定的先后顺序排列，再计算各组样本的统计量（如各子组平均值、各子组极差等），以及 CL/UCL/LCL。最终描点、绘图。

（4）控制图的实例分析　控制图的判异准则有两类：一类是点出界判异，是指点子超出了控制界限（包含在控制界限上的点子）。如图 2－10 所示，批号为 091206 的样品其含量值 99.55%（图中的圆点）已超过下控制线，因此 99.55% 可判断为一个点出界（Out of Trend，OOT）结果。另一类是界内点排列不随机判异，是指点子尽管在控制界限内，但排列方式出现了小概率情况（$p \leqslant 0.0027$），也被认为是由于系统异常状况而非偶然因素引起。如图 2－11 所示，连续 9 个点落在 CL 同一侧的概率为 $2 \times (0.5)^9 = 0.003906 = 0.3906\%$，与“点出界就判异”模式的 0.27% 最接近，只要连续点数达到 9 个点即判断出现了异常（连续点数≥9）。

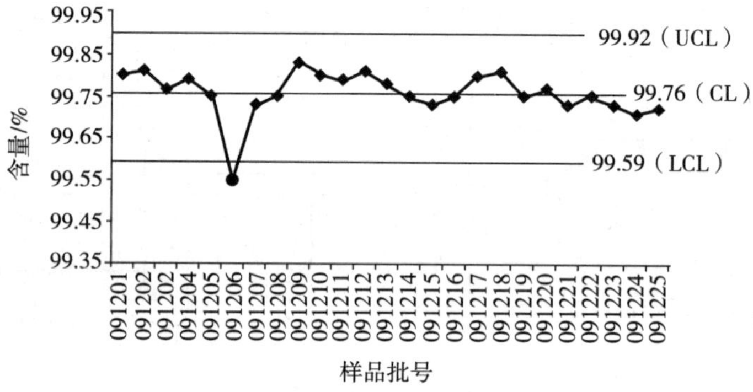

图 2－10　点出界判异

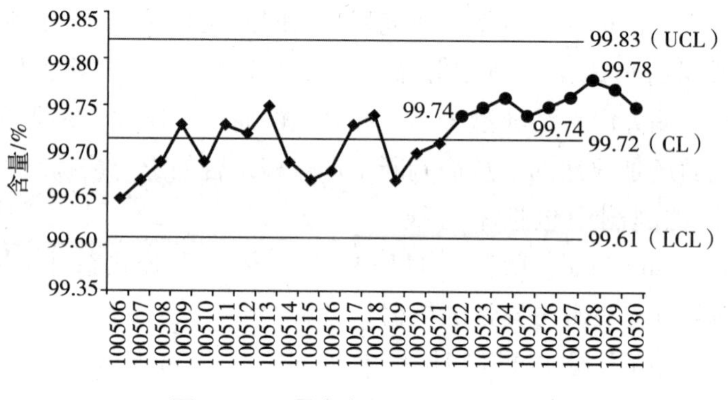

图 2－11　界内点排列不随机判异

（5）控制图的用途

1）预测：对过程输出的变化范围进行预测。

2）评估：判断一个过程是否稳定（处于统计受控状态）。

3）监测：在过程变异出现时及时察觉。

4）分析：分析过程变异来源是随机性，或是非随机性。

5）确认：确认某一过程的改进效果。

（6）控制图的应用基本有两类，即供分析用和供控制用。

1）供分析用的控制图：用来控制生产过程中有关质量特性值的变化情况，看工序是否处于稳定受控状。

2）供控制用的控制图：主要用于发现生产过程是否出现了异常情况，以预防产生不合格品。

（7）控制图的 8 个判断准则　控制图的简易应用一共有 8 个判异准则（图 2－12）。

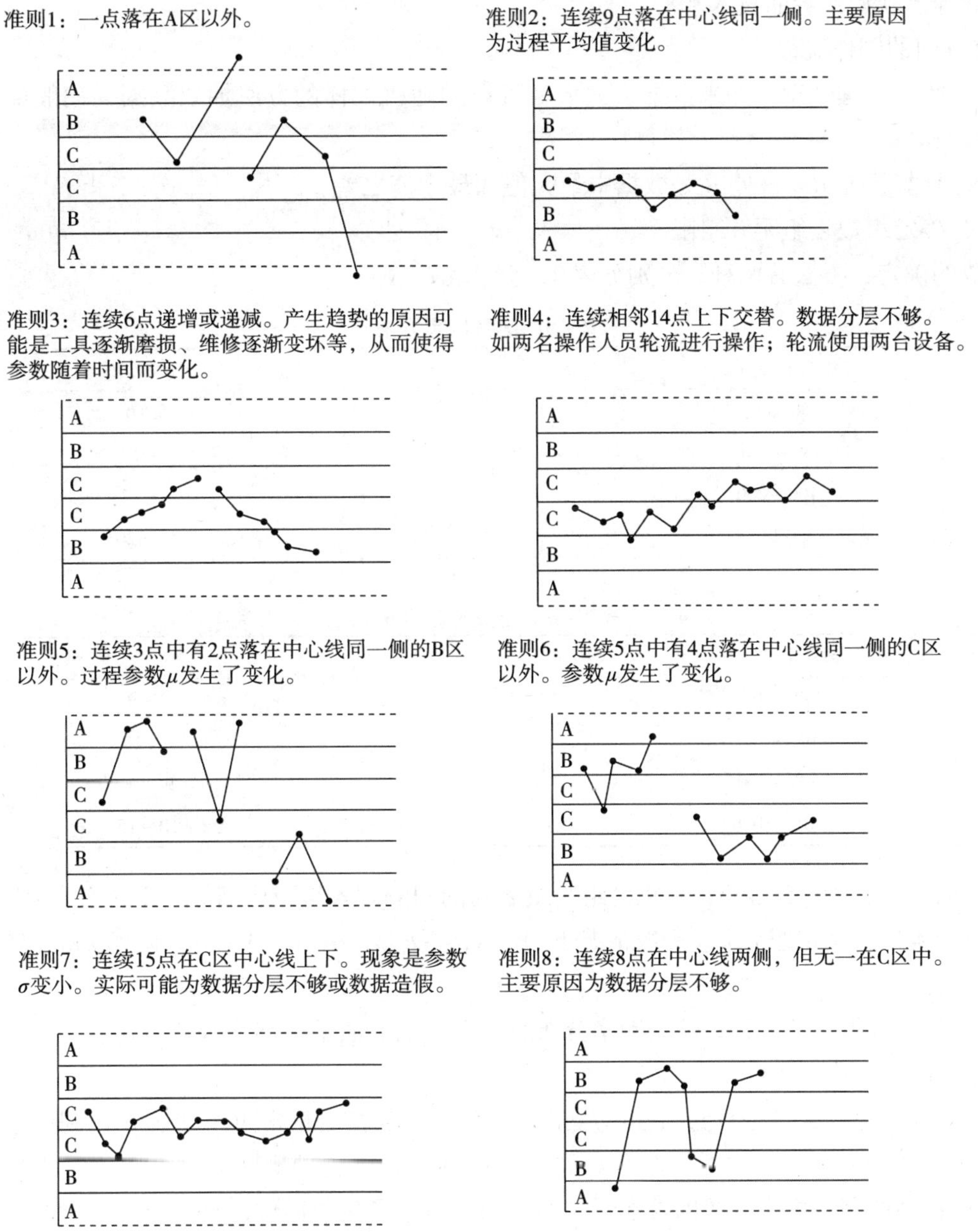

图 2－12　控制图的判断准则

5. 直方图　又称质量分布图，是一种几何形图表，它是根据从生产过程中收集来的质量数据分布情况，画成以组距为底边、以频数为高度的一系列连接起来的直方型矩形图。由统计学家卡尔·皮尔逊（Karl Pearson）首先引入。直方图能够比较形象、直观地反映产品质量的分布情况。通过对直方图的观察和分析，可以了解产品质量的波动情况，掌握质量分布规律，以便预测和控制生产过程的质量状况。

（1）直方图的用途

1）检验数据分布的类型，分析数据是否服从正态分布，判断数据有无异常。

2）与产品规格界限做比较，可直观地判断分布中心是否偏离规格中心，以确定是否需要调整并求出其调整量；还可判断数据分布的散差（分布范围）是否满足规格范围的要求，以确定是否采取缩小散差的技术性措施。

3）进行过程能力调查和不合格品率估计。

4）客观地反映操作者的技术水平。

（2）直方图的制作流程

第一步，收集整理数据。如果数据量太大，可以用随机抽样的方法抽取数据，一般要求数据在 50 个以上。

第二步，计算极差 R。极差 R 是数据中最大值和最小值之差。

第三步，确定组数、组距和组限。

1）组数的确定：方法有两种，分别见表 2－5 和表 2－6。

表 2－5 组数确定方法一

数据个数（n）	组数（k）
50 以内	5～6
50～100	6～10
100～250	7～12
250 以上	10～20

表 2－6 组数确定方法二

数据个数（n）	组数（k）
50～100	7～9
101～200	8～10
201～500	9～11
501～1000	10～15

2）组距的确定：确定组距 h，组距是组与组之间的间隔。各组距应相等，于是有 $h \approx R/k$。

3）组限的确定：确定组界 ri。一般情况下 $r1 = X_{\min} - h/2$，$ri = ri - 1 + h$（组界取得比数据多一位小数）。

第四步，编制数据频数统计，绘制频率分布直方图，然后质量状态分析。

（3）直方图的应用

1）观察工序状态：大部分计量指标服从正态分布，即在稳定正常生产状态下得到的数据，其频数直方图的形状是“中间高、两边低、左右对称”的山峰形，称这种形状的直方图为正常型直方图。当影响产品质量特性的因素中，有的因素在影响的总和中占据了主导地位，成为异常因素时，质量特性的正态分布状态将被打破，频数直方图的形状将出现异常。

2）与标准图谱比较明确改进方向：在直方图上标明规格上限及下限，可直观地将直方图的位置分散范围与标准比较，从而分析质量状况，明确改进方向。实际测量数据分布在规格界限内，且平均值与规格中心一致。过程稍有变大或变小都不会超过规格值，是一种最理想的直方图。表示产品良好，能力足够。

（4）直方图应用的实例分析　某企业为验证 500ml 规格葡萄糖注射液灭菌温度［规定以（115.0 + 2.5）℃作为验证温度标准］，为保证水浴式灭菌柜灭菌效果的有效性和均一性，项目验证小组通过连续 6 批的满载 500ml 规格葡萄糖注射液的温度参数，记录各点温度数值。并运用直方图对温度参数的波动情况进行统计分析，确保 500ml 规格葡萄糖注射液灭菌温度处于统计的受控状态。

1）收集数据：本验证过程中收集 2007 年 4 月份连续 6 批 128 个数据以 115.0℃为基数，表 2－7 中的数据都取高出 115℃以上的数据。

表 2－7　超出量数据表（℃）

0.4	1.3	0.8	1.2	0.7	1.2	0.7	1.0	1.0	1.2
0.8	0.9	1.4	1.3	0.8	0.8	0.6	0.8	0.9	1.4
0.5	1.2	1.0	1.1	0.8	1.2	0.4	0.8	0.9	1.5
0.9	0.4	1.3	1.0	0.7	1.2	0.8	1.0	0.8	1.4
1.0	1.0	0.5	1.5	0.7	1.3	0.5	0.9	1.2	0.9
1.3	0.5	1.2	1.0	0.7	0.9	0.8	0.4	1.2	0.8
0.6	1.0	0.3	1.2	1.0	1.0	0.7	0.8	1.3	1.0
1.0	1.0	0.7	0.9	0.7	0.7	0.7	0.6	1.5	1.2
1.1	1.3	0.6	1.1	0.8	0.8	1.0	0.7	0.5	1.0
1.3	0.6	0.8	0.3	0.7	0.8	0.7	0.8	0.8	1.4
0.9	1.0	1.0	0.8	0.8	0.7	0.8	0.7	0.9	1.7
1.0	1.0	1.3	0.7	0.8	0.7	0.9	0.7	0.9	1.1
0.9	1.1	1.1	0.9	0.4	0.7	0.7	0.8		

2）计算数据的极差 R：$R = X_{max} - X_{min} = 1.7 - 0.3 = 1.4$。

3）分组：本试验计划分组为 12 组。

4）确定组距：$h = R/K = 1.4/12 \approx 0.2$。

5）计算分组界限：为避免数据范围落在分组界限上，采用在界限值上减去最小测量单位的一半。第一组下界为 $X_{min} - 1/2 \times 0.1 = -0.05$；第一组上界为下界加组距，即 0.15；依此类推。

6）作频数分布表：见表 2－8。

表 2－8　频数分布统计表

组号	组限	频数
1	−0.05 − 0.15	0
2	0.15 − 0.35	2
3	0.35 − 0.55	10
4	0.55 − 0.75	25
5	0.75 − 0.95	37
6	0.95 − 1.15	26
7	1.15 − 1.35	20
8	1.35 − 1.55	7
9	1.55 − 1.75	1
10	1.75 − 1.95	0
11	1.95 − 2.15	0
12	2.15 − 2.35	0
Σ		128

7）作直方图：建立平面直角坐标系，纵坐标表示频数，横坐标表示灭菌温度，115℃为基线上高出的数值，如图 2－13 所示。

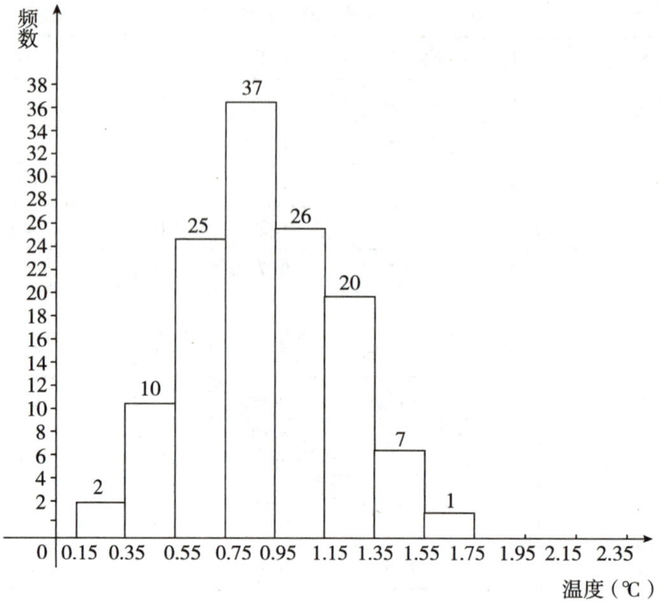

图 2 – 13　超出量直方图

8）对直方图进行质量评价分析

Ⅰ. 直观形状观察：对直方图进行直观观察，其基本符合正态分布，属于正常型，说明灭菌工序处于稳定状态。

Ⅱ. 对照规格标准进行分析比较。

根据规定：规格下限 $T_L = 115℃$

规格上限 $T_U = 117.5℃$

公差 $T = T_U - T_L = 2.5℃$，$\overline{X} = 115.93℃$

公差中心 $M = (T_L + T_U)/2 = 116.25℃$

由于$\overline{X} \neq M$ 分布中心与公差中心存在偏差，C_P不足以反映实际状况。所以使用 C_{PK}计算工序能力。

偏移量 $\varepsilon = |\overline{X} - M| = 0.32$　　偏移度 $k = 2\varepsilon/T = 0.256$

$C_{PK} = (1 - k)C_P = (1 - k)T/6S = (T - 2\varepsilon)/6\sigma$

样本标准差 $\sigma = 0.28$

$C_{PK} = 1.11$

根据 $C_{PK} = 1.11$ 的值，对照公差分析图，则本图形为无富余型。可以估算出灭菌温度控制的合格率为 99.956%，达到 3.5σ 的控制水平，属于较高水平。

通过对灭菌柜各个点的验证，其灭菌温度作为灭菌系统的关键质量特性，其 $1.33 > C_P \geq 1.00$，属于中等风险，以后该企业比较要强化验证灭菌柜的运行确认和性能确认，增加灭菌柜的验证频次，及时记录验证数据，并从“人、机、物、料、环”等 6 个方面逐层分析原因，采取纠正措施使灭菌柜内各处温度分布更加均匀，从而降低灭菌后产品的风险，为产品质量提供保证。通过应用直方图对灭菌温度参数波动情况的统计分析，最终事实证明，灭菌后各批产品取样后无菌检验结果都符合规定，成品其他化学指标如 5 – 羟甲基糠醛等均符合要求。

6. 帕累托图（Pareto Chart）　意大利经济学家维尔弗雷多 · 帕累托（Vilfredo Pareto）认为，一个机构里 80% 的绩效是由 20% 的关键人员来完成的。关键的少数人，往往是决定整个组织效率和成败的主要因素。把这原理用到质量管理方面，是指生产过程中的少数核心因素往往是影响整个产品质量的主要因素。

（1）帕累托图的内容 帕累托图是将出现的质量问题和质量改进项目按照重要程度依次排列而采用的一种双纵轴的曲线-柱形图复合图，是一种按发生频率排序的特殊直方图（图2-14）。在质量管理中，可以通过帕累托图显示每种已识别的原因分别导致了多少缺陷。排序的目的是有重点地采取纠正措施。

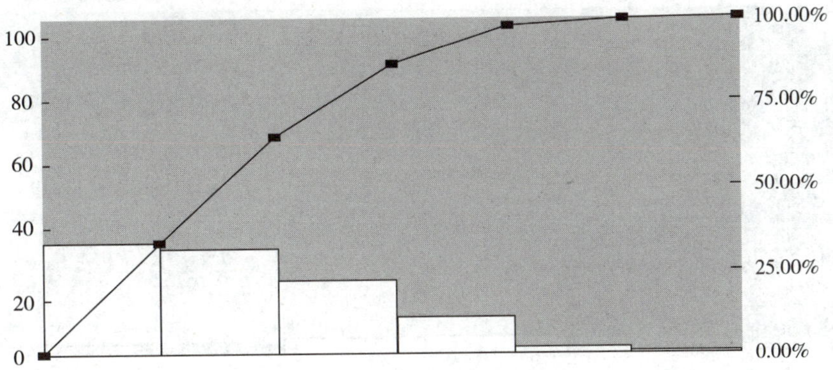

图2-14 帕累托图

在质量风险管控工作中，帕累托图分析法又称ABC分类法、主次因素分析法，核心思想是分清决定一个事物的众多因素中的主次因素，即识别出少数的但对事物起决定作用的关键因素和多数的但对事物影响较小的次要因素，从而有区别地确定管理方式。

帕累托图分析原理的影响因素一般包括3类。

A类：主要因素，影响程度累计百分比在0~80%。

B类：次要因素，影响程度累计百分比在81%~90%。

C类：一般因素，影响程度累计百分比在91%~100%。

由此可知，帕累托图分析原理：主要影响因素数量少，但影响程度高；一般因素数量众多，影响程度低，在质量管理的风险控制过程中，可针对主要因素进行控制管理，大大提高工作效率。

（2）帕累托图的制作流程

第一步，数据的收集和分类，可以用鱼骨图、头脑风暴对于发现的不良、错误等问题点收集数据，将数据根据原因及内容进行分类。根据分类项目来整理数据，并做成计算表，分类项目按数据多少由大到小排列，形成“柱状图”，“其他”项目不论多大都是排在最后。

第二步，图表中纵轴表示百分比，横轴“柱状图”按占比例大小从左向右排列；折线表示各个项目“柱状图”累计百分比数。累积的值在各个柱状图的右上部打点，然后用直线连接这些点，作折线，折线的起始点为0。折线即帕累托图的累积曲线。在帕累托图的右侧作纵轴，与左侧轴相应地建立右纵轴的起点（0）、终点（100%），将0~100%的长度进行等分，并记录刻度。

（3）帕累托图应用的实例分析 以下是某药品生产企业产品染菌原因调查分析（表2-9），据此做成帕累托图（图2-15），不难看出，导致产品染菌的原因有很多，但是阀门垫圈破损和接种操作污染是主要原因，只要对这两个主要风险进行控制，产品染菌的可能性，也就是产品染菌率就会大大降低，产品的合格率就会大幅度提升。

表2-9 某药品生产企业产品染菌原因的调查

1	阀门垫圈破损	100	100	49.50%	49.50%
2	接种操作污染	70	170	34.65%	84.15%
3	无菌过滤器破损	10	180	4.95%	89.10%

续表

4	培养基灭菌不彻底	9	189	4.46%	93.56%
5	加料灭菌不彻底	7	196	3.47%	97.02%
6	其他	6	202	2.97%	100.00%

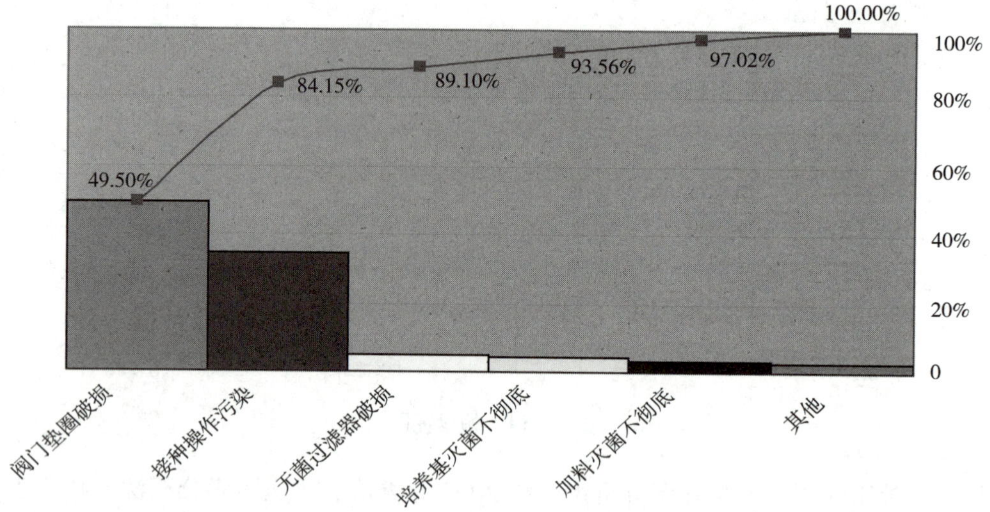

图 2-15 该药品生产企业的帕累托图

（二）定量工具

以上 6 个简单工具使用起来简明扼要，但是，其共同特点就是不能定量说明各个风险因素的重要程度。而以下介绍的定量工具，就能很好地解决这个问题。

1. 风险排序和过滤（Risk Ranking and Filtering，RR&F） 是将每个风险分解为若干风险成分（Risk Components），参照定性和（或）定量评估标准权衡上述风险成分并整合为风险得分，然后依据风险得分对风险进行排序和比较，从而实现风险评价的方法。评估标准包括双因素（严重性和可能性）评价标准和多因素评价（严重性、可能性、可检测性和可预防性等）标准两类，而评估模型则根据实际情况选择双因素风险矩阵、+/-评分模型、多因素乘法评分模型或加权评分模型等其中的一种。

（1）风险排序和过滤工具的使用流程

1）定义风险问题和系统范围。

2）确定主要主题（Head Topics）和子主题（Subtopics）。

3）建立评估模型和评分模型。

4）对风险成分进行计分与排名过滤。

5）对确定的没有过滤的风险采取措施进行管理控制。

6）对管控效果进行风险回顾和沟通。

（2）风险排序和过滤应用的实例分析　以下采用某药品生产企业注射剂生产中微生物质量风险控制的实例说明风险排序和过滤工具的具体使用流程。

1）定义风险问题和系统范围：生产过程中的注射剂微生物污染。

2）确定主要主题和子主题：主要主题为注射剂的微生物污染，然后用鱼骨图确定各个子主题，如药液、AB 洁净区的空气、人员、注射用水、压缩空气和氮气等。

3）建立评估模型和评分模型：选用多因素评分模型。采用表 2-10 对影响无菌工艺产品微生物质量的各因素进行风险分析。

表 2-10　某企业影响注射剂无菌工艺产品微生物质量的各因素风险分析

风险因素	严重度（SEV）	发生度（OCC）	检测度（DET）	风险顺序数（RPN）	严重程度
药液	8（高）	1（极少）	1（非常高）	8	低
B级洁净区空气	4（中等）	1（极少）	3（高）	12	中等
A级空气	9（非常高）	2（低）	1（非常高）	18	中等
人员导致污染	7（高）	2（低）	9（低）	136	高
压缩空气	2（低）	1（极少）	1（非常高）	2	低
氮气	3（低）	1（极少）	1（非常高）	3	低
注射用水	9（非常高）	1（极少）	1（非常高）	9	中等

注：RPN = SEV × OCC × CET。评分等级：1 ~ 10，RPN：1 ~ 8（低风险），9 ~ 36（中等风险），36 以上（高风险）。

4）根据风险顺序数，将影响无菌工艺注射液微生物风险因素由小到大排序：其中，药液、压缩空气、氮气为低风险因素；B级无菌区空气、A级空气和注射用水为中等风险因素；人员污染为高风险因素，也是必须采取措施的因素（表 2-11）。

表 2-11　影响无菌工艺注射液微生物风险因素计分及排序

风险因素	风险顺序数 RPN	严重程度
压缩空气	2	低
氮气	3	低
药液	8	低
注射用水	9	中等
B级无菌区空气	12	中等
A级空气	18	中等
人员导致污染	136	高

5）根据风险排序情况，对高中风险成分进行干预：如对人员进行严格的微生物及污染防范知识培训，严格按照无菌操作 SOP 执行。人员洁净室内操作动作要缓慢，动作速度不能大于A级层流速度 0.36m/s（标准是 0.36 ~ 0.54m/s），在洁净室要正确着装，身体包括口、鼻、耳等不能有裸露部位，规定穿着不脱落纤维颗粒的无菌服，戴防护眼镜、口罩、橡胶或塑料手套，每次进入洁净室都要更换标准化的洁净服，身体的任何部位不允许在输液瓶的上方移动，人体对环境的污染进行动态在线监控等。对于B级洁净室，加强洁净区的卫生管控，空调净化系统的维护和清洁消毒；对于A级风，洁净区顶部高效头要进行监测和评估，防止破损等。对于低风险成分，加强日常管控，严格执行管理规程等。

2. 故障树风险分析（Fault Tree Analysis，FTA）　是由美国贝尔电报公司的电话实验室在 1961 年开发，首先应用在民兵导弹的发射控制系统可靠性研究中，并获得成功。1965 年波音公司在系统安全年会上正式发表，引起科技人员的重视和应用。1974 年美国原子能委员会发表的核电站安全评价报告（WASH-1400）中大量、有效地应用了 FTA，从而迅速推动了它的发展，并在以后的核电站概率风险评价（PSA）技术的发展中起到了里程碑的作用。目前，这种图形化的方法配合计算机技术的发展已经逐渐地深入其他科技领域。

（1）故障树分析工具的概念和内容　故障树分析工具是指用以表明产品哪些组成部分的故障或外界事件或它们的组合将导致产品发生一种给定故障的逻辑图。故障树是一种逻辑因果关系图，构图的元素是事件或逻辑门。故障树分析工具通过对可能造成产品风险问题（故障）的质量管理体系各个要素进行分析，画出故障树，从而确定产品风险问题（故障）的各种可能组合方式和（或）其发生概率。

它可以为查找风险、风险防范和改进提供线索、根据和方法。

在系统设计过程中，把质量管理体系需要进行风险分析的事件放在“树”的最上面（称为顶上事件或顶事件），通过对可能造成该事件发生的因素（包括硬件、软件、环境、材料、人等）进行分析（中间事件），直到找出不能进一步往下分析的原因为止（基本事件或底事件），画出倒树状的逻辑因果图。即首先确定导致顶上事件发生的原因/原因组合；其次确认风险因素发生概率，并对风险因素的重要程度进行排序，找出高风险因素；最终采取相应的纠正措施进行管控。“自上而下”找出与风险（故障）发生有关的各种因素之间的因果关系和逻辑关系。

（2）故障树分析工具的建立流程　故障树分析工具“建树方法”分为人工建树和计算机建树两种，这里仅介绍人工建树流程。

1）正确选取顶事件：顶事件发生与否必须有明确的界定，不能含糊不清，也就是有明确的风险事件，且顶事件必须能进一步分解。

2）用鱼骨图（头脑风暴）对顶上事件发生的原因进行逐层分析，并准确写出各个层级之间的逻辑关系（用规定的符号标出），也就是故障树应当逐级建立，逐级找出必需且充分的直接原因，在对下一级做任何考虑之前，必须完成上一步。

3）用布尔代数等数学工具标出逻辑关系。

（3）故障树分析工具定性和定量分析

1）故障树分析工具定性分析：包括求最小割集和最小径（路）集。

如果一个基本事件的集合发生时，顶事件必定发生，则称此集合是故障树的一个割集；如果集合中任意去掉一个基本事件后，余下的集合就不再是故障树的割集时，则称此集合是故障树的一个最小割集。最小割集代表系统的故障模式。

如果一个集合中的每个基本事件都不发生时，则顶事件一定不会发生，则称此集合是故障树的一个径（路）集；如果任意去掉集合中的一个基本事件后，余下的集合不再是故障树的路集，则称此集合是故障树的一个最小径（路）集。最小径（路）代表系统的正常工作模式。

由于最小割集是系统发生故障的充要条件，有多少个最小割集，系统就有多少种故障模式。因此确定所有的最小割集在故障树定性分析中尤为重要。

Ⅰ. 求最小割集－下行法：如图 2－16 所示。

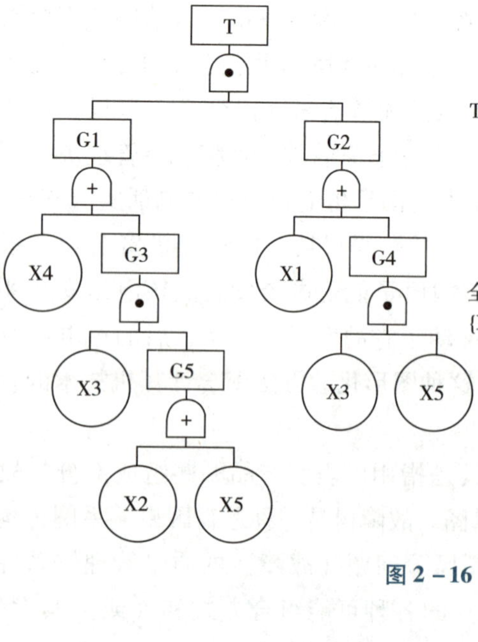

$T=G1\cdot G2$

$=(X4+G3)\cdot(X1+G4)$

$=X4\cdot X1+X4\cdot G4+G3\cdot X1+G3\cdot G4$

$=X4\cdot X1+X4\cdot(X3\cdot X5)+X3\cdot G5\cdot X1+X3\cdot G5\cdot(X3\cdot X5)$

$=X4\cdot X1+X4\cdot X3\cdot X5+X3\cdot X1\cdot(X2+X5)+X3\cdot X5\cdot(X2+X5)$

$=X4\cdot X1+X4\cdot X3\cdot X5+X3\cdot X1\cdot X2+X3\cdot X1\cdot X5+X3\cdot X5\cdot X2+X3\cdot X5$

$=X4\cdot X1+X3\cdot X1\cdot X2+X3\cdot X5$

全部最小割集（故障谱）为：

$\{X1\cdot X4\}$，$\{X1\cdot X2\cdot X3\}$，$\{X3\cdot X5\}$

图 2－16　最小割集－下行法

Ⅱ. 求最小割集 – 上行法：如图 2 – 17 所示。

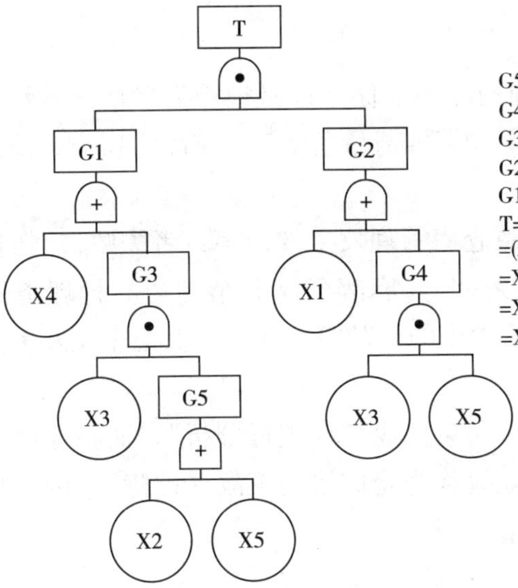

G5=X2+X5
G4=X3·X5
G3=X3·G5=X3·(X2+X5)=X3·X2+X3·X5
G2=X1+G4=X1+X3·X5
G1=X4+G3=X4+X3·X2+X3·X5
T=G1·G2
=(X4+X3·X2+X3·X5)·(X1+X3·X5)
=X1·X4+X3·X4·X5+X1·X2·X3+X2·X3·X3·X5+X1·X3·X5+X3·X3·X5·X5
=X1·X4+X3·X4·X5+X1·X2·X3+X2·X3·X5·X1·X3·X5+X3·X5
=X1·X4+X1·X2 ·X3+X3·X5

图 2 – 17　最小割集 – 上行法

2）故障树分析工具定量分析：定量分析主要根据系统的全部最小割集对系统的可靠性和基本事件的重要度，做出定量的评价。在底事件发生概率已知的条件下，根据故障树的结构函数可以计算顶事件的发生概率。

设故障树的最小割集表达式如下：

$$K = X_1 X_2 X_3 \cdots X_3$$

故障树结构函数的最小割集表达式为：

$$T = K_1 + K_2 + \cdots + K_j + \cdots + K_n$$

故障树最小割集的发生概率

由于故障树最小割集（含割集）中的底事件是互相独立的事件，所以最小割集的发生概率应按独立事件积的概率公式计算：

$$q_k = q(X_1 X_2 \cdots X_m) = q_1 q_2 \cdots q_m = \prod_{i=1}^{m} q_i$$

式中，$q_1, q_2, \cdots, q_m$ 是割集 K 中底事件 $X_1, X_2, \cdots, X_m$ 的发生概率。

Ⅰ. 当结构函数的最小割集是独立事件时，应按独立事件和的概率公式计算：

$$q(T) = q(K_1 + K_2 + \cdots + K_n) = 1 - (1 - q_{K_1})(1 - q_{K_2})\cdots(1 - q_{K_n})$$

即：

$$q(T) = \prod_{i=1}^{n} (1 - q_{K_i})$$

Ⅱ. 当结构函数的最小割集中有重复出现的底事件即割集相交时，应按相容（交）事件和的概率公式计算：

$$q(T) = q(K_1 + K_2 + \cdots + K_n) = S_1 - S_2 + S_3 - \cdots + (-1)^{n+1} S_n$$

式中，

$$S_1 = \sum_{1 \leqslant i \leqslant n} q(K_i)$$

$$S_2 = \sum_{1 \leqslant i \leqslant j \leqslant n} q(K_i K_j)$$

$$S_n = \sum_{1 \leqslant i \leqslant j \leqslant n} q(K_i K_j K_l \cdots K_n)$$

（4）故障树分析工具应用的实例分析　麻醉药品和精神药品的仓储管理必须极为严格，不然就会发生药品丢失等严重问题，以下就以某药品生产企业麻醉药品和精神药品仓库管理事故为顶上事件进行故障树风险分析。

首先确定顶上事件为麻醉和精神药品仓储事故发生，导致仓库管理发生“故障或者失败”。然后进行头脑风暴和鱼骨图分析，根据《药品管理法》及其实施条例、《麻醉药品和精神药品管理条例》、GMP、GSP 和该公司对药品仓储管理的规定，以及本企业过去发生的（故障）事故、其他企业发生的事故（故障）等素材进行分析和“建树”。

1）确定顶上事件：由于分析范围为“对麻醉和精神药品仓储作业管理进行分析”，而在仓储作业过程中发生的药品丢失、损毁、变质等问题，该药品生产企业统称为仓储管理事故（故障），因而将顶上事件设为“麻醉和精神药品仓储管理事故（故障）”。

2）头脑风暴和鱼骨图分析事故原因

Ⅰ. 验收出错：入库药品数量与入库凭证上的不一致或质量不符合要求。如果发生入库药品数量不符问题，其原因为未按规定进行数量验收和待验药品数量不符合要求；如果发生入库药品质量不符问题，其原因为未按规定进行质量验收和待验药品质量不符合要求。

Ⅱ. 药品丢失：药品数量发生短少，库存账物不相一致的情况。如果在作业过程中发生药品丢失问题，其原因为在作业过程中能单独接触到药品和具备盗窃动机；如果在存储过程中发生药品丢失问题，由于开启存储设备的方式不同，将原因分为正常打开存储设备和暴力打开存储设备，同样要有偷盗动机。

Ⅲ. 药品质量问题：药品在失效期到来前发生质量变化，失去治疗价值的情况。如果发生药性变化问题，其原因为存储条件不符，即温度未达到存储要求或湿度未达到存储要求等，并持续一定的时间。

Ⅳ. 发错药品：发出的药品与出库单上的内容不一致，造成库存账物不一致的情况，或者是错将药性变化的药品发出，对使用者造成伤害。如果发生发错药品问题，其原因为，仓管员在发货时要么是没有认真对药品进行外观性状检查，使得有质量缺陷的药品流出；要么是实发药品与凭证上的要求不一致，造成库存、账物信息不相一致，同时收货人也未对问题药品进行认真的检查。

3）排除不予以考虑的事件

Ⅰ. 对于可能发生的药品损毁事故：由于特殊药品内、外包装相对于其他药品更为完善，且质量也较轻，正常状况下外力很难损坏药品，故在该分析中不予考虑。

Ⅱ. 对于可能发生的货物被冒领事故：由于特殊药品配送要求只能送货，提货人同为单位职员，彼此很熟悉，不存在冒领问题，故不予以考虑。

Ⅲ. 对于可能发生的库房发生火灾事故：由于特殊药品存储方式的特殊性，即放置于专门的保险柜内，很难接触到火源，故不予以考虑。

4）故障树建立：如图 2 - 18 所示。

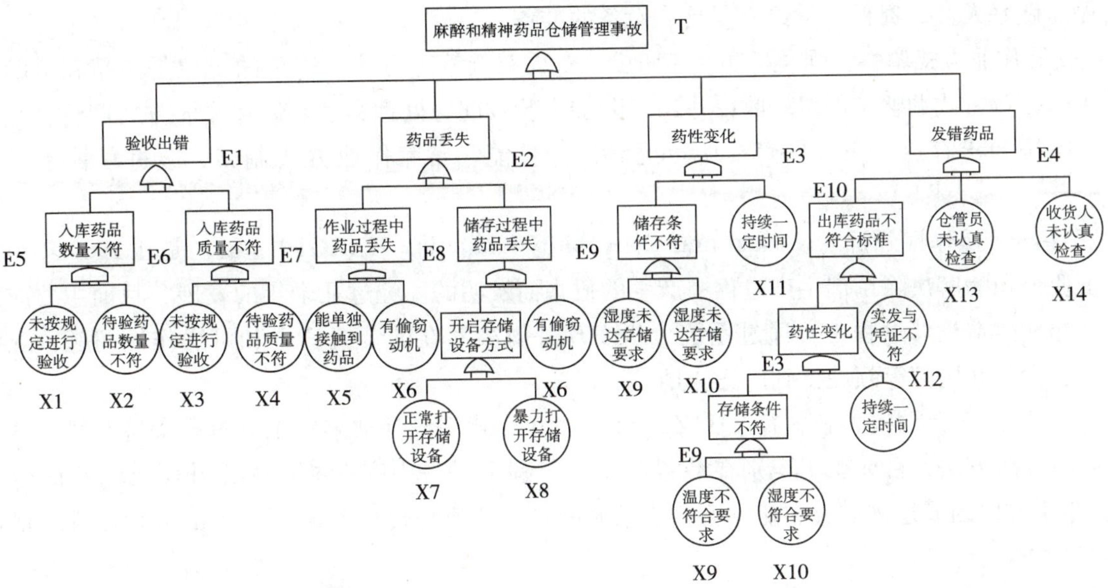

图 2－18　故障树

Ⅰ. 故障树定性分析：见表 2－12。

表 2－12　故障树定性分析

0	1	2	3	4	5
T	E1 E2 E3 E4 E5	E5 E6 E7 E8 X11E9 X13X14E10	X1X2 X3X4 X5X6 X6X11 X9X11 X10X11 X12X13X14 X13X14E3	X1X2 X3X4 X5X6 X6X7 X6X8 X9X11 X10X11 X12X13X14 X11X13X14E9	X1X2 X3X4 X5X6 X6X7 X6X8 X9X11 X10X11 X12X13X14 X9X11X13X14 X10X11X13X14

最小割集 8 个：{X1，X2}，{X3，X4}，{X5，X6}，{X6，X7}，{X6，X8}，{X9，X11}，{X10，X11}，{X12，X13，X14}。

Ⅱ. 定性分析结论

第一，麻醉和精神药品仓储管理故障树的最小割集有 8 个，只要其中一个发生，仓储管理事故（故障）就会发生，可以看出事故发生的途径多，原因复杂。

第二，故障树的最小割集，药品丢失占 3 项，验收出错和药品变化占 2 项，发错药品占 1 项，说明药品丢失发生的概率最大。

第三，引起发错药品事故的最小割集含有 3 个基本事件，相比于验收出错、药品丢失和药性变化，危险性较小。

5）风险管控对策

Ⅰ. 加强教育和培训：尤其是加强《药品管理法》及其实施条例、《麻醉药品和精神药品管理条例》以及《刑法》等法律法规的教育，强化员工的法制意识。加强 GMP、GSP 等专业知识的培训，提高员工的岗位操作技能。

Ⅱ. 仓储业务能力提高降低库存：加强与客户的沟通和协调，优化与供应商的沟通流程。作业流程优化，提前做好人员、资料、货位、器具、设备的准备。

Ⅲ. 仓储作业方式调整：强化“五专管理”，双人双锁管理方式，管理的对象是药品和接触药品的个人。入库作业方式调整，严格验收操作次序，加大验收问题处理力度。储存作业方式调整，细化分类方式，严格按要求存放，完善保管措施。提高保养技能。出库作业方式调整，改进复核手段，及时登账。

3. 危害与可操作性分析（Hazard and Operability Analysis，HAZOP） 最初是在 1960 年由英国帝国化学工业公司为解决除草剂生产过程中产生的危害而发明的。经过几十年的发展，目前主要应用在化工装置新建和改造设计过程中，通过系统分析发现并解决潜在的装置安全和可操作性问题，现已在石油、化工、食品和医药等领域得到广泛应用。

（1）HAZOP 工具的概念和内容　HAZOP 是一种用于辨识设计缺陷、工艺过程危害及操作性问题的结构化危险分析方法，目标在于识别在装置的工艺过程及设备中存在的危险，并深入揭示危险（或偏差），从非正常原因通过物质流、能量流和信息流沿着工艺流程传播到不利后果的变化历程，最后检查及改进现有的安全措施。

HAZOP 工具适用范围是在设备设施项目规划阶段、生产装置的初步基础设计阶段、生产装置的详细设计阶段、生产装置试运行和运行阶段、生产装置工艺变更改造过程等。尤其适用于化学工业（制药工业）系统的风险评估，既可以用于连续过程，也可用于间歇过程。

（2）HAZOP 工具的使用流程

第一步，准备阶段。确定风险管控对象，比如某设施设备等，成立专业工作组织，收集资料，比如工艺流程图（PFD）；平面布置图、设备规格、设备布置图；工艺说明及操作规程、操作步骤及维修计划；工艺管道数据表、设备数据表；危险化学品安全技术说明书（MSDS）；以前的安全报告等。

第二步，划分节点。按照工艺流程图将装置划分为若干个节点。划分节点一般遵循下列规则：依据 PFD 图，按照工艺流程进行，直至设计意图的下一个改变，直至工艺条件的重大变化，直至下一个设备。划分节点还应考虑专业工作组的实际情况，不宜过大或过小。节点划分完毕后即可根据划分结果制定计划。

第三步，进行 HAZOP 分析。以引导词为出发点的分析流程，该分析流程包括：制定工艺参数偏差矩阵，将基本的引导词与工艺参数（流量、温度、压力）结合，形成工艺参数偏差（如空白 + 流量 = 无流量、过量 + 压力 = 压力高等），将所涉及的工艺参数偏差应用到事先划分好的节点上，分析该节点的工艺参数产生偏差的原因、可能引发的后果。再根据风险等级，提出建议措施。当适用于此节点的偏差分析完毕后再进行下一个节点的分析，直到所有节点分析完为止。具体参照表 2 - 13。

表 2 - 13　HAZOP 分析

引导词	含义	引导词	含义
没有或无	无清洁剂加入	相反	清洁剂附带有害的危害
更多	加入了过多的清洁剂	其他	加入了错误的清洁剂
更少	加入了过少的清洁剂（污物难以有效去除）	早	加入清洁剂过早
部分	遗漏了关键清洁组分（如表面活性剂）	晚	加入清洁剂过晚

第四步，生成 HAZOP 报告。当所有节点的分析工作完成后，小组对整个进行总结、讨论和必要的修正，在此基础上整理出一份完整的报告，包括偏差、原因、后果、安全保护、建议措施等内容。

（3）HAZOP 工具应用的实例分析　以 HAZOP 在优化红参醇提工艺中的使用为例。首先由专业工作组头脑风暴和鱼骨图（图 2 - 19）辨识出潜在危害参数。这些参数主要涉及 5 个方面：药材、环境因素、设备、溶剂和提取工艺操作条件，将这些参数进行 HAZOP 风险分析（表 2 - 14）。

表 2-14　HAZOP 风险分析

潜在危害参数	引导词	偏差	原因	风险分析	整改措施
饮片质量	其他	皂苷含量、糖含量等无法精确控制，仅有《中国药典》规定的指标性成分最低含量	饮片的收获季节、生长年份、加工贮藏等不同导致批次间饮片质量水平有差异，企业一般根据实际生产水平制定采购标准	高风险	建立与生产线生产能力和生产效率相匹配的饮片质量标准，采购饮片时严格执行此标准
浸泡时间	其他	不同批次生产过程中，饮片浸泡时间会略有不同	目的是使溶剂充分浸润饮片，并不严格控制	低风险	无须整改
升温时间	过大或过小	每次回流提取升温时间不一定完全一样	初始温度、设备状态、气压等的不同导致每次升温至沸腾所需时间不同，饮片实际在热溶剂中浸泡的时间比2小时要长，且该时间段的长短较难控	中等风险	考虑优选提取时间等易控工艺参数范围，抵消升温时间批次间不同的不良影响
醇浓度	过大或过小	每批次所用乙醇浓度一般在90%左右波动，并不精确等于90%	90%乙醇的配置由人工操作来完成，每次配置的乙醇浓度较难精确控制	高风险	优选实际操作时醇浓度的范围，严格按照优化范围进行生产
醇料比	过大或过小	醇料比可能在3∶1左右波动，并不精确等于3∶1	①每批次红参饮片称量时的精度可能不同；②每批次红参饮片含水量可能不同；③每批次使用的溶剂量取时由于工人操作、量具失效等都可能形成误差	高风险	优选实际操作时醇料比的范围，严格按照优化范围进行生产
提取时间	过大或过小	实际沸腾时间在2小时左右波动，并不精确等于2小时	①滤网等设备的失效导致出液时间较久，体系降温慢，实际的沸腾时间可能会超过2小时；②热循环设备的失效导致实际提取罐中溶剂沸腾时间可能不足2小时	高风险	优选实际操作时提取时间的范围，严格按照优化范围进行生产
溶剂回流能力	其他	回流提取过程得到的提取液量并不每次都相同	冷循环装置状态、溶剂醇浓度等不同，可能导致的每次提取有不定量的乙醇挥发，但溶剂挥发量非常少，正常范围内的挥发不影响提取液质量	低风险	无须整改

1）选择引导词：如“多余”“过大”“过小”“部分”“其他”等，对相应参数的偏差进行描述。

2）分析偏差：按工艺参数逐一分析每个操作步骤可能产生的偏差，确认实际生产中所存在的可能产生偏的参数。

3）参照现有的生产过程，分析可能造成的结果：包括设备损坏、质量波动、经济损失等。采取管控措施，并进行回顾。

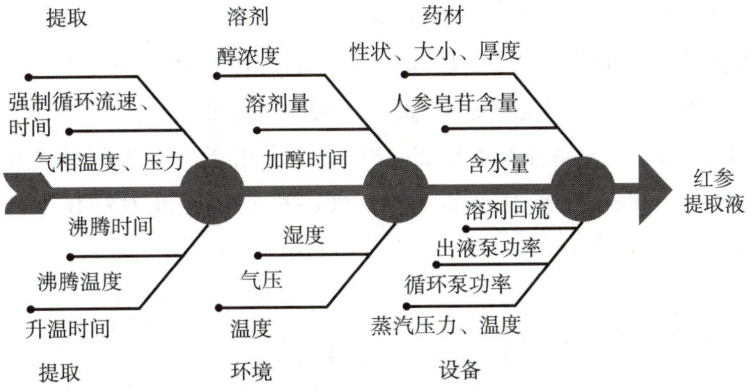

图 2-19　鱼骨图分析红参醇提工艺中的危害参数

4. 危害分析与关键控制点（HACCP） 见表 2 – 15。

表 2 – 15 危害分析与关键控制点

1	2	3	4	5	6	7	8	9	10
关键控制点（CCP）	危害	关键限值（CL）	监控				纠正措施	记录	验证
			对象	方法	频率	人员			
混合	混合不均匀，引入杂质	企业标准 & 客户要求（如含量 RSD≤5%）	混合机	确定取样点，测各点含量及 RSD	每批	操作人员，质检人员	操作人员加强培训；适当增加混合时间和验证；加强清洁，清场和清洁验证	培训记录；验证记录，清洁记录；生产记录	审核经纠正后的混合效果及相关记录数据，评价纠正结果

危害分析与关键控制点（Hazard Analysis Critical Control Point，HACCP）工具的起源可追溯到美国陆军 Pillsbury 公司的工作，以及美国航空航天管理局（NASA）于 20 世纪 60 年代关于载人宇宙飞船食品安全的工作。为了保障宇航员的食品安全，为太空食品开发了“零缺陷”方案，强调过程控制，反对终产品检测。强调过程控制就是 HACCP 体系定义的特征。20 世纪 90 年代，我国引入 HACCP 体系理念，主要应用于食品加工领域，而后又逐渐拓展应用于药品质量、物流运输、卫生管理、教育教学、环境化工等领域。

（1）HACCP 的概念 HACCP 是生产（加工）安全食品的一种控制手段；其对原料、关键生产工序及影响产品安全的人为因素进行分析，确定加工过程中的关键环节，建立、完善监控程序和监控标准，采取规范的纠正措施。

（2）HACCP 的特点

1）建立在企业良好的卫生管理系统的基础上，不是一个孤立的体系。

2）预防性体系，要对所有潜在的危害进行分析，确定预防措施，防止危害发生。

3）强调关键控制点的控制，在对潜在危害分析的基础上找出关键控制点。

4）基于科学分析而建立的体系，需要强有力的技术支持。

5）不是零风险体系，而是能减少或降低安全风险。

6）并非一成不变，需不断对其有效性进行验证，加以完善与提高。

（3）HACCP 在 GMP 中的应用 如图 2 – 20 所示。

1）WHO 的 2003 年第 908 号技术报告 *Application of Hazard Analysis and Critical Control Point（HACCP）Methodology to Pharmaceuticals* 介绍了 HACCP 在制药行业的应用方法，可运用于药品质量、员工安全与环境保护。

2）ICH 的 2005 年第 Q9 号技术文件 *Quality Risk Management* 要求制药企对药品的整个生命周期进行质量风险管理，其中 HACCP 是推荐应用的质量风险管理工具之一。

3）GMP 确定操作条件并为 HACCP 提供基础。HACCP 应用在药品的生产质量的风险管理时，必须建立在良好操作规范（GMP）和卫生标准操作规程（SSOP）基础之上。

4）HACCP 在 GMP 的基础上，重点将有限的控制资源应用于药品生产的关键流程，特别是生产中的关键环节、关键控制点上，通过重点监控与纠错，使药品的污染或差错在生产过程中就被控制、消灭，大大地降低了药品风险和检测不合格率。

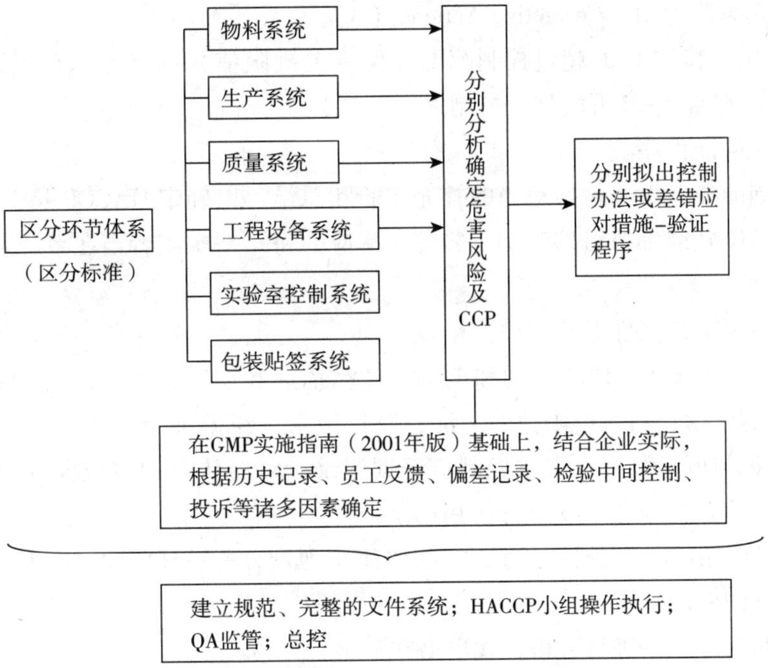

图 2－20　HACCP 在 GMP 中的应用

（4）HACCP 的实施流程

1）预备步骤：组建 HACCP 小组。

Ⅰ. 人员组成：包括质量管理、控制人员、生产部门人员、实验室人员、销售人员、维修保养人员等。

Ⅱ. 小组长：具有相应知识和经验的管理层人员，熟知 HACCP 原理，接受过 HACCP 的培训。

2）步骤一：进行危害分析（Hazard Analysis，HA）。

找出与品种和加工过程有关的可能危及产品安全的潜在危害，然后确定这些潜在危害中可能发生的显著危害。要从原料的生产、加工工艺步骤以及销售和消费的每个环节可能出现的多种危害（包括物理、化学及微生物的危害）进行确定。制定预防措施。

3）步骤二：确定关键控制点（Critical Control Point，CCP）－关键控制点判定树。

对每个显著危害确定适当的关键控制点，关键控制点是指那些若控制不力就会影响产品的质量，从而危害消费者身体健康的环节。其可能是生产或是制造中的任何一个阶段，包括原料、配方和（或）生产、收成、运输、调配、加工和储存等。一般说来，关键控制点应少于 6 个。

4）步骤三：建立关键限值（Critical Limit，CL）。设定发生在各个关键控制点危害的可接受的最低水平。

关键限值是确保产品安全的界限，每个 CCP 必须有一个或多个 CL 值，包括确定 CCP 的关键限值、制定与 CCP 有关的预防性措施必须达到的标准、建立操作限值（Operational Limit，OL）等内容。极限可以作为每个 CCP 的安全界限。

5）步骤四：建立 CCP 监控系统（Monitoring）。

建立包括监控什么、如何监控、监控频率和谁来监控等内容的程序，以确保关键限值得以完全符合。标准设定后，每一个 CCP 都必须进行例行监测，以确保每一环节都维持在适当的管制状态下，可以是连续监控，也可以是非连续监控。

6）步骤五：建立纠偏行动（Corrective Action，CA）。

当监控显示出现某一特定 CCP 超过控制范围（偏离关键限值）时所采取的行动。通过采取纠偏措施，纠正产生的偏差，确保 CCP 再次处于控制之下。

7）步骤六：建立验证程序。

审核 HACCP 计划的准确性，包括适当的补充实验和总结，以确定 HACCP 是否正常运转，确保计划在准确执行。这是 HACCP 准确执行的基础。验证频率应为每年一次或者当在系统发生故障/产品发生显著改变时。

8）步骤七：建立记录和文件保持程序。

需要保存的记录：HACCP 计划的目的和范围；产品描述和识别；加工流程图；危害分析；HACCP 审核；确定关键限值的依据；对关键限值的验证；监控记录；纠偏证录；验证活动的记录；校验记录；清洁记录；产品的标识与可追溯性；害虫控制；培训记录；对经认可的供应商的记录；产品回收记录；审核记录；对 HACCP 体系的修改、复审材料和记录。

（5）HACCP 工具应用的实例分析　通过以在“氯雷他定片——HACCP 应用于湿法制粒压片工艺”为例介绍 HACCP 工具的应用过程。

1）对湿法制粒的每道工序进行分析，找出潜在危害。

2）利用关键控制点判定树的逻辑推理法判断是否为 CCP。

经对氯雷他定片湿法制粒压片工艺的具体分析，可确定此工艺中的潜在危害，并依据决策树确定工艺中各关键控制点，即干燥、整粒与混合、内外包装 3 个环节（表 2－16）。

表 2－16　氯雷他定片生产过程危害分析

步骤	潜在危害	是否存在危害	判断依据	预防危害措施	是否为关控制点
原辅料	生物污染	否	环境中存在的微生物	在后续的干燥步骤中可消除降低	否
粉碎过筛	物理、化学污染	是	粉尘；粉碎机中药物残留	局部除尘；清洁规程	否
配料	化学、生物污染	是	使用称量工具引起交叉污染；称量时粉尘飞扬引起交叉污染	清洁规程；局部除尘	否
制黏合剂	化学、生物污染	是	制备所需器具引起污染	操作规程；清洁规程	否
制软材	化学污染	是	搅拌器残留药物引起交叉污染	清洁规程	否
制粒	化学污染	是	残留药物引起交叉污染	清洁规程	否
干燥	生物污染	是	干燥时间及湿度未达到规定要求	重新干燥	是
整粒与混合	物理污染	是	筛网破损导致残渣与金属颗粒	金属颗粒控制	是
压片	化学污染	是	压片机残留药物引起交叉污染	清场规程	否
内外包装	生物污染	是	封热不严	检验包装是否漏气	是

3）建立 HACCP 工作计划。见表 2－17。

表 2-17 氯雷他定 HACCP 计划

关键控制点	显著危害	关键限值	批次				控制措施	记录
			对象	方法	频率	人员		
干燥	生物污染	干燥温度(65±5)℃	微生物限度	微生物检测	1次/批	质量保证	调整干燥时间、托盘颗粒厚度	微生物检测结果、干燥温度
整粒与混合	物理污染	重金属含量≤20mg/kg	筛网碎屑	金属探测设备	每次生产过程	岗位操作	摇摆式颗粒机安装永久性磁铁	金属检查结果
内外包装	生物污染	热耐温度(110±5)℃	包装品	抽样检查	包装过程每20分钟一次	质量检验	调整重量分装机参数	热耐温度、抽样结果

4）根据 HACCP 计划，对其执行结果进行运行效果评价（表 2-18）。

表 2-18 HACCP 体系运行结果

样品名称	样品量（件）	检测结果（CFU/g）			合格率（%）
		细菌	霉菌	大肠埃希菌	
原辅料	100	≤1000	≤100	无	100
过筛颗粒	100	≤1000	≤100	无	100
成品	100	≤1000	≤100	无	100

自氯雷他定片的生产过程中采用 HACCP 计划以来，关键控制点上的产品及相应环节均保持在合格水平及以上，有效降低或避免了危害发生的可能性。

5）建立文件记录档案。

5. 失败模式与效应分析（FMEA） 是一种前瞻性的可靠性分析方法，在预防事故的保护机制系统中被广泛使用。它起源于美国航空业，目前已广泛应用于航空、航天、舰船、兵器等军用系统的研制中，并逐渐渗透进机械、汽车、医疗设备等民用工业领域，获得了一定程度的普及，取得了显著效果，在确保产品的可靠性方面发挥了重要作用。

（1）FMEA 的概念 失败模式效应分析（Failure Modes and Effects Analysis，FMEA），是一项用于确定、识别、预防，或消除产品在系统、设计、生产过程中已知的或潜在的失效问题的工程技术。它是通过研究产品的故障模式、产生的影响、可能的原因或故障机制，评价问题的重要度，从而采取措施预防或消除产品故障的一种方法。

（2）FMEA 的分类 按对象分类，可以分为系统 FMEA、设备 FMEA、服务 FMEA、设计 FMEA、过程 FMEA。

（3）FMEA 的特点

1）优点：适用于复杂性高的风险情形；可以实现风险量化的规范性；容易模拟各种检测或缓解风险的方法的效果；所实施纠正措施的效果可以得到良好的记录；可以为开发检测程序和在线监测标准提供有用信息；为生产过程中潜在产品缺陷的分析提供历史信息。

2）缺点：评估过程高度依赖现有的工艺理解或产品数据；风险属性赋值的工作量大；风险属性赋值的主观性较强。

（4）FMEA 的实施流程

1）故障排列：首先根据产品的技术质量指标、同类和类似产品历史资料的回顾和客户对产品的要求，分析系统的结构、维护和使用环境，鉴别失效模式，寻找引起失效的原因，建立一份完整的“失效模式分析表格”。

2）故障评定：利用一定的统计方法，估算失效发生时后果的严重度（S）、发生可能性（P）和失效模式可发现度（D）等因素。计算风险优先度值。根据 RPN 值的大小判断是否有必要进行改进，确定改进的轻重缓急程度。

3）采取措施：制定纠正和预防措施，跟踪控制措施的实施情况，更新失效模式分级表。从而以较低的成本实现对重点质量事件的改进，达到系统整体可靠性提高的目的。

（5）FMEA 在灭菌工艺中应用的实例分析

1）建立评价参数：公司成风险评估管理委员会，成员主要由生产、质量、工程、技术等部门的负责人组成。该委员会的主要功能包括建立评价基准排列的评价分数；评估失效模式，提出、整理可能发生的失效模式，或者有发生记录的失效模式；对失效后果严重程度（S）的评估；对失效频度（O）的评估；对失效可发现度（D）的评价等。

2）风险优先度值的计算。

3）列出潜在的失效模式：委员会各成员以头脑风暴的形式，列出实施新的灭菌工艺可能会导致最终产品质量造成潜在的质量风险。

Ⅰ. 玻璃瓶中水的容量如果不合适将会导致灭菌升温和降温过快或过慢。

Ⅱ. 新的灭菌方法是否导致产品灭菌不彻底，或导致药液质量不合格等。

4）对各种失效模式进行风险评估

Ⅰ. 委员会成员对上述各种潜在的质量风险进行打分评估，评估的内容包括风险的严重度（S）、风险的发生频度（O）、风险的可发现度（D）。

Ⅱ. 将上述各分值输入 FMEA 表内，并计算 RPN 值，根据之前要求确定风险的优先顺序。

5）纠正措施：根据 RPN 的结果决定顺序，同时纠正措施的重点应放在等级高的、致命的和严重度高的项目，制定措施计划和采取措施，如根据表 2－19 的要求，RPN 值大于或等于 21 的，必须采取相应的纠正措施。

表 2－19　失败模式与效应分析（FMEA）

分值	描述	标准
1	不相关的	对产品质量和工艺稳定性无影响
4	轻微的	对产品质量无影响
9	重要的	对产品质量产生显著影响，但可通过重新加工进行回收
16	关键的	对产品质量产生明确影响，可能需要返工
25	灾难性的	批次质量不合格，不能进行返工

6）改进后的风险评估：改进措施实施一段时间后，进行回顾性分析，对各改进失效模式的严重度、频度、可接受度等指标再评估，计算 RPN 值，评价各潜在失效模式的风险是否降低到可以接受的水平；若不是，将继续进行相应的改进措施。

6. 预先危害分析（PHA）

（1）PHA 的概念　预先危险性分析（Preliminary Hazard Analysis，PHA）也称初始危险分析，是安全评价的一种方法。是在每项生产活动之前，特别是在设计的开始阶段，对系统存在危险类别、出现条件、事故后果等进行概略的分析，尽可能评价出潜在的危险性。主要用于新系统设计、已有系统改造之前的方案设计阶段、系统运转活动之前，人们还没有掌握该系统详细资料的时候，用来分析、辨识可能出现或已经存在的危险因素，并在系统运行之前找出预防、改正、补救措施，消除控制危险因素。

（2）PHA 的原则

1）科学性：危险、有害因素的识别是分辨、识别、分析确定系统内存在的危险，而并非研究防止事故发生或控制事故发生的实际措施。

2）系统性：危险、有害因素存在于生产活动的各个方面，因此要对系统进行全面、详细的剖析，研究系统和系统及子系统之间的相关和约束关系，分清主要危险、有害因素及其相关的危险、有害性。

3）全面性：识别危险、有害因素时不要发生遗漏，以免留下隐患。要从厂址、自然条件、总图运输、建构筑物、工艺过程、生产设备装置、特种设备、公用工程、安全管理系统、设施、制度等各方面进行分析、识别；分析正常生产运转、操作中存在的危险、有害因素。

4）预测性：对于危险、有害因素，还要分析其触发事件，即危险、有害因素出现的条件或设想的事故模式。

（3）PHA 的适用范围　包括识别危险物质；分析系统内元件、软件及其相关界面之间的安全性；分析包括运行环境在内的环境约束条件；分析运行、检查、维护、测试、检测和备用程序的安全性；分析仪器设备的实际性能和培训情况；分析相关安全防护、冗余设备安全性；分析系统、子系统或软件的故障。

（4）PHA 的评价流程

1）准备工作

Ⅰ. 组建评价组：一般由组长、副组长和 2 ~6 名组员构成评价组。

Ⅱ. 划定评价系统：一般根据输入、活动和输出 3 个界面把评价系统划分为子系统。

Ⅲ. 选择 PHA 工作表格：这是应用 PHA 法中最关键的一个工序。国内在应用 PHA 时，采用的典型工作表格（表 2 –20）。

表 2 –20　PHA 工作表格

系统：A		子系统：B		状态：C				
潜在事故	危险因素	触发事件	发生条件	触发事件	事故后果	危险等级	防范措施	备注
D	E	F	G	G	I	J	K	L

注：A——所分析子系统归属的车间或工段的名称
B——所分析子系统的名称
C——子系统处于何种状态或运行方式
D——子系统可能发生的潜在危害
E——产生潜在危害的原因
F——导致产生危险因素（E）的非期望事件或错误
G——使危险因素（E）发展为潜在危害的非期望事件或错误
H——导致发生条件（G）产生的非期望事件或错误
I——事故后果
J——危害等级
K——为消除或控制危害可能采取的措施
L——有关必要的说明

2）评价工作

Ⅰ. 危险识别：选用类比法、风险清单法和头脑风暴法等识别可能存在的危险因素。

Ⅱ. 危害程度和危害发生频率评估：一般通过潜在危害的发生频率和事故后果的严重程度来确定事故后果。

Ⅲ. 危险定级和对策措施：根据危险性大小及其对系统的破坏程度，一般将危险等级划分为 4 级。分析并列出已考虑的安全措施。结合所识别的危害事件发生的可能性 L，依据风险度 R = L × S，确定风险等级（图 2 –21）。

风险度（R）		可能性（L）				
		1	2	3	4	5
严重性（S）	E	E1	E2 E2	E3	E4	E5
	D	D1	D2	D3 D3	D4	D5
	C	C1	C2	C3	C4	C5
	B	B1	B2	B3	B4	B5
	A	A1	A2	A3	A4	A5

可能性		
等级	描述	标准
1	不可能	100年一次或更低
2	极低	10年一次
3	低	3年一次
4	中	1年一次
5	高	1个月一次或更多

图 2－21　PHA 评价过程中的危险定级

（5）PHA 工具应用的实例分析　以苯加氢精制过程风险识别和评价为例。

1）生产过程的预先危害分析　先进行危险等级划分，然后按危险等级的轻、重、缓、急，采取相应的对策措施（表 2－21）。

表 2－21　苯加氢生产过程的预先危害分析

事故类型	存在位置与过程	原因事件	事故后果	危险等级	措施
火灾爆炸	氢气、物料与空气达到爆炸范围、泄漏着火，压力容器超压	易燃易爆物质的设备、储罐等设备及其工艺管线破裂	发生火灾或爆炸事故，引起人身伤亡和设备损坏的重大安全事故，产生恶劣的后果和社会影响	Ⅳ	提高现场巡查频率和质量，及时发现问题，及时处理和上报
容器爆炸	预处理反应器、莱托反应器、预分馏塔等压力容器	压力容器没有按照国家规定进行定期检测	造成财产损失人员伤亡及系统严重破坏的灾难性事故	Ⅳ	压力容器要按照国家规定定期检测
电气伤害	设备漏电、绝缘损害、安全距离不足	电器开关、电缆绝缘不好	会造成人员伤亡和系统损坏	Ⅲ	加强电气安全和技术培训，不断提高员工的安全意识和技术水平，掌握触电急救知识，提高自救互救能力
灼烫	接触高温物体或高温物质泄漏	高温蒸汽泄漏	会造成人员伤亡和系统损坏	Ⅲ	定期检测设备和管道，及时更换
中毒和窒息	进入容器内作业、有毒物质泄漏	各种原因造成的突发事故引起的有毒物质泄漏	会造成人员重大伤亡的灾难性事故	Ⅳ	加强检查，杜绝泄漏
噪声伤害	传动设备运转时（主要集中在压缩机、风机、引风机、泵等）	压缩机、风机、引风机、泵等运转时由于振动、物料输送等会产生各种噪音	处于事故边缘状态，危害健康，暂时还不至于造成人员伤亡、系统损坏或降低系统性能	Ⅱ	在设备上增加消音设施控制和消除噪声源

2）从分析结果做出结论。

级别为Ⅳ级，危险程度为致命的危险危害因素有 3 项：火灾爆炸、容器爆炸、中毒窒息，是安全生产工作的重中之重。

级别为Ⅲ级，危险程度为严重的危险危害因素有 2 项：电气伤害、灼烫，虽然不会造成灾难性后果，但也有可能造成人员伤亡及系统损坏，应该加强防范避免发生。

级别为Ⅱ级，危险程度为临界的危险危害因素有 1 项：噪声伤害，虽然危险级别低，但也不能忽视，应采取措施预防或降低危害。

第五节 ISO 9000 系列标准

PPT

GMP 是动态的、发展的一门科学，GMP 在其发展的过程中不断吸收质量管理新的理论和实践精华，应用生物科学、微电子和新材料科学等领域中的新技术、新工艺，提高和发展自己。

（一）ISO 9000 标准的实施意义

ISO 9000 系列标准是国际标准化组织（ISO）制定的一套质量管理体系的国际标准，分为核心标准、质量保证技术指南标准、质量管理补充标准、技术支持标准和术语标准 5 个部分。这是一套非常完整、系列化的标准，各国都等同采用了该标准。

1. 有利于提高产品（服务）质量，保护消费者利益 组织是按照技术规范生产产品（提供服务）的，但当技术规范本身不完善或组织质量管理体系不健全时，组织就无法保证持续地提供满足要求的产品（服务）；而消费者在购买或使用这些产品（服务）时，一般也很难在技术上对产品（服务）加以鉴别。

如果组织按 ISO 9000 族标准建立了质量管理体系，通过体系的有效应用，促进组织持续地改进产品（服务）特性和过程的有效性及效率，实现产品（服务）质量的稳定和提高，这无疑是对消费者利益的一种最有效的保护，也增加了消费者（采购商）在选购产品（服务）时对合格供应商的信任程度。

2. 为提高组织的运作能力提供了有效的方法 ISO 9000 族标准鼓励组织在建立、实施和改进质量管理体系时采用过程方法，通过识别和管理相互关联和相互作用的过程，以及对这些过程进行系统的管理和连续的监测与控制，以实现持续地提供顾客满意的产品（服务）的目的。此外，质量管理体系提供了持续改进的框架，帮助组织能够不断地识别并满足顾客及其他相关方的要求，从而不断地增强顾客和其他相关方的满意程度。因此，ISO 9000 族标准为组织有效地提高运作能力和增强市场竞争能力提供了有效的方法。

3. 有利于增进国际贸易，消除技术壁垒 贯彻 ISO 9000 族标准为国际经济技术合作提供了国际通用的共同语言和准则，取得质量管理体系认证，已成为参与国内和国际贸易、增强竞争能力的有力武器。因此，贯彻 ISO 9000 族标准对消除技术壁垒、排除贸易障碍起到了十分积极的促进作用。

4. 有利于组织的持续改进，持续满足顾客的需求和期望 顾客要求产品具有满足其需求和期望的特性，这些需求和期望在产品的技术要求或规范中表述。但是顾客的需求和期望是不断变化的，这就促使组织要持续地改进产品的特性和过程的有效性。而质量管理体系就为组织持续改进其产品和过程提供了一条行之有效的途径。ISO 9000 族标准将质量管理体系要求和产品要求区分开来，它不是取代产品要求，而是把质量管理体系要求作为对产品要求的补充，这样有利于组织的持续改进，持续满足顾客的需求和期望。

（二）参考 ISO 9000 系列标准，我国 GMP 修改完善的内容

在核心标准中，ISO 9001、ISO 9002、ISO 9003 是 3 种质量保证模式，对企业的质量活动要求做出了明确规定，企业只有确实落实了这些规定的要求，才能通过第三方的认证，获得 ISO 9000 证书。ISO 9000 经历了 1987 年、1994 年等版本的完善，国际标准化组织（ISO）总结了现代社会质量管理的科学理论和经验，提出了作为修订 ISO 9000：2000 系列质量管理体系基础的 8 项质量管理原则，我国等同采用了 ISO 9000 族 2000 年版国际标准。实际上，这 8 项质量管理原则已经在 GMP 实施中得到运用，所不同的是，ISO 9000 族标准 2000 年版对 8 项质量管理原则进行了系统的总结，并上升到理论体系的高度。认识它并应用它，会更加充实企业质量管理体系的基础，使实施 GMP 的成果得到巩固，并有所创新。

国外制药企业在确保质量方面表现出来的问题，已反映现行 GMP 的局限性，这样的情况国内同样存在。因此，我国 GMP 也应借鉴 ISO 9000 精髓，按照这套标准系列的要求，修改和补充现行 GMP 内容，使其更充实、完善。

1. 以顾客为中心 是 2000 年版 ISO 9000 族国际标准提出的 8 项质量管理原则的首要原则。而药品是关系人命安危的特殊商品，认识顾客对药品需求的特殊性，强化企业全员的 GMP 意识和质量意识，也是十分必要的。德国格仑南苏制药公司因生产具有致畸作用的“反应停”造成“ 20 世纪最大的药物灾难”而不得不倒闭，就是一个典型的例子。目前，制药企业的当务之急是真正实施好 GMP，生产出高质量的药品，满足人们维护生命健康的需要，才能说明制药企业具备了起码的“以顾客为中心”的企业理念。

2. 领导作用 制药企业的产品质量是企业各方面的工作（包括实施 GMP）的综合反映，关系到企业的生存与发展。企业的最高管理者必须对质量体系的建立、质量方针的制定和实施负责。我国 GMP 要求企业负责人应当确保实现既定的质量目标，为确保企业实现质量目标并按照 GMP 要求生产药品，企业负责人应当负责提供必要的资源，合理计划、组织和协调，对实施 GMP 和产品质量负责。通过实施 GMP，建立健全规章制度，形成自己独特风格的企业 GMP 文化，是制药企业最高领导者的职责。

3. 全员参与 我国 GMP 对各级人员都提出了要求。其中对各级人员的 GMP 培训是必需的过程，实质上，GMP 是体现“全员参与、全过程参与和全面参与”的 TQM。在制药企业的具体运用在质量管理原则中，“全员参与”不仅体现了“以人为本”的管理思想，也体现了对员工的激励和培养、对人力资源的开发，使员工强化 GMP 意识，GMP 文件规定了员工岗位的标准操作规程（SOP），个人责任制与企业产品质量联系在一起，会促进企业 TQM 与 GMP 水平的提高，从而促使企业产品质量的提高。

4. 过程方法 2000 年版 ISO 9000 族国际标准特别强调了质量管理原则中的过程方法，任何使用资源将输入转换为输出的活动或一组活动均可视为过程。为使组织有效运作，必须识别和管理许多相互关联和相互作用的过程。通常一个过程的输出将直接成为下一个过程的输入。系统地识别和管理组织内应用的过程，特别是这些过程之间的相互作用，称为“过程方法”。在制药企业的 GMP 各要素中，在企业组织职能内部和职能之间，都有许多可系统识别的过程和关键活动，我国的制药企业应有计划地、逐步全面地实施 GMP 所规定的验证。

5. 管理的系统方法 制药企业质量管理体系的核心内容是 GMP，换句话说，GMP 体现了制药企业质量管理体系的灵魂。国家通过 GMP 认证，确认制药企业是否建立了符合药品特点的质量管理体系。制药企业构造这样的一个体系，可以用最有效的方式实现组织的质量目标。体系内有许多关联的过程，应用管理的系统方法来识别它、理解它和管理它，就能够使得利益的相关方对组织的协调性、有效性和效率建立信心。当然，制药企业内的管理体系可包括若干个不同的管理体系，如质量管理体系、环境管理体系、财务管理体系，都可以应用管理的系统方法，它们都与企业产品的质量息息相关。

6. 持续改进 制药企业要把产品、过程和体系的持续改进作为组织内每个成员的目标。WHO 的 GMP 和各国的 GMP 有一个共同的特点，就是 GMP 仅指明要求的目标，而没有列出如何达到这些目标的解决办法。这就要为员工提供持续改进方法和培训，在组织内应用始终如一的方法来持续改进组织的业绩，以质量求生存，向管理要效益。

7. 基于事实的决策方法 制药企业质量管理体系的有效性之一，表现在数据的准确和信息流的畅通，要确保数据和信息充分可靠，并采用正确的方法分析数据和信息。根据对事实的分析，加上经验和直觉判断，做出决策和采取行动。这种决策是有信息依据的决策，它能增强通过参照实际记录来证明过去的决策有效性的能力，增强对各种意见和决定加以评审、质疑和改变的能力。制药企业发展的关键是决策，决策是理性行为的基础。制药企业的决策要有明确的目标，目标之一就是药品的高质量。制药企业除了管理决策（如 GMP 规定的质量否决权）、业务决策（如确定销售的目标市场）之外，重要的是战备决策，例如兼并与联合，研制某一新药与科研机构、高校的联合开发等。

8. 互利的供方关系　我国 GMP 规定“质量管理部门应会同有关部门对主要物料供应商质量体系进行评估”。以质量体系评估或审核为纽带，建立起在对短期收益和长期利益综合平衡基础上的相互关系，与伙伴共享经验和资源，共享信息和对未来的计划，可以优化成本资源，针对市场或顾客的需求和期望的变化，联合做出灵活快速的反应，增强双方创造价值的能力。

（梁　毅　黄　哲　夏　昕）

书网融合……

本章小结　　微课　　题库

第三章　机构与人员

学习目标

1. **掌握**　GMP组织结构的基本框架、特性和设置原则；药品生产部门、质量管理部门、物控管理部门、工程维护部门的基本职责；关键人员的概念；各类人员的资质与职责。

2. **熟悉**　人员卫生管理的意义、内容与方法。

3. **了解**　人员培训的的意义、内容与方法。

4. 能够通过GMP组织特性与设置原则，认识GMP各个部门管理的基本内容与职能，搞好人员卫生管理、培训管理。

在质量管理的各个要素中，人员要素起主导性和决定性作用，软件靠人来制定、实行，硬件靠人来设计、使用，人员素质的高低和行为的规范与否，直接决定药品质量。因此，人员管理是GMP实施和管理的重点，GMP要求与药品生产质量有关的人员都具有良好的素质，要求由人员构成的机构组织具有特定的功能，以确保药品质量和安全。

PPT

第一节　组织与机构

组织是人们为了实现一定的目标，互相结合，制定职位，明确职责，分工合作，协同行动的人工系统及其转运过程。对于一个企业组织，各个机构是它最基本的组成部分。GMP组织与机构的设计与运转情况，直接关系到GMP实施的效率。

一、GMP组织与机构的特性

由人员构成的组织与机构是质量活动的载体，是质量管理体系存在及运行的物质基础。不同使命的组织与机构，其形式也各有其特性，有关GMP的组织与机构也不例外，这个组织与机构的特性表现在以下几个方面。

1. 相对稳定性　质量与质量管理活动本身需要稳定，因此，其组织与机构也需要保持稳定，这个稳定体现在：组织与机构形式保持稳定、组成人员保持稳定、工作职责与内容保持稳定。但是，相对稳对性不排斥各个部门、系统之间人员有规律、按照规定程序进行有目标的交流，彼此熟悉各自的工作内容，便于今后更加有效率地工作；也不排斥组织与机构的形式和工作内容的优化与持续改进。

2. 有限独立性　GMP组织与机构不但要保持稳定，其工作也要形成既相互协作又相互监督的关系，因此，GMP各个组织与机构要保持相对的独立性，这个独立性体现在人员不相互兼任工作，工作内容分工明确。但是，独立性不排斥各个部门之间的相互协作、相互支持。比如，企业应当设立独立的质量管理部门，质量管理部门可以分别设立质量保证部门和质量控制部门，履行质量保证和质量控制的职责。质量管理部门人员不得将职责委托给其他部门的人员，确保质量管理部门在履行其职责时不受到干扰和影响。

3. 高度一致性　各个系统人员等资源配置情况的均衡性。一般来说，药品生产企业的组织与机构可分为生产系统、物控系统、工程维护系统、质量管理系统等4大系统。根据“木桶原理”，药品生产企业所生产药品质量水平取决于这 4 个系统中运转水平最差的系统。因此，对于这 4 个系统的资源配置必须是一致的，比如配置同等学历、经验、经过培训的人员等。

4. 授权充分性 权力和责任是均衡的，也就是说，如果所赋予的权力与所承担的责任不均衡时，往往会导致工作目标无法完成。因此，必须赋予 GMP 各个组织与机构相应的权力，确保它们能完成各自的职责。比如，应充分授予质量管理部门参与所有与质量有关的活动、负责确定与审核所有与 GMP 有关的文件的权力、对产品质量有否决权、直接接受企业负责人的领导、其监管工作不得受到任何部门与人员的干预等，确保质量管理部门能充分履行自己的责任。

5. 沟通必要性 现代质量管理不是封闭的，而是开放的。例如，质量管理部门与企业其他各个部门之间建立必要的沟通联系机制，与上游物料供应商和下游药品流通和使用单位建立密切的联系，就药品质量与质量管理进行有效的交流与沟通，从而提高药品质量、确保用药安全等。

二、GMP 组织与机构设置的原则

根据 GMP 组织与机构的特性，其组织与机构的设置必须根据以下原则进行。

1. 系统整体原则 这个原则要求药品生产企业的 GMP 组织应系统严密，结构完整，要素齐全。药品生产企业的组织系统应由决策层、职能管理层、执行层及监督层构成，在工作中要求集权、协调和高效。同时，要求各个组成体系保持完整，比如，有独立完备的生产管理部门、物流管理部门、工程维护部门和质量管理部门等，确保质量管理工作得到充分的组织保证和人员保障。

2. 权责对应原则 现代管理理论研究和实践都证明，权责不对应将对管理组织的效能造成极大损害，使组织难以正常高效地运转。发达国家的 GMP 就再三强调，各部门要职责明确，权责对应，并要求用书面规程将各部门及其负责人的具体职责和权力都明确规定下来，并按照章程严格执行。我们可以学习国外的这种人事授权制，先建立系统的组织机构，再加以明确的工作职务规范，规范各部门人员的具体职责和权力，确保各个组织和机构有能力完成各自的工作。

3. 统一指挥原则 在生产质量管理活动中，确保工作指令统一，使工作现场井然有序，不发生混乱。统一指挥原则是建立在明确的权力系统上的，根据发达国家 GMP 实施的经验，采用长负责制，是达成工作指令统一的好方法。各组织和机构职能只设立一个负责人，便于责任明确，统一指挥。这样既可避免工作指令不明确，又可避免责任区分不清晰，可以从根本上提高管理效率。

4. 有效管理幅度原则 一个人能力无论多强，也只能直接管理有限的人或事，否则工作就会发生混乱或者造成效率低下。管理幅度就是指一名上级主管人员直接管理的下级人数，或者一个工作人员直接负责的事务。在保证岗位职责不遗漏、不交叉、职责有明确规定的基础上，每个人所承担的职责不应当过多。这个原则对于 GMP 组织能否高效无误地实施 GMP 起着非常重要的作用。药品生产企业应根据具体的部门、工艺流程、岗位等选择合理的管理幅度。

5. 因事设人原则 这里所说的“事”就是 GMP 对药品生产质量管理的基本要求及在此原则要求下企业根据自己产品的特殊要求应采用的技术和管理手段；“人”系指人员和组织。如果在药品生产与质量管理活动中，人员配备不完整或员工承担过多的职责，工作现场就会没有秩序，发生差错或混乱的可能性就会增大；相反，如果人员配备过多，也可能导致同样的问题。因此，根据药品生产与质量管理的实际需要，进行人员配置非常重要，这个原则是保证工作现场有序、减少污染与差错的关键。

三、GMP 组织管理体系的基本架构

建立管理机构并具有清晰的组织机构图，是组织持续稳定地进行生产管理的基本保障。组织结构与设计之所以对一个企业如此重要，是因为它明确了什么是期望完成的工作；将工作予以合理划分，以避免重复、浪费、冲突和资源滥用；规定工作活动的合理流程；建立沟通渠道；提供协调机制；使各项工作活动专注于完成目标；强化计划与控制。企业结构基础是否合理是企业能否进行有效质量管理的基础。

某药品生产企业 GMP 组织结构如图 3－1 所示。

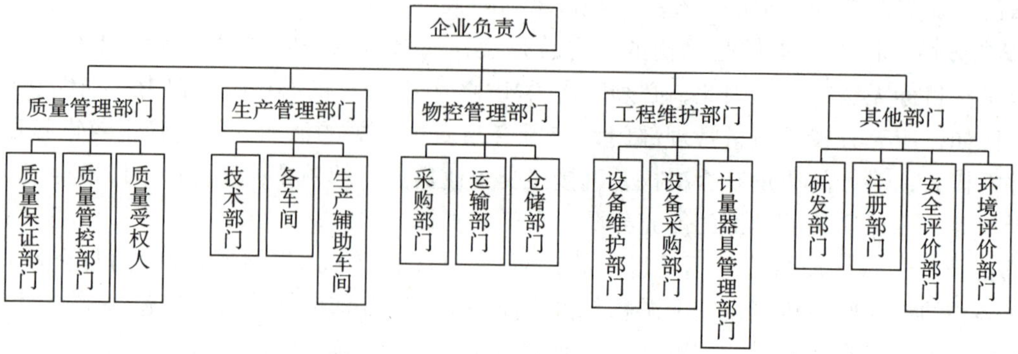

图 3－1　某药品生产企业 GMP 组织机构图

（一）生产管理部门

生产管理部门负责按计划均衡组织生产，做好原辅材料限额领用、动力供应和平衡调度工作；严格执行质量管理部门制定的关于生产所有工作的管理规程文件，并按 GMP 要求坚持做到原辅料未经批准放行不安排投料，成品未经批准放行不予以交付客户。某药品生产企业生产管理部门组织机构设置如图 3－2 所示。

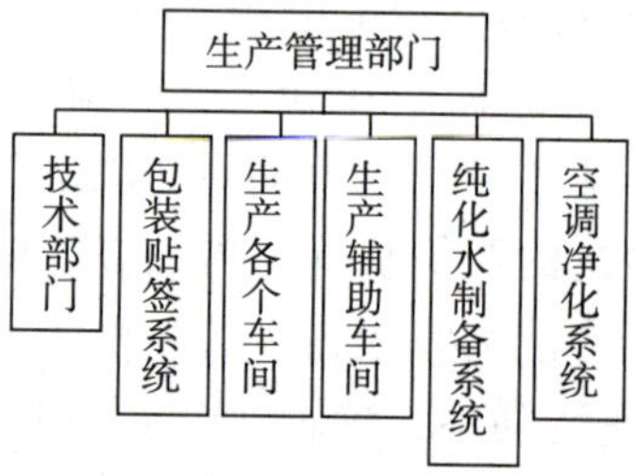

图 3－2　某药品生产企业生产管理部门组织机构示意图

技术管理部门负责按 GMP 要求进行生产过程中一系列技术管理及分析工作，如技术文件（质量标准、规程、岗位技术安全操作法等）的组织编写、审定，工艺控制点、原始记录的检查，开展技术分析排除潜在隐患并研究相应的管控措施等，以协助和监督生产车间切实执行 GMP。

各个生产车间严格按照质量管理部门、生产管理部门规定好的规程文件进行各项操作，搞好生产工艺管理、包装贴签管理、设备设施管理、原辅料领用管理、辅助生产系统管理、工艺卫生管理等，做到文明生产。

（二）质量管理部门

质量管理部门是实施质量管理的组织机构、职责、程序、过程和资源的总和。质量管理部门的建设是深入细致编制质量文件的基础，是使企业内更为广泛的质量活动能够得以切实管理的基础，是有计划、有步骤地把整个企业主要质量活动按重要性顺序进行改善的基础。某药品生产企业质量管理部门组织机构设置如图 3－3 所示。

1. 质量保证部门（QA）　负责根据 GMP 及国家药事管理的法律法规，根据客户要求，制定、审核和批准药品生产与质量管理体系建立和运行所需要的所有文件，并进行培训、监督实施；负责对物料供应企业的质量审计，并负责物料进入企业、进入生产、产品出厂等的放行工作；负责对所有与药品质量有关的活动进行必要的监督等。

2. 质量控制部门（QC）　对药品（物料、中间产品等）的取样、检验、留样、持续稳定性研究等活动所涉及的硬件、软件、人员和工作现场进行管理，确保这些活动满足 GMP 要求等。

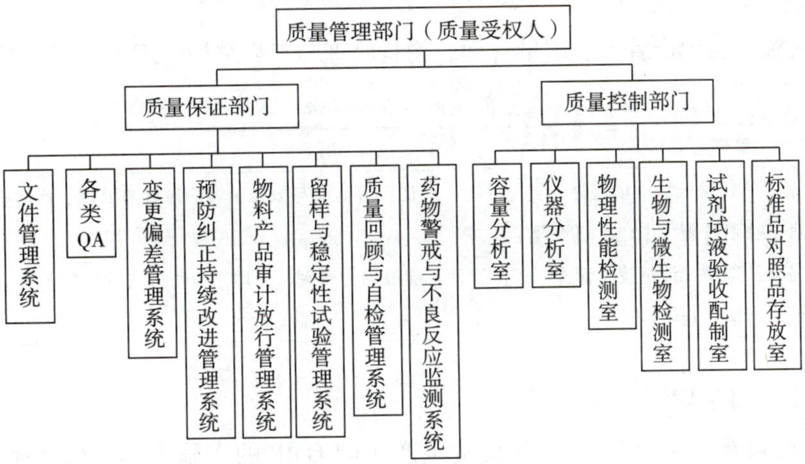

图 3－3 某药品生产企业质量管理部门组织机构示意图

（三）物控管理部门

某药品生产企业物控管理部门组织机构设置如图 3－4 所示。

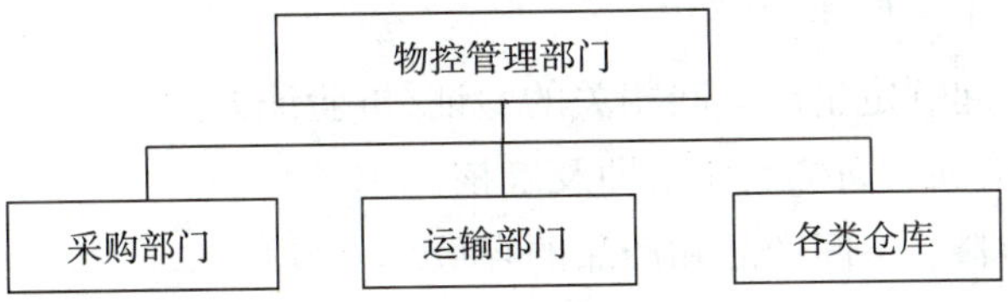

图 3－4 某药品生产企业物控管理部门组织机构示意图

1. 采购部门 按照 GMP 的要求以及质量管理部门的审计结果和要求，从审计合格的物料供应商，采购符合规定标准的有关生产与质量活动所需要的物料等生产资料。

2. 运输部门 按照 GMP 的要求，根据所运输物料（产品）的物理、化学、生物学等特性，对运输条件进行控制，确保物料（产品）的在途运输质量。

3. 仓储部门 按照 GMP 的要求，根据物料（产品）的物理、化学、生物学等特性，对仓储条件进行控制和区划，进行物料（产品）验收、入库、养护、发货、售后等管理工作，确保物料（产品）的仓储质量。

（四）工程维护部门

根据 GMP 的要求，按照质量管理部门的规划，对企业所需要的硬件，包括厂房设施、仪器设备等进行选型，对所有的硬件装备，包括厂房设施、设备仪器、计量器具等进行维护，确保这些硬件装备在生产、质量控制等活动中处于良好的运行状态。某药品生产企业工程维护部门组织机构设置如图 3－5 所示。

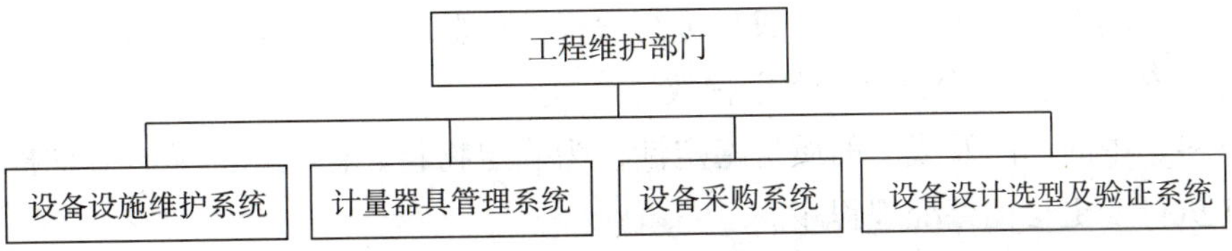

图 3－5 某药品生产企业工程维护部门组织机构示意图

四、药品生产与质量管理有关部门的设置及职能

药品生产企业大致分为生产管理、质量管理、物料管理与工程维护管理等部门。具体职责见表 3－1。

表 3－1 某药品生产企业主要部门职能一览表

部门	职能
质量管理部	GMP 管理、质量保证、质量监督、质量控制、不良反应监测与报告、客户投诉与处理、产品召回等
生产管理部	生产管理、技术管理、生产计划管理
工程维护部	仪器设备设计选型、计量校验管理、环保管理、能源动力管理、公用工程管理（水电气等）、硬件维保管理与培训等
物料管理部	物资采购、运输、仓储等管理

（一）生产管理部门主要职责

从 GMP 管理角度来看，生产部门/车间负责生产车间 GMP 的实施工作，保证生产人员按规定的文件和规程操作，通过“照章办事”的方式来保证过程受控，发生偏差时及时报告处理，确保做到生产过程稳定可靠，防止过程失控。具体职责如下。

（1）参与或负责起草/修订生产工艺规程、岗位操作法与各类标准操作规程等。

（2）生产区卫生及洁净区洁净级别的保持。

（3）生产人员的个人卫生及保持。

（4）与质量管理部门一起制定生产车间相关的验证/再验证方案并实施验证。

（5）生产人员的 GMP 培训、岗位操作培训及考核。

（6）负责加工过程中物料、中间产品和产品的存放。

（7）清场及清场检查。

（8）完整地记录生产过程及出现偏差及现场处理，重要偏差及时向质量管理部门报告。

（9）生产设备的日常维护和保养。

（10）审核、批准生产过程中形成的各种记录，并及时报告质量管理部门复核、评价。

（11）按照规定的生产工艺及操作规程，进行药品的生产各项操作和管理工作。

（二）质量管理部门主要职责

质量管理部门及人员不得将职责委托给其他部门的人员，其不受干扰地独立开展工作。

（1）制定和修订物料、中间产品和成品的内控标准和检验操作规程，制定取样和留样制度。

（2）制定检验用设备、仪器、试剂、试液、标准品（或对照品）、滴定液、培养基、实验动物等管理办法。

（3）决定物料和中间产品的放行和使用。

（4）审核成品发放前批生产记录，决定成品发放。审核已完成关键步骤的批生产记录和实验室控制记录，确保各种重要偏差已进行过调研并已有纠正措施。

（5）制定不合格品处理程序。

（6）对物料、中间产品、包装材料和成品进行取样、检验、留样，并出具检验报告。

（7）监测洁净室（区）的尘粒数和微生物数。

（8）评价原料、中间产品及成品的质量稳定性，为确定物料贮存期、药品有效期提供依据。

（9）制定和执行变更与偏差处理程序。

（10）会同有关部门对主要物料供应商质量体系进行评估，并履行质量否决权。当变更供应商时，质量管理部门应履行审查批准变更程序。

(11) 根据工艺要求、物料的特性以及对供应商质量体系的审核情况，确定原料药生产用物料的质量控制项目。

(12) 制定质量保证和质量控制人员职责。

(13) 批准和监督由被委托方承担的委托检验。

(14) 对产品质量情况定期或者不定期进行回顾及审核，负责年度自检。

(15) 批准工艺规程、取样方法、质量标准、检验方法和其他质量控制规程。

(16) 确保所需的确认和验证以及控制设备的校准都已进行。

(17) 确保本部门人员已经过必要的 GMP 及岗位操作的基础培训和继续培训，并根据实际需要适当调整培训计划。建立召回系统，调查导致药品投诉和质量缺陷的原因。

(三) 物料管理部门主要职责

(1) 根据质量管理部门审核确定的物料供应商，按照生产计划进行各类物资的采购，保证采购的原料、辅料、包装材料和容器等符合质量要求。

(2) 负责企业用于生产的物资进厂的验收工作，目测外包质量，填写请验单，按序号登记入库。

(3) 负责原辅料、包装材料、成品、低值易耗品和设备零配件、化学试剂的贮存管理工作，并按规定分区、分类、码放整齐，标志齐全，账、物、卡相符，防止混淆，并执行先进先出、近期先出、易变先出等规定。

(4) 负责物料等称量管理，按批准的“领料单" 发放物料。

(5) 负责物料的超期复验及合格的原辅料、包装材料的管理发放工作，负责对不合格或无法处理的原辅料、包装材料的登记及退回等衔接工作。

(6) 负责仓储物料的盘点及台账管理工作，生产用原料、辅料、包装材料用量及成本的统计与预估。

(7) 负责成品的验收入库、贮存、出库管理，并做好销售记录，做到遇异常情况，依批号产品能全部追回。

(8) 负责产品退货的接收、保管及发放管理工作。

(9) 负责各库区的环境控制与卫生管理工作，防爆、防火、防盗等安全管理工作。

(10) 建立主要物资的供应厂商资料及价格体系，配合质管理量部门、生产管理部门等对货源单位进行质量保证能力的审核，选择优质供应商。

(四) 工程维护部门主要职责

(1) 负责企业内部各项建筑的维护、修缮。

(2) 按 GMP 要求进行各类厂房（建筑）、设施、仪器、设备的设计、选型、更换、采购（供应）、安装、调试和验证等工作。

(3) 负责所有各类厂房（建筑）、设施、仪器、设备等硬件的基础维护，并指导其他部门员工对其所使用的仪器、设备等进行日常维护。

(4) 负责能源、动力管理，确保整个生产企业的能源、动力等配给，保质保量提供生产工艺需求的能源、动力，并加强设备、能源、计量的技术管理，搞好各类技术及硬件的档案工作。

(5) 会同质量管理等有关部门进行计量仪器、设备、器具等的校验工作，并确保这些仪器设备处于良好的工作状态。

(6) 负责按 GMP 要求对工程部人员、设备操作人员进行各种专业技术培训并组织考核。

(7) 负责企业安全评价和环境评价等工作，负责环境保护（废物、废水、废气处理系统、绿化及环境卫生、防火安全、“三废”达标排放）等。

（8）确保生产辅助系统，如制备氮气的空气分离站、压缩空气、净化空调系统、水处理系统正常运行等。

五、GMP 对关键人员的要求

从理论上看，药品生产企业的每个人都对产品质量产生影响。药品生产企业的每位员工都应当具备相应的资质，并且企业应当配备足够数量并具有适当资质的管理和操作人员。但是，在药品生产和质量管理过程中，企业每个员工对产品质量的影响程度是不一样的，有一部分人对药品质量管理起着举足轻重的作用，这部分人员就是“关键人员”。“关键人员”应当为企业的全职人员，包括企业负责人、质量管理负责人、生产管理负责人和质量受权人。GMP 对关键人员的资质有明确的规定，并且必须对这些关键人员进行严格的管理。

（一）企业负责人

企业负责人也就是企业最高领导人，也是药品质量的主要责任人，全面负责企业日常管理。为确保企业实现质量目标并按照 GMP 要求生产药品，企业负责人应当负责提供必要的资源，合理计划、组织和协调，保证质量管理部门独立履行其职责。

（二）生产管理负责人

所谓生产管理负责人，就是药品生产企业负责生产管理领导人，一般称之为生产管理部经理。

1. 资质 生产管理负责人应当至少具有药学或相关专业本科学历（或中级专业技术职称或执业药师资格），具有至少 3 年从事药品生产和质量管理的实践经验，其中至少有 1 年的药品生产管理经验，接受过与所生产产品相关的专业知识培训。

如果是生物制品生产企业，生产管理负责人还应具有相应的专业知识（细菌学、病毒学、生物学、分子生物学、生物化学、免疫学、医学、药学等），并有丰富的实践经验，以确保其能够在生产、质量管理中履行职责。

如果是血液制品生产企业，生产管理负责人还应具有相应的专业知识（如细菌学、病毒学、生物学、分子生物学、免疫学、生物化学、化学、医学、药剂学、药理学等），至少具有 5 年从事血液制品生产或质量管理的实践经验。

2. 主要职责

（1）确保药品按照批准的工艺规程生产、贮存，以保证药品质量。

（2）确保严格执行与生产操作相关的各种操作规程。

（3）确保批生产记录和批包装记录经过指定人员审核并送交质量管理部门。

（4）确保厂房和设备的维护保养，以保持其良好的运行状态。

（5）确保完成各种必要的验证工作。

（6）确保生产相关人员经过必要的上岗前培训和继续培训，并根据实际需要调整培训内容。

（三）质量管理负责人

1. 资质 质量管理负责人应当至少具有药学或相关专业本科学历（或中级专业技术职称或执业药师资格），具有至少 5 年从事药品生产和质量管理的实践经验，其中至少有 1 年的药品质量管理经验，接受过与所生产产品相关的专业知识培训。

如果是血液制品生产企业，质量管理负责人还应具有相应的专业知识（如细菌学、病毒学、生物学、分子生物学、免疫学、医学、药学、化学等），至少具有 5 年血液制品质量管理的实践经验，从事过血液制品定性、定量分析以及与血液制品质量保证相关的检验和检查工作。

如果是中药制剂企业，企业的质量管理部门应有专人负责中药材和中药饮片的质量管理。专职负责中药材和中药饮片质量管理的人员应至少具备以下资质：①具有中药学、生药学或相关专业大专以上学历，并至少有3年从事中药生产、质量管理的实际工作经验；或具有专职从事中药材和中药饮片鉴别工作8年以上的实际工作经验。②具备鉴别中药材和中药饮片真伪优劣的能力；具备中药材和中药饮片质量控制的实际能力；根据所生产品种的需要，熟悉相关毒性中药材和中药饮片的管理与处理要求。

2. 主要职责

（1）确保原辅料、包装材料、中间产品、待包装产品和成品符合经注册批准的要求和质量标准。

（2）确保在产品放行前完成对批记录的审核。

（3）确保完成所有必要的检验。

（4）批准质量标准、取样方法、检验方法和其他质量管理的操作规程。

（5）审核和批准所有与质量有关的变更。

（6）确保所有重要偏差和检验结果超标已经过调查并得到及时处理。

（7）批准并监督委托检验。

（8）监督厂房和设备的维护，以保持其良好的运行状态。

（9）确保完成各种必要的确认或验证工作，审核和批准确认或验证方案和报告。

（10）确保完成自检。

（11）评估和批准物料供应商。

（12）确保所有与产品质量有关的投诉已经过调查，并得到及时、正确的处理。

（13）确保完成产品的持续稳定性考察计划，提供稳定性考察的数据。

（14）确保完成产品质量回顾分析。

（15）确保质量控制和质量保证人员都已经过必要的上岗前培训和继续培训，并根据实际需要调整培训内容。

（16）如果是中药制剂生产企业，专职负责中药材和中药饮片质量管理的人员主要从事以下工作：①中药材和中药饮片的取样；②中药材和中药饮片的鉴别、质量评价，提出中药材和中药饮片是否放行的决定；③培训中药材处操作人员，包括毒性中药材处理操作人员；④中药材和中药饮片标本的收集、制作和管理。

3. 生产管理负责人和质量管理负责人　通常有下列共同的职责。

（1）审核和批准产品的工艺规程、操作规程等文件。

（2）监督厂区卫生状况。

（3）确保关键设备经过确认。

（4）确保完成生产工艺验证。

（5）确保企业所有相关人员都已经过必要的上岗前培训和继续培训，并根据实际需要调整培训内容。

（6）批准并监督委托生产。

（7）确定和监控物料和产品的贮存条件。

（8）保存记录。

（9）监督GMP规范执行状况。

（10）监控影响产品质量的因素。

（四）质量受权人

药品质量受权人（Qualified Person，QP）及其制度是药品生产企业负责人授权其企业有一定资质的药品质量管理人员对药品质量管理活动进行监督和管理，对药品生产的规则符合性和质量安全保证性进行审核，并由其承担药品（出厂）放行责任的人员及其相关制度。实行药品质量受权人制度是强化药品生产企业质量管理机制，明确质量责任，提高企业质量管理水平的有效措施，也是进一步强化企业是第一责任人责任意识的有效手段。药品质量受权人（QP）及其制度源自欧盟国家。

欧盟早在 1975 年就提出了质量受权人的概念及其制度，经过近半个世纪的发展，这项制度已日趋完善。我国于 2007 年引入该制度，在广东省进行了药品质量受权人制度试点，并取得良好的效果，积累了丰富的经验，自此，该制度逐步在我国建立并推广。我国在 2010 年修订的 GMP 中，明确了这个制度。2019 年，我国新修订的《药品管理法》以及 2020 年《药品生产监督管理办法》从法律层面明确了 QP 的人员模式、资质要求、法律责任和法律地位等，并确保了质量受权人质量管理工作的相对独立性，从而保证了质量管理的可行性。

1. 资质　我国 GMP 对于质量受权人这样要求：质量受权人应当至少具有药学或相关专业本科学历（或中级专业技术职称或职业药师资格），具有至少 5 年从事药品生产质量管理的实践经验，从事过药品生产过程控制和质量检验工作。质量受权人应具有必要的专业理论知识，并经过与产品放行有关的培训，方能独立履行其职责。

药品生产企业的质量受权人主要具有以下特性。

（1）受权人具有独立性　这是受权人核心的内涵。无论受权人在一个企业的组织机构中处于什么样的地位，受权人的工作都必须是保持相对独立的，也就是说，受权人工作不能受任何人包括企业负责人的干扰，独立工作，从产品质量角度发表意见，做出判断。

（2）受权人具有很高的权威性　受权人应当是药品生产质量管理方面的专家，对企业的产品质量负有直接责任，因此必须在企业中具有很高的权威性。当企业要在药品质量管理方面做出决策，特别是一些重大决策，必须充分尊重并听取受权人的意见。

（3）受权人具有很强的专业性　药品质量管理是专业性很强的工作，必须有专业水平高、管理能力强的专业人员承担。受权人要充分胜任产品质量管理与放行的职责，必须具有丰富的专业知识和较强的解决实际问题的能力。因此，对受权人的学历、专业知识和实践经验等资质做出规定，并对受权人进行考核评估，或是通过监管部门培训及继续教育，这些都是为了保证受权人在质量管理方面的专业性。

（4）受权人是一项制度安排　受权人制度是一个管理体系，而不是一个单独的个体，其职责目标虽然是产品批放行，但是承担或是履行产品放行的职责，就必须关注与产品质量管理有关的方方面面。受权人通过质量管理体系的正确运行来确保生产质量符合要求，其职责的行使必须以质量管理体系全面建立和良好运行为基础。

（5）受权人要依靠团队的力量　受权人不可能全面掌握药品生产过程中所涉及的每一个阶段或步骤，受权人要决定一批产品是否可以放行，往往要依靠质量管理团队的建议或决定。受权人职责的履行在很大程度上取决于一个团队的努力。在企业质量管理体系良好运作的基础上，团队中的每一个人都理解受权人的地位和职责并为其提供全力支持，受权人依靠团队合作来实现质量目标。

2. 主要职责　确保产品生产能够遵从于最终产品质量有关的技术和法规的要求，并负责产品的批次放行，确保每一批产品的生产制造符合生产许可的各项规定。

具体讲，受权人在实施全面质量管理中应履行如下职责。

（1）生产流程严格按照 GMP 要求，确保药品按照批准的工艺规程等操作规程生产、包装和储存，并留有真实、及时、全面和标准的记录（数据）。

（2）确保对各主要或者关键生产环节都完成必要的验证。

（3）确保各项质控检测都已进行并达到标准，并形成批检验记录。

（4）确保所有变更与偏差都得到有效控制，并评估对药品质量的影响。

（5）确保对所有的质量回顾、质量审计、自检都进行审核。

（6）确保所有质量管理体系及其运行文件都完整并经过审核。

（7）确保所有预防、纠正措施和持续改进都得到评估与控制。

（8）参与企业质量体系的建立、内部自检、外部质量审计、验证及药品不良反应报告、产品召回等质量管理活动。

（9）承担产品放行的职责，确保每批已放行产品的生产、检查均符合相关法规、药品注册要求和质量标准。在产品放行前，要出具产品放行审核记录，并纳入批记录。

（10）确保所有进口物料都应符合进口药品注册的各项规定。

（五）药品生产操作和质量检验等人员

除了关键人员，在药品生产与质量管控工作中，还有从事生产操作、物控操作、质量检验、工程维护等工作的员工，这些员工数量多，学历等构成成分多样复杂，工作经验、能力、年龄及健康水平等也不同。但是，从质量管理的角度来看，这些员工必须具有相应的学历（中专学历以上），相应的工作经历和工作经验，并且接受过相应的培训，经过考核，身心健康。根据我国《药品管理法》等法律法规，这些员工应当不存在职业资格准入的限制。但特殊工种要有相应的上岗证，如电工、锅炉工、电梯工、叉车工等。

对于这些人员，具体要求如下。

（1）要有足够数量，也就是一个员工在同一时间不能同时做两项操作，职责明确，操作熟练。

（2）不同岗位具备不同资质的人员，员工必须在资质上满足需求，比如学历、资历、经验和培训，包括相应的资质证书等。

（3）这些员工必须得到岗前培训和继续培训，经过严格考核，合格后才能上岗操作。

（4）员工身心健康，每年都要得到不少于一次的健康检查。

PPT

第二节　人员的教育与培训

人的素质是质量管理体系的主要要素，对质量管理体系的运行有决定作用，而教育和培训是提升人素质的重要途径。因此，所有的质量管理标准，无论是 ISO 9000 还是各种 GMP 等都始终将人员的培训视为标准的一个重要组成部分。在 GMP 中提出“所有人员应明确并理解自己的职责，熟悉与其职责相关的要求，并接受必要的培训，包括上岗前培训和继续培训”。由此可见，人员的教育与培训工作是一个企业搞好质量管理的基础工作。

一、培训的原则

为了有效地实施 GMP 培训，应贯彻下述基本原则。做到既重视业务教育，也重视职业操守教育；既重视学习理论，也注重实践运用；既学操作技术，也学习基础理论知识；既有数量指标，也有质量指标。

1. 战略原则　企业要具有战略眼光，从长远发展的角度考虑 GMP 的实施，在培训方面投入足够的人力、物力和财力。企业负责人对培训的认同和支持是培训成功与否的关键，药品生产企业有计划的派送企业有关人员到大学甚至到国外接受 GMP 培训和职业培训。尽管这种做法需要较大的投人，然而只要运用得当，它回报的不仅是大的经济收益，也能为企业的长远发展注入活力。

2. 层次原则 药品生产企业进行 GMP 的有效运作，需要不同层次的人员组成团队。盲目地追求人员的高素质是一种资源的浪费。造就高效团队，适应 GMP 实施工作要求，要通过多层次分级培训来实现。

3. 实用原则 GMP 培训与普通的药事管理知识教育的根本区别在于它特别强调针对性和时效性。在 GMP 实施过程中，企业需要什么、员工缺少什么，就要针对性地培训什么。基层员工的培训要从实际操作练习开始，通过实际操作发现问题、解决问题。

4. 全员原则 GMP 的实施是全员全方位的，一方面要求企业有计划、有步骤地对所有的在职员工进行培训；另一方面，要分清主次先后和轻重缓急，进行规划，根据不同的对象选择不同的培训内容和方式，既考虑个体素质的提高，也考虑群体功能的优化。

二、建立科学的培训体系

企业培训体系，是指在企业内部建立一个系统的、与企业的发展以及人力资源管理相配套的培训管理体系、培训课程体系以及培训实施体系。企业培训体系包含确保企业培训制度实施，并通过培训活动的有效组织和落实、跟踪和评估、改善和提高的一整套控制流程。建立一个科学合理的培训体系是实现企业员工得到良好教育和培训的关键。

（一）培训体系的组成

1. 培训机构 药品生产企业要有完整的教育培训机构，机构可以设在企业的人力资源开发人事部门，也可以设立在质量管理部门。

2. 培训师资 GMP 培训工作一定要有一个良好、稳定的师资队伍，师资无论从企业外还是从本单位聘请的，一旦为员工认同，最好不要频繁更换；师资应有相当的业务基础，经过较高一级的培训，有一定的教学经验，要善于在实践中发现问题，解决问题，充实教学素材。

3. 培训计划 企业应当把 GMP 培训工作看作一项关系到企业命运、前途的战略性工作来对待，作为长期活动的内容，建立起有效的培训制度，制定科学完整的培训大纲和计划，包括培训内容和课程设置，经有关部门批准后坚决严格地执行。

4. 培训内容 对于员工的 GMP 培训内容一定要丰富多彩，可以派骨干参加 GMP 培训班、选送员工到大专院校学习专业知识、请 GMP 专家举办知识讲座，内容要从他们身边的具体事例入手，生动活泼。培训内容要全面，除了 GMP 知识以外，还应包括药品管理法、计量法、产品质量法、消防法等，专业知识如药学、微生物学等，有关技能如岗位 SOP、设备 SOP、清洁规程、操作技能等，产品知识如产品类别、理化性质、用途等。

5. 培训形式 培训形式要针对不同人群，分层次进行，如高层次培训有出国留学、攻读研究生、第二学位等；中等层次培训，如脱产学习、进修等；低层次培训可经常进行，不需脱岗，且相对集中，一般以不定期学习班为主。

6. 培训考核 药品生产企业要建立 GMP 培训卡和培训档案，并归档保存。每次培训结束都要进行考核，考核不合格者，应下岗再培训，直至合格。考核结果要和员工的其他利益紧密联系。

（二）培训的组织机构及职责

合理的组织机构是培训体系有效运作的前提条件，在企业内部设立专门的培训部门，建立完整的培训制度，能够更好地为企业提供培训保障，提高人员素质。药品生产企业所设立的培训机构根据本企业的特点以及 GMP 的基本要求，负责整个企业培训管理的具体工作。

1. 组织机构的主要职责

（1）负责制定有效的培训政策和制度。

（2）在各职能部门的协助下编写和实施年度培训计划。

（3）组织、安排和协调培训，确保其顺利进行。

（4）为培训师资提供培训服务，使其掌握必要的理论、方法与技巧，不断提高自身素质。

（5）负责企业员工培训文档的管理。

培训机构如果隶属于其他部门，还要和企业质量管理部门协作，负责企业员工的 GMP 培训。

2. 质量管理部门在 GMP 培训方面的职责

（1）负责制定 GMP 培训及考核计划。

（2）负责员工的 GMP 培训及考核。

（3）根据 GMP 的发展以及企业内部质量体系运行中发现的问题，编写适用有效的 GMP 培训教材。

企业其他各职能部门应向培训机构反馈本部门的培训需求以确保本部门员工得到相应的培训，职能部门要和培训机构协作，负责本部门员工的岗位技能培训。

3. 某药品生产企业内部培训管理规程中机构与人员职责举例

（1）人力资源部门　为培训的综合管理部门，负责培训管理工作；负责转岗培训和新员工入厂培训的组织实施；负责培训记录资料的整理归档工作；负责建立员工培训档案。

（2）质量管理部门　负责制定质量管理体系的培训计划或方案，计划或方案经生产管理部门等同意，质量管理负责人审批后，督促相关部门实施，与相关部门共同对培训的实际效果进行评估。

（3）各相关部门负责人　负责调查与本部门相关专业技术、管理方面的培训需求，并协同质量管理部门形成培训计划，组织实施；组织开展部门内部的员工入岗、在岗培训及培训效果的评估；完成并妥善保管培训相关记录材料，并保证培训记录资料及时归档。

（4）生产管理部门、物控管理部门和工程维护部门等　检查培训的实施情况，确保本部门员工，经过上岗前培训和继续培训，并根据实际情况和需要调整培训内容。

（5）质量管理部门负责人　审核、批准培训计划或方案，检查培训的实施情况，确保生产企业所有员工接受上岗前培训和继续培训，并根据实际情况和需要调整培训内容。

（三）建立培训体系的流程

1. 培训需求分析　企业的培训需求来源于两个方面：①组织的需求；②员工的需求。组织需求表现在组织战略的变化、业务的调整，以及应对不断变化的企业环境提出的要求。员工的需求表现在员工是否胜任岗位工作任务、员工是否达到工作目标要求，以及员工个人的发展等。需求分析包括组织分析、人员分析和任务分析 3 项内容。

（1）组织分析　考虑培训是在怎样的一种背景下发生的。通过组织分析来决定在企业的经营战略、可用的培训资源以及员工的上级和同事对培训活动的支持一定的情况下，培训是否符合需要。

（2）人员分析　确定哪些人需要培训。包括分析查找原因；判断偏差到底是什么原因引起的，是知识、技能或能力不足，还是由于工作动力不够，或者是工作岗位设计本身有问题。确定谁需要培训，确定员工是否做好培训准备。

（3）任务分析　首先需要确定员工需要完成哪些方面的重要任务，然后确定为了帮助员工完成他们的这些任务，应当在培训中强调哪些知识、技能以及行为。

2. 制定企业的培训计划和相关预算 培训计划主要包括培训目标和课程名称、培训对象、实施日期、实施时数、场地、培训方法以及培训预算等。据统计，在同样的技术条件下，不同素质的员工产生不同的生产经营成本。如果一般工人的成本节约空间是5%，那么经过培训的工人为10%～15%，受过良好培训的工人是20%～30%。

3. 培训课程设计 包括4大部分：培训课程规划、选择相关资源、教学设计和学员手册编制。

（1）课程规划 包括明确课程目标、培训教案提出、考虑各种培训方法、选择培训方法、培训内容深化、课程测试与评估。

（2）资源选择 包括教材教具、课程选择、场地、讲师。课程选择主要来自两个方面：企业内部和企业外部。外部选择主要来自高校、研究机构、咨询培训公司等，应综合地进行评估选择。

（3）教学设计与学员手册编制 设计培训计划表、培训进度表、培训评估表、培训汇总表，以及学员手册、教案印刷和培训效果跟踪方式等。

4. 培训实施及效果评估 培训的实施包括培训信息发布、培训组织、教材编印等。培训结束后，进行评估也是必需的，它可以达到衡量培训管理质量、评估学员参与程度、评估培训效果等目的，而且有利于开展改进培训管理质量、建立培训教材档案、培训需求鉴定等方面的工作（图3－6）。

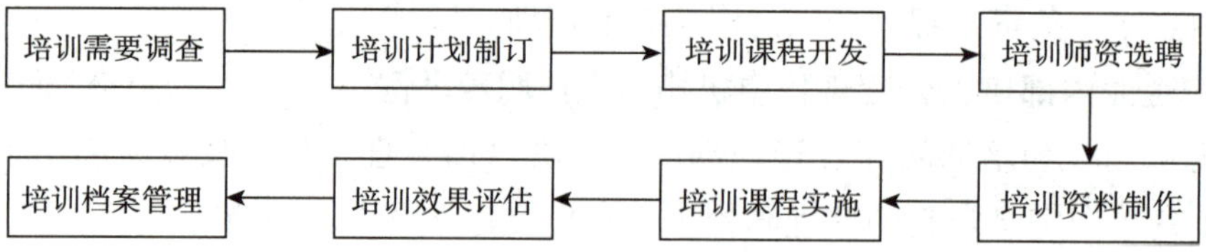

图3－6 培训体系流程图

三、培训的对象与要求

（一）培训对象

GMP是全员质量管理，GMP培训也必须进行全员培训。培训的对象包括企业负责人、质量、生产、物控、工程维护等部门（系统）的负责人和员工。其中高层管理人员、关键人员、各个部门负责人和质量管理人员以及业务骨干等作为重点培训对象。

（二）培训要求

（1）必须进行以《药品管理法》及其实施条例为核心的药事法律法规的教育和培训，让全体员工树立药品及其质量安全监管的“红线”意识，使他们认识到药品生产、经营、使用等各个方面都已进入法制化管理阶段，药品是防病治病的物质基础，是特殊商品，是保证人民群众生命健康的重要武器，药品监督管理工作的宗旨是让员工在药品生产等工作中“不敢违法”。

（2）进行以GMP及其实施指南为核心的药品质量与质量安全管理与技术教育培训，环境保护和劳动保护（防护）及质量安全事故处置等教育培训，让全体员工掌握药品管理技术与规范的基本原理和技术，明确自己工作的原理及内涵，在药品生产过程中“不想违法”。

（3）进行有关药学，比如药物化学、药物制剂、药物分析、制药工程等基础知识教育和培训，并以此为核心，开展各个岗位关于生产操作规程、检验操作规程、维保操作规程、物控操作规程以及净化和卫生操作规程等实际操作培训，让全体员工掌握实际操作的工作技能，加强教育和培训的考核力度，使得员工在生产过程中“不能违法”。

（4）生产、质量、物控、工程维护及新员工，还应进行专门的培训。

（三）培训分类

1. 以培训对象为分类标准

（1）一般员工的培训　主要是 GMP 基础知识培训，如学习理解实施 GMP 的意义，了解实施 GMP 的目标、方法、要求，对重大的质量事故进行分析。

（2）卫生培训　主要是 GMP 对个人卫生的要求、对各种生产环境的卫生要求，以及操作要求等。岗位培训及安全操作培训，重点是熟悉本岗位工艺规程、岗位操作法以及安全防护知识等。

（3）专业人员培训　对设计、工艺管理岗位人员进行 GMP 系统专业知识的培训；派人员参加企业外部的各类 GMP 培训班、研讨班；请 GMP 方面的专家到企业讲课、接受咨询等。

2. 以培训内容为分类标准　药品生产企业的人员所应接受的基本培训，包括 GMP 培训和岗位、操作技能培训。但实际上两者很难加以明确区分，岗位的工作要求实际就是 GMP 在该岗位的具体体现。因此，岗位培训可看成 GMP 培训的重要内容。

（1）岗位培训　从事药品生产操作及质量检验的人员都应该经过相应的专业技术培训，具有岗位所要求的基础理论知识和实际操作技能，经考核合格后，才能正式上岗工作。

（2）GMP 培训　其培训对象应该是企业全员，上至企业负责人，下至每一个操作工，包括收发、清洁、食堂员工等。发达国家非常重视培训工作，药品生产企业的 GMP 培训分为 3 大类：操作工、中层干部和经理等领导人员的培训，且各有一套相应的教材，分别培训。我国药品生产企业的 GMP 培训可以分为 2 大类：一般员工培训和技术人员、管理人员的培训。对于一般员工的培训，要通俗易懂、简单易记、内容完整，以现行 GMP、企业各岗位的标准操作规程为培训内容；对于技术人员和管理人员，培训教材应体现较强的科学性和系统性。不仅要介绍中国 GMP 的基本内容，还应学习发达国家的 GMP 内容，了解国内外 GMP 的最新进展等。

四、培训的基本内容

根据培训基本要求、培训对象设置培训的基本内容，一般来说，培训分为新员工培训、专业专门培训和继续培训。

（一）新员工培训

所有新招聘的员工，不管其是否来自药品生产企业，均必须经过初级培训。初级培训一般应在职工录用之日起 1 个月内进行，内容包括本企业的概况及本企业管理制度。应特别强调劳动纪律教育，让新员工牢记企业的各项规程，并将视其为行为准则。

1. GMP 基本知识培训　培训内容因人而异，循序渐进。对于基层作业人员，应以 GMP 的基本要求为主，以实例讨论为主，解释 GMP 的规定，切忌照本宣科。对于有一定学历和知识背景但不直接从事药品生产及质量管理的人员，如设备维修人员、辅助系统的操作及管理人员，可简要地介绍 GMP 的历史、发展过程、原则规定与实施方法的内在联系等，让他们当好企业实施 GMP 的配角。

2. 微生物学基础和个人卫生习惯的教育与培训　了解有效控制及消除微生物污染是实施 GMP 的重要目的。了解微生物学的基础知识，如微生物的分类、危害性、基本结构、生长繁殖特点、杀灭方法等，对员工养成良好的个人卫生习惯，减少微生物的危害是非常必要的。

3. 岗位培训　要根据新员工的工作岗位和经验，制订出适合其本人岗位特点的培训计划。岗位培训不是一种专题培训，而是一种能力基础培训，它不再满足记录每个员工已经掌握其工作所需的知识，而应通过演示使他们能够按照质量管理的要求和部门的标准操作。

4. 标准操作规程培训　正确做好岗位工作的新员工应当掌握标准操作规程以及批生产记录等有关文件规定的具体内容和实际含义。实践证明，只有员工理解了条款内容含义，才容易牢记并正确执行。

根据 GMP 的实施特点，应特别注意培训新员工养成及时在操作过程中做好记录的习惯。

5. 岗位实习 经过岗位培训后的新员工一般不宜进行独立操作，尤其是重要操作。必须在管理人员或有经验员工的指导下作业，其记录也必须经指导者检验复查并签字后方可有效。经过一定时间实习并经考核合格后，由规定的管理人员或指定人员签发上岗证后方可独立操作。

6. 其他培训 如产品知识培训，新员工至少应当了解自己生产的产品是什么类型和剂型，基本药理作用是什么，作业过程中应如何进行安全防护，意外情况发生后有什么危害，如何进行应急处理等。

（二）专业专门培训

1. 针对不同层次的培训 比如高级管理人员、中级管理人员与基层管理人员等的培训；高级技术人员、初中级技术人员等的培训。

2. 针对不同岗位的培训 比如生产工艺、检测鉴定、运输存储养护、设备维保维护等的培训。

3. 专门的技术和技能的培训 比如制备合成、各类制剂技术、检验方法、验证技术、防治污染技术等的培训。

4. 法律法规知识的培训 比如《药品管理法》及其实施条例、《药品生产监督管理办法》《药品注册管理办法》及 GMP 等的培训。

（三）继续培训

培训并非一劳永逸，培训工作应是周而复始、永无止境的。生产企业质量管理体系要素在不断变化，外部环境尤其是法律法规环境也在不断发生变化，正如美国 GMP 所述，药品生产企业必须配备称职的培训人员对员工反复不断地进行各类培训，以保证每一个员工都能应对内部和外部环境的变化。继续培训应经常性和综合性地开展，它一般包括以下内容：介绍新的标准操作程序、介绍新的操作过程和操作系统、重复培训原来的程序、操作失误的补培训、检查质量管理要求及标准操作程序。继续培训应避免简单重复，应结合实践，注意变换形式，充实新的内容。各层次的员工都应参加定期的再培训，以更新知识，提高认识，尤其当管理规程或操作规程修订后开始生效之前，必须对相关员工进行培训和考核，以保证所有执行人员都理解掌握了规程的内容和要求。GMP 的实践告诉我们，GMP 是动态的、发展的，因此对有关员工还应介绍我国及国际 GMP 中新的要求及进展，进一步加深对 GMP 的理解。

应当指出并且强调，药品生产过程中发生的质量偏差以及企业内部质量审计过程中发生的偏差都是活生生的继续培训教材，有关培训教员应对这部分材料加以提炼总结，编写成适用的教材对员工进行培训和考核，这种取自 GMP 实践的事例所编成的教材更具有适用性意义，使员工的印象更为深刻，更能够为员工所理解和接受。

五、培训的方法

一次成功的培训，关键在于选择最适合的培训方法。所谓最适合，就是培训方法要适合培训对象，根据这个思路，一般的培训方法有以下几种。

1. 讲授法 教师讲，学员听。以单向沟通为主，学员处于被动地位，如请外单位老师介绍国外药事法规尤其是 GMP 的概况等，以扩大员工视野和知识面，这种培训并不以直接解决企业具体问题为目的。

2. 讨论法 以讨论的形式来达到传授知识和技能的目的，讨论是否热烈、深入，有赖于教师的引导以及学员的素质和兴趣。

3. 案例法 针对某种情况，就其状况的原因，进行分析、讨论，并提出解决方法。案例可以刺激学员思考问题，也可以作为一个培训课程结束时的总结工具。

4. 视听法 利用投影薄膜、幻灯片、录像带等方法展示培训内容，这种方法一般适用于辅助教学培训。GMP 培训，一般采用投影薄膜、幻灯片、录音磁带、电影和录像教学等，可交替使用。

5. 工作轮换法　是一种在职培训的方法，指让受训者在预定的时期内变换工作岗位，使其获得不同岗位的工作经验，一般主要用于新进员工。现在很多企业采用工作轮换则是为培养新进入企业的年轻管理人员或有管理潜力的未来的管理人员。

6. 实际作业和知识竞赛法

（1）实际作业法　是指由受训者一边进行作业，同时还接受教员的指导和纠正的培训方法，这种方法实用性强、效果较好，但只适用于基层操作人员。

（2）知识竞赛法　是将 GMP 要求或 SOP 的重点编写成节目的内容，通过问答、游戏的方式使受训者掌握。

7. 网络培训法　是一种新型的计算机网络信息培训方法，这种方法投入较大。但使用灵活，符合分散式学习的新趋势，节省学员集中员工培训的时间与费用。这种方式信息量大，新知识、新观念传递优势明显，更适合成人学习。因此，特别为实力雄厚的企业所青睐，也是培训发展的一个必然趋势。

8. 实验法　美国制药工业协会的一项调查表明，“做”效果最好，其次是“说”。因此，在选用培训方法时，采用实际操作的实验方法，可选用让员工多做的参与式培训方法。

六、培训的效果评估

GMP 规定“定期评估培训的实际效果”。所以，制药企业需要对员工的培训效果进行评估，以保证员工的培训达到了相应的效果。培训工作的成效包括最终成效和直接成效。培训工作的最终效用是提高企业效益，促进企业发展，常常无法在短时间内看到；直接效果是对员工队伍状况的改进，可以通过一定的指标来进行测评。培训评估可针对每一次的具体评估，也可以针对全员的 GMP 素质。考试和培训考核是培训项目评估的一种最常用方法。考试时试卷应尽可能做到标准化，这对客观、公正地评价学员在培训期间的学习，调动其积极性十分有效。考核方法很多，可采取提问方式，也可以是要求学员现场操作的方式，还可以是讨论的方式，看学员是否理解，不必局限于传统的笔试形式，更不要搞形式主义。每年年终应对培训计划的执行情况做回顾总结，以便使培训更好地适应生产和质量保证的需要。

以下是某企业内部对培训评估的具体要求。

培训评估可通过口头问答的方式进行，问题及被培训者的回答记录于《培训口头问答评估记录表》中；培训评估也可通过书面考核的方式进行，这种情况下，需保留试卷。被培训者的得分在总分的 80.0% 或以上时，方可视为合格。注意：即使得分在总分的 80.0% ~100.0%，被培训者回答不正确的问题的答案也需由培训者解释，并记录。若进行操作评估（考核），评估需由部门负责人在培训结束 1 个月后进行。培训评估结束后，需及时将评估情况登记在《培训考核登记表》中。被培训者在培训过程中和培训后提出的有用的建议，相关部门负责人和质量管理负责人/质量受权人都可考虑其可执行性和对于系统的提升作用。

根据以上内容的详细介绍，培训的主要流程可简要总结为图 3 –7。

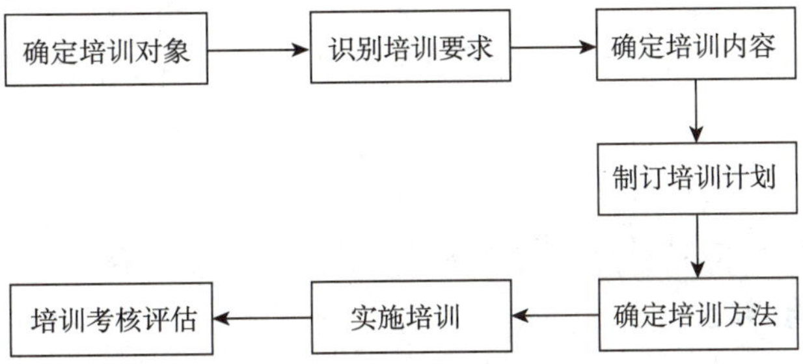

图 3 –7　基本培训流程图

第三节 人员卫生

PPT

人虽然是药品质量管理体系的管控者，但也是生产中最大的污染源和污染最主要的传播媒介，在药品生产过程中，生产人员总是直接或间接地与药物接触，对药品质量产生影响。这种影响主要是由两个方面产生的，一方面是人员的身体状况产生的，另一方面是由个人卫生习惯造成的。加强人员卫生（Personal Hygiene）管理和监督是保证药品质量的重要内容。

一、人员卫生控制的意义

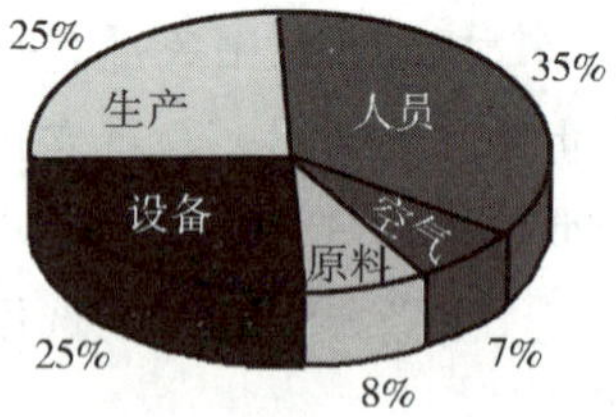

图 3-8 洁净室内微粒来源分析

污染是影响药品质量安全的最重要的因素，在污染来源中，人是最大的污染来源。洁净室内微粒来源分详见图 3-8，从图中可见排在第一位的是人员污染，其次才是设备和生产过程。

操作员工操作不当，或在生产洁净区内动作幅度过大等，都会引起洁净厂房内的尘埃粒子数与微生物数量显著提高的后果。比如，当员工没有按照书面规程进行清洁、消毒，没有正确着装，动作幅度过大等，洁净厂房内的污染，尤其是洁净度高的厂房内污染程度将显著增加，导致药品染菌率大幅提高。如果是对无菌要求很高的药品生产，若不进行人员卫生方面的严格控制，将会给患者带来安全隐患。

因此，必须对人的卫生情况进行全面严格的控制与管理，确保药品质量安全。

我国 GMP 中对人员卫生规定如下。

（1）所有人员都应当接受卫生要求的培训，企业应当建立人员卫生操作规程，最大限度地降低人员对药品生产造成污染的风险。

（2）人员卫生操作规程应当包括与健康、卫生习惯及人员着装相关的内容。生产区和质量控制区的人员应当正确理解相关的人员卫生操作规程。企业应当采取措施确保人员卫生操作规程的执行。

（3）企业应当对人员健康进行管理，并建立健康档案。直接接触药品的生产人员上岗前应当接受健康检查，以后每年至少进行一次健康检查。

（4）企业应当采取适当措施，避免体表有伤口、患有传染病或其他可能污染药品疾病的人员从事直接接触药品的生产。

（5）参观人员和未经培训的人员不得进入生产区和质量控制区，特殊情况确需进入的，应当事先对个人卫生、更衣等事项进行指导。

（6）任何进入生产区的人员均应当按照规定更衣。工作服的选材、式样及穿戴方式应当与所从事的工作和空气洁净度级别要求相适应。

（7）进入洁净生产区的人员不得化妆和佩戴饰物。

（8）生产区、仓储区应当禁止吸烟和饮食，禁止存放食品、饮料、香烟和个人用药品等非生产用物品。

（9）操作人员应当避免裸体手直接接触药品、与药品直接接触的包装材料和设备表面。

二、个人卫生的控制

个人卫生方面的控制包括个人卫生习惯的养成与个人身体健康情况的控制这两个方面。

（一）个人卫生习惯的养成

人体表面经常排出很多物质，体表排出物有多种，如汗液、鼻屎、耳内分泌物、眼泪等。人体皮肤每平方厘米有一千多条汗腺，全身表面分布着几百万个汗孔，它开口于表皮细胞间隙中，人体通过汗孔不断排汗，其中尿素、尿酸、乳酸、盐等废物，约占汗水的20%。紧挨在毛囊附近的皮脂腺，分泌着油腻物质。从药品生产操作实际情况来看，人的手是工作时所使用的最重要的工具，而人的面部与头发等是暴露于生产环境最多的部位。如果平时不养成良好的个人卫生习惯，即便实施再严格的工作现场的清洁消毒措施，也很难改善人的卫生情况。因此，养成良好的卫生习惯对于药品生产员工来说非常重要，如勤洗澡、理发、洗手、剪指甲，保持整洁等。

（二）个人身体健康情况的控制

由于药品生产的特殊性，要求和药品（物料）等发生直接接触的员工，体表不能有伤口、不能患有传染病或其他可能污染药品的疾病，包括皮肤病等。这些必须进行必要的体检，进行必要的上岗前检查，尤其对于无菌生产等对洁净要求高的药品就显得非常重要。比如，从事卡介苗或结核菌素生产的人员应定期进行肺部X线透视或其他相关项目健康状况检查；生物制品生产应根据所生产制品的生物安全评估结果，为生产、维修、检验、动物饲养的操作人员、管理人员接种相应的疫苗并定期体检；从事血液制品生产、检验和其他相关人员应接种预防经血液传播疾病的疫苗。

（三）个人工作卫生的控制

GMP的实践表明，大量的污染问题都是由于对员工在工作现场个人卫生没有得到控制引起的。比如，没有按照规定标准穿着洁净服，化妆和佩戴饰物、手表等，把与生产无关的物品如香烟、食品、饮料等带进工作场所，没有按照规定的程序进行个人清洁和消毒工作等。因此，任何进入生产区的人员均应当按照规定更衣和着装。比如，对于D级洁净区：应将头发、胡须等相关部位遮盖；应穿合适的工作服和鞋子或鞋套；应采取适当措施，以避免带入洁净区外的污染物。对于C级洁净区：应将头发、胡须等相关部位遮盖，应戴口罩；应穿手腕处可收紧的连体服或衣裤分开的工作服，并穿符合卫生要求的鞋子或鞋套；工作服应不脱落纤维或微粒。对于A/B级洁净区：应用头罩将所有头发以及胡须等相关部位全部遮盖，头罩应塞进衣领内；应戴口罩以防散发飞沫，必要时戴防护目镜；应戴经灭菌且无颗粒物（如滑石粉）散发的橡胶或塑料手套；穿经灭菌或消毒的脚套，裤腿应塞进脚套内；袖口应塞进手套内；工作服应为灭菌的连体工作服，不脱落纤维或微粒，并能滞留身体散发的微粒。

除此之外，个人外衣不得带入通向B、C级洁净区的更衣室。每位员工每次进入A、B级洁净区，都应更换无菌工作服；或至少每班更换一次，但需进行监测。结果证明，要确保这种方法的可行性，操作期间应经常消毒手套，并在必要时更换口罩和手套。

进入洁净室或在工作时，手的洗涤与消毒也要注意采取正确的方法，首先要用流动水进行洗涤，而不是用一盆水反复洗涤。另外，必须用洗涤剂或洗手液，如果使用固体肥皂就不符合卫生要求，因为固体肥皂很容易传播污染。生产人员在进入不同级别的洁净区前，应使用洗手液洗手，洗手液应放在洗手池上方的专用的装置里。人员洗涤手的时间要充分，洗手后要干燥彻底，然后进行酒精等消毒处理。

进入洁净生产区的人员不得化妆或佩戴饰物。生产区、仓储区应当禁止吸烟和饮食，禁止存放食品、饮料、香烟和个人用药品等非生产用物品。操作人员应避免裸手接触药品、与药品直接接触的包装材料和设备表面。

如果操作员工身体状况不符合操作要求，主管人员有权利要求该员工不得上岗操作或停止操作，如有必要可以进行身体卫生检查等。

三、工作服（洁净服）卫生的控制

药品生产所使用的工作服应包括衣、裤、帽、鞋、短袜等，其选材、式样及穿戴方式应与所从事的工作和工艺所要求的洁净度级别相适应。工作服和防护服应根据其所在的不同的药品生产企业、不同的生产工艺、生产区域而不同，它的作用是防止生产员工对药品的污染，并保护操作人员不受到生产环境不良因素的危害。工作服和防护服质地应光滑、不产生静电、不脱落纤维和颗粒物，能被方便地清洗、灭菌、消毒，并确保质地不受到影响或损害。一般而言，在没有洁净要求的一般生产区可选用棉材料，控制区可选用涤纶和尼龙材料，洁净区必须选用防静电的材料。无菌工作服应能包盖全部头发、胡须及脚部，并能阻留人体脱落物。

不同空气洁净度级别使用的工作服应分别清洗、整理，必要时消毒或灭菌，工作服洗涤、灭菌时不应带入附加的颗粒物质，应制定工作服清洗周期。洁净区所用工作服的清洗和处理方式应确保其不携带污染物，不会污染洁有净区。工作服的清洗、灭菌应遵循相关规程，并最好在单独设置的洗衣间内进行操作。工作服洗涤尽量不用固体洗涤剂，如洗衣粉类颗粒物质，防止污染环境。在式样和颜色上应能区分不同的生产和洁净级别区域。药品生产企业对人员的防护服清洗或消毒制定规程（根据不同洁净区要求）。任何进入生产区的人员均应按规定更衣。

四、人员卫生工作规程与培训

人员卫生工作的开展主要依靠科学的人员卫生规程的制定、培训和实施。卫生规程的制定要有利于员工养成良好的卫生习惯，培养员工严格遵守所有的清洁计划和书面卫生规程的自觉性和主动性，培养员工能迅速而正确地记录工作实况的能力、及时报告可能引起产品污染的厂房和设备一切情况的意识。表 3－2 是某药企制定的卫生规程。

表 3－2　药品生产企业卫生规程一览表

序号	文件名称	序号	文件名称
1	卫生工作管理规程	20	洁净室消毒灭菌程序
2	环境卫生管理规程	21	洁净室清洁消毒记录
3	非洁净区卫生管理规程	22	消毒、清洁剂配制使用操作规程
4	非洁净区清洁记录	23	消毒清洗剂配制记录
5	非洁净区工艺卫生管理规程	24	特殊清洁管理工作程序
6	食堂卫生管理制度	25	洗衣间的管理规程
7	防止药品交叉污染的措施	26	洁净服选材、清洁及消毒程序
8	洁净区环境卫生管理规程	27	洁净服清洗、消毒记录
9	洁净区工艺卫生管理规程	28	卫生状态标识管理规程
10	洁净区个人卫生管理规程	29	废弃物管理程序
11	非洁净区人员进入洁净区登记表	30	清洁工具管理规程
12	人员进入洁净区的净化程序	31	仓库清洁管理规程
13	橡胶、硅胶制品洗消操作规程	32	洁净区工作口罩、手套等清洁规程
14	塑料制品清洁规程	33	取样间清洁规程
15	玻璃制品清洁规程	34	称量取样间清洁记录
16	不锈钢制品清洁规程	35	洁净区公用区域的清洁规程
17	物料/容器/工具进入洁净区净化程序	36	洁净区公用区清洁记录
18	洁净区地漏清洁操作程序	37	洁净厂房内浴室清洁规程
19	洁净区厂房、设施清洁规程	38	厕所清洁管理规程

实践表明，大量的污染问题都是由于企业对员工卫生培训不够和员工不遵守有关卫生规程引起的。所有人员都应接受卫生要求的培训，药品生产企业的卫生培训规划应当强调有效的和全面的培训工作，使员工对企业的各项卫生规程都非常熟悉并能遵守执行。凡在洁净区工作的人员（包括清洁工和设备维修工），均应根据卫生规程进行定期培训，使无菌药品的生产操作符合要求。从事生物制品生产的全体

人员（包括清洁人员、维修人员）均应根据其生产的制品和所从事的生产操作进行专业（卫生学、微生物学等）和安全防护培训。从事血液制品生产、质量检验及所有相关人员（包括清洁、维修人员）应接受生物安全防护的培训，特别是预防经血液传播疾病的知识培训。

培训的内容应包括卫生和微生物方面的基础知识。未接受培训的外部人员（如外部施工人员或维修人员）在生产期间需进入洁净区时，应对他们进行特别详细的指导和监督。从事动物组织加工处理的人员或者从事与当前生产无关的微生物培养的工作人员通常不得进入无菌药品生产区，不可避免时，应严格执行相关的人员净化操作规程。从事无菌药品生产的员工应随时报告任何可能导致污染的异常情况，包括污染的类型和程度。

企业应限制进入生产区和质量控制区的参观人员和未经培训的人员；不可避免时，应当事先对参观人员的个人卫生、更衣等进行指导。患有传染病、皮肤病、皮肤有伤口者和对制品质量和安全性有潜在不利影响的人员，均不得进入生产区进行操作或质量检验。未经批准的人员不得进入生产操作区。

五、人员卫生健康档案的建立

企业应采取措施保持人员良好的健康状况，对人员健康进行管理，并建立健康档案。所有人员在招聘时均应接受体检。初次体检后，应根据工作需要及人员健康状况安排体检。直接接触药品的生产人员应每年至少体检一次。企业应采取适当措施，避免体表有伤口、患有传染病或其他可能污染药品疾病的人员从事直接接触药品的生产。因病离岗的工作人员在疾病痊愈、身体恢复健康以后要持有医生开具的健康合格证明方可重新上岗。

药品生产企业在招收员工时，一定要对他们进行全面的健康检查，要确保新员工不患有急慢性传染病。另外，还要根据员工安排的具体岗位性质再确定其他具体检查项目。药品生产企业要有所有员工体检规程，明确职工体检的时间、项目，对药品的质量和安全有直接影响的人员要有专门的要求，直接从事药品生产的人员应每年至少接受一次体检，体检不合格者，应调离工作岗位。任何患传染病和传染病的健康带菌者，均不得从事药品生产。任何有外部伤口的人员不得从事处理暴露的原料、中间体和散装成品的工作。如发现职工患皮肤病、传染病或有外伤，应马上调离与药品直接接触的生产岗位，以防止污染药品导致药品质量事故的发生。

药品生产企业应对员工建立个人健康档案，以便于检查、了解、追踪个人健康状况。人体的健康状况是动态变化的，为防止有传染病或健康带菌者、皮肤病、外伤的员工直接参与药品生产，造成污染影响药品质量的后果，药品生产企业应制定严格的规程。另外，还要教育员工，在任何时间和地点如发现自己或其他员工有明显病症或伤口，可能影响药品的安全和质量时，应立即向有关人员报告。有关人员应立即采取规定的措施，避免这类人员与药品的内包装容器、生产过程中间物料和药品直接接触，以确保药品生产的质量。企业应采取适当措施，避免患有传染病或体表有伤口的人员从事直接接触药品或对药品质量有不利影响的生产工作。从事药品生产和质量管理人员不提倡带病工作，带病工作不仅影响药品本身的安全（如果与药品直接接触），而且影响工作效率。

（杨　悦　白庚亮　孙　霞）

书网融合……

本章小结　　微课　　题库

第四章　厂房与设施

学习目标

1. **掌握**　厂房（场所和环境）区划、布局；厂房内部的规划、布局、环境因素及控制；人流、物流的设计；空调净化系统的构成、运行、维护；洁净厂房和动物房的设置、环境因素及控制。

2. **熟悉**　仓库区、质量控制区的规划、构成与环境控制。

3. **了解**　厂房基本构成；材质结构的基本标准。

4. 学会按照 GMP 要求，对厂区环境进行选择；对厂房与设施进行合理规划与设计。

厂房设施等硬件是药品生产质量管理体系重要的基础性要素之一。根据 GMP，这里的厂房（Premises）主要是指生产、储存、质量管理与控制所需的空间场所；设施（Facilities）是指向该空间场所提供条件并使其状态符合要求的装置或措施；洁净室（区）（Clean Room/Area）是指需要对环境中尘粒及微生物数量进行控制的房间（区域），其建筑结构、装备及其使用应当能够减少该区域内污染物的引入、产生和滞留。对于药品生产企业，按照 GMP 和其他有关法律和法规要求搞好厂房和设施等硬件建设，是 GMP 工程系统建设中成本投入最大的部分。不论是新建厂房与设施的建设，还是原有厂房与设施的 GMP 改造，都应做到严格遵守 GMP 等法律法规，精心策划、严格施工。

PPT

第一节　厂址选择与厂区规划

药品生产企业生产地点的选择与厂区规划对企业产品质量与质量管理有着非常重要的影响。选择厂址和规划厂区是药品生产企业开办必须首先进行的重要决策，也是保证药品生产企业实施好 GMP 的基础。GMP 中要求：厂房的选址、设计、布局、建造、改造和维护必须符合药品生产要求，应当能够最大限度地避免污染、交叉污染、混淆和差错，便于清洁、操作和维护。

一、厂址选择

药品生产企业应当根据厂房及生产防护措施综合考虑选址，厂房所处的环境应当能够最大限度地降低物料或产品遭受污染的风险。在选择厂址时，考虑的环境因素主要有两个方面：周围环境对企业产品生产质量的影响，周边其他企业对企业产品生产质量的影响。就 GMP 的实施而言，环境因素成为药品生产企业厂址选择的首要因素，厂址选择必须结合企业产品特点、自身条件、环境因素和产业政策与法律法规等，进行调查、比较、分析、论证，最终确定理想的厂址。

1. 自然环境　药品生产企业应根据 GMP 的要求，对环境因素，如地理位置、气候、空气质量、水土质量、周围绿化情况、污染情况、其他企业的情况等进行调研和分析。在调查研究工作的基础上，企业结合当地产业用地政策等，实地考察，集思广益，并做好研究讨论记录。

如果只是从 GMP 技术因素去考虑，自然环境条件是选择厂址时要考虑的主要因素。药品生产企业应在气候适宜的地区选择生产厂址，过冷或过热的气候都将增加空调运行所需的动力成本。生产厂址应避免设置在潮湿或干旱、少雨或沙尘暴频繁的地区。洁净室（区）虽然安装空调净化系统，但其使用寿命与室外空气中尘埃浓度成负相关关系，在空气质量好的区域设厂无形中会延长空气净化系统的使用寿命，从而降低生产成本。因此，药品生产企业应选择空气条件良好，大气含尘、含微生物浓度低，无有害气体，无水土污染和污染排放源的地区，同时，所选地区应水源充足，能满足生产用水质量标准要求，并远离空气中含二氧化硫和氯气等工业废气较多的工业区、化工区，如不能远离污染区时，则应位于其最大频率风向上风侧，或全年最小频率风向下风侧；另外，邻近铁路或公路区域扬尘较大，容易使空气质量遭到破坏，选择厂址时应避免靠近公路和铁路。

2. 水源和电力 水、电是生产的必需条件，充足和质量良好的水源，对药品生产来讲非常重要，良好的水源质量能大大降低生产企业水制造系统的运转成本，提高药品质量，这个对于输液、注射剂等液体制剂质量来说尤为重要。同样，不间断的电力供应和足够的电源，对于药品生产也很重要，如果电力供应不正常、不稳定或供应达不到标准，将会给药品生产工艺和药品质量带来非常大的负面影响。所以药品生产企业要求有复（多）路电源，确保动力来源的稳定可靠。

3. 交通与道路 考虑到药品生产企业物流控制的特殊性，在物料的运输方面需要专门的通道，这个通道必须与人流通道分离开，再加上药品生产企业运输较频繁，为了减少差错与混淆，在厂址选择时，应充分考虑道路的设置与交通便利，以避免运输过程中对厂区产生不利影响。

4. 环境保护与安全生产 对药品生产企业来讲，一方面，不能选择不利于药品生产的环境，应避开粉尘、烟气和有害有毒气体的地方，也要远离霉菌和花粉传播源；另一方面，药品生产企业本身产生的“三废”也会对周围环境产生严重影响，也必须同时考虑，因此企业还要考虑自身应尽的环境保护义务，要能有足够的渠道和空间进行“三废”处理，并满足国家有关环境保护标准。同样，安全生产对于药品生产企业来讲非常重要，尤其是化学原料药的生产厂家。选择厂址时除应严格按照国家有关规定、规范执行外，还要保持和相邻企业或其他设施的安全距离，如防火、防爆要求距离等。

5. 长远发展 药品生产企业的品种相对来讲是比较多的，而且更新换代比较频繁。随着医药市场竞争的不断加剧，每个药品生产企业必须要考虑长远的规划发展，决不能图眼前利益。随着经济的发展，土地资源越来越紧缺，因此，在厂区总体布置时，应考虑节约用地。在总体布置时必须有一个长远的计划，要做到“一次规划，分步实施”，为以后的进一步发展留下空间。

二、厂区规划

厂址确定后，下一项工作就是厂区规划，厂区规划就是对药品生产企业生产厂区格局总体进行的规划设计与布置。我国 GMP 中规定：企业应当有整洁的生产环境；厂区的地面、路面及运输等不应当对药品的生产造成污染；生产、行政、生活和辅助区的总体布局应当合理，不得互相妨碍；厂区和厂房内的人、物流走向应当合理。

（一）厂区规划的原则

对于药品生产企业的生产厂区，不同的厂址条件，厂区规划的方法是不同的，即使是同一个厂址，不同的设计和规划人员也可以提出不同的方案，不同的设计施工单位也可以设计出不同的需要符合 GMP 要求的图纸。因此，厂区规划具有相对的灵活性。在规划与布置时，应在充分研究 GMP 标准与原则性规定的基础上，参考其他企业厂区规划的经验，结合本企业的实际，因地制宜，才能设计出具有企业特色的厂区布局。但总体可以按“区划清晰，流程合理，洁净美观”的要求进行规划布置，厂区规划布置时应体现以下原则。

1. 防止污染的原则 从厂房、设施与系统设计与厂区规划、布局的总体去考虑，如何预防、减少与消除生产环境有可能对药品生产所产生的污染或交叉污染。特别是便于建立洁净室（区），并使洁净室（区）能有效进行工作，使洁净室（区）的建立与分级，能区别并满足不同药品、不同剂型、不同生产工艺流程与其所需的生产环境条件的要求。

2. 防止差错的原则 从厂房、设施与系统设计与厂区规划、布局的总体去考虑，如何预防、减少与消除生产环境有可能对药品生产所导致的有关物料、中间产品、成品等混淆与差错。

3. 综合治理的原则 GMP 对厂房与设施所提出的原则需要通过对人流、物流、环境、厂房、设施、材料等方面的综合治理而实现。所以，应该将 GMP 对厂房与设施的管理原则贯穿并体现于设计、布置的每一环节与细微之处。

4. 保持与发展的原则 药品生产企业在不断发展，随着产品的变化，生产条件也在不断变化，为了满足这样的变化，GMP 对厂房与设施所提出的原则在实施后能继续保持并为今后企业发展留下空间这方面尤为重要和艰巨，所以，原则的贯彻要有利于企业实施 GMP 之后的保持与发展，并考虑追求最佳的投入成本。

（二）厂区划分

药品生产企业的运行是由物控、生产、质控和工程维护 4 个基本功能组成的。为此，整个厂区也就分为物控、生产、质控和工程维护 4 个基本功能区域。而这 4 个基本功能区域，又可以分为若干个更具体的功能区。比如物控区，又可以分为原料库区、成品库区、危险品库区等，生产区又可以分为称量区、生产工艺区、包装区等，质控区分为容量分析区、仪器分析区、物理监测区、微生物检测区等。工程区分为设备维保区、动力区、“三废”处理区等。这些“功能区或者子功能区”要求布局应当合理，不得互相妨碍。它们的识别、划分、间隔、衔接、组合，是总体布局与设计中首先要考虑的。

（三）厂区布置

在厂区划分的基础上，进行厂区布置，首先要确定各个“功能区和子功能区”的面积，各个通道的长宽和面积，整个厂区表面的硬化和绿化面积比例等。具体要求：流程通畅快捷，通道规范整洁，环境宜人美观。

1. 确定位置 一般来说，厂房处于主导风向的上风方向可减少来自环境的污染，严重的空气污染源应处于主导风向的下风侧，而生产区中的洁净厂房应处于主导风向的上风侧。兼有原料药和制剂的药厂原料药厂房应处于主导风向的下风侧，青霉素类等高致敏性药品的生产厂房或放射性药品的生产厂房应处于厂区的下风侧，生产区、辅助区和污水处理区应处于下风侧。厂房的位置确定还要满足工艺流程的协调，厂房与其他相关设备、设施或其他建筑等的关系要适当，它们之间位置关系的确定要有利于生产工艺流程的通畅，有利于生产操作，有利于生产过程中物料的传递，做到既协调又不互相妨碍，既可控又有高效率。

实验动物房位置应无污染源、无噪音、无臭味气体，处在生产区、生活区、行政区的下风方向，并应有隔离绿化带。这样既便于动物生长、动物实验，又不污染厂区环境。

2. 厂房布置 首先要和企业药品生产工艺流程相吻合，要符合药品生产各个环节洁净的要求。生产工艺流程的每一环节，人流物流的每一步骤都应处在与其相对应的满足生产质量要求的厂房或环境（场所）中。生产厂房应有和规模、流程、操作、洁净、质控等内容相适应的面积和空间，有利于生产过程中人员、物料、设备、操作的流动、识别、衔接和控制。生产厂房内部或周围应设立物料的配料、中转场所（区域），并有与生产规模、要求相适应的面积和空间，这种面积和空间能够对物料的种类、时间、流动顺序、质量控制等进行划分和识别，有利于预防差错。药品生产企业应当有相应的空间能对厂房进行适当维护，并确保维修活动不影响药品的质量。在厂房布置的每一环节、每一安排等细微之处都要考虑在使用时清洁卫生的方便和效果，有利于有关卫生洁净规程的实施，有利于预防、减少与清除污染。

3. 通道设计 这里所指的通道是人流、物流于厂区内外的进出方向、出入口和道路。在厂区内地面、路面铺设的选材方面，以产尘量低、不容易开裂、耐磨的材料作为首选，可选用优质沥青或高标号水泥铺设路面。厂区的主要道路规则包括宽敞，人流和物流道路分开，物流道路固定走向，厂区内的道路径直短捷，消防通道畅通。人流和物流之间，原料物流和成品物流之间避免交叉和迂回，尽量减少物料往返输送。人流和物料出入门必须分别设置。原料和成品的出入门，也应分开设置，以免造成不必要的混杂。

此外，水、电、汽、热、冷等公用设施，力求考虑靠近负荷中心，以使各种公用系统介质和输送距离最短，相关管道铺设合理，以便减少耗能。

4. 厂区绿化　厂区应当只有“硬化的面和绿化的面”，企业根据 GMP 的相关要求，综合考虑环境保护和企业自身特点，力求企业产品在良好的环境中生产制造出来。草皮和树木对污染的气体和污染物质有过滤作用，它能使风速减小，使空气中携带的颗粒污染物沉降和固定。企业力求做到厂区内没有裸土，建立起以建筑物为中心，以草坪为围护，以乔灌木为点缀，在含尘浓度、温度、湿度上有别于厂区外环境的隔离带。总体绿化面积率达到 50%，绿化植物和草皮都是常青，不产生花粉、绒毛、粉尘的树种草种；厂区院墙距市主干道路应达到 50m，其间草皮覆盖率达 100%，种植数目众多的高大乔木有效阻止了主干道路的灰尘向厂区蔓延。

厂区设有对不同废弃物的处理区域与设施，对这些区域与设施采取了有效隔离措施，使得这些区域与设施不成为新的污染源，并能得到有效的控制。对有关绿化和硬化的区域有养护的规程与制度。绿化树木、草坪除具有分割空间的作用、防护作用外，还有美化环境作用。错落有致的绿树能使人心情舒畅，消除紧张与疲劳，从而提高生产效率。

第二节　厂房内布局与管理

PPT

厂房内布局与管理直接关系到药品质量，因此，这一工作既要满足药品生产工艺的需要，满足建筑设计的相关标准，也要符合 GMP 管理要求。

一、企业建筑设计的有关标准

GMP 是对药品生产企业厂房与设施等硬件的原则要求，实际上有关厂房和设施的设计、布局与施工还必须符合国家其他有关的具体的通用的技术规范，如果是药品的出口，还必须根据进口国有关法律法规，符合进口国有关的具体的通用的技术规范。涉及的规范或标准主要有安全、卫生、劳动保护、施工规范或标准，以及药品生产厂房的特殊要求等规范和标准。

（一）建筑工程行业标准

1. 建筑照明术语标准（JGJ/T 119—2008）　该标准合理统一了建筑照明术语及其定义，实现专业术语标准化，促进建筑照明技术的发展，利于国内外交流。适用于工业与民用建筑及建筑物照明、道路照明、室外场地照明及有关领域，包括建筑的人工照明（简称照明）和天然采光（简称采光）。具体规定了辐射和光的量、视觉、颜色等术语解释，统一了照明技术、电光源及其附件、灯具及其附件、采光技术以及材料的光学特性和照明测量中相关术语的定义。

2. 工业厂房墙板设计与施工规程（JGJ 2—79）　该规程分建筑、结构、施工和热工等六章及六个附录。对工业墙板的规格、布置、构造、结构计算、施工和连接、支托等问题做出具体规定。考虑到墙板是围护结构，规程对墙板的建筑施工也做出了若干规定。

3. 办公建筑设计标准（JGJ/T 67—2019）　该标准用以保证办公建筑设计在适用、安全、卫生等方面的基本要求。适用于全国城镇的机关、团体、企事业单位的新建、改建、扩建的办公建筑设计。其他建筑中的办公用房部分可参照该规范执行。该规范对基地和总平面、办公建筑设计规范、建筑设备等部分做出明确规定。办公建筑设计除按该规范执行外，尚应符合现行《民用建筑设计通则》以及国家和专业部门颁布的有关设计标准、规范和规定。

4. 洁净室施工及验收规范（GB 50591—2010）　该规范制定用于在洁净室（含装配式洁净室，下同）施工中，贯彻国家有关的方针政策和统一施工验收要求，统一检测方法，做到保证工程质量、节约能源、保护环境和安全操作。该规范适用于新建、改建的工业洁净室和一般生物洁净室的施工、验收，不适用于有生物学安全要求的特殊生物洁净室的施工及验收。该规范对建筑装饰、空调净化系统、水、气、电系统及工程验收方面制定了详细要求。

5. 玻璃幕墙工程技术规范（JGJ 102—2003） 为使玻璃幕墙工程做到安全可靠、实用美观、经济合理，特制定该规范。该规范对于该领域术语、符号做出具体解释，对玻璃幕墙材料、玻璃幕墙建筑设计、结构设计、玻璃幕墙构件制作技术要求、安装施工以及验收维修方面做出详细规定。

（二）建筑工程国家标准

1. 洁净厂房设计规范（GB 50073—2013） 该规范制定用于洁净厂房的设计，确保设计能够贯彻执行国家的有关方针政策，做到技术先进、经济合理、安全适用、确保质量，且符合节约能源和环境保护的要求。该规范适用于新建和改建、扩建的洁净厂房设计，对洁净室中的空气洁净级别、总体设计、建筑、空气净化、给水排水、工业气体管道、电气做出了详细的规定。

2. 建筑设计防火规范（GB 50016—2014） 该规范合并了《建筑设计防火规范》和《高层民用建筑设计防火规范》，调整了两项标准间不协调的要求，将住宅建筑的分类统一按照建筑高度划分；制定用于保卫社会主义建设和公民生命财产的安全，在城镇规划和建筑设计中贯彻“预防为主，防消结合”的方针，采取防火措施，防止和减少火灾危害。该规范适用于一般新建、扩建和改建的工业与民用建筑，不适用于炸药厂（库）、花炮厂（库）、无窗厂房、人民防空工程、地下铁道及其他地下非民用建筑、炼油厂和石油化工厂的生产区。该规范对建筑物的耐火等级、厂房、仓库、民用建筑、消防车道和进出厂房的路线、消防给水和灭火设备等做出了详细的规定。

3. 建筑内部装修设计防火规范（GB 50222—2017） 该规范制定用于保障建筑内部装修的消防安全，贯彻“预防为主、防消结合”的消防工作方针，防止和减少建筑物火灾的危害。该规范适用于民用建筑和工业厂房的内部装修设计，不适用于古建筑和木结构建筑的内部装修设计。该规范规定的建筑内部装修设计，在民用建筑中包括顶棚、墙面、地面、隔断的装修，以及固定家具、窗帘、帷幕、床罩、家具包布、固定饰物等，在工业厂房中包括顶棚、墙面、地面和隔断的装修。该规范详细规定了装修材料在防火方面的分类和分级，以及民用建筑和工业厂房在防火方面的装修设计。

4. 建筑给水排水设计标准（GB 50015—2019） 该标准制定用于保证建筑给水排水设计质量，使设计符合安全、卫生、适用、经济等基本要求。该标准适用于居住小区、民用建筑给水排水设计，亦适用于工业建筑生活给水排水和厂房屋面雨水排水设计。该标准对各类建筑的给水和排水的设计做出了详细的规定。

5. 厂矿道路设计规范（GBJ 22—87） 该规范制定用于确保厂矿道路设计贯彻执行国家的有关方针政策，从全局出发，按厂矿企业总体规划，统筹兼顾，合理布设，并做到技术先进、经济合理、安全适用、确保质量。该规范适用于新建、扩建和改建的厂矿道路设计，不适用于林区道路设计。该规范对各类厂区道路的设计做出了详细的规定。

6. 照明设计标准（GB 50034—2013） 该标准制定用于在建筑照明设计中，贯彻国家的法律、法规和技术经济政策，符合建筑功能，有利于生产、工作、学习、生活和身心健康，做到技术先进、经济合理、使用安全、维护管理方便，实施绿色照明。该标准适用于新建、改建和扩建的居住、公共和工业建筑的照明设计。该标准对民用、工业和公共建筑的照明设计做出了详细的规定。

7. 建筑采光设计标准（GB/T 50033—2001） 该规范制定用于确保在建筑采光设计中，贯彻国家的技术经济政策，充分利用天然光，创造良好光环境和节约能源。该标准适用于利用天然采光的居住、公共和工业建筑的新建工程，也适用于改建和扩建工程的采光设计。该标准对建筑的采光系数、采光质量和采光计算做出了详细的规定。

（三）其他规范及标准

1. 工业企业设计卫生标准（GBZ 1—2010） 该标准制定用于贯彻执行《中华人民共和国职业病防治法》要求，体现“预防为主”的卫生工作方针，保证工业企业建设项目的设计符合卫生要求，控制生产过程产生的各类职业危害因素，改善劳动条件以保障职工的身体健康，促进生产发展。该标准适用于中华人民共和国领域内所有新建、扩建、改建建设项目和技术改造、技术引进项目的职业卫生设计及评价。该标准规定了工业企业的选址与整体布局、防尘与防毒、防暑与防寒、防噪声与振动、防非电离辐射及电离辐射、辅助用室等方面的内容，以保证工业企业的设计符合卫生要求。

2. 整体浇注防静电水磨石地坪技术规程（CECS 90：97） 该规范的制定为使整体浇注防静电水磨石地坪工程技术先进、经济合理、安全适用、确保质量。该规程适用于医药、化工等行业产品生产所需要的洁净间，生产、使用、贮存、运输易燃易爆物质要求的不发火地面，要求具有耐火、耐磨、耐冲击等特殊功能的永久性防静电场所。在执行该规范时，同时应符合我国现行标准的有关规定。

3. 高效燃煤锅炉房设计规程（CECS 150：2003） 该规程适用于具有下列技术参数的燃煤锅炉房。

（1）蒸汽锅炉　额定蒸发量 1～75t/h，额定出口压力≤3.82MPa，额定出口温度≤450℃。

（2）热水锅炉　额定热功率 0.7～64MW，额定出口压力≤1.6MPa，额定出口温度≤150℃。

额定热功率 116MW，额定出口压力 2.5MPa，额定出口温度 180℃的热水锅炉，可参照本规程执行。蒸汽锅炉用于发电时，除执行本规程外，尚应符合《小型火力发电厂设计规范》（GB 50049—2011）的规定。高效燃煤锅炉房设计除执行本规程外，尚应符合国家现行有关标准的规定。

4. 中国工程建设标准化协会标准目录还有其他相关规定 如钢管混凝土结构设计与施工规程（CECS 28：90）、工程建设施工现场焊接目视检验规范（CECS 71：94）等。

5. 国际上公认的通用技术规范 美国标准 209B、209C、209D、209E 等，英国标准 BS 5295 等，日本标准 JISB 9920 等。

二、厂房的设计与布局

厂房在设计和布局，要严格按照 GMP 和相关标准，从工艺流程协调、洁净级别协调和人流物流协调出发，综合考虑产品特点、产能、环保、人保安全等因素，有计划地系统进行。

1. 工艺流程的协调 也就是在进行厂房设计和布局时，要密切结合产品和工艺特点，在建筑面积、平面形状、柱距、跨度、剖面形式、厂房高度、结构和构造等方面必须满足产品特性和生产工艺及产能的要求，特别是 GMP 的要求。要尽量采用先进技术和先进材料，满足坚固、轻便、通风、采光、节能等方面的建筑参数要求。

2. 洁净级别协调 为降低污染和交叉污染的风险，厂房、生产设施和设备应当根据所生产药品的特性、工艺流程及相应洁净度级别要求合理设计、布局和使用。若药品生产企业要在某一药品生产线引入其他品种药品共线生产，应当综合考虑药品的特性、工艺和预定用途等因素，确定厂房、生产设施和设备多产品共用的可行性，并有相应的评估报告。若药品生产企业要生产诸如高致敏性药品（如青霉素类）或生物制品（如卡介苗或其他用活性微生物制备而成的药品）等特殊性质的药品，必须采用专用和独立的厂房、生产设施和设备。青霉素类药品产尘量大的操作区域应当保持相对负压，排至室外的废气应当经过净化处理并符合要求，排风口应当远离其他空气净化系统的进风口。若药品生产企业生产β-内酰胺结构类药品、性激素类避孕药品必须使用专用设施（如独立的空气净化系统）和设备，并与其他药品生产区严格分开；生产某些激素类、细胞毒性类、高活性化学药品、临床试验用药品应当使用专用设施（如独立的空气净化系统）和设备；特殊情况下，在采取特别防护措施并经过必要的验证后，上述药品制剂则可通过阶段性生产方式共用同一生产设施和设备。阶段性生产方式即在共用生产区内，在一段时间内集中生产某一产品，对相应的共用生产区、设施、设备、工器具等进行彻底清洁之后，再更换生产另一种产品的方式。此外，药品生产厂房不得用于生产对药品质量有不利影响的非药用产品。

3. 人流物流协调 人流和物流出入口和通道彼此分开，并且各自通道或者路线没有交叉迂回，厂房生产区和贮存区应有足够的空间，确保有序地存放设备、物料、中间产品、待包装产品和成品，避免不同产品或物料的混淆、交叉污染，避免生产或质量控制操作发生遗漏或差错。生产区内的各种管道、照明设施、风口和其他公用设施的设计和安装应当避免出现不易清洁的部位，方便维护和清洁，应当尽可能在生产区外部对其进行维护。厂房、设施的设计和安装应当能够有效防止昆虫或其他动物进入，应采取必要的措施，避免所使用的灭鼠药、杀虫剂、烟熏剂等对设备、物料、产品造成污染。用于药品包装的厂房或区域应当合理设计和布局，以避免混淆或交叉污染。如同一区域内有数条包装线，应当有隔离措施。生产区内可设中间控制区域，但中间控制操作不得给药品带来质量风险。如果有需要，厂房内部采取的有害物质隔离、消声隔声、防火防爆防毒措施，可以为员工提供安全、卫生、舒适的工作环境。

三、厂房的管理

厂房是生产工作开展的场所，必须严格按照 GMP 等法律法规、指南和标准的要求制定管理程序，并按照制定的文件进行管理。

（一）有关文件管理

厂房是从 URS 设计开始，通过一系列确认，比如 DQ、IQ、OQ、PQ 等，建设或者改造而成的。根据 GMP 要求，在这些工作中，使用的大量程序文件以及所产生大量的文件和数据记录，如厂区总体布局平面图、工艺流程图、设施设备布置图、人流物流流程图、管道布置分布图、工艺操作说明（指明防爆要求）、厂房包括辅助厂房编号，设施与设备列表（包括设施与设备的编号、名称、规格型号、材质、数量、重量、电机、安装支撑、保温要求等）、辅助用房列表（包括动力、配电、控制、检验、暂存室、生活用室）等，都会被完整规范地留存下来，并成为厂房维保、清洗灭菌等管理活动的依据。

（二）厂房的维护

药品生产企业厂房维护工作主要由企业工程维护部门承担。企业工程维护部门按照制定好的管理制度和操作规程进行定期和不定期检查，保证厂房天棚、墙面、地面、门窗等要素始终满足生产工艺与 GMP 管理要求。具体而言，墙面要做到不漏风，不漏水，不起皮开裂，不脱落掉尘，不变质散发有害物质污染环境，影响生产；地面要求整洁干净不产尘，易于清洁消毒，不起泡，保证安全生产；门窗要保持密封，使厂房内环境保持稳定，不受外界空气污染。

厂房具体检查方法可以依靠仪器检测，如风速仪、温湿度表、尘埃粒子计数器等计量工具，通过测定具体的参数，如风速、压差等指标来观察厂房是否运行正常。日常检查中还可以结合肉眼观察，有些时候计量工具显示在正常范围内，但如果听到彩钢板发出啸叫声，则可判定墙体出现漏风现象，要及时处理。为了不影响正常生产，确保药品质量，对厂房的维护都放在非生产时间，以避免维修活动影响药品质量。

企业应制定对厂房进行清洁和消毒的书面规程，并按照书面规程进行清洁和消毒工作，并进行相关记录。企业应分别制定非洁净区的环境清洁消毒规程和洁净区地面、墙面、门窗、天花板及环境清洁操作规程，保证所有厂房都能够得到及时的清洁和消毒，并保存相关记录。

（三）厂房的照明、温湿度和通风

厂房有适当的照明、温度、湿度和通风，确保生产和贮存等操作，物料和产品质量以及相关设备性能不会直接或间接地受到影响。

一般而言，厂房照明的一般要求为 300lx（无影），除非对于照度有特殊要求的区域要加强照明，如灯检工序的局部照明等。而温湿度设定要根据物料和产品的性质、生产工艺等因素的具体要求而确定，不同洁净区、不同物料和产品等都有具体的温湿度要求。如果没有特殊要求，一般温度控制在 18 ~ 26℃，湿度一般控制在 40% ~65% 之间，但是对于一些特殊产品，如引湿性极强的产品，则要特别设定生产厂房内的湿度标准。对于温湿度的控制主要依靠空调净化系统进行，此外，还可以利用一些其他设备，如利用除湿器降低湿度，利用板式换热器增加温度等。厂房的通风也主要依靠空调净化系统，通过系统的进风口、回风口的设计和进风量、回风量的控制来确保厂房通风正常，洁净区之间的压力满足 GMP 要求。一些产尘量大的厂房，如粉碎间，还可以用直排系统和袋式除尘器外排和捕集灰尘。

（四）厂房的防虫与防鼠

老鼠和昆虫是影响药品生产的大敌，必须对其进入厂房进行有效阻止。对于防止昆虫的进入，除了在门口设置灭虫灯、挡鼠板等，还可以采取以下两种措施。

1. 隔离带　在平面上可在车间外墙之外约 3m 宽内的范围禁止种草种花，而改铺水泥地面，或者挖成几十厘米深和宽的沟，内抹水泥，填以卵石，也可以有排水。由于其中存不下水，甚至还可以喷洒药液。如果在南方雨水多的地方，沟下部可垫砂层，兼设排水，再铺卵石，则昆虫既不能在内生存，又很难穿越如此长距离的隔离带，从而达到阻止其爬进厂房的目的。图 4 – 1 为隔离带措施。

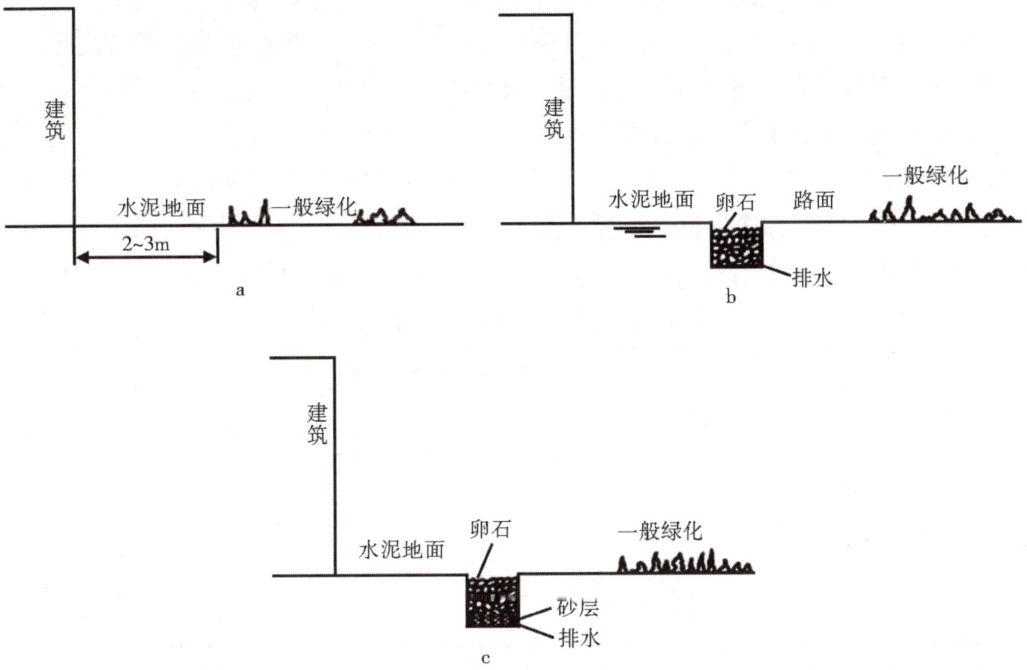

图 4 – 1　隔离带措施

2. 空气幕　在车间的外门窗安装好之后，即在入门处外侧安装空气幕并投入运转，还应做到先开空气幕后再开门和先关门后关空气幕，这将比灭虫灯更能阻止昆虫飞入车间。如在幕下安挂轻柔的条状膜片，随风飘动，则效果更好。

对于防止老鼠的进入，除了在门口设置挡鼠板外，还可以厂房内设置粘鼠板、鼠笼、鼠夹和电子驱鼠器等。

如使用灭鼠药、杀虫剂、烟熏剂等化学制剂防虫防鼠，则应当采取必要的措施，避免所使用的灭鼠药、杀虫剂、烟熏剂等对设备、物料、产品造成污染。因为空调净化系统目前只能做到物理过滤，所以应慎用化学制剂进行防虫防鼠，如果采取化学制剂方法很可能会污染环境，对设备、物料、中间产品、待包装产品或成品造成污染。

此外，企业还应采取适当措施，防止未经批准人员的进入。生产、贮存和质量控制区不应当作为非本区工作人员的直接通道。该企业采取措施主要是通过制定管理规程，严格执行管理规程来防止未经批准人员的进入。通过专门设立参观走廊等方法避免非工作人员进入生产、贮存和质量控制区。

四、厂房生产区的管理

常见厂房组成形式分为单体式和集中式两种。单体式厂房是指某一工艺过程的一部分或几部分相互分离，并分散在几个厂房中，这种布置适用于生产规模大、各工段生产特点差异显著的药品生产，原料药生产厂房多采用单体式。集中式厂房是指生产区、辅助生产区等安排在同一厂房内，这种布置适用于生产规模小、工段联系紧密、产能小的药品生产，多见于制剂生产。厂房的层数可分为单层和多层。厂房平面形状常见的有长方形、“L”形、“T”形等形状，一般以长方形厂房最为多见。

（一）洁净室（区）的管理

药品生产的特殊性之一就是对生产环境的洁净要求，而且这个洁净要求随药品给药途径不同而不同，控制生产环境的洁净等要求的途径就是靠洁净室（区）和其管理来实现的。

1. 洁净室（区）的概念 洁净室（Clean Room）是指将一定空间范围内空气中的尘埃微粒、有害气体、微生物等污染物进行阻挡或者排除，并将室内尘埃粒子、微生物数量控制在规定范围以内，将温度、湿度、压力、气流速度与气流分布、噪音振动及照明等控制在要求范围内，而特别设计的房间。洁净区（Clean Zone）就是由若干个洁净室或者相应通道等组合而成的，用于完成特定工艺的区域。洁净室（区）可以是药品制剂、原料药、药用辅料、药用包装材料的生产过程中存在空气洁净要求的工作室（区），也可指整幢厂房。洁净度就是衡量洁净室（区）尘埃粒子和微生物含量的具体指标，比如，我国 GMP 规定的洁净度，要求由高到低分为 A、B、C、D 4 个级别，具体要求见表 4－1 和表 4－2。

表 4－1 各级别空气悬浮粒子的标准

洁净度级别	悬浮粒子最大允许数（m^3）			
	静态		动态③	
	≥0.5μm	≥5μm②	≥0.5μm	≥5μm
A 级①	3520	20	3520	20
B 级	3520	29	352000	2900
C 级	352000	2900	3520000	29000
D 级	3520000	29000	不做规定	不做规定

注：①为确认 A 级洁净区的级别，每个采样点的采样量不得少于 $1m^3$。A 级洁净区空气悬浮粒子的级别为 ISO 4.8，以≥5.0μm 的悬浮粒子为限度标准。B 级洁净区（静态）的空气悬浮粒子的级别为 ISO 5，同时包括表中两种粒径的悬浮粒子。对于 C 级洁净区（静态和动态）而言，空气悬浮粒子的级别为 ISO 7 和 ISO 8。测定方法可参照 ISO 14644—1。②在确认级别时，应当使用采样管较短的便携式尘埃粒子计数器，避免≥5.0μm 的悬浮粒子在远程采样系统的长采样管中沉降。在单向流系统中，应当采用等动力学的取样头。③动态测试可在常规操作、培养基模拟灌装过程中进行，证明达到动态的洁净度级别，但培养基模拟灌装试验要求在“最差状况”下进行动态测试。

表 4－2 各级别洁净区微物监测的动态标准表

洁净度级别	浮游菌（cfu/m^3）	沉降碟（Φ90mm）（cfu/4 小时）①	表面微生物	
			接触（Φ55mm）（cfu/碟）	5 指手套（cfu/手套）
A 级	<1	<1	<1	<1
B 级	10	5	5	5
C 级	100	50	25	—
D 级	200	100	50	—

注：①单个沉降碟的暴露时间可以少于 4 小时，同一位置可以使用多个沉降碟连续进行监测并累计计数。

对空气悬浮粒子的监测，按现行 GMP 规定，洁净区悬浮粒子进行动态监测时，要根据洁净度级别和空调净化系统确认的结果及风险评估，确定取样点的位置并进行日常动态监测。洁净区对微生物限度的基本要求根据 GMP 规定，应当对微生物进行动态检测，评估无菌生产的微生物状况。监测方法有沉降菌法、定量空气悬浮菌采样法和表面取样法（如棉签擦拭法和接触碟法）等。

生产操作全部结束，操作人员撤出生产现场并经 15 ~ 20 分钟自净后，洁净区的悬浮粒子与微生物数量应当达到表中“静态”标准。

洁净室（区）与交通干道之间的距离宜大于 50m。洁净室（区）周围宜设置环形消防车道（可利用交通道路）。洁净室（区）周围的道路面层，应选用整体性能好、发尘量少的材料。洁净厂房周围应进行绿化，可铺植草坪，不应种植对生产有害的植物，并不得妨碍消防作业。

2. 洁净室的内部构造

（1）总体要求　根据 GMP 的有关规定，洁净室内部构造与建设是厂房内布局的重要内容，也是保证药品生产环境正常的基础建设。洁净室的内表面（墙壁、地面、天棚）应当平整光滑、无裂缝、接口严密、无颗粒物脱落，避免积尘，便于有效清洁和消毒。其总体要求详见表 4 – 3。

表 4 – 3　洁净室内部表面要求一览表

项目	使用部位			要求	材料举例
	吊顶	墙面	地面		
发尘性	√	√	√	材料本身发尘量少	金属板材、聚酯类表面装修材料、涂料
耐磨性		√	√	磨损量少	水磨石地面、半硬质塑料板、环氧树脂自流平
耐水性	√	√	√	受水浸不变形、不变质，可用水清洗	铝合金板材
耐腐蚀性	√	√	√	按不同介质选用对应材料	树脂类耐腐蚀材料
防霉性	√	√	√	不受温度、湿度变化而霉变	防霉涂料
防静电	√	√	√	电阻值低、不易带电，带电后可迅速衰减	防静电塑料贴面板，嵌金属丝水磨石
耐湿性	√	√		不易吸水变质，材料不易老化	涂料
光滑性	√	√	√	表面光滑、不易附着灰尘	涂料、金属、塑料贴面板
施工	√	√	√	加工、施工方便	

（2）墙体要求　根据《医药工业洁净厂房设计规范》的要求，洁净厂房的主体结构宜采用大空间及大跨度柱网，不宜采用内墙承重体系。洁净厂房围护结构的材料选型应满足保温、隔热、防火、防潮、少产尘等要求。砖墙或加气砌块墙体（自重仅为砖墙的 35%）为常用的基层材料，这种材料施工后会出现，如墙粉饰层易开裂、易吸潮长菌等现象，因此，不适宜用于空气湿度大的房间。轻质隔断材料自重轻，对结构布置影响小，但板面接缝如处理不好会引起面层开裂。玻璃是自重较轻的一种材料，在离地 90cm 以上镶以大块玻璃，下部用薄钢板作基座可防冲击，但建造成本高。根据《医药工业洁净厂房设计规范》第五章第一条规定，洁净室（区）采用框架结构、轻质墙体填充材料成为发展趋势，砖瓦结构已不再适用，代之以轻质、环保、节能型新型墙体材料，如舒乐舍板、彩钢板、硬质 PVC 发泡复合板、刨花石膏板等。但是，当采用轻质构造顶棚做技术夹层时，夹层内宜设检修通道。这些新型墙体材料的性能、优缺点及主要用途见表 4 – 4。

表 4 – 4　洁净室墙体常用材料一览表

种类	性能及特点	应用
舒乐舍板	强度较高、自重轻、整体性抗裂性、保温、隔热、隔声及防水性能良好，耐火，价格低	一般生产区隔墙，适用于固体制剂、粉针、水针、输液车间

续表

种类	性能及特点	应用
彩钢板	自重轻、强度高、阻燃、隔热、隔音、防腐、防火、保温、抗裂性能良好，拼装、组装灵活，色彩多样，美观，价格中等	生产环境干燥，适用于腐蚀性小的固体制剂、粉针车间
刨花石膏板	强度高、幅面大、容量轻、无毒、无异味，防火性能、隔音性能良好，易于加工，有降温、调湿作用，价格低廉	一般生产区隔墙，刷环氧漆或贴 PVC 后可做固体制剂车间和粉针车间洁净区隔墙
硬质 PVC 低发泡复合板	质量轻、强度高、阻燃性较好、防水、隔热、隔音、保温、抗裂、易加工、高度绝缘、抗静电、不吸尘、不吸湿、耐腐蚀，价格较高	固体制剂、粉针、水针、输液、提取车间均可使用，尤其适用于潮湿、腐蚀性环境

（3）地面要求　地面是制药厂洁净维护结构中最受重视的部分之一。一般要求：洁净室地面应满足生产工艺要求。洁净室地面应平整、耐磨、不发尘，可以抵抗酸碱液和药液的侵蚀，且材料本身无污染；易清洗和维护，不易积聚静电，避免眩光，不开裂；二次施工简便，地面可无接缝加工等。地面垫层宜配筋，潮湿地区垫层应做防潮构造。目前洁净室（区）常用的几种地面见表 4－5。

表 4－5　洁净室常用的几种地面

地面	特点	适用范围
双层地面	可以地面回风，通气性好，造价高，弹性差舒适性好	垂直单向流洁净室（大面积）
水磨石地面	光滑耐磨，不易起尘，整体性好，可冲洗，防静电；无弹性	控制区，洁净区
涂料地面	具有水磨石优点，较耐磨而不耐拖拽；基底处理要求高，易卷边剥落	洁净区
卷材板材地面	光滑耐磨，略有弹性，不易起尘，易清洗，施工简易；易产生静电，受紫外灯照射易老化，大面积施工易起鼓	控制区
耐酸瓷板地面	耐腐蚀；质脆不耐冲击，施工较复杂，造价高	原料车间有腐蚀的部位
玻璃钢地面	耐腐蚀，整体性好；易起鼓，宜小面积使用	原料车间有腐蚀的部位

在上述的地面中，以前水磨石地面使用最多，后来又使用水磨石环氧树脂涂层、合成树脂涂面等地面。现在，药品生产企业基本使用环氧树脂自流平地面，水磨石地面由于其耐腐蚀、耐磨性能较差，易产尘，施工难度大，质量不易被控制，渐渐被放弃使用。现在国内医药企业主要采用的是环氧树脂自流平地面，属于环氧树脂的涂料地面。

目前，国外发达国家药品生产企业使用的典型地面材料有厚的硬质乙烯基型料板、环氧水磨石（或水磨石环氧树脂罩面）、玻璃钢及贴塑地面，最新的有喷液瓷釉地面等。液体瓷釉地面耐酸、耐水、耐磨，较一般水磨石弹性大，但造价高。

（4）室内墙面要求　洁净室的建筑围护结构和室内装修，应选用气密性良好，且在温度和湿度变化时变形小的材料。洁净室内墙壁和顶棚的涂层的基本要求：洁净室内墙壁和顶棚的表面应平整、光滑、不起尘、避免眩光（室内各表面材料的光反射系数：顶棚和墙面宜为 0.6～0.8，地面宜为 0.15～0.35）、便于除尘，并应减少凹凸面、踢脚不应突出墙面。洁净室不宜采用砌筑墙抹灰墙面，必须采用时宜干燥作业，抹灰应采用高级抹灰标准。墙面抹灰后应刷涂料面层，并应选用难燃、不开裂、耐清洗、表面光滑、不易吸水变质发霉的涂料。

洁净室的墙面均为无光油漆，以免产生眩光而影响操作，高级别的洁净区域，有用环氧树脂或聚氨酯罩面，也有用液体瓷釉、贴塑、贴不锈钢的，它们适用于相对湿度大、有腐蚀性气体存在的环境。目前，使用较多的材料是环氧树脂漆、苯丙乳胶漆、瓷砖、不锈钢板或铝合金材料等。油漆墙面在施工时一定要在干燥的环境中进行，如墙体或环境不干燥，涂层会发黏、脱皮或变色。瓷砖墙面由于接缝较多，故不宜大面积使用。乳胶漆涂布方便，但不能清洗，只适用于包装贴签的房间。不锈钢板铝、铝合金材料适用于高洁净度的房间，如C级或以上的房间，但成本过高。其他材料，如聚氨基甲酸酯、过氯乙烯漆等，前者表面光滑耐磨且能擦洗并可用蒸汽冲洗，后者防潮性能好、耐酸碱。常用涂层材料见表4-6。

表4-6　洁净室常用的几种墙面涂层

涂层名称	应采用的涂层种类
耐酸涂层	聚氨酯、环氧树脂、过氯乙烯、乙烯、酚醛树脂、氯丁橡胶、氯化橡胶等涂料
耐碱涂层	过氯乙烯、乙烯、氯化橡胶、环氧树脂、聚氨树脂等涂料
耐油涂层	醇酸、氨基、硝基、缩丁醛、过氯乙烯、醇溶酚醛、环氧树脂等涂料
耐热涂层	醇酸、氨基、有机硅、丙烯酸等涂料
耐水涂层	氯化橡胶、氯丁橡胶、聚氨酯、过氯乙烯、乙烯、环氧树脂、酚醛、沥青、氨基、有机硅等涂料
防潮涂层	乙烯、过氯乙烯、氯化橡胶、氯丁橡胶、聚氨酯、沥青、酚醛树脂、有机硅、环氧树脂等涂料
耐溶剂涂层	聚氨酯、乙烯、环氧树脂等涂料
耐大气涂层	丙烯酸、有机硅、乙烯、天然树脂漆、油性漆、氨基、硝基、过氯乙烯等涂料
保色涂层	丙烯酸、有机硅、氨基、硝基、乙烯、醇酸树脂等涂料
保光涂层	醇酸、丙烯酸、有机硅、乙烯、氨基、硝基、乙酸丁酸纤维等涂料
绝缘涂层	油性绝缘漆、酚醛绝缘漆、醇酸绝缘漆、环氧绝缘漆、氨基漆、聚氨酯漆、有机硅漆、沥青绝缘漆等

（5）门窗要求　洁净室（区）外窗设计应符合下列要求：当洁净室（区）和人员净化用室设置外窗时，应采用双层玻璃固定窗，并应有良好的气密性。洁净室窗宜与内墙面齐平，靠洁净室室内一侧窗不宜设窗台。洁净室内的密闭门应朝空气洁净度较高的房间开启，并加设闭门器，无窗洁净室的密闭门上宜设观察窗。洁净室门窗、墙壁、顶棚、地（楼）面的构造和施工缝隙，均应采取可靠的密闭措施。

洁净室的门窗应密封，洁净室与参观走廊相邻的玻璃窗应采用大玻璃窗，便于参观和生产监测。洁净区与控制区隔墙应设双层窗，一层固定。洁净室（区）的门窗材料不能使用木制材料，宜用铝合金或不锈钢材料。传递窗应采用平开钢窗或玻璃拉窗，材料采用不锈钢制作较理想，混凝土顶及底板，表面贴白瓷板较为常用。洁净级别不同的区段间的联系门要紧密、平装、造型简单。钢板门强度高、光滑、易清洁，但漆膜要求牢固能耐擦洗。蜂窝贴塑门表面平整光滑、易清洁、面材耐腐蚀。凡车间内经常有手推车通过的门，应不设门槛。洁净室的窗一般均固定，窗材以钢质和铝合金较为常用，由于它的严密性好并配以大玻璃，从而可减少积灰，有利于清洁。

（6）地漏与照明要求　排水设施应当大小适宜，并安装防止倒灌的装置。应当尽可能避免明沟排水，不可避免时，明沟宜浅，以方便清洁和消毒。

洁净室（区）中所设置的地漏是洁净室（区）排水排污的重要设施，但如果地漏装置处理不好也会对洁净室（区）或对药品产生污染。一般来说，高洁净级别的厂房不宜设置地漏。对于其他洁净级别的洁净室（区），由于工艺的要求，在净化室（区）内设置地漏不可避免。关键在于地漏设置对药品生产不能产生污染，具体说，不应对洁净室的净化产生不利影响。要做到这一点，洁净室（区）地漏应具备5个条件：①耐腐蚀不生锈；②保证与地面结合严密且流水通畅；③具有防止溢流功能；④具有液封功能；⑤便于清洁和消毒。洁净室（区）内的地漏，均使用洁净型地漏，不使用时用盖板盖住，使用时拿掉，应经常进行灭菌和消毒。

由于洁净室的工作内容大多有精细的要求，而且都是密闭性房间，所以，对照明一向有很高要求。这里有必要先说明一下无菌洁净室的照明方式。

1）一般照明：不考虑特殊的局部需要，为照亮整个被照面积而设置的照明。

2）局部照明：为增加某一指定地点（如工作点）的照度而设置的照明。但在室内照明中一般不单独使用局部照明。

3）混合照明：工作面上的照度由一般照明和局部照明合成照明，其中，一般照明的照度应占总照度的10%～15%。

生产区应当有适度的照明，目视操作区域的照明应当满足操作要求。由于洁净室（区）多为密闭性空间，在洁净室内的操作又多是影响产品质量的关键工序，因而对照度和照明器均有具体要求。洁净室内照明光源，宜采用高效荧光灯。主要工作室的照度宜为300lx。对照度有特殊要求的生产部门，如反应罐观察、灯检、灌装灯等必须设置局部照明。厂房还应有应急照明设施。无采光窗洁净区工作面上的照度值，不应低于表4－7规定的数值。

表4－7　无采光窗洁净区最低照度要求

识别对象的最小尺寸 d（mm）及场所	视觉工作分类		亮度对比	照度（lx）	
	等级			混合照明	一般照明
$d \leqslant 0.15$	Ⅰ	甲	小	2500	500
		乙	大	1500	300
$0.25 \leqslant d \leqslant 0.3$	Ⅱ	甲	小	1000	300
		乙	大	750	200
$0.3 \leqslant d \leqslant 0.6$	Ⅲ	甲	小	750	200
		乙	大	750	200
$d > 0.6$	Ⅳ	—	—	750	200
通道、休息室	—	—	—	—	100
暗房工作室	—	—	—	—	30

注：一般照明是指单独使用的一般照明；混合照明的最低照度是指实际工作面上的最低照度；Ⅰ～Ⅳ一般照明的最低限度值是指墙面1m（小面积房间为0.5m），距地面为0.75m假定工作面上最低照度；通道、休息室一般照明的最低照度值是指地面处的最低照度；若暗房工作室为红或黄灯照明时，一般照明的最低照度值是指距地面0.75m假定工作面上的最低照度值。

照明应无影、均匀，灯具应是嵌入式并密封以防空气渗漏。洁净室不准安装吊式灯，只准安装卧顶或吸顶灯，洁净级别高的区域用嵌入式，而一般洁净级别区域可用吸顶式，光源宜采用日光灯。嵌入式安装可使洁净室吊顶表面平整，不出现难以清洁的部位，便于清洁操作。但用嵌入式安装对吊顶整体有较大影响，不利于技术夹层的承重和维修操作，同时安装缝隙的处理也较复杂。采取明装形式的卧顶或吸顶灯，需注重穿线孔、安装孔和灯具底座与吊顶平面的密封，这样就可以对于吊顶整体性影响不大。

3. 洁净室（区）的洁净特征　综上所述，结合GMP标准，药品生产企业洁净室（区）的洁净特征通常包括以下几个方面。

（1）进入洁净室（区）的空气必须通过必要的装置得到净化，并保持与生产工艺要求相适应的温度和湿度。

（2）洁净室（区）应按生产工艺流程的要求划分洁净级别区域，进行分级处理，符合规定标准，并得到控制。

（3）洁净室（区）的结构、各类设施的安装及使用能防止非洁净空气的进入。

（4）洁净室（区）内的房间、走道应根据各自使用的性质与作用保持适当的压力，预防、减少污染或交叉污染。

（5）洁净室（区）人员、物质的进出与流动、越级应有预防、减少、清除污染或交叉污染的场所与设施、控制程序。

（6）洁净室（区）的内表面和设施应能方便、有效地得到清洁和保持。

（二）存储、清洗等功能间的管理

除了生产用的洁净室外，生产区还包括安排原辅料、中间产品、成品和半成品的存贮区，设备清洗间和动力室，洁具清洗存放等房间，这些功能间对生产活动起着辅助或支持作用，应与其辅助或支持的生产区域相适应。

1. 物料暂存室 是在生产过程中，专门用于存放物料或中间产品的地方。这个功能房间的设置能降低人为差错，防止生产中混淆差错等。企业主要有两种设置方式：分散式和集中式。目前中小企业多采用分散式设置，大型企业多采用集中式设置。这两种设置都要求存放地点与生产区的距离尽量缩短，以减少途中污染或混淆。

以中小企业的片剂生产车间为例，在片剂生产过程中设置的物料暂存室有颗粒中间站、素片中间站、包衣片中间站等，这些中间站应尽可能靠近生产区，在生产操作室和中间站之间应尽量减少物料传递窗，保证操作室的气密性和洁净度。

集中式设置在生产过程中只设一个物料暂存室（中间站），由专人负责，划区管理，负责对各工序半成品入站、验收、移交，并按品种规格存放，加以明显标识。这种设置便于管理，能有效防止污染和混淆，但对生产区域的布局要求比较高，不仅要符合工艺流程，减少曲折往返，使物料传输距离尽量缩短，而且要求物料传输渠道不相互干扰。

2. 称量室与备料室 GMP 规定制剂的原辅料称量通常应当在专门设计的称量室内进行。产尘操作间（如干燥物料或产品的取样、称量、混合、包装等操作间）应当保持相对负压或采取专门的措施，防止粉尘扩散、避免交叉污染并便于清洁。根据药品生产工艺要求，洁净室（区）内设置的称量室和备料室，空气洁净度级别应与生产要求一致，称量室和备料室不宜用水冲洗来清洁，并应有捕尘和防止交叉污染的设施。称量室和备料室设置总的原则是人流、物流分开，物料的运输距离尽可能短。称量室和备料室尽可能靠近仓储区。通常称量室和备料室内应设有原辅料存放间、称量室、称量后原辅料分批存放间、余料存放间等。当原辅料需要粉碎处理后才能使用时，还需设置粉碎间和筛粉间以及筛后存放间。对于可能产生污染的物料要设置专用称量间及存放间。对于易产尘设备和称量间应设置有效的捕尘吸粉设施。当考虑利用回风时，产尘设备还需远离送风口，靠近回风口设置。当称量室和备料室设在仓库附近时，应在其区域内设置相应的容器和工具的清洗及存放间；当备料室设在生产区附近时，可以就近利用生产区的容器和工具的清洗及存放间来为备料室服务。

3. 设备容器具清洗室 生产过程中用到的设备与容器，尤其是与药品发生直接接触的设备和容器，清洗工作必须在专门的设备容器具清洗室中进行。对有洁净度级别要求的设备及容器具，清洗区洁净级别与该设备及容器所在房间的级别相同。设备及容器具清洗室分情况设置，如果是要求比较低的洁净区域，如 C、D 级别区，则清洗室可放在本区域内；如果是要求比较高的洁净区域，如 A、B 级别区，设备及容器具清洗室宜设在本区域外。如设备固定，需要在线清洗，在洁净区内清洗，应有防止污染措施。在厂房的适当位置设容器和设备清洗室，清洁工具室和洁净工作服洗涤室及其配套的存放室。清洁工具洗涤存放室宜设在洁净区域外。维修保养室不宜设在洁净生产区内。

4. 洁净工作服清洗室 生产过程中用到的工作服，尤其是在洁净区域里用到的工作服，其洗涤、干燥、整理、存放，必要时的灭菌必须在专门的洁净工作服清洗室中进行。对有洁净度级别要求的工作服，其洗涤、干燥、整理、存放，必要时的灭菌区域洁净级别与该工作服使用所在房间的洁净级别相同。工作服使用所在房间的洁净级别如果是要求比较低的洁净区域，如 C、D 级别区，则洗涤、干燥、整理、存放、灭菌等活动可放在本区域内；而工作服使用所在房间的洁净级别如果是要求比较高的洁净区域，如 A、B 级别区，则洁净工作服洗涤、干燥、整理、存放、灭菌等活动宜设在本区域外。在厂房的适当位置设置洁净工作服洗涤、干燥、整理、存放、灭菌等房间，洗涤整理后的洁净工作服应封装于专门的衣柜。洁净工作服的衣柜应采用不起尘、不腐蚀、易清洗、耐消毒的材料。洁净工作服的洗涤、干燥，其洁净度可低于生产区一个级别，无菌服装的整理、灭菌和存放室，洁净级别宜与生产区的相同。

5. 技术夹层 是指各种水平构件分割成的供安装管线等设施使用的建筑夹道，管线包括通风管道、工艺管道、动力照明电缆架线、仪表桥架、空气净化设施、排风除尘设施等。按照 GMP 的要求，为避免产生不易清洁的部位，各种管线和不直接操作的设施应尽量避免设在洁净室（区），尽量减少明设管道，管道尽量暗敷或设在技术夹层内。技术夹层一般在洁净室（区）的顶部或下部设置，分为软吊顶和硬吊顶、地沟等，技术夹层的高度取决于管线的多少及高度、施工、安装和检修操作的需要，过高浪费空间和增加成本投入，一般为 1. 8 ~2. 2m。

（三）工艺布局

所谓工艺布局（Process Layout）就是生产企业结合具体产品及工艺要求，对生产所需要的厂房、设施、设备、管线、人流、物流等进行规划与部署，以期达到提高生产效率、防止污染混淆的目的。药品生产工艺布局合理性取决于 3 个方面：人流物流的合理性、工艺流程的合理性以及工艺流程和所要求的空气洁净级别的匹配。对于药品生产企业工艺布局的方式多种多样，为研究方便，可以归纳以下 3 种类型。

1. 分割式工艺布局模式 就是以数个独立的生产厂房为基础，将工艺进行分割的工艺布局模式。这个模式无须使用专用封闭生产线，工序衔接连续性不强，更换具有同类工序的生产品种时设备无须大规模调整的厂房，灵活性强，投资少，但设备利用率低，效率相对较低，适宜生产多种具有相同或类似工艺的产品，即销量小、交替生产或应急生产的药品，如临床试验阶段、中试放大生产或上市后第四期临床试验用药的生产。工艺布局模式也分为两种组织方式：一种为设备相对固定，不同产品不同工艺流程与之相适应；另一种为选择一套或几套设备，换一个生产品种就换部分设备。布局时，将工序步骤绘成平面示意图，然后按物流最快捷、没有交叉和迂回的原则，确定各工序的实际位置。

这种工艺布局模式使用数个独立的厂房，所以人流物流的合理性、人流物流的净化等就比较复杂；由于工序衔接连续性不强，物料的中间存储较多，防止工艺过程的相互影响、混淆与差错就成了关键。

2. 专门化工艺布局模式 就是以生产工艺为基础的，对生产厂房与设备进行专门配置的工艺布局模式。这个模式适用于流水线生产的产品，生产节奏平稳，物料单向移动，工序步骤划分明确，如大输液的生产线，只要所要求的空气洁净级别与工序要求匹配就可以了。

3. 单元定位工艺布局模式 也称为“模块式布局”。就是以多种品种生产工艺相同的工序为基础，进行相同功能单元共用或合并，节约生产以及生产建设成本的工艺布局模式。这个模式适用于生产品种多，在同一生产厂房内既有单一品种的生产车间，又有按剂型组织的工艺布局车间。布局时首先按照生产规模划分生产模块的区域，然后，在模块内部采用工艺布局模式或产品布局模式。这个模式对人流物流的合理性，尤其物流的合理性要求比较高，一般来说此模式不适用于对洁净级别要求不同的生产工艺。

无论是哪种工艺布局模式，GMP 对制药企业的工艺布局的基本要求如下。

（1）工艺布局应按生产流程要求做到布置合理、紧凑，有利于生产操作，并能保证对生产过程进行有效的管理。

（2）工艺布局要防止人流、物流之间的混杂和交叉污染，应分别设置人员和物料进入生产区域的通道，必要时应设置极易造成污染的物料和废弃物的专用出入口；进入洁净区的人员必须有相应的净化用室和设施，其要求应与生产区洁净级别相适应；进入洁净区的物料必须有与生产区洁净级别相适应的净化用室和设施，根据生产实际情况可采用物料清洁室、气闸室或传递窗进入洁净区，进入非最终灭菌无菌药品生产区的原辅料、包装材料和其他物品必要时还应设置灭菌室或灭菌设施，但不得对洁净环境产生不良影响；洁净区内物料传递输送路线尽量要短，减少折返；生产中的废弃物不宜与物料进口合用一个气闸或传递窗；洁净区内的半成品不宜直接进入一般生产区，可采用传递窗、气闸或设置相应的设施进入一般生产区，传输带不得穿越不同洁净级别区域。

（3）生产操作区内应只设置必要的工艺设备和设施。用于生产、贮存的区域不得作为非本区域内工作人员的通道。

（4）人员和物料使用的电梯宜分开。电梯不宜设在洁净区内，必须设置时，电梯前设气闸室或采取确保洁净区空气洁净度的其他措施。

（5）在满足工艺条件的前提下，为了提高净化效果，节约能源，有空气洁净度要求的房间尽量做到以下要求：空气洁净度相同的房间或区域相对集中；空气洁净度高的房间面积合理布置；不同空气洁净度房间之间相互联系应有防止污染措施，如气闸室或传递窗等。

（6）在药品洁净生产区域内应设置与生产规模相适应的备料室、原辅材料、中间体、半成品、成品存放区域。存放区域内应安排待验区、合格品区和不合格品区，并按下列要求布置：备料室、原辅材料存放区、中间体存放区、半成品存放区，其空气洁净度与生产区空气洁净度相同；备料室可视生产规模设置在仓库或生产车间内，并配备相应的称量室（区）；不合格中间体、半成品需设置专用回收间，其空气洁净等级宜同生产区的等级；原辅材料、中间体、半成品存放区尽可能靠近与其相联系的生产区域，减少运输过程中的混杂和污染；成品待检区与成品仓库区应有明显区别标志，不得发生混杂。成品待检区可布置在生产区或入库前区。生产环境的洁净标准的实现和维护基本是通过空调净化系统（Heating Ventilation and Air Conditioning，HVAC）来实现的。空调净化系统将自然空气在一定的压力下通过必要的过滤装置，除去一定的尘埃粒子和所附着的微生物，调节空气的温度、湿度，调节进入或排出空气的量，达到控制生产或实验环境洁净等标准目的。

五、工艺洁净级别的确定

洁净室（区）的建设和有效运行是GMP硬件建设中关键的内容之一，药品生产工艺经常跨越多个洁净级别的洁净室（区），因此，根据工艺要求，确定好这些洁净室（区）以及它们之间的衔接，并安排好对应的人流和物流是工艺洁净级别确定的主要内容，是预防药品生产中质量受到污染（交叉污染）的重要环节与主要措施。

（一）洁净室（区）洁净级别的确定

洁净室（区）主要的特征就是该环境内的空气是通过净化后进入并达到与生产工艺流程相适应的洁净级别。工艺布局确定后，下一步是对其中的工艺步骤按GMP要求，划分空气洁净度级别。同一生产工艺流程中，其生产工序有可能是相同的空气洁净级别，也可能是不同的空气洁净级别；同一生产操作，也可能是在同一空气洁净级别下进行，也可能是在不同的空气洁净级别下进行。空气洁净级别的确定取决于品种、剂型、工序等方面的质量特性和技术要求及方法。例如，无菌药品对空气洁净级别的要求就高于非无菌药品；同样是无菌药品，非最终灭菌的药品生产对空气洁净级别的要求就要高于最终灭菌的药品生产；注射剂型的药品生产对空气洁净级别的要求就要高于口服剂型的药品生产。空气洁净级别有所谓动态与静态之分，区别在于空气洁净级别指标测定时的状态。在操作状态下测定为动态，反之为静态。

空气经过空调净化系统处理后，进入室内的空气每立方米所含的尘埃粒子数与微生物数应低于该洁净室（区）所处洁净等级相应的限量；进入室内的气体流量、气流组织与分布应均匀合理，使得洁净（区）内产生的尘埃粒子不被积聚，并能及时有效地随净化空气的流动而排出；能够较好地防止洁净室（区）内人员、物料、设施对尘埃粒子的散发或扩散；能够提供生产工艺操作所需要的温度、湿度。空调净化系统中各子系统如送风系统、回风系统、多效过滤系统、空气分布系统、冷却与加热系统、加湿与去湿系统、控制与调节系统等要相互匹配协调。

洁净室（区）环境的空气洁净度越高，对药品生产的质量就越有保证。但是，一方面空气洁净度越高的洁净室（区），其建设成本、运行成本、管理费用就越高；另一方面，不同的产品与剂型、不同的生产工艺流程、不同的生产工序，由于其药品的用途、给药方式、生产中的灭菌方式、生产中的工艺要求、生产内容、法定标准中的质量项目等的区别，对环境的空气洁净度要求也各有不同，在适当的洁净状态下即能满足特定含义内的药品生产质量的这一特定要求。GMP 附录部分按照无菌药品、非无菌药品、原料药、生物制品、放射性药品、中药 6 个类别，分别对工艺要求的空气洁净度级别加以划分。其中对非无菌药品，从生产工艺的控制要点来讲，最终灭菌药品主要通过产品的最终灭菌措施来完成，而非最终灭菌药品的无菌要求主要通过控制每一操作步骤来完成。无菌药品是指法定药品标准中列有无菌检查项目的制剂，主要为注射剂、粉针剂、角膜创伤和手术用滴眼剂等。非无菌药品是指法定药品标准中未列无菌检查项目的制剂，包括口服固体、液体制剂，腔道给药制剂，表皮外用制剂等。在《药品生产质量管理规范——细胞治疗产品附录》（2022 年征求意见稿）中也对不同细胞产品生产操作所需要的洁净度级别进行了描述，具体见表 4 – 8。

表 4 – 8　不同洁净度级别对应细胞产品生产操作示例

洁净度级别	细胞产品生产操作示例
B 级背景下的 A 级	1. 处于未完全密闭状态下的生产操作和转移 2. 无法除菌过滤的溶液、培养基的配制 3. 载体除菌过滤后的分装
C 级背景下的局部 A 级	1. 生产过程中采用注射器对处于密闭状态下的产品和生产用溶液进行取样 2. 病毒载体生产用细胞的传代操作 3. 可除菌过滤的溶液和培养基的配制 4. 载体的除菌过滤
C 级	1. 采用非密闭系统（如使用透气盖的细胞培养瓶等）在培养箱中培养 2. 载体的纯化操作
D 级	1. 采用密闭管路转移产品、溶液或培养基 2. 采用密闭系统或设备进行细胞产品、载体的生产操作（如在隔离器中进行产品的无菌分装）、取样 3. 质粒生产用工程菌或病毒载体生产用细胞在密闭罐中的发酵

注：表格中除 D 级以外的生产操作示例，均指在非密闭系统下的操作。

此外，还要考虑与不同的、所需要的空气洁净级别相衔接，与其他系统的配合等问题。

总之，根据 GMP 的要求，在确定一个制药车间空气洁净度设计级别时，首先应明确是哪一类药品，其次要知道是什么剂型，再次是能否最终灭菌，是否需要做无菌检查；还要知道容量的大小，过滤的有无，工序暴露与否。只有完全回答清楚这些问题，才能准确给予级别定位。

（二）人流净化处理的确定

此处人流是指人员进出洁净室（区）及在其内部的流动。人员从非洁净室（区）进入洁净室（区），人员在洁净室（区）内不同空气洁净级别的场所之间穿越，由于其自身所附着的尘埃粒子和微生物，其在某一场所的生产操作中所受到尘埃的附着，及其在运动中可能引起的空气流动的变化，都有可能导致洁净室（区）内或某一空气洁净级别的场所内的尘埃粒子数与微生物数的变化和异动，从而在药品的生产中、直接与间接的接触中造成污染（交叉污染），成为洁净室（区）主要污染源之一。正因如此，应该对人流有合理的净化处理设施。洁净室（区）应设立独立的人流出入口；洁净室（区）应设立独立的人员净化场所，通常情况下，人员净化场所由雨具存放、换鞋、存外衣、盥洗、穿戴洁净工作服、气闸或空气吹淋室等组成，人员净化用室的洁净要求与进入的生产区域的洁净要求相适应。进入不同级别的洁净生产区域对人员有不同的净化要求与程序，需配置相应的设施。

洁净室（区）内不宜设电梯。如果由于工艺流程的特殊要求或厂房结构的限制，工艺设备要立体布置，物料要在洁净区内从上而下或从下而上用电梯运送，电梯与洁净生产区之间应设气闸或设计其他能保证生产区空气洁净度的措施。电梯如果通过不同级别的洁净区应有缓冲设施。洁净室（区）内设置通道时，应保证此通道直接到达每一个工作岗位，中间体或内包装材料存放间等区域，物料通道尽量不用洁净室外共用的通道。

洁净室（区）如果设有参观走廊，洁净区需与外界有一定的缓冲，从某种程度上保证生产区域的洁净。参观走廊可以是人流和物流的通道，也可以是消防安全通道，但不能替代人流和物流的通道和消防安全通道。

（三）物流净化处理的确定

此处物流是指药品生产所需的物料与所产生的中间体、半成品等物资出入洁净室（区）并在其内部的流动。物料自身的状态、物料流动的载体、物料使用时的变化等因素都会引起洁净室（区）内空气洁净度的变化。如物料与载体自身附着的尘埃粒子和微生物，物料的流动、物料转化过程中产生的尘埃粒子，物料的运动导致气流的变化，因此，物料成为洁净室（区）乃至药品生产的又一主要污染源。所以，应该对物流提出明确的要求和有效的规范。洁净室（区）必须设立独立的物流出入口，洁净室（区）必须设立独立的物流净化用室（区），并置于入口处附近，一般情况下，物流净化用室（区）包含外包装清洁、去外包装、缓冲、换上洁净包装、气闸（传递窗或柜）、多次清洗、干燥、灭菌等内容，视剂型、品种不同而区别。物流净化用室（区）应按洁净度由低到高的顺序进行布置，并有和生产流程相适应的洁净级别。物料出入口处应与人员出入口处分开设置，保持一定的距离。成品与辅料、包装材料的出入口也应分别设置为宜。高洁净级别的洁净室（区）使用的传输设备不得穿越较低级别的区域，洁净室（区）内物料流动路线应尽可能缩短距离和方便生产操作；洁净室（区）的物料停留时间应尽量减少，物料的进入与存放应依据实际生产的需要进行控制。

第三节　设　施

PPT

生产环境（洁净环境）的维护主要依靠诸如空气净化处理设施、电气与安全设施、预防减少与清除污染（交叉污染）和差错的相关设施、洗涤、消毒与卫生设施、通风除尘设施等来完成。

一、空气净化设施

药品生产企业应当根据药品品种、生产操作要求及外部环境状况等配置空气净化设施，使生产区有效通风，并有温度、湿度控制和空气净化过滤，保证药品的生产环境符合要求。洁净区与非洁净区之间、不同级别洁净区之间的压差应当不低于10Pa。必要时，相同洁净度级别的不同功能区域（操作间）之间也应当保持适当的压差梯度。

口服液体和固体制剂、腔道用药（含直肠用药）、表皮外用药品等非无菌制剂生产的暴露工序区域及其直接接触药品的包装材料最终处理的暴露工序区域，应当参照“无菌药品”附录中D级洁净区的要求设置，企业可根据产品的标准和特性对该区域采取适当的微生物监控措施。

生物制品生产环境的空气洁净度级别应当与产品和生产操作相适应，厂房与设施不应对原料、中间体和成品造成污染。生产过程中涉及高危因素等的操作，其空气净化系统等设施还应当符合特殊要求。具体要求见表4－9。

表4－9 空气净化系统洁净度要求

洁净度级别	生物制品生产操作示例
B级背景下的局部A级	1. 无菌药品中非最终灭菌产品规定的各工序 2. 灌装前不经除菌过滤的制品其配制、合并等
C级	体外免疫诊断试剂阳性血清的分装、抗原与抗体的分装
D级	1. 原料血浆的合并、组分分离、分装前的巴氏消毒 2. 口服制剂发酵培养密闭系统环境（暴露部分需无菌操作） 3. 酶联免疫吸附试剂等体外免疫试剂的配液、分装、干燥、内包装

其中，血浆融浆区域、组分分离区域以及病毒灭活后生产区域应当彼此分开，生产设备应当专用，各区域应当有独立的空气净化系统。

这里的空气净化设施主要是指空调净化系统（HVAC）。

（一）空调净化系统及其组成

为了使洁净室内保持所需要的温度湿度、风速、压力和洁净度等参数，最常用的方法是向室内不断送入一定量经过处理的空气，以消除洁净室内外各种热湿干扰及尘埃污染。为获得送入洁净室具有一定状态的空气，就需要一整套设备对空气进行处理，并不断送入室内，又不断从室内排出一部分来，这一整套设备就构成了空调净化系统。

空调净化系统，是包含温度、湿度、空气洁净度以及空气循环的控制系统，被称为HVAC（Heating，Ventilation，Air－conditioning and Cooling）。药品在生产过程中对其生产环境的温湿度有着严格的要求，且生产洁净区域较大，因此通常都是选用能耗较大的组合式空调机组。组合式空调机组一般由新风、回风混合段、初效段、表冷段、风机段、加热段、中效段、加湿段等组成。其中表冷段的冷却盘管在需要时可通冷冻水，对空气进行降温除湿，保证洁净区的温湿度在规定的范围内，冷冻水由公用工程的制冷机组提供；加热段的加热盘管在需要时可通热水，对空气进行加热，保证洁净区的温度在规定范围内，热水由公用工程的换热机组提供，在必要时也可直接通蒸汽。

通常情况下，进入洁净区的空气一般要经过组合式空调机组内的初效过滤器、中效（或亚高效）过滤器与一般装在风管末端的高效（或亚高效）过滤器三层过滤处理，从而保证进入洁净区的空气能够达到相应的洁净要求。

以上所述，可用图4－2 HVAC系统流程图表示。

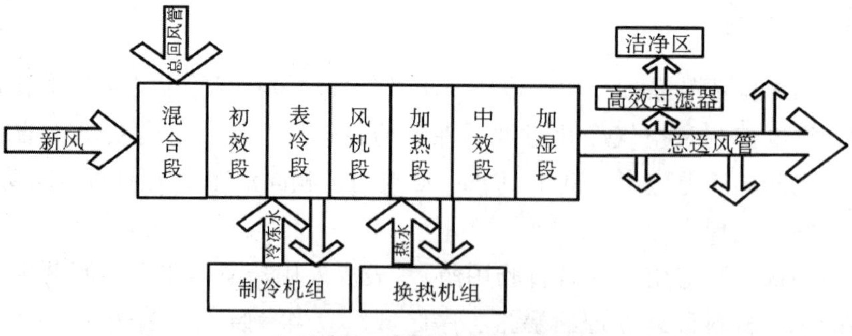

图4－2 HVAC系统流程图

（二）空气净化过滤器的分类和使用

洁净室内的洁净程度的控制是依靠空气过滤器实现的。空气过滤器一般分为初效、中效、亚高效、高效等类别，其特性见表4－10。

表 4-10 各种空气净化过滤器的特性表

类别	有效的捕集尘粒粒径（μm）	计数效率（%）	初阻力（pa）
初效过滤器	>5	<20	≤30
中效过滤器	>1	20~90	≤100
亚高效过滤器	<1	95~99.9	≤150
高效过滤器	≥0.3（0.1）	≥99.97	>250

在空气净化系统中，一般使用三级过滤装置，第一级使用初效过滤器主要用于新风过滤、第二级使用中效或亚高效过滤器、第三级使用亚高效或高效过滤器。初效过滤器主要是滤除>10μm 的微粒，用于新风过滤，滤材一般采用易清洗、易更换的粗、中孔泡沫塑料或 WPC-200 涤纶无纺布。中效过滤器可滤除 1~10μm 的尘粒，一般为袋式过滤器，滤材一般为玻璃纤维、WZ-CP-2 无纺布或中、细孔泡沫塑料，常用于亚高或高效过滤器前，风机之后，用于保护高效过滤器，延长其使用寿命。亚高效过滤器可滤除 5μm 的尘粒，滤材一般为玻璃纤维制品。高效过滤器（High Efficiency Pariticle Airfilter，HEPA）用于过滤 1.0μm 的尘粒，一般置于通风系统末端，即室内通风口上。滤材用超细玻璃纤维滤纸，滤尘率高达 99.97%。

由于亚高效或高效过滤器成本比较高，且不能再生，在洁净室中更换不便，因此，采用初、中、高效过滤器顺序组合使用，可提高亚高效或高效过滤器的使用寿命。但值得注意的是，任何空气滤过器或其组合的滤过效率只是相对于环境空气的洁净程度而言，如果洁净室的外环境污染严重，如空间尘埃粒子或微生物浓度过高，仅靠过滤器，进入洁净室的空气是达不到标准要求的，在这样的环境中，空气滤过器也非常容易损坏。因此，洁净室周围环境应清洁或建有相应缓冲设施或区域，如控制区、隔离通道等。

（三）空调净化系统空气处理方式

一般洁净室包括工业洁净室和生物洁净室，其送风的空调净化系统的空气处理可分为以下 3 类。

1. 集中式空调净化系统 是指送入洁净厂房的全部空气（消除室内热余湿维持室内正压和保证室内洁净度的全部送风量）都经过设于空调机房内的空调机组（AHU）进行初、中效过滤和降温降湿或加热加湿等净化和热湿处理，然后再用送风管道将空气送至洁净厂房送风口经高效过滤器（HEPA）或超高效过滤器（ULPA）过滤后送到洁净厂房内，以保证洁净厂房内的温湿度、正压和洁净度等级。全部的回风又经过集中式的回风管内拉回到空调机房与新风重新混合重新再进行系列的热湿处理，这样往复循环。根据生产工艺对生产环境的不同要求，又可分为 4 种不同的送风系统：①直流送风系统；②一次回风的送风系统；③一、二次回风的送风系统；④新风机组（MAH）和加循环机组的（RCU）的送风系统。

集中式空调净化系统的特点如下。

（1）在机房内对空气集中处理，进而送进各个洁净室。

（2）由于设备集中于机房，对噪声和振动较容易处理。

（3）一个系统控制多个洁净室，使用效率比较高。

（4）集中处理后的洁净空气送入各洁净室，以不同末端过滤器规格、换气次数和气流形式来实现各洁净室内不同的洁净度、压差等环境参数。

2. 分散式空调净化系统 对于一些生产工艺单一，洁净室分散，不能或不宜合为一个系统，或各个洁净室无法布置输送系统和机房等场合，应采用分散式洁净空调系统，在该系统中把机房、输送系统和洁净室结合在一起，自成系统。在分散式洁净空调系统中，在各个洁净室或邻室内就地安装净化和空调设备或净化空调设备。净化空调设备可以是一个定型机组产品，它具有净化功能，但处理的风量较少，往往不能满足较高洁净度的洁净室所需风量，系统处理过程往往是一次回风系统。

空气分离处理和分离送风是将消除室内余热余湿的空调送风和保证室内洁净度等级的净化送风分开进行处理，分离送风的方法。即将消除室内余热、余湿的空调送风（占总送风量的10% ~30%）由设在空调机房的空调机组（AHU）或新风机组（MAU）内进行热湿处理，以保证室内的温度和相对湿度，而占送风量的70% ~90%的净化送风在洁净室就地循环来保证室内的洁净度。分散式空调净化系统的特点如下。

（1）灵活、简易。它可满足不同房间的不同送风要求。当室内热湿负荷变化时，调节系统反应快，也不影响其他各室进风参数，

（2）洁净空间小而单一，管理比较方便，洁净度也易保证。

（3）没有输送管系及专用机房，节约了输送能耗及沿途冷热损失和污染，减少了辅助占地面积。

（4）空调机组体积小，现场安装工作量小，操作使用也方便，不需要专门熟练操作工人。

3. 半集中式空调净化系统 是一种把空气集中处理和局部处理结合的系统形式，它既能像分散系统那样，各洁净室能就地回风而避免往返输送；又有像集中式系统那样，按需要供给各洁净室经空调处理到一定状态的新风，有利于洁净空气参数的控制。随着生产工艺的发展，人们对洁净室的要求也已不同，希望在一个洁净室实现不同洁净度分区控制，因此，出现了半集中式洁净空调系统。

（四）环境因子的控制

所谓的环境因子，就是指影响洁净室（区）洁净等标准的因素，如温湿度、压力、洁净度、气流等，只有这些因素得到有效控制，洁净室（区）才能满足生产工艺与质量控制的需要。

1. 温湿度的控制 洁净室的温湿度主要为满足两个要求：①一般的要求，即操作人员的舒适感；②工艺的要求，即工艺所要求的特殊的温湿度环境（包括减少静电荷）。洁净室（区）的温度和相对湿度应与药品生产工艺要求相适应。无特殊要求时，温度应控制在18 ~26℃，相对湿度控制在45% ~65%。有特殊要求的药品，温度和湿度则要根据具体情况而定，如血液制品的生产过程要求低温，血浆蛋白精制区一般温度控制在12 ~15℃，各种易吸湿药品或包装材料有临界湿度要求时，相对湿度应低于45%等。

对温湿度的控制是通过冷却器、加热器、增湿器和除湿器等来实现的。冷却器有干式和湿式两种：湿式易脏，发霉，占地面积较大；干式即表冷式，占地面积小，干净，较常使用。加热器冬季或气温较低时，安装电热或蒸汽换热器，对新风或回风加热，以满足室内温度的要求。增湿器，对送风湿度不足时，增加湿度；去湿器对送风湿度过高时，除去空气中的水分。这些设施一般放置在初效过滤器、风机之后，中效过滤器之前。洁净室（区）温度和湿度的测定应在风量风压调整后进行，可用热敏电阻式数字测试仪进行测定。选取的测量点应具有代表性，并对测量点的温湿度进行必要的记录和分析。

2. 压力的控制 一般来说，洁净室（区）保持与周围环境保持气压正压是为防止周围空气进入造成污染，要实现室内正压，必须使送风量大于室内风量、排风量、漏风量的总和。其正压值则可通过调节送风量、回风量和排风量来加以控制。由于如门窗的启闭、室内排风系统的间歇运行等原因，室内正压还受到外界因素影响，不能保持恒定值，可通过安装压差式自动风量调节阀，达到控制压差恒定的目的。人工调节进风量与回风量、排风量、漏风量之间差值，通过室内压差显示仪表反映。也可设差压变送器检测室内压力，该信号通过转换器加以控制电动风阀，调节送入室内新风量的大小，达到控制室内正压的目的。国内外许多企业已采用计算机程控系统对各洁净室的进风和回风进行控制。

也不是所有药品生产洁净室（区）都保持正压，某些特殊药品的生产区域应保持负压，如青霉素

类等高致敏性药品、强毒微生物及芽孢菌制品的生产区域、药品生产过程产尘量大的房间等，对于这些产品，既要防止室外未经净化的空气对它的污染，又要防止由于它的扩散而污染其他的房间、其他产品，于是，这些产品制造或分装的洁净室必须保证负压，以抵制外来空气污染，同时为了不使这些产品逸出，又必须提高相邻洁净室（区）的压力，使得这些产品生产的洁净室成为相对负压。

即使同一生产区域，由于不同生产工段，防止交叉污染或污染相对大的工段对污染相对小的工段的影响，或便于污染排放的统一处理等，相邻两个相同空气洁净度等级的洁净室（区）之间，为保证各自的洁净度，也必须控制彼此的压力差。合理控制洁净室之间的压力差对提高净化效果与净化效率也非常重要。

前室 A、B 分别为操作室 A、B 的气闸室（缓冲间），尽管各室均为正压，且无压差，但由于气闸室的设置，操作室 A、B 的气流不会交叉，适用于粉尘少或生理活性不强的普通药品生产（图 4－3a）；前室 A、B 与操作室 A、B，走廊的气压相比为相对负压。操作室和走廊的粉尘和微粒可流入前室，并从前室排走，A、B 两室之间气流不交叉，适用于粉尘多的操作室（图 4－3b）；操作室 A、B 的气压高于走廊，A、B 两室粉尘会流入走廊并污染走廊，但两室之间气流不交叉，适用于室内粉尘少或生理活性不强的普通药品生产（图 4－3c）；操作室 A、B 的气压与走廊相比为相对负压，操作室内气流不会外流，而走廊气流可流入室内，要求走廊洁净度与操作室一致，适用于室内粉尘多或生理活性强、致敏性高的特殊药品生产（图 4－3d）；操作室 A 粉尘量高于 B 时，A 室加前室，且正压高于操作室 A，这样粉尘不会流入走廊，也不会与 B 室气流交叉，适用于粉尘量不同、产品不同的生产场合（图 4－3e）。

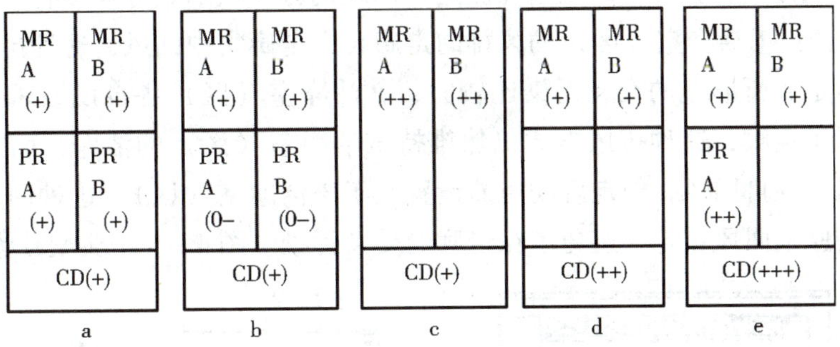

图 4－3 室内压差模式示意图

MR：操作室 PR：前室 CD：走廊 +：气压强度

3. 洁净度的控制 包括悬浮粒子和活微生物两个方面，活微生物的控制又包括浮游菌和沉降菌两个方面。

阻止这些悬浮粒子和活微生物进入洁净室（区）并达到规定的标准，主要依靠空调净化系统中的各级空气过滤器的排列组合来实现。

洁净室（区）内悬浮粒子的测定采用计数浓度法，即通过测定洁净环境内单位体积空气中含大于或等于某个粒径的悬浮粒子数，来评定洁净室的悬浮粒子洁净度等级。测试仪器：光散射粒子计数器（用于粒径≥0.5μm 的悬浮粒子计数）和滤膜显微镜（用于粒径≥5μm 的悬浮粒子计数）。测试时间：对于乱流洁净室（区），测试应在洁净厂房的空气净化系统正常运行不少于 30 分钟后进行；对于单向流洁净室（区），测试应在洁净厂房的空气净化系统正常运行不少于 10 分钟后进行。测试条件：洁净室（区）的温度和相对温度应与其生产及工艺要求相适应，一般来说，温度控制在 18～24℃，相对湿度控制在 45%～60% 之间为宜。如果以上测试符合要求，洁净室（区）内洁净度就得到控制。

应对微生物进行动态监测，评估无菌生产的微生物状况。监测的方法有沉降菌法、定量空气浮游菌采样法和表面取样法（如棉签擦拭法和接触碟法）等。动态取样应当避免对洁净区造成不良影响。对表面和操作人员的监测，应当在操作完成后进行。在正常的生产操作监测外，可在系统验证、清洁或消毒等操作完成后增加微生物监测。

4. 气流的控制 洁净室（区）内的气流组织非常重要，合理的气流组织是满足洁净室（区）内温湿度分布均匀、维护洁净度及其统一、把生产中污染物有效排出等的重要条件。

洁净室（区）内气流组织形式取决于送风口、回风口的位置、送风口、回风口的气流量、洁净室（区）本身的形态以及其内部设施设备的形状与摆放。

洁净室（区）内气流形式又分为单向流（层流）与非单向流（乱流）2 种基本形式，单向流（层流）按气流方向有水平单向流（层流）和垂直单向流（层流）2 种。一般来说，高洁净级别的洁净室（区）应用单向流（层流），低洁净级别的洁净室（区）应用非单向流（乱流）。当然，从降低运行成本角度考虑，有的洁净室（区）应用“混合流”，也就是局部单向流（层流），由非单向流（乱流）加局部单向流（层流）所组成的洁净室或洁净工作台。如果这样，洁净室（区）除了按洁净级别不同划分为高低有序的各级洁净室（区）外，又可分为全面净化和局部净化 2 种洁净室（区）。由于洁净室建设成本较高，对于生产企业而言，在确定新建、改建或扩建洁净工程方案时，只要能满足生产和 GMP 要求，一般会尽可能缩小洁净室（区）面积，能采用低洁净级别的洁净室（区）就不采用高洁净度级别的洁净室（区）。同时，尽量采用局部净化方式，当只用局部净化方式不能满足生产和 GMP 要求时，可采用局部净化与全面净化相结合的方式或采用全面净化方式。图 4 - 4 是典型单向流洁净室的气流组织。

洁净室（区）送风方式有 2 种，即顶送和侧送。回风的方式从形式分大致有 3 种：顶回、底回和侧回。从效果看也有 3 种：①洁净室（区）的风排向走廊，由走廊集中回风，这种排风方式能维持该洁净室（区）的洁净，但走廊所形成的交叉污染比较大；②洁净室（区）各自设回风系统，一般来说，洁净室（区）的压差大于走廊，这种排风方式仍然维持该洁净室（区）的洁净，而走廊仍是交叉污染的场所；③洁净室（区）各自回风，但走廊的压差设置大于该洁净室（区），这种回风方式保证了该洁净室（区）内的粉尘在原地回风排走，避免了在走廊的交叉污染。图 4 - 5 是典型乱流洁净室的气流组织。

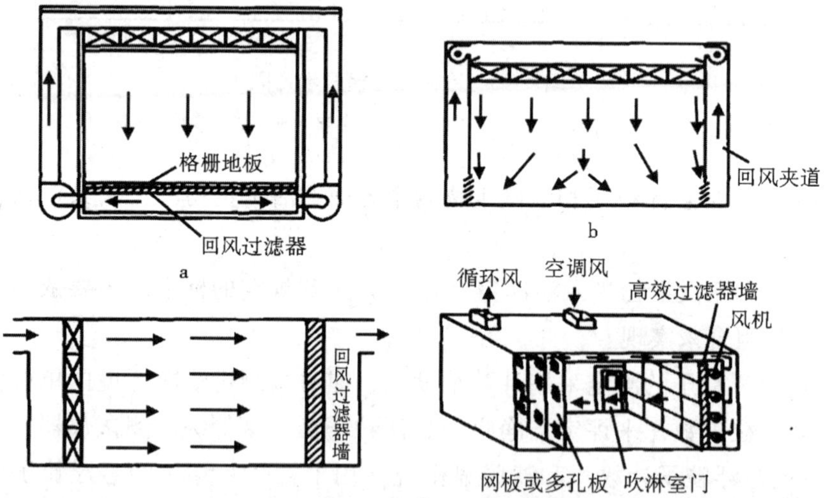

图 4 - 4 典型单向流洁净室的气流组织

a. 垂直单向流，格栅地板回风；b. 垂直单向流，两侧下回风；c. 水平单向流

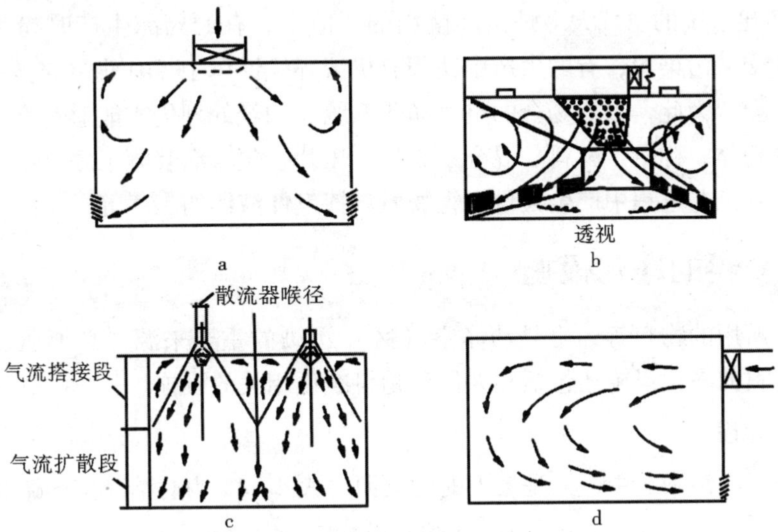

图 4－5　典型乱流洁净室的气流组织

a. 带扩散风口过滤器顶送；b. 局部孔板顶送；c. 散流器顶送；d. 风口侧送

如果只从最大限度排除洁净室（区）污染物的效果看，以顶送、底回或侧回的单向流形式为最好。对于非单向流洁净室（区），也以顶送、侧回的送排风方式为好。只有在碍于层高无法从顶部送风的旧厂房改建时，才考虑侧送侧回的送风方式。对于固体物料的粉碎、称量、配料、混合、制粒、压片、包衣等工序，为防止室内气流的二次污染，则应避免使用顶送顶回的送排风方式。

除了选择合适的送回风方式外，在合理组织气流方面还应符合以下要求：洁净室（区）气流速度，应满足空气洁净度等级和人体健康要求两方面要求。人体对气流速度比较适应的范围是 0. 1 ~ 0. 25m/s，单向流（层流）室空气流速为 0. 36 ~ 0. 54m/s（指导值）；送风口应靠近洁净室（区）内洁净要求高的工序；回风口宜均匀布置在洁净室（区）下部。易产生污染的工艺设备附近应设回风口；余压阀宜设在洁净室（区）气流的下风侧，不宜设在洁净室（区）工作区高度范围内。为防止洁净室（区）空气倒流，可在洁净室（区）排风系统的风机吸入段设置中效过滤器或止回阀，在排风管上端设电动风阀，使电动风阀与电机联锁，当风机停止运行时风阀自动关闭。

单向流（层流）洁净室（区），空气层流又分为垂直层流和水平层流 2 种。垂直层流多用于罐封点的局部保护和超净工作台。水平层流多用于洁净室的全面洁净控制。垂直层流室，操作室顶棚布满高效过滤器。回风采用侧墙下回，或格栅地板底回。水平层流室，一面墙上布满高效过滤器，对面墙上布满回风格栅，作为回风。垂直层流，送风采用顶棚通过高效过滤器顶送（占顶棚面积≥60%），格栅地板回风（满布或局部布置），如宽度为 6m 或面积较小时，可用侧墙下均匀回风。房间断面风速≥0. 25m/s。人员入口处宜设气闸或风淋室，不宜设洗手池。局部单向流（层流），可在乱流洁净室（区）内设净化工作台。乱流洁净室（区），在顶棚上设扩散板高效过滤器或亚高效过滤器风口顶送，或采用局部孔板顶送、侧送方式，回风布置在侧墙下部或采用走廊回风，送风量按室内换气次数 20 或 15 次/小时计，在人员入口处应设风淋室或气闸室。高效过滤器或亚高效过滤器一般应布置在送风口，若将高效过滤器或亚高效过滤器布置在机房，则应当适当提高换气次数。

在满足生产工艺的条件下，应尽量采用局部净化。这是降低系统运行成本的重要措施。局部层流供一些只需在局部洁净环境下操作的工序使用，如洁净工作台，层流罩及带有层流装置的设备，必须在比层流环境低一个洁净级别的环境内使用，才能达到稳定效果。实际上，有时层流空气的净化方式已被采用安装在关键设备内，例如大输液的灌装设备、冻干针的灌装和加塞设备等，使药品生产灌装时暴露于空气的局部达到规定的洁净级别，如果这样，生产环境的洁净度就不需那么高。

洁净室（区）净化系统的空气大多是循环使用的。但是，有的药品生产时粉尘大，回风总管可能成为不同药品微粒的交叉污染源；有的生产中使用有机溶媒，回风中带有残留的微量溶媒，不断循环导致浓度增高，很不安全。为此，下列场合的空气净化系统，如经处理仍不能避免交叉污染时，则不能循环使用：固体物料的粉碎、称量、配料、混合、制粒、压片、包衣灌装等工序；用有机溶媒精制的原料药精制、干燥工序；凡工艺过程中产生大量有害物质、挥发性液体的工序等。

二、人员与物料的净化设施

生产人员和生产所用的物料等，也是洁净室（区）污染的重要来源，必须通过必要的设施进行净化。这里的人员和物料的净化设施还包括和人员和物料净化相关的设施。

（一）人员的净化设施

根据研究和实践，在污染源中，人是最大的污染源。表4－11为对洁净室内微粒来源的分析。

表4－11　洁净室内微粒来源分析表

发生源	占百分比（%）
从空气中漏入	7
从原料中带入	8
从设备运转中产生	25
从生产过程中产生	25
由人员因素造成	35

为什么人是洁净室（区）中最大的污染源？原因之一：人在新陈代谢过程中会释放或挥发污染物。每人每天脱落的皮屑量可达1000万颗，打一次喷嚏能使周围空气微粒增加5～20倍，释放细菌5万～6万个。原因之二：人体表面、衣服能沾染、黏附、携带污染物。人体部位携带的细菌数：手100～1000个/cm^2，额头1000～100000个/cm^2，头皮约100万个/cm^2。原因之三：人在洁净室内的各种动作也会产生微粒和微生物。坐着时发尘数为10万～250万个/(人·分)，走时发尘数为500万～1000万个/(人·分)，发菌数为700～5000个/(人·分)。因此，进入洁净室（区）的人员必须充分净化。净化要求随药品对生产环境要求的不同而不同。

人员净化用设施包括雨具存放室、存外衣室、盥洗室、洁净工作服清洗、灭菌、存放室、气闸室或空气吹淋室等。人员进入洁净室（区）首先在换鞋区换鞋，换鞋区必须有净鞋设施，换鞋后进入第一更衣室，脱去外衣并洗手，进入第二更衣室，穿洁净工作服，手消毒后进入气闸室或吹淋室，然后进入洁净室（区）。人员出洁净室（区）可直接进入二更，脱洁净工作服，进入一更，穿外衣，换鞋后到出口。

人员净化用室的要求应由外到内逐步提高，洁净级别可低于生产洁净室（区）。对于要求严格分隔的洁净区（区）、人员净化用室和生活用室应布置在同一层。人进入洁净生产区前，必经的气闸室（曾称缓冲间）。气闸室必须有两个以上出入门，并有防止同时被打开的措施。门的联锁可采用自控式、机械式或信号显示等方法。气闸室也可用空气吹淋室（曾称风淋室）代替。同样，空气吹淋室使用时也不能将出入门同时开启。

通常与人员净化用室一起考虑的有盥洗室、厕所、浴室。盥洗室、厕所（卫生间）、换鞋室、更衣室、淋浴室等是产生灰尘、臭气和水汽的地方，应采取通风措施。盥洗室应设洗手设施、安装烘干器，水龙头开启方式以不用手为宜。有洁净要求的生产区内不得设厕所（卫生间），不要把这些房间设在人员净化程序内。如果需要将厕所（卫生间）、浴室设在人员净化程序内时，厕所（卫生间）、浴室前应增设前室，入厕者需换鞋，脱工作衣，室内连续排风，以免臭气湿气进入洁净区。

对进入洁净室（区）的人员应有相应的净化措施，如进入洁净室（区）人员应经换鞋、更外衣，洗手、消毒电热风干，在风淋缓冲后进入生产区；进入高洁净级别的洁净室（区）的生产人员均需严格经换鞋、脱内外衣、洗手消毒、穿内外无菌衣、换无菌鞋、手消毒、烘干、风淋后，进入灭菌区。但生产青霉素、激素、抗肿瘤类药品的洁净室（区）人员进出均应经淋浴，以防止携带污染源。图 4 -6 为非最终灭菌产品生产区人员净化程序。

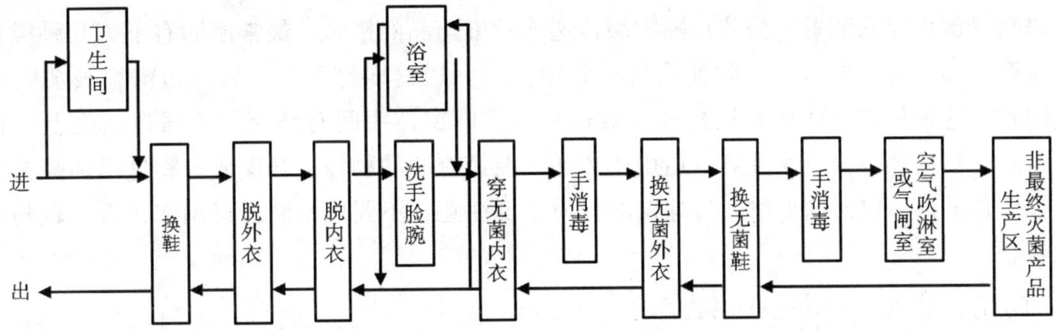

图 4 -6　非最终灭菌产品生产区人员净化程序

（二）物料净化设施

原辅料、内包装材料应在外处理间经除尘、拆包去外皮后，放入专用容器或专用袋，通过传送带或专用货梯，再由传送柜送入控制区，外包装不能拆除的应清除或擦拭外包装上尘土。货梯间应有缓冲前室，为减少电梯运行中气流造成控制区的尘粒污染，可在机房的外墙设一轴流风机以增强井道的负压程度。物料进出 C 级和 D 级洁净室（区）的流程如图 4 -7 所示。

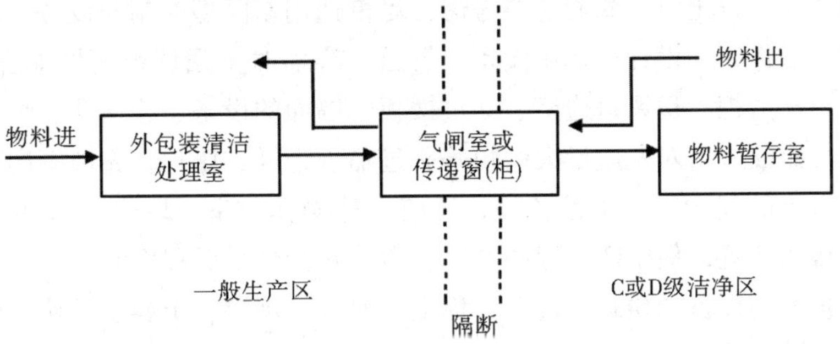

图 4 -7　非无菌药品生产、最终灭菌药品用物料净化与传递程序

物料由一般区进入 B 级洁净区的物净系统包括外包清洁与消毒处理室、传递窗（柜）、消毒与缓冲室。物料在外包装清洁处理室对其外包装进行净化处理、消毒后，经气闸室或传递窗（柜）到缓冲室再次消毒外包装，然后进入暂存室备用。净化和出料程序如图 4 -8 所示。

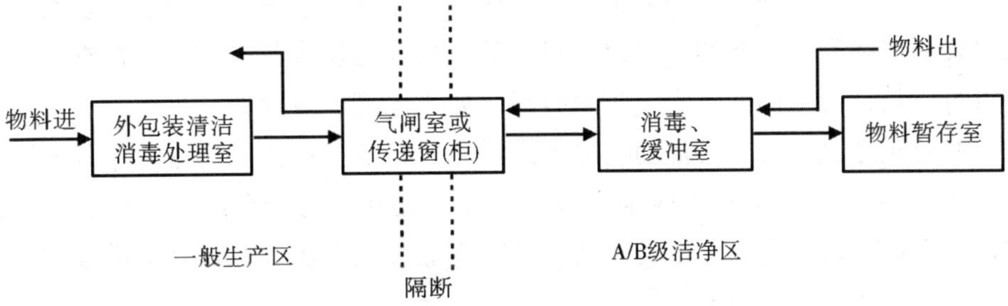

图 4 -8　非最终灭菌无菌药品生产用物料净化与传递程序

气闸室或传递窗（柜）的作用，同样在于维持洁净区的空气洁净度和正压。传递窗（柜）的做法：两侧门上设窗，看得见内部及两侧；两侧门上要联锁，不能同时被打开；窗（柜）内尺寸应能适应搬送物品的大小和数量，有气密性和一定强度；连接洁净室（区）的传递窗（柜），在窗（柜）内设灭菌措施（如紫外灯），传递物料用的传送带不得从非洁净室（区）直接进入洁净室（区），除非对传送带连续灭菌，否则只能在传递窗（柜）两边分段输送。

传递窗是用来在室内外或不同洁净级别的洁净室（区）之间传递物品时，为防止污染，破坏洁净度暂时起隔断气流贯穿的装置，是防止随物品传递而污染药品的措施。最常用的有下列几种类型：①机械式，传递窗内外有两道窗扇，中间使用机械联锁，即一边窗扇打开时，另一边窗扇被关闭而不能打开；②气闸式，这种传递窗体中有风机和高效过滤器，即窗体中间有洁净气流通过，比上一种较为合理；③灭菌式，在窗体内安有紫外灯，适用于传递可能带有菌的物件，开窗放入物件后，关窗并开紫外灯，数分钟后再从另一侧开窗取物。传递窗的材质也要注意，不要用木制材料制作，否则较易变形，密封性能也差。

（三）防尘、捕尘及其他防护设施

药品生产中常常会产生大量粉尘，散发出湿热气体，或释放有机溶媒等有害的易燃易爆气体。如果处理不当，会对操作人员的健康、生产环境和有关设备设施，如高效或亚高效过滤器造成伤害，所以需要对粉尘进行捕集以除去。

通风与除尘的设施即便是在洁净室（区）也是需要的，如隧道烘箱、洗瓶机内的热空气，洗涤清洁场所的湿空气，固体制剂压片、制粒、粉碎、称量所产生的粉尘，药品的仓储区等更是如此。尤其是在中药的生产过程中，通风与除尘设施的应用就更为广泛和重要。如中药的炮制过程，中药的提取、浓缩过程，中药生产的整理过程、干膏的配制过程等，它们都需要有良好的通风除尘设施。

在安装、使用通风除尘设施时，我们还要考虑：尽量选用密闭型的制药设备，配置安全与防爆装置等。对容易产尘的工艺操作，在设计、选用设备、管道、容器时要强调密闭性能良好。室内凡有缝隙，产生泄漏的地方，如门窗边柜、送风口边柜、穿过楼板和墙面的设备、管道孔、灯具安装孔等都要注意密闭，防止外界含尘气流侵入。对发尘量大的粉碎、过筛、干燥、压片、充填等岗位，若不能做到全封闭操作，则除了设计必要的捕尘、除尘设备外，还应设计操作前室，以避免对邻室或共用走道产生污染。洁净室内应设置排风装置，使生产过程中产生的微粒减少到最低程度。

对固体制剂发尘量大的设备如粉碎、过筛、称量、混合、制粒、干燥、压片、包衣等设备应采取局部防尘、捕尘设施，将其发尘量减少到最低程度。滤袋振打式除尘机较常采用，成本低，但工作时噪音较大。目前，很多企业选用高效能除尘装置，一种为集中除尘的 DOWNFLO 系列尘流式除尘器，一种为单机或小型集中除尘的 VS 系列振动式除尘器，其过滤效率高达 99%。该设备采用滤筒过滤器，滤筒外表面有滤网，用来捕集粗粉和纤维性粉尘，起预过滤作用，确保内心滤筒的使用寿命和效率。经除尘后的净化空气可做回风使用，达到节约动力费用、降低成本的目的。除尘器的风量选型和洁净室的送风量大致相同。为了节约动力费用，除尘器的风量宜按洁净室最小送风量选取。发尘工艺设备宜和除尘设备就近布置，回风口要布置在发尘设备的下风口。对于常见的容易发尘的操作，如投料、出料装桶等，根据不同的操作特点可以设计为不同的吸尘、防尘装置，如小屋型、复盖型、天棚型。

此外，厂房应有防止昆虫、鼠及其他动物进入的设施。目前企业主要通过在厂房的主要出口、通道及昆虫可能出没的地方 24 小时开启紫外线杀虫灯，以及通过在厂房和仓库摆放粘鼠板、鼠笼、鼠夹并辅以药品等方式进行灭鼠，确保昆虫、鼠类及其他动物不能进入厂房，并且以上措施均留有记录。

三、辅助设施

（一）电力动力设施

洁净室的电力线路和照明线路都应暗设。电力设施和配件一般应安装在洁净室的技术夹层内，维修和检查应尽量在洁净室外进行。洁净室（区）应根据生产要求提供足够的照明，主要工作室的照度宜为300lx，对照度有特殊要求的生产部门可设置局部照明，还应有应急照明设施。洁净室（区）照明可分成一般操作照明位置（室、区）、主要操作照明位置（室、区）、关键操作照明位置（室、区）。对于主要操作照明位置（室、区）的照度要大于300lx，关键操作照明位置（室、区）的照度应做特殊加强处理，如针剂的灯检处等。

整个厂房应有应急照明设施和备用电源，主要针对一旦停电时，必要生产部位的紧急处理、人员疏散、设备安全等环节。安全设施应考虑到消防器材、预警装置、安全出口、喷淋系统等方面的布局与配置，考虑到材料安全性的要求及选择和使用。

洁净室（区）的电气管线管材采用非易燃材料；灯具的选择与安装应保持顶面平整、良好密封、不易积尘、方便清洁、利于维修。洁净室（区）的电气设计、装置的选择与安装还必须考虑工艺、设备变动的灵活性，考虑操作的方便与整体使用、局部使用、个别使用的安全性，考虑保持内表面的完整、平整、光洁、易于清洁等因素。

动力系统是指洁净厂房在日常运行中需要的支持系统，动力系统一般包括真空、压缩空气、冷冻、加热、蒸汽、水、排水、电气等，除有特殊要求外，一般这些设备都应设置在洁净室外，主要管道一律在室外，管线多设于技术夹层中。与药品直接接触的干燥用空气、压缩空气和惰性气体应经净化处理，符合生产要求。

（二）生产辅助用房和设施

GMP对一些类别药品的生产条件提出了专门的要求，主要是通过独立的厂房、专用的空气净化系统、专用的设备或设施、隔离的区域、有效的防护措施和验证、排出气体的要求等方面严格区别于普通药品的生产，去预防、清除它们之间及对环境可能产生的污染（交叉污染）。

设置称量室是防止人为差错的重要措施。如果没有固定的称量室，常在配料岗位旁称量，剩余的原辅料就地存放，稍有疏忽就可能造成混药。设置必要的备料室也是不可或缺的（国内就发生过以“安坦”当“丙谷胺”投料造成重大事故的案例），按生产指令及处方，按批称量，集中存放在备料室，以便生产者复核领料。给生产提供物料的仓储区必须备有足够的面积和空间，按物料的种类（原料、辅料、包装材料）、状态（待验、合格和不合格）分别存放，并按物流就近布置，避免迂回、往返。其他与生产配套的一些辅助用室，如设备容器清洗室、清洁工具洗涤存放室、标签存放室（柜）等也都是不可忽视的。质量管理部门的技术操作场所和样、标本保存场所应与药品生产区域分开；有特殊要求的仪器、仪表应有专门的工作间，并有防止受到外界因素干扰的措施；生物、微生物、放射性同位素的检定要分室进行。

（三）排下水设施

GMP的要求是在洁净室（区）内应尽量少设或不设下水设施。但在洁净室（区）内由于生产操作的要求，仍需设置下水排放系统。在洁净厂房的下水系统中，因各生产工艺和生产环节的要求不同，所排放下水的量、质等均有较大差异，所以，在下水排放时，下水管道内瞬时间处于水气混合状态，排放不顺畅时，在地漏处极易产生水汽倒冲、冒汽等现象。若凝水排放与下水排放设在同一排水系统中，而凝水排放时的压力如不能及时释放，就将对地漏形成冲击，引起地漏的倒冲、掀盖等现象。凝水排放时放出大量的热，无疑是给下水管内存液在进行加热，洁净地漏的水封也会受热，产生冒汽现象。这些情况都会对洁净生产环境起到破坏作用，造成生产环境的污染。若该下水系统是同几个不同生产环境相连，就极易造成生产区域的交叉污染。

洁净室（区）内下水系统应分区、分排放介质单独设置下水系统，至少应使凝水排放与一般下水排放分开。在洁净地漏与下水管道连接处增设防倒灌装置，再结合与之相匹配的清洁、卫生、管理制度，可确保环境的洁净。

大面积多功能组合式洁净厂房，因建筑屋面积大，对屋面雨水排放也增加了困难，尤其处于屋面中心区域的雨水排放显得更为困难。对一般住宅建筑、屋面面积较小的公共建筑和跨工业建筑，雨水多采用有组织的外落水形式。而对于大屋面面积的工业厂房的雨水排放，必须在建筑物内部设置雨水排放系统。尤其是大面积多功能组合式洁净厂房的雨水排放，对屋面排水区域、排水方向和建筑物内部雨水管系统的设置就显得更为重要。屋面排水区域的划分是结合功能分区和建筑物的高低自然形成。屋面排水方向设置一般是向排放距离短的方向，这样可使雨水汇集最快，同时屋脊到屋面边缘的最低点的落差小，便于平屋面的结构处理。在这两个方面，洁净厂房屋面排水的系统可以说无原则上的差别。但在建筑物内部的雨水系统的设置上，洁净厂房对此就有一定的要求，即雨水立管应尽量避免穿越洁净生产区域。否则，洁净区就有环境卫生死角，疏通管道将影响环境的洁净，直至破坏洁净环境，影响药品生产。

第四节　仓储区、质量控制区与辅助区

PPT

企业的仓储区、质量控制区与辅助区在药品生产、质量管理的过程中有着重要的作用，必须进行严格的管理。企业生活等休息室（区）应与生产区、仓储区和质量控制区分开。生产区、仓储区、质量控制区、维修区还要彼此分开。

一、仓储区

仓储区是重要的生产辅助区，应有足够的空间，选址符合规定标准的环境，确定仓储区地址后禁止擅自更改，有序地存放待验、合格、不合格、退货或召回的原辅料、包装材料、中间产品、待包装产品和成品等各类物料和产品。

（一）仓储规划

一般而言，药品生产企业仓储区划分为储存作业区、辅助作业区、办公区等三大区域。储存作业区通常包括药品库房、验收进出场所等；辅助作业区通常包括取样室、养护室、业务相关办公室等；办公区通常包括经仓库管理员办公室等。这三大区域的划分与隔离明确，隔离带以物理的方式，如围墙、道路，或以绿化的方式如树木、花草等，保持一定的距离，不同区域或隔离带应配以明确的文字标识。在通道设计时，做到人流与物流分开，路面应宽敞、平整、不起尘。通道有明确的标识，能向人流、物流提供导向和有序、有效、无差错的指引。

企业药品质量活动的主要区域集中在存储作业区，而存储作业区主要由各类库区组成。存储作业区分为收发待验库（区）、合格品库（区）、不合格品库（区）、退货库（区）、发货库（区）等五大专属性库（区）。

以某中药制剂生产企业为例，由于该企业主要是生产中药制剂，因此企业中设有中药材、特殊药品、危险品、贵重药品或易挥发和变质的药品等相应的专门库（区）。这些库区标识明显，都实行严格的色标管理，各库区隔离带明确，隔离的方式是围墙、绿化带或路面。所有存储作业区地面均是平整、

不起尘的硬质地面，各库区人流和物流严格分开，没有交叉和迂回，所有通道除了自身标识明确以外，还为人流、物流提供导向与安全识别标识。不仅如此，即便是在同一库（区）内，也按照药品分类管理的要求和防止差错的原则对不同类别、不同品种、不同批号、不同效期的药品进一步划分子区域，这些子区域也标识明确，通道和隔离明显、不混杂，指引标识清晰。各重要库区根据物料的性质以及预计的贮存量，对各功能区进行具体规划如下。

1. 中药材原料仓库　为了方便大量中药材出入库，减少上下货物时粉尘对其他物料的影响，将其建造在物流通道入口处，制剂楼常年风向的下风口，面积达2200m²，能够充分满足该公司各种原药材的贮存。又根据各药材品种的性质以及质量标准中要求的贮存条件划分为常温库、阴凉库（如三七、乌梅、白术、砂仁、金银花等的贮存，由于挥发性的特性或者《中国药典》规定了储存条件）。贵细中药材（如人参）和净药材专库存放，贵细中药材库实施双人双锁管理。

2. 包装材料仓库　分为标签类包材库和其他类包材库，设计在制剂楼北面的二、三层楼内，靠近物流通道及电梯处，方便上下货物及车间领用。标签类包材库主要存放套盒、说明书、铝箔、铝箔袋、复合膜。企业对印刷类物品加强管理，拆零和车间退库的标签类包装材料存放于纸箱中并封箱密闭管理。

3. 成品仓库　靠近物流通道入口处以方便出入库。所有的成品均放置在垫板上，与地面保持一定的距离，成品码放时距离仓库的墙壁不少于50cm，离柱不少于30cm，过道宽度不少于150cm，货位的间距以30～100cm为准。成品的码放按照品种、规格、批号分类、分批码放；码放高度小于2.5m，码放牢固，防止货物倒塌。不同品种、不同批号的成品的放置位置间隔一定的距离。

对有温湿度控制有严格要求的物料，如空心胶囊、二氧化硅、硬脂酸镁等辅料以及各中间产品药材粉末分别置于阴凉库保存。各品种的浸膏则存放于冷库中。

该企业对于蔗糖用量非常大，蔗糖重量较重，因此糖仓设计时将其建在制剂楼一层并且靠近糖粉碎车间，便于上下货和车间领用。

酒精等易燃易爆的物品，存放于危险品库。该库设计位于原药材库外的空旷地带，单独设有酒精贮罐和酒精分装室。危险品库房的配置均为防爆装置，开关和灯具也为防爆型。退回或召回药品存放于退回/召回药品仓库，按照企业制定的产品退回/召回管理规程进行管理。

（二）仓储环境控制

仓储区的设计和建造应当确保良好的仓储条件，应特别注意清洁和干燥，并有通风和照明设施。原则上，仓储区应当能够满足物料或产品的贮存条件（如温湿度、避光）和安全贮存的要求，并进行检查和监控，和药品生产质量需要保持一致。

一般地讲，物料的保管条件应和生产条件至少一致，通常为温度＜30℃，相对湿度＜60%（常温库），有的要求温度＜20℃，相对湿度45%（阴凉库）。有的物料或药品需低温2～10℃保存（冷藏库），有的甚至要求零下温度冷藏（冷冻库、冷链）。因此，仓库应有必要的空调系统等设施设备。

企业一般采取定期清洗的方法保持仓储区清洁，另外，利用空调和除湿机来保证仓储环境的干燥，特别是对特殊物料，如蔗糖等辅料容易结块，要利用除湿机保持蔗糖仓库的干燥，提供合适的仓储条件。由于原料药仓库空间大，要保持干燥清洁不是易事，排气扇效果有时并不明显，外界环境对仓储条件影响较大，企业在梅雨季节等十分潮湿的天气状况下会将石灰粉放置在仓储环境中，利用石灰粉吸湿的特点保持环境干燥。

仓储区有温湿度计量工具，企业仓储管理人员一天两次定时记录计量数据，仓储区的照度计企业一季度检查一次，一般规定照度为300lx，但企业在厂房设计时一般都是两倍照度设计。

企业在仓储区设有消防栓、灭火器，并安装自动感应报警、红外感应报警系统。如当发生火灾险情时，报警系统会自动断电，进行喷淋。仓储区的安全性条件满足所贮存的物料或产品的需要。

企业的收发验收区能保护物料和产品免受外界天气（如雨、雪）的影响。接收区的布局和装备能确保到货物料在进入仓储区前可对外包装进行必要的清洁。为了能确保原辅料、包装材料以及中间产品在进库前能进行必要的清洁，可在原、辅料仓库和包装材料仓库以及阴凉库、冷库分别规定固定的接收区以便进行外包清洁。

（三）仓储内部管理

该企业仓库的内部管理根据物品稳定性、物料种类（成品、原料、包装材料、中间体等）、状态（待检、合格、不合格、退货）来分类进行管理。仓储通道人流、物流分开，物流中进料、出料、进生产区等的通道分开；人流进口的通道，原辅包装材料进口和成品出口通道分开，此外，还设有与生产车间及称量室（配料室）的专门通道。

药品生产企业通常应当有单独的物料取样区。2010 年修订 GMP 规定取样区的空气洁净度级别应当与生产要求一致。如果是在其他区域或采用其他方式取样，应当采取有效的措施来防止污染或交叉污染。该企业在原辅包装材料进口区设有取样间、取样区等为物料未取样前的停留区域，取样间为质量保证部门取样用地域，取样环境的空气洁净度级别应与生产要求一致。取样间内只允许放一个品种、一个批号的物料，以免混料，取过样的物品可转入待检区。

在仓库内，应按成品、包装材料、原辅材料划分区域，在此基础上再分为合格、待检、不合格品等区域。然后每个区域内再分包装材料、原辅材料和成品，以免交叉污染和混淆。仓库的地面平整，在货架区，由于是高位货架和高位叉车运作区，特别要求地面平整，地面平整度为（1000 ± 2）mm，地面用环氧树脂或聚氨酯树脂进行硬化处理，保护地面，如果是水泥地面，用高位叉车运作时，会起灰等。另外，硬化处理的地面也比较容易做清洁。高位货架为冷轧钢板，货架焊接质量高，无砂眼，表面进行防锈处理。货架竖立时垂直度进行严格测量，用膨胀螺栓固定在地面，没有倾斜，有效保持了货架的整洁牢固，有利于作业，防止操作事故的发生。

仓库内所有物料都存放在垫仓板上。仓库使用的垫仓板有金属垫仓板、铝合金垫仓板、塑料垫仓板和木质垫仓板。各种垫仓板各有优缺点，比如金属垫仓板、铝合金垫仓板强度大、不变形，适合用于高位货架，但价格高。而塑料垫仓板在中空的货架上会出现变形，甚至能因为强度不够出现断裂现象，但价格低廉，便于清洁和冲洗。木质垫仓板过去用得很多，由于其不能经受虫蛀鼠咬，不便于清洁等缺点，根据 GMP 规定，对于药品仓库已不允许使用。

仓库内没有地沟，目的是不让细菌滋生，所以清洁工作有专门的清洁工具。清洁工具有全自动可驾驶清洁车、半自动清洁车和手工清洁工具。手工清洁工具包括刮水器、拖把、手动拖把挤干器等，仓库内有专门清洁室放置清洁用具。

企业一般采用单独的隔离区域贮存待验物料，待验区有醒目的标识，且只限于经批准的人员出入。不合格、退货或召回的物料或产品单独隔离存放。如果药品生产企业采用其他方法替代物理隔离，根据 2010 年修订 GMP 的规定，该方法应当具有同等的安全性。企业规定生产车间的物料员必须持领料单到仓库领料，在仓库的接收区等候，仓库保管员将车间所需要的物料准备好后，由仓库管理员将物料运送到接收区，双方进行核对和清点后交接，领料人员不得进入物料贮存区。对于要参观仓库的人员，必须经过企业质量管理部门批准，并需要由相关人员陪同方可进入仓库，仓库管理人员可给予必要的引导。进入危险品仓库的人员要穿不易产生静电的衣服和软底鞋，不得穿带钉子的鞋子入内；携带的手机等要关闭，严禁携带打火机、火柴等火种入内。

高活性的物料或产品以及印刷包装材料应当贮存于安全的区域。企业的印刷包装材料专门存放在存放印刷包装材料的区域，仅限经批准人员进入。企业对印刷包装材料的供应商进行审计，对包材、标签进场严格控制，特别是对于有洁净级别要求的内包材供应商进行相应审计的同时，对其提供的包材要进行检验，出具质量检测报告。

为了保证取样质量，该企业设有单独的物料取样区和取样车，取样区和取样车的空气洁净度级别应与生产要求一致。为了防止污染或交叉污染，取样区不设在仓储区，而设在生产用洁净室（区）。取样量小的用取样车，如果取样量比较大，则到车间取样，并制定防止取样污染和混淆的管理规程。

二、质量控制区

药品生产企业的质量控制实验室、中药标本室与生产区严格分开，除此之外，质量控制部门的生物检定、微生物限度检查等实验室彼此分开，无菌检查实验室、微生物限度检查实验室、抗生素效价（生产抗生素的企业）检测实验室、阳性对照实验室也彼此分开。

实验室的设计应当确保其适用于预定的用途，各个实验室严格按照预定的用途使用。实验室有足够的空间以避免混淆和交叉污染，有足够的区域用于样品处置、留样和稳定性考察样品的存放以及记录的保存。

具体来看，药品生产企业的质量控制实验室设有以下几个功能区。

1. 留样观察室 面积应足够容纳企业所有留样产品至有效期后1年，并且留样观察室的留样条件与公司产品贮存条件保持一致。

2. 中药标本室 紧邻留样观察室，单独设立一间中药材标本室，面积能够陈列企业使用的中药材所做成的中药材标本。

3. 精密仪器室 远离洁具清洗间、配电房，并安装有舒适性空调和抽废气装置，可以使灵敏度高的仪器免受静电、震动、潮湿或其他外界因素的干扰。天平设有单独的天平室，并置于稳定的工作台上，避免阳光照射和气流流通。

4. 理化鉴别室 安装通风橱，通风橱的风速在0.4m/s以上，且通风效果良好，并且排气不在室内循环。

5. 试剂存放室 能够通风避光，防止阳光照射及温度偏高造成试剂的变质、失效，并装有排风装置，靠近试剂间备有消防设施。毒品放置在保险柜中，实施双人双锁管理。

6. 微生物限度检测室 由一更、二更、微生物限度检测室、阳性对照菌室、传递窗（设有紫外线灭菌）等组成，并配有恒温恒湿箱。人流和物流进出能够互相分开，微生物限度检测室内空间广阔，光线明亮，能有效防止混淆和交叉污染。

企业的微生物限度检测室一般采用中央空调净化系统，空气的洁净级别为B级，局部采用净化工作台，净化工作台的洁净级别为A级，阳性对照菌室净化工作台的洁净级别为A级。其参数指标均符合以下级别要求。

（1）微生物限度检测室的悬浮粒子大于或等于5.0μm≤2个/L，大于或等于0.5μm≤350个/L。

（2）净化工作台大于或等于5.0μm=0个/L，大于或等于0.5μm≤3.5个/L。

（3）微生物限度室的沉降菌≤3CFU/皿。

（4）净化工作台的沉降菌≤1CFU/皿。

（5）微生物限度检测室的空调净化系统能够控制温度和相对湿度，温度控制在18~26℃范围内，相对湿度控制在45%~65%范围内，微生物限度检测室与室外大气的静压差大于10Pa，并安装有压差指示计。

若企业设有处理生物样品或放射性样品等特殊物品的实验室，则该实验室应当符合国家的有关规定。若设有实验动物房应当与其他区域严格分开，其设计、建造应当符合国家有关规定，并设有独立的空气处理设施以及动物的专用通道。

三、辅助区

1. 生活用室 为方便员工的工作，厂房内需设置食堂、厕所、更衣室、盥洗室、淋浴室、休息室等生活用室。生活用室的设置不应当对生产区、仓储区和质量控制区造成不良影响。更衣室和盥洗室的设置应当与使用人数相适应，并方便人员进出。盥洗室内的环境与外界相比要差得多，为了有效地控制药品质量，盥洗室不得与生产区和仓储区直接相通以避免药品受到污染。

2. 维修区 企业的设施、设备等硬件维修一般由企业工程维护系统统一进行管理。维修区分为两种情况：一种是企业设施、设备等统一进行基础维修，如大规模的拆卸、检修、保养等的场所；一种是日常进行简单维修的场所。前者，一般在企业专门的维修车间进行，由于在拆卸、检修等基础维护工作，会产生大量的污染，因此，维修车间（维修区）应当远离企业生产区。如果是在洁净区里进行的日常维护，应当设置专门的房间存放生产区内的维修用备件和工具。

第五节 实验动物房

PPT

实验动物是指经人工饲育，对其携带的微生物进行控制，遗传背景明确或者来源清楚的，用于科学研究、教学、生产、检定以及其他科学实验的动物。实验动物房是指适宜于饲养、繁育实验动物的建筑物。这类建筑应具有特定的环境要求和实验手段，以保证动物的品质和实验研究的准确可靠性。GMP对于实验动物房就做出了规定：实验动物房应当与其他区域严格分开，其设计、建造应当符合国家有关规定，并设有独立的空气处理设施以及动物的专用通道。实验动物、实验试剂和实验仪器构成了现代药物研发的三大支柱，因此，实验动物以及实验动物房的管理就显得非常重要。

一、实验动物在药品生产企业中的重要性

实验动物作为生命科学和高新技术产业发展的支撑条件，越来越显示出其重要性。在药物研制、检测过程中，实验动物作为药品生产过程中质量控制的重要环节，对许多品种的药品尤其是无菌药品生产质量管理是十分必要的。实验动物对于医药产品的毒性实验、药理（热原等）实验及药理研究等仍是最为常用的方法。至于一种新药的开发，从开始探索性研究、发掘新的结构、系统筛选、药效确定、安全性评价、药物的作用等都离不开高质量的实验动物。

在药物研究的药理学和毒理学研究中，应用实验动物具有重要的价值，也建立了一整套有关动物选择、动物模型建立、动物饲养、观察、护理等方面的完整程序。在药品生产企业的药物研究中，实验动物主要用于以下方面。

1. 作为病理模型用于药效学研究 如用于筛选治疗胃溃疡药物的小鼠模型、抗炎模型、疫苗免疫模型等。

2. 用于药代动力学研究 药物进入体内后，研究药物经不同给药途径给药后，吸收、分布、代谢、排泄的特点，研究药物的靶向性、首过效应等。

3. 用作毒理研究模型 人用药物临床前研究阶段，进行各种类型的毒性实验，如急性毒性、慢性毒性、局部用药毒性实验，致畸、致癌、致突变实验，依赖性实验等毒理研究。

4. 作为体外实验的供体 如用于体细胞培养、离体器官灌注模型、体外药物与血浆或血清结合实验。

5. 用于生产特殊抗体的生物试剂 小鼠、大鼠、羊、兔等实验动物可用于生产抗体，如狂犬疫苗。

有些动物的组织还可用于生产激素、生长因子等生物材料。

6. 转基因动物用于新药研究开发　为了确保实验数据的正确性和质量，除了做好实验动物的保种、引种工作外，还必须确保实验动物饲养、实验等工作的环境和设施符合质量管理的要求。

二、实验动物的微生物学分类及其用途

按照实验动物的饲养方法、隔离措施保证的微生物学洁净度和实验质量要求的需要，实验动物分为普通动物（Conventional Animals，CV）、清洁动物（Clean Animals，CL）、无特殊病原体动物（Speciftic Pathogen－Free，SPF）、无菌动物（Germ Free，GF）和悉生动物或已知菌动物（Gnotobiote，GN）5类。以下是各类实验动物的标准。

1. 普通动物　又称常规动物。指在受一定控制的自然环境中饲养，可以带寄生虫、细菌，但不允许有人畜共患病，没有被疾病控制的健康动物，排除动物间强烈传染病。

2. 清洁动物　在普通动物基础上，排除动物间一切传染病，这类动物标准仅对于我国国情而定，微生物控制高于普通动物，幼子来源于SPF动物（剖腹产），饲养于洁净环境下，排除规定的寄生虫、微生物（排除对动物危害大和对科学研究干扰大的病原体）。

3. 无特殊病原体动物　在清洁动物的基础上，没有特定的微生物、寄生虫，但未必没有特定以外的微生物和寄生虫。在洁净的环境下进行饲养。

4. 无菌动物　没有能被检查出微生物、寄生虫的动物。妊娠末期，通过剖腹产、子宫切除手术，将无菌取胎的仔鼠放在隔离器内无菌条件下进行饲养的动物。

5. 悉生动物　又称已知菌动物。指人为将某种已知菌投入无菌动物，采用与无菌动物一样条件的饲养环境饲养的动物。

有关实验动物的主要法规依据：《中华人民共和国实验动物管理条例》《医学实验动物管理实施细则》《实验动物的环境和实施技术要求》（DB 11/017，1－92）《实验动物微生物与寄生虫学等级标准》《无特殊病原体动物微生物标准》（DB 11/019，2－92）等。表4－12列出了医学研究中4类动物的常规选择要求。

表4－12　医学科学各领域应用不同类型动物的选择

研究领域	无菌动物		悉生动物		无特定病原菌动物		普通动物
	短期实验	长期实验	短期实验	长期实验	短期实验	长期实验	
老年学	－	＋	－	＋	－	－	×
微生物学	＋	＋	＋	＋	－	－	×
病理学	＋	＋	－	＋	－	－	×
肿瘤学	＋	＋	＋	＋	－	－	×
免疫学	＋	＋	－	＋	－	－	×
药理学	－	＋	＋	＋	－	－	×
生物化学	＋	＋	＋	＋	＋	＋	－
生理学	＋	＋	＋	＋	＋	－	×
营养生理	＋	＋	＋	＋	＋	－	×
遗传学	－	＋	＋	＋	＋	－	－
实验外科	－	＋	＋	＋	＋	－	－

注：表中＋表示可以使用，－表示不可以使用，×表示最好不用。

三、实验动物饲育环境特征与标准

不同级别、不同种类的实验动物，如小鼠、大鼠、豚鼠、兔、狗等，对其病原菌检测、寄生虫检测、病毒检测都有不同要求和标准。为此，不同级别的实验动物饲养室（区）环境也有所不同，一般可分为以下 4 个系统。

1. 开放系统（Open System） 适用于饲育普通动物。

2. 半屏障系统 又称亚屏障系统或简易屏障系统（Semi – Barrier System），适用于饲育清洁动物。

3. 屏障系统（Barrier System） 适用于饲育无特定病原体动物。

4. 隔离系统（Isolation System） 适用饲育无菌动物和悉生动物。

国家药品监督管理等部门对实验动物饲育场（室）内指标均有不同规定。《实验动物管理实施细则》对实验动物饲育场（室）内环境的要求，应符合表 4 – 13 所规定的指标。但是，动物饲育室内环境指标与药品生产的洁净厂房有所区别，指标亦有所不同。动物饲育室的空调系统设计应按其相应级别要求进行，对于饲育无菌动物的隔离系统，要使整个饲育室达到 A 级洁净要求，实际上是很困难的，一般可在特别的饲育箱内实施，将特别的饲育箱置于 B 级环境中，可在箱内达到局部的 A 级要求。

表 4 – 13 实验动物饲育场室内指标

项目	开放系统	半屏障系统	屏障系统	隔离系统
温度（℃）	18 ~ 29	18 ~ 29	18 ~ 29	18 ~ 29
相对湿度（%）	40 ~ 70	40 ~ 70	40 ~ 70	40 ~ 70
换气次数	—	10	10	10
气流速度（m/s）	—	0. 18	0. 18	0. 18
压差（mmH_2O）	—	2. 5	2. 5	2. 5
氨浓度（mg/m^3）	15	15	15	15
噪声（dB≤）	60	60	60	60
照度（lx）	15 ~ 300	15 ~ 300	15 ~ 300	15 ~ 300
洁净度（级）	>100000	100000	10000	100

（1）温度和湿度　适宜的温度和湿度是实验动物正常生活和繁殖的重要条件之一。各国对各种不同的实验动物适宜的温度和湿度基准值不尽相同，以美国保暖、冷却和空调工程师学会（ASHRAE）和美国实验动物资源研究所（ILAR）规定的温度基准为例列表 4 – 14。而我国对实验动物温度的要求一般采用 21 ~ 27℃，相对湿度采用 40% ~ 60%。

表 4 – 14 ASHRAE 和 ILAR 规定的实验动物适宜温度和湿度基准值

实验动物	ASHRAE		ILAR	
	温度（℃）	相对湿度（%）	温度（℃）	相对湿度（%）
小鼠	23 ~ 25	45 ~ 50	21 ~ 27	40 ~ 70
大鼠	23 ~ 25	45 ~ 50	21 ~ 27	40 ~ 70
仓鼠	—	—	21 ~ 23	40 ~ 70
豚鼠	22 ~ 23	45 ~ 50	16 ~ 21	40 ~ 60
家兔	21 ~ 24	45 ~ 50	18 ~ 29	30 ~ 70
犬	21 ~ 24	45 ~ 50	21 ~ 27	40 ~ 60
猴	24 ~ 26	75	—	—

（2）通风　为了给实验动物提供足够的氧气、散热、减少空气污染、调节湿度、维持动物房适宜

的压力，动物房要保持良好的通风条件。根据有关标准要求，实验动物房的换气次数为6～15次/小时，新风大于1/2，一般为2/3。气流速度为10～25m/s，动物避免直接吹风。

（3）照明 可见光具有调节神经内分泌和反应的多种功能。紫外线波长≤0.35μm时，具有杀菌作用，同时能促进动物对钙质的吸收和代谢。光照对动物的生殖和生理也有影响。日本规定，不论动物种系，光源一律距地面85cm，照度达到150～300lx。我国一般要求实验动物房照度达到150～300lx。

（4）噪声和振动 实验动物对噪声和震动特别敏感，实验动物房应有隔音减振装置。按照人听觉对声音的感知，声音可分为常声（200～20000Hz）、超声（20000Hz以上）、次声（20Hz以下），其中，次声不可闻。实验动物房噪音在无动物时应维持在40～50dB，有动物时为60dB。

四、实验动物房的管理

和药品生产区，仓储区和质量控制区一样，实验动物房在环境设置、饲养室（区）内部设置以及人流、物流、动物流通道等方面都需要进行必要的规划，以符合有关管理标准的要求，严格遵守人员、物品、动物分开，单向流动的原则。

（一）实验动物房环境要求

实验动物饲养区应选择在大气中含尘浓度低、含菌少、自然环境好的区域。环境中大气应有利于动物生长、繁殖，饲养区应远离有噪声污染、振动干扰、大气污染、水质污染的区域，应远离非实验用家禽、家畜饲育场、屠宰加工厂等。

在药品生产企业内设置实验动物饲养区，应把这个区域放置在污染少、人迹少和企业其他生产或质量管理活动相互影响少的地方，如办公区僻静的区域，远离生产区、生产辅助区、动力区等。实验动物饲养区应自成体系。如在原料药厂内设置实验动物饲养区时，应在产生有毒有害气体、异臭味气体的生产、仓库、贮藏区、“三废”处理场的全年最大频率风向的上风侧。为了保证实验动物病毒检测，病原菌检测和寄生虫监测等标准的要求，实验动物饲养区选择应特别注意远离生产和使用激素类、抗肿瘤类、同位素类、疫苗、强毒微生物、高活性、强致敏性等产品的厂房或场所。

（二）实验动物房内布局

实验动物房内地面应平整、硬化与整洁。实验动物房应按功能设置房间，一般包括接受新到动物房间、检疫房间、正常饲养房间、特定实验房间、手术房间、处死房间、饲料贮存房间、垫料笼具饮水瓶等贮存房间、实验药物贮存等。这些房间可分为4个区域：办公管理区、准备区、饲养区、实验区。各功能区内人流、物流、动物流分开，并按要求净化、灭菌、防虫。

1. 办公管理区 主要包括以下功能间与设施。

（1）办公室 包括数据处理等房间。

（2）人净化设施 应设置雨具存放、更衣室、浴室、工作衣洗净、烘干室、气闸室等，并应设置工作人员洗手、消毒设施。人依次经过换鞋、一更衣、缓冲、二更衣进入洁净区。

（3）饲料库 饲料及动物饮用水配制室。

（4）隔离检疫室 来源不明、健康和遗传质量不清的动物，应在检疫室内经外观检查、观察检疫后再进入饲育室。

（5）灭菌前室 设置清洗池及双扉灭菌柜。凡是进入洁净饲育区的工器具、笼具、铺垫物、饲料、饮水等均应在灭菌前室内进入双扉灭菌柜前门，灭菌后由后门进入饲育区。实验动物经检查合格后可经过前室的渡槽，传递窗等设施进入饲育区。

2. 准备区 主要包括以下功能间与设施。

（1）洁净物通道 作为灭菌后的物品和实验动物的通道。

（2）清洁物品贮存室　存放灭菌后又不马上使用的物品。

（3）育种室、种群扩大室、繁育室等　根据实验动物用途及品种，分别设置，用于动物生长、繁殖。

（4）待发室　暂存已符合要求的实验动物，供实验或外供。

3. 饲养区　主要包括以下功能间与设施。

（1）设污染物通道　用于输出污染物。根据工艺设计单向流的要求，污染物如食槽、饮水瓶受污染的笼具、工器具、需要更换的铺垫物等不能从洁净物走道逆向送出洁净区，而要单独设一通道，这一通道也应设置净化空调。其他无洁净要求之间传递物品时也应设气闸室、传递窗等缓冲设施。

（2）洗刷、消毒室　外来的物品和要重复使用的笼具等，需先经过洗刷、清洗，然后在灭菌前室中送入双扉灭菌柜。由于清洗下来的污物较多，为了不影响前区的环境，一般设在辅助区内。

（3）空调机房　空调机除了有恒温恒湿功能外，还应有空气净化装置。一般在吸风口设初效过滤器，吸风正压段设中效过滤器，亚高效过滤器应设在饲育区洁净室的末端即技术夹层内。空调机房的位置不宜贴近饲育室布置，同时应配有消音、吸音装置以减少噪音对动物饲育的影响。

（4）配电室、实验动物饲育场专用配电室。

4. 动物实验区　主要包括以下功能间与设施。

（1）实验动物用于医药产品的药理、毒性和质量检验时，其所处环境空气净化级别和有关设施，应与饲育室条件相同。无菌动物房要使用荧光灯。有菌动物房可安装玻璃窗。

（2）实验动物试验、实验室的布置应相对集中，不得与饲育室交叉布置。

（3）实验区内会有少量有机溶剂挥发到空气中。为了避免有机溶剂对动物生长、繁殖的影响，其室内风压应小于饲育室，两个区域之间应设缓冲装置。

（三）实验动物房管理

实验动物饲育区有关功能房间的洁净管理，可参照药品生产洁净室管理的标准，但由于饲育动物又区别于药品生产，有关管理可按下列要求进行。

（1）工艺应满足单向流要求。饲养工具、笼具、饮水瓶、垫料等经脱外包装后进入清洗间清洗，灭菌后进入C级洁净存放间，通过C级洁净走廊分送到各工作间和饲养室。污染笼具、垫料等经传递窗进入污染走廊，集中送到清洗间。整个物流单向，无反流。饲料先进入外包装清洗间，脱外包装，灭菌后进入饲料存放间。外来动物由接受室进入，经检疫合格后，由传递窗传入洁净区预养室。饲料、工器具、饮水瓶、铺垫物、饲料等从洁净物走道进入饲育室，受到污染后不得返回原洁净物走道，应设计专用的污染物走道、将污染物从此通道送出饲育区。

（2）为了避免实验动物受到外界环境的影响和污染，动物试验宜布置在饲育场内，但应与饲育室分开布置，不能将试验室布置在饲育室内。每类动物的饲养、实验相对集中，预养室与饲养室用传递窗连接，预养可使动物适应新环境。预养室和饲养室均设有缓冲后室，保证饲养室的洁净，并使其他动物不受干扰。实验室与存尸间以传递窗相通，存尸间与污染走廊相通，实验后动物尸体由传递窗送入存尸间，集中收集送出。洁净走廊为人流、物流的通道。污染走廊用于输送动物尸体和污物，与洁净区通过传递窗进行污物传递。

（3）根据动物饲育的特点和要求，饲育区内空气要严格控制浮游菌和沉降菌的数量。为确保饲育区内环境、空气质量、进入饲育区的物品，如饲料、饮水、笼具、铺垫物、工器具等都应经过灭菌处理，在设计中应设置灭菌装置，避免外来杂菌在饲育室内繁殖。洁净区（净饲料存放、预养室、实验室洁净走廊等）洁净级别为C级。预养室和饲养室内设置洁净地漏。除正常照明装置外，设置紫外灯。使用不锈钢成品笼具。

（4）动物饲育室是动物长期生长、繁殖、活动的场所。在整个饲育过程中除做实验外，动物一般不离开饲育区，所以室内消毒不能用洁净厂房常用的消毒剂熏蒸的方法。为了避免实验动物的毒害及影响其生长、发育，消毒的方法只能用药效不太强的消毒液擦清地面、内墙、顶棚和门窗。在建筑设计中，除了满足医药洁净厂房的要求外，地面、墙面、顶棚和门窗应选用便于消毒、能经得起反复擦洗的材料和涂料。

（5）实验动物笼具的设计和选用应区别于饲育家禽、家畜的笼具。应选用无毒、耐腐蚀、耐高温灭菌、耐冲击、坚固的材料，不能用竹、木和塑料制作。一般用铁丝、铝合金或不锈钢等金属材料制作。笼具的形状、结构要符合各种动物生理、生态的要求，便于实验动物饮食、排泄、活动、繁殖等要求，并应符合防止动物逃逸的要求。

（6）实验动物饲育室的空调应为全新风、全排风设计，其他场所可部分回风，因此，实验动物房空调系统一般负荷均较大。然而实验动物对风速是有限定的，标准规定宜为0.1～0.2m/s。该风速确定使基于一般实验动物均为笼中架养，离送风口较近，若所在区域截面风速超过0.2m/s，实验动物风感较强，不利于动物的正常生理活动。实验动物饲育环境噪声规定不得高于60dB，这也决定了空调系统送风口风速不能太高，风口截面积应较正常设计大一些。同时为了保证工艺设计单向流的要求，室内风压应成一定的梯度。洁净走道→饲育室→污染走道→排气，其风压应呈从高到低的趋势。

（7）饲育室内应设置供清洗用的水管，并设置相应的排水地漏。排水管除应带有水封、防止气体倒灌装置外，还应考虑带有密封盖。在排入阴井内的管端包金属丝网，以防止鼠类或其他小动物从排水道进入饲育室。

（8）实验动物房饲育区、实验区及空调系统的用电负荷等级应为二级，设计时应考虑备用电源。由于饲育区空调系统长时间中断或非正常运行会打乱实验动物正常的生理活动，因而空调系统除考虑双回路供电外，宜考虑设置备用风机，以保证空调系统的连续性。

（9）实验动物饲育室内环境指标规定的照度为150～300lx，指的是工作照度。而针对动物的生长特点，应模拟自然光强弱的变化，设计照度应为可调式的。

（10）饲育室内相对湿度，为了适应动物生长、繁殖的要求，最高可达70%。这样的湿度环境，也为室内各种菌的生长、繁殖创造了条件，可以用加大换气次数的方法解决。但为了节约能源，也可以在局部位置上设臭氧紫外灭菌灯，设置的位置应考虑避免对动物的眼睛和皮肤造成刺激和伤害。

（11）实验动物饲育室内。如遇突然停电，虽然备有发电机和双回路电源，但不可能马上送电，所以应该设置停电后自动立即开启的照明灯，以免在没有照明的一段时间内引起动物，特别刚出生的小动物骚动不安，引起不必要的伤害和损失。

（12）实验动物房污物主要是动物代谢废物和动物尸体及废弃饲料、垫料3种，3种废弃物应分别考虑处理设施。其中代谢废物可直接应用于农业生产实现综合利用；动物尸体及废弃饲料、垫料填埋处理或采用焚烧炉焚烧处理。焚烧炉的选择应首先能保证燃烧安全，排烟达标，不致造成二次污染，其次要保证高效、节能、满足生产能力需要，宜选择专用的燃气或燃油焚烧炉。

（于　泳　池正明　朱罗茵）

书网融合……

本章小结　　微课　　题库

第五章 设 备

学习目标

1. **掌握** 设备设计、选型，维保、维修，使用、校验，清洗、灭菌消毒的基本方法与标准；制药用各类用水的标准；纯化水（注射用水）制备系统的构成、运行、使用与管理。

2. **熟悉** 各类计量器具的校验的种类、管理标准。

3. **了解** 设备预防性维护的基本知识。

4. 学会按照GMP要求，对设备设计、选型，维保、维修，使用、校验，清洗、灭菌消毒；使用与管理纯化水（注射用水）制备系统。

无论药品生产、质量控制、仓储运输、维护保养以及清洗灭菌消毒等工作，都离不开设备（包括仪器等）。设备（仪器）是药品质量管理体系的要素之一，药品质量的优劣与设备（仪器）及其状况密切相关，药品生产的质量与质量安全需要获得设备（仪器）系统的支持，而这种支持如何体现、如何规范，正是药品生产企业质量管理GMP硬件建设的主要内容之一。

第一节 设备的设计、选型与安装

PPT

“质量源于设计”的理念，包含对设备的设计，因为设备也是保证药品质量的重要因素之一。有关设备的设计首先需要满足环境保护与劳动保护的要求，比如排水、排气和防爆等；其次，要满足生产药品的工艺、产能等预定用途；再次，药品的生产质量管理模式（方式）必须符合GMP标准要求，尽可能降低产生污染、交叉污染、混淆和差错的风险，便于操作、清洁、维护，以及必要时进行的消毒或灭菌。

一、设备的设计和选型

（一）药品生产的特点

要做好药品生产设备的设计工作，首先需要了解在药品生产中与之相关的主要特点。

药品生产的主要特点如下。

（1）在药品生产中，即使为一个品种的生产也需要安排若干个批次来分批进行，这是药品生产品种交替性与同品种多批次生产的要求。

（2）药品的生产是在有净化的条件下和相应的空气洁净度的环境内进行，并要求药品生产过程不能影响环境的洁净标准。

（3）药品的特殊性要求药品的生产能够保持质量的均一性和高纯度，同时又要及时地组织生产，以满足时效性的要求。

（4）药品生产工艺要素的动态性与结果的差异性对生产控制提出了精度要求，并要求在药品生产过程设备能被方便操作。

在认识药品生产特点的基础上，根据GMP，药品生产用设备应当符合以下要求。

1）设备必须满足生产、物流、质量控制、工程维护等工艺或活动的要求，本要求与具体药品品种以及围绕其展开的工艺等活动密切相关。设备的设计（Design）要从其在具体药品品种生产过程中的使用状况来考虑，能使具体品种生产工艺得到准确、及时、有效的执行与控制，并能预防各类污染与差错。

2）设备运行必须稳定、安全与可靠。直接与药品或药品生产所需的物料（或介质）所接触的设备，其设计要从设备与所加工的物料或药品、设备与环境、设备与操作员工、设备与其他设备的关系等方面进行综合考虑，除保证设备运行正常稳定外，还必须在设备结构、材质等方面进行精心设计，确保设备不对物料或药品产生污染，不对环境、其他设备产生不良影响以及方便操作员工进行各项操作等，使得整个生产现场满足 GMP 要求。

3）设备必须能被有效地清洁、灭菌与消毒。药品生产基本都是洁净生产，并对洁净程度有规定要求。有的设备对洁净度有非常高的要求，这就要求生产设备能被方便地清洁、灭菌与消毒，并在进行这些工作的时候，也不对设备、其他设备或环境等造成不良影响。因此，药品生产设备的设计与安装要考虑如何能有利于药品生产设备方便地得到清洁、维修与保养，预防、减少、清除可能产生的污染和交叉污染（Cross – Contamination）。

4）设备必须得到科学良好的维护与保养，确保设备在生产过程中（运转过程中）处于无维护的正常运行状态。由于药品质量要求的严格性，设备在生产过程中必须处于所设定好的正常的运行状态，不能发生停机等现象，这就需要对设备进行科学而又全面的维护，这样的维护必须是全过程的、全方位的，且设备的维护和维修不得影响产品质量。从维护方式来看，有工作现场检修、基础检修等。设备处于各种状态，如运行状态、存续（清洁或维护后等待生产）状态、维修状态等都要进行必要的维护与保养。因此，药品生产设备的设计要考虑如何能有利于设备在什么场所、用什么样的方式、由什么样资质的人员进行维护与维修，确保设备正常运转。

（二）对设备的具体要求

药品生产企业在设备的设计选型之前，必须形成用户需求说明（User Requirement Specification, URS）。URS 是用户对设备/系统的具体输出要求的详尽描述，是设备的设计依据，决定设备性能。URS 中的要求和详细程度应与风险、复杂性和新颖性的程度相符，应能够按照要求充分支持后续的风险分析、技术说明、配置/设计和确认。这个文件可以由生产企业质量管理部门、生产管理部门、工程维护部门等和设备生产供应商一起起草完成。然后设备的设计选型在 URS 指导下完成。URS 主要从设备的工艺工序需求、产能需求、环保需求、人保需求和 GMP 等药事管理法律法规需求等方面进行描述。

1. 设备应满足生产工艺和产能要求 药品生产企业在设备的设计和选型时，首先要考虑设备必须满足工艺流程、各项工艺参数要求。设备的设计和选型要与生产规模和批生产量相适应，其主要设备的能力应与水、电、气、冷等公用工程系统相配套。设备最大的生产能力等各项性能参数，应该大于设计工艺要求，同时应当配备适当量程和精度的衡器、量具、仪器和仪表，设备的最高工作精度要高于工艺精度要求，还需保证设备的均质能力、纯化能力，加工全过程的精度稳定，工艺参数的灵敏反应、控制与调节的准确实现等。另外，选取生产设备时应尽可能选用自动化程度高的设备，这样可降低人工操作带来的偏差和污染。

2. 设备应满足环境保护和人员保护要求 药品生产必须达到国家环境保护要求、安全生产要求、劳动保护要求。所产生的“三废”（废气、废液和废物）以及噪音、辐射等，必须有能力进行处置，不能对所生产的药物、生产环境、企业环境以及操作人员产生任何危害。

3. 设备应满足 GMP 等法律法规要求 药品生产设备是否符合 GMP 等药事管理法律法规要求，直接关系到药品质量与质量安全水平。为了防止药品生产设备在使用中造成或引发药品生产的差错和污染，药品生产企业在设备设计和选型时，应考虑设备必须满足 GMP 和有关法律法规要求，主要体现在以下 3 个方面。

（1）设备的清洗、消毒和灭菌　是防止污染与交叉污染的一个重要手段，因此设备要有利于清洗、消毒和灭菌。药品生产设备的设计和选型要从设备的洁净、对生产环境洁净、对所加工物料或药品的洁净这 3 个方面去考虑。

1）设备的洁净：设备的结构应尽可能简单，这样能被有效方便地清洗灭菌与消毒，需要清洗和灭菌的零部件应易于拆装，对于不便拆装的部位应设清洁口；设备表面应光滑易于清洁，与物料直接接触的设备表面应光洁、平整、耐腐蚀、易清洗、易消毒，避免死角和盲管；另外，洁净室（区）的设备还要满足消毒灭菌要求。对于不便移动的设备，在清洁时要有在位清洁和在位消毒灭菌措施，选用在线清洁（Clean in Place，CIP）的方式进行清洗；应选择适当的清洗、清洁设备，应考虑设计/选取自动清洗功能，并防止这类设备成为污染源。

2）环境洁净：在药品生产过程中，不发生跑、冒、滴、漏等情况。尽量减少或消除加工时药品或物料的暴露，增加密闭性；尽量减少加工的流转环节，减少和不产生对药品生产环境的污染和交叉污染，设备所用的润滑剂、冷却剂等不得对药品或容器造成污染，对于关键设备应尽可能不用或少用润滑剂，或可采用无油润滑或磁力搅拌等搅拌混合方式进行，若确实需要，应采取有效措施避免泄漏或污染，并应当尽可能使用食用级或级别相当的润滑剂。

3）所加工物料或药品洁净：严格确认设备与药品或物料接触部位的材质，凡与物料或有要求的工艺介质接触的材料，均应无毒、耐腐蚀、不脱落，不与所生产的药品或有要求的工艺介质发生化学反应或吸附，有效控制不溶性微粒，或向药品中释放物质而影响产品质量造成危害，同时设备的材料应能耐受高温蒸汽或化学气体的消毒灭菌处理，尤其是与药品或物料直接接触部位的材料和执行与控制工艺条件部位的材料更应严格掌握，必须经过验证；要从使用寿命、机械加工性能、物理化学的稳定性等多方面去综合考虑材料的选择，尽量提高设备暴露部分的光洁度，尤其是要提高与药品或物料直接接触部位的光洁度与完整性，确保药品或物料不受设备污染。另外，对设备的传动部件要求密封良好，防止润滑油、冷却剂等泄漏时对原料、半成品、成品的污染。

根据《药品生产质量管理规范－附录血液制品（2020 年修订版）、附录临床试验用药品（2022 年版试行）、附录细胞治疗产品（2022 年版意见稿）》中对设备相应的要求，对于血液制品必须使用专用的生产设施和设备，不得与其他药品共用，还应当采取措施防止病毒去除和（或）灭活前、后制品的交叉污染，病毒去除和（或）灭活后的制品应当使用隔离的专用生产区域与设备，并使用独立的空气净化系统。而临床试验用药品由于对试验药物毒性、药理活性等的认识不充分，试验药物的制备也应当使用专用或独立的设施、设备。同样地，含有传染性疾病病原体的供者材料和相应细胞产品应有单独的隔离区域予以贮存，与其他不含有传染性疾病病原体的供者材料和相应细胞产品的储存区域分开，且采用独立的储存设备，隔离区域和储存设备都应当有明显标识。

（2）设备的维保和维修　药品生产设备的设计和选型要能够从自身的角度去考虑如何让使用者方便、安全地进行观察、操作、维修和保养。比如操作简便、安全且又容易识别；维修便利而又安全，问题或状态易于识别，便于检查和判断，具有防止维修差错的设施等；保养快捷而又不产生污染，润滑部位与设备上和药品或物料直接接触的部位隔离，应当尽可能使用食品级或级别相当的润滑剂。

（3）设备的模具和配套　生产用模具的采购、验收、保管、维护、发放及报废应当和对设备的要求一致，设备与其他设备、设施与环境的配套也要和对设备本身的要求一致。

当然，设备在设计和选型时，还要充分考虑设备的经济性，降低企业生产成本。除了设备本身的成本，还需要考虑设备的安装成本、使用成本（比如人员的使用培训、物料的损耗等）、清洁成本以及维护成本，尽可能优化设备费用/效益构成比。

二、设备的安装

设备到厂后，一般都是由设备生产厂商或者专门的设备安装企业进行设备安装和调试。设备的安装同样必须按照 GMP 等法律法规要求进行，应以符合生产要求，易于清洗、消毒和灭菌，便于生产操作和维修保养，并能以预防、减少污染和差错为基本要求，具体从以下几点展开。

（一）设备安装布局的合理性

设备的安装布局要与生产工艺流程、人流物流的走向、生产区域的空气洁净级别相适应、相匹配，做到整齐、流畅。与设备连接的管道要做到排列整齐、牢固，标识正确、鲜明，并指明内容物和流向。设备的安装包括相应的管线等，要便于观察、操作、维保和清洗灭菌消毒等。

需要注意的是，设备安装在跨越不同洁净度级别的房间或墙面时，除考虑固定外，还应采用可密封隔断装置；除传送带本身能连续灭菌（如隧道式灭菌设备）外，传送带不得在 A/B 级洁净区与低级别洁净区之间穿越；一般设备应安装在净化送风的上气流侧，对于工序中粉尘大的设备应安装在厂房除尘罩下方并远离净化送风口；需灭菌的设备应尽可能在安全装配后进行灭菌。

对传动机械的安装，应增加防震、消音装置，改善操作环境；动态测试时，洁净室内的噪声不得超过 70dB（A 级），在设备安装布局上要考虑设备的控制部分与安置的设备有一定的距离，以免机械噪音对人员有污染损伤。

（二）设备清洁、操作和维护的便利性

设备安装应考虑到易于清洁及保持生产过程中的清洁卫生，还应考虑操作人员观察、使用、维护、清洗灭菌消毒和人员保护等。设备之间、设备与墙面之间、设备与地面之间、设备与顶面之间都要保持适当的距离。设备应尽可能安装成可移动性的半固定式，便于对设备移动和维保等。

同一台设备的安装如穿越不同的洁净区域，区域之间则应保证良好的密封性，并根据穿越部位的功能与运转方式进行保护、隔离、分段分级单独处理，保证洁净级别高的区域不受影响。需要包装（包裹）的设备或管道，表面应光滑平整，不得有物质脱落，包装（包裹）物尽量选用惰性强的材料。

设备应严格按照规定的程序进行安装，使安装有序进行并留有安装调试记录等。

设备安装前应对安装现场环境进行评估，对安装设备的承重地面、墙壁等进行实地测量；检查设备所要求的水、电、气、线及管道等的位置，看是否符合安装要求；检查设备要经过的出入口能否让设备通过，以使设备顺利到达安装位置。检查设备本身及安装时所需的零部件、配套部件、工具和机械设施，安装所需要的文件、图纸和指南以及记录等是否已经准备完毕。

（三）设备安装人员要求

设备安装也是高技术要求的工作，特别是针对 GMP 等药事管理法律法规知识素养的要求。因此，对设备安装人员的要求，也必须按照学历、资历、经验和专业知识教育和培训等标准选择。如果设备安装人员（团队）达不到规定要求，就可能造成设备安装质量出现问题或者隐患，导致“返工”或者其他损害，使得“硬件”建设成本极大增加。

设备安装人员（团队）在设备安装后应进行调试，并进行安装确认（Installation Qualification，IQ）等工作。调试时按技术指标和参数逐项试验，先做空载运转，再做负荷试车，记录各项指标，其性能应完全符合设计要求，并能满足生产需要。调试验收后，填写安装调试验收单，验收人签字后归档。安装完毕后及时清理现场，做好清场记录等。

三、设备管道布局的合理性

（一）设备管道的分类

设备管道是指工艺设备前后及设备之间有输送要求的工艺所用介质的管道。在制药企业主要的设备

管道如下：①制药用水系统管道（纯化水管道、纯蒸汽管道、注射用水管道）；②制药用气管道（压缩空气管道、真空管道、氮气管道、惰性气体管道）；③净化空调系统（净化风管）；④制药配液系统（配液管道、消毒液管道）；⑤清洗/灭菌系统［CIP/在线灭菌（Sanitize in Place，SIP）管道、洁净区给排水管道等］。

（二）设备管道的设计

1. GMP 对设备管道的要求 GMP 对设备材质、结构及表面的光洁度有着严格的要求。如果这些部件达不到规定标准，就可能导致出现故障、渗漏、积液和污染等问题。管道内部材料不能与内部流动的药品、物料、介质等发生任何的化学反应，管道内部结构与光洁度不能产生阻滞（滞留）和吸附作用，方便进行清洗、灭菌、消毒及观察、维保。管道外部也要光洁平整，便于维保和洁净。

设备（仪器）到位后，一般来说，各种动力源（水、电、汽）管道都应用暗管形式连接到所在设备位置，尽量避免明管，如果实在不能安装暗管的，可考虑技术夹层接到机器的部位，但外面必须用不锈钢圆管封套，这样既解决了明管问题又可达到美观、清洁要求。

接触物料的管道材质需要能够同时满足介质的生产操作条件、清洗条件及蒸汽（消毒）条件，必须具备操作条件下的防腐性、机械稳定性和极好的光滑平整性。一般采用 316L 不锈钢材质或者选用对于物料介质具有稳定性的其他材质。不直接接触物料的管道材质需具备机械稳定性、一般的光滑平整性及易于清洗性。在洁净厂房中，聚丙烯（PP）、聚氯乙烯（PVC）、高密度聚乙烯（HDPE）、聚碳酸酯（PC）、乙缩醛共聚物（Acetal Copolymer）都是通常可选的材料。

2. 管道的连接、布局 管道连接对于不同的工艺用途有着不一样的要求，主要的原则是减少细菌等微生物在管道内的聚集滋生，避免出现不易清洁的部位。对于制药用水系统一般采用氩弧焊，一些部位也采用卡箍连接；对于净化空调系统采用法兰连接。

管道的布局要尽量减少管道的长度，减少死角和盲管。避免死角的做法是 3～6D 法，管道的自排性可以从管道的坡度、仪表的安装、隔膜阀安装角度等方面来实现。管道的坡度要满足管道可以放净的要求，对于管道的坡度要求可根据管道的长度来定。一般的做法是 2% 的坡度，而对于较长的管道，可以满足 1% 的坡度。

在管道设计过程中，尽量避免支路的产生。在无法避免的情况下，如果支路的阀门在关闭的情况下，那么在支路和主路之间就会形成一定的液体滞留。在设计过程中，一定要尽量缩小这段距离，要使支路的阀门尽可能接近主路。

管道在穿越不同洁净级别区域，以及洁净区与非洁净区时，需要对其开孔进行密封处理，保证洁净级别高的区域不会受到洁净级别低的区域的污染。

3. 设备管道的清理与标识 管道在使用前，需要根据实际情况进行酸洗钝化、试压保压实验、干燥吹扫，并记录施工活动，同时还要对管道的内容物和流向进行标识。固定管线必须具有醒目的状态标志，与设备连接的主要固定管道应标明管内物料名称、流向，不同物料的管理用不同涂色区分：①蒸汽管用深红色箭头；②饮用水、冷却水管用白色箭头；③真空管用蓝色箭头；④纯化水、去离子水管用淡绿色箭头；⑤物料管用黄色箭头，动力线用红色箭头；⑥压缩空气用黄色箭头；⑦其他（三废管）用黑色箭头。需要注意的是，要统一确定指示箭头大小，再根据管道内容物颜色用不干胶纸箭头表示。如果是非固定管道，也必须有标识，并在规定的位置存放。

第二节 设备的维护与维修

PPT

设备维护和维修的目的是降低设备发生的故障概率，为设备可以持续生产出高质量的产品提供保证，设备的维护基本有检查、维修及保养 3 种形式，也可分为预防性维护和故障后的维修；根据维护形式又可分为在线维护和异地维护；根据维保主体又可分为日常维护和专业维护等。设备的维护和维修都必须根据 GMP 的要求，按照规定好的规程进行，维护和维修都需要有相应的记录，且不得影响产品（物料、介质等）质量。

一、预防性维护

在以前，药品生产企业的设备维修以事后维修为主，导致药品生产过程质量不可控。随着质量管理方式的不断发展，以事后维修为主的设备管理方式已无法适应 GMP 的有关要求，科学技术的发展为事先维护替代事后维修提供了坚实的技术支持，所谓预防性维护（Preventive Maintenance，PM）和生产维修（Productive Maintenance）就是以预防故障为目的，通过对设备的检查、检测，发现故障征兆或为防止故障发生，使其保持规定功能状态，在故障发生之前所进行的各种维护活动。预防性维护是防止设备故障发生的有效手段，其已成为现代制造企业，尤其是药品生产企业所普遍采用的一种维护方式。典型的预防性维护包括计划维护、以可靠性为中心的维护等方式。PM 的核心要义就是在对设备性能和可能发生故障研究的基础上，事先对设备采取有针对性的维保方式，确保设备在生产过程中始终处于正常的运行状态。这样的维护方式也非常适合药品生产的特征。

根据 GMP 的要求，设备的 PM 需要按照制定的已批准的预防性维护计划和标准操作规程（SOP）进行实施。制药企业首先应制定书面的 PM 管理规程及标准操作规程，并根据设备本身的风险等级和设备本身的特点制定具体的预防性维护计划和预防性维护项目。新设备投入使用前或在用设备发生重大维修或者发生变更时都应进行分析和评估，根据评估结果制定或修改预防性维护计划。

预防性维护计划（包括 SOP 等）应由工程维保部门起草，应包括以下基本内容：设备名称，设备编号，负责部门或人员；具体的维护内容（SOP）；每项维护项目的时间及期限、周期（频率），对设备进行日常的检查和后续的追踪等。PM 制定完成后，质量管理部门进行审核批准。工程维保部门应定期或者不定期对预防性维护计划进行回顾及评估，任何针对预防性维护内容的调整，如增加或删除设备、调整维护的内容、改变维护频率等都需要经过批准。预防性维护的频率应根据以下内容而定：用途（相同的设备由于用途不同，可能需要设定不同的维护频率）；以前的经验积累；风险分析；设备供应商的建议等。一般情况下应先制定出各生产设备每次维修的项目和维修频率，综合该设备所有的维护项目制定出未来一年的年度维护计划，再根据年度计划制定出月（周）度检修计划表，并按照计划实施。

此外生产设备要有故障预警系统，发现设备运行中的不正常情况，要及时观察、评估、调整和维护。

二、故障维修

当设备在运行中出现故障或发现存在故障隐患时所采取的纠正性的措施，叫作故障维修。故障维修主要包括维修或备件更换等活动。设备的故障维修也需要按照批准的书面规程执行。

从 GMP 角度来说，关键生产设备发生故障会对产品质量造成或大或小的影响。这时应该按照偏差的管理流程上报 QA，由 QA 组织相关部门进行分析和评估，确定对产品造成的影响及对产品的处理。同时要求对设备进行维修并制定相应的纠正预防措施。设备的故障维修应向质量管理部门提出申请，批准后由工程维护部门制定维修计划并实施，维修完成后，应进行必要的清洁（例如清除润滑油等残留物及灭菌以防止微生物污染等），确保维修活动不会对后续的生产操作以及产品质量造成影响，如有必要需要进行部分或全部的再确认，并把确认方案和报告报 QA 审核，批准后方可投入使用。有些情况下，设备出现故障还需考虑预防性维修计划及项目是否合理，如有必要则需要调整设备的预防性维修内容及维护频率。

如果是异地维修，设备维修要在专门的区域，应尽可能远离生产区。存放在洁净区内的维修用备件和工具，应当放置在专门的房间或工具柜中。如果是生产无菌药品的设备维修，并且在洁净区内进行设备维修时，如洁净室洁净度或无菌状态遭到破坏，应当对该区域进行必要的清洁、消毒或灭菌，待监测合格方可开始重新操作。

设备的维护与维修中，更换零部件及使用润滑剂是经常采取的具体方法，相关实施过程中也应注意对产品质量的影响。

1. 设备零部件的更换 在设备故障维修中，零部件的更换与使用，工程维护部门需要制定程序来确认这些零部件是否与原件一致，该程序应该得到质量管理部门的批准；优先考虑使用“相同配件”。“相同配件”是指与原件具有相同的制造商、备件号、材料结构、版本等特性；“功能相同配件”是指在性能、技术规格、物理特性、可用性、可维护性、可清洁性、安全性等方面与原始设备制造商（Original Equipment Manufacturer，OEM）提供的与元件相同的配件。如果配件不完全符合一致性的原则，应该依据 GMP 的变更控制程序建立相应的评估程序，确保零部件的使用对设备性能以及产品质量的影响控制在可以接受的范围内。

2. 设备的润滑 在设备故障维修中，设备的润滑主要目的是减少设备零部件的磨损，保证设备的稳定性及延长设备的使用寿命。企业需要制定完善的管理程序，保证设备所用的润滑剂、冷却剂等不得对药品或容器造成污染，应当尽可能使用食用级或级别相当的润滑剂。

（1）根据对设备结构的分析及结合设备生产供货商的建议，在设备润滑程序中，为设备建立润滑卡，包括设备润滑点、使用的润滑剂以及润滑周期等。

（2）根据设备的结构，明确必须使用食品级或同等级别润滑剂的部位。

（3）应建立基于设备的润滑标准操作法，并在实施前对相关维修人员、设备使用人员进行培训。

（4）如果润滑剂、润滑周期发生变化，应进行必要的风险分析或定期跟踪检查。

（5）设备使用及维护人员也应定期对设备的润滑系统进行检查与保养，及时清除可能对产品造成污染的润滑油及其他污染物。

三、全员生产维修

全员生产维修管理（Total Productive Maintenance，TPM）又称综合设备管理，是在行为科学、生态学和系统工程学的理论指导下，由规划、设计制造，到使用、维修、改造，这是实现全过程、全员管理的一种设备管理方式，它是现代设备管理理论发展的新成果。

1. 全效率 关注设备维保的经济性。TPM 的目标是使设备处于良好的技术状态，能够高效地运行，消除因突发故障、运行状况不佳、精度低下等引起的不必要的损失，从而获得最高的设备输出。也就是说，用较少的费用（输入）获得较大的效果（产出），达到降低成本的效果。

2. 全系统 对设备的一生进行全过程管理。包括设备设计制造阶段的预防性维修，设备投入使用后的预防维修、改善维修等。

3. 全员参加 设备管理不仅是工程维护部门的工作，涉及设备管理和维修部门，从生产企业负责人、质量管理部门到其他部门都要参加，尤其是设备使用和操作者也应当成为设备维保的主要参与者。

全员参与的设备维保工作，也要求按 GMP 制定切实可行的各项管理制度，实施设备的全员、全过程、全系统综合管理，提高实施水平。

四、设备的在线维护与非在线维护

1. 在线维护 就是指设备在生产车间不进行移动的情况下进行的维护。在线维护应以不影响生产区域洁净度和不污染药品为前提，维修人员进入洁净区，应同该区域操作人员一样，遵守洁净区内的一切规章制度，按不同洁净等级要求，进行换鞋、更衣、戴帽和洗手消毒等程序。

常用维修工具和易损配件、紧固件等可放置在洁净室内的专用柜子里，不要内外互用，以防止交叉污染。如需要带入工具和零配件，必须先清洗，再用 75% 乙醇绸布将外表面擦洗干净，确保符合该区域洁净要求后再带入。

设备维护结束后，先用注射用水或纯化水将设备外部进行清洗，然后用75%乙醇绸布擦洗干净。此外，还必须填写设备维护记录。

2. 非在线维护（异地维护） 把生产设备移动到专门的维护区域所进行的维护。一般而言，非在线维护都是基础维护。非在线维护又分为两种情况：①将设备移出洁净区维护；②在洁净区其他房间进行维护。如果是前一种情况，设备维护后进入洁净区，必须进行必要的清洗和灭菌工作；如果是后一种情况，则不得影响其他药品的生产，也不得影响洁净区的环境。

由工程维护部门进行的维护为基础维护，由设备操作人员进行的日常维护称为日常维护，一般而言，在线维护大都为日常维护，非在线维护基本为基础维护。

五、设备档案的建立

药品生产企业应建立设备档案，用以保存设备从URS、设计和选型及确认，到采购、安装、调试及确认，到设备试运行、运行及确认，到设备使用、维修和维护、清洁与灭菌、再验证，直到设备报废整个生命周期的文件、技术资料、图纸和记录。通过收集、整理、鉴定等工作归档建立的设备档案具体反映了设备一生的运行过程，是正确评估设备状况，包括使用、维护和维保在内的主要依据。设备档案分为设备技术资料档案和设备运行资料。

1. 设备技术资料 主要包括设备项目计划、购买合同、技术要求、用户需求（URS）；设备使用说明书、设备维修手册、备件手册、外购件技术资料；装箱单、材质证明、生产许可证明、仪表鉴定证明、产品合格证等，对于特种设备还需要随机附带质量合格文件；设计、制造、安装过程施工记录和确认文件；竣工图纸、电气图纸等。

设备技术档案资料由工程部负责收集、整理和管理。工程维护部门必须按照质量管理部门的要求，建立一套有效的、规范的、切实可行的设备技术资料档案管理模式和程序，保证设备资料的编写、修订、借阅、存档、发放及收回工作安全、可靠有序，能及时、准确无误地向生产管理等部门提供完整的资料，使生产、维修活动得以正常运行。

2. 设备运行资料 包括设备的标准操作规程及设备日志、清洗清洁规程及记录、维护保养规程及记录、各类验证文件和报告、设备仪器校准规程和计划以及校准记录等资料。这些资料主要是记录设备在使用过程中所有的活动，保证设备的一切活动可以依照规范进行，并做到有据可查。设备活动档案资料由生产部门、质量管理部门和工程维护部门共同收集和管理。

无论是技术资料还是运行资料，设备技术资料都必须做好档案资料的目录清单，包括资料名称、归档时间、存放位置等信息；并对设备档案资料的借阅制定规程、规范借阅行为、填写资料借阅登记表；归还资料的同时，资料管理者应及时在借阅登记表中注销，并填写归还日期。

第三节　设备的使用与清洁

PPT

药品的生产主要是通过使用设备实现的。根据GMP等法律法规要求，设备使用的人员必须经过质量与生产管理部门认定，其不仅需要专业的操作和维护维修知识，还要熟悉掌握GMP对设备的要求，使用人员必须严格按照规定的操作程序操作设备，并留下真实的、及时的、标准规范的记录。此外，设备的清洁是防止污染与交叉污染的一个重要手段，因此，设备使用、清洁、维护保养和维修同样需要有相应审核批准文件并有相应记录，在本节主要讨论设备的使用与清洁。

一、设备的使用

对于设备使用的管理主要要求：审核批准的使用操作规程、设备的设备身份卡和状态标识卡、设备的使用日志。

1. 标准操作规程 所有生产和检验设备都要制定全面、细致、规范明确的操作规程，并确保生产设备在确认的参数范围内使用。在设备管理中推行SOP管理，一方面在设备日常管理工作中可以规范工作方法，便于跟踪管理；另一方面在设备的生产运行过程中可以规范工人的操作，提高操作技能。设备操作人员在上机前要进行设备的结构、性能、技术规范、操作、维护知识和安全防护规程的理论教育及实际技能的培训，做到懂结构、懂原理、懂性能、能熟练使用、会进行日常维护等，并经质量管理部门和工程维护部门考试合格后方可上岗操作设备。

标准操作规程（SOP）属于标准类文件，在编写时要做到：①全面、无漏项、不重复；②科学、实用；③文字精练、语言简明；④可操作性强。标准的操作规程主要包括以下内容。

（1）对设备仪器的基本结构、用途、工作原理等信息进行介绍。

（2）设备开机前的检查，检查设备的使用状态，校准状态、清洁状态是否满足使用的要求。

（3）对设备的操作步骤做出详细的图像和文字的介绍，对设备关键部件和关键参数的标准状态做出明确要求，设备使用应严格执行操作规程和巡回检查制度，按要求对设备情况（温度、压力、震动、异响、油位、泄漏等）进行巡回检查、调整并认真填写运行记录，数据要准确。设备应当在确认的参数范围内使用，严禁设备超压、超温、超速、超负荷运行。

（4）需详细规定每种产品生产过程质量控制的操作要求。

（5）需要规定在换班、换批、换产品操作前，防止污染、交叉污染和混淆的措施。

（6）说明其中的操作的注意事项：如针对人员资质、自动化设备的参数调整、劳动保护、安全事项、异常情况处理等做出明确说明。

（7）设备附带的自动化系统和计算机系统操作系统的操作需要做出详细的说明。

（8）用于药品生产或检验的设备和仪器，应当有使用日志，对所有的操作和设备出现的异常情况需要记录在设备的使用日志中。操作人员发现设备出现异常情况时，应立即停机、查找原因并及时上报给质量管理部门和工程维护部门，对设备进行必要的维护。只有设备维护完成后，才可以进行正常操作。

2. 设备身份卡和状态标识卡 反映设备自身信息和工作信息的基本工作要求。

（1）设备身份卡 包含的主要信息有设备名称、设备型号、设备生产厂家、设备位置、设备编号、设备的负责人（只有一个人操作的可以填写设备的使用人，一台设备由多人操作的，可以只填写设备的负责人）、有效期（需要定期校验的计量仪器需要标明校验有效期）。

（2）设备的状态标识卡 是标明设备处于什么样的工作状态，比如运行、维保或者存续等状态等。基本内容：如果是运行状态，需要标明内容物（如名称、规格、批号）等；如果是维保状态，需要标明维修中、待维修、停用，待清洁、清洁中等。如果是存续状态，需要标明维保和清洁日期以及有效期等。

此外，测量、检验设备状态标识必须将校验合格标识固定于设备易于观察的位置。测量、检验设备使用人员在使用前必须确保使用中的设备处于合格状态。对禁用、暂停使用、限制使用、安装前校验的设备，也需进行状态标识管理，使用与合格状态标识不同的标识予以区分。对不同状态的标识使用颜色管理，便于操作人员辨识。

3. 设备使用日志 用于药品生产或检验的设备和仪器，应当有使用日志，记录内容包括使用、清洁、维护和维修情况，以及日期、时间、所生产及检验的药品名称、规格和批号等。设备所有运行和维保等工作都可以通过设备使用日志得以检查，达到可追溯、监督与提醒以及体现GMP实施情况的作用。因此，必须制定设备使用日志的管理规程，设置设备使用日志的配置表，规定配置日志的设备、设施的位置、编号、房间号及名称等，并有规定人员定期对内容进行检查，对其中的异常情况进行跟踪或处理。设备日志应由指定部门进行发放及存档。

二、设备的清洁

由于药品生产是洁净生产，药品生产设备的清洁是一项经常性的工作，在更换生产品种时，在更换生产批次时，在设备安装、维修等工作后都要进行。它不仅是预防、减少与消除污染及交叉污染的重要举措，还有利于设备使用效率的提高与寿命的延长，也是设备维护的重要内容之一。

（一）清洁程序的制定

药品生产设备必须制定严格的设备清洁标准操作规程。制定的主要依据：设备的类型与结构、用途、所加工产品（物料）的理化性能、生产工艺要求、使用环境的洁净级别与要求、清洁的内容与方式等。

在设备清洁操作规程中，应规定具体且完整的清洁周期、具体而完整的清洁方法、清洁用设备或工具、清洁剂的名称和配制方法、去除前一批次标识的方法、保护已清洁设备在使用前免受污染的方法、已清洁设备最长的保存时限、使用前检查设备清洁状况的方法，使操作者能以可重现的、有效的方式对各类设备进行清洁。避免设备成为污染源。

如需拆装设备，还应当规定设备拆装的顺序和方法；如需对设备消毒或灭菌，还应当规定消毒或灭菌的具体方法、消毒剂的名称和配制方法。必要时，还应当规定设备生产结束至清洁前所允许的最长间隔时限。

此外，清洁规程必须要经过验证，按照清洁规程进行清洁所形成的记录必须妥善保存，并纳入批生产记录。清洁设备、容器、工具、区域应有明确的要求，从清洁设备、工具、容器等的材料、使用到其自身的清洁、干燥、存放等都应有明确的管理规程。设备的清洁、灭菌与灭菌后设备存续（存放）时间，要有专人实施和复核。如果生产设备更换品种（药品），设备的清洁操作规程必须重新制定，且需要做清洁验证。

设备使用后应立即清洁，已清洁的生产设备应当在清洁、干燥的条件下存放并在设备上挂上“已清洁”标识，标识上应有清洁人员、清洁日期和有效期。还应明确设备清洗后存放的环境条件，其目的在于防止设备清洗后被再次污染；已清洗设备存储环境温度、湿度、洁净等级等应与生产过程的环境保持一致，针对不同使用要求进行分区定置管理，必要时可采取密封、单间、专区存放等存储形式，并制定严格的防止污染、交叉污染和混淆的措施。

无菌操作区域的设备，尤其是直接接触药品的部位和部件，清洗后应立即灭菌，灭菌后应存放在无菌区域，并规定存续时间，如果存放时间超过规定有效期，需按照设备的清洁卫生标准操作规程重新灭菌。

（二）清洁方式的选择

设备的清洁内容一般为清洁、消毒、灭菌、干燥等。清洁方式根据清洁地点，可分为就地清洁、移动清洁和混合清洁。

1. 就地清洁 对于大型设备的清洁通常在设备的安装位置进行，一般与其用于生产时的布局非常相似，在线清洁可以是手动或自动清洁工艺。可利用在线清洁系统的喷洒装置将清洁剂覆盖工艺设备表面，并通过物理冲击除去残留物，喷淋球可以是静止的或运动的（如旋转、摆动），该系统通常被用来清洁大件的设备，如混合罐、流化床、反应器等。还可用溶剂回流清洁法，即在反应器中煮沸一些挥发性溶剂，当溶剂的蒸汽在设备表面冷凝，可以溶解表面上的残留物。

2. 移动清洁 又可分为整机移动清洁和拆卸式移动清洁。对于安装后校准清洁的设备小部件及便携式工艺设备，通常卸后转移到另一个指定的清洁间进行自动或手动清洁手工操作是离线清洁中不可缺少的，一般需要在文件中详细描述清洁步骤和方法，并进行相应的培训。

3. 混合清洁 就是指就地清洁与移动清洁两种方式混合进行。

清洁方式根据清洗的自动程度来分，又可分为自动清洗、人工清洗与混合清洗。但无论采用哪种清洗方式，都必须考虑产品工艺要求、洁净环境要求、产品（物料）特性要求和清洗操作方便要求。

（三）清洁剂消毒剂的要求

清洁设备所用的清洁剂和消毒剂，既是清洁设备必不可少的物品，同时也是污染物。清洁剂应能有效溶解残留物，不腐蚀设备，且本身易被清除，随着环境保护标准的提高，还应要求清洁剂对环境尽量无害，应尽量选择简单、成分确切的清洁剂。

一般来说，生产后清洁用到的清洁剂通常分为以下 4 类。

1. 水 因其性质，水被作为最常用的清洁剂。以固体制剂为例，水通常用于固体制剂预冲洗、结尾冲洗和稀释液的配制，对于水容易清洁的残留物，水也可以直接作为清洁剂使用。清洁用的水包括自来水、软化水、纯化水、注射用水等，通常情况用于结尾淋洗的水质至少与制药生产用水相当，清洁用水的质量还应符合适用其用途的化学、微生物等限度要求。

2. 有机溶剂 一般用于原料制品合成工艺中的清洁，溶剂的选择基于残留物在溶剂中的溶解性，有机溶剂作为清洁剂在清洗设备后，会在设备表面有大量残留，应对其进行严格控制，降低对制品生产的影响。

3. 酸和碱 酸碱溶液的强酸碱性会促进水解，对大分子有机物进行水解破坏，使残留物易于清除，酸碱清洁剂具有组分单一、价格低廉同时容易清除等优点，但是清洁剂中，如氢氧化钠对于强烈吸附或干燥的残留物清洁效果有限，并且有一定的吸潮性和污物悬浮作用。

4. 配方清洁剂 含多种成分，利用不同的清洁机制，还能提供更好的润湿和污物渗透性、乳化等相互作用，因此具有更广泛有效的清洁作用。

应对设备清洗中使用的清洗剂、消毒剂的名称、浓度、配置、适用范围及原因等做出明确规定。主要包括：每种清洁剂适用的物质；清洗剂和消毒剂适用的清洗环节；清洁作业所需的清洗剂和消毒剂的浓度、最佳使用温度；清洗剂、消毒剂发挥作用所需的作业参数，如搅拌力度、次数等；清洗剂和消毒剂发挥作用需要的时间等。

对于用于设备清洗的水和清洗用溶剂应该根据所清洗的设备、清洁工具、所用的清洁剂等要求进行选择，对于清洁后的水和溶剂做无害处理，检测合格后方可进行排放，确保污水经处理后不会对环境造成影响。

第四节 计量器具与设备的校准

PPT

计量设备与器具是指能用以直接或间接测出被测对象量值的装置、仪器仪表、量具和用于统一量值的标准物质。质量是企业的生命，计量工作则是保证产品质量的重要手段。为此药品生产企业应该建立计量管理体系，依据《计量法》、GMP 等法律法规定期或者不定期对生产和检验用衡器、量具、仪表、记录和控制设备以及仪器进行校准和检查，并保存相关记录。

一、计量器具与设备的分类

在实施计量校准的过程中，企业可以根据实际情况选择测量仪器分类。分类完成后，进行选择校准的方式——内部校准和外部校准，两者都必须有校准记录数据作为支持。

（一）按结构特点分类

1. 量具 用固定形式复现量值的计量器具，如砝码、标准品、标准电池、线纹米尺等。

2. 计量仪器仪表 将被测量的量转换成可直接观测的指标值等效信息的计量器具，如压力表、流量计、温度计、电流表等。

3. 计量装置 为了确定被测量值所必需的计量器具和辅助设备的总体组合，如高效液相色谱仪、电导率仪等。

（二）按计量学用途分类

1. 计量基准器具 简称计量基准，是指用以复现和保存计量单位量值，经国务院计量行政部门批准，作为统一全国量值最高依据的计量器具。通常计量基准分为国家计量基准（主基准）、国家副计量基准和工作计量基准3类。

（1）国家计量基准 是一个国家内量值溯源的终点，也是量值传递的起点，具有最高的计量学特性。

（2）国家的副计量基准 用以代替国家计量基准的日常使用和验证国家计量基准的变化，一旦国家计量基准损坏，国家副计量基准可用来代替国家计量基准。

（3）工作计量基准 主要是用以代替国家副计量基准的日常使用。

检定计量标准，以避免由于国家副计量基准使用频繁而丧失其应有的计量学特性或遭损坏。计量基准器具的地位，国家以法律形式予以确定。

《计量法》第五条规定："国务院计量行政部门负责建立各种计量基准器具，作为统一全国量值的最高依据。"建立计量基准器具的原则，是要根据国民经济发展和科学技术进步的需要，统一规划，组织建立。属于基本的、通用的计量基准器具，建立在国家设置的决定计量检定机构；属于专业性强的或者工作条件要求特殊的计量基准器具，可以授权其他部门建立在有关技术机构。

2. 计量标准器具 为了定义、实现、保存或复现量的单位，或一个或多个量值用作参考的实物量具。

3. 计量工作器具 一般日常工作中所用的计量器具，它可获得某给定量的计量结果。

（三）按管理标准分类

1. A类计量器具

（1）企业的最高标准器，经政府计量行政部门认证授权的社会公用计量标准器，但使用的位置和用途非常重要，关系到公司量值向上溯源到国家标准，向下传递到生产现场使用的计量器具。

（2）我国现行法规《计量法》和《强制检定明细目录》规定：凡企业最高计量标准器，用于贸易结算、医疗卫生、安全防护和环境监测并列入强制检定计量器具目录的工作计量器具，都属于强制检定的范围。

（3）用于关键工艺参数、关键质量属性检测的计量器具。

（4）使用频率较高，且量值易改变的计量检测设备。

2. B类计量器具 在准确度等级和位置的重要程度方面都不高，可进行一般性管理。该类仪表常用于非强制检定的计量器具，企业也应制定相应的管理文件对其检定或校准周期做出明确规定，并按程序进行周期检定或校准，以保证B类计量器具合格有效，其量值也能够溯源至国家标准。

（1）对计量数据有较高准确度要求，但平时拆装不便、实行周期检定有困难的计量检测设备。

（2）对计量数据有准确度要求的，但计量性能稳定、质量好的计量检测设备。

（3）对计量数据有准确度要求的，使用不是很频繁且量值不易改变的计量检测设备。

3. C类计量器具

（1）准确等级低、不易拆卸的生产设备设施上的各种指示性仪表。

（2）准确性较低、量值不易改变的计量器具。

二、计量器具与设备的检定与校准

（一）检定与校准的概念

由于计量器具与设备的不断使用，性能会发生漂移。因此，应当确保生产和检验使用的关键衡器、量具、仪表、记录和控制设备以及仪器经过科学、必要的校准，所得出的数据准确、可靠，确保它们在生产等工作中能保持正常的工作状态。

1. 计量器具的检定 是指查明和确认计量器具是否符合法定要求的程序，它包括检查、加标记和（或）出具检定证书。

2. 计量器具的校准 是指在规定条件下，为确定测量仪器或测量系统所指示的量值，或实物量具或参考物质所代表的量值，与对应的由标准所复现的量值之间关系的一组操作。

关于计量器具与设备的检定与校准的区别见表 5－1。

表 5－1 计量器具与设备检定校准的区别

区别	检定	校准
目的	对测量装置进行强制性全面评定；这种全面评定属于量值统一的范畴，是自上而下的量值传递过程	对照计量标准，评定测量装置的示值误差，确保量值准确，属于自下而上量值溯源的一组操作
对象	国家强制检定：计量基准器；计量标准器；用于贸易结算、安全防护、医疗卫生、环境监测的工作计量 7 类共 59 种	除强制检定之外的计量器具和测量装置
依据	由国家授权的计量部门统一制定的检定规程	校准规范或校准方法，可采用国家统一规定，也可由企业自己制定
性质	具有强制性，属法制计量管理范畴的执法行为	不具有强制性，属企业自愿的溯源行为
周期	按法律规定的强制检定周期实施	由企业根据使用需要，自行确定，可以定期、不定期或使用前进行
方式	只能在规定的检定部门或经法定授权具有资格的企业进行	可以自校、外校或自校与外校相结合
内容	是对测量装置的全面评定，要求更全面，除了包括校准的全部内容之外，还需要检定其他一些相关项目	只是评定测量装置的示值误差，以确保量值准确
结论	依据检定规程规定的量值误差范围，给出合格与不合格的判定，发给检定合格证书	不判定是否合格，只评定示值误差，发给校准证书或校准报告
法律效力	检定结论属具有法律效力的文件，作为计量器具或测量装置检定的法律依据	校准结论属没有法律效力的技术文件

（二）检定与校准的方式

应根据计量器具与设备的分类与重要性选择不同的检定/校准方式，包括强制性检定、第三方校准与企业自行校准。除了属于国家强制检定的仪器设备需按照国家规定进行检定外，其他的需根据企业的实际情况进行分类，选择检定校准的方式（表 5－2）。

表 5－2 计量器具与设备检定校准

计量器具的类别		检定校准方式	检定校准单位	备注
A 类计量器具	国家强制检定	强制性检定	国家计量行政单位	压力容器等特种设备上用到的安全阀等仪表
	非国家强制检定	第三方校准	国家计量行政单位、有资质认证的检测机构	—

续表

计量器具的类别	检定校准方式	检定校准单位	备注
B类计量器具	第三方校准	国家计量行政单位、有资质认证的检测机构	—
C类计量器具	企业自行校准	企业内部	—

如检定不能恢复原准确等级的计量器具予以降级。不合格的计量器具及时修理，经修理后仍不合格的应停用并报废。不得使用未经校准、超过校准有效期、失准的衡器、量具和仪表以及用于记录和控制的设备、仪器。

三、计量器具与设备的使用管理

通过正确使用计量器具与设备，我们就能对药品生产过程中，经常遇到的温度、压力、流量、pH、重量、装量、含量等参数进行有效控制，对采购进厂的原料、辅料、包装材料、容器、半成品（或中间体）、成品等质量状况进行有效判断，从而控制药品质量。

（一）使用管理程序

药品生产企业计量器具与设备管理的程序、制度和计划必须以《计量法》等法律法规为依据，以提高药品质量为中心目标，保证计量器具与配备齐全、计量统一、量值准确可靠，校准检定科学合理，使计量器具与设备处于完好状态，其主要内容如下。

（1）贯彻执行计量法规，建立计量保证体系，并纳入质量保证体系。

（2）解决、提高与药品生产相适应的测量手段，配齐所需要的计量仪器设备，为药品质量的先进性和药品生产的高精度服务。

（3）规划、制定药品生产工艺过程中的计量管理制度。正确使用和维护计量仪器设备，建立操作规程与管理制度。

（4）按规定对本企业的计量器具与设备进行科学合理校验，在药品生产过程和质量检验中使用的计量器具，也应按要求由进行检查、校验并合格认证。绝不允许没有经过校验的或不合格的计量器具和设备投入使用。

（5）做好计量管理的基础工作，如计量仪器设备的档案、使用与校验、检定记录、原始技术资料等方面内容的建立与保存。

（6）开展计量知识、计量技术、计量管理方面的人员培训工作，只有经过培训并考核合格的人员才能进行计量的技术和管理工作。

（二）使用行为规范

应当按照操作规程和校准计划定期或者不定期对生产和检验用衡器、量具、仪表、记录和控制设备以及仪器进行校准和检查，并保存相关记录。校准的量程范围应当涵盖实际生产和检验的使用范围。

1. 校准的操作规程 由计量人员按照生产工艺的控制要求，参考设备仪器资料后起草制定，经质量管理部门审核批准后执行。在校准操作程序中通常包括以下内容。

（1）校准目的、相关人员职责。

（2）程序编号、批准日期、执行日期和修订版本号。

（3）被校准测量仪表的名称或型号。

（4）所用的计量标准器的名称、型号。

（5）详细的、合适的测试操作步骤和计算过程。

（6）制定程序所参考的说明书或相关标准等。

（7）如出现校准不合格，执行偏差的处理流程。

2. 校准周期计划 相同的测量仪器可能会有不同的校准周期，这取决于生产工艺精度需求和使用频次，我们需要对器具校准制订周期计划。在确定计量器具的校准周期时，一般需要考虑以下因素。

（1）设备制造厂商的要求和建议。

（2）仪表的关键性、使用场合和使用频次。

（3）相关标准或法规。

（4）以往校准记录所得的趋向性和漂移量的数据。

（5）仪表维护和使用的记录。

（6）校准出现问题的情况。

（7）以往进行校准工作的经验。

3. 校准记录 应当确保生产和检验使用的关键衡器、量具、仪表、记录和控制设备以及仪器经过校准，所得出的数据准确、可靠。校验记录应当标明所用计量标准器具的名称、编号、校准有效期和计量合格证明编号，确保记录的可追溯性。

此外，衡器、量具、仪表、用于记录和控制的设备以及仪器应当有明显的标识，标明其校准有效期。不得使用未经校准、超过校准有效期、失准的衡器、量具、仪表，以及用于记录和控制的设备、仪器。在生产、包装、仓储过程中使用自动或电子设备的，应当按照操作规程定期进行校准和检查，确保其操作功能正常。校准和检查应当有相应的记录。

校准记录表必须经过相关部门审核并批准后执行，校准记录表通常包括以下内容。

（1）记录表的编号、修订日期、修订版本号。

（2）被校准仪表的名称、唯一编号、型号和出厂序列号。

（3）计量标准器的名称、编号、校准有效期、计量合格证明编号、型号、出厂序列号。

（4）所参考的校准操作程序和方法。

（5）执行人签名和复核人签名、执行时间和复核时间。

（6）校准设定值、校准的可接受允许误差。

（7）校准结果判定。

以下是某企业进行检定/校准的具体工作流程。

检定/校准的年度计划：计量管理员应在每年的 12 月编制下一年度的“计量器具周期检定/校准计划、评定表”，经设备部经理审核、质保部经理批准后按照该计划实施周期检定/校准工作。

检定/校准的月度计划：根据年度计划，计量管理员需提前 1 个月向使用部门发出下一个月的“计量器具检定/校准计划”，督促各部门送检到期的计量器具；月度计划完成后，需将已完成跟踪的计划表送质保部审核后归档。说明：使用部门对计量器具的测量结果有怀疑要申请计量室安排校准的，需提前填写《校准申请单》。

计量器具的检定/校准：计量器具送检时，应清洁、完整，并贴有上一个周期的合格证。送外检定/校准时，需填写《计量器具送检表》，以便跟踪结果，及时取回检定/校准的计量器具和报告。本公司自行检定/校准的计量器具，检定/校准人员需填写检定/校准记录，并出具校准报告。

校准/检定报告：报告一般准备一式两份，复印件置于使用现场备查。说明：外部检定/校准证书经审核签名后方可视作一份完整的外部检定/校准报告。检定/校准结束后，重新给予标识；若检定/校准不合格，则需按《偏差处理规程》处理，以便调查相关数据并评估对产品质量的影响，不合格的计量器具，按照《计量器具的购置、封存、降级、报废管理规程》中的相关规定处理。

（三）维护

计量器具由药品生产企业工程维护部门根据生产检验等工作的需要，在质量管理部门监督与指导下，在对生产企业资质进行考核的基础上，进行统一采购。计量器具的入库由工程维护部门与仓库管理人员一起办理，开箱验收手续、随机技术文件、说明书、合格证等齐全并由有关部门统一管理。

新购入的计量器具由工程维护部门负责建档：统一编号、建立台账、卡片，实行帐、卡、物统一管理。计量器具必须有专人保管，保持计量器具的清洁卫生。

各车间、部门领用计量器具时，必须由质量管理部门审核和批准。计量器具使用人员必须熟悉使用说明，熟悉其性能、使用和维护保养方法。

第五节　制药用水

PPT

水在药品生产过程中应用最为广泛：水是构成药品的组成成分，又用于工艺中溶剂、稀释、介质、载体等，还用于制药设备和系统的清洁等。但是，水又极易被微生物等污染，造成药品质量与质量安全隐患和问题，为此，GMP 明确规定："应当对制药用水及原水的水质进行定期监测，并有相应的记录。"制药用水被誉为制药企业的"灵魂"，其质量的高低直接决定了药品质量优劣，因此，水处理设备及其输送系统的设计、安装、运行和维护应当确保制药用水达到设定的质量标准。水处理设备的运行不得超出其设计能力。另外，必须对制药用水的制备、储存、分配和使用进行严格管理，确保制药用水的质量。

一、制药用水概述

（一）制药用水的概念

制药用水应当适合其用途，并符合《中国药典》的质量标准及相关要求。在《中国药典》2020 年版通则中，有以下几种制药用水的定义和应用范围。

1. 饮用水　天然水经净化处理所得的水，其质量必须符合现行中华人民共和国国家标准《生活饮用水卫生标准》。

2. 纯化水　饮用水经蒸馏法、离子交换法、反渗透法或其他适宜的方法制得的制药用水。不含任何添加剂，其质量应符合纯化水项下的规定。

3. 注射用水　纯化水经蒸馏所得的水，应符合细菌内毒素试验要求。注射用水储存方式和静态储存期限应当经过验证，确保水质符合质量要求，例如可以在 80℃以上保温，或者 70℃以上保温循环，或 4℃以下的状态存放。

4. 灭菌注射用水　为注射用水按照注射剂生产工艺制备所得，不含任何添加剂。

（二）制药用水的质量标准

1. 纯化水　《中国药典》2020 年版中，规定纯化水检查酸碱度、硝酸盐、亚硝酸盐、氨、电导率、总有机碳、易氧化物、不挥发物、重金属、微生物限度，其中总有机碳和易氧化物两项可选做一项（表 5－3）。

2. 注射用水　《中国药典》2020 年版中，规定注射用水检查 pH、氨、硝酸盐、亚硝酸盐、电导率、总有机碳、不挥发物、重金属、细菌内毒素、微生物限度（表 5－3）。

3. 灭菌注射用水　《中国药典》2020 年版中，规定灭菌注射用水检查 pH、氯化物、硫酸盐、钙盐、二氧化碳、易氧化物、硝酸盐与亚硝酸盐、氨、电导率、不挥发物、重金属、细菌内毒素。

表 5－3 《中国药典》（2020 年版）纯化水、注射用水各项指标

检测项目	纯化水	注射用水
酸碱度	符合规定	—
pH	—	5.0～7.0
氨	0.3×10^{-6}	同纯化水
硝酸盐	0.06×10^{-6}	同纯化水
亚硝酸盐	0.02×10^{-6}	同纯化水
电导率	符合规定 不同温度有不同的规定值，例如 20℃ <4.3μS/cm； 25℃ <5.1μS/cm	符合规定 不同温度有不同的规定值，例如 20℃ <1.1μS/cm；25℃ <1.3μS/cm 70℃ <2.5μS/cm；95℃ <2.9μS/cm
总有机碳	≤0.50mg/L	同纯化水
重金属	0.1×10^{-6}	同纯化水
易氧化物	符合规定	—
不挥发物	不得过≤1mg/100ml	同纯化水
细菌内毒素（EU/ml）	—	小于 0.25EU/ml
微生物限度	≤100CFU/ml	≤10CFU/100ml

（三）制药用水的应用范围

水广泛应用于药品生产过程的方方面面。GMP 规定，制药用水应当适合其用途，并符合《中国药典》的质量标准及相关要求。制药用水至少应当采用饮用水。

根据药品的种类和用途，选择不同种类的制药用水。不同的制药用水的应用范围不一样。比如无菌药品应选择注射用水；口服药品可选择纯化水；中药材的清洗可选择饮用水等。具体见表 5－4。

表 5－4 制药用水应用范围

类别	应用范围
饮用水	药品包装材料粗洗用水，中药材和中药饮片的清洗、浸润、提取等用水。《中国药典》同时说明，饮用水可作为药材净制时的漂洗、制药用具的粗洗用水。除另有规定外，也可作为药材的提取溶剂
纯化水	非无菌药品的配料、直接接触药品的设备、器具和包装材料最后一次洗涤用水、非无菌原料药精制工艺用水、制备注射用水的水源、直接接触非最终灭菌棉织品的包装材料粗洗用水等 纯化水可作为配制普通药物制剂用的溶剂或试验用水；中药注射剂、滴眼剂等灭菌制剂所用饮片的提取溶剂；口服、外用制剂配制用溶剂或稀释剂；非灭菌制剂用器具的精洗用水。也用作非灭菌制剂所用饮片的提取溶剂。纯化水不得用于注射剂的配制与稀释
注射用水	直接接触无菌药品的包装材料的最后一次精洗用水、无菌原料药精制工艺用水、直接接触无菌原料药包装材料的最后洗涤用水、无菌制剂的配料用水等 注射用水可作为配制注射剂、滴眼剂等的溶剂或稀释剂及容器的精洗
灭菌注射用水	灭菌注射用灭菌粉末的溶剂或注射剂的稀释剂，其质量应符合灭菌注射用水项下的规定

二、纯化水的制备

制药用水制备系统分为前处理、精制（脱盐）、后处理 3 个部分。下面就以二级反渗透精制方法为例介绍制药用水－纯化水制备的工艺流程（图 5－1）。

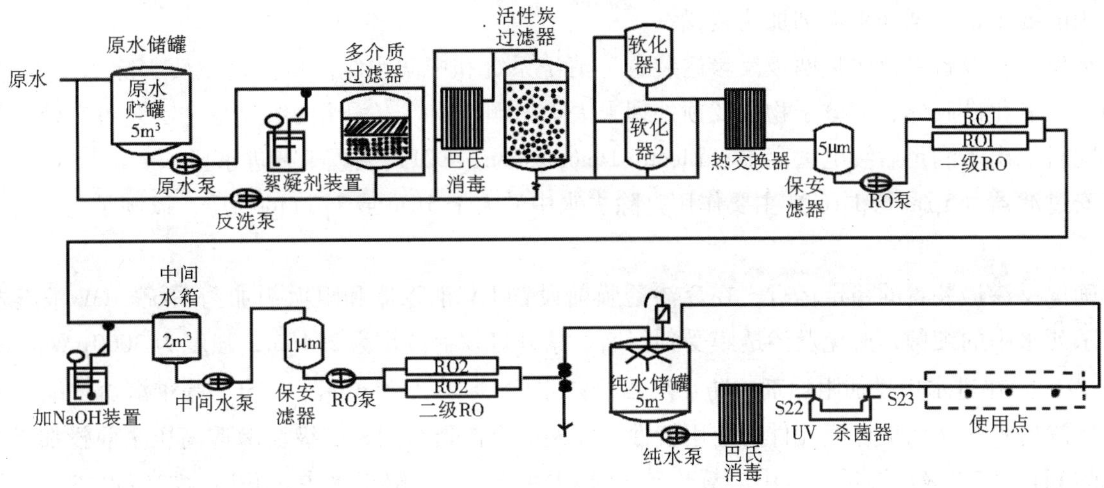

图 5－1　制药用水（纯化水）系统示意图

（一）前处理

我国药品生产企业一般用自来水作为制药用水制备的最基础用水。虽经自来水厂进行沉淀、砂滤和氯离子处理，但由于水中的杂质相当多，所以还必须进行过滤如碳滤，并根据需要加入凝结剂、软化剂、氧化剂、杀菌剂等进行前处理。直至达到或超过我国对饮用水的卫生标准。需要注意的是，自来水水源、水处理设备及处理后的水均应对化学污染、生物污染进行定期（一般以年为时间单位）监测，必要时还应对内毒素污染进行监测并记录。

前处理部分主要有原水储罐、原水泵、多介质过滤器、活性炭过滤器、软化器、反洗泵、絮凝剂和巴氏消毒装置组成。

多介质过滤器一般称为机械过滤器或砂滤，过滤介质为不同直径的石英砂分层填装。较大直径的介质通常位于过滤器顶端，介质床主要用于过滤除去原水中的大颗粒、悬浮物、胶体及泥沙等以降低原水浊度对膜系统的影响，同时降低 SDI（污染指数）值，达到反渗透系统进水要求（出水浊度 <1，SDI <5）。

活性炭过滤器主要用于去除水中的游离氯、色度、微生物、有机物以及部分重金属等有害物质，以防止它们对反渗透膜系统造成影响。过滤介质通常是由颗粒活性炭（如椰壳、褐煤或无烟煤）构成的固定层。经过处理后的出水余氯应 <0.1mg/kg。

根据原水水质的情况，有时要通过在进水管道投加絮凝剂，采用直流凝聚方式，使水中大部分悬浮物和胶体变成微絮体在多介质滤层中截留而去除。

微生物的生长是一个关键的考虑因素，出现这种情况的原因是过滤器内部的表面面积大以及相对低的流速，同时过滤介质还是一个细菌滋生的温床。由于活性炭过滤器会截留住大部分的有机物和杂质等，使其吸附在表面，因此，可以采用定期的巴氏消毒来保证活性炭的吸附作用。其反洗和正洗可参照多介质过滤器。

软化器通常由盛装树脂的容器、树脂、阀或调节器以及控制系统组成。介质为树脂，目前主要是用钠型树脂中有可交换的 Na^+ 来交换出原水中的 Ca^{2+} 和 Mg^{2+} 而降低水的硬度，以防止 Ca^{2+}、Mg^{2+} 等离子在反渗透（Reverse Osmosis，RO）膜表面结垢，使原水变成软化水后出水硬度能达到 <1.5ppm。软化器通常的配备是两个，当一个进行再生时，另一个可以继续运行，确保生产的连续性。

（二）精制（脱盐）

图 5－1 采用的二级反渗透制水系统，其基本组成为保安（精密）过滤器、反渗透给水泵、一级反渗透装置、NaOH 加药装置、中间水箱、中间水泵、二级反渗透装置。此外，有的企业会根据原水的水

质和使用的要求选择增加阻垢剂加药装置。

二级反渗透设备系统包括两级反渗透装置、清洗系统和中间水箱。反渗透主要去除水中溶解盐类、有机物、二氧化硅胶体、大分子物质及预处理未去除的颗粒物等。采用两级反渗透工艺可有效去除水中离子，同时使出水满足后续电去离子（Electro Deionization，EDI）装置工艺进水要求。

保安过滤器（5μm 与 1μm）主要作用是除去水中的大于 5μm 或 1μm 的物质，以满足反渗透的入水要求。

为确保反渗透装置的稳定运行，在反渗透膜前设置 UV 消毒器和阻垢剂加药系统。UV 消毒器主要作用是杀死水中的细菌，避免反渗透膜受到污堵。紫外灯发射波长为 254nm，强度为 $3000\mu Ws/cm^2$，杀菌率为 99%。在进水中投加阻垢剂，防止反渗透浓水中 $CaCO_3$、$MgCO_3$、$CaSO_4$ 等难溶盐浓缩后析出结垢堵塞反渗透膜，从而损坏膜元件的应用特性。在两级反渗透膜间，二级反渗透高压泵前投加 NaOH 调节进水的 pH。使二级反渗透进水中二氧化碳气体以离子形式溶解于水中，并通过二级反渗透去除，使产水满足 EDI 装置进水要求，减轻 EDI 装置的负担。

当反渗透系统发生结垢或污堵时可对反渗透装置进行清洗，同时也可清洗 EDI 装置。中间水箱的功能为储存 RO 产水、调节水量，使系统运行可以灵活调节。

（三）后处理

在经过二级反渗透设备系统制水后，为了进一步去离子和消毒灭菌，再在纯水箱后设巴氏消毒器和 UV 消毒器一台，有条件的企业可设电去离子 EDI 一台，EDI 也叫填充床电渗析，是电渗析与离子交换（Ion Exchange，IE）有机结合形成的新型膜分离技术，借助离子交换树脂的离子交换作用与阴、阳离子交换膜对阴、阳离子的选择性透过作用，在直流电场的作用下实现离子的定向迁移，从而完成对水的持续地深度除盐。这样出水能完全达到纯化水的标准。

三、注射用水的制备

注射用水是使用纯化水作为原料水，通过蒸馏的方法来获得。注射用水的制备通常通过以下 3 种蒸馏方式获得：单效蒸馏、多效蒸馏、热式蒸馏。目前国内药厂选用的是节能、高效的多效蒸馏设备，用于注射用水的生产。

多效蒸馏设备通常由两个或更多蒸发换热器、分离装置、预热器、两个冷凝器、阀门、仪表和控制部分等组成。一般的系统有 3～8 效，每效包括一个蒸发器、一个分离装置和一个预热器（图 5－2）。

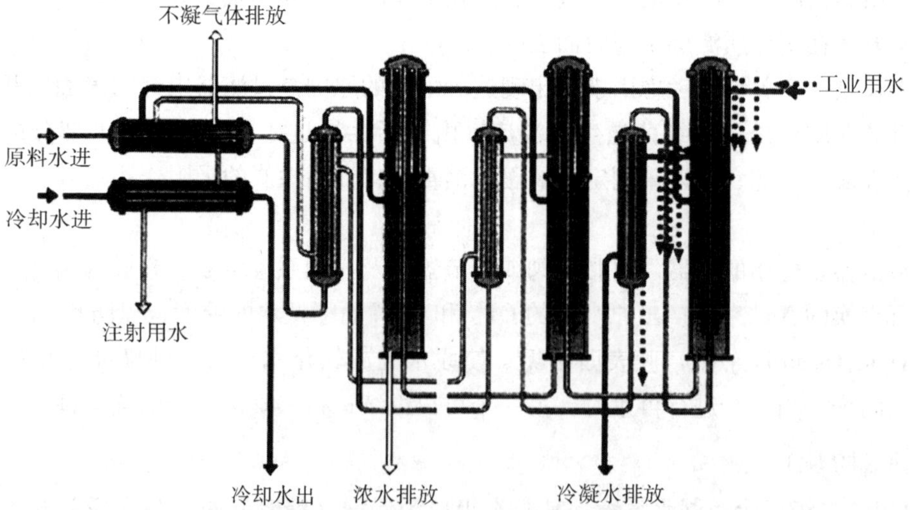

图 5－2　多效蒸馏水机工作原理图

在一个多效蒸馏设备中，经过每效蒸发器产生的纯化了的蒸汽（纯蒸汽）都是用于加热原料水，并在后面的各效中产生更多的纯蒸汽，纯蒸汽在加热蒸发原料水后经过相变冷凝成为注射用水。由于在这个分段蒸发和冷凝过程当中，只有第一效蒸发器需要外部热源加热，经最后一效产生的纯蒸汽和各效产生的注射用水的冷凝是用外部冷却介质来冷却的，所以在能源节约方面效果非常明显，效数越多节能效果越好。在注射用水产量一定的情况下，要使蒸汽和冷却水消耗量降低，就得增加效数，这样就会增加投资成本，出于这方面的考虑，要选择合适的效数，这需要药厂购买方与生产厂家共同进行确定。

四、制药用水的储存与分配

不论是纯化水，还是注射用水，在制备后有可能是立即使用，也有可能是放置后使用；有可能是连续使用，也有可能是间隔使用。同时，还存在着不同的使用点和不同的使用距离，加之纯化水与注射用水易受污染而变质等，所以在贮存与分配系统的设计、材质、结构、布局、安装、使用、管理等方面必须进行严格控制。纯化水、注射用水的贮存和分配应当能够防止微生物的滋生。纯化水可采用循环，注射用水可采用70℃以上保温循环。

（一）储水罐的构造

纯化水储水罐的通气口应安装不脱落纤维的疏水性除菌过滤器，来减少微生物和微粒的吸入。储水罐内部还有喷淋球以确保所有的内表面始终处于润湿的状态来对微生物进行控制。

注射用水管道、注射用水储罐的通气口应安装不脱落纤维的疏水性除菌过滤器（0.2μm），减少微生物和微粒的吸入，并可以加热消毒或有夹套，能经受高于121℃高温蒸汽消毒。储水罐内部还有喷淋球以确保所有的内表面始终处于润湿的状态来对微生物进行控制。

（二）储存与分配设备、管道材质选用

制药用水贮存与分配的设施通常指贮缸、水泵、管道、阀门等。

饮用水管道可采用镀锌钢管或塑料管，阀门、法兰等附件采用相同的材质。

纯化水储罐和输送管道所用材料应无毒、耐腐蚀，采用不锈钢材质（316L钢）。阀门、法兰等附件采用相同的材质。紫外灯浸水部分宜采用316L不锈钢，石英灯罩可拆卸。

注射用水管道及储罐应选用无毒、耐腐蚀、内壁抛光的优质低碳316L不锈钢。注射用水阀门应采用316L不锈钢隔膜阀。

（三）储存与分配设备、管道结构设计

纯化水、注射用水输送管道应避免出现死角、盲管，不应出现水滞留和不易清洗的部位。在使用点可安装终端净化装置。使用点接管长度不应大于管径的3倍，管道宜采用氩弧焊焊接、卫生卡箍连接，法兰连接，法兰垫片材料宜采用无毒硅橡胶。其输送的管道应该保持循环，以便不用时注射用水可回流至主管，防止在支管内滞留而滋生细菌。除此之外，储存与分配设备与管道结构的设计、安装应尽量考虑缩短距离，尽量有利于减少贮存与停留时间，方便清洁、消毒与灭菌。管道的安装水平有一定的坡度（不小于1%），纯化水需要保持循环管路，注射用水管道需要采取70℃循环保温的管路。

（四）储存与分配设备、管道消毒灭菌

制药用水储存与分配设备，管道消毒灭菌的方法、程序和周期等，必须建立在科学验证的基础上。在制药用水首次使用前应对管道进行清洗钝化，在日常的使用中制定周期性的消毒灭菌，消毒灭菌方式有臭氧消毒灭菌、纯蒸汽消毒灭菌、过热水消毒灭菌、巴氏消毒灭菌、紫外消毒灭菌等方式。

1. 臭氧消毒灭菌

（1）对水的消毒　当其浓度达0.3mg/L时，只要0.5～1分钟即达到致死细菌效果。

（2）对空管路消毒 需要在用水点之前把臭氧消除，在用水点前安装一个紫外杀菌器即可。使用臭氧消毒并在用水前开启紫外灯减少臭氧残留，是制药用水系统，尤其是纯化水系统消毒的常用方法之一。

2. 纯蒸汽消毒灭菌 纯蒸汽灭菌制药用水管道进行纯蒸汽灭菌时，纯蒸汽压力为 0.2MPa；纯蒸汽刚开始以流通蒸汽形式从罐底阀后进入系统（回水管路上装有恒压阀时），置换出管路系统中的空气（由呼吸过滤器排出），一段时间后开启罐底阀，置换出罐内空气，再关闭呼吸过滤器，密闭系统内压力及温度均开始上升，通过人工在各使用点及最低点微启阀门排凝结水。当管道内温度升至最高温（常用 121℃）时开始计时，一般计时 30 分钟，灭菌指示带应变色，否则必须重新灭菌。

3. 过热水消毒灭菌 是利用高温高压过热水进行灭菌的方法。与纯蒸汽相比有以下优点：主要是采用工业蒸汽为热源，无须另外制备纯蒸汽；灭菌过程中，无须考虑最低点冷凝水的排放问题；采用注射用水系统已有的维持 80℃ 高温循环用双板管式换热器进行系统升温，节省项目投资且操作非常方便。

4. 巴氏消毒灭菌 主要用于纯化水管路系统，在循环回路上安装换热器或贮罐带夹套，将纯化水加热到 80℃ 以上（以最难温升处达到 80℃ 开始计时），维持 1 小时，即可达到预定要求，关键在于管路要有加温保温装置（加热量 > 散热量），保证灭菌温度和时间输送泵、传感器等也应耐受 80℃ 以上热水。

5. 紫外消毒灭菌 紫外线有一定的杀菌能力，通常安装在纯化水系统中用于控制微生物的滋生，延长运行周期，另外，在臭氧灭菌系统中可用于残余臭氧的分解。

（五）纯化水的储存和分配

（1）纯化水储罐和输送管道所用材料，应无毒、耐腐蚀，宜采用不锈钢或其他不污染纯化水的材料。储罐的通气口应安装不脱落纤维的疏水性过滤器。

（2）纯化水的储存宜采用循环方式。

（3）纯化水输送管道在设计和安装时，应避免出现死角、盲管，不应出现使水滞留和不易清洁的部位。需要设置纯化水终端净化装置时，应靠近使用点。

（4）纯化水储罐和输送系统应能定期清洁、灭菌。

需要注意的是，纯化水设备作为制药行业的核心供水系统，其水质储存及输送过程不容得有半点闪失，如操作不当使水质受到二次污染会直接影响药品生产质量。

（六）注射用水的储存和分配

（1）注射用水储罐和输送管道所用材料，应无毒、耐腐蚀，应采用内壁抛光的优质低碳不锈钢管或其他不污染注射用水的材料。储罐的通气口应安装不脱落纤维的疏水除菌器。

（2）注射用水的储存可采用 70℃ 以上保温循环，循环干管流速宜大于 15m/s。

（3）注射用水输送管道在设计和安装时，应避免死角、盲管，应预留清洗口，不应出现使水滞留和不易清洁的部位。注射用水终端净化装置应靠近使用点。使用点接管长度不应大于管径的 6 倍（6D 原则），管道宜采用焊接、卡箍式或法兰连接，法兰垫片材料宜采用聚四氟乙烯（PIFE）。

（4）注射用水储罐和输送系统，应能定期清洗、灭菌，宜设置在线清洗、在线灭菌设施。

五、制药用水系统的运行

制药用水系统的运行管理包括水处理设备的运行能力的设计，也就是根据企业实际需要设计产水能力，一旦确定，实际产水量不得超出其设计能力。

整个系统要进行全面验证，安装竣工使用前需要，投入使用后每隔一定周期也应进行。要从水质制备、水质监护、贮存分配、维护保养等方面建立工艺与操作规程、管理制度，做好记录、定期分析与评价、资料档案等方面的基础管理工作。

纯化水、注射用水制备系统的日常运行管理至少包括以下内容。

（1）编写制水系统的操作、维修、清洁消毒操作规程。

（2）对制药用水及原水水质的关键参数和运行参数进行定期监测，并有相应的记录。

（3）检测取样口的确定：储罐取样口、系统总送水处取样口、系统总回水处取样口、各使用点取样口，检测取样的频率根据系统验证数据确定。

（4）定期消毒、灭菌计划：GMP 规定："应当对制药用水及原水的水质进行定期监测，并有相应的记录。"对天然条件下水源（如地面水、地下水）即原水的水质监测，可依据 GB 3838—02《地面水环境质量标准》以及 GB/T 14848—2017《地下水质量标准》进行监测。饮用水的质量标准为 GB 5749—2022。而对纯化水、注射用水的水质监测的依据则是《中国药典》（2020 年版），同时监测应有相应的记录。按照已制定的清洁消毒操作规程定期消毒纯化水、注射用水管道、储罐以及其他必要的辅助管道（如清洁、消毒用的管道、生产用临时连接管道），并有相关记录。书面规程还应详细规定制药用水微生物污染的警戒限度、纠偏限度和应采取的措施。

（5）水处理设备预防性维修计划。

（6）关键水处理设备及零部件、管路分配系统及运行变更的管理方法。

（翁开源　范新华　石　汭）

书网融合……

本章小结　　微课　　题库

第六章　物料与产品

学习目标

1. **掌握**　物料的概念；物料生产企业的审计；物料运输、验收、入库储存养护；物料出库投入生产等的管理及标准；物料在生产过程中回收、返工、重新加工、退货、不合格等的管理及标准。

2. **熟悉**　药品包装材料、标签、说明书的设计、印刷、验收入库、使用等的管理及标准。

3. **了解**　特殊药品、危险品的物控管理。

4. 学会按照GMP要求，对物料上游企业进行审计；实施运输、入库储存与养护、出库等管理程序。

根据质量链上质量要素传递的规律，药品生产始于各种物料，这些物料的质量状况，直接决定了产品的质量水平，也就是这些物料的质量水平决定了产品质量水平的边际。药品生产所用物料的质量不符合要求或达不到规定的标准，那么成品的生产过程控制将失去意义，因此药品生产质量的管控必须从物料管理开始。

PPT

第一节　物料与产品的概念和质量标准

从物料控制开始直至最终制成药品的整个过程，对于物料、中间产品、待包装产品、包装材料和成品等的质量控制都是保证最终药品质量符合标准的关键所在。这个关键包括两个方面的含义：①物料和产品等的质量标准；②物料和产品等处理过程的质量标准。只有这两个方面均达到规定标准，才能保证药品达到规定标准。

一、物料与产品的概念

1. **物料**　生产领域流转的一切材料，包括原料（Starting Materials or Raw Materials）、辅料（Excipients）、包装材料（Packaging Materials）以及耗材等。原辅料就是指除包装材料之外，药品生产中使用的任何物料。

2. **化学药品制剂的原料**　原料药；生物制品的原料是指原材料；中药制剂的原料是指中药材、中药饮片和中药提取物。

3. **原料药的原料**　用于原料药生产中的除包装材料以外的其他物料。

4. **产品**　药品的中间产品、待包装产品和成品。产品生命周期是指产品从最初的研发、注册评价、上市使用、再评价直至退市的所有阶段。

5. **中间产品**　完成部分加工步骤的产品，尚需进一步加工方可成为待包装产品。

6. **待包装产品**　尚未进行包装但已完成所有其他加工工序的产品。

7. **成品**　已完成所有生产操作步骤并最终包装的产品。

8. **包装材料**　药品包装所用的材料，包括与药品直接接触的包装材料和容器、印刷包装材料，但不包括发运用的外包装材料。

9. 印刷包装材料 具有特定式样和印刷内容的包装材料，如印字铝箔、标签、说明书、纸盒等。

二、物料的质量标准

药品生产所涉及的物料很多，除药品原料以外，其他物料由于生产企业行业分布广泛，品种规格繁杂，所依据的标准也多种多样，凡用于药品生产的物料，必须有非常明确的质量标准。药品生产所需的物料应符合的标准有药品标准、包装材料标准或其他有关标准，这些标准又可大致分为国家法定标准、行业标准和企业自订标准。进口原料药应符合国际通用的药典标准并具有口岸药品检验所的检验报告。

药品标准是指国家对药品的质量、规格及检验方法等所做的技术规定，是药品的生产、流通、使用及检验、监督管理部门共同遵循的法定依据。药品标准系根据药物来源、制药工艺等生产及贮存过程中的各个环节所制定的，用以检测药品质量是否达到用药要求并衡量其是否均一稳定的技术规定。在我国药品标准分两种：①国家标准，即《中华人民共和国药典》、国家药品监管部门颁药品标准（简称局颁标准）和企业药品注册过程中形成的注册标准；②地方标准，即各省、自治区、直辖市卫生厅（局）批准的药品标准。药品标准是国家颁布的保证药品质量的最基本要求，是药品生产中必须达到的质量标准。《中国药典》已经颁布 11 版，即 1953 年版、1963 年版、1977 年版、1985 年版、1990 年版、1995 年版、2000 年版、2005 年版、2010 年版、2015 年版和 2020 年版，现行版本是 2020 年版。国家药品监管部门颁布的局颁标准，它是在《中国药典》的基础上，对目前还不适宜收载于药典，或新药典未出版前的优良产品制定颁发的药品标准，物料中的原料药品必须符合以上标准。地方标准是为了适应我国药品生产水平的需要，除国家药品标准外，各省、自治区、直辖市的卫生行政部门按《药品管理法》的规定制定药典以外的地区性药品及有关制剂的药品标准，如《上海市药品标准》《江苏省药品标准》等，地方药品标准只对本地区范围内的药品生产等具有指导意义和约束力。随着我国药品生产水平的提高和药品监督管理体制的不断完善，地方标准中除了有关中药材及中药材的炮制规范等以外已不再保留。

进口药品原料必须经口岸药品检验所检验，检验标准为现行版的《中国药典》、局颁标准或国际上通用的药典，国际通用药典指美国药典（USP）、英国药典（BP）、欧洲药典（EP）、日本药局方（JP）。对上述药典或标准未收载的，应采用国家药品监督管理局核发《进口药品注册证》时核准的质量标准。根据《药品管理法》（2019 年修订），允许药品进口的口岸由国务院药品监督管理部门会同海关总署提出，报国务院批准。允许药品进口的口岸所在地的药品监督管理部门所属的药品检验机构被称为“口岸药检所”，这些被授权的口岸药品检验所有北京市药品检定所、天津市药品检定所、上海市药品检定所、广东省药品检定所、广州市药品检定所、福建省药品检定所、大连市药品检定所、武汉市药品检定所、青岛市药品检定所、苏州市药品检定所等。

根据 2000 年 4 月由国家药品监督管理部门颁布实施的《药品包装用材料、容器管理办法》（暂行）规定，国家对药品包装用材料、容器（以下简称“药包材”）实行产品注册制度。药包材必须按法定标准进行生产，不符合法定标准的药包材不得生产、销售和使用。药包材国家标准或行业标准由国家药品监督管理局组织制定和修订，没有制定国家标准、行业标准的药包材，由申请产品注册企业制定企业标准。2004 年 6 月，国家药品监督管理部门颁布实施《直接接触药品的包装材料和容器管理办法》，对药包材的注册标准进行了详细说明。2006 年 3 月 15 日由国家药品监督管理部门颁布实施的《药品说明书和标签管理规定》，对药包材外观设计做了详细的规定。首次进口的药包材（国外企业、中外合资境外企业生产），必须取得国家药品监督管理局核发的《进口药包材注册证书》，并由国家药品监督管理局授权的药包材检测机构检验合格后，方可在国内销售使用。2019 年 7 月，国家药品监管部门颁布《国家药监局关于进一步完善药品关联审评审批和监管工作有关事宜的公告》，深化落实了原料药、药用辅料、直接接触药品的包装材料和容器（原辅包）与药品制剂关联审评审批制度。

在药品生产过程中，企业如使用尚没有国家法定标准的物料，其依据是行业标准或企业自订标准，所用物料应安全无毒、性质稳定、不与药品发生物理或化学反应，总的要求是采用的物料不得对药品的质量产生不良影响，并得到药品监督管理部门批准。

在药品生产过程中，为了满足工艺需要或质量控制需要，所产生的中间产品，其质量标准一般由企业确定，但标准也必须非常明确。

第二节　物料的购进与接收

PPT

对于药品生产而言，物料质量控制应该从物料的购进开始。物料的购进与接收不简单表现为物料采购和入库，还包括对物料生产企业的审计、运输、验收等控制环节，以确保物料的质量。

一、物料的购进

药品生产企业不可以任意从一个物料生产企业购进所需要的物料，物料购进必须符合有关的要求。

（一）物料供应商的确定

物料的质量对药品的质量起决定性作用，物料的质量一旦确定，成品的质量边界也就随之确定了。因此，物料的购进，首先必须对物料供应商质量管理体系进行确定。所谓供应商，就是指物料、设备、仪器、试剂、服务等的提供方，包括生产商、经销商等。对物料供应商质量管理体系的确定包括两项基本内容：①对供应商资质的考核；②对供应商现场质量管理体系的考核，也称为供应商质量体系审计。

（1）对物料供应商的资质进行考核，考核内容包括但不限于厂家资质和产品资质：供应商有无法定的生产经营资格，如原料药生产企业必须具备药品生产许可证、生产药品的批准证明文件（生产批准文号）等，且通过 GMP 检查；辅料生产或供应商必须具备药品监管部门颁发的生产、经营许可，并通过药用辅料的 GMP、GSP 检查等；药包材的生产经营和药用辅料生产经营的条件一致（图 6-1）。

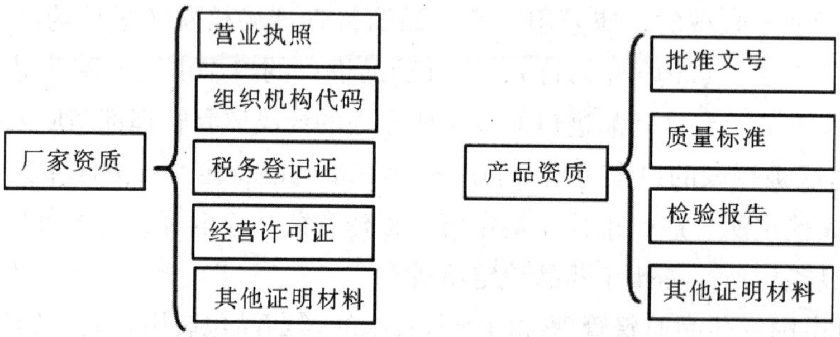

图 6-1　物料供应商的资质考核

（2）在对物料供应商法定生产经营资格确认的基础上，对物料生产企业的质量管理体系进行现场考察、审计或检查，对物料供应商的人员、硬件、软件和工作现场进行检查，对供应商的生产能力、市场信誉进行深入的调查。这个工作应当由质量管理部门负责进行，物料只能从质量管理部门考察合格的供应商中购进。

（3）物料供应商确定后，一般情况下，不对供应商进行变更，这样便于供货单位熟练掌握所提供原辅材料的生产工艺和经营条件，确保提供高质量的原辅材料，便于本企业及时发现和帮助解决供应商在生产经营过程中出现的问题和遇到的困难，共同提高原辅材料的质量，确保供应的物料质量稳定。按规定，如果物料供应商生产工艺、生产条件等发生变化，必须及时通知企业，企业根据变更的情况，如有必要，也会再次进行质量体系审计。如果物料供应商发生变化，企业应重新进行供应商质量体系审计。

（二）物料供货合同的签订和发运

根据我国有关法律规定，出售产品必须符合有关产品质量法律法规的规定，符合标准或合同约定的技术要求，并有检验合格证。禁止生产、经销没有产品检验合格证的产品。因而，企业在采购原辅材料时，会按规定程序向生产或经营企业索取产品检验合格证书。同时，在签订经济合同时，除按合同规定要求，如买卖双方、标的、数量、价格、规格、交货地点、违约责任等一般内容外，企业还应特别注明原辅材料质量标准要求和卫生要求。

发运是指企业将产品发送到经销商或用户的一系列操作，包括配货、运输等。由于药品物料质量要求的严格性，企业配货与运输条件也应当满足药品特性要求，根据物料的理化性质、生物学特性等，对运输的条件，如温度、湿度、光照等严格限定，确保物料的质量。

二、物料的接收

物料运输到达药品生产企业后，应由物控部门（或仓储部门）派专人按规定程序进行验收并入库暂存。

（一）验收

物料的验收程序应包括以下 3 个环节。

1. 审查书面凭证 物料到货后，验收人员对随货到达的书面凭证如合同、订单、发票、产品合格证等进行逐项审查，确定这些单据的真实性、规范性，以及它们和所到货物的一致性，并确认供应商是经过质量管理部门确定的。

2. 外观目验 所到物料的外包装上应当有注明规定相关信息的标签，审查完书面凭证之后，对照书面凭证从标签和外观上逐项核对原辅材料的品名、批号、厂家、商标、包装容器的完整性和密封性、原辅材料有无受到污染以及货物数量等情况，大致判定所到货物的品质。当发现外包装损坏或是其他可能影响物料质量的问题时，如受到污染等情况，应及时向质量管理部门报告并进行调查和记录。

3. 填写接收记录 根据上述审查和目验的实际情况，在接收记录上写明所接收原辅材料的一般情况，如交货单和包装容器上所注物料的名称、规格；企业内部所用物料名称和（或）代码；供应商和生产商（如不同）的名称；供应商和生产商（如不同）标识的批号等。收料情况，如接收日期、总量、包装容器数量、接收后企业指定的批号或流水号等。供货方情况，如厂名、厂址等。外观情况，如包装容器、封闭、破损等。填写记录要及时、真实、准确，要有接收人和负责人的签名。

（二）暂存

将经过验收的物料，按规定程序进行整理编码，对物料外包装进行适当清洁处理，放置待验区域（挂黄色标志），按照待验管理，直至放行。仓储管理人员要及时填写请验单，送交质量管理部门，进行必要的检验。对验收不合格的货物，将其放置到专门的区域，及时上报有关部门进行处理。

三、物料的检验

质量管理部门接到仓储部门的请验单后，立即派专人到仓库查看所到货物，并在货物上贴上“待验”标签，表示这批原料在质量管理部门的控制之下，没有质量管理部门的许可，任何部门和人员一律不得擅自动用该批货物，然后由质量管理部门通知质量检验部门进行检验。

质量检验部门接到质量管理部门的通知之后，立即派人员按规定的抽样方法取样，一次接收数个批次的物料，应当按批取样、检验、放行等程序进行。取样全过程严格参照2010年修订GMP附录执行，取样后，贴取样标签（白色）并填写取样记录。样品经检验后，质检部门将检验结果报质量管理部门审核，质量管理部门根据审核结果通知仓储部门。仓储部门根据质量管理部门的通知对所到物料进行处理，除去原来的标志和标签，将合格的原辅材料移送至合格品库区储存，挂绿色标志；将不合格品移送至不合格品库区，挂红色标志，并按规定程序及时通知有关部门处理。

第三节　物料的存储与养护

PPT

进入仓库的物料，必须按照其理化性质与生物学特性进行科学存储与养护，并对仓库进行合理规划，防止物料性质发生变化，防止污染、交叉污染、混淆和差错。

一、物料的存储

（一）货位的规划

所谓货位的规划，是指根据医药商品的外形、包装与合理的堆码苫垫方法及操作要求，结合仓储场地的地形，规划各货位的分布或货架的位置。

由于物料（药品）品种多，批量不一，性能各异，在仓储作业过程中，工作内容也比较繁杂，仓储管理人员必须对物料储存货位进行科学规划，以有效防止药品在储存过程中的污染和混淆，并为在库养护工作的开展打好基础。

规划货位的原则要求包括以下内容：货位布置要紧凑，提高仓容利用率；便于收货、发货、检查、包装及装卸车，灵活合理；堆垛稳固，操作安全；通道流畅便利，叉车行走距离短等。若上述要求不能同时满足，应设计多个方案进行比较，权衡利弊，最后确定一个较优的方案。

1. 货位的区划　企业可根据库房（区）的建筑形式、面积大小以及库房楼层或固定通道的分布和设施设备状况，结合储存物料（药品）需要的条件，将储存场所划分为若干货库（区），每一货库（区）再划分为若干货位，每一货位固定存放一批物料（药品）。货库（区）的具体划分，通常以货库为单位，即以每一座独立的仓库建筑为一个或若干个货库（区）。在多层建筑中也有按楼层划分货库（区）的。易燃易爆危险品一般为具有特殊要求的独立建筑的货库（区）。自动化的高位立体仓库在电脑中进行分设货位。一般而言，按物料类别（原辅料、包装材料、成品等）划分货库，每一货库分为4个作业功能区，即接收、待验、合格、不合格区。为提高库容利用率及减少货物转运，一般待验区、合格区为同一区，采用动态管理，当物料为待验时挂黄牌，合格的物料则挂绿牌，以示区别。

此外，企业可按物料性质、储存条件等对各类货库分设子库区，如常温、冷藏、防冻、阴凉、控湿分设库区；固体与液体分设库区；易挥发、易串味的物料（药品）与其他物料分设库区；原药材与净药材分设库区；危险品、特殊药品、贵重药品分设库区，并按相应规定管理且设置明显标志。子库区内不再分设接收、不合格区的作业功能区。

2. 货位的编号与标识　货位编号，亦称货位方位制度，它是在货位区划的基础上，将存放物料（药品）的场所，按储存地点和位置排列，采用统一的标记，编上顺序号码，做出明显标识，并绘制分区分类、货位编号平面图或填写方位卡片，以方便仓储作业。货位编号是一项复杂而细致的工作，仓库规模越大，编号也愈复杂。货位编号的方法很多，货位区段划分和名称很不统一，采用的文字代号也多种多样。因此各仓库要根据自身实际情况，统一规定出货位划分及编号方法，以达到方便作业的目的。

（企业）可采用的做法：采用“四号定位”法，即将库房号、区号、层次号、货位号，或库房号、货架号、层次号、货位号这四者统一编号。编号的文字代号由英文、罗马及阿拉伯数字来表示，例如：以3—8—2—3来表示3号库房8区2段3货位，以4—5—3—15来表示4号库房5号货架3层15格。货位编号可标记在地坪或柱子上，也可在通道上方悬挂标牌，如果有货架可直接在架上标记，以资识别。规模较大的仓库要求建立方位卡片制度，即将物料放入储存区指定货位时，要求按品种、批号码放整齐，由仓库管理人员填写货位卡，应包括物料名称、物料编号、货位号、企业内部编号、规格、供应商、入库数量和入库时间、收发人和日期等。发放时即可将位置标记在出库凭证上，可使保管人员迅速找到货位。一般较小的仓库不一定实行方位卡片制度，将储存地点注在账页上即可。

货位编号确定后，每个货位要和所存储的物料（药品）的批建立对应关系，也就是一个货位可以存放一个批号，或几个货位可以存放一个批号的物料（药品），但是，一个货位不允许存放两个和两个以上批号的物料（药品）。每个货位上所存放的物料（药品）应有适当的标识，至少要标明以下内容：指定的物料名称和企业内部的物料代码；企业接收时设定的批号；物料质量状态（如待验、合格、不合格、已取样）；有效期或复验期。

（二）物料的存放

物料经过质量验收检验，进入仓库，仓储保管人员应对物料的理化性质以及影响物料质量的各种因素，如环境等，在有一个充分了解的基础上，对其进行科学存放。仓储保管或存放物料的人员必须具有一定的学历、经验和经过专门的业务培训，并通过考核，证明能胜任这项工作。

1. 确定物料品种与性质　仓储保管人员应当对所存储的物料的性质，如理化性质、生物学性质进行认真研究，结合使用的适用性，根据研究结果和国家有关法律法规，把物料品种分为一般品种、易变品种、贵重品种、易燃易爆等危险品种、特殊药品等，并根据这些药品的性质与国家法律法规的要求，设定存放条件，进行存储。

2. 确定物料存放条件　仓储保管人员根据本企业仓储条件对待检、合格、不合格原辅材料严格按批次分开存放，不同状态的物料应使用不同色标。在此基础上，按物料的固、液、气或挥发性等性质，在规定的温度和湿度条件下，分库或分区存放，以避免相互污染。然后，再按物料不同的品种、规格和批次定置排放。特殊药品和危险品还要专库按规定存放。仓储区域分区规范合理，保持清洁卫生，通道要畅通，垛码要井然有序，整齐美观。仓储保管人员还应定时检查仓库的温湿度情况并填写记录。对于包装材料和特殊物料，还应特别注意“五防”，即防火、防爆、防盗、防虫害、防潮。

控制仓储环境因子的设施和养护设施、检测仪器应齐备。仓储保管人员应做好对这些设施和仪器的日常维护、保养以及日常记录等工作。对于仓储条件需要改进的，设施、仪器需要更换或添置的，存储人员要及时向有关部门以书面形式报告。

二、物料的养护

为了确保仓储物料的质量，仓储管理部门应建立专业养护组织或专职的养护人员。养护人员必须具有相应的学历、经验，经过专业培训并考核合格。养护组织或人员应在质量管理部门的指导下，具体负责物料储存中的养护和质量检查工作，对仓储保管人员进行技术指导和监督。

（一）制定养护方案

根据“以防为主，把出现质量问题的可能控制在最低限度”的原则，制定符合企业实际的科学的养护方案。这个养护方案的要素包括：确定养护和保管人员，确定各种物料（药品）的理化生物学性质及其储存条件和方式，确定重点养护品种，确定定期和不定期盘存的周期和方式，确定储存环境的环境因子控制程序和仪器、设备的检测、维护规程，确定养护记录和档案的格式、填写和检查程序，确定发现、报告和处理养护中出现问题的程序和制度等。

（二）制定养护措施

1. 避光措施 有些物料对光敏感，如肾上腺素遇光变玫瑰红色，过氧化氢遇光分解为水和氧气等。因此，在保管过程中必须采取相应的避光措施。除包装必须采用避光容器或其他遮光材料包装外，物料在库贮存期间应尽量置于阴暗处，对门、窗、灯具等可采取相应的措施进行遮光，特别是一些大包装物料，在分发之后剩余部分应及时遮光密闭，防止漏光，造成物料氧化分解、变质失效。

2. 保温和降温措施 过高的温度会使许多物料变质，特别是生物制品、抗生素、疫苗、血清制品等对温度要求更严。即使是普通物料在过高温度下贮存，仍会影响其质量。因此，必须保持物料在贮存期间的适宜温度。对于普通物料，当库内温度高于库外时，可开启门窗通风降温。在夏季对于不易吸潮的物料可进行夜间通风。应注意通风和湿度要相结合一起考虑，因为物料往往怕热也怕潮，只要库外温度和相对湿度都低于库内，就可以通风降温。装配有排风扇等通风设备的仓库，可启用通风设备进行通风降温（危险药品库除外）。对库内温度较高，需尽快降温的或不适宜开窗通风降温者，若室内没有空调的，可采用加冰降温。一般是将冰块或冰盐混合物盛于容器中，置于库内 1.5m 左右高度，让冷气自然散发、下沉。也可采用电风扇对准冰块吹风，以加速对流，增加降温效果。但要注意及时排除冰融化后的水，因为冰融化后的水可使库内湿度增高，故易潮解的物料不适宜此方法。此外，对一些怕潮解、对湿度特别敏感的物料，如生物制品、疫苗等一般可置地下室或冰箱、冷藏库内贮存。

在我国长江以北地区，冬季气温有时很低，有些地区可出现零下 -40 ~ -30℃甚至更低。这对一些怕冻物料的贮存不利，必须采取保温措施。如果没有统一的供暖设施，一般可采用暖气片取暖、火炉取暖、火墙取暖等方法提高库内温度。暖气片取暖应注意暖气管、暖气片离物料间隔一定距离，并防止漏水情况。火炉取暖应在火炉周围左、右、后三方用砖砌成防护墙，防护墙与货垛的距离不得少于 0.5m，库内不能存放易燃易爆药品。生火炉期间应有专人看管，注意防火，加强消防措施，同时要防止库内因长时间燃烧而造成空间缺氧，导致人员煤气中毒事故。火墙取暖应注意火墙暖库必须远离其他库房，添火口设在库外，库内药品要离暖墙 1m 以上，并经常检查墙壁有无漏火现象。

3. 降湿和加湿措施 在我国气候潮湿的地区或阴雨季节，库房往往需要采取空气降湿的措施。为了更好地掌握库内湿度情况，可根据库内面积大小设置数量适当的湿度计，将湿度计挂在空气流通的货架上。每天定时观测，并做好记录。记录应妥善保管，作为参考资料，以掌握湿度变化规律，并作为考察库存期间药品质量的依据之一。一般来说，库内相对湿度控制在 45% ~75% 为宜，如果没有除湿和加湿机，控制方法可采用通风降湿，密封防潮及人工吸潮降湿相结合。通风降湿要注意室外空气的相对湿度，正确掌握通风时机，一般应是库外天气晴朗、空气干燥时，才能打开门窗进行通风，使地面水分、库内潮气散发出去。密封防潮是阻止外界空气中的潮气入侵库内。一般可采取措施将门窗封严，必要时，数量不多的药品可密封垛堆货架或货箱。人工吸潮是当库内空气湿度过高，室外气候条件不适宜通风降湿时采取的一种降湿措施。一般可采用生石灰（吸水率为自重 20% ~30%）、氯化钙（100% ~150%）、钙镁吸湿剂、硅胶等，有条件的可采用除湿机除湿。此外，减少潮湿来源也是必不可少的，如减少围护结构传入的湿量，地面施工时采用防水材料，隔断地下湿气泛潮，怕湿药品尽量放置在楼上等。

在我国西北地区，有时空气十分干燥，必须采取加湿措施。具体方法包括向库内地面洒水，或以喷雾设备喷水；库内设置盛水容器，贮水自然蒸发等。

4. 防鼠防虫措施 库内物料堆集，鼠害常易侵入，造成损失。特别是一些袋装原料如葡萄糖、淀粉等，一旦发生鼠害则造成严重污染。因此，必须防鼠灭害，一般可采用下列措施：认真观察，堵塞一切可能窜入鼠害的通道，特别是夜间库内无人时，应随时关好库门、库窗，库门要有 0.8m 以上高度的挡鼠板；可采用电猫、鼠夹、鼠笼等工具加强库内灭鼠；仓库四周应保持整洁，不要随便乱堆乱放杂物，同时要定期在仓库四周附近投放灭鼠药，以消灭害源。如果有必要，库房外要有防鼠沟，防鼠沟的深度不能低于1m。

昆虫也是仓储物料的大敌，要认真研究企业仓储周围的昆虫类别，采用灭虫灯、合适的灭虫杀虫药物进行昆虫杀灭。

5. 防火措施 物料本身及其包装尤其是外包装，大多数是可燃性材料，尤其是一些化学试剂，所以防火是一项常规性工作。这就要求企业需在库内四周墙上适当的地方挂有消防用具和灭火器，并建立严格的防火岗位责任制度，对有关人员进行防火安全教育、防火器材使用的培训，使这些人员能非常熟练地使用防火器材。库内外应有防火标记或警示牌，消防栓应定期检查，危险库、化学试剂库等应有防爆电路、电灯和开关，应严格按危险药品有关管理方法进行管理。

（三）检查存储质量

物料存储期间的质量检查包括定期检查（定期盘存）和不定期检查。

1. 定期检查 根据物料的性质和特点，规定每月、每季、每半年或年终对有关物料进行全面清点或局部抽检，企业可以根据物料性质、储存要求等综合考虑各方面因素定义本企业的盘存形式、盘存数量和盘存频率。在清点过程中，既要核对物料的数量，保证帐、卡、货及货位相符，又要逐一对物料质量进行检查，对不合格的物料应及时处理。

2. 不定期检查 根据临时突发的情况，进行突击全面检查或局部抽检。临时突发的情况包括人为和非人为突发情况。人为突发情况包括仓库环境控制失常，比如没有按规定程序进行仓储环境控制等；非人为情况包括突发高温、严寒、高湿度等天气情况，或者发现某些物料突发变异等情况。

定期与不定期检查的内容包括：库房内温湿度控制情况；物料贮存条件及药品是否按库、区、排、号分类存放；货垛堆码、垛底衬垫、通道、墙距、货距等是否符合规定要求；物料有无倒置现象，外观性状是否正常；包装有无损坏等。在检查中，要加强对重点养护品种的查看和检验。

物料贮存应制定贮存期限，贮存期限不得超过物料有效期或使用期限。贮存期满后应复验，所谓复验期就是指原辅料、包装材料贮存一定时间后，为确保其仍适用于预定用途，由企业确定的需重新检验的日期。发现对药品质量有不良影响的特殊情况应及时复验。不合格、超过有效期的物料应及时按规定处理，并做好记录。检验合格的原辅料在仓储区内要定期进行复验，检查其质量是否发生变化，检验出不符合相应质量标准的物料后要及时报告给质量管理部门进行处理。复验的目的是检验仓储区内质量的同时，可以检测仓储区内的储存条件是否适合此种物料，并进行记录，可为以后的储存条件加以改善提供资料。临近有效期的物料和易变品种要增加其复验的频率，当发生对物料质量有不良影响的特殊情况时，如空调净化系统发生故障等，要立刻展开对此种物料的复验。

效期商品、易变品种酌情增加检查次数，并认真填写库存商品养护检查记录。在质量检查中，对下列情况应有计划地抽样送验：易变质的品种；已经发现不合格品种的相邻批号；储存两年以上的品种；近失效期（使用期）和厂方负责期的品种等。养护组织发现商品质量问题时，应挂黄牌暂停发货，同时填写商品质量复检通知单，向质管部门通报。质管部门一般在2个工作日内复检完毕，如不合格应填写商品停止发出通知单，向仓储、业务等部门通报。在库检查，要求做到经常检查与定期检查、员工检查与专职检查、重点检查与全面检查结合起来进行。检查时要做好详细记录，要求查一个品种规格记录一个，依次详细记录检查日期、物料存放货位、品名、规格、厂牌、批号、单位、数量、质量情况和处理意见，做到边检查，边整改，发现问题，及时处理。检查完后，还要对检查情况进行综合整理，写出质量小结，作为分析质量变化的依据和资料。同时，还要结合检查工作，不断总结经验，提高在库物料的保管养护工作水平。

（四）建立养护档案

应建立健全商品养护档案，养护档案内容包括商品养护档案表和养护记录、台账、检验报告书、查询函件、质量报表等。对养护设备，除在使用过程中随时检查外，每年应进行一次全面检查，包括空调机、除湿机、制冷机等应有养护设备的使用记录。

配合保管人员做好各类温控仓库和冷藏设施的温、湿度监测记录。仓库和验收场所的温、湿度监测记录一般由保管员负责，也可由养护员负责。实际由谁负责，由企业在岗位职责或制度中做出明确规定。养护员如果不承担温、湿度记录工作，也必须指导和监督相应责任人每日定时记录，并根据监测情况，指导采取相应的措施。

做好日常质量检查、养护的记录，建立养护档案。日常检查记录不必像质量验收记录那样详尽，但也要能反映出检查的时间、地点、方法、检查物料的类别和品种数。养护员把主要精力放在检查物料质量本身，对检查中发现的问题或疑点以及各种违规行为则应重点详细记录，并及时向有关部门报告，对有问题物料做出相应处理。为保证养护人员能认真负责地开展工作，应强化责任追究机制，加强业务指导和培训。

第四节　物料的发放与使用

PPT

物料发放与使用是指生产过程中物料、中间产品、待包装产品、成品等在企业内部除生产外流转的一系列操作，对这一系列的操作必须进行严格控制，才能确保物料、中间产品、待包装产品、成品等的质量。

一、物料的发放

（一）物料发放的原则

物料发放出库是一项细致而繁杂的工作，对于即将出库进入生产过程的物料要进行检查，以保证其数量准确、质量良好、符合要求，只有经质量管理部门批准放行并在有效期或复验期内的物料方可发放与使用。

1. “三查六对”原则　企业物料出库验发，首先要对有关凭证进行“三查”，即查核生产或领用部门、领料凭证或批生产指令、领用器具是否符合要求；然后将凭证与实物进行“六对”，即对货号、品名、规格、单位、数量、包装。

2. “四先出”原则　企业物料出库，执行“四先出”，即先产先出、先进先出、易变先出、近效期先出。

（1）先产先出　库存的同一物料，对先生产的批号应先出库。一般来说，由于环境条件和物料本身的变化，物料贮存的时间愈长，变化愈大，超过一定期限就会引起变质，以致造成损失。物料出库采取“先产先出”，有利于库存物料不断更新，确保其质量的稳定性。

（2）先进先出　同一物料的进货，按进库的先后顺序出库。物料种类和用量相对比较大，生产企业进货频繁，渠道较多，同一品种不同厂牌的进货较为普遍，加之库存量大，堆垛分散，如不掌握“先进先出”，就有可能将后进库的物料发出，而先进库的未发，时间一长，存库较久的物料就易变质。因此，物料出库坚持“先进先出”可以使库存物料经常轮换，不同厂牌的相同品种都能做到“先产先出”。

（3）易变先出　企业库存的同一物料，对不宜久贮、易于变质的则先出库。有的物料虽然后入库，但由于受到阳光、气温、湿气、空气等外界因素的影响，比先入库的物料易于变质。在这种情况下，当物料出库时就不能机械地采用“先产先出”，而应该根据物料的质量情况，将易霉、易坏、不宜久贮的尽先出库。

（4）近效期先出　企业对库存中有效期相同的物料，对接近失效期的先行出库。对仓库来讲，所谓“近失效期”，还应包括给这些物料留有调运、供应和使用的时间，使其在失效之前投入使用。某些物料虽然离失效期尚远，但因遇到意外事故不易久贮时，则应采取“易变先出”办法尽先调出，以免受到损失。

3. 按批号发货的原则　企业物料出库按批号发货，也就是应按物料的批，尽可能把同一批完整发出，如果遇到物料一个批次数量不够，也要尽可能使得混合的批次越少越好，这样便于日后的质量追踪，也防止尾料过多和包装被拆除过多，影响物料在库质量。

（二）物料发放的管理

1. 文件管理　生产部门领取物料应有批生产指令、物料提取单等文件。仓储所发物料包装要完好，附有合格证、检验报告单等。保管人员接到物料出库文件后，按其所列项目审查无误，先核实实物卡片上的存量，然后按文件，从货位上提取物料，按次序排列于待运货区，按规定要求称量计量，并填写称量记录。复核人员等物料配发齐后，要反复清点核对，保证数量质量。既要复核单货是否相符，又要复核货位结存量来验证出库量是否正确，发料后，库存货位卡和台账上应填写货料去向、结存情况。放行出库的物料，经清点核对集中后，要及时办理交接手续。由保管人员根据文件所列数量，向生产部门领料人逐一点交。发料、送料、领料人均应在发料文件（单据）上签字。

2. 污染的防范　为避免发料、配料特别是打开包装多次使用的情况下造成的污染，药品生产企业所设的备料室在仓库时，配料应在备料室中进行。备料室的洁净级别应与取样室、生产车间要求一致。配料时应有指定人员按照操作规程进行，并由他人独立进行复核，做好相应记录。用于同一批药品生产的所有配料应当集中存放，并做好标识。用于盛放物料的容器不能和物料发生任何物理或化学反应，应易于清洗、灭菌或一次性使用，并加盖密封。运输过程中，物料应密闭，容器外需贴有配料标识。配料后，仓库审核其品名、规格、数量等，如有问题应及时请求纠正，然后开具出库凭证，并要做好出库凭证的复核工作，防止出现差错。

3. 记账与登账　物料发出后，仓储管理人员凭单记账、核销存货开（审）单无误后，进行登账，核销存货，一般要求在出库凭证上批注出库物料的货位编号和发货后的结存数量，以便保管人员日后的配货、核对工作。

二、物料的使用

所领取的物料，运送到生产车间后必须进行严格管理，中间产品、待包装产品、成品等也要进行严格管理，确保它们不受到污染、不发生混淆、使用不发生差错。

（一）物料在生产场所的存放

企业规定生产所用的物料、中间产品、待包装产品、成品等，在生产场所必须在规定的房间、区域，按规定的保存条件进行存放，并做好标识。如果在生产场所进行配料，应当由指定人员按照操作规程进行配料，核对物料后，精确称量或计量，并做好标识。配制的每一物料及其重量或体积应当由他人独立进行复核，并有复核记录。用于同一批药品生产的所有配料应当集中存放，并做好标识。中间产品和待包装产品的标识，除了和原辅料一样，标明产品名称和企业内部的产品代码、产品批号、数量或重量（如毛重、净重等）等外，还必须标明生产工序、产品质量状态（如待验、合格、不合格、已取样）等，防止发生混淆与差错。

（二）物料平衡的控制

所谓的物料平衡就是指“产品或物料实际产量或实际用量及收集到的损耗之和与理论产量或理论用量之间的比较，并考虑可允许的偏差范围”。通过严格的物料平衡的观察与控制来判定药品生产工艺活动的正常与否。

企业物料平衡是通过计算收得率进行的。收得率是一种反映生产过程中投入物料利用程度的技术经济指标。收得率包括理论收得率（计算收得率）和实际收得率。

1. 理论收得率（计算收得率） 是指假设实际生产过程没有任何损失或失误，根据所用各种成分的数量，在某种药品的制造、加工、包装的任何阶段，应获得的产量。

2. 实际收得率 是指在某种药品的制造、加工、包装的任何阶段，实际获得的产量。

影响产品收得率的因素很多，但是对于一个稳定、良好的生产过程，在生产的实际收得率和理论收得率之间存在一定的比值。药品生产企业根据生产实际情况、产品工艺验证、生产消耗等确定适当比值范围。如生产中发现比值超出合理范围，有显著差异，要求生产与质量管理部门必须查明原因，在得出合理解释、确认无潜在质量事故后，经批准方可按正常产品处理或继续下一步的生产。

企业原辅材料、中间产品、待包装产品、包装材料（包括标签与使用说明书等）、成品等在生产过程中都进行了物料平衡的控制活动。

（三）物料与产品的返工、重新加工与回收

1. 重新加工 就是将某一生产工序生产的不符合质量标准的一批中间产品或待包装产品的一部分或全部，采用不同的生产工艺进行再加工，以符合预定的质量标准。

2. 返工 就是指将某一生产工序生产的不符合质量标准的一批中间产品或待包装产品、成品的一部分或全部返回之前的工序，采用相同的生产工艺进行再加工，以符合预定的质量标准。

3. 回收 就是指在某一特定的生产阶段，将以前生产的一批或数批符合相应质量要求的产品的一部分或全部，加入另一批次中的操作。

值得注意的是，重新加工虽然采用了不同于正常生产工艺的其他工艺，这个工艺也必须是正式的工艺，但必要时也要经过工艺验证。制剂产品不得进行重新加工。不合格的制剂中间产品、待包装产品和成品一般不得进行返工。只有不影响产品质量、符合相应质量标准，且根据预定、经批准的操作规程以及对相关风险充分评估后，才允许返工处理，比如片剂生产中的制粒工序，如果制粒过程中，主药含量发生重大偏差，则不得返工。但是，如果是水分含量超标，则可以返工。返工应当有相应记录。

产品回收需经预先批准，并对相关的质量风险进行充分评估，根据评估结论决定是否回收。回收应当按照预定的操作规程进行，并有相应记录。回收处理后的产品应当按照回收处理中最早批次产品的生产日期确定有效期。对返工或重新加工或回收合并后生产的成品，质量管理部门应当考虑需要进行额外相关项目的检验和稳定性考察。

（四）不合格物料、产品与退货产品

企业不合格的物料、中间产品、待包装产品和成品的每个包装容器上均应有清晰醒目的标志，并在相应的隔离区内妥善保存。不合格的物料、中间产品、待包装产品和成品的处理应当经质量管理负责人批准，并有记录。

企业应建立严格的药品退货的操作规程，并有相应的记录，内容应包括产品名称、批号、规格、数量、退货单位及地址、退货原因及日期、最终处理意见。同一产品、同一批号、不同渠道的退货应当分别记录、存放和处理。

企业应规定，只有经检查、检验和调查，有证据证明退货质量未受影响，且经质量管理部门根据操

作规程评价后，方可考虑将退货重新包装、重新发运销售。评价考虑的因素至少应当包括药品的性质、所需的贮存条件、药品的现状、历史，以及发运与退货之间的间隔时间等因素。不符合贮存和运输要求的退货，应当在质量管理部门监督下予以销毁。对退货质量存有怀疑时，不得重新发运。对退货进行回收处理的，回收后的产品应当经预先批准，并对相关的质量风险进行充分评估，根据评估结论决定是否回收。回收应当按照预定的操作规程进行，并有相应记录。回收处理后的产品应当按照回收处理中最早批次产品的生产日期确定有效期。退货处理的过程和结果应当有相应记录。

第五节　包装材料

PPT

包装就是指待包装产品变成成品所需的所有操作步骤，包括分装、贴签等。但无菌生产工艺中产品的无菌灌装，以及最终灭菌产品的灌装等都不是包装。在药品的生产、贮存、运输、销售等环节中，无论是原料或成品，都离不开包装，而包装用的包装材料则在保护药品免受光线、空气、水分、微生物等因素的影响而变质或外观改变等方面起着决定性的作用。药品的包装也可以让使用者能一目了然地辨认出所使用药品的种类、规格、浓度和剂量等。药品包装的质量在一定程度上影响着医疗质量，因此对包装材料的管理至为重要。

一、药品质量与包装的关系

对药品质量的要求，概括地说，就是要求具有有效性、安全性、稳定性和均一性。药品在贮存、运输过程中可能会发生化学变化、物理变化而影响其质量。化学变化包括主药或赋形剂的氧化、还原、分解、聚合等，引起含量下降、颜色改变、散发异味等。物理变化包括重量、结晶形态、粒子大小、分散状态的变化，引起外观、硬度、溶出度、崩解时限等变化。造成物理、化学变化的因素有内因和外因。

（一）内因

影响药品质量的内在因素在于药物和制剂本身的性质。药物往往由于结晶（晶型）、粒度、纯度等的不同而具有不同的稳定性。当然，制剂的赋形剂、附加剂、工艺、设备等因素也可能影响药物的稳定性。在药品生产的设计中，既要考虑药效、生物利用度、药物晶型、给药方法、赋形剂、抗氧剂、pH等因素，也不要忽视内包装容器的影响，药物与容器的相互作用也可归入影响药品质量的内在因素。如大输液包装在玻璃瓶中，当高压灭菌时，使其pH和澄明度等方面发生变化。

（二）外因

影响药品质量的外在因素很多，主要有如下几种，而内包装在一定程度上能够预防除热以外的大部分不利因素。

1. 光线　特别是紫外线，能使许多对光敏感的药品发生光解反应而变质失效，如维生素A和维生素C等。

2. 温度　一般来说，温度每升高10℃，化学反应速度可提高2倍以上。较高的温度可以使药品分解速度加快，加速药品的变质。

3. 氧气　大多数药物都会和氧发生反应，尤其那些本身就是还原剂的药品，如二价铁的制剂等。

4. 湿度　水不仅能使药物润湿、溶解，还能使药物水解和氧化，如对水分比较敏感的泡腾片等。

5. 微生物　一般来说，绝大多数药品含有微生物所需要的营养物质，增强了微生物污染药品的可能性。

6. 其他　如贮运过程中的搬动、不按规定放置和意外的撞击等均是影响药品质量的外在因素。

二、药品包装的作用

药品的包装有以下 5 个方面的作用。

1. 保护药品 绝大多数药品受温度、湿度、氧气、光线等因素的影响，其质量会下降，为此要使用防潮、密封、避光的容器，例如针剂放入内衬黑纸的纸盒可形成避光的内环境，以防止药品的劣化。为防止破损、防止异物（包括昆虫、微生物）进入，药品外包装应牢固，设计美观合理，密封性能好。

2. 方便药品使用 不同的药物及其剂型要选用合适的剂量包装，才能方便用药者的使用。

3. 保证安全有效用药 包装具有品质保证、情报信息介绍的功能，有名称、规格、含量、使用方法、生产批号、使用期限（包括有效期或厂方负责期，但后者不需要在药品包装上或标签上注明）、保存方法等说明，可以起到保证安全有效用药的作用。

4. 方便药品流通 有了药品包装，可以保证药品流通迅速、便利，降低物流费用。药品进行包装后便于计算价值，方便买卖双方和直接消费者。

5. 美化包装，提高销量 美化的包装设计可以吸引较多的顾客，提高药品的销量。对于同种药品，顾客在选择的过程中，如果没有明确的目标，则会考虑药品外包装的美观性，所以药品包装具有较强的商业价值，提高药品包装的质量，可以更好地吸引顾客的目光。

三、包装材料的概念与分类

所谓的药品包装材料指药品包装所用的材料，包括与药品直接接触的包装材料和容器、印刷包装材料，但不包括发运用的外包装材料。

包装材料按与所包装药品的关系程度，可分为 3 类。

1. 内包装材料 指用于与药品直接接触的包装材料，也称为直接包装材料或初级包装材料，如注射剂玻璃瓶、铝箔、油膏软管等。内包装应能保证药品在生产、运输、储藏及使用过程中的质量，并便于医疗使用。

2. 外包装材料 指内包装以外的包装，按由里向外分为中包装和大包装，如纸盒、木桶、铝盖等。外包装应根据药品的特性选用不易破损的包装，以保证药品在运输、储藏、使用过程中的质量。

3. 印刷性包装材料 具有特定式样和印刷内容的包装材料，如印字铝箔、标签、说明书、纸盒等。

四、包装材料的管理

包装材料对药品质量的影响是巨大的。这些包装材料在正常情况下能够起到保护药品的作用，但如材质选用不当，或受到污染，那么这种包装不但不能起到保护药品的作用，反而会对药品造成污染，严重影响药品质量。据实验报道，胰岛素可被玻璃中的二氧化硅与硼的氧化物吸附；肝素钠与生理盐水的混合液存放在玻璃容器中，2 小时后活性明显下降；盐酸胺碘酮的 5% 葡萄糖溶液存放在玻璃瓶内，加橡胶塞放置一定时间后，接触橡胶塞的药液浓度减少 10% ~14%，而不接触的未见下降。因此，包装材料的购入、储存、发放、使用等管理除可按原辅料管理执行以外，还必须注意以下问题。

（一）标准管理

生产、进口和使用药包材，必须符合药包材国家标准。药包材国家标准由国家药品监督管理部门制定和颁布。国家药品监督管理部门制定注册药包材产品目录，并对目录中的产品实行注册管理。对于不能确保药品质量的药包材，国家药品监督管理部门公布淘汰的药包材产品目录。国家鼓励研究、生产和使用新型药包材。新型药包材应当按照规定申请注册，经批准后方可生产、进口和使用。

（二）注册管理

我国对药品包装材料实行注册管理制度。药包材注册申请包括生产申请、进口申请和补充申请。

1. 生产申请 是指在中国境内生产药包材的注册申请。申请人应当是在中国境内合法登记的药包材生产企业。

2. 进口申请 是指在境外生产的药包材在中国境内上市销售的注册申请。境外申请人应当是在境外合法登记的药包材生产厂商，其进口申请注册，应当由其驻中国境内的办事机构或者由其委托的中国境内代理机构办理。

3. 补充申请 是指生产申请和进口申请经批准后，改变、增加或者取消原批准事项或者内容的注册申请。药品包装材料必须经药品监督管理部门注册并获得《药包材注册证》后方可生产。未经注册的药包材不得生产、销售、经营和使用。

国外企业、中外合资境外企业生产的首次进口的药包材，必须取得国家药品监督管理局核发的《进口药包材注册证》，并经国家药品监督管理局授权的药包材检测机构检验合格后，方可在国内销售、使用。

（三）认证管理

申请单位必须是经注册的合法企业。企业应具备生产所注册产品的合理工艺、有关的洁净厂房、设备、检验仪器、人员、管理制度等质量保证必备条件。必须同时具备与所包装药品生产相同的洁净度条件。

国内生产包装材料企业要提出药包材生产申请的，应当在完成药包材试制工作后，填写《药包材注册申请表》，向所在地省、自治区、直辖市药品监督管理部门报送有关资料和样品。然后省、自治区、直辖市药品监督管理部门组织现场检查认证，符合要求的，抽取供检验用的连续 3 批样品，通知设置或者确定的药包材检验机构进行注册检验。形式审查符合有关规定的，由省、自治区、直辖市药品监督管理部门在收到药包材检验机构的检验报告书和有关意见后将形式审查意见、现场检查意见连同检验报告书、其他有关意见及申请人报送的资料和样品一并报送国家药品监督管理局。不符合有关规定的，予以退审或申报单位申请撤回。国家药品监督管理局应当在完成审评后，对符合规定的，核发《药包材注册证》。

境外生产的药包材在中国境内上市销售的，要提出药包材进口申请，应填写《药包材注册申请表》，向国家药品监督管理部门报送有关资料和样品。国家药品监督管理部门应当在 5 日内对申报资料进行形式审查，符合要求的予以受理，发给受理通知单和检验通知单。申请人凭检验通知单向国家药品监督管理部门设置或者确定的药包材检验机构报送连续 3 批样品。国家药品监督管理部门根据工作需要，可以对进口药包材研制情况及生产条件进行现场考核，并抽取样品。国家药品监督管理部门应当在完成审评后对符合规定的，核发《进口药包材注册证》。中国香港、澳门和台湾地区的药包材生产厂商申请药包材注册的，参照进口药包材办理，符合规定的，发给《药包材注册证》；不符合规定的，发给《审批意见通知件》。

（四）使用管理

为了保证药包材不对药品质量产生不良影响，药品生产企业在使用药包材时要确保用于药品生产的包装材料正确无误，所以应特别关注以下问题。

（1）包装材料应当由专人按照操作规程和需求量发放。

（2）凡是直接接触药品的内包装材料、容器（包括黏合剂、衬垫、填充物等）必须无毒，与药品不发生化学反应，不发生组分脱落或迁移到药品中，以保证安全用药。

（3）直接接触药品的包装材料、容器（包括盖、塞、内衬物等）除抗生素原料药用的周转包装容器外，均不准重复使用。

（4）内包装材料的洁净应无菌化，要制定测定内包装材料上附着微生物菌数的操作规程。

五、印刷包装材料的管理

药品生产中使用的印刷包装材料种类较多，有说明书、标签、直接印刷的包装材料（眼药水瓶）、内包装容器说明书、封签、装箱单、合格证、外包装容器说明书、箱贴等。由于印刷包装材料直接给用户和患者提供了使用药品所需要的信息，因错误信息引起的用药事故亦较为常见。据调查，在 404 例致死医疗事故和 82 起致残事故中，因印刷包装材料误导的各有 30 例和 6 例，分别占 3. 84% 和 5. 66% 。造成事故的原因之一就是药品的印刷包装材料信息错误。所以对印刷包装材料必须进行严格管理。

（一）标签的管理

药品标签分为内包装标签和外包装标签，药品内标签指直接接触药品的包装的标签，外标签指内标签以外的其他包装的标签。

内包装标签与外包装标签内容不得超出国家药品监督管理局批准的药品说明书所规定的内容、文字表达应与说明书保持一致。药品销售的每一个最小销售单元的包装必须按照规定印有或贴有标签。

1. 内包装标签 内容应当包含药品通用名称、适应证或者功能主治、规格、用法用量、生产日期、产品批号、有效期、上市许可持有人及其地址、生产企业等内容。包装尺寸过小无法全部标明上述内容的，至少应当标注药品通用名称、规格、产品批号、有效期等内容。

2. 外包装标签 一般包括小、中包装标签，应当注明药品通用名称、成分、性状、适应证或者功能主治、规格、用法用量、不良反应、禁忌、注意事项、贮藏、生产日期、产品批号、有效期、批准文号、生产企业等内容。适应证或者功能主治、用法用量、不良反应、禁忌、注意事项不能全部注明的，应当标出主要内容并注明“详见说明书”字样。

大包装标签主要指用于运输、储藏的包装的标签，应当注明药品通用名称、规格、贮藏、生产日期、产品批号、有效期、批准文号、上市许可持有人及其地址、生产企业，也可以根据需要注明包装数量、运输注意事项或者其他标记等必要内容等。

标签上的有效期具体表述形式：有效期至某年某月或有效期至某年某月某日。

麻醉药品、精神药品、医疗用毒性药品、放射性药品等特殊管理的药品，外用药品，非处方药品在其贴签、小包装、中包装和大包装上必须印有符合规定的标识；对储藏有特殊要求的药品，必须在标签的醒目位置中注明。

（二）说明书的管理

药品说明书是指导用药的基本指南，应包含有关药品的安全性、有效性等基本科学信息。

药品说明书应列有以下内容：药品名称（通用名、英文名、汉语拼音、化学名称）、分子式、分子量、结构式，复方制剂和生物制品应注明成分、性状、药理毒理、药代动力学、适应证、用法用量、不良反应、禁忌证、注意事项（孕妇及哺乳期妇女用药、儿童用药、药物相互作用和其他类型的相互作用，如烟酒等）、药物过量（包括症状、急救措施、解毒药）、储藏、有效期、批准文号、上市许可持有人及其地址、生产企业（包括地址和联系电话）等内容。如某一项目不明确，应注明“尚不明确”字样，如明确无影响，应注明“无”字样。

药品说明书中成分应当列出全部活性成分或者组方中的全部中药药味。注射剂和非处方药还应当列出所用的全部辅料名称。

药品的用法用量除单位含量标示外，应使用通俗的文字，如“一次几片，一日几次”“一次几支，一日几次”等，以正确指导用药。

药品说明书核准日期和修改日期应当在说明书中醒目标示。

麻醉药品、精神药品、医疗用毒性药品、放射性药品等特殊管理的药品，外用药品，非处方药品在其说明书上必须印有符合规定的标识。

（三）设计与印刷的质量控制

印刷包装材料是一种特殊的物料，其管理除了和一般物料有共性要求之外，也有一些特殊要求。

1. 设计印刷管理　设计正确是避免印刷包装材料引起用药信息差错的基础。药品生产企业应制定印刷性包装材料设计印刷方面的管理制度，从样张设计、审查、批准、复印、验收等方面的严格管理，并制定合理的程序，做到经手人签字及做好有关的各项纪录。

要选择好印刷厂家。由于印刷厂家一般不具备医药方面的基础知识和制药企业 GMP 管理的概念，因此，在印刷这些材料之前，应对印刷厂家做出选择，一经确定即应定点合作，尽量避免经常更换单位。

需要强调的是，印刷包装材料，特别是标签、说明书等在批量印制之前及入库验收时，都必须进行仔细的校对和验收。校对和验收一定要严格仔细，对于印刷包装材料来说，即使出现像弄错或漏掉一个字符或标点符号逗号那样的微小错误，也都可能产生严重的后果。如遗漏标签和说明书的有关规定项目、内容出现不正确的浓度和剂量、文字编排错误、颜色不均匀等都是屡见不鲜的问题。这些问题，有的是设计问题，有的是印刷问题，但都存在着共同的问题——没有进行认真仔细的核对和审查。所以，印制印刷包装材料，必须强调核对和审查工作。

2. 一般管理　前述原辅料的管理程序和方法同样也适用于包装材料。对于印刷包装材料接收、取样、检验、保管、发放的管理，可参照原料辅料管理方式方法和程序进行。此外，还应注意换版时版模的处理，有缺陷标签（如污斑、印刷不完全、文字错误、尺寸不规则、印刷不清、颜色不符等）、过期标签、加印批号后未用完或印错批号的标签等的退库处理工作。同时，印刷包装材料应设置专门区域妥善存放并由专人保管。

3. 变更管理　药品生产企业应主动跟踪药品上市后的应用情况，并在必要时提出修改标签、说明书等印刷包装材料的申请，也可因其他原因提出申请，这时按照原申报程序进行，不得擅自修改。

4. 其他管理　包装材料中不得夹带任何未经批准的介绍、宣传产品、企业文字或音像等资料。凡是在国内销售、使用的药品，印刷包装材料所用文字必须以中文为主，使用国家规范化的汉字。

印刷时，药品通用名称必须用中文显著标示，如同时有商品名，则通用名称与商品名用字其字体以单字面积计比例不得小于 1∶2，两者之间应有一定的距离，不得连用，且药品商品名称不得与通用名称同行书写。药品的商品名必须经国家药品监督管理局批准后方可在药品包装、标签及说明书上标注。

包装材料的印刷字迹清晰、醒目，不得有印字脱落或粘贴不牢等现象，并不得用粘贴、剪切的方式进行修改和补充。

（杨　勇　于　泳　庞玉秋）

书网融合……

本章小结　　微课　　题库

第七章　确认与验证

学习目标

1. **掌握**　验证与确认的概念；设备验证；工艺验证；分析方法验证；清洁验证。
2. **熟悉**　计算机化系统验证；变更验证与再验证。
3. **了解**　验证管理，包括验证总计划、验证方案、验证报告的概念与管理。
4. 能够实施设备验证、工艺验证、分析防范验证、清洁验证、计算机化系统验证等程序。

确认与验证就是证明药品质量管理体系要素所涉及的硬件如厂房设施、仪器设备等，证明软件如工艺规程、操作规程、分析方法等确实能达到规定的标准（预期效果），以文件和记录的方式来证明的一系列活动（工作等）。一般而言，对厂房设施、仪器设备等硬件的证明活动称为“确认”；而对工艺、方法等“软件”的证明活动称为“验证”。

PPT

第一节　确认与验证概述

验证（确认）是证明软件、硬件或工作现场系统、设备能够按照预定的标准，始终进行正常工作并生产合格产品的手段。在 GMP 管理活动中，验证起着极其重要的作用。

一、验证的渊源

20 世纪 70 年代的美国，一家药厂生产的输液由于受到微生物污染，引发多起儿童败血症死亡的案例。美国 FDA 成立特别调查小组对注射剂生产商进行了全面的调查，调查的内容包括以下项目。

（1）水系统：水源、水的预处理、纯化水和注射用水生产和分配系统。

（2）厂房和洁净空调系统。

（3）灭菌柜的设计、结构以及运行管理。

（4）产品的最终灭菌。

（5）氮气、压缩空气的生产、分配和使用。

（6）与产品质量有关的公用设备。

（7）仪器仪表以及实验室管理。

（8）注射剂生产作业以及质量控制的全过程。

调查的结果表明，导致药品质量安全发生严重问题的原因，不是生产厂家违反 GMP 等药事管理法规规定，比如没有进行无菌检查，或者将不合格批号投放到市场等，而是由于在生产前没有对那些可能使得产品受到污染的系统，如采暖、通风系统、空气系统和制水系统，尤其是灭菌系统等进行“确认”实验，以证明这些系统确实能达到“预期效果”，从而导致工艺运行状态出现了严重危及产品质量安全的偏差。

为此，美国 FDA 经过调查和分析后，采取了一个重要的过程管控措施——要求药品生产企业对生产过程中那些影响药品质量安全的重要系统在投入使用前必须进行“验证”。1976 年 6 月 1 日发布的

《大容量注射剂GMP规程（草案）》首次将“验证”这个概念以文件的形式载入GMP。随后，验证的概念迅速被各国GMP等药事管理法规所接受，并扩展到各个剂型、各个生产质量管控环节，再扩展到药品非临床研究（GLP）、药品临床研究（GCP）、药品流通（GSP）等药品整个生命周期质量管控的各个环节，目前，提出了对于计算机系统、人工智能等新技术的验证要求。实践证明，验证及验证技术手段的不断扩展，使GMP的实施水平也不断提升，不断迈上新的台阶。

二、确认与验证的概念

各国的GMP相关法规和指南均对确认与验证给出了明确的定义。

我国GMP中“确认”的定义为“证明厂房、设施、设备能正确运行并可达到预期结果的一系列活动”。

欧盟（EU）GMP中关于“确认”的描述为“证明设备工作正常并确实产生预期结果的行为。验证有时会扩展包含确认的概念”。

WHO GMP补充指南——验证中“确认”的定义为“所有厂房设施、系统和设备均已安装好，且运行正常并能产生预期结果的证明和文件记录行为。确认通常为验证的一部分（初始阶段），但个别单独的确认步骤并不构成工艺验证”。

我国GMP中验证的定义为“证明任何操作规程（或方法）、生产工艺或系统能够达到预期结果的一系列活动”。

虽然在2011年出版的美国FDA工艺验证的指南中已经将“验证”的定义删除，但对验证的要求仍然延续了1987年美国FDA工艺验证指南中的定义“建立一套文件证据，以高度保证某项特定的工艺确实能始终如一地生产出符合预定标准以及质量的产品”。

EU GMP规定的“验证”定义为“用实际行动证明，任何程序、工艺、设备、物料、活动或系统能按照良好生产规范原则产生预期结果”。

WHO GMP补充指南——验证规定的“验证”定义为“通过建立文件来确保既定工艺能始终如一地按照预期结果进行”。

美国材料与试验学会（American Society of Testing Materials, ASTM）的E2500—2700《制药、生物制药生产系统和设备的规范、设计、验证标准指南》描述的“验证”定义为“验证是一个系统的方法，用来证实单独或联合操作的生产系统是否符合其预定的用途，是否已正确安装，并正确运行。这是一个总称，它包括所有确保系统正常运行的方法，如确认、调试和确认、验证、系统验证或其他”。

综上，确认是对质量管理体系中基础性要素的认定，通常用于厂房设施、设备仪器等认定。而验证则是对质量管理体系中过程性要素的认定，通常用于工艺过程、操作过程等认定。验证就是证明任何程序、生产过程、设备、物料、活动或系统确实能达到“预期效果”的有“文件证明”的一系列活动。

所谓“预期效果”应该是一个定量的概念，比如就“灭菌效果”而言，不能简单表述为“达到无菌”，而是应定量地描述为“使每一个药品单位中的微生物的残存概率数量降到10^{-6}以下”。所谓“文件证明”，就是要在GMP条件下，在预先设计并确认的方案（验证方案）的基础上实施验证，验证的结果也是以文件的形式表达出来。因为通过“文件证明”，可以使得验证过程稳定明确，可以确保科学规范的评价的正确性，可以明确验证和生产及与质量管理有关的操作标准之间的关系，也易于进行技术积累和追溯。

药品质量是设计、制造出来的，也离不开检验，GMP是药品设计、生产和检验等质量的基本保证，确认和验证则是GMP的理论基础。总结验证的结果应记录在案，生产工艺和程序应建立在验证的基础上，并进行定期的再验证，以确保达到预期的结果。企业实施GMP往往要经过6步循环运作，即设计、立标、验证、生产、监测、再验证，这是一个动态的过程，通过每一次循环，所得的验证试验数据都会为质量保证措施提供可靠的依据，使 GMP 实施更加扎实，使 GMP 管理水平不断提高。

三、验证的分类

根据确认与验证的定义，在药品生产实际过程中，验证有如下分类。

1. 按验证对象分类

（1）厂房设施与设备仪器的验证　对厂房设施、仪器设备等硬件进行的确认与验证，包括公用系统（空气净化系统、工艺用水系统、空气压缩等系统）等的确认与验证。

（2）生产工艺与操作方法的验证　对产品生产工艺、对具体的操作方法，如混合、合成、精制等操作进行的验证，即为证明工艺在设定参数范围内能有效稳定地运行并生产出符合预定质量标准和质量特性药品的验证活动。

（3）分析方法的验证　对药品、物料等进行分析、检测所使用的分析方法进行的验证，用于证明这些分析检测方法的适用性所进行的验证。

（4）清洁验证　对和药品，生产所用到的原料、辅料、包装材料，生产所用到的介质、水等发生直接接触的设备、管道、容器、器具等，洁净厂房的清洁和灭菌效果进行的验证。用以证明这些清洁灭菌方法（程序）确实能达到预期效果。

（5）计算机系统的验证　应当指定专人对通用的商业化计算机软件进行审核，确认其满足用户需求。在对定制的计算机化系统进行验证时，应当建立相应的操作规程，确保在生命周期内评估系统的质量和性能。计算机化系统验证包括应用程序的验证和基础架构的确认，其范围与程度应当基于科学的风险评估。风险评估应当充分考虑计算机化系统的使用范围和用途。应当在计算机化系统生命周期中保持其验证状态。

2. 按验证方式分类

（1）首次验证　也称为前验证、预验证或初验证，是指在厂房设施、设备仪器、工艺规程、操作方法等正式投入使用前进行的验证。

（2）同步验证　是指在工艺常规运行的同时进行的验证，即从工艺实际运行过程中获得的数据来确立文件的依据，以证明某项工艺达到预计要求的活动。

（3）回顾性验证　是指以过去生产过程中所记录的数据为基础，并对这些数据进行统计分析，旨在证实正式生产工艺条件适用性的验证。

（4）再验证　也称为复验证，是指当经过前验证的工艺、设施设备等在使用一定周期后所进行的验证；或指当影响产品质量的主要因素，如工艺参数、质量控制方法、主要原辅材料、主要生产设施设备等发生改变（变更）或者经过重大维修维护后，所进行的验证；或指在对药品生产过程中，进行风险分析，在趋势分析中发现有系统性偏差所要进行的验证。

四、验证的生命周期

验证是建立一个书面的证据，保证用一个特殊的过程来始终如一地生产产品，保证符合客户预先确定规格的质量特征。需要进行验证工作，就必须按照验证生命周期（Life Cycle）设计出一套完整的验证计划（Validation Plan，VP）以及有效的测试（Test）方法，如设备等硬件确认和验证生命周期 V－模型，如图 7－1 所示。

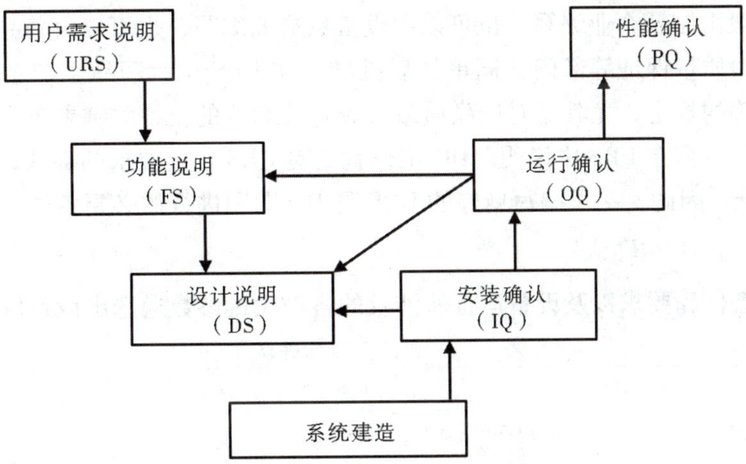

图7－1 验证V－模型

通过系统化的研究完成的过程称为生命周期，验证生命周期从制定用户需求说明为起点，经过设计阶段、安装确认、运行确认，最终通过性能确认来证实用户需求说明是否完成了一个周期。

PPT

第二节 厂房设施与设备仪器的确认及验证

GMP在药品生产企业实施的要素中，硬件设施是药品生产的基本要素。硬件是指满足标准的厂房、设施和设备等。对药品生产所使用的厂房、设施和设备验证的目的，就是根据药品生产的工艺要求，对生产所用厂房、设施和设备的设计与选型、安装与运行等的准确性、稳定性和对产品工艺适用性做出评估，同时为制定和修订设备操作和维护规程等软件奠定理论基础。一般而言，厂房、设施与设备的验证分为设计确认、安装确认、运行确认和性能确认（4Q确认）4个步骤进行。

一、设计确认

设计确认（Design Qualification，DQ），是厂房设施与仪器等硬件验证工作的第一步，就是根据药品生产工艺的要求，对药品生产所使用的厂房、设施和设备的设计方案进行确认，证明厂房、设施与设备的设计方案可达到预期结果的一系列活动。新的厂房、设施、设备确认的第一步为设计确认。在欧盟GMP、PIC/S以及ICH中都对设计确认有要求。我国2010年修订的GMP对设计确认予以了明确和强化，同时将其作为整个确认活动的起点。设计确认是一项可以规避风险的工作。其能够在项目早期解释设计存在的问题，可以及时采取必要的补救措施，避免工期延误和费用透支。早期发现设计中存在的问题有利于后续确认工作的顺利进行。

药品生产企业所用的厂房、设施与设备必须满足产能要求、环保要求、劳保要求和防止污染，并便于进行清洗、灭菌与消毒等GMP管理要求。因此，药品生产企业在进行设计确认时，应从厂房、设施与设备建造商、生产商的资质、厂房、设施与设备的功能、材质与结构等5个方面考虑。

（一）药品生产企业自身工艺特点

对设备和所加工的物料进行风险分析，对于直接或间接影响药品质量的，与生产工艺过程、质量控制、环境、安全和数据真实性等方面相关的因素，依据设备用途和工艺要求等因素对设备存在的有关风险做深入和详尽的分析，并通过设计评审将每一个因素的风险放大并进行分析，以便及早发现其可能影响产品质量的风险。根据风险分析结果，形成用户需求说明（URS）。URS是对产品性能、技术、使用、服务等提出要求，并在购销合同中经制造方和使用方共同确立的文件，其强调设备应满足药品生产企业需求的意愿。URS 一般由制药企业编写，也可以由设备供应商编写，也可以由药品生产企业与设备生产供应商共同编写，经由质量保证等部门共同审核后批准。在 URS 中，药品生产企业对设备的各项具体质量特性要求做出明确的规定，尤其是对产品质量有着直接影响的设备关键参数。此外，双方约定的项目和供应商提供的服务也需在 URS 中说明。DQ 工作就是对 URS 各项要求的确认，URS 中的各项参数就是 DQ 工作的接受标准。因此，一份编写良好的 URS 是 DQ 顺利进行的必要条件。

（二）设备供应商资质的确认

应根据产品工艺条件和要求以及设备运行所涉及的各项关键参数遴选出设备供应商，详见表 7－1。

表 7－1　供应商资质确认表

序号	供应商资质审查内容
1	供应商的信誉，对药品生产工艺与 GMP 等法规熟悉的程度
2	供应商合法资质、经验、提供技术培训的水平
3	供应商是否在所在地进行设备的性能测试，提供试车资料及测试保障
4	供应商的同类设备在其他厂家的使用经验（必要时可提供联系电话、组织参观等）
5	供应商是否具有完整的，符合国家标准的，能够指导生产制造的技术文件（如设备说明书、设备标准操作规程等）

（三）设备功能的设计及确认

由于药品生产的特殊性，药品生产企业与设备供应商宜从设备的洁净功能、清洗功能、在线监测与控制功能以及安全、环保功能进行分析和设计，并进行确认，详见表 7－2。

表 7－2　设备功能确认表

功能确认项	具体确认内容	接受标准
洁净功能	对设备与所加工药物（物料）进行物理或化学测试，以及密闭性能测试	设备不得与所加工的药物（物料）发生化学反应；物理反应（如吸附与粘连）应在可接受范围之内；密闭性能良好
清洗功能	设备是否具备在线清洗功能，在线清洗的效果是否符合要求；若需人工清洁，应根据设备的特点制定清洁验证方案，做好清洁验证	无论采取何种形式的清洁方式，清洁效果必须符合规定的标准
产能与在线监测与控制功能	设备是否满足规定产能，是否具有在线监测与控制功能，操作是否简明易于维护	满足产品批设置的要求，有良好的人机对话界面，便于监测、操控，便于维护
安全、环保功能	设备是否具有定量测试防尘、防水、防过热、防爆、防渗入、防静电、防过载等功能	所有的安保功能测试结果必须符合设备制造商声明的标准

（四）设备材质的设计及确认

GMP 规定制造设备的材料不得对药品性质、纯度、质量产生影响，其所用材料需具有安全性、辨别性及使用强度。为此，在设备设计及确认时要关注以下问题，详见表 7－3。

表 7－3　设备材质确认表

材质确认项	具体确认内容	接受标准
和药物（物料）的关系	设备材料是否对药品性质、纯度、质量产生影响	设备用材料需具有安全性、辨别性及使用强度。不吸附、不释放颗粒，耐摩擦和冲击等
和清洗、消毒剂的关系	设备材料是否对清洗剂、消毒剂的使用不稳定	设备用材料需具有耐腐蚀、耐油、耐冲洗等性能
和生产环境的关系	设备材料是否耐震动、不对环境释放颗粒	设备用材料需具有耐腐蚀、耐油、耐冲洗等性能

（五）设备结构的设计及确认

设备的结构刚性程度高，一旦制作完成，投入使用结构不合理、不适用的设备，不但对药品质量产生不利影响，而且变更难度大、手续多（法规注册程序等）、成本高。因此，对设备的结构要求是 URS 关注的重点。设备的结构不仅仅与药品生产有关，还与设备的清洗、维护等有密切的关系。因此，设备的结构主体部件还应有利于物料的流动、位移、反应、交换及清洗、维护，并在这些活动中不对生产环境带来不良影响。对设备结构的设计及确认应关注以下问题，详见表 7－4。

表 7－4　设备结构确认表

结构确认项		具体确认内容
主体部件		应有利于物料的流动、位移、反应、交换及清洗等，尽可能采用大的圆角、斜面、锥角等，以免挂带和阻滞物料
辅助部件	传动部件	诸如分度、变速机构特点、分度精度或变速范围以及使用寿命 传动平稳、低噪声性，以及传动部分不对操作部分产生污染的措施
	润滑系统	润滑要求和润滑方法是否有自动控制润滑的功能；润滑时间和流量是否可调、缺润滑剂报警功能 润滑密封的措施、润滑剂的渗漏率，以及对整个系统不产生油污染的措施
	安全系统	安全装置是否能安全离合或起超载离合作用
	其他	对气动或液压控制系统，控制原理、主要配置、主要参数以及其他功能

此外，设备应满足产品检验、验证等的有关要求，合理设置有关参数的测试点和必要的验证预留孔或取样口等。

根据 URS，设备供应商会形成确认项目计划（Qualification Project Plan，QPP）与质量计划（Quality Plan，QP），确保严格按照 URS 所确认的标准，在 GMP 和 ISO 9001 管理标准条件下，进行设备的生产和销售。

二、安装确认

安装确认（Installation Qualification，IQ）是指在制造商、供应商的帮助下，对厂房设施、仪器设备等硬件是否按照经过 DQ 标准设计制造，硬件本身，包括技术资料的完整性以及硬件计量及性能参数准确性、安装环境及安装过程的符合性与正确性进行确认，对安装后进行各种系统检查及技术资料包括标准操作规程的文件化工作。我国 GMP 要求：安装确认应当证明厂房、设施、设备的建造和安装符合设计标准。即安装确认所要达到的目标是确保设备的规格、型号、安装质量、辅助设施的配套的正确性和准确性。必须注意到，随着制药设备技术不断提高，如计算机程控化硬件的广泛运用等，使得这些硬件的结构和运行变得更加复杂，安装确认变得更加重要。以下从设备的安装及确认说明这些问题。

安装确认主要内容如下：①设备是否按设计方案进行生产，设备是否完整，配件是否齐整；②设备操作说明书等文件资料是否齐全；③设备安装环境及工况的认定；④设备与提供的工程服务系统的匹配性；⑤设备操作规程是否符合设计要求。

确定设备是否按设计方案进行生产、设备是否完整、配件是否齐整、设备操作说明书等文件资料是否齐全，详见表 7－5。

表 7－5　设备结构基本资料确认与标准内容

确认内容	确认方法	确认标准
资料确认	检查	图纸等文件资料齐全，与设计标准一致
设备备件	检查	备件结构、材质等与设计一致
设备整体	检查	设备结构、材质等与设计一致，表面无明显划痕、无碰撞痕迹、无锈斑、无腐蚀
		设备完整，包装规范完整
		零部件齐全、表面无锈斑、无腐蚀

对检测设备性能的有关计量仪表，如电流电压表、转速表、压力表、水平仪等的准确性与精确度进行确定。

确定设备安装环境、安装工况和设备与其他配套设备的匹配性，详见表 7－6。

表 7－6 设备结构公用设施环境确认与标准内容

确认内容	确认方法	确认标准
设备安装环境 安装工况	按说明书规定	设备安装环境、安装部位，安装形式应符合技术要求和维护洁净要求，所有零部件与图纸一致，且完好无损。管线无死角，接口符合洁净要求；设备安装平稳、水平
	核对工艺布局图及安装位置	设备与墙面、地面和配套设备保持规定的距离，便于维护、清洁和操作
电源	目测	按图纸连接正确
	用万能表检测	电压 380V
水连接	目测	按图纸连接正确，连接紧密
压缩空气管路	目测	按图纸连接正确，连接紧密
	减压阀	可调节、稳定
接地保护	目测	连接良好

对以上工作进行记录，并形成文件，在此基础上，对设备进行试运行和调试，形成设备的标准操作规程、维护保养规程和清洁消毒规程草案。如果确认结果符合确认标准，可进行下一步确认；如果确认结果不符合确认标准，应找出原因并采取处理措施或合理解释，方可进行下一步确认。

三、运行确认

运行确认（Operational Qualification，OQ）就是根据在安装确认中形成的各类规程的草案，对厂房设施、仪器设备等硬件的每一部分和整体进行空载试验，确保硬件在工作时正常运行，并且性能达到设计及设计确认所规定的技术指标。我国 GMP 要求：运行确认应当证明厂房、设施、设备的运行符合设计标准，即运行确认是通过检查、检测等的方式，用文件的形式证明厂房设施、仪器设备等硬件的运行状况符合设备设计、安装及确认所规定的标准和技术参数，能满足 URS 标定的各项内容。以下从设备的安装及确认说明这些问题。

1. 设备各类规程草案的适用性确认 主要内容包括对安装确认中草拟的设备各类规程进行运行试验所得到的数据，进行分析和确认，并进行必要的补充、修改和调整，使这些规程更加符合企业实际。

2. 设备运行参数的波动性确认 主要内容有在可能发生的和预想的最坏条件下（能进行正常工作的工序允许条件的下限及上限）进行上述试验，确认设备即使在这些极端的情况下也能正常运转，生产出正常产品。这样，就掌握了设备运行参数正常波动的范围，并在此基础上确定设备实际运行更安全的参数范围，如确认在“纯化水生产设备”生产能力上限的纯化水的水质，就能确认在正常生产能力情况下，纯化水的水质的可靠性。再如，确认“环境控制区”内工作人员的最大数量、最长工作时间下的洁净度等，就能确认在正常工作条件下，洁净室洁净度的可靠性等。除此之外，还要在这些苛刻的条件下，对设备做连续 3 次以上的运行试验考察，确认设备运行的稳定性、可靠性等。

3. 设备（面板）仪表的可靠性确认 操作人员在操作时，主要是依靠设备上的仪表来观察产品生产和检测等状况及设备本身运行的状况，这就要求对这些仪表的可靠性进行检测与确认，确保这些仪表能准确反映生产等的实际情况。

4. 对设备各类规程草案再次进行确认 对设备的操作规程、维保规程和清洗灭菌消毒等规程进行确认，使得这些草案进一步得到充实和提高。

此外，要注意运行确认完成后，还要建立和完善的操作、清洁、校准和预防性维护保养的操作规程，并对相关人员培训。

四、性能确认

根据 GMP，性能确认（Performance Qualification，PQ）应当证明厂房、设施、设备在正常操作方法和工艺条件下能够持续符合标准。以下以设备的性能确认进行说明。

性能确认就是指在给定的具体工艺情况下，对设备实际生产过程中运行的稳定性、可靠性进行确认，确保设备在实际生产过程中能生产出合格产品。性能确认应在安装确认和运行确认成功完成之后执行。性能确认既可作为一个单独的活动进行描述，在某些情况下，性能确认可与运行确认或工艺验证结合进行。在 GMP 条件下，性能确认必须通过文件证明当设备、设施等其他系统完成连接后能够有效地、可重复地发挥作用，即通过测试设施、设备等的产出物来证明它们的正确性。

就工艺设备而言，性能确认实际上是通过实际负载生产的方法，考察其运行的可靠性、关键工艺参数的稳定性和产出产品的质量均一性、重现性的一系列活动。具体做法如下。

1. 模拟实际生产　按照给定的生产工艺（工序），连续进行 3 批以上的产品生产，根据设备运行（稳定性）和产品检测结果（重现性），考察设备性能。

2. 对产品质量的情况进行全面检测　对产品质量检测的各个方面进行严格检测，对产品抽样范围进行扩大，甚至全数进行检验，考察产品质量的稳定性，从而对设备性能进行确认。

3. 挑战性试验（Challenge Test）　指在具体的工艺条件下，设计出最苛刻的生产条件（工序允许条件的下限及上限），确认设备即使在此条件下也能正常运转，生产出正常产品的试验，来考察设备性能。

以下以某制粒机为例来说明性能确认。这个制粒机最大负荷量为每批 40kg，在最大负荷量测定。将配好的物料倒入制粒机，启动搅拌桨，启动制粒刀，调至核定的搅拌桨转速，加入黏合剂。分别在搅拌桨至中高速后，于 180 秒、270 秒、360 秒、450 秒、540 秒后，按图 7-2 中取样点取样测其含量，以检查是否已将物料混匀，每批取 5 次，每次 5 个样，连续验证 3 批。

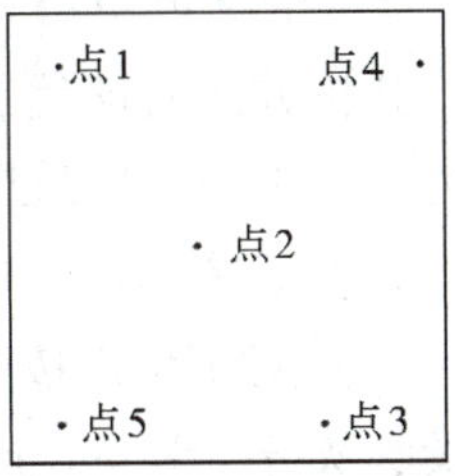

图 7-2　制粒机内部取样点示意图

要求各点含量均一，相对标准差≤0.5%。如实验结果符合可接受标准，该制粒机性能确认验证合格；如实验结果不符合可接受标准，应找出原因并采取处理措施或合理解释。

PPT

第三节　分析方法验证

分析方法验证（analytical method validation）的目的是证明建立的方法适合于相应检测要求。保证药品安全、有效和质量可控是药品研发和评价应遵循的基本原则。每一测试项目可选用不同的分析方法，为使测试结果准确、稳定可靠，必须对所采用的分析方法的科学性、准确和可行性进行验证。

一、分析方法验证的概念

分析方法验证就是根据确定的检测项目要求，预先设置一定的验证内容，并通过设计合理试验来证明所采用的分析方法能否符合检测项目要求。实际上，在质量控制过程中，分析方法验证不仅包括对起始物料、中间体、成品等物质的分析方法的验证，还包括过程控制用到的检测方法的验证，如对空调净化系统检测、洁净厂房检测、水系统检测、杂质（残留物）检测等检测方法的验证，以及包括在进行产品科研开发时用到的分析方法验证，如结构确认所用的分析方法、对照品的检验方法、稳定性试验中用到的分析方法验证等。

在实际药品注册或GMP检查（审计）过程中，对于已有分析方法的法定标准，且所采用的分析方法与法定标准完全一致或在法定标准允许的波动范围内的，就不必对其进行分析方法验证，但必须对分析方法进行系统适应性试验。法定标准是指国家或地区认可的质量标准，如公认的药典或标准等。对于已有法定标准，但所采用的分析方法与法定标准不一致或超过了法定标准允许的波动范围内时，需要就不一致或超范围的分析方法进行验证。当注册药物没有法定标准，需要企业自行起草质量标准时，就必须全面进行分析方法验证。

二、分析方法验证的内容

（一）系统适应性研究

所谓的系统适应性研究是许多分析方法的有机组成，它对分析设备、分析仪器、实验操作规程和被分析样品等组成的完整系统进行系统性评估，来确定整个分析系统的可适用性、可靠性。美国药典中定义系统适应性试验是用来确认仪器或系统的性能能够满足既定标准，这些测试与药品测试一起进行，以确保仪器或系统的性能在使用时是被接受的。系统适应性试验是液相和气相色谱法的重要组成部分，是用来证明色谱系统在使用时满足预期的试验要求，是对仪器性能、分析操作、色谱柱条件及被测试样品的综合评价。主要评价指标包括分离度（Resolution，R）、系统精密度、拖尾因子（Tailing Factor，T）等，评价指标的标准通常来自方法确认的规定，所以这种系统适用性试验认为是基于实验方法的系统适用性试验，是实验方法的必要组成。

（二）分析方法验证的内容

分析方法验证就是根据检验项目的要求，预先设置一定的验证内容和验证标准要求，并通过设计合理的试验来验证所采用的分析方法是否符合检验项目的要求。

1. 分析方法验证的一般原则

（1）对于仅需按照实验室日常测试操作步骤即可测定的检验项目不需要进行验证，如外观、密度、质量、灰分、装量、pH等。

（2）分析方法验证的内容应根据检验项目的要求，结合采用的分析方法的特征来确定。

（3）同一分析方法用于不同检验项目会有不同的验证要求。

2. 需要验证的检验项目 检验项目是为控制药品质量，保证药品安全有效而设定的检测项目。根据检测项目的设定目的和验证内容的不同要求，ICH Q2（R2）将需要验证的检验项目分为4类。

（1）鉴别实验。

（2）杂质控制的限度检测。

（3）杂质含量的定量测定。

（4）原料药或制剂或其他药品中选择性的组分的样品的活性部分的定量测试。

除此之外，还有一些物理项目的检测如测粒径分布、旋光度、熔点和硬度等，根据其要求与其他检验项目有所不同，通常其分析方法验证有不同的要求。

鉴别的目的在于判定被分析物是目标化合物，而非其他物质。用于鉴别的分析方法要具有较强的专属性和耐用性。

杂质检查的主要内容是控制杂质，分为限度控制和定量测定。用于限度检查的分析方法验证侧重专属性、检测限和耐用性。用于定量测定的分析方法验证强调专属性、准确度、精密度、线性、范围、定量限。

分析方法验证的指标有专属性、准确度、精密度（包括重复性、中间精密度和重现性）、检测限、定量限、线性、范围和耐用性。在分析方法验证中，必须用标准物质进行试验。由于分析方法具有各自的特点，并随分析对象而变化，因此需要视具体情况拟订验证的指标。表7－7中列出的分析项目和相应的验证指标可供参考。

表7－7 检验项目和验证指标

类型验证参数		鉴别	杂质分析		含量分析
			定量	限度检测	
专属性①		+	+	+	+
准确度		－	+	－	+
精密度	重复性	－	+	－	+
	中间精密度	－	+③	－	+③
检测限度		－	－②	+	－
定量限度		－	+	－	－
线性		－	+	－	+
范围		－	+	－	+
耐用性		+	+	+	+

注："－"表示通常不需要验证的参数；"+"表示通常需要验证的参数；①如一种方法不够专属，可用其他分析方法予以补充；②视具体情况予以验证；③已有重现性验证，不需验证中间精密度。

3. 全面分析方法验证和部分分析方法验证 应根据分析方法类型选择以下参数进行验证。

（1）准确度 指用所建立方法测定的结果与真实值或参比值接近的程度，一般用回收率（%）表示。准确度为定量测定的必要条件，因此涉及定量测定的检测项目均需要验证准确度，如含量测定、杂质的定量试验等。

准确度试验浓度应能覆盖整个考虑的范围，并且应包含接近定量限的浓度点、浓度范围的中间值，还有校正曲线的最高点。对于制剂来说，以回收率试验来进行验证。试验设计需考虑在规定的范围内，制备3个不同浓度的样品，各测定3次，即测定9次，报告已知加入量的回收率（%）或测定结果平均值与真实值之差及其可信限。

1）含量测定：原料药含量测定方法的准确度可用已知纯度的对照品或样品进行测定，或用本法所得结果与已建立准确度的另一方法测定的结果进行比较。

制剂可用含已知量被测物的各组分混合物进行测定。如不能得到制剂的全部组分，可向制剂中加入已知量的被测物进行测定。必要时，与另一个已建立准确度的方法比较结果。

2）杂质定量试验：杂质定量测定的准确度可通过向原料药或制剂中加入已知量杂质进行测定。如果不能得到杂质或降解产物，可用本法测定结果与另一成熟的方法进行比较。

如不能测的杂质的相对响应因子，可在线测定杂质的相关数据，如采用二极管阵列检测器测定紫外光谱，当杂质的光谱与主成分的光谱相似，则可采用原料药的响应因子近似计算杂质含量（自身对照法）。并应明确单个杂质和杂质总量相当于主成分的重量比（%）或是面积比（%）。

（2）精密度 指在规定的测试条件下，同一个均匀供试品，经多次取样测定所得结果之间的接近程度，一般用偏差、标准偏差或相对标准偏差表示。精密度可以从重复性、中间精密度、重现性3个层次考虑。

1）重复性：在相同条件下，由同一个分析人员测定所得结果的精密度。如在实验室、实验者、实验日期、装置、器具以及实验用药品的批号等实验条件均未改变的情况下，从均匀样品中抽取数个供试品短时间内进行重复分析测定，所得到的精密度。

2）中间精密度：在同一个实验室、不同时间，由不同分析人员用不同设备测定结果之间的精密度。

如在同一实验室内，实验者、实验日期、实验装置、实验器具以及实验用药品批号等实验条件一部分或全部改变的情况下，从均匀样品中抽取数个供试品进行重复分析测定，所得到的精密度。中间精密度验证的目的是正式方法在同一实验室内运行能够得到相同的结果。方法的中间精密度可以反映以下因素引起的结果差异：①不同的操作人员；②不一致的操作时间；③不同的仪器；④不同供应商的标准品和试剂；⑤不同批次的色谱柱；⑥综合因素。

3）重现性：在不同实验室由不同分析人员测定结果之间的精密度。如在不同实验室间，从均匀样品中抽取的多个供试品进行重复分析测定，所得到的精密度。重现性的目的是证实分析方法在不同实验室运行能够得到相同的结果。分析方法的重现性通过不同实验室的不同分析人员对均匀样品分析的结果计算而得。重现性的验证对于在不同实验室使用的方法非常重要。可能影响重现性的因素有房间温湿度差异、设备的特征参数不同（如 HPLC 系统的延迟时间不同）、色谱柱的厂家或批号不同以及操作人员的经验不同。

（3）专属性　指在其他成分（如杂质、降解产物、辅料等）可能存在的情况下，采用的分析方法对被分析物进行准确可靠测定的能力。为证明专属性，需要目标成分的积极响应和对一些干扰物质响应的控制。通常，鉴别、杂质检查、含量测定方法中均应考察专属性。如采用的方法不够专属，应采用多个方法予以补充。专属性的验证可以通过比较不同性质的样品分析结果进行评价，比如某被检测物质有 A、B、C 3 种样品，A 仅含被测物样品；B 含有其他成分的被测物质的样品；C 为不含被测物质，仅含其他成分的样品，如果其他成分不易得到，可用含有其他成分的样品替代。那么这个被检测物质的专属性验证可以通过比较 A、B、C 这 3 个不同性质的样品分析结果进行评价。

1）鉴别反应：应证明被分析物符合其特征，专属性试验要求证明能与可能共存的物质或结构相似的化合物区分，通常通过含被分析物的样品呈正反应，而不含被测物成分的样品呈负反应，结构相似或组分中的有关化合物也要通过呈负反应的途径来证明。

2）杂质检查：作为纯度检查，所采用的分析方法应确保可检出被分析物中杂质的含量，如有关物质、重金属、残留溶剂等。因此，杂质检查要求分析方法有一定的专属性。

在可获得杂质情况下，可向供试品中加入一定量的杂质，证明杂质与共存物质能够得到分离和检出，并具有适当的准确度和精密度。在不能获得杂质或降解产物的情况下，专属性可通过与另一种已证明合理但分离或检测原理不同，或具有较强分辨能力的方法进行结果比较来确定，或将供试品用强光照射、高温、高湿、酸/碱水解以及氧化的方法进行破坏，比较破坏前后检出的杂质个数和量，必要时采用二极管阵列检测器和质谱检测器，进行色谱峰纯度检查。

3）含量测定：目的是得到样品中被分析物的含量或效价的准确结果。

在可获得杂质的情况下，对于主成分含量测定可在供试品中加入杂质或辅料，考察测定结果是否受干扰，并与未知杂质和辅料的试样比较测定结果。在不能获得杂质情况下，可采用另一个经验证了的或《中国药典》收载方法进行比较，对比两种方法测定的结果。也可采用破坏性试验（强光照射、高温、高湿、酸/碱水解以及氧化），得到含有杂质或降解产物的试样，用两种方法进行含量测定比较结果。必要时进行色谱峰纯度检查，证明含量测定成分的色谱峰中不包含其他成分。

（4）检测限度　指样品中被测物能被检测出的最低量。检测限度以通过空白样品或检测限度附近样品测定值的标准偏差以及检测限度附近标准曲线的斜率计算。使用色谱法时，测定值的标准偏差可以用信噪比代替。检出限度计算公式如式 7－1 所示：

$$DL = 3.3\sigma/\text{slope} \qquad (7-1)$$

式中，DL 为检测限度；σ 为空白样品测定值的标准偏差；slope 为检测限度附近标准曲线的斜率。

（5）定量限度　指样品中被测物能被定量测定的最低量。定量限度以通过空白样品或定量限度附近样品测定值的标准偏差以及定量限度附近标准曲线的斜率计算。使用色谱法时，测定值的标准偏差可以用信噪比代替。定量限度计算公式如式 7－2 所示：

$$QL = 10\sigma/\text{slope} \quad (7-2)$$

式中，QL 为检测限度；σ 为空白样品测定值的标准偏差；slope 为定量限度附近标准曲线的斜率。

（6）线性　指在给定范围内，检测响应值或其经数学转化的形式与样品中被测物浓度直接成正比例关系的程度。线性可以直接用待测物质测定（通过稀释标准贮备液）或分别称取待测品种的各组分后合成混合物。配制 5 种以上不同浓度的标准溶液（浓度范围至少在期望浓度的 80%～120%），每个浓度进样不少于 2 次，用试验结果计算线性。响应值应与被分析物的浓度成直接的比例关系，或通过证明定义明确的数学计算形式比例关系。用于结果计算的线性回归方程其截距不得明显偏离零点。如果得到一个明显的非零截距，应证明其对方法准确度无影响。

通常用图形化的方式来评价线性，加上一个数学等式，或仅采用等式标表示。公式通常表示为用信号高度或峰面积对被分析物浓度的函数作图。有时由于线性的偏离不易检测，可以采用两种其他的作图方式。

（7）范围　指能达到精密度、准确度和线性，测试方法适用的高低限浓度或量的区间。范围应根据分析方法的具体应用和线性、准确度、精密度结果和要求确定。原料药含量测定，范围应为测试浓度的 80%～120%。杂质测定，范围应根据初步实际测定数据，拟订为杂质报告水平至规定限度的 120%。如果含量测定与杂质检查同时测定，用百分归一化法，则线性范围应为杂质规定限度的 ±20%。

（8）耐用性　指在测定条件有小的变动时，测定结果不受影响的承受程度，为用于常规检验所建立的方法提供依据。开始研究分析方法时，就应考虑其耐用性。如果测定条件要求苛刻，则应在方法中写明，并注明可以接受变动的范围，可以先采用均匀设计确定主要影响因素，再通过单因素分析等确定变动范围。典型的变动因素有被测溶液的稳定性、样品的提取次数、时间等。液相色谱法中典型的变动因素有流动相的组成和 pH、不同品牌或不同批号的同类型色谱柱、柱温、流速等。气相色谱法变动因素有不同品牌或批号的色谱柱、不同类型的担体、载气流速、柱温、进样口和检测器温度等。

（三）分析方法验证的确认与接受

1. 系统适应性研究的确认与接受　欧洲药典规定的色谱方法系统适应性研究常规指标认可标准如下。

（1）拖尾因子　主峰的拖尾因子要求在 0.8～1.5 之间。

（2）含量测定的重复性　应符合表 7－8 的要求。

表 7－8　含量测定重复性最大允许的相对标准偏差

B（%）	进样次数			
	3	4	5	6
2.0	0.41	0.59	0.73	0.85
2.5	0.52	0.74	0.92	1.06
3.0	0.62	0.89	1.10	1.27

（3）分离度　相邻峰之间分离度 >1.5。

（4）理论塔板数　根据组分、色谱柱和相对保留时间不同而不同。

（5）检测限度　应低于相关物质的忽略限度。

（6）定量限度　应等于或小于相关物质的忽略限度。

2. 分析方法验证的确认与接受　分析方法验证的认可标准指用于判定分析方法是否适应检验要求的一系列指标范围。目前我国或世界发达国家官方尚未发布统一的各验证参数的认可标准指导性文件。

只要能说明其合理性的指标一般都表示该方法被确认或被接受。

3. 分析方法验证的确认与接受的重要性 在质量控制过程中，由于其地位重要，分析方法的验证越来越受到重视，在我国或发达国家药品注册过程中，分析方法验证的优劣成为评价药品质量管理体系的重要内容。企业应尽可能对其分析方法进行全面验证，并按 GMP 标准的要求，做好其规范化管理工作。

PPT

第四节 工艺验证

工艺验证就是对某个产品生产工艺的整体，也可以是工艺中关键工序进行的验证。工艺验证必须证明一个生产工艺按照规定的工艺参数能够持续生产出符合预定用途和注册要求的产品。

一、工艺验证的概念

工艺验证（Process Validation）用于证实某一工艺过程能始终如一地生产出符合预定规格及质量标准的产品，并根据验证的结果制订、修订工艺规程。采用新的生产处方或生产工艺前，必须验证其常规生产的适用性。生产工艺在使用规定的原辅料和设备条件下，应当能够始终生产出符合预定用途和注册要求的产品。

工艺验证的要素包括以下几个方面：①工艺规程能生产出规定产品产量与质量的能力得到认定；②生产过程中所有的参数，包括温度、压力、时间等的所有限度，如生产合格产品的最低限度、生产合格产品的可接受限度和生产合格产品的操作限度等的认定；③挑战试验/最坏条件，按照标准操作规程，确定试验的上限和下限的一个或一组测试条件，从而得出与理想的工艺条件相比，造成工艺或产品事故的最大可能性认定。

不难看出，一个优良的工艺验证，对于药品生产而言意义重大，除了满足 GMP 条件下的生产外，主要体现在以下两个方面。

（一）降低生产成本

我们可以把质量成本划分为预防性部分、鉴定部分和内外失误部分等。据美国统计，保守的估计，美国的制药业的质量成本一般占总成本的 10% ~15%。如果发生诸如因药品质量问题造成索赔等后果，成本就会非常高，甚至会导致企业的破产。然而，一个经过验证过的工艺，处于良好受控状态下的工艺几乎不可能发生由内部差错所造成的废品、返工、复试、复查这类浪费。工艺验证能使生产管理严格规范，杜绝了把不合格的产品送出厂外，消除由此而造成的损失。此外，工艺验证使得操作员工和管理部门把精力集中到差错的预防上来，也使企业减少了检验和鉴定方面的开支，一个验证过的工艺是一个其所有变量处于完全挖掘状态下的工艺，从而减少过程检测分析的频率和数量，减低质量控制成本。

（二）持续改进工艺

经过验证的工艺能大大降低发生返工、不合格品和其他浪费等情况，因此，工艺验证之所以能得到发展，它的原动力就是以最低的成本来得到质量最好的产品的这样一个基本需要。这样，改进质量降低成本的需要又反过来要求进行不断的工艺验证，形成良性循环，持续改进工艺，甚至成为工艺革新的源泉。一个验证过的工艺不一定是最优工艺，但一个经过优化的工艺一定是个验证过的工艺。

二、工艺验证的内容

工艺验证对于保证药品质量意义重大。工艺验证是从工艺设计阶段到商业化生产阶段，建立科学证据证明工艺能够持续生产出高质量的产品。一个成功的验证计划取决于对产品开发和工艺开发的理解程度。通过对生产工艺所需支持条件的认定，对所有生产工艺条件（参数）设计合理性的认定，对最终产品质量的均一性、稳定性进行全面考察，确定生产工艺的适用性，是工艺验证的主要内容。

（一）工艺所需支持条件的认定

1. 仪器仪表的校准和分析检测规程的认定 药品生产工艺中往往采用了许多计量装置来实现变量的中间控制。它先是测量参数的数值，然后通过各种反馈或是自动调节或是手动调节来实现过程的控制和调整。无论哪种方式，所采用的计量装置的校准对工艺来讲都是十分重要的。常用的计量器具有温度计、压力表、相对湿度表、电导仪、定时器、报警装置等。仪器仪表的校准工作是指把已知准确度和精确度的标准仪器仪表同被校准的计量器具或仪器进行比较，以获知被校准的仪器或仪表的准确度和精确度，并通过调整来消除误差。同样，实验室里所采用的仪器仪表也要校准，其中有天平、色谱仪、质谱仪、计时器、pH 仪等。进行工艺验证前，用于监控和评价工艺的仪器仪表的可靠性和准确性都必须得到保证。

和仪器仪表所起的作用一样，药品生产工艺进程的控制也离不开对生产各个阶段有关物质的分析和检测，分析化验规程是用来检测和分析产品成分、杂质含量和产品状况的重要技术手段。因此，分析方法及规程也必须经过验证。

2. 厂房、设施和设备的认定 在药品生产过程中需要用到各类厂房，如配料室、称量室、消毒灭菌室等，用到各类重要设施，如空调净化系统、纯化水制备系统、计算机程控系统等，用到各类设备和装备，如反应釜、压片机、灭菌柜等。必须在工艺验证前对这些厂房、设施与设备进行认定，包括设计确认认定、安装确认认定、运行确认认定与性能确认认定，确保厂房、设施与设备符合预定的标准和要求。

3. 操作人员资质的认定 操作是工艺验证诸要素中最重要的要素。通常是用对操作人员资质进行认定，包括学历、资历、经验与培训等方面。学历、资历与经验方面的认定比较容易进行，而培训工作必须深入细致，要对进行工艺验证的操作人员进行严格的培训，培训内容包括 GMP 基本知识（包括验证理论与知识）、药品生产知识和操作等方面，只有经过严格培训并且考核合格后，才能进行有关操作。

4. 原辅材料和包装材料的认定 原材料和包装材料的认定包括对这些材料生产企业质量管理体系的认定，对这些材料品质的检测与分析，认定这些工艺验证所使用的材料质量完全达到规定的标准。

5. 产品设计的认定 产品设计应包括处方设计、工艺设计等。产品设计是工艺验证诸要素中最先要着手进行的要素。一般来讲，产品设计是由研究和开发部门负责，但必须让生产部门和质量管理的有关人员参与进来，在科研开发过程中融入质量管理 GMP 的理念。在工艺验证中，根据 GMP 管理要求，对产品设计过程进行认定，确保工艺验证有良好的开端。

（二）生产工艺参数设计合理性的认定

工艺规程的基础是工艺活动中诸如温度、压力、时间等工艺参数的确定，如果这些参数设计的合理性没有得到认定，那么工艺本身就存在问题，因此，工艺验证的重要内容之一就是对工艺参数设计合理性进行认定。

1. 工艺规程参数确定的合理性 一般而言，工艺参数在工艺设计阶段，其合理性就会被考虑。工艺参数的合理性考虑分为两个方面：一方面，考虑放大生产实际进行设备的选择，考虑设备运行能力及相关参数。在放大生产时，根据确定的设备进行工艺参数的考核，并根据工艺要求和设备精度最终确定。设备精度（主要指加工精度和测量精度）对最终参数有很大影响。另一方面，要考虑生产员工实际操作的可行性与方便性，即使设备有足够加工精度和测量精度，也要把参数设置在一定范围内，也就是非单值，如“在 5 小时 ±10 分钟内把温度升高到（160 ±5）℃，压力升高到（3.2 ±0.2）P，维持这个温度和压力 2 小时 ±5 分钟…”，而不是“在 5 小时左右把温度升高到 160℃，压力升高到 3.2P，维持这个温度和压力 2 小时…”。

2. 工艺参数的确定 工艺参数设定应该为一个范围，如果设定完成之后，就成为工艺规程，就成为实际操作的依据。如“在 5 小时 ±10 分钟内把温度升高到（160 ±5）℃，压力升高到（3.2 ±0.2）P，维持这个温度和压力 2 小时 ±5 分钟…”，如果把这个定为标准操作规程，也就是要证明这个参数及其边界的确能始终如一地生产出符合质量标准的产品，我们把这个参数及其边界定义为“参数操作限”，如果在“参数操作限”做复核或确认是不能完全证明该标准操作规程能“始终如一地”生产出符合质量标准的产品（或中间产品）。那么怎么做才能满足验证要求呢？比较可行的做法就是，放大“参数操作限”，也就是如把“在 5 小时 ±10 分钟内把温度升高到（160 ±5）℃，压力升高到（3.2P ±0.2）P，维持这个温度和压力 2 小时 ±5 分钟…”，变成“在 5 小时 ±20 分钟内把温度升高到（160 ±10）℃，压力升高到（3.2 ±0.4）P，维持这个温度和压力 2 小时 ±10 分钟…”，我们把这个参数及其范围定义为“参数验证限”，值得注意的是，“参数验证限”一定也是非常“安全”的，这个限度不是不合格产品的参数限度。那么如果通过实验发现，在这个限度内仍然能够生产出符合规定标准的“产品（或中间产品）”，就证明“参数操作限”能“始终如一地”生产出符合质量标准的产品（或中间产品）。

3. 三个参数限度的关系 在工艺验证参数确认的完整性来看，对生产工艺中的参数必须搞清楚“三个限度”，即参数操作限度、参数验证限度和参数不合格产品限度，这个三个限度内容与比较见表 7-9。

表 7-9 各类参数内容对照表

参数种类	各类参数的内涵
参数操作限度	写进工艺规程中，用于实际生产操作
参数验证限度	不写进工艺规程中，但反映在验证方案中，用于支持参数操作限度的可靠性
参数不合格产品限度	不写进工艺规程中，甚至也不反映在验证方案中，用于确保参数验证限度的稳定性

在工艺参数认定的过程中，必须搞清楚参数设置导致产品不合格的边界，这个边界我们定义为“参数不合格产品限度”，这个边界明确才能给参数验证限度指明方向，也就是说，参数验证限度必须在这个边界里进行，否则整个验证工作就没有了意义。

（三）最终产品质量的全面考察

对生产工艺所需支持条件的认定，以及对所有生产工艺条件（参数）设计合理性的认定之后，就要进行这些条件下的产品生产。产品生产也就是在工艺参数所设定的“参数验证限度”进行生产，也就是在“挑战/最坏条件”下进行生产，进行“挑战/最坏条件”生产的目的是确定工艺规程的稳固程度。也就是说，当工艺参数接近生产出合格产品的边界极限值时，如果该工艺规程仍能保持稳定运作的能力，那么可证明在一般条件下，也就是在“参数操作限度”条件下，工艺规程一定能生产出合格产品。

除此之外，对以上条件生产的产品，还要做扩大了的产品检测或检验（分析），从而确定最终产品的质量情况。产品检验抽样数量的确定和产品的风险要求、质量总体情况和检验效率等因素密切相关。假设在日常生产情况下一批产品的数量是 10000 件，我们抽样检测数量定 50 件，那么扩大了的产品检测就可以定为 50 件的整数倍，甚至可以对 10000 件都进行检验。

除了数量上扩大之外，在检测项目上也可以增加，例如，在片剂生产过程中，日常生产只检测片剂外观和片重差异，而扩大了的产品检验，不仅检测片剂外观和片重差异，还要检测片剂的溶出度、崩解度等项目，对产品质量情况进行全面考察。

三、无菌工艺验证

（一）无菌工艺验证概述

目前，无菌药品的生产工艺主要可以分为两种。

1. 最终灭菌工艺 即先将药品的各个部分（产品、容器和密封件）在符合要求的环境下组成最终的包装形式，最后让产品在其最终容器中进行灭菌处理（通常使用热力学灭菌或辐射灭菌）。

2. 无菌生产工艺 即药品的各个部分（产品、容器和密封件）分别经过灭菌处理，再在高洁净度的环境中组装最终产品，且产品装入其最终容器后不再进行任何灭菌处理。

相较于最终灭菌工艺，无菌生产工艺易受到多方面因素的影响，产品的无菌性非常脆弱，生产难度更高，且需承担的质量风险也更大。无菌工艺验证是实现产品无菌保证的关键。

无菌工艺验证，是指证明按照预定的工艺规程使用的设备和包装材料能够始终如一地生产出符合要求的无菌产品，从而确认无菌生产工艺系统的可靠性和适应性。最为常用的无菌工艺验证方法是培养基灌装试验，即采用正常生产的灌装程序，用培养基代替产品灌封，来模拟无菌灌装操作的无菌性。除培养基灌装试验外，无菌工艺验证的方法还包括无物料模拟试验、空白物料模拟试验和产品物料模拟试验。

鉴于无菌工艺验证的重要性，2011 年 3 月颁布的 GMP 的附录 1《无菌药品》的第四十七条就对此做出了如下规定。

（1）无菌生产工艺的验证应当包括培养基模拟灌装试验。

（2）应当根据产品的剂型、培养基的选择性、澄清度、浓度和灭菌的适用性选择培养基。应当尽可能模拟常规的无菌生产工艺，包括所有对无菌结果有影响的关键操作，及生产中可能出现的各种干预和最差条件。

（3）培养基模拟灌装试验的首次验证，每班次应当连续进行 3 次合格试验。空气净化系统、设备、生产工艺及人员重大变更后，应当重复进行培养基模拟灌装试验。培养基模拟灌装试验通常应当按照生产工艺每班次半年进行 1 次，每次至少 1 批。

（4）培养基灌装容器的数量应当足以保证评价的有效性。批量较小的产品，培养基灌装的数量应当至少等于产品的批量。培养基模拟灌装试验的目标是零污染，应当遵循以下要求。

1）灌装数量 <5000 支时：不得检出污染品。

2）灌装数量在 5000 ~ 10000 支时

Ⅰ. 有 1 支污染，需调查，可考虑重复试验。

Ⅱ. 有 2 支污染，需调查后，进行再验证。

3）灌装数量 >10000 支时

Ⅰ. 有 1 支污染，需调查。

Ⅱ. 有 2 支污染，需调查后，进行再验证。

此外，国外权威药监机构与行业协会也发布了相关的指南、技术报告等：美国 FDA 发布了《无菌工艺生产的无菌药品的 cGMP 行业指南》；欧盟则在 EU GMP 的附录 1 中做出了相应规定；国际药品检查协作组织（PIC/S）则发布了《无菌工艺验证的指导意见》；美国注射剂协会（PDA）分别发布了关于原料药和制剂无菌工艺验证的技术报告等。

（二）无菌工艺验证的条件

无菌工艺验证的条件基本与常规工艺验证的条件基本相同，主要包括下述 6 个方面。

（1）完成相关生产厂房和设施的确认，包括生产厂房的设计评价与确认、HVAC 系统确认、水系统确认、蒸汽系统确认等。

（2）完成相关生产设备的确认，包括对设备的清洗和消毒程序的确认。

（3）完成生产所涉及灭菌工艺（如湿热灭菌工艺和干热灭菌工艺）验证。

（4）完成容器/胶塞密闭性测试。

（5）完成除菌过滤系统的验证。

（6）完成生产相关人员的无菌工艺培训。

（三）无菌工艺验证的要点

下面以最为常用的培养基灌装试验为例，详述无菌工艺验证实施过程中的关键要点。

1. 培养基的选择 培养基作为无菌工艺验证的载体，将对最终的验证效果起到关键作用。常见的培养基包括大豆胰蛋白肉汤、聚乙二醇、乳糖和（或）肉汤等。因此，所选用的培养基应当具备以下特征。

（1）无抑菌作用，适应广谱微生物生长。如果培养基具有抑菌作用，将会对生产系统中的细菌生长产生抑制作用，以至于不能正常培养出细菌，从而产生假阴性结果。因此，应当对所选培养基进行促生长试验（灵敏度试验），以确保其对细菌具有促进生长的作用。

（2）较好的澄明度，较小的黏度，便于验证试验操作和培养结果的观察。

（3）易于灭菌，如培养基可被除菌过滤。

2. "最劣工况"理念 是药品生产验证中最重要的原理之一，其应用原理是指对工艺、系统或设备提出相比于正常生产情况更大的挑战，如果在存在更大挑战的情形下都可以获得可接受的结果，则就更有信心相信在正常生产情况下系统将会有更高的可靠性。"最劣工况"理念非常适用于无菌工艺验证，常见的"最劣工况"情形如下。

（1）使用超出灭菌有效期的但仍保存在无菌工艺区的物料、设备、器具和其他物件。

（2）生产人数超出正常生产的最大限额。

（3）延长灭菌完成与无菌工艺验证开始的时间间隔。

（4）使用促生长性强的培养基。

（5）验证过程应当包括正常的和非常的干扰，干扰的次数应当不少于正常生产时发生的次数。

（6）在生产完最后一批产品时实施无菌工艺验证。

（7）如果生产所用工艺气体为氮气，则在验证过程中可换用更利于微生物生长的压缩空气。

此外，可以运用危害分析法（HAZOP）、危害分析和关键点控制法（HACCP）、故障模式效应分析法（FMEA）和故障树分析法（FTA）等风险分析方法为特定的无菌生产工艺设定适当的最劣工况。

3. 验证规模 无菌工艺验证的规模应当达到统计学无菌要求，即能检出95%置信度下0.1%的污染率。通常，培养基灌装试验的灌装数量为5000～10000瓶。如果生产批量较小（小于5000瓶），则全批灌装。

4. 验证次数 对于初次验证，即对新的无菌工艺进行验证，每班次应当连续进行3次合格试验，且应有足够的时间模拟实际生产时的操作，包括所有对无菌结果有影响的关键操作，及生产中可能出现的各种干预和引入"最劣工况"。

当空气净化系统、设备、生产工艺及人员等重大变更后，应当重复进行培养基模拟灌装试验，以确保变更后的无菌工艺的可靠性。

无菌工艺应当定期再验证，培养基模拟灌装试验通常应当按照生产工艺每班次半年进行1次，每年进行2次，每次至少1批。

5. 验证流程（以培养基灌装试验为例）

（1）确认设施设备和各灭菌工艺验证的完成。

（2）确认培养基灌装的范围。

（3）制订培养基灌装试验方案。①培养基选择；②灌装数量和灌装总时间；③各步骤间的间隔时间；④挑战试验的“最劣工况”设计；⑤环境监测计划；⑥培养条件、时间和设备。

（4）执行培养基灌装试验方案。

（5）培养基促生长试验（灵敏度试验）。

（6）结果评价与失败调查。

6. 环境监测 无菌工艺对于生产环境的要求极高，因此在生产过程中应当全面、全过程地监测环境，这点同样适用于无菌工艺验证的过程。环境监测的内容包括温度、湿度、尘埃粒子、沉降菌、浮游菌以及人员和表面微生物，并留有相应的环境监测记录。所有监测应当设置在生产环境的最脏处（“最劣工况”处）。此外，所有监测指标均应分别设置警戒限（Alert Level）和行动限（Action Level），并书面规定当超过上述限度时所应采取的纠正措施。

7. 样品收集与培养 在完成培养基灌装后，试验样品按灌装的先后顺序轧盖，将轧好盖的瓶子翻转，放入按顺序编号的周转箱内，并注明收瓶时间。

全部样品应在 20～25℃ 和 30～35℃ 下分别培养 7 天，共培养 14 天，每天检查全部样品的微生物生长情况，并设阴性对照和阳性对照。在整个培养期间，应当连续地控制和监测所选定的培养温度。在中间转换温度和培养结束时应当对所有样品进行灯检，若发现污染应注明批号、包装容器号，同时检查密封情况。若有破损注明原因。污染的样品应做微生物鉴别。

8. 结果评价与失败调查 无菌工艺验证的目标是所有灌装的培养均不存在任何污染。不论灌装批量有多大，只要培养基灌装中存在污染就意味着无菌保证存在问题。设计合理、操作得当的无菌工艺的污染水平应为零。对于培养基灌装试验的实际验收标准，可遵循表 7－10 中的要求。

表 7－10 培养基灌装试验验收要求

灌装瓶数	结果评价
<5000 瓶	如 1 瓶污染，需调查后进行再验证
5000～10000 瓶	如 1 瓶污染，需调查，可考虑重复试验
	如 2 瓶污染，需调查后进行再验证
>10000 瓶	如有 1 瓶污染，需调查
	如有 2 瓶污染，需调查后进行再验证

如果培养基灌装试验失败，应当对失败的原因进行调查，并在已完成相应整改后，重新进行验证。失败调查主要可从以下方面入手。

（1）环境和人员监测数据。

（2）灭菌记录和设备校验记录。

（3）灌装区域清洁消毒记录。

（4）人员培训记录。

（5）高效过滤器完整性测试记录。

（6）压差记录。

（7）溶液除菌过滤器完整性测试记录。

（8）污染菌来源。

（9）丢弃的培养基灌装瓶。

（10）灌装时的干扰活动。

（11）其他偏差和干扰活动。

如果在调查中发现了失败原因，则应立即进行整改并留有整改记录；如未能发现失败原因，则该工艺应当按照新的工艺重新进行验证。

第五节　清洁验证

PPT

药品生产是洁净生产，每批药品生产之后，在药品生产所使用的厂房设施、设备仪器、容器器具等都会有大量污染物存在，必须对它们进行必要的清洁，才能确保以后的药品生产免受污污染。根据GMP，对厂房、设施、设备、容器具等进行清洁，就必须建立清洁书面规程，也就是清洁规程。对清洁规程进行验证，证明清洁操作规程的有效性，就称为清洁验证。

一、清洁验证的概念

清洁验证就是指对厂房设施、设备仪器和容器器具清洁（消毒）所使用的规程，也称为清洁规程进行验证，确认其效果有效、稳定。

根据以上定义，我们不难看出，要完成清洁验证必须解决以下问题：①通过标准清洗，确定遗留在设备表面上污染物质有哪些，有多少，有没有达到规定标准限度以下（污染物质残留量的限度）；②用什么分析或检测方法，鉴定出遗留在设备表面上的污染物质是什么，有多少，标准是什么；③如何对设备表面进行取样，如果设备是自动清洁系统，又该如何取样。

因此，一个完整的清洁验证方案应当要解决以下问题。

1. 建立清洁标准　确定经过清洗，设备表面污染物质种类和含量的最低限度，该标准应当根据所涉及的物料，合理地确定活性物质残留、清洁剂和微生物污染的限度标准。

2. 建立取样方法　确定通过什么样的方法来收集样品，如通过棉球擦拭，还是淋洗水的收集等。

3. 建立检验方法　确定用什么样的分析测试方法来鉴定所收集样品的成分。

4. 建立数据分析方法　确定用什么样的数据分析方法，来对检测鉴定结果进行分析。

二、清洁验证计划

清洁验证计划又称清洁验证方案，验证计划中要包含清洁验证项目中的每个重要因素，这些因素应该根据特定的产品以及使用的设备的相关清洗方面的设计和清洗程序等来编写。一份清洁验证的计划应当包含（但不限于）以下内容。

（1）清洁验证计划的目的与范围。

（2）验证的机构组织与职责分工。

（3）验证方法：①工艺简述；②设备简述；③设备的清洗周期：④对于清洗设备效期的确认和待清洗时间的确认；⑤风险评估。

（4）清洁验证的前提条件。

（5）清洁验证可接受标准。

（6）取样过程：①取样点的位置；②取样方法。

（7）验证过程：①清洗记录；②残留量检测取样方法；③验证周期；④对待清洗时间的确认；⑤清洁追踪以及产品质量检测数据等。

（8）清洁工艺的最差条件的确定。

（9）验证程序：①验证的时间表；②偏差及处理；③变更及处理；④验证失败及调查；⑤参考文献与附录。

三、清洁验证风险评估

在清洁验证的执行过程中，有很多影响清洁验证的因素，这些因素可能导致清洁验证失败，这些因素每个都存在着不同的潜在的风险，在执行清洁验证之前，必须对每个因素都进行充分的风险点识别、分析、评估，从而确保清洁验证顺利进行。

1. 环境　严重影响清洁验证的微生物残留项目的测试。HVAC 的级别、洁净区温湿度、清洁设备储存条件这些因素都会影响清洁验证。例如，在进行清洁验证前，一定要确保好空调净化系统的性能确认已完成，温湿度已经符合产品工艺。因为不同的洁净级别的环境中微生物、沉降菌、悬浮粒子等数目不同，对于设备清洁验证影响极大。而清洁设备的储存应放置在干燥的环境中，因为一个潮湿的环境很容易促进微生物的滋生。

2. 人员　参与清洁验证团队的人员，应当经过严格的技术培训，具备相应的专业知识。在清洁验证执行的过程中，采用有经验的人员进行操作。

3. 方法　清洁验证之前，必须完成清洁验证相关的分析方法和取样方法的验证以及所有相关设备的清洁 SOP。

4. 材料　对于清洁验证中，设备的清洗必须严格选用适当的清洁剂和清洁工具。通常药厂中设备众多，可选用清洁剂和清洁工具也很多，为了降低验证成本，通常我们会对车间所有的清洁剂和清洁工具进行分组，采用清洁的最差条件确定使用的类别等。

5. 测量　清洁验证过程中所设计的所有设备的仪器仪表都要进行校准，确保获得数据的准确性。介于不同人员操作的差异性，取样操作员应当经过严格培训并能严格遵守操作的人员进行。例如，在取样操作时应当由完成回收率实验的人员进行操作。

6. 设备　不同设备的几何形状、设备的材质都会影响清洁验证的结果。因为在实施清洁验证时，每个公司有不同的剂型、不同的设备、不同的产品，我们不可能对每个产品的设备链进行验证，因为会浪费太多的人力和物力资源。

通常我们会根据产品的设备链和产品相似性对设备链进行分组验证，对于同一类别的设备链，只需要做最差条件的设备链验证，如多用途设备没有单一的最差条件产品时，最差条件的确定应当考虑产品毒性、允许日接触剂量和溶解度等。因此，设备取样点的选择非常重要，所选择的取样点必须具有很强的代表性，最终取样点结果的合格证明该类设备的清洗程序适用性。

在同一个工艺步骤中，使用多台同型设备生产，企业可在评估后选择有代表性的设备进行清洁验证。

四、清洁验证方案的实施

（一）最差条件的确定

选择最不利清洁情形，即最差条件，如设备最难清洁部位以及最难清洁的残留物。

设备最难清洁部位通常是死角、清洁剂不易接触的部位如带密封垫圈的管道连接处，压力、流速迅速变化的部位，如有歧管或岔管处、管径由小变大处、容易吸附残留物的部位如表面不光滑处等，都视为最难清洁的部位。因此，取样点应当包括各类最难清洁部位，并且宏观上不容易形成湍流的部位也是最难清洁的部位。

最难清洁的残留物，通常包括活性成分残留、物料残留与清洗剂残留等。首先考虑活性成分的无显著影响值，计算最大允许残留物浓度限度。在生产过程中，假设我们以产品残留不大于10mg/kg 作为考核指标，确定最终残留量限度，同时考虑产品的降解物的残留量限度，取以上数值小者作为可接受标准限度。设备按清洗程序清洗后，假设用棉签对最难清洁部位进行擦拭取样检验，将所得结果与可接受限度比较，若低于残留物浓度，则可证实清洗程序的有效性。在确定微生物残留限度时，要考虑到微生物的特点是在一定条件下会迅速繁殖，因此企业应当综合考虑其生产实际情况和需求，制定微生物污染水平应控制的限度及清洁到下次生产的最长存储期限。

（二）清洁验证的取样方法及标准

假设我们以产品残留不大于10mg/kg 作为考核指标，确定最终残留量限度，假设用棉签对最难清洁部位进行擦拭取样检验，那么取样的方法与标准见表7－11。

表7－11 取样方法与标准表

取样方法	标准
目检法	应清洁、无痕迹或气味残留
棉签擦拭法取样	棉球擦拭应干净、无污染物、洁白、不变色
	残留物≤10mg/kg
	微生物限度：总菌落数≤50CFU/ml（供试液）

比如，生产某片剂，含量测定时以总酚酸为测定指标，以绿原酸计。该片剂最主要活性物质为总酚酸，从降解物考虑，尚无公认的降解物，但绿原酸受热分解后的产物仍具有等量酚酸的紫外吸收，因而选择总酚酸为参照物。下面以这个片剂整粒机为例来说明可接受标准。

残留物可接受标准：以10mg/kg 作为有毒物质的考核指标时检验的最大允许残留量。残留物可接受标准按式7－3计算。

$$X=\frac{10^{-5}\times B}{S\times F}\text{mg/cm}^2 \tag{7-3}$$

式中，X 为清洁验证时的残留物可接受标准；B 为每批最小批量；S 为整粒机与药品直接接触面积（cm^2）；F 为安全因子。

因采用超声清洗，可认为棉签中有效成分100%洗脱。

微生物检验可接受标准：棉签取样，菌落总数≤50CFU/ml（供试液）。

1. 确定取样点 接触物料最多部位及最不易清洁部位：进料口底部、筛网，棉签擦拭法取样。设备表面目检合格后，先微生物取样，再化学检查取样。

2. 微生物取样 将灭菌消毒的脱脂棉签用灭菌的生理盐水润湿，将棉签头按在设备表面上，用力使其稍弯曲，平稳而缓慢地擦拭设备表面。在向前移动的同时将其从一边移到另一边。翻转棉签，用另一面再进行擦拭，方向与前一次相垂直。分别用4个棉签共擦拭整粒机与物料直接接触的最难清洁部位各25cm^2，共100cm^2作为微生物检测样，为1号样本。将擦拭设备的棉签用已灭菌的剪刀剪下，投入50ml 的灭菌生理盐水中，用超声波洗涤2分钟，使棉球表面污染物充分溶解，作为供试品溶液。

3. 化学检查取样 化学检查时将脱脂棉签用纯化水润湿，同上法取样，为2号样本。将擦拭设备的棉签用已灭菌的剪刀剪下，放入锥形瓶中，加入50ml 纯化水，用超声波洗涤2分钟，使棉球表面污染物充分溶解在纯化水中，制成残留物供试品溶液。

每次取样完成后及时填写取样记录。

（三）分析检测

1. 微生物检测 取1号样本的供试品溶液1ml，按细菌总数检查法检测，计算供试品溶液的菌落总数（CFU/ml）。

2. 化学检测　本供试品溶液用 HPLC 法检测总酚酸含量，检测结果用取样方法验证确认的回收率加以校正。

在产品生产结束后，按该设备清洁规程进行清洗后，按以上规定的取样部位和取样方法进行取样检测。清洁验证的次数应当根据风险评估确定，通常应当至少进行连续 3 次。

值得注意的是，在实际的清洁验证中，如果要对每个工艺过程、每个设备、每个清洁步骤都进行清洁验证，则要耗费大量的人力、物力、时间、精力，而且几乎是不可能也没必要做到的。所以具体的做法如下。

（1）按产品和设备分类。

（2）根据分类，选择“最劣工况”进行清洁验证。因为，如果最难清洁的部位都已得到清洁，那其他部位的就应没有问题。

（3）人工清洗和取样所造成差异也值得考虑，所以在验证中，在 3 次验证中，由不同的操作人员做清洁，观察该方法清洁的结果。验证中，操作人员的数目应大于或等于清洁验证的部件。

（四）清洁验证方案的执行

当验证方案获得批准，所有准备工作进行完毕后，即进入验证具体执行阶段。验证应当严格按照批准的方案执行。本阶段的关键在于清洁规程的执行和数据的采集，即取样与化验。验证实施后写出验证报告。应及时、准确地填写清洁规程执行记录，保证清洁过程完全按照规程进行。执行规程的人员应当是将来进行正式操作的人员，而不应由方案设计人员或其他技术人员代替。当然，有关技术人员可在旁观察规程的执行情况，以便及时发现偏差并予以纠正。取样应有经过专门培训并通过取样验证人员进行，样品标签可在取样前贴好，根据标签的指示取样，也可在取样后立即贴上标签。无论采取何种方式，均应以方案规定为准。检验应按照预先开发并验证的方法进行。所用的试剂、对照品、仪器等都应符合预定要求。检验机构出具的化验报告及其原始记录应作为验证报告的内容或附件。

验证过程中出现的偏差都应记录在案，并有专门人员讨论并判断偏差的性质，确定是否对验证结果产生实质影响。一般如果检验超出限度，并经证明并非化验误差所致时，该偏差应作为关键偏差。这时应进行原因调查，确定原因并采取必要措施后重新进行验证试验。验证结论应在审核了所有的清洁作业记录、检验原始记录、化验报告、偏差记录后方能做出。其结果只有合格或不合格两种，不可模棱两可。

验证报告至少包括以下内容。

（1）清洁规程的执行情况详细记录，附原始清洁作业记录。

（2）清洁检测与检验结果以及评价，附检验原始记录和化验报告。

（3）清洁验证偏差、变更或者说明，附偏差、变更或失败记录与调查报告。

（4）验证结论。

第六节　计算机化系统验证

PPT

随着计算机化系统在制药行业广泛应用，计算机化系统验证系问题就成为药品生产企业 GMP 管理中必须面对的问题。计算机化系统（Computerized System），是指受控系统、计算机系统以及人机接口的组合体系，详见表 7－12。

表 7－12 计算机化系统构成

	受控系统	计算机系统	人机控制系统
组成	工艺装备，比如冻干机、灭菌柜等	计算机的硬件和软件系统等	有资质的人员、操作的技术与管理规程等
性质	控制终端	控制载体	控制主体
控制的难易	难	中	易

计算机化系统需存在于适宜的计算机系统的基础之上，将之与具体的工艺或操作相结合，实现最终管理和控制目标的过程。在制药行业，就是将具体的生产过程在相关软件的全面监控下和硬件的参与下按照相关的规程进行运转，从而实现管理的自动化、无纸化和集成信息化的系统。根据 GMP 关于验证的定义，所谓“计算机化系统的验证”就是通过技术与管理的综合手段证明“计算机化系统”运行始终能达到规定标准的要求，也就是稳定性与可靠性要求。

一、计算机化系统的法规要求

美国《联邦管理法》（Code of Federal Regulations，CFR）第 21 章第 21 节的第 68 条对药品生产与质量管理所使用计算机化系统做了严格的规定，要求这些设备必须进行必要的检查、校准和验证，并使得验证活动得以持续，确保其工作性能安全稳定。虽然如此，到目前为止，美国 FDA 还没有颁布计算机化系统验证的指南，但是，早在 2002 年 11 月，美国 FDA 颁布了适用于医疗器械中的软件验证的“General Principles ofSoftware Validation”，这个指南对于药品生产与质量管理中的计算机化系统验证具有一定的指导意义与参考价值。

欧盟 GMP（EU Guidelines to Good Manufacturing Practice Medicinal Products for Human and Veterinary Use）第二部分（基本要求Ⅱ）与附录 11《计算机化系统》（Computerized System）对计算机化系统的验证做出明确规定，主要内容见表 7－13。

表 7－13 欧盟 GMP 关于计算机化系统验证的主要内容

验证的对象	验证的广度	验证的深度	验证的原则	验证的过程
适用于特定用途的计算机化系统	贯穿计算机化系统的生命周期	取决于计算机化系统及其应用的差异性、复杂性	符合 GMP 原则性要求	按照验证的基本程序进行

计算机化系统的验证应当是持续的，包括系统关键元素或组件的修改和升级，都应当进行验证。凡用计算机化系统代替人工操作系统时，都不得造成产品质量下降，两个系统并行运行结果的比对也是验证的重要内容。

二、计算机化系统验证的内容

（一）计算机化系统验证方式的选择

就验证的方式而言，根据 GMP 要求，可以分为两种基本形式：①针对具体硬件，如设施、设备等按设计确认（DQ）、安装确认（IQ）、运行确认（OQ）、性能确认（PQ）的顺序进行；②针对具体的工作程序，如工艺规程、清洁规程等所进行的，在工艺活动所需要的条件，如原辅料、生产设施设备、检测仪器等都得到确认的情况下，设定好具体的条件，如工况情况、挑战性试验条件等，进行具体的工艺实施，证明工艺过程的稳定性。

就表面情况而言，计算机化系统（主机、外围设备以及与其相关的生产设备或质量控制设备）是一具体设备或设施，其验证应当按照设备的验证过程进行。但是，计算机化系统的特殊性在于其有非常明确的“输入”过程和“内部处理过程”（软件），这种处理方式满足工艺过程和工艺规程的基本属性，其工艺的“产品”相当于计算机化系统的输出或对另一台设备的控制。因此，计算机化系统的验证也应当符合工艺验证的范畴。所以，计算机化系统的验证既要满足设备验证所规定的要求，又要按照自身的工作特点进行必要的“工艺”验证。

（二）计算机化系统的设备确认

计算机化系统使用企业应当与设备制造商在DQ阶段共同建立用户需求标准（URS）、设备功能标准（FS）、设备设计标准（DS），从而为在药品生产企业进行的IQ、OQ、PQ打下良好基石。和其他硬件一样，计算机化系统设备的确认工作从制定URS开始到最终完成设备PQ，经历7个步骤，形似“V”字，即形成所谓的设备验证“V”模型。

（三）计算机化系统风险分析

计算机化系统是由硬件和软件构成，其中硬件分为标准硬件和用户特别定制的硬件2类，软件分为操作系统、标准软件包、可配置软件包和用户定制软件4类。不同类别的软件和硬件，其工作稳定性以及稳定的考量程度，换而言之，其风险水平是不同的，因此，应根据其风险程度决定其验证的程度，详见表7－14和表7－15。

表7－14 计算机化系统硬件风险与验证分析

	风险程度	验证深度	验证内容
标准硬件	低	低	确认其身份来源即可，比如生产供应商、型号、版本号、序列号等
用户特别定制的硬件	高	高	要进行供应商的审计，要进行必要的测试和确认

表7－15 计算机化系统软件风险与验证分析

	风险程度	验证深度	验证内容
操作系统（正版）	低	低	确认名称及版本号（包含补丁包）
标准软件包	低或者中	低或者中	确认名称及版本号（以及环境设置）；对照用户说明进行核查；复杂程序的情况下考虑实施供应商审计
可以配置软件包	中或者高	中或者高	确认名称、版本号及配置；对照用户说明进行核查；复杂程序的情况下，通常应实施供应商审计；进行必要的软件审核和测试
用户特别定制的软件	高	高	实施供应商审核，进行系统的软件审核和测试

当计算机化系统的软件和硬件设计标准制定完成后，根据风险分析进行必要的验证。计算机化系统验证的特点在于计算机化系统应当分为硬件系统和软件系统两部分进行，计算机化系统的验证的重点在于对风险高的软件，比如可以配置软件包和用户特别定制的软件，或者软硬件（高风险）的组合的系统进行验证。

三、计算机化系统软件的验证

对于表7－14中风险高的软件，应根据工艺验证的基本原理，结合软件开发和适用的特点进行验证。

（一）软件编程的GPP审核

软件编程是整个软件开发过程最为基础的操作，是软件生产的“工艺”。这个生产活动是将所需的软件功能和应用通过编程语言（如C＋＋、XML）表达形成源代码的过程，软件编程过程的质量也将极大地影响最终系统软件的质量。好的软件与质量好的药品一样，应当是稳定、可靠的。如何控制软件生产的“工艺”，使得“工艺”稳定、可靠，这个过程和药品生产过程一样，也需要进行全面质量管理的标准化管理，这个标准就是《良好的编程管理规范》（Good Programming Practices，GPP）。因此，要对软件编程过程有没有实施 GPP、实施 GPP 的水平进行审核，具体内容详见表 7－16。

表 7－16　软件编程的 GPP 审核

审核项目	审核内容
软件结构	文件组织，包括注释、头文件（Headers）等，条理清晰
命名约定	目录、文件夹、文件、功能以及变量等的命名规范有序
修订约定	确保编译过程的可追溯性，以便下一步的软件代码审核
代码格式	确保代码编写格式的规范化
代码复杂度的控制	确保代码的复杂程度处于可控范围内
死代码	确保无死代码
编译器管理	确保编译器的正确使用

（二）软件代码审核

软件代码审核（Software Code Review），又称为源代码审核（Source Code Review），是指对所开发软件的所有源代码逐句进行审核，识别出会导致安全问题和事故的不安全源代码和漏洞，可以审核系统测试尤其是功能性测试会遗漏的源代码，从而控制软件的“生产”质量。从软件生产的“工艺”的特点来看，软件代码审核应当从以下关键控制点入手，暴露所有可能的代码错误（包括识别所有死代码），充分比较源代码与软件设计的符合度，源代码的编制过程是否符合 GPP，详见表 7－17。

表 7－17　源代码审核内容

审核项目	审核内容
源代码	找出错误、遗漏和死代码
源代码与软件设计的符合度	流程处理、输入/输出（I/O）处理、公式和算法、消息和报警
源代码与 GPP 的符合性	源代码的设置过程必须严格符合 GPP
配置设置	所有参数的设置情况
输入/输出（I/O）	所有信息情况
功能模块	运行的情况
整个程序	运行情况

（三）软件的测试

源代码审核完成后，就要对整个软件进行测试，测试分为单元测试（Unit Testing）和集成测试（Integration Testing）两阶段。第一阶段是单元测试，又称为模块测试（Module Testing），是针对软件设计的最小单位—程序模块，进行正确性检验的测试工作，其目的在于发现各模块内部可能存在的各种差错，具体检测过程应注意以下问题，详见表 7－18。

表 7－18　单元测试内容

测试项目	测试内容与标准
模块接口测试	对通过被测模块的数据流量进行测试，流量应达到规定标准
局部数据结构测试	找出不正确或不一致的数据类型说明、尚未初始化的变量、错误的初始值或错误的缺省值、变量名书写错误以及不一致的数据类型等
路径测试	对模块中重要的执行路径进行测试，查找由于错误的计算、不正确的比较或不正常的控制流而导致的错误
错误处理测试	出错的描述是否能够对错误定位、显示的错误与实际的错误是否相符、对错误条件的处理正确与否以及在对错误进行处理之前，错误条件是否已经引起系统的干预等
边界测试	测试数据流和控制流在确定的比较值附近时出错的可能性

第二阶段是集成测试，是指在单元测试的基础上将所有模块按照设计要求组装，系统地进行整合测试，目的在于检查各模块之间的衔接与系统能否正确运行。具体检测内容见表7－19。

表7－19　集成测试内容

测试项目	测试内容与标准
模块接口数据传递测试	各个模块之间进行数据传递，数据不会丢失
模块之间负面影响测试	连接模块之间彼此所施加的影响有没有负面的
模块组合功能测试	模块组合到位后，组合功能是否达到预期要求
模块组合累积误差测试	模块组合的误差累积是否会放大到不能接受的程度

此外，值得一提的是，软件测试选用的方法必须为结构性测试。所谓结构性测试，又称为白盒（White Box）测试法，就是把测试对象看作一个透明的盒子，允许测试人员利用程序内部的逻辑结构及有关信息，设计或选择测试用例，对程序所有逻辑路径进行测试，通过在不同点检查程序的状态，确定实际的状态是否与预期的状态一致。白盒测试法的常用方法包括代码检查法、静态结构分析法、静态质量度量法、逻辑覆盖法、基本路径测试法、域测试、符号测试、Z路径覆盖、程序变异等，具体的测试方法和工具的选用必须依具体软件而定。

四、计算机化系统系统整体测试

在软件测试结束后，就要对计算机化系统整体进行测试，这样的测试称为系统整体测试，测试的标准就是URS，测试的目标就是找出计算机化系统还可能存在的问题，进一步进行改进。系统整体测试采用功能测试的方法，功能测试又称为黑盒测试，也就是把计算机化系统看成“黑箱”，在完全不考虑系统内部结构和内部特性的情况下，在系统接口进行测试，只检查系统功能产生结果能否满足URS要求，这个测试相当于，在药品生产工艺活动中，把工艺当成“黑箱”，输入物料后，只检查产品质量情况，看能否满足标准要求。通过“输入输出”的正确性来考核计算机化系统能否有效、稳定地进行运作。根据验证的理念，在系统整体测试过程中，必须引入强度测试（Stress Testing），也就是“挑战性”性试验，以确认计算机化系统在出现错误状况时可以得到正确处理而不会导致错误运行。系统整体测试的内容见表7－20。

表7－20　系统整体测试内容

测试项目	测试内容与标准
开关设定	确认系统的开机和关机程序正常
内置软件	系统中安装的软件应与系统设计标准相一致
数据备份与恢复	确认数据备份与恢复功能正常
预警与报警	确认系统预警与报警功能正常
挑战性试验	输入超出接受范围的数据，确认系统能否识别错误数据 输入超负载受数据，确认系统能否承担
系统运行测试	正常输入多次确认输出数据正常

五、计算机化系统的系统验收确认

在计算机化系统测试完成后，就要药品生产现场对计算机化系统进行最终验收测试。如前所述，计算机化系统在这个阶段的确认在框架上基本与普通设备的确认没有差别，包括IQ、OQ和PQ 3个阶段。计算机化系统确认的特点在于除了对系统硬件确认之外，还应当着重对系统的软件进行确认。

（一）安装确认（IQ）

和其他制药设备一样，IQ 是指是对系统硬件和软件、安装环境及安装过程进行确认，在设备安装后进行各种系统化检查及技术资料的文件化工作。除了系统安装环境，如洁净度、温湿度控制、电磁干扰、噪声振动等因素；公用工程，如电流电压稳定持续，电路接口连接畅通稳固等和普通设备相同的因素之外，计算机化系统的 IQ 特点体现在文件资料的确认方面，详见表 7 – 21。

表 7 – 21　计算机化系统 IQ 文件确认项目

文件类别	文件项目
系统标准	法律法规要求、URS、FS、DS、安装环境、工程等标准
管理与操作规程	操作、预防性维护、备份管理、数据恢复、系统安全、配置管理等
配置图	系统概图、中央处理器（CPU）和插件配置图、输入/输出装置接线图、控制回路图、状态转变图、网络接线图等
各类手册	硬件和软件安装、操作、维修保养手册等
硬件和软件配置清单	应有所有配置的名称、版本号等
输入/输出（I/O）清单	所有配置的名称、数量

（二）运行确认（OQ）

根据 GMP，OQ 是指根据 IQ 阶段草拟的标准操作规程对系统的每一部分及整体进行空载试验，确保系统性能在要求范围内准确运行并达到规定的技术指标。计算机化系统的 OQ 除了要满足以上要求外，还具有以下特点，详见表 7 – 22。

表 7 – 22　计算机化系统 OQ 特点

测试项目	测试确认
系统安全性测试	系统进入适用权限，输入/输出（I/O）数据流量正常，操作人员接口终端完整，断电保护功能（数据恢复）正常等
数据采集及存储测试	准确地采集、贮存和检索数据；确认数据的输出长度、进位及空值、零及负值的处理能力；自动将数据存档并保存至指定时间等
错误恢复测试	系统操作等发生问题后现有的数据未被破坏，数据备份有效等

（三）性能确认（PQ）

对于普通制药设备来说，PQ 指使用空白物料或真实物料模拟实际生产情况，以确定设备的适用性，其目的在于确认系统运行过程的有效性和稳定性。计算机化系统的 PQ 和其他设备的 PQ 区别不大，比如选择苛刻条件连续做实际生产操作的 3 次以上试验，对计算机化系统控制下的设备做挑战性试验（Challenge Test）等，最终确定计算机化系统的稳定性与可靠性。

PPT

第七节　变更验证与再验证

在药品研发与生产过程中，质量管理体系所涉及的要素，不变是相对的，变化是绝对的，如厂房设施、仪器设备、工艺等都会发生变化，这些变化很多时候都会对产品质量起着非常重要的影响，因此，在发生这些变化后，必须要进行必要的验证，我们把这种验证称为变更验证。

一、变更验证与再验证的概念

新厂房、新设施与设备、新工艺、新分析方法、新物料等在正式投入使用之前进行的验证，称为首次验证（Prospective Validation）、前验证或初验证，只有通过首次验证后，这些新厂房、新设备、新方法、新物料等才能投入使用。在以后的使用过程中，会出现两种情况：①上述这些新厂房、新设备、新方法、新物料等由于种种原因如技术革新等，发生更新或更换；②新设备、新仪器随着不断使用，性能也会发生漂移或劣化。如果发生以上两种情况，一般就需要进行再一次的验证。因此，厂房、设施、设备、检验仪器、生产工艺、操作规程和检验方法经过验证后，不是一劳永逸的，必须保持持续的验证状态。

厂房、设施、设备、检验仪器、生产工艺、操作规程和检验方法等发生变化以后所进行的验证称为变更验证；把随着时间的推移，针对厂房、设施、设备、检验仪器、生产工艺、操作规程和检验方法等性能发生的漂移而保持持续的验证称为再验证。实际上，变更验证也是再验证的一种情况。

二、变更验证的内容

当影响产品质量的主要因素，如原辅料、与药品直接接触的包装材料、生产设备、生产环境（或厂房）、生产工艺、检验方法等发生变更时，应当进行变更验证。比如使用了新厂房、新设备系统，工艺规程发生了实质性变化等，如果这样的变化对产品质量产生非常重大的影响，还应当经药品监督管理部门批准，批准后，才能进行变更验证。一般而言，是否要做变更验证要对这样变化对于产品质量的影响做必要的风险分析，以下简略探讨一下，发生哪些变更后，企业要做变更验证。

（一）原辅材料的变更

原辅材料的变更涉及以下3个方面：①原辅材料本身发生变化，也就是本来使用A原辅材料，现在变更为使用B原辅材料；②原辅材料本身没有变化，但其生产过程发生了变化，比如生产厂家发生了变更，生产工艺发生了变更等；③虽然原辅材料本身发生了变化，但需要考虑这种原辅材料在药品中所起的影响是否重要。

如果是第一种情况，一般都需要做变更验证；如果是第二种情况，要进行必要的评估和风险分析，如果证明这种变化的确对产品质量有非常重要的影响，必须要做变更验证；如果是第三种情况，若变化的仅仅是诸如一般色泽和矫味剂等，就可以不做变更验证。

（二）厂房设施设备的变更

厂房等硬件发生变更涉及以下3个方面：①硬件本身发生变化，如使用了新设备、新系统；②硬件的重要部件发生了变化；③硬件经过拆卸等重大维修，硬件布局进行了调整等。

厂房等硬件发生变更，是否要进行变更验证，还要具体考察该硬件和药品（物料）接触的紧密程度来研究。如果该硬件在生产过程中和药品（物料）发生紧密接触，那么，这样的硬件无论发生以上哪种变更都要进行变更验证；如果硬件和药品（物料）接触不密切，就要根据该硬件在生产工艺中所起的作用，或进行必要的评估与风险分析来决定是否要进行变更验证。

（三）工艺规程的变更

工艺规程的变更是变更过程中情况最复杂的，特别是一些关键参数的改变，譬如混合时间、干燥温度和冷却形式的改变，这些改变可能会影响后续的工艺过程步骤以及产品的质量。

对于辅助系统的维护和检修，例如改变环境条件，就需要进行重复验证和再次合格鉴定，尤其是对无菌药品的生产。

（四）其他变更

如在偏差调查、产品质量回顾和在自我检查或审查时，或是在对流程数据进行连续性的趋势分析操作期间看不到预期的变化和偏差。

三、再验证的内容

再验证（Revalidation）又称为重复验证、重新验证、复验证等，是指对已验证过的某一项内容进行再一次的验证。除了变更验证外，再验证还有以下 3 种形式。

（一）常规再验证

即使是在熟练的操作人员并且严格遵循已经建立的方法进行操作的情况下，过程中也有可能产生变化。同样，设备的运行耗损也会逐渐有变化的产生。因此，在生产进行一段时间后进行再验证是必要的。再验证可以是定期的，也可以不定期，完全取决于生产工艺运行的实际情况、偏差调查和风险分析。无论什么形式的再验证，都是为了使工艺处于受控状态，因此，在验证总计划的统一安排下，进行再验证是常规的、重要的工作。

（二）回顾性验证

回顾性验证（Retrospective Validation）是再验证的一种形式，也称为基于历史数据的再验证。回顾性验证就是对以前生产所产生的批生产记录进行复查，对生产工艺参数与在线和最终控制试验结果进行评估，对生产过程中的难点和故障的记录进行分析，对这些参数进行统计学分析，找出参数波动的范围与波动趋势，从而确定工艺规程的稳定性的验证方法。

不难看出，回顾性验证有以下特点：①不适用于新工艺流程及产品；②对产品批记录要求的样本有一定的数量，因此适合于批生产，尤其是年度批生产数量多的品种；③对于工艺参数形成、产生比较稳定的工艺适用，如对普通片剂等剂型的生产比较适用，对冻干、包装前灭菌药品的生产工艺就不一定适用。

（三）同步验证

同步验证（Concurrent Validation）也是再验证的一种形式，指生产中进行某项工艺的同时进行的验证，即从工艺实际运行过程中获得的数据来确立文件的依据，以此证明某项工艺达到预计要求的活动。有时，同步验证是为了某个特定的验证目的，例如为了回顾性验证中数据的完整等。具体做法：进行不小于 3 个批次的连续生产，然后进行扩大了的产品检验。

第八节　验证的管理

PPT

药品生产企业实施的验证不是随意的，而是经过仔细研究、周密部署，有计划、分步骤、认真实施的，因此实施验证是严格按照规定好的计划或程序进行的。

一、验证总计划

验证总计划（Validation Master Plan，VMP）是对公司的整个体系，及用于建立性能充分性的方法进行综述的文件。它提供了验证工作程序的信息、验证工作周期的安排，同时包括责任的统计。验证总计划应当对整个验证操作、组织机构内容和计划进行全面的安排。

（一）编制验证总计划的意义

验证需要药品生产企业各个系统、各个部门、各个学科，比如，质量管理系统、生产系统、物控系统、工程系统，技术开发、制药工程、质量管理、药事管理等密切配合与分工协作。否则，就不可能完成技术要求高、系统性强的验证工作。就实际情况而言，从药品生产企业成立开始，一旦进入正式生产过程，所有的验证工作从时间安排的角度来看，就成为一种“客观现象”。各类验证工作一般来说，就时间安排而言是不以人们意志为转移的，验证工作需要严格的时间安排按部就班地进行。也就是说，药品生产企业关于本企业验证工作及时间安排是一种“客观存在”，但是根据 GMP 的要求，必须把这样的“客观存在”以书面文件的形式确定下来，这就是验证总计划。验证总计划包括验证项目、时间安排与进度、负责单位、资源保障等。

（二）验证总计划的内容

综合我国 GMP 指南和 EU GMP 附录对验证的规定，验证总计划内容至少应当包括以下几个方面。

（1）验证方针/政策和策略。

（2）验证活动的组织机构及职责。

（3）需要验证的设施、系统、设备和工艺等的汇总。

（4）需验证产品/工艺/系统/方法及可接受标准的列表。

（5）各类验证计划和时间表。

（6）文件模版：方案和报告的文件模版。

二、验证的风险管理

验证工作是一个技术要求高，需要资源投入的工作。从理论上看，药品生产企业质量管理体系的各个要素，都必须经过验证才能投入运行。但是，质量管理体系中的各类要素，对产品质量影响的程度是不一样的，有的影响程度高，有的影响程度低，甚至可以忽略。就以人员为例，生产企业从事人力资源管理员工、岗位操作员工和关键人员对药品质量的影响是有巨大差别的。同样，就验证本身来看，验证的程度也是有很大差别的。比如就生产工艺验证而言，同步验证、扩大检验范围和项目的验证、对工艺参数空间范围的验证是截然不同的，所需要的技术、资源也有天壤之别。

再者，就药品生产本身而言，各类品种剂型及其药理作用和适应证，对生产企业质量管理体系要素的要求也是有很大差别的，比如普通压制片的要求与抗生素大输液的要求是有巨大差别的，解热镇痛等治疗感冒的药物与治疗心脑血管疾病、抗肿瘤药物的要求也有巨大差别，此外，研制开发的新药与普通仿制药的生产要求也有巨大差别。

根据本教材第二章，关于风险管理的论述，综上所述，对验证要求最高的就是新药、大输液、治疗肿瘤或者心血管系统的药品，对验证要求最低的就是仿制药、普通压制片、解热镇痛类药品。所以，需要什么程度的验证，验证所涵盖的范围，都需要通过风险评估来确定。

风险评估的要求参看本教材第二章，关于质量风险管理的描述及风险评估的具体内容、程序和工具等论述和要求。根据药品质量管理风险评估的要求、方法和程序及工具，对质量体系中的各个要素进行风险等级的确定，然后确定验证范围和验证深度。以风险评估为基础，选择适当的控制和验证技术，将风险管理进行至一个可接受的水平。风险评估主要集中于那些生产系统的关键方面。生产系统的关键方面通常是功能、特征、性能，以及持续保持产品质量和患者安全所必需的生产工艺和系统的性能或特征。它们应该在科学的产品和工艺的理解基础上进行确定并记录。控制和验证水平必须与产品质量、患者安全的风险水平相匹配。比如，低风险普通仿制药压制片的工艺验证，只要做“同步验证”就可以；如果中等风险的仿制药的液体剂型，就要做扩大的检验项目和扩大检验数量（比例）验证；如果是创新药物，尤其是风险高的药物，就要做“参数空间探索”的验证。

风险评估可以用来识别和管理由于功能失效引起的影响患者安全、产品质量和数据完整性的风险。一个项目需要进行的验证活动包括工艺设备、空调净化系统、水系统、工艺用气系统、仓储系统、计算机化自控系统、清洁工艺、生产工艺，应基于质量风险管理理念进行上述活动的风险评估。比如就生产工艺而言，应用质量风险管理的方法对生产工艺进行关键性评估，确定生产工艺中的关键步骤、关键物料属性、关键中间控制和关键工艺参数以及关键操作、关键步骤的关键控制点，为商业化生产中的关键设备的确认、针对关键步骤的工艺验证、确定关键物料（原料和中间体）以及质量指标、确定工艺中的中间控制点、设备预防性维护计划提供依据。

1. 确定关键工艺参数和关键质量属性 关键工艺参数和关键质量属性需进行验证。

2. 区分关键工序和非关键工序 关键工序要求其操作必须在验证过的范围内，而非关键工序则无须在验证范围内。

三、验证实施的管理

根据验证总计划（VMP），由质量管理部门负责，由生产企业其他有关部门如研究开发、生产管理部门、物流管理部门、工程维护部门、质量控制部门、工程维护等相互协调，按照规定的程序，共同完成有关验证。

（一）验证组织与验证体系的建立

1. 验证组织的建立 制药企业在进行验证活动时，需要多方资源，特别是时间、资金和人员，而建立验证团队是首要工作。

验证是一项跨部门的工作，与多个部门有关，需要相关部门通力合作。验证团队的职责，包括起草和制定验证的策略，制定验证可接受标准，选择核实的验证实施方法，执行验证并评价结果。同时还需要认真准备并计划各个步骤。其中所有的工作应当根据相应的文件规程来执行，从而确保达到预定目标。

针对验证团队的构成，ISPE 基准指南第 5 卷《调试和确认》推荐建立主题专家（Subject Matter Expert，SME）小组。主题专家们在特定领域里有专业技能和资质（例如质量、工程、计算机化系统、研发、生产等专业相关人员）。在其相应的专业技能和资格领域内，在验证活动中起到引导作用。

一般来说，药品生产企业的验证组织有专职和兼职两种形式。但在具体的验证过程中，两种组织形式基本在一起完成工作。专职的验证组织负责验证管理的日常工作，如验证总计划的制定与修订、验证规程的制定和修订、验证方案的起草和协调、验证工作的监督实施、验证文件的管理等。兼职组织一般是根据不同的验证对象而设立的。验证小组的领导工作由小组的负责人负责，一般由成立的验证小组织根据要求确定有关的验证项目、验证范围及时间进程安排。接着，由验证小组准备一份验证进行的顺序方案，以确定验证所涉及的范围，进行的先后次序、时间进程、资源需求等。

2. 验证体系建立 GMP 规定："企业应当确定需要进行确认或验证的工作，以证明有关操作的关键要素能够得到有效控制。确认或验证的范围和程度应当经过风险评估来确定。"

验证是不断进行的质量工作的一部分，是生产工厂运作的一部分。建立一个稳固的验证体系来支持生产工厂质量保证系统的运作。企业要建立一个稳固的验证体系，首先应考虑以下问题。

（1）是否有验证总计划？

（2）是否进行了风险评估？

（3）是否对每个直接影响系统进行了验证？

（4）是否有稳定的技术能力支持？

稳固的验证体系需要有良好的验证文件体系来进行支持，基于风险评估的验证文件体系简化为图 7-3。

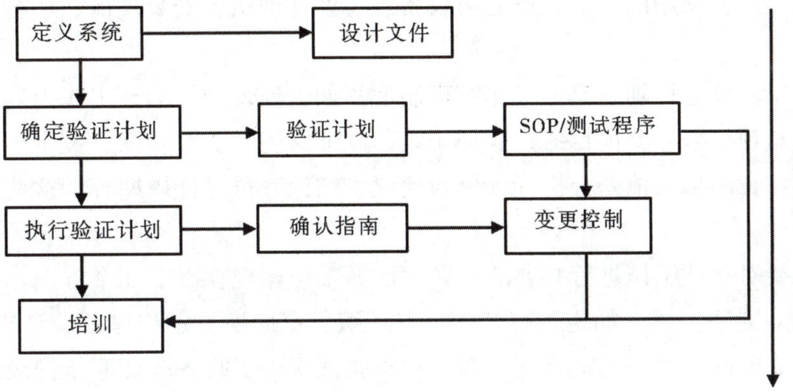

图 7-3 基于风险评估的验证文件体系

对于验证的范围或者程度而言，如果一个系统可能影响或潜在影响药品的安全性、纯度、特性、有效性、浓度或质量，则认为它是关键要素，应当进行验证。虽然每个项目上的生产操作和设施在规模和复杂性上存在着很大的差异，但是典型的关键要素均包括了用于制药产品生产的公用设施、工艺设备、分析方法、清洁工艺、生产工艺、计算机化系统等验证内容。

（二）验证方案的制定与批准

验证方案（或协议）就是指一个描述验证所要进行的必要程序的文件，验证方案主要内容有验证目的、要求、标准、实施所需要的条件、测试方法和进度安排等。验证方案起草程序：通过查阅文献资料，参照国家药事管理的法律法规，确定验证实施需要的各种标准，确定检查及实验范围，确定验证实施的步骤，方案审批，方案内容必须包括对验证对象用流程或文字所做的描述、验证的目标和范围、挑战性试验的内容、检验方法以及认可的标准。此外，还应包括验证过程中记录和审批所需要的各种表格等。

验证方案在实施过程中，有时会出现需要补充和修改的情况，此时应起草一个补充性验证方案，说明修改或补充验证的具体内容和理由，此方案也应由原方案的审查批准人审查批准。

所制定的书面的验证方案在正式实施前必须得到质量管理部门的审查和批准。在审查时，首先要证实验证方案所有书面文件的内容完整和条理清晰；其次，要审查书面的检验规程，证实其与质量标准和GMP要求吻合的一致性；最后，审查有关人员如技术人员、操作人员的资质。

（三）验证报告的形成与批准

在验证方案得到批准之后，由验证小组按方案进行分工实施，具体负责一方面工作的小组成员要对所负责的验证工作情况及时进行收集、整理和记录，并及时向小组负责人汇报工作进展情况。小组负责人要及时了解和把握验证工作的总体及进展，进行必要的监督和协调。

验证报告就是指汇集了整个验证过程的记录、结果以及评估的文件。它可能还包括对工艺流程和（或）设备的改进建议。验证工作完成以后，小组成员要汇报各自的结果，小组负责人将这些结果汇总，审查这些结果并形成验证报告。

验证报告交由质量管理或由其指定的人员进行审查，合格后经批准并发给验证证书，所谓的验证证书就是对一个验证或再验证的最终审定和正式批准，由企业负责人发放的证明文件，表明验证对象的“合法性”并标志验证对象可以合法投入使用。

四、验证文件的管理与回顾

根据GMP规定，应当建立确认与验证的文件和记录，并能以文件和记录证明达到一系列预定的目标，具体包括对药品生产所使用的厂房、设施与设备进行设计确认、安装确认、运行确认、性能确认与工艺验证。

验证文件一般包括验证总计划、验证工作管理制度，如验证管理、验证工作内容、验证工作基本程序等；验证方案，如验证对象、验证目的、验证小组、验证时间、实施步骤、技术要求等；验证原始数据；验证报告，包括验证结果、偏差分析、评价与建议、结论、再验证周期等。这些资料由验证专职组织归档保存。

质量管理部门也要对验证工作进行必要的回顾，回顾工作体现在以下几个方面。

（1）验证管理规程是否完善，如是否有计划、有组织、定周期、定程序；验证组织工作是否规范，如是否按验证对象建立验证小组，制定验证方案，写出验证报告，收齐验证原始记录。

（2）验证方案是否科学，验证方案中是否目的明确、方法是否科学可行、技术指标和验证周期是否预先设定、实施步骤是否具体详尽。

（3）验证报告是否可靠完整，如验证报告中是否有数据、结论、评价、建议；原始数据完整，指标量化，验证文件归档齐全。

只有对验证工作的规范化回顾，才能使验证工作真正起到应有的作用。

（梁　毅　范哲辰　李　靠）

书网融合……

本章小结　　微课　　题库

第八章　文件管理

学习目标

1. 掌握　药品生产企业质量管理文件和文件系统建立、分类、编制、管理的基本方法。

2. 熟悉　文件制订与使用、变更、废除等的基本管理程序和要求；生产工艺规程、标准操作规程、批记录、电子记录等重要文件的管理程序和要求。

3. 了解　文件编码的基本思路与方法。

4. 学会按照GMP要求，建立药品生产质量管理文件系统；能够对各类文件实施编制、使用、管理等基本程序。

文件管理是指文件的设计、起草、审核、批准、复制、分发、培训、执行、归档、变更、撤销、保存和销毁的一系列过程的管理活动。质量就是稳定，为了达到稳定，质量管理体系及其运行都必须用文件的方式进行规定。良好的文件系统是质量管理体系的基本要素。文件管理贯穿药品生产和质量管理的整个过程。内容完善、体系健全、运转高效的文件系统是药品生产与质量管理活动稳定、有序进行的保证。同时使企业以国家有关药事管理法律法规为原则，以客户要求为导向，一切活动有章可循、责任明确、有迹可溯、有案备查。GMP文件管理的关键点是建立一套合理、规范、完整的文件系统，使药品生产、质量管理活动各个环节都通过合规操作来展现生产与质量活动的原始面貌。文件制定和执行的好坏体现企业的管理水平和规范程度。

PPT

第一节　文件系统的建立

文件是指一切涉及药品生产与质量管理的全过程中使用的书面标准、程序、规程、制度和实施过程中所产生的结果的记录，包括帐、卡、牌、单据和标识等。药品生产与质量管理的每个行为，都必须依照明确的书面标准、程序、规程与制度来操作，操作完成后，都必须形成真实、及时、规范的记录（数据）等。文件管理是企业质量保证体系的重要部分，能保证企业生产经营活动的全过程规范化运转。企业进行文件管理的主要目的有以下几点。

（1）生产、管理中的每个行动应该如何执行均能在文件中找到书面标准。

（2）每个行动（操作）应该如何执行只有一个标准，以保证每批成品的质量尽可能地与预先设计的质量一致。

（3）避免语言上的差错与误解而造成的差错。

（4）任何行动（操作）后均有文字记录可查，为追溯质量问题和责任、持续改进工作提供依据。

一、文件的种类与分类

（一）文件的分类方法

从药品生产企业文件使用实际情况来看，文件可分为程序类文件和记录类文件两大类。程序类文件又可以分为技术标准（Standard Technical Procedure，STP）、管理标准（Standard Management Procedure，SMP）、操作标准（Standard Operating Procedure，SOP）三大类文件。

1. 程序类文件

（1）技术标准文件　生产和质量管理所需要遵循的含有技术指标的文件。

（2）管理标准文件　以工作为对象，为明确管理职能、划清工作范围和权限、规范管理过程而制定的制度、规定、方法等书面文件，强调“应该”怎么做。

（3）操作标准文件　以人为对象，为明确工作方法及内容、操作要求及步骤而制定的规程、程序、方法等书面文件，突出“如何”去做。

在这三类文件中，管理标准是保证，技术标准是基础，操作标准是关键。

2. 记录类文件（Standard Record Procedure，SRP）　反映药品生产管理过程中标准执行情况的结果，可分为表格、记录、凭证、报告等。记录类文件是历史性文件，用以描述或证明按照程序类文件（以上三大标准）完成了什么工作以及完成的情况。它可确保整个企业从管理到操作对 GMP 的实施都处于“有案可查”的状态，为发现问题后的原因分析与处理改进、责任追究与奖惩提供了依据。

药品生产质量管理系统可分为生产管理、质量管理、物流管理与工程维护这 4 个子系统，每个子系统都会有各自的技术标准（STP）、管理标准（SMP）、操作标准（SOP）文件，在使用这些文件后，一定会留有相应的记录标准文件，比如生产记录、质量管理记录、仓储管理记录、设备维护记录等。我们就根据这样的规律对文件进行分类和归整。具体文件系统的组成如图 8－1 所示。

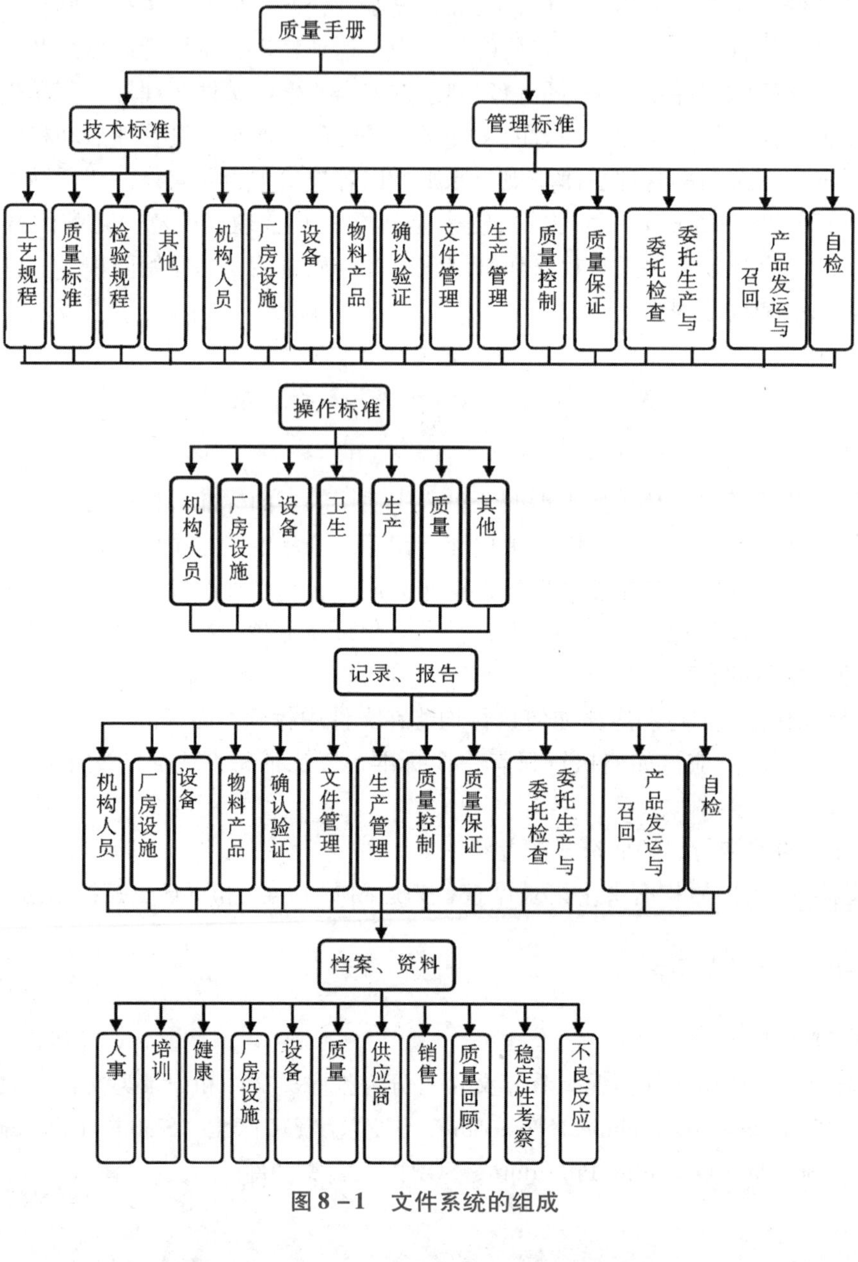

图 8－1　文件系统的组成

（二）技术标准类文件

技术标准类文件是由国家、地方、行业或企业所颁布和制定的技术性规范、准则、规定、办法、标准、规程和程序等书面文件。作为全面质量管理标准化管理的GMP，要求药品生产企业的生产与质量管理必须全方位的标准化，以确保所生产的每一批药品质量均尽可能地与原设计一致，这个标准化体现在质量标准与形成质量过程的标准这两个方面，这两个方面的标准就是我们通常所说的技术标准与规程，体现在文件上就是技术标准文件与技术规程文件。

1. 技术标准文件 包括原料、辅料、包装材料、半成品、中间体、成品等质量标准文件。药品生产企业所制定的原料、辅料、包装材料、半成品、中间体、成品等质量标准文件必须符合国家药品标准、包装材料标准、生物制品规程或有关的其他标准，比如，根据企业实际需要，制定符合有关国际标准、其他国家标准、地方标准、行业标准或企业标准等，但一般来说，国家标准是最基本的标准，企业在制定技术标准文件时，都是以国家标准为基本标准。

2. 技术规程文件 包括产品工艺规程、产品检验规程、验证规程等文件。技术规程类文件的制定必须根据国家标准，如药典、注册文件等规定。

（1）产品工艺规程 为生产特定数量的成品而制定的一个或一套文件，包括生产处方、生产操作要求和包装操作要求，规定原辅料和包装材料的数量、工艺参数和条件、加工说明（包括中间控制）、注意事项等内容。工艺规程可以理解为产品的“蓝图”或“模子”，它是药品设计和生产方法设计的结果，其作用在于保证商业化生产的药品批和批之间尽可能地与原设计吻合。

（2）产品检验规程 为特定产品检验而制定的一个或一套文件，包括取样、检验、留样等操作要求，规定了这些环节与过程所使用的试剂、仪器、材料的要求，操作要求与条件、说明、注意事项等内容。产品检验操作规程可以理解为产品的“试金石”，它是用来判定所生产的药品与原设计吻合程度的工具。

（3）验证规程 为特定硬件、软件或工作现场能否达到规定的标准所进行的确认工作而制定的一个或一套文件，包括设备确认规程、工艺规程验证、检验方法验证、清洁验证等，它规定了这些规程所使用的装备、设施、设备、材料、标准、方法、步骤等的要求。验证规程可以理解为产品生产与质量管理的“基石”。

（三）管理标准类文件

管理标准类文件是由企业根据技术标准类文件制定的准则、规定、办法、制度和程序等书面文件，确保药品生产与质量管理的各项法定的技术标准与管理规定能够得到有效实施。具体有生产管理类文件、质量管理类文件、物流管理类文件、工程维护管理类文件、卫生管理类文件、验证管理类文件等。

1. 生产管理类文件 是生产管理部门使用的管理类文件。比如，生产计划的编制与实施管理制度、生产统计管理制度、生产批号管理规定、不合格中间产品、成品管理程序、生产过程质量控制点监测管理制度等。

2. 质量管理类文件 是质量管理部门使用的管理类文件。比如，成品放行审核制度、制造过程监控管理制度、质量否决权制度、取样管理制度、产品留样观察制度、偏差处理管理制度等。

3. 物控管理类文件 是物控管理部门使用的管理类文件。比如，物料采购管理制度、原辅料验收入库管理制度、成品贮存复验管理制度、仓库温湿度控制制度、仓储状态标志管理制度等。

4. 工程维护类文件 是工程维护部门使用的管理类文件。比如，设备选型与购置管理制度、设备使用与维护保养制度、设备三级保养制度、设备档案管理制度、计量管理制度、设备状态标志管理制度等。

5. 卫生管理类文件 药品生产企业的卫生管理包括两方面的内容：①厂房、设施、设备等也就是

“物”的卫生管理；②操作人员也就是“人”的卫生管理。具体来说，厂房、设施及设备的卫生管理制度，包括应清洁的厂房、设施、设备及清洁维护时间，清洁维护的作业顺序及所使用的清洁剂、消毒剂与清洁用具，评价上述清洁维护工作效果的方法等。操作人员的卫生管理制度，包括生产区工作服质量规格，操作人员健康卫生状况管理办法，操作人员洗手、卫生缓冲设施及其管理程序，操作人员操作时应注意的卫生事项等。

6. 验证管理类文件 验证总计划、验证管理制度、验证组织机构及职责、验证文件的管理制度等。

7. 其他管理文件 人员的教育和培训、辅助部门管理规程、紧急情况的处理程序等。此外，还有文件本身的管理制度等。

（四）操作标准类文件

操作标准类文件就是指经批准用来指导设备操作、维护与清洁、验证、环境控制、取样和检验等药品生产活动的通用性文件，也称标准操作规程。这类文件以特定的操作员工、工作岗位或所要操作的设备等为对象，对其工作职责、工作具体内容做出规定。它们是各类技术标准与管理标准具体细化和实施的产物，涉及生产、质量、物流、工程维护等各个部门，比如，制粒机标准操作规程、内包装材料取样标准操作规程、物料的抽验、称量及复核程序、空调净化系统清洁与维护保养规程等。这些文件构成了药品生产企业生产与质量管理文件体系的基本单元，在药品生产与质量管理活动中发挥了重要的作用。操作标准类文件是企业活动和决策的基础，确保每个人正确、及时地执行质量相关活动和流程。因此，根据药品生产企业的实际情况制定完整、科学、实用的 SOP 是药品生产企业搞好质量管理工作的基础。

（五）记录类文件（Records and Reports）

一般而言，在药品生产与质量管理工作中，每执行一个工作文件，都必须留有相应的记录，比如，根据生产工艺规程，留有批生产记录；根据检验规程，留有批检验记录等。各类工作管理标准是行为的准则，记录则是行为结果的证据。标准提供了“规”“矩”，但更重要的是在生产实践中实施这些标准，记录和凭证反映了实际生产活动中执行标准情况的结果。记录包括报表、台账、生产操作记录等，凭证记录了包括物料、物件、设备、房间等状态的单、证、卡、牌等。

记录文件是阐明所取得的结果或提供所完成活动的证据性文件。记录是工作过程中的真实记载，反映工作的质和量，为工作的有效性、在需要追溯相关质量信息时提供证据。在药品流通过程中，伴随着大量记录的流转，相关人员可以依据记录了解、追溯、控制药品流转的情况。因此，在药品流通过程进、存、销各环节建立记录，并在记录中真实记载有关所经营药品的质量信息，使得经营过程清晰、透明、可追溯。

由于记录和凭证能记载所生产的每一批产品的全部情况，或者说反映了所生产的每一批产品与标准的偏离情况，也就是一致性程度。因此，记录是质量追溯和纠偏的根据，是质量风险分析的基础，是质量持续改进的源泉。因此记录类文件是保证药品质量的十分重要的文件，甚至是最重要的文件。

记录类文件大致分为以下几类。

1. 生产管理类记录文件 比如批生产记录、批包装记录、生产过程偏差处理记录、洁净厂房温湿度记录、物料结料单等。

2. 质量管理类记录文件 比如收料报告、留检报告、取样记录、取样单、检验记录、分析证书、稳定性试验记录、批中间控制记录等。

3. 物料管理类记录文件 比如物料验收记录、仓库温湿度控制记录、物料领取台账、物料养护记录、货位卡与物料标识等。

4. 工程维护类记录文件 比如设备仪器和器具的维护记录、设备仪器的运行和事故记录、设备仪器和器具校验记录、设备仪器和器具卫生（清洗和消毒）记录等。

二、文件的编码

药品生产企业质量管理系统文件种类与文件分类完成之后，接下来就是在文件分类的基础上进行文件编码（Document Reference Code）工作，这项工作是文件系统形成过程的重要组成部分。

（一）文件编码的基本原则

首先，确定文件编码的原则如下。

1. 系统性 将文件统一分类、编号，编号系统应尽可能反映文件信息。要从质量管理总体出发，涵盖所有要素及活动要求。做出的规定应当反映质量体系本身所具有的系统性。

2. 适用性（可操作性） 文件的编码应切实可行、文字简练、条理清晰、通俗易懂，符合实际操作需求。

3. 准确性 文件与编号相对应，若某文件终止使用，则此文件编号即告作废，并不得再次起用。

4. 严密性 文件的书写应当用词准确，不能模棱两可，标准应量化。文件的表述用词必须与 GMP 及相关规定、药典、行业文件和其他法律、法规中的用词一致。

5. 可追溯性 根据文件编号系统规定，可随时查找某一文件或查询某文件的变更历史，做到“查有据，行有迹，追有踪”。

6. 一致性 文件一旦修订，必须给定新的修订号，同时对其相关文件中出现的该文件号进行修正。同一事件在不同文件的表述中，应当具有一致性。

7. 稳定性 文件编号系统一旦确定，不得随意变动，应保证系统的稳定性，如若需要变动，必须经相关部门批准，并随之变更相应的所有相关文件的编号，以保证文件系统的稳定性，防止文件管理的混乱。

8. 动态性 药品生产和质量管理是一个持续改进的动态过程，因此文件必须依据验证和日常监控的结果而不断修订。

（二）文件编码方法

所有文件的编码必须具有相对统一的格式，并且统一由质量管理部门负责控制，以便于识别控制及追踪，同时可以避免适用和发放过时的文件。

可采用编码、流水号、版本号相结合，其中编码由文件性质、部门代号、文件类别组成，应注意便于识别文件的文本、类别，在具体编号时， 些通用性的标准宜采用通用字母来表示，方便记忆和利于文件的管理。“文件性质”可用 SOP、SMP、STP、SRP 或 O、M、T、R 表示；“部门代号”“文件类别”可用英文缩写字母或拼音缩写字母，也可用阿拉伯数字表示；版本号应统一；记录的编号可另设系统，也可在相应的文件后加注。

在此提出以下的编码方法供参考，代码示意图如图 8－2 所示，文件编号见表 8－1。

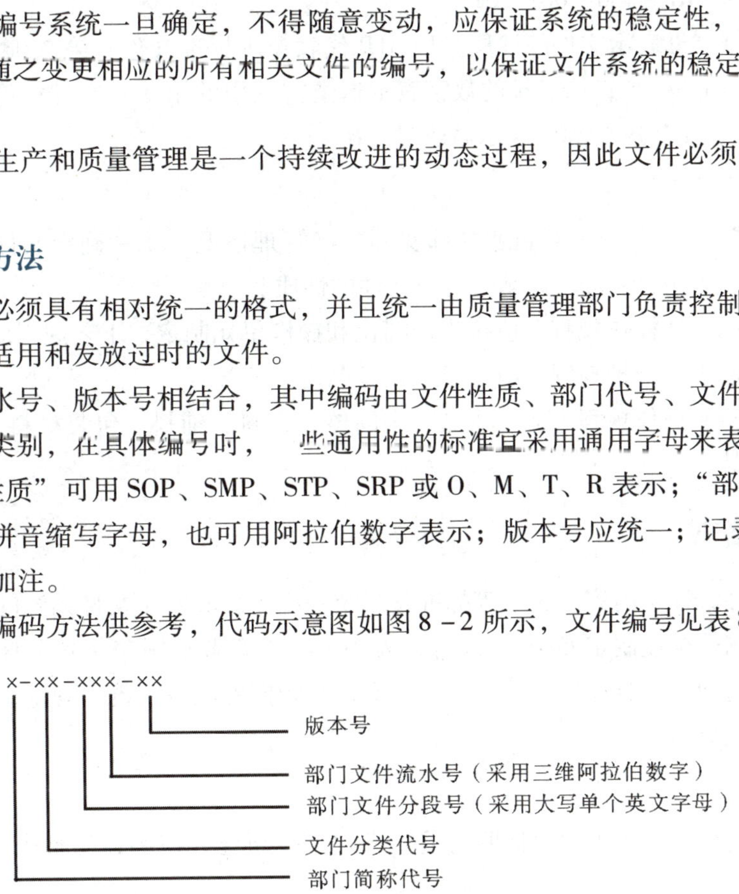

图 8－2 代码示意图

表 8-1 文件编号

部门代码		文件类别		顺序号		版本号
Q：质量部门 QA：质量保证部 QC：质量控制部 P：生产部 P（1）：一车间 P（2）：二车间 M：物料部 E：设备部 S：营销部 A：行政部	分隔符	SOP：操作标准 SMP：管理标准 TMF：工艺规程 TQS：质量标准 TVP：验证方案 TVR：验证报告 BPR：批生产/包装记录 BCR：批检验记录 SOR：操作标准	分隔符	从 001 开始按顺序排列	分隔符	00：修订 01：第一次修订 02：第二次修订 ……

例如：输液产品工艺规程 STP-PT-001-00；
设备管理制度 SMP-EM-001-00；
设备清洁规程 SOP-EC-001-01；
设备验证方案 STP-EV-001-00；
质量标准 STP-QC-001-01；
输液批生产记录 SRP-PT-001-01；
粉针批生产指令 SRP-PT-002-01；
设备清洁卡 SRP-EM-002-01。

如上所述：第一排字母表示文件的性质，如 STP 代表技术标准文件；第二排字母代表文件的类别，如 PT 代表生产部门使用的标准；第三排的数字表示这类文件中的第一号文件；第四排数字代表该文件的修改次数，如 00 表示没有修改，01 表示修改过一次。

（三）文件目录的产生

在文件编码前，根据 GMP 要求和企业内部实际生产管理情况，统一确定文件编码方法，分部门或分类别列出文件目录，文件的编号、标题应体现文件的性质。

（1）岗位操作法或标准操作规程　应按生产岗位和操作单元制定，工艺规程应按产品品种制定。

（2）设备操作、清洗、维护规程　应按每台设备制定。

（3）质量标准、检验操作规程　应分成品、中间体、原料、辅料、包装材料、工艺用水等几大类，按品种或项目逐一制定。

三、文件的格式

文件格式是指文件式样、内容、文字等标准化或统一应用。其对于文件系统的建立和以后的运行有着非常重要的作用。制药企业制定 GMP 文件时，表头可根据企业实际采用各种格式，但其内容至少应包括文件管理所要求的项目。具体的文件体系各类文件中相同的项目应统一规定，如文件中一般都应有目的范围、职责、定义等。

（一）文件眉头

文件眉头是文件名称、性质等内容标明的重要格式，必须统一使用，使整个文件系统规范、有序。文件眉头格式如下。

<table>
<tr><td rowspan="2">标题</td><td colspan="5" rowspan="2"></td><td>编号</td><td></td></tr>
<tr><td>页码</td><td></td></tr>
<tr><td>制定（起草）人</td><td></td><td>审核人</td><td></td><td>批准人</td><td></td><td>生效日期</td><td></td></tr>
<tr><td>日期</td><td></td><td>日期</td><td></td><td>日期</td><td></td><td>修订日期</td><td></td></tr>
<tr><td>起草部门</td><td colspan="3"></td><td>颁发部门</td><td colspan="3"></td></tr>
<tr><td>分发部门</td><td colspan="7"></td></tr>
</table>

为了使得文件醒目、易于识别，文件如果有多页，每一页都要有眉头，后续页眉头只需第一栏。

（二）正文格式

1. 技术标准类文件格式

（1）质量标准（Specifications） 物料和成品应当有经批准的现行质量标准；必要时，中间产品或待包装产品也应当有质量标准。

1）物料的质量标准正文格式包括：①物料的基本信息，包括企业统一指定的物料名称和内部使用的物料代码；②质量标准的依据；③经批准的供应商；④如果是印刷包装材料，还应当有实样或样稿；⑤物料取样、检验方法或相关操作规程编号；⑥物料定性和定量的限度要求；⑦物料贮存条件和注意事项；⑧物料有效期或复验期。

2）成品的质量标准正文格式包括：①产品名称以及产品代码；②对应的产品处方编号（如有）；③产品规格和包装形式；④成品取样、检验方法或相关操作规程编号；⑤成品定性和定量的限度要求；⑥成品贮存条件和注意事项、有效期。

3）外购或外销的中间产品和待包装产品都有质量标准，其具体格式和物料相同；如果中间产品的检验结果用于成品的质量评价，则应当制定与成品质量标准相对应的中间产品质量标准，其格式和成品质量标准的格式相同。

（2）工艺规程（Master Production Instruction） 每种药品的每个生产批量均有经企业质量管理部门批准的工艺规程，不同药品规格的每种包装形式均应当有各自的包装操作要求。工艺规程的制定以注册批准的工艺为依据。

制剂的工艺规程文件格式应包括如下内容。

1）产品概述、产品名称和产品代码；产品剂型、规格和批量；产品特性描述（产品的物理特性描述，如外观、颜色、形状等）；产品质量标准编号以及注册标准编号。

2）生产处方（Manufacturing Formula）所用原辅料清单（包括生产过程中使用，但不在成品中出现的物料），阐明每一物料的指定名称、代码和用量；如原辅料的用量需要折算时，还应当说明计算方法。

3）生产操作要求对生产场所和所用设备的说明（如操作间的位置和编号、洁净度级别、必要的温湿度要求、设备型号和编号等）；关键设备的准备（如清洗、组装、校准、灭菌等）所采用的方法或相应操作规程；详细的生产步骤和工艺参数（如物料的核对、预处理、加入物料的顺序、混合时间、温度等）；预期的最终产量限度，必要时，还应当说明中间产品的产量限度，以及物料平衡的计算方法和限度；待包装产品的贮存要求，包括容器、标签及特殊贮存条件；需要说明的注意事项。

4）质量控制点、质量标准和检验方法；原辅料、包装材料的质量标准及检验依据；工艺过程质量控制点；工艺用水质量控制点；中间产品、成品的检验项目、方法及标准。

5）包装操作要求以最终包装容器中产品的数量、重量或体积表示的包装形式；所需全部包装材料的完整清单，包括包装材料的名称、数量、规格、类型以及与质量标准有关的每一包装材料的代码；印刷包装材料的实样或复制品，并标明产品批号、有效期打印位置；需要说明的注意事项，包括对生产区和设备进行的检查，在包装操作开始前，确认包装生产线的清场已经完成等；包装操作步骤的说明，包括重要的辅助性操作和所用设备的注意事项、包装材料使用前的核对；包装中间控制的详细操作，包括取样方法及标准；待包装产品、印刷包装材料的物料平衡计算方法和限度。

（3）验证方案 应当包括验证对象、编号、方案起草人、审核人、批准人、验证小组成员等；验证方案目录，引言（包括概述、验证目的），有关仪器校正要求及记录，设计确认方案及记录，安装确认方案及记录，运行确认方案及记录，性能确认方案及记录，验证结果分析、评价及结论。

（4）检验规程 主要格式为检验依据的质量标准及其来源的描述；检验所使用的仪器的校验描述；检验所使用的试剂与试液质量标准及其来源描述；检验操作方法包括原理、计算公式、允许偏差等的详细描述等。

2. 管理标准类文件格式 管理标准类文件内容涉及面多，也比较繁杂，根据管理标准类文件的特点，管理标准类文件格式包括文件制定的目的；文件使用的范围；文件内容，包括明确的责任、程序与方法等。

3. 操作标准类文件格式 操作规程的内容包括题目、编号、版本号、颁发部门、生效日期、分发部门以及制定人、审核人、批准人的签名并注明日期，标题、正文及变更历史。

4. 记录标准类文件格式

（1）批生产记录 包括产品名称、规格、批号；生产以及中间工序开始、结束的日期和时间；每一生产工序的负责人签名；生产步骤操作人员的签名；必要时，还应当有操作（如称量）复核人员的签名；每一原辅料的批号以及实际称量的数量（包括投入的回收或返工处理产品的批号及数量）；相关生产操作或活动、工艺参数及控制范围，以及所用主要生产设备的编号；中间控制结果的记录以及操作人员的签名；不同生产工序所得产量及必要时的物料平衡计算；对特殊问题或异常事件的记录，包括对偏离工艺规程的偏差情况的详细说明或调查报告，并经签字批准。

中药制剂生产过程中，中药材处理的相关记录格式如下。

1）应对从中药材的前处理到中药提取物整个生产过程中的生产管理、生产卫生管理以及质量管理情况进行记录。

2）当几个批号的中药材和中药饮片混合投料时，应记录本次投料所用每批中药材和中药饮片的批号和数量。

3）中药提取各生产工序操作记录应包括提取、浓缩、收膏、精制等。

4）中药材和中药饮片品名、批号、投料量及监督投料记录。

5）提取工艺的设备编号、相关溶媒、浸泡时间、升温时间、提取时间、提取温度、提取次数、溶剂回收等记录。

6）浓缩和干燥工艺的设备编号、温度、浸膏干燥时间、浸膏数量记录。

7）精制工艺的设备编号、溶剂使用情况、精制条件、收率等记录。

8）其他工序的操作记录。

9）中药材和中药饮片的废渣处理记录。

（2）批包装记录 包括产品名称、规格、包装形式、批号、生产日期和有效期；包装操作日期和时间；包装操作负责人签名；包装工序的操作人员签名；每一包装材料的名称、批号和实际使用的数量；根据工艺规程所进行的检查记录，包括中间控制结果；包装操作的详细情况，包括所用设备及包装生产线的编号；所用印刷包装材料的实样，并印有批号、有效期及其他打印内容；不易随批包装记录归档的印刷包装材料可采用印有上述内容的复制品；对特殊问题或异常事件的记录，包括对偏离工艺规程的偏差情况的详细说明或调查报告，且经签字批准；所有印刷包装材料和待包装产品的名称、代码，以及发放、使用、销毁或退库的数量、实际产量以及物料平衡检查。

（3）批检验记录　包括产品或物料的名称、剂型、规格、批号或供货批号，必要时注明供应商和生产商（如不同）的名称或来源；依据的质量标准和检验操作规程；检验所用的仪器或设备的型号和编号；检验所用的试液和培养基的配制批号、对照品或标准品的来源和批号；检验所用动物的相关信息；检验过程，包括对照品溶液的配制、各项具体的检验操作、必要的环境温湿度；检验结果，包括观察情况、计算和图谱或曲线图，以及依据的检验报告编号；检验日期；检验人员的签名和日期；检验、计算复核人员的签名和日期。

（4）药品放行审核记录　包括主要产品工艺经过验证；生产环境条件、设备符合规范要求；产品生产和包装均按批标准的工艺规程和操作规程进行；生产所用物料正确且经检验符合要求；配料称重执行复核制度；生产结束进行清场并填写清场记录；生产记录及时、完整、真实、可追溯；生产记录经主管负责人审核、签名；中间产品质量检验结果是否符合内控标准；成品质量检验结果：符合质量标准检验记录经主管负责人审核、签名；QA 检查员现场监督，有完整记录并签名；变更已按规程处理并得到批准；偏差情况；偏差涉及其他批次产品；药品及其生产符合注册批准要求和质量标准；审核结论是否放行；质量受权人签名和日期。

第二节　文件系统的运行

PPT

一个标准文件系统的建立成功，标志有两个方面：①文件系统设置完整、合理，能有效覆盖企业生产与质量管理的方方面面；②文件系统能有效运转，能进行追溯和持续改进。文件系统建立与运行的方式有很多种，和企业产品特点、生产工艺、管理方式，甚至企业文化都有密切关联。

一、文件的编制

文件是质量保证系统的基本要素。企业必须有内容正确的书面质量标准、生产处方和工艺规程、操作规程以及记录等文件，内容正确、形式实用的文件离不开科学、系统的文件编制工作。

（一）文件编写的基本原则

企业应根据 GMP 要求，结合实际生产操作来编写文件。文件编制应注重真实性、可靠性、科学性，内容覆盖完整、清晰易懂，使每一个操作只有一个标准，做到“查有据、行有迹、追有踪”。此外，文件编制活动本身也要有质量保证，也要有一个起草、修订、审查、批准、生效、修改和废除的“法定”程序，并严格遵守执行。具体编写原则如下。

1. 合法性原则　文件体系的建立首先应当符合药事管理法律法规，如 GMP 的要求，其具体内容应与药品生产许可、药品注册等相关要求相一致。企业制定相应的文件管理操作规程，系统地设计、制定、审核、批准和发放文件。

2. 系统性原则　文件是质量管理体系的体现，应该从整体出发，涵盖影响药品质量的所有要素及活动要求。文件内容的编制没有一定的模式，但是，企业的一套完整系统文件的形成应当标准化、统一化。根据本企业的实际情况编制，通俗来说，即“写我要做的，做我所写的，记我所做的”，做到“一切行为都有规定，一切规定都有执行，一切执行都有记录”。如用电子数据处理系统、照相技术或其他可靠方式记录数据资料，应有系统的操作规程，记录的准确性应经过核对；只有经过授权的人员方可输入或更改数据，更改和删除情况应有记录。

3. 动态性原则 文件编制应当是一个持续改进的动态过程，依据验证、日常监控结果、药品监管等部门的检查，客户的审计，国家政策、法规和标准的变化而不断修订完善的。文件一旦发生变更必须注明变更历史。此外，文件应定期审核，根据风险评估结果进行必要的修订；文件修订后应按照相应的操作规程进行管理，杜绝旧版文件的误用。

4. 可操作性原则 企业应当根据生产实际情况，按有效管理的要求制定出切实可行的文件。文件如需记录，栏目要全，有足够空间。记录应留有填写数据的足够表格；分类存放，条理分明，便于查阅；质量标准、工艺规程、批生产记录、批包装记录以及操作规程和记录均按各自的规范要求制定。

5. 规范性原则 内容应清晰、准确。定性的内容表达清晰、肯定、准确，定量的内容，量化的数字、数量、数据表达清楚、准确，具有可操作性，杜绝模棱两可。所有文件应当有统一的格式，文件应当按统一规定的格式，标明题目、种类、目的以及文件编号及版本号。原版文件复印时不得产生任何差错；复制的文件应该清晰可辨。分发、使用的文件应当为批准的现行文本，已撤销的或旧版文件除留档备查外不得在工作现场出现。文件所用纸张的质量与大小统一，便于印刷、复制、填写。

6. 真实与可追溯性原则 文件记录应当及时填写，内容真实，字迹清晰、易读、不易擦除。尽可能采用生产和检验设备自动打印的记录、图谱和曲线图。记录不得撕毁或任意涂改。记录填写的任何更改都应签注姓名和日期，并使原有信息仍清晰可辨，必要时，应当说明更改的理由。记录如需重新撰写，则原有记录不得销毁，应当作为重新撰写记录的附件保存。

在真实性基础上，生产过程中的每项活动均应有记录，以保证产品生产、质量控制和质量保证等活动可以追溯。每批药品都应有批记录，包括批生产记录、批包装记录、批检验记录和药品放行审核记录等与本批产品有关的记录，至少保存至药品有效期 1 年。质量标准、工艺规程、操作规程、稳定性考察、确认、验证、变更等其他重要文件应长期保存。

7. 相容性原则 各种质量管理体系有关的文件之间，应保持良好的相容性，即不仅要协调一致不产生矛盾，而且各自要为实现总目标承担相应的任务。从质量策划开始，就应该考虑保持文件的相容性。如有的企业在设计输出中明确规定对质量特性的要求，而在相应的工艺文件中未能全部覆盖全部质量特性的要求，或无法验证这些要求是否达到。在这里，设计文件、工艺文件、检验文件之间就存在不相容的问题。

（二）文件编写的基本流程

企业应当建立文件编写管理的操作规程，系统地设计、制定、审核、批准和发放文件。所编制的文件应当经质量管理部门的审核。文件制定的一般流程如下。

设计—起草（会稿—修订）—审核—批准—分发—生效。

1. 设计 药品生产企业应成立一个由质量管理部门负责的专门的文件起草领导机构。在这个机构的统一领导和协调下，根据药品监管的法律法规与 GMP 的规定、企业药品生产与质量控制的实际情况，以及药品生产许可与药品注册要求，挑选有相当的学历和资历、对所负责的工作有深刻认知的人员对文件系统、内容、格式等进行精心设计，确保文件内容的准确性、可操作性。

2. 起草 文件的起草是形成文件的第一步，是最基础也最重要的一个环节，遵循“谁用谁起草”的原则由使用部门负责进行。质量管理部门应挑选有相当的学历和资历、对所负责的工作有深刻认知的一线工作人员，并对他们进行药品监管的法律法规、GMP 和有关制药专业知识等系统培训，使之明确本企业药品生产与质量管理的实际情况、药品生产许可与药品注册要求。在此基础上，不断进行指导、沟通和交流，编写各自所负责领域的文件。企业在文件起草的过程中容易发生的问题是不管企业实际，撇开生产与质量管理一线员工，照搬照套或盲目编写，不但不切合企业实际需要，也很难得到一线员工的认同和理解，为今后的文件系统运行和实际操作留下隐患。

3. 会稿（修订） 起草工作完成以后，一般由一线起草员工所在部门或车间组织进行会稿，以保证文件内容的全面性、准确性。在会稿过程中，会稿人员一定要和起草人员进行沟通、协商，遇到不同意见，一定要进行交流探讨，切不可无视起草人员盲目进行文件修订。会稿完成后，应把原起草文件和会稿文件一并交给质量管理部门。

4. 审核与复审 修改后的文件由文件起草部门负责人审阅再交质量管理部门或GMP主管部门审核，质量管理部门应组织生产管理部门、物流管理部门、工程维护部门和本部门的专业技术人员对文件进行再次修订。文件审核要点是审核文件内容与国家药品监管法律、法规、现行GMP标准或精神、药品许可与注册要求是否一致，文件内容的可行性，语言是否简练、易懂、确切，应注意与其他文件的衔接、有无相悖的含义等。切不可把文件的审核流于形式，切不可没有各个部门的横向交流，所有文件的审核人与批准人必须经文件起草机构预先规定，以保证文件的准确性和权威性。

所有的文件应每3年进行复审，若有必要可随时进行复审。文件管理员应在复审前一个月将需复审的文件清单打印分发给部门有关人员，各部门负责人在文件清单上签署意见交回QA。

5. 批准和生效 所有的文件在质量管理部门进行统一审核后，由质量管理部门提交企业负责人进行批准，按规定的日期宣布生效。文件的起草、修订、审核、批准均应当由适当的人员签名并注明日期。

6. 修订和废除 修订指文件题目不变，对内容做出修改，修订必须有详细的记录。废除为文件题目改变，内容可变化可不变化。无论是修改或是废除都必须执行上述程序，质量管理部门负责将修订后的文件发送至有关部门，并收回被废除的文件，使其不得在生产现场出现，保证使用的文件都是当前版本。文件废除和销毁都要有相应记录，且要留档备查。

（三）文件编制的内容

企业所要编写的文件应覆盖企业药品生产与质量管理的各个方面，包括质量标准、工艺规程、操作规程、记录、报告等。

1. 主要编制文件

（1）文件的编号规定（文件管理制度） 文件的起草、审核、批准程序，文件的发放、登记、收回、归档程序，文件的培训规程，文件的执行与检查制度，文件的变更管理程序等。

（2）人员管理文件（人员管理制度） 人员岗位责任制，人员培训制度及计划、考核、档案，人员健康管理制度及档案等。

（3）设备管理文件（设备管理制度） 操作规程，清洁规程，维修保养规程，档案，台账，记录表，状态卡。

（4）卫生管理文件（卫生管理制度） 厂房、设备、容器、卫生工具清洁规程，工作服清洗规程，进入洁净区的更衣净化程序，对外来人员的指导规定等。

（5）验证工作文件（验证） 总计划（Validation Master Plan），验证管理制度（再验证周期），验证方案，验证报告，验证原始记录等。

（6）生产管理文件（工艺规程） 岗位标准操作规程，清场管理，生产工艺查证管理，物料消耗定额规定，生产指令，物料平衡检查程序，偏差分析处理程序，批号编制与划分规定，可利用物料管理规程，拼箱管理规定，批生产记录等。

（7）质量管理文件（各级人员质量责任制） 质量管理部门职责与权限，质量管理和检验人员职责，产品质量档案管理制度，留样观察制度，质量分析制度，质量统计报告制度，质量信息反馈制度，质量事故分析报告制度。质量奖惩制度，用户访问制度，质量投诉处理规程，自检规程，药品不良反应监察报告制度，库存物料复验规程，标签说明书设计、校对、印刷管理规程。供应商质量审计程序，成品放行前审核程序取样规程，工序质量控制，用户投诉处理程序，不合格品处理程序，退货和收回程序等。

（8）质量控制文件（质量标准） 检验操作规程，仪器操作、校验规程，标准溶液管理规程，试剂与试液管理规程，对照品、检定菌管理规程，无菌检验室管理规定，实验动物房管理办法，洁净区环境监测规程，工艺用水质量监控规程，检验记录，检验报告等。

（9）物料管理文件（物料入库、贮存、发放管理程序） 物料分类编号规定，取样室管理规程，不合格品管理程序，销毁程序，化学危险品管理程序，成品销售管理程序，标识物管理规定，退货产品管理规程，货位卡，请检单，成品销售记录，仓库温湿度监控记录等。

2. 文件编制的要求 根据 GMP 的要求和精神，在文件的内容编撰中注意以下几点。

（1）文件的标题应能说明文件的性质，其标题、类型、目的、原则应有清楚的说明，便于和其他文件区别开来。

（2）文件文字应条理清晰、简练易懂，可操作性强，指令性内容以命令的方式给出，不能模棱两可。

（3）各类文件应有便于识别其文本、类别的系统编码和日期、该文件的使用方法、使用人数等，文件应分类存放、条理分明，便于查阅。

（4）文件在文字、式样上应力求统一，文件不得手工书写，坚决不允许使用手抄本，文件的起草、修订、审核、批准均应由适当的人员签名并注明日期。

二、文件的使用

文件使用总的原则是文件的起草、修订、审核、批准、替换或撤销、复制、保管和销毁等应当按照操作规程管理，并有相应的文件分发、撤销、复制、销毁记录。

文件使用包括分发、培训、执行、归档和变更等环节，必须对这些环节进行管理，其管理目的是确保文件的使用过程规范化、程序化，文件使用有质量。

1. 分发 在文件执行之日前应分发到相应岗位，分发应有记录，发放的文件要原印章，同时要如数收回旧文件；如果原版文件需要复制时，不得产生任何差错，复制的文件应当清晰可辨。

2. 培训 无论新文件还是更改后的文件，质量管理部门应根据文件的具体内容和要求，视具体情况，保证文件使用者在执行前均接受相关培训，并经考核合格。培训工作由质量管理部门统一安排进行。

3. 执行 文件初始执行阶段，质量管理部门应注意加强监督检查，并对执行结果进行必要的评估，以保证文件执行的有效性，文件应根据评估结果及时进行复核修订。分发、使用的文件应当为批准的现行文本，已撤销的或旧版文件除留档备查外，不得在工作现场出现，防止旧版文件的误用。

4. 归档 现行文件样本及原件应统一归档，更新时应有记录并归档，旧文件收回集中归档；文件应当分类存放、条理分明，便于查阅。质量标准、工艺规程、操作规程、稳定性考察、确认、验证、变更等其他重要文件应当长期保存。

5. 变更 由使用者或管理者提出变更理由和内容，由原文件的批准人评价变更的可行性并审批，使用者按审批意见执行变更，同时检查相关文件的变更，变更应予记载。文件应当定期审核、修订。

三、生产工艺规程的编制

每种药品的各生产批量均应有相应的经企业正式批准的工艺规程，每种药品的各规格和各包装类型均应有各自的包装操作要求。工艺规程的制定应以注册批准的工艺为依据。“工艺规程不得任意更改，如需更改，应按相关的操作规程修订、审核、批准。”工艺规程是文件系统的核心，所有文件的制定都是围绕其展开并服务于它。

（一）生产工艺规程的概念

生产工艺规程是指“为生产特定数量的成品，规定所需原辅料和包装材料的数量、加工说明（包括中间控制）、注意事项的一个或一套文件，包括生产处方、生产操作要求和包装操作要求。”由上面的定义可以看出，生产工艺规程是产品设计、质量标准和生产、技术、质量管理的汇总，它是企业组织与指导生产的主要依据和技术管理工作的基础，是生产操作规程、质量监控规程、内控标准等文件的制定依据，是技术标准中首先要制定的文件。通俗地讲，是生产药品用的“蓝图”和“模子”。制定生产工艺规程是为药品生产各部门提供必须共同遵守的技术准则，以保证生产的药品批与批之间，尽可能地与原设计吻合，保证每一药品在有效期（Expiry Date）内保持规定的质量。

（二）原料药生产工艺规程的内容

原料药生产工艺规程应结合该原料药的工艺特点和企业实际情况制定，其应包括的基本内容如下。

（1）所生产的中间产品或原料药名称和文件编号。

（2）标有名称和特定代码（足以识别任何特定的质量属性）的原料和中间产品的完整清单。

（3）准确陈述每种原料或中间产品的投料量或投料比，包括计量单位。如果投料量不固定，应注明每种批量或产率的计算方法。如有正当理由，可制定数量合理变动的范围。

（4）生产地点、主要设备（型号及材质等）。

（5）生产操作的详细说明包括：①操作顺序；②所用工艺参数的范围；③取样方法说明，所用原料、中间产品及成品的质量标准；④完成单个步骤或整个工艺过程的时限（如适用）；⑤按生产阶段或时间计算的预期收率范围；⑥必要时，需遵循的特殊预防措施、注意事项或有关参照内容；⑦可保证中间产品或原料药适用性的贮存要求，包括标签、包装材料和特殊贮存条件以及时限。

（三）制剂工艺规程的内容

1. 化学药品制剂的工艺规程

（1）生产处方

1）产品名称和产品代码。

2）产品剂型、规格和批量。

3）所用原辅料清单（包括生产过程中可能消失、不在成品中出现的物料），阐明每一物料的指定名称、唯一的代码和用量；如原辅料的用量需要折算时，还应说明计算方法。

（2）生产操作要求

1）对生产场所和所用设备的说明（如操作间的位置和编号、洁净度级别、必要的温湿度要求、设备型号和编号等）。

2）关键设备的准备所采用的方法（如清洗、组装、校准、灭菌等）或相应操作规程编号。

3）详细的生产步骤说明（如物料的核对、预处理、加入物料的顺序、混合时间、温度等）。

4）所有中间控制方法及评判标准。

5）预期的最终产量限度，必要时，还应说明中间产品的产量限度，以及物料平衡的计算方法和限度。

6）待包装产品的贮存要求，包括容器、标签及特殊贮存条件。

7）需要说明的特别注意事项。

（3）包装操作要求

1）以最终包装容器中产品的数量、重量或体积表示的包装规格。

2）所需全部包装材料的完整清单，包括包装材料的名称、数量、规格、类型以及与质量标准有关的每一个包装材料的代码。

3）印刷包装材料的实样或复制品，并标明产品批号、有效期打印位置。

4）需要说明的特别注意事项，包括对生产区和设备进行的检查，在包装操作开始前，确认包装生产线的清场已经完成等。

5）包装操作步骤的说明，包括重要的辅助性操作条件和所用设备的注意事项、包装材料使用前的核对。

6）中间控制的详细操作，包括取样方法及合格标准。

7）待包装产品、印刷包装材料的物料平衡计算方法和限度。

2. 中药制剂的生产工艺规程 除了满足以上化学药品制剂的工艺规程的内容外，还应有以下内容。

（1）制定每种中药材前处理、中药提取、中药制剂的生产工艺和工序操作规程，各关键工序的技术参数必须明确，如标准投料量、提取、浓缩、精制、干燥、过筛、混合、贮存等要求，并明确相应的贮存条件及时限。

（2）根据中药材和中药饮片质量、投料量等因素，制定和执行每种中药提取物的收率限度范围。

第三节 记录（数据）文件的管理

PPT

与程序文件一样，记录（数据）也是非常重要的文件，记录（数据）文件是药品生产与质量管理有序进行的基础文件，对于产品质量追溯、质量管理的提高与改进起着极其关键的作用。记录（数据）文件的管理就是对记录文件的产生、使用等环节进行控制，使得记录（数据）真实、及时、规范、标准。

一、记录（数据）文件管理的原则

记录文件的真实、及时、规范与标准关系到质量管理等很多活动的有效进行，比如，质量问题的追溯、偏差调查、变更控制、风险分析等。数据的采集、处理、存储、生成、检索、报告等活动，应当满足相应数据类型的记录填写或数据录入的要求，保证数据真实、准确、完整和可追溯。一旦记录（数据）文件失去了真实、及时与规范、标准等这些基本属性，质量管理工作就会变得没有意义，甚至会起到相反的作用，因此，必须对记录（数据）文件进行严格管理。

1. 全面系统的原则 企业员工每执行一个工作标准程序，都必须留下相应的记录，以保证产品生产、质量控制和质量保证等活动可以追溯。记录文件之间应注意衔接，尽量减少交叉重复，避免互相矛盾。记录文件与程序文件的关系体现为：记录文件的依据是标准程序文件，标准程序文件执行的结果是记录文件；记录文件必须与标准程序文件保持一致；每一标准程序文件的执行都应有记录。

2. 真实有效的原则 和程序性文件一样，记录文件无论是空白还是填写的都必须进行严格控制。空白记录文件的发放必须进行数量控制，除了工作需要外，不得发放任何空白记录文件，即使发放空白记录文件也必须在文件上留有质量管理部门的标记，标明发放的数量和日期，发放的数量必须要和收回的数量（使用和损毁的等）保持一致。

记录应当保持清洁，不得撕毁和任意涂改。记录填写的任何更改都应当签注姓名和日期，并使原有信息仍清晰可辨，必要时，应当说明更改的理由。记录如需重新誊写，则原有记录不得销毁，应当作为重新誊写记录的附件保存。

3. 标准规范的原则 记录文件格式标准、规范和统一，记录应当留有填写数据的足够空格，表格应填写齐全，不要留有空格，重复的内容不要用省略的符号和文字代替，应重复抄写。记录应当及时填写，内容真实，字迹清晰、易读、不易擦除。记录所用术语和描述应保持一致和连贯。

应当尽可能采用生产和检验设备自动打印的记录、图谱和曲线图等，并标明产品或样品的名称、批号和记录设备的信息，操作人员应当签注姓名和日期。

每批药品应有批档案，包括批生产记录、批包装记录、批检验记录、药品放行审核记录、批销售记录等与本批产品有关的记录和文件。批档案应由质量管理部门负责存放、归档，至少保存至药品有效期后 1 年，确认、验证、稳定性考察的记录和报告等重要文件应长期保存。

二、批记录的管理

批记录是指用于记述每批药品生产、质量检验和放行审核等的所有文件和记录，可供追溯所有与成品质量有关的历史和信息。

（一）批生产记录

批生产记录（Batch Production Record）是指“一个批次的待包装品或成品的所有生产记录。批生产记录能提供该批产品的生产历史以及与质量有关的情况”。批生产记录包括产品制造过程中使用的所有物料和进行的所有操作的文件。每批药品均应有一份反映各个生产环节实际情况的生产记录。

1. 批生产记录的基本要求

（1）批生产记录应根据产品工艺规程、操作要点和技术参数等内容进行设计，应能体现出产品剂型、工艺、质量控制等特点。

（2）每批产品均应有相应的批生产记录，批生产记录应统一编码，内容具有质量的可追踪性。根据记录，可追溯该批产品的生产历史以及与质量有关的情况。

（3）批生产记录应依据现行批准的工艺规程的相关内容制定。记录的设计应避免抄录差错。批生产记录的每一页均应标注产品的名称、规格和批号。

（4）原版空白批生产记录的发行应经过生产管理负责人和质量管理负责人的审核和批准。批生产记录的复制和发放均应按照已批准的书面程序进行控制并有记录，每批产品的生产只能发放一份空白批生产记录的复制件。

（5）生产开始前应进行检查，确保设备和工作场所没有上批遗留的产品、文件或与本批产品生产无关的物料，设备处于已清洁及待用状态。检查情况应有记录。

（6）在生产过程中，每项操作进行时应及时记录，操作结束后，应由生产操作人员确认并签注姓名和日期。

2. 批生产记录的种类 目前而言，批生产记录的种类有两种，即批报和实报，各有优缺点。

（1）批报 在各岗位生产实况记录的基础上，由专人整理填写的批生产记录，其缺点是记录缺乏原始性，誊写时可能出现笔误，优点是记录简洁明了。为保证记录的原始性和真实可靠性，可将原始记录附在其后，进行必要的补充。批报一般用于污染比较大的药品生产与质量控制岗位，比如原料药的生产等活动。

（2）实报 由指定部门专门设计有若干单元组成的批生产记录。使用时，由各部门分别填写，再由专人收集，按编号装订成册。其原始性、真实性较批报为优，缺点是由于填写人多，笔迹乱、记录不整洁。

3. 批生产记录的填写

（1）生产开始前，必须完成产品名称、规格、批号的填写。

（2）生产开始后，生产以及中间工序开始的日期和时间；每一原辅料的批号和（或）检验控制号以及实际称量的数量（包括投入回收或返工处理产品的批号及数量）；相关生产操作或活动、工艺参数及控制范围，以及所用主要生产设备的编号；中间控制结果的记录以及操作人员的签名；不同生产工序所得产量及必要时的物料平衡计算；特殊问题的记录，包括对偏离工艺规程的偏差情况的详细说明或调查报告，并经签字批准。

（3）生产结束后，生产以及中间工序结束的日期和时间；每一生产工序的负责人签名；生产步骤操作人员的签名；必要时，还应有操作（如称量）复核人员的签名。

（4）操作人员应按要求认真适时填写，填写时做到字迹清楚、内容真实、数据完整，并由操作人和复核人签字。不得将生产记录当成“回忆录”或“备忘录”对待，更不得造假记录。

（5）记录应保持整洁，不得撕毁和任意涂改。更改错误时，应在原错误的地方，划一横线，以便被更改的部分可以辨认，更改人需在更改处签字。记录表格一般不应有未填的空项，如无内容可填时，可在该项划一斜线或横线。

4. 批生产记录的归档　批生产记录有车间指定的人员按批号整编归档。保存至药品失效期后 1 年，未规定药品失效期的批生产记录至少保存 3 年。所保存的记录可以是原始记录，也可以是其复制件。

（二）批包装记录

药品的包装是指药品在使用、储存、运输和销售过程中为保持其价值和保护其安全使用包装材料对其进行技术处理的一种状态，待包装产品变成成品所需的所有操作步骤，包括分装、贴签等。但无菌生产工艺中产品的无菌灌装，以及最终灭菌产品的灌装等不视为包装。只有既符合工艺要求又符合质量标准的产品才能进行包装。包装过程所涉及的一切记录，称为批包装记录。

1. 批包装记录的基本要求　对批包装记录（Batch Packaging Record，BPR）的有关规定，实质上包含了两个部分：①有关包装技术工作的指令，即包装操作的 SOP；②批包装记录，是在包装的具体操作过程中按 SOP 工作的记录。为了保证药品所用的标签、标示物和其他包装材料，企业应当制定严格的书面规程以准确定义所实施的包装作业，并记录整个操作过程，以保证过程控制。其基本要求如下。

（1）每批产品或每批中间产品的包装，都应有批包装记录，可追溯该批产品包装操作以及与质量有关的情况。

（2）批包装记录应依据工艺规程中与包装相关的内容制定。记录的设计应注意避免抄录差错。批包装记录的每一页均应标注所包装产品的名称、规格、包装形式和批号。

（3）批包装记录应有待包装产品的批号、数量以及成品的批号和计划数量。原版空白的批包装记录的审核、批准、复制和发放的要求同原版空白的批生产记录。

（4）包装开始前应进行检查，确保设备和工作场所无上批遗留的产品、文件或与本批产品包装无关的物料，设备应处于已清洁或待用状态，还应检查所领用的包装材料是否正确无误。检查情况应有记录。

（5）在包装过程中，及时记录每项操作，操作结束后，应由包装操作人员确认并签注姓名和日期。

2. 批包装指令　包装操作的 SOP，是标准的技术文件，主要具有以下内容和特点。

（1）保证批准灌封（或分装）的成品的所有实验室分析结果均符合预定的质量标准。

（2）设计及布置上采用有效的物理或空间分离以防止不同药品包装的混淆与交叉污染。

（3）发放至包装贴签工序的标签、标示物和分装药品品种、数量均应正确。

（4）每一药品容器上均应有批号。

（5）包装和贴签作业应保证成品、标签和标示物的可计数性。

（6）全面详细地记录包装与贴签作业的各个方面。

（7）包装和贴签作业中的某些关键性步骤应由专业技术和管理人员进行监督和确证。

（8）必须配备足够数量的人员承担包装工作，不允许超出个人所能胜任的限度。

每批药品的每一生产阶段完成后必须由生产操作人员清场，确保设备和工作场所没有遗留与本次生产有关的物料、产品和文件，填写清场记录。清场记录的内容包括工序、品名、生产批号、清场日期、检查项目及结果、清场负责人及复查人签名等。清场记录应有正本、副本，正本纳入本次批包装记录中，副本纳入下次产品的批包装记录中。

3. 批包装记录的内容

（1）产品名称、规格、包装形式、批号、生产日期和有效期。

（2）包装操作日期和时间。

（3）包装操作负责人签名。

（4）包装工序的操作人员签名。

（5）每一包装材料的名称、批号和实际使用的数量。

（6）根据工艺规程所进行的检查记录，包括中间控制结果。

（7）包装操作的详细情况，包括所用设备及包装生产线的编号。

所用印刷包装材料的实样，并印有批号、有效期及其他打印内容；不易随批包装记录归档的印刷包装材料可采用印有上述内容的复制品。

对特殊问题及异常事件的注释，包括对偏离工艺规程的偏差情况的详细说明或调查报告，并经质量授权人签字批准。

所有印刷包装材料和待包装产品的名称、代码，以及发放、使用、销毁或退库的数量、实际产量以及物料平衡检查。

（三）批检验记录

所有原料、辅料、包装材料、半成品或中间体和成品都必须经过检验，证明它们符合规定的标准才可以使用。对原料、辅料、包装材料、半成品或中间体和成品的检验，是质量管理的重要职能之一。质量管理部门在收到一批供试物时，就必须建立一组文件构成批记录，这个记录包括收料报告、留检报告、取样记录、取样单、增补取样申请单、检验记录、分析证书、物料处理（合格/不合格）、物料销毁证书、状态标志、批中间控制记录等。这些记录主要内容如下。

（1）原辅料、半成品、成品的取样、检验的记录和报告。

（2）工艺卫生、洁净度检查记录。

（3）原辅料、半成品、成品的取样、检验台账等。

（四）批销售发运记录

每批产品均应有销售发运记录。根据销售发运记录，应能追查每批产品的销售情况，必要时应能及时全部追回。批销售发运记录内容应包括产品名称、批号、规格、数量、收货单位和地址、联系方式和发货日期。批销售发运记录应保存至药品有效期后 1 年。成品销售应有专门的记录，以便于质量跟踪，便于用户意见的处理和产品的收回等。批销售发运记录应包括以下内容。

（1）产品发运记录。

（2）产品退货记录。

（3）退货通知单据。

（五）批放行记录

由药品质量受权人根据 GMP 以及药品监管的法律法规、批生产、批包装、批检验等记录，包括对药品生产与质量管理现场的监督检查，依照物料和产品批准放行的操作规程，填写的有关放行记录为批放行记录。MAH应当履行药品上市放行总体责任，制定药品上市放行规程，审核受托生产企业制定的出厂放行规程，明确药品的上市放行标准，对药品生产企业的出厂放行的药品检验结果和放行文件进行审核，符合有关规定的，经质量授权人签字后方可放行上市。

1. 物料的放行记录

（1）物料的质量评价内容应当至少包括生产商的检验报告、物料包装完整性和密封性的检查情况和检验结果。

（2）物料的质量评价应当有明确的结论，如批准放行、不合格或其他决定。

（3）物料应当由指定人员签名批准放行。

2. 产品的放行记录

（1）在批准放行前，应当对每批药品进行质量评价，保证药品及其生产应当符合注册和本规范要求，并确认以下各项内容：主要生产工艺和检验方法经过验证；已完成所有必需的检查、检验，并综合考虑实际生产条件和生产记录；所有必需的生产和质量控制均已完成并经相关主管人员签名；变更已按照相关规程处理完毕，需要经药品监督管理部门批准的变更已得到批准；对变更或偏差已完成所有必要的取样、检查、检验和审核；所有与该批产品有关的偏差均已有明确的解释或说明，或者已经过彻底调查和适当处理；如偏差还涉及其他批次产品，应当一并处理。

（2）药品的质量评价应当有明确的结论，如批准放行、不合格或其他决定。

（3）每批药品均应当由质量受权人签名批准放行。

（4）疫苗类制品、血液制品、用于血源筛查的体外诊断试剂以及国家药品监督管理局规定的其他生物制品放行前还应当取得批签发合格证明。

（六）批档案

每批药品有批生产记录、批包装记录、批检验记录、药品放行审核记录和批销售发运记录等，这些批记录就构成了药品的批档案，批档案由质量管理部门统一保存管理。

（七）其他记录

记录种类很多，以下是与质量管理密切相关的其他记录。

1. 质量审计记录 按照GMP的要求，质量管理部门还必须负责企业的质量审计工作。审计是对生产过程、工程和维修、工艺及质量管理功能的正式检查或审查，审计的目的在于保证企业生产的各个方面既符合企业内部管理要求又符合GMP规定。如果是内部审计形成的记录就是自检记录。制药企业的质量审计报告一般有下列3种类型。

（1）企业内部的质量审计（自检）。

（2）对外部供货厂家和合同生产厂家的质量审计。

（3）药品监督管理部门的质量审计（检查）。

不论是哪一种类型的质量审计，都应有专门的组织、正式的审计活动并出具正式的审计报告，对报告内所提及的质量缺陷均应有相应的纠正措施。

2. 稳定性试验记录 每种药品应进行足够数量的批次测试，以确定适当的有效期，并保存此类数据的记录。因此生产企业必须设计、制定并执行稳定性试验计划。不仅是新产品应当有稳定性试验计划，对于已上市的产品，只要处方或其他影响药物稳定性的因素发生改变时，比如最终内包装容器（塞子）发生改变就应当重新制定稳定性试验计划并予以执行。

3. 申诉及退货处理报告 申诉是用户对产品不满意的表现，申诉可来自批发商、零售商、医院、药师、医生或患者。申诉的处理是质量管理部门的职责之一。该部门往往由一个对生产和质量管理全面了解的人审查收到的申诉，并评价是否需要调查。申诉的全部资料均应予以合理保存并定期小结，由此发生的事情均必须书面记载，以便查询。有时由于产品质量本身或其他原因企业需要将产品从批发商、药房甚至患者处召回，对召回原因、决定、实施情况、回收药品数量、批号、处理情况，以及应吸收的经验教训等均应有详细的记录。

三、电子记录的管理

随着自动化及网络应用技术的飞速发展，计算机化系统已经在药品生产和质量管理的各个环节得到广泛应用，这不可避免地对GMP文件系统，尤其是GMP文件系统中最为重要的环节——GMP记录及其管理产生深刻的影响。越来越多的制药生产企业采用了电子记录作为其药品生产与质量管理的基础性文件。电子记录对于产品的质量追溯、质量管理的提高与改进都有着极其关键的作用，记录文件必须具有全面系统、真实有效、标准规范的原则。只有充分运用电子记录系统，才能真正使收集到的信息（数据）是真实的、准确的、实时的、可追溯的，从而有效地进行这些信息（数据）的整理、监控、编辑和保存。

（一）电子记录的概念与分类

电子记录（Electronic Records）是指依靠计算机系统进行创建、修改、维护、存档、找回或发送的诸如文字、图表、数据、声音、图像及其他以电子形式存在的信息的任何组合，也就是使用电子数据处理系统、照相技术或其他可靠方式记录数据资料。制药生产企业实验室电子记录在日常管理过程中需遵守药品生产质量管理规范，主要有以下原则：记录内容真实、字迹清晰、数据完整、保留管理人员和核查人员的签名及原始数据的改动痕迹。此外，与之密切相关的另外一个概念是电子签名（Electronic Signatures），是指计算机对一些符号的执行、采纳或者被授权的行为进行数字处理，使这些行为在法律上完全等效于传统个人手工签名的行为。电子签名是管理电子记录的有效手段，严格来讲，电子签名本身属于电子记录的范畴。

制药企业的电子记录主要分为3大类。

1. 药品生产各环节的操作人员手动录入数据形成的记录　这种记录的一部分是基础数据，另一部分是一些现阶段不能实现自动采集的数据，必须经由操作人员手动从终端录入。

2. 计算机化系统自动生成的记录　其中包括生产线或其他控制设施自动采集的数据形成的记录，如灭菌柜的时间-温度曲线；也包括根据基础数据生成的数据，如计算机系统会根据基础数据在生产计划下达后，自动生成的物料需求计划。

3. 将记录或记录的信息加工整理后以电子形式储存归档形成的档案　如用专用软件取代Windows资源管理器来管理GMP文件时所涉及的记录类档案。被整理归档保存之前，这些被加工整理的记录有可能属于上述第一类和第二类的两种情况，也有可能是非电子形式的纸质记录。这些专用的软件既有可能是大型管理软件的一部分，也有可能是企业专门为管理GMP文件组织开发的独立的小型软件。

（二）电子记录的优势和存在的问题

与传统纸介质记录相比，电子记录具有以下优势。

1. 采集的数据更完整　如一些实现了无纸化记录的灭菌柜或发酵罐，在灭菌或发酵完成之后可以记录下一条完整的时间-温度曲线，这与传统的手工记录相比要更完整和精确，更有利于工艺改进和产品质量的追溯。

2. 数据易进行统计分析　GMP记录是我们进行质量追溯，对质量系统进行分析和持续改进的重要依据。对于纸介质记录，需要通过一系列的手段对其包含的信息进行处理和加工，进而得出结论或发现问题。而这个处理和加工的过程很多情况下本身是程序化的，使用计算机化系统之后，处理的过程可以完全由系统来完成，计算机化系统自动采集的数据经汇总后直接由相应的软件来处理，省时省力。

3. 检索方便快捷 记录的检索应该方便快捷，数量和类别较少的情况下我们可以方便快捷地检索传统的 GMP 纸介质记录，而一旦企业记录的种类和数量较多之后，记录的管理和检索就成为十分繁琐的工作。对于那些将电子签名进行良好应用的企业计算机化系统，访问人被赋予一定权限之后，可以在权限范围之内对所有电子记录和处理结果进行访问和检索，十分方便。除此之外，电子记录还具有生成效率高、节省纸张等优点。

但电子记录潜在的缺点和风险也不可忽视，比如它易被改变、替代，易被伪造，一旦丢失也不易补救，且如果相关的计算机化系统发生故障，有可能会对电子记录造成较严重的负面影响。

（三）电子记录的 GMP 管理

从技术层面上来看，药品生产企业在计算机化系统管理下的以电子形式存在的信息都可称为电子记录。电子记录的管理原则应当和纸质管理记录一致，即符合 GMP 管理标准，比如记录应该字迹清晰、内容真实、数据完整，有执行人和复核人的签名；记录应保持整洁，不得撕毁和任意涂改；更改时，在更改处签名，并使原数据仍可辨认等。具体管理措施如下。

（1）生成电子记录的计算机化系统必须经过验证，其后的运行状态应当和验证过的状态一致。

（2）生成和管理电子记录的系统是封闭系统（Closed System），该系统设计时应该为不同的管理人员和使用人员分配不同的权限。电子签名被认为是目前实现权限分配最有效的手段。不同权限的人员进入系统之后，可以对电子记录进行相应的操作，比如修改、拷贝、发送、维护等。使用电子数据处理系统时，只有经授权人员才可输入或更改数据，更改和删除情况应当有记录；应当使用密码或其他方式来控制系统的登录；关键数据输入后，应当由他人独立进行复核。

（3）在药品生产和质量管理过程中，计算机化系统所获得电子记录要保持真实、准确、完整，应能保证其在记录存储区内不失真。比如对于自动采集到的数据，应保证它在生成、传输、存储环节中不失真；对于手工录入的数据或其他信息，如投料量，应允许操作员两度确认后仍能够改正不正确的输入。

（4）改动电子记录时不能覆盖改动前的信息，即要求系统必须将改动前的信息完整保留，在改动时，还要求改动人准确填写改动的原因和签名，而这些信息同样将被保留在数据库中。用电子方法保存的批记录，应当采用磁带、缩微胶卷、纸质副本或其他方法进行备份，以确保记录的安全和数据资料在保存期内便于查阅。

（5）计算机化系统本身能够生成准确和完整的复制件，在获得权限之后能够拷贝、转存、发送。由系统自动获取的数据形成的记录，应按时间顺序存储。在遭遇断电或其他突发事故后，记录的内容能够立即恢复并且不失真。

（6）为了不影响人机交互，存储的信息被显示在屏幕上时，应保证能够被人读懂，而不是只有计算机本身能读懂。还应重视电子记录系统的开发者、维护者和使用者的学历、培训经历和经验，他们所具备的学历、培训经历和经验要能够保证其胜任工作。

（柳鹏程　贾钰霞　王　珍）

书网融合……

本章小结　　微课　　题库

第九章　生产管理

学习目标

1. **掌握**　药品生产过程基本流程；批的概念与管理；污染的概念与防治方法；混淆差错的概念与防治方法。

2. **熟悉**　清场的概念与基本方法；生产操作管理与包装操作管理的基本流程与方法。

3. **了解**　参数放行的概念、基本原理与方法。

4. 学会按照 GMP 要求，对药品生产全过程进行管理，包括批的设置、污染与混淆差错的防范。

药品生产管理（Production Management）涉及的范围非常广泛，我们在此仅讨论和药品生产过程有关 GMP 的问题。如果从 GMP 的角度来看药品的生产管理，也非常清晰，即药品生产企业生产管理部门要求自己及其下属各个车间、岗位和员工严格执行质量管理部门制定的关于药品生产的各类文件，如产品工艺规程、岗位操作法和标准操作规程等，并留下真实的、及时的、全面的、规范的记录（数据），防止各类污染和差错的产生，确保药品质量与质量安全。

第一节　生产过程管理

PPT

药品生产是指物料和各种产品的采购、药品的加工、质量控制、审核放行、贮存、发运及相关控制的一系列活动。药品生产过程既是物料的加工过程，也是文件的传递过程，是二者的相互交织。

一、生产的基本流程

（一）生产指令的下达

一批药品的生产始于其生产指令的正式下达，一般生产指令由生产管理部门根据生产计划下达给物控部门和生产车间，生产指令一般应包含品名、规格、批号、批量、操作要求等内容。物控部门的仓库管理人员接到生产指令后立即进行备料，并对物料进行核查，随后车间专人接受生产指令，并对指令的数量和内容的准确性进行确认，确认无误后分发到各工段、班组。生产指令的传递过程，使每个与该批药品生产有关的人员都能准确无误地知道自己的任务，这是生产受控的第一步。

（二）生产前准备

生产开始前应根据生产指令单准备生产工艺规程、标准操作规程等生产记录文件，然后进行下列几步准备。

1. 领料　生产管理部门按照企业的生产销售情况安排生产计划，并编制批生产指令发放到生产、物料及质量等相关部门。按工序分别下达生产计划，同时将相应的批生产记录发放至操作车间。车间工艺技术员按批生产指令、生产工艺规程及岗位标准操作规程进行生产操作，各工序向仓库、车间中间站或上工序领取原辅料、半成品（中间产品）、包装材料等，由专人验收，记录登账，并办理交接手续。通过查验代号（生产企业内部名称）、名称、批号、数量等，确认收到的物料品种、批号和数量准确无误。特殊药品的领料应符合国家的有关规定。

2. 试制（如果有） 可能影响制剂和原料药质量的原辅料质量或批号改变时，应当进行生产前小样试制，确认符合要求后填写试制合格报告单，凭小样合格报告书经有关部门批准后才能投入正式生产。

3. 开始前检查 生产操作开始前应进行检查，确保设备和工作场所没有上批残留的产品、文件或与本批产品无关的物料，设备处于已清洁或待用状态。

生产操作人员需对工艺卫生、设备状况、管理文件和工作场所等进行检查，并记录检查结果。主要内容如下。

（1）生产场所的环境、设施卫生是否符合该区域清洁卫生要求。

（2）上一班是否进行过清场，清场者、检查者是否签字，未取得“清场合格证”不得进行下一步生产。

（3）对设备状况进行严格检查，检查合格并挂上“合格”标牌后才能使用。正在检修或停用的设备应有相应的标识。

（4）对生产用计量容器、度量衡器以及测定、测试仪器、仪表进行必要的检查、校正，符合规定后才能使用。对超过计量检验周期的计量设备不能使用。

（5）检查物料或中间产品的名称、代码、批号和标识，确保生产所用物料或中间产品正确且符合要求，核对准确无误后方可使用。

（6）检查与生产相适应的相关文件、记录（如工艺规程、SOP、批生产记录等）是否齐全、准确。

（7）盛放物料的容器外部必须具有标签，标签上应注明品名、规格、批号、重量（皮重、毛重、净重）或数量、本批容器数及加工状态、工序名称、操作日期及班次、操作人、复核人等。

（三）生产过程

按 GMP 规定，生产过程中物料的投放、称量、计算等操作，都必须经指定人员复核，操作人、复核人应在操作记录上签名，生产管理部门与质量管理部门有关人员，均应对这些操作进行监督。对于麻醉药品、精神药品、毒性药品、放射性药品及贵细药品，应按国家有关规定严格执行。使用后剩余的散装物料应及时密封，由操作人在容器上注明启封日期、剩余数量、使用者，并由复核者签字后，由专人办理退库手续。再次启封使用过的原辅料时，应核对记录，检查外观性状，如发现有异常情况或性质不稳定，应再次送检，合格后方可使用。

每批生产结束后的剩余物料，应由操作人员及时退库，车间不得存放未使用完的物料，但中间站存放的中间产品除外。

1. 生产工艺规程和标准操作规程的执行 生产工艺规程：应当规定为生产一定数量成品所需起始原料和包装材料的数量、生产工艺，并包含加工说明、注意事项及中间控制文件。

标准操作规程：经批准用以指示操作的通用性文件或管理办法。

岗位操作需按生产工艺规程所规定的工艺条件和标准操作规程所规定的操作方法进行。工艺规程、标准操作规程一经制定，不得任意更改；如需更改，应按照规定的程序办理修订、审批手续。

药品生产企业生产管理部门必须严格监督生产工艺规程和标准操作规程的执行情况，并详细记录，保证工艺规程及操作规程的准确执行。

2. 中间产品的管理 生产的中间产品应存放在中间站内，不得长时间存放于操作间。中间站的存放范围包括中间产品、待重新加工的产品、清洁的周转容器等，除上述范围以外的物品不得存放于中间站，中间站应随时保持清洁，进入中间站的物品其外包装必须清洁、无浮尘。

中间产品在中间站应有明显的状态标识，注明品名、批号、规格、数量，并按品种、批号码放整齐，不同品种、不同批号、不同规格的产品之间应有一定的距离，物料应加盖密封保存。以“红色牌”示不合格，以“黄色牌”示待验，以“绿色牌”示合格，以“白色牌”示待重新加工，粗分堆存放。

操作人员每天应及时将物料存放入中间站，并填写中间站进站记录。中间站管理员核对品名、规格、批号、数量、容器数量、工铭称、加工状态等，无误后检查外包装清洁情况，由送料人及中间站管理员共同签字，填写进站日期，并将物料按规定堆放整齐。中间站管理员填写中间产品台账及中间站物料卡，中间站进站记录应附于批生产记录上。

中间站存放的物料要求帐、卡、物一致，质量管理部门、车间工艺技术员应定期对中间站的物料状况进行检查。

中间站管理员对中间产品进行请验，此时物料应挂待验状态标志。只有经检验合格后，才能挂合格的状态标志，或由质量管理部门发放中间产品合格证。

根据下达的工序生产令，中间站管理员可向下一工序发放合格的中间产品，并填写中间产品出站记录，由下一工序的领料人复核品名等内容，在中间站出站记录上共同签字，同时填写中间站台账及库卡。中间站应上锁管理，管理人员上锁后才可离开中间站。

3. 工序关键控制点的监控

（1）药品生产过程中应当进行中间控制和必要的环境监测，并予以记录。

（2）凡不同品种、规格的产品，其生产操作不得在同一生产操作间同时进行。同一品种、同一规格、不同批号的制剂生产及包装操作在同一操作室内进行时，应采取隔离或其他有效防止污染或混淆的措施。

（3）每批产品应当检查产量和物料平衡，确保物料平衡符合设定的限度。如有差异，必须查明原因，确认无潜在质量风险后，方可按照正常产品处理。

（4）在生产的每一阶段，应当保护产品和物料免受微生物污染和其他污染。在干燥物料或产品，尤其是高活性、高毒性或高致敏性物料或产品的生产过程中，应当采取特殊措施，防止粉尘的产生和扩散。并且生产厂房应仅限于经批准的人员进入，防止生产过程中的污染和交叉污染。

（5）应当检查产品从一个区域输送至另一个区域的管道和其他设备的连接，确保连接正确无误。

（6）每批药品的每一生产阶段完成后必须由生产操作人员清场，并填写清场记录。

4. 生产期间标识管理

（1）生产期间使用的所有物料、中间产品和待包装产品的容器及主要设备、必要的操作室应贴签标识，或以其他方式标明生产中的产品或物料名称、规格和批号，如有必要，还应当标明生产工序。

（2）容器、设备或设施所用标识应当清晰明了，标识的格式应当经企业相关部门批准。除在标识上使用文字说明外，还可采用不同的颜色区分被标识物的状态（如待验、合格、不合格或已清洁等）。

二、批的概念和管理

批（Batch/ Lot）是药品生产的基本单元，也是药品质量管理的基本单元，如果药品生产批管理没有按照GMP管理标准进行，就会给药品质量带来不良影响，给生产与质量管理工作带来混乱。

（一）批的概念

1. 批（Batch/ Lot） 就是经一个或若干个加工过程生产的、具有预期均一质量和特性的一定数量的原辅料、包装材料或成品。为完成某些生产操作步骤，可能需要将一批产品分成若干亚批，最终合并成为一个均一的批。在连续生产的情况下，批必须与生产中具有预期均一特性的确定数量的产品相对应，批量可以是固定数量或固定时间段内生产的产品量。

例如：口服或外用的固体、半固体制剂在成型或分装前使用同一台混合设备一次混合所生产的均质产品为一批；口服或外用的液体制剂以灌装（封）前经最后混合的药液所生产的均质产品为一批。

2. 批号（Batch Number/Lot Number） 就是用于识别一个特定批的具有唯一性的数字和（或）字母的组合。一个批量的药品，编为一个批号，批号的划分应具有代表性，从下达生产指令时批号已经生产，该批号将跟随生产的全过程并贯穿生产记录中。

3. 批记录（Batch Records） 就是用于记录每批药品生产、质量检验和放行审核的所有文件及记录，可追溯所有与成品质量有关的历史信息。

（二）批的区划

实际上，在药品生产企业中，同一品种的“产品”不一定是相同的“产品”，只有相同批号的同一品种的“产品”才是相同的“产品”，比如不同批号的“青霉素注射剂”就相当于“青霉素注射剂”和“维生素 C 注射剂”的关系。因此，批的划分就显得十分重要。企业应当根据产品产量、生产时间长短、生产设备及其生产设备的匹配程度等因素，从所生产产品的“均一”“确定数量”“确定时间”等因素来建立划分产品生产批次的操作规程，生产批次的划分应当能够确保同一批次产品质量和特性的均一性。

在药品生产中，由于剂型不同，生产情况不同，为确保生产的每批药品达到均一的要求，就必须根据批的定义确定生产中哪些产品能为一个批。生产批次的正确划分是确保药品受控、可追溯的必要条件，也是企业能够开展质量管理和生产管理的前提要求。一般而言，药品批的划分原则分为以下几点。

1. 无菌药品批的划分原则

（1）大、小容量注射剂　以同一配液罐一次配制的药液所生产的均质产品为一批。如使用数台灭菌设备、过滤设备、灌封设备，则必须经验证确有同一性能者，才可作为同一批。例如，当一个配制批用多台不同性能的灭菌器时，每次灭菌应作为一个小批。

（2）粉针剂　以同一批原料药在同一连续生产周期内生产的均质产品为一批。使用多台分装设备时，经验证确有同一性能者，可作为一批；否则批号应能表示出所用的分装设备。

（3）冻干粉针剂　以同一批药液使用同一台冻干设备在同一生产周期内生产的均质产品为一批。当使用多台冻干设备时，则应验证确有同一性能者作为一批；否则批号应能表示出所用的冻干设备。

（4）眼用制剂、软膏剂、乳剂和混悬剂等　以同一配制罐最终一次配制所生产的均质产品为一批。

2. 非无菌药品批的划分原则

（1）固体、半固体制剂　在成型或分装前使用同一台混合设备一次混合量所生产的均质产品为一批。使用多台压片、填充设备时，应验证确有同一性能者为一批。

（2）液体制剂　以罐装（封）前经最后混合的药液所生产的均质产品为一批。使用多台灌装设备时，应验证确有同一性能者为一批。

3. 原料药批的划分原则

（1）连续生产的原料药　在一定时间间隔内生产的在规定限度内的均质产品为一批。

（2）间歇生产的原料药　可由一定数量的产品经最后混合所得的在规定限度内的均质产品为一批，混合前的产品必须按同一生产工艺生产且符合质量标准，并具有可追溯的记录。

4. 中药制剂批的划分原则

（1）固体制剂　在成型或分装前使用同一台混合设备一次混合量所生产的均质产品为一批。如采用分次混合，经验证，在规定限度内所生产一定数量的均质产品为一批。

（2）液体制剂、膏滋、浸膏、流浸膏等　以罐装（封）前经同一台混合设备最后一次混合的药液所生产的均质产品为一批。

（三）批号的编制方法

批号是用于识别“批”的一组数字或字母加数字，用以追溯和审查该药品的生产历史。据此，能查到该批药品的生产日期以及相关的生产、检验、销售等记录，也能查到药品生产的操作员工、生产检测所使用的硬件、生产检测所使用的软件、生产检测的工作现场情况等。应当建立编制药品批号的操作规程，每批药品均应当编制唯一的批号。

批号的编码方式通常为“年-月-日（流水号）”。常用6位数字表示，前两位是年份，中间两位是月份，后两位是日期或流水号。一般来说有以下几种批号形式。

1. 正常批号　组成形式就是年-月-日（流水号），如110628（1），即2011年6月28日生产的药品的批号，后面的（1）表示当天生产的第一批，如果当天还生产了其他批，就用（2）、（3）等表示。

2. 返工（重新加工）批号　返工后原批号主干不变，只是在原批号后加一符号以示区别，如在110628（1）之后加一“R”字，表示2011年6月28日生产的这批第一批药品的返工。

3. 混合批号（回收）　生产企业为了包装销售方便、吸收合并退货等合格产品等原因，将两个（不得超过两个批号）批号的药品进行混合，在批号上则应表示出来，如110628（1）-（8），表示将2011年6月28日生产的第1～8批共8批药品进行了混合。混合不同批号的药品是一件非常重要的事情，应履行有关的程序，比如填写混合不同批号产品登记表等。

应注意的是，药品的零头包装只限于两个批号为一合箱，合箱外包装应标明全部批号，并建立合箱记录。

（四）生产日期的确定原则

严格根据起始原料投料日期确定生产日期。化学合成原料及使用化学原料药制剂的生产日期均按此标示。且除另有法定要求外，生产日期不得迟于产品成型或灌装（封）前经最后混合的操作开始日期，不得以产品包装日期作为生产日期。

原料药或中间产品混合批次的生产日期和有效期应当根据参与混合的最早批次产品的生产日期确定。

（五）建立编制药品批号和确定生产日期的操作规程

每批药品均应编制唯一的生产批号，除另有法定规定外，生产日期不得迟于产品成型或灌装（封）前经最后混合的操作日期，不得以产品包装日期作为生产日期。且企业应当根据产品产量、生产时间长短、生产设备及其生产设备的匹配程度等因素，从所生产产品的“均一”“确定数量”“确定时间”等因素来建立划分产品生产批次的操作规程，生产批次的划分应当能够确保同一批次产品质量和特性的均一性。

第二节　污染与污染的防范

PPT

污染（Contamination）是药品质量的最大威胁者，药品从原料到成品的生产过程中，会涉及许多技术细节，其中任何一个环节的疏忽，都可能导致药品受到污染，生产出的药品质量不合格。如果这些受到污染的不合格药品流落到市场上，不仅会给生产企业造成名誉、经济损失，还会严重威胁使用这些不合格药品患者的生命健康。因此，我们必须充分认识污染的形态和形成，总结出预防污染的对策，保障药品质量。

一、污染的概念

《辞海》中对污染的定义是“物品混入不洁净的物体或者不需要的物体”。为了研究方便，我们对污染的定义是“在生产、取样、包装或重新包装、贮存或运输等操作过程中，原辅料、中间产品、待包装产品、成品受到具有化学或微生物特性的杂质或异物的不利影响”。也可以把污染理解为“如果药品（物料或中间体）中混入不需要的物质，即药品受到了污染”。污染常见形式有3种，即物理污染、化学污染和微生物污染。这3种污染特点见表9-1。

表 9-1 污染种类与特点一览表

污染的种类	物理污染	化学污染	微生物污染
污染的特点	1. 以尘粒（混合物）的形式表现出来，普遍存在，大量存在 2. 污染颗粒大小不一，差距很大，给分类去除带来很大困难 3. 污染颗粒粒径在 0.1μm 以上，一般通过传统的过滤方法可以去除	1. 以烟、雾、气、液体等形式表现出来 2. 污染颗粒很微小，能和空气和工艺用水相溶，流动性强，给防范带来很大困难 3. 污染颗粒同分子大小，很难通过传统的过滤方法除去	1. 以各种形式如附着、漂浮等大量存在，普遍存在 2. 高繁殖性，只要繁殖条件存在，就能以几何级数形式繁衍 3. 无论其本身还是其代谢物，一般都具有毒性或高毒性

在药品生产过程中，对于特定的生产企业或特定的生产工艺（工序），这 3 种污染有时是其中一种起作用，有时是其中 2 种甚至 3 种共同起作用。

二、污染的成因

（一）污染的传播媒介

无论是物理污染、化学污染还是微生物污染都是要通过一定的媒介进行传播的。一般来说，这些媒介有以下 5 种。

1. 空气 并不产生污染，但是，我们生存和药品生产离不开空气，空气把物理污染、化学污染和微生物污染带入制药企业的每个角落。

2. 水 也不产生污染，同样，我们生存与药品生产不能离开水，药品生产的所有剂型几乎都需要水。正是这个原因，水把各类对其有亲和力的污染带入药品生产的过程。

3. 表面 药品生产离不开所依托的各类表面，包括墙壁、地板、天花板、桌椅、设备、容器及其他工具的表面，由于物理化学的作用，所有表面都吸附了一层含水的薄膜，这层薄膜由于静电吸引而沾染了物理、化学和微生物污染，成为传播污染的媒介。

4. 物料 药品生产用到各类原料、辅料和包装材料等，都是其他企业生产的，并在生产之前经过运输、储存等一系列物流处理过程，难免沾染各类污染，成为污染的携带者。

5. 人员 员工进入药品生产岗位，带入大量物理与微生物污染，成为污染传播媒介。此外，人也是一个污染源，在新陈代谢过程中，每人每天脱落的皮屑量可达 1000 万颗，这些颗粒随着人的各种动作也会散发出来，人说话和咳嗽等能将这些污染大量带入生产过程。

以上 5 种污染传播媒介，各自传播污染的比例见表 9-2。

表 9-2 各类污染传播媒介传播污染所占比例表

传播媒介种类	空气	水	表面	物料	人员
传播污染所占比例（%）	7	8	25	25	35

（二）污染传播方式

污染传播的方式有 3 种：直接污染、二次（多次）污染和交叉污染。由于药品生产所涉及的环节比较多，因此，这 3 种方式往往会同时发生。

1. 直接污染 指平常我们所说的污染，就是由传播媒介直接将污染物带入生产环境所造成的污染。

2. 二次（多次）污染 污染物进入生产环境后，在物理、化学或生物因素作用下生成新的污染物（二次污染物），从而对生产环境产生的再次（多次）污染。也可以指非污染物，如生产所用到的物料或介质等，在物理、化学或生物等因素的作用下，形成新的污染物对药品生产造成污染，一般而言，由于二次或多次污染可控性差，通常形成机制也比较复杂，给防范带来困难。二（多）次污染的产生情况详细见表9－3。

表9－3　二（多）次污染产生情况表

二（多）次污染种类	物理因素	化学因素	生物因素
二（多）次污染产生的情况	由于设施、设备、仪器在生产过程中碰撞、旋转、挤压等运动，造成物料颗粒、产品颗粒、金属颗粒、油污颗粒等，在生产环境中漂浮	由于某些一次污染物或物料、中间体性质不稳定，在一定条件，如温湿度、光解等因素的作用下，发生化学反应，而产生新的污染物	一次污染物或生产所用到的物料、介质、溶剂、清洁剂在微生物作用下，腐败、霉败成污染物

3. 交叉污染（Cross－contamination）　是指由于药品生产过程中，两个或两个以上产品的生产活动，如人流、物流、环境区划等不能很好地区分，造成彼此相互影响的情况，也就是一个产品生产过程中的物品对另一个产品生产过程构成污染，或相互污染的情况。也可以指，同一个生产工艺，由于各个工序区分不当，不同阶段的产品或中间体彼此相互影响和污染的情况。

（三）污染进入途径

污染进入生产环境的途径大致有3个：人流通道、物流通道和空调通道，详细见表9－4。

表9－4　各个通道污染物产生（进入）情况表

污染进入途径	人流通道	物流通道	空调通道
污染进入途径的主要内容	1. 污染物随人体表面进入 2. 污染物随洁净服进入 3. 污染物随生产所用工具、洁具等进入	1. 污染物随生产所用的物料进入 2. 污染物随生产所用的工艺用水进入 3. 污染物随物料所用的包装材料或容器进入	1. 污染物随通风管道进入 2. 污染物随人流、物流通道或不合理的压差梯度进入 3. 污染物随洁净厂房缝隙或接口进入 4. 空调管道没有按规定洁净，滋生污染物

（四）药品生产过程中常见的污染源

厂区环境与施工管理是药品生产过程受到污染的重要影响因素之一。首先，厂区各分区布置和环境规划不符合要求，药品生产洁净室的天花板长霉、易脱落，以及墙壁和地面的缝隙、积水等因素都会给药品生产带来污染。其次，空调系统虽然能保持洁净室的洁净度，但由于其结构复杂，易滋生微生物，是微生物污染的主要来源。此外，空气、水、人员以及药品的原辅料等，都是药品生产过程中常见的污染源，给药品生产带来安全隐患。

三、药品生产过程中污染的防范

药品生产过程中单一品种在独立厂房或独立生产区生产是防止污染与交叉污染的最有效措施，但是生产成本也很高。一般而言，除了特殊药品、生物血液制品和高致敏性、高毒性药品外，都没有必要采用这样的方式进行生产，多品种共线生产仍然是目前主流的生产方式。而这一生产方式的最大风险，就是如果对生产过程控制不严，将导致污染或者交叉污染。为此，生产过程中的污染防范是药品生产管理中的重点内容。

（一）药品生产的环境和设施控制

药品生产的环境包括两个部分：①药品生产企业所在的环境；②药品生产活动所处的企业内部环境。单从GMP实施的技术因素去考虑，药品生产企业应避免设置在潮湿或干旱、少雨或沙尘暴频繁的地区。药品生产企业应选择空气条件良好、无水土污染和无污染排放源的地区，所选地区水源应能满足生产基础用水的质量标准要求，并远离空气中含二氧化硫和氯气等工业废气较多的工业区、化工区，避开闹市区和交通繁杂区域。同样，药品生产区（工艺区）要设置在企业最洁净的区域，如果企业生产多个产品或有原料药生产（化工区），彼此就要进行严格的区分，并能证明彼此的排放物没有相互影响，即不得在同一生产操作间同时进行不同品种和规格药品的生产操作，除非没有发生混淆或交叉污染的可能。原料药生产区域和制剂生产区域应当进行严格区分，并证明彼此没有影响。

生产过程中用到的空气和水处理系统，如空调净化系统和纯化水制备系统，它们的工作原理都是物理处理方式，这种处理方式有两个特点：①对小于0.1μm的粒子不能有效控制，对所形成的化学污染更不可能去除；②处理结果与环境中污染物浓度有负相关关系，也就是说，环境中需要被处理的污染物浓度越高，处理结果残留污染物的浓度也越高。为了让空调净化系统结构合理，应该合理装配、合理设计空调净化系统，定期对高效空气过滤器进行更换，定期对初、中效空气过滤器进行清洗，避免水汽积存、凝结在空调净化系统中，尽量消除微生物滋生和尘埃聚集的可能性。另外，还应该定期消毒洁净室，因为微生物很难被单纯的空气过滤除去。消毒液喷洒、紫外线照射、臭氧消毒等都是行之有效的空气消毒方法。对于洁净室的消毒要求同时采用两种消毒方式，并且定期更换消毒剂品种，如紫外线消毒+臭氧消毒，或者甲醛消毒+臭氧消毒，这样能够较好地避免出现耐药菌株。

合理的厂区划分是药品生产企业必备的基本条件，且应当基于生产工艺要求来划分洁净厂房内的空气洁净级别，并对洁净室（区）内空气的尘粒数和微生物数进行定期监测。

（二）设备和仪器的洁净控制

设备和仪器的选型应满足预定用途，设备的设计、选型、安装、改造和维护等应考虑尽可能避免污染和交叉污染；设备和仪器的操作、清洁以及必要时的消毒灭菌等必须严格按照经验证的标准操作规程进行；不得将生产设备随意搬到其他房间操作，使设备成为污染源。

（1）要确保药品（物料）不会与设备材质出现化学变化或者物理变化。为了便于消毒和清洁灭菌，设备结构应保持合理、光洁、平整，不存积药品。

（2）要严格按照清洁程序来清洗设备，清洁要求做到：设备周围无杂物、无污水、无油污、无污垢；设备见本色、沟见底、轴见光；不存在“漏”“滴”“冒”“跑”的现象，设备主体清洁；没有产品或者物料的残留痕迹存在于药品（物料）直接接触的部位。

（3）在药品生产过程中不可避免会存在一些活性物质、致敏物质、尘埃、雾状物、气体等，它们通常会严重污染药品的生产过程，更有甚者还会出现较为严重的人身伤害，所以要采取相应的防护措施，在更换品种时，要注意对设备进行彻底的清洗、灭菌、消毒。

（三）生产员工的洁净控制

人是一切生产质量管理活动的主导，正所谓机为人控，料为人管，法为人创，环为人治。应当对所有人员进行卫生方面的培训，增强防止污染和交叉污染的意识；加强人员健康管理，每年体检，防止体表有伤口、患有传染病或其他可能污染药品疾病的人员从事直接接触药品的生产活动；严格控制进入洁净生产区的人员数量，规范进入洁净区人员的操作；采取措施，避免人员串岗，尽可能减少生产过程中非生产操作的活动。

生产员工的洁净控制分成3个部分：生产员工个人卫生、生产员工操作卫生和生产员工洁净服装及所携带的生产工具卫生。这3个方面所要控制的内容详细见表9－5。

表9－5 生产员工卫生控制表

个人卫生	操作卫生	生产服装等卫生
1. 勤洗澡、理须发、剪指甲 2. 定期体检，没有传染病，皮肤病，身体健康 3. 生产前不吃挥发性强、刺激性强的食物	1. 不化妆，不戴首饰，不裸手接触生产物料、药品和生产器械器具 2. 不大声喧哗、肢体不做大幅度动作 3. 严格按规定进行更衣、消毒并穿戴洁净衣帽 4. 严格按规定，进入洁净厂房	1. 严格按规定挑选洁净服的材质和样式 2. 严格按规定对洁净服进行清洗消毒 3. 严格按规定存放、传送洁净服 4. 严格按规定存放、传送生产用工具、洁具和配件等

（四）物料的洁净控制

从经审核批准的供应商处购进原辅料、内包材后，进行入厂检验；物料取样必须在与生产同洁净级别环境下进行；物料进入洁净区要严格按照规定进行脱包、自净等净化处理；生产和暂存区存放的物料要有标识并建立台账，严格按照规定的存储条件和期限进行存放，同一批次药品生产所需物料应集中存放；生产过程中要严格做好物料平衡；易产尘物料的称量操作必须在负压称量间进行；定期对制药用水的水质进行监测；生产所用物料及压缩空气、氮气等介质应严格按照规定进行过滤处理。

1. 物料使用前的洁净控制　就是指物料的生产、运输、存放等环节的洁净控制。药品生产所用到的原料、辅料及直接用于药品内包装的包装材料，在进入生产工艺之前必须确保其未受到污染。物料前期洁净控制内容详细见表9－6。

表9－6　物料前期控制内容表

生产企业的审计	运输条件的控制	存储条件的控制
1. 生产企业资质的审查 2. 生产企业生产现场的检查 3. 根据统计学要求的连续三批的产品检验	1. 物料包装的检查 2. 运输设备、设施、器具的检查 3. 运输时间、运输期间温度、湿度、光照等条件的控制	1. 验收的控制 2. 存储环境的控制，如温湿度、光照等因素的控制 3. 存储时限、定期或不定期检查、检验等

2. 物料传送的洁净控制　物料运送到生产区域（车间）后，应当有专门的脱外包房间，脱外包间环境应被控制，有清洁、消毒和灭菌等设备设施，便于在物料脱外包时进行必要的清洁、消毒和灭菌。脱外包间和生产车间要有缓冲房间，缓冲间的门要有连锁，如果物料是通过传递窗进入生产车间，传递窗要有连锁和消毒灭菌装置。

3. 物料配料的洁净控制　物料进入生产区域之后，要有专门的配料间进行存放和配料，配料间只能允许一种产品的配料，所有操作和配好的物料（包括内包装材料），必须在规定的时间内使用完毕，应尽可能缩短包装材料、容器和设备的清洗、干燥和灭菌的间隔时间以及灭菌至使用的间隔时间。应建立规定贮存条件下的时限控制标准。

如果需要进行灭菌和消毒也必须在规定时间内完成，消毒灭菌后的物料与包装材料也必须在规定时间内使用完毕，应尽可能缩短药液从开始配制到灭菌（或除菌过滤）的间隔时间。应建立各产品规定贮存条件下的时限控制标准。余料应在规定时间内进行退库或其他处理。此外，取样、配料所用到的器具、容器也要按规定洁净。

如果在生产车间存放物料或产品，软膏剂、乳膏剂、凝胶剂等半固体制剂以及栓剂的中间产品，应当规定贮存时限和贮存条件。

4. 空气通道的洁净控制　空气出入洁净厂房的通道有4条：人流通道、物流通道、空调净化系统通道和厂房漏风等。在生产过程中，洁净厂房和外界空气交换必不可少，但是，所有进入洁净室的空气一定要经过处理，不能携带污染（或超标准污染物），洁净厂房排出的空气也不能对其他生产环境构成污染。以上4个通道防止污染进入的对策见表9－7。

表9－7　各个通道防止污染的方法表

人流通道	物流通道	空调系统通道	厂房漏风
1. 前室环境要受控 2. 要有足够空间的缓冲室、更衣室、洗手消毒室 3. 要有气闸、连锁门等装置 4. 由里往外，各房间要保持10Pa以上的空气压差	1. 要有环境受控的物料外包处理室 2. 要有足够空间的缓冲室、清洁消毒室 3. 要有气闸、连锁门（窗）等装置 4. 由里往外，各房间要保持10Pa以上的空气压差	1. 要定期或不定期进行通道检修，防止管道泄漏 2. 要定期或不定期按规定对系统中各个部件，如对过滤器空调箱（机组）、管道等进行清洗、消毒或更换 3. 按规定对动力设备如风机等进行性能测试等 4. 干燥设备的进风应当有空气过滤器，排风应当有防止空气倒流装置	1. 对厂房的密闭性按规定定期或不定期进行检测 2. 对厂房内表面要进行定期或不定期清洗、灭菌和消毒 3. 对各个功能房间的温湿度、压力、粒子浓度要按规定进行定期或不定期检测

值得注意的是，由于各个企业产品生产工艺不同，洁净厂房设计也不同，所以企业应结合具体的生产工艺、工序和生产设备的布置情况，在洁净区内，合理设置功能房间和人流物流走向。在此基础上，安排好洁净气流的走向和压差，防止二次污染和可能出现的化学污染。对于药品生产而言，污染的防治是一个系统工程，需要企业在硬件、软件、工作现场和人员方面进行综合管理与控制。

5. 评估防止污染和超差污染的措施 在确定了药品生产过程中污染防范措施后，企业应制定相应规程，定期检查防止污染和交叉污染的措施并评估其适用性和有效性。通过质量风险管理方法，对生产过程中预防污染措施和污染物排放点进行实验，确认污染风险，通过实验分析评估污染的情况，最后总结防止污染和交叉污染的措施并评估措施的适用性和有效性，提出的整改措施应尽可能避免污染其他产品。

第三节 清场管理

PPT

清场是对每批产品的每一个生产阶段完成以后的清理和小结工作，其目的是防止药品的混淆和污染，是药品生产和质量管理的一项重要工作内容。国内发生的“鞘内注射用甲氨蝶呤和阿糖胞苷药物重大损害事件”，导致全国上百位患者下肢伤残，就是源于清场管理疏漏。因此，每批药品的每一个生产阶段完成后，都必须按照规定的程序进行清场，确保设备和工作场所没有遗留与本次生产有关的物料、产品、文件等，在下次生产开始前，应当对前次清场情况进行确认。

一、清场概述

（一）清场的概念和范围

清场是指在药品生产过程中，每批药品的每个生产阶段完成之后，由生产人员按规定的程序和方法对生产过程中所涉及的设施、设备、仪器、物料、文件（数据记录）等做逐一清理，以便下一阶段的生产，其目的是防止药品的混淆和污染。

清场的范围应包括生产操作的所有区域和空间，包括生产区、辅助生产区，以及涉及的一切设施、设备、仪器、物料、文件（数据）等。在药品生产过程中，就生产现场本身的清场工作一般不容易被忽视，但是和本场生产有关的辅助生产工作的清理，往往被忽视或者清场不完全、不彻底。

（二）清场工作的内容

药品生产的清场包括设备、容器清洗和现场清洁与清理等。采用不同的生产方式，其清场的内容有所不同。如采用连续生产方式的生产清场，在连续生产换批时，清场仅进行现场清理、设备外表面及环境的清洁，不必做设备内表面清洗。如果要换生产产品或生产一段时间后，清场不仅要做现场清理，还要对设备内外进行清洗。一般来说，清场工作涉及以下几个方面内容。

1. 物料的清理 对生产中所用到的物料如原料、辅料、半成品、中间体、包装材料、成品、剩余物料等的清理、退库、储存和销毁等工作。

2. 文件（记录数据）的清理 对生产中所用到的各种规程、制度、指令、记录，包括各种状态标注物等的清除、交还、交接、归档和销毁等工作。

3. 清洁卫生 对生产区域和辅助生产区域（含不可拆卸设备、管件）的清洁、整理和消毒灭菌等工作，并检查设备、器具表面残留限度是否符合要求。

4. 配件、工器具整理 将生产中使用的设备配件、工器具、模具、容器等清理出生产现场，同时，按照规定将所有能够拆除的设备或管件全部拆卸，或将移动设备移出生产区域，在清洁区域进行清洗、消毒和灭菌处理。

二、混淆或差错产生的原因

混淆是指一种或一种以上的其他原材料或成品与已标明品名的原材料或成品相混。如原料与原料，成品与成品，标签与标签，有标志的与未标志的，已包装的与未包装的混淆等。在药品生产中，这类的混淆事件时有发生，有的甚至产生严重后果，应引起注意。

不难看出，混淆的特点就是“相似相混”，名称、外观等越是相似的物料或产品越是容易发生混淆。混淆产生的原因是多方面的，主要如下。

1. 厂房 厂房或生产区域狭小、拥挤；同一区域有不同规格、品种、批号的药品同时生产；生产中物料流向不合理，生产线交叉；生产、运贮、仓储无保护措施；非生产人员进入造成有意或无意的混淆等。

2. 设备 生产中使用的设备、容器无状态标志，清场不彻底和设备的选型不合理或不当等。

3. 物料 原辅料、包装材料、半成品、中间体等物料无明显标志，放置混乱，散装或放在易破损的包装中，印刷性包装材料管理不善等。

4. 人员 生产人员未经培训上岗，工作责任心不强，操作不遵守有关程序等。

5. 制度 管理制度不健全或执行不力，无复核、统计、监督，发现问题未及时查找原因等，特别是配料、包装等过程。

三、防止混淆或差错的措施

药品生产过程中，混淆的危险还来自生产操作本身，因此，针对生产操作，还应采取以下措施。

（一）生产区域要专一

在同一生产区域包括相应的辅助生产区域，只能生产同一批号、同一规格的相同产品。在同一生产区域包括相应的辅助生产区域同时生产不同品种、规格或批号的药品是混淆产生的最主要原因，必须坚决制止，以防止混淆、混批与差错。特别是无菌药品、生物制品、血液制品、毒性药材、高致敏药品等产品的生产如果发生混淆，后果将非常严重。企业应具有适当的原辅料、包装材料处理区，中间产品，半成品贮存区，不同净化级别的清洁区和通道等，此外，减少人物流混杂也是防止物料混淆的方法。

（二）生产前要检查

每个品种或每个批号药品生产开始前，应认真检查设备、器械、容器等是否洁净或灭菌，是否在有效期内，以及是否没有前一次生产的遗留物，否则不能进行新的生产操作。

生产开始前后，在生产区和辅助生产区进行生产操作的人员要严格进行控制。防止操作人员行为不规范或外来人员有意或无意造成的差错和混淆。

（三）工序衔接要合理

在药品生产中，工艺布局的合理与否是药品生产秩序能否保持正常，生产效率能否提高的关键，也是体现 GMP 能否得到切实贯彻执行的关键。工序衔接合理应包括 3 方面内容。

1. 生产流程应顺向布置 生产流程应尽可能按照工艺流程方向布置，防止原材料、中间体和半成品在进入下道工序时的路径出现交叉和迂回，造成混淆。

2. 物料等传递迅速 根据统计，就生产过程而言，80% 的混淆发生在工序之间的衔接过程中。因此，衔接过程的时间也要合理，传递要迅速，避免物料在某一工序特别是在工序和工序之间的衔接处滞留时间过长，防止物料混淆。

3. 管道连接顺畅 应当检查产品从一个区域输送至另一个区域的管道和其他设备连接，确保连接正确无误。管路连接应尽可能直观，避免因管路连接问题而出现物料混淆。

（四）状态标识要明确

药品生产中生产区域、车间、设备、容器等均应当使用状态标志来标明它们所处的状况，以便正确指导生产，防止污染和混淆。

1. 状态标识的种类

（1）生产产品状态标识 表明正在生产的情况，内容包括正在生产的产品品名、规格、批号等。

（2）生产设备状态标识 运行的设备应标明正在加工何种物料，停运的设备应标明其性能状况、能用与否、待修或维修中，对已损坏报废的设备，应从生产线上清除。

（3）容器状态标识 表明容器内容物的情况，如品名、规格、批号、状态（半成品、中间体、回收料等）。

（4）卫生状态标识 生产前后，生产线、设备、容器等均应有卫生状态标识，标明其卫生状况，如已清洁、已消毒、已清场。

2. 状态标识的管理 状态标识管理程序和标签以及说明书的管理程序一致，在生产活动中，应由生产负责人或由生产负责人指定的人员统一管理，其格式应合理明确、醒目，粘贴和清除应完全。每一生产操作间、每一台生产设备、每一盛物容器均应有能够表明正在加工的产品或物料、批号及数量等的状态标志。

四、清场操作

（一）清场的频次

为防止药品生产过程中不同批号、品种、规格之间产生污染和交叉污染，各生产工序在以下情况之一时应进行清场。

（1）各工序每天生产作业结束时，每个工序结束后或每个岗位结束后需及时清场。

（2）生产中更换品种或规格时。

（3）更换生产批号时。

（4）连续生产规定的时间（一般 3 天）后，也应进行彻底清场。

（5）长时间的生产间隔后，再次开始生产之前也应进行清场。

（二）清场的要求

清场必须严格按照岗位与仪器等的清洁规程进行操作，车间工艺技术员、质量员及质量管理部门的质监员应对清场工作进行监督。每个工序清场的内容要求不同，应根据本工序的实际情况建立各种有关清场的操作规程，清场以后应达到以下要求。

（1）地面无灰尘、结垢，门窗、室内照明灯、风管、墙面、开关箱外壳无积尘，室内没有与生产无关的杂物。

（2）使用的工具、容器应清洁、无异物，无前次产品的遗留物；非专用设备、管道、容器、工具应拆洗或灭菌。

（3）设备内外擦洗干净，没有前次生产遗留物、无油垢。

（4）凡直接接触药品的设备、容器、工具、管道，应每天或每批清洗或清理，同一设备连续加工同一非无菌产品时，其清洗的周期可按该设备清洗的有关规定执行。

（5）包装工序调换品种或规格时，多余的标签等包装材料应按规定处理。

（6）固体制剂更换品种时，难以清洗的用品应予更换，如烘布、布袋等。

（三）清场工作的规程与记录

清场属于生产工作的内容之一。因此，清场操作由生产操作人员完成。清场检查属于药品生产过程控制中的一部分，清场确认与生产前确认一般由经过培训与资格认定的生产管理部门指定人员进行。当然，根据企业自身模式，由现场QA进行检查也可。但质量管理部门必须对清场检查人员的检查进行评价，并对检查结果的相关记录进行审核。

清场工作不是随意的，必须按企业生产部门和质量管理部门根据企业实际生产情况制定的清场工作规程进行。规程的主要内容包括清场的目的、要求、时间、方法、检查、记录以及实施人、核对人和负责人签名等。这个规程应经过企业负责人批准，并形成正式文件下达，生产操作和检查人员需共同遵守。

清场过程中，根据清场程序执行清场操作，且必须填写清场记录。清场记录一般包括工序名称、产品名称、规格、生产批号、清场日期、清场结果、清场内容（设备功能情况、文件物料情况、卫生情况等）、清场人员签名、核查人员签名和负责人签名等。清场记录的填写要求与批生产记录相同，并作为批生产记录的一部分，与批生产记录一并归档。

（四）清场合格证的发放

每次清场结束，由质量管理部门或授权的岗位复查合格后，发给清场合格证。清场合格证的内容有原生产品名、批号，调换品名、批号、日期，清场者和检查者签字。清场合格证作为下一生产凭证归入生产记录，与生产记录一同管理，未领得清场合格证不得进行下一步生产。取得清场合格证后，在进行下一次生产前，生产现场不能进入人和物。

第四节　生产操作

PPT

所有药品的生产和包装均应当按照批准的工艺规程和操作规程进行操作并有相关记录，以确保药品达到规定的质量标准，并符合药品生产许可和注册批准的要求。我们主要从无菌药品、原料药、生物制品、血液制品、中药制剂和临床试验用药品讲解生产操作的要点。

一、无菌药品

无菌药品是指法定药品标准中列有无菌检查项目的制剂和原料药，包括无菌制剂和无菌原料药。无菌药品生产操作的核心就是生产的每个阶段（包括灭菌前的各阶段）应采取相应措施降低各类污染，确保药品质量。无菌药品生产要求高，防止污染的要求也非常高，如果在实际生产操作中，没有严格按照规定程序或要求进行，就会给产品造成污染。因此，无菌药品的生产必须严格按照精心设计并经验证的方法及规程进行，产品的无菌或其他质量特性绝不能只依赖于任何形式的最终处理或成品检验（包括无菌检查）。

1. 生产用水的控制　无菌原料药的精制、无菌药品的配制、直接接触药品的包装材料和器具等最终清洗、A/B级洁净区内消毒剂和清洁剂的配制用水应符合注射用水的质量标准。原水、制药用水及水处理设施的化学和微生物污染状况应定期监测，必要时还应监测细菌内毒素，应保存监测结果及所采取纠偏措施的相关记录。

2. 生产员工的行为控制　生产人员的技能、所接受的培训及其工作态度是达到上述目标的关键因素。当无菌生产正在进行时，应特别注意减少洁净区内的各种活动，应减少人员走动，避免剧烈活动散发过多的微粒和微生物。由于所穿工作服的特性、环境的温湿度应保证操作人员的舒适性。

3. 物料的控制 应尽可能防止物料遭受污染。必要时，物料的质量标准中应包括微生物限度、细菌内毒素或热原检查项目。洁净区内应尽量避免使用易脱落纤维的容器和物料；在无菌生产的过程中，应完全避免使用此类容器和物料。应采取各种措施减少最终产品的微粒污染。

4. 设施设备的控制 最终清洗后包装材料、容器和设备的处理应避免被再次污染。应根据所用灭菌方法的效果确定灭菌前产品微生物污染水平的监控标准，并定期监测。必要时，还应监控热原或细菌内毒素。无菌生产所用的包装材料、容器、设备和任何其他物品都应灭菌，并通过双扉灭菌柜进入无菌生产区，或以其他方式进入无菌生产区，但应避免引入污染。溶液除菌过滤器应尽可能安装在接近灌装点处。无菌药品生产的人员、设备和物料应通过气锁间进入洁净区，采用机械连续传输物料的，应当用正压气流保护并监测压差。

5. 操作时间的控制 应建立各产品规定贮存条件下的时限控制标准，尽可能缩短包装材料、容器和设备的清洗、干燥和灭菌的间隔时间，灭菌至使用的间隔时间，药液从开始配制到灭菌（或除菌过滤）的间隔时间。

二、原料药

原料药的生产是药品生产的第一步，原料药产品的质量水平，决定了药品制剂的水平，因此，必须进行严格的控制。

（一）生产前的准备操作

原料应在适宜的条件下称量，以免影响其适用性。称量的装置应具有与使用目的相适应的精度。如将物料分装后用于生产的，应使用适当的分装容器。分装容器应有标识并标明以下内容。

（1）物料的名称或代码。

（2）接收批号或流水号。

（3）分装容器中物料的重量或数量。

（4）必要时，标明复验或重新评估日期。

关键的称量或分装操作应有复核或有类似的控制手段。使用前，生产人员应核实所用物料正确无误。

应将生产过程中指定步骤的实际收率与预期收率比较。预期收率的范围应根据以前的实验室、中试或生产的数据来确定。应对关键工艺步骤收率的偏差进行调查，以确定偏差对相关批次产品质量的影响或潜在影响。

需返工或重新加工的物料应严加控制，以防止未经批准即投入使用。

应遵循工艺规程中有关时限控制的规定，以保证中间产品和原料药的质量。发生偏差时，应做记录并进行评价。

（二）生产过程中的取样和控制

应综合考虑所生产原料药的特性、反应类型、该工艺步骤对产品质量影响的大小等因素来确定控制标准、检验类型和范围。越接近最终工序（如分离和纯化）的中间控制越严格。

中间控制可由有资质的生产部门人员进行，并可在质量管理部门事先批准的范围内对生产过程进行必要的调整。

应制定操作规程，详细阐述中间产品和原料药的取样方法。应根据科学合理的取样操作来制定取样计划和取样操作规程。应按操作规程进行取样，防止所取的中间产品和原料药样品被污染。应制定操作规程保证取样后样品密封完好。

中间控制的目的是监控和调整工艺，在调整生产过程中发生的中间控制检验结果超标通常不需要进行调查。

（三）微生物污染的防范

同一中间产品或原料药的残留物带入后续数个批次中的，应当严格控制。带入的残留物不得引入降解物或微生物污染，也不得对原料药的杂质分布产生不利影响。生产操作应当能够防止中间产品或原料药被其他物料污染。原料药精制后的操作，应当特别注意防止污染。

如果是无菌用原料药，应采取必要的措施来防止和去除微生物的污染。比如，敞口操作区应与其他操作区分开，并设独立的空调净化系统。同一设备通常不能用于不同的纯化操作。如果使用同一设备，应采取适当的清洁和消毒等必要的措施来防止微生物通过设备或环境由前次纯化操作带入后续纯化操作。

（四）原料药或中间产品的混合

混合是指将符合同一质量标准的原料药或中间产品合并以得到均一产品的工艺过程。将来自同一批次的各部分中间产品（如同一结晶批号的中间产品分数次离心）混合，或将几个批次的中间产品合并在一起做进一步加工可作为生产工艺的组成部分，不视为混合。

不得将不合格批次与其他合格批次相混合，以使混合后的批次符合质量标准。拟混合的每批产品均应按规定的工艺生产、单独检验并符合相应质量标准。认可的混合操作包括（不限于此）：将数个小批混合以增大批次量；将同一原料药的多批零头产品混合成为一个批次。

混合过程应加以控制并有完整记录，混合后的批次应进行检验，以确认符合质量标准。混合的批记录应能追溯到参与混合的每个单独批次。

如果原料药的物理性质至关重要（例如用于口服固体制剂或混悬剂的原料药），混合工艺应进行验证，以证明混合批次的质量是均一的。若混合可能对关键特性（如粒径分布、松密度和堆密度）产生影响，验证还应包括对这些特性的检测。

如混合可能对产品的稳定性产生不利影响，则应对最终混合的批次进行稳定性考察。

混合批次的有效期应根据参与混合的最早批次产品的生产日期来确定。

（五）原料药或中间产品的包装

容器应能保护中间产品和原料药，使其在运输和规定的贮存条件下不变质、不受污染。容器应进行清洁，如中间产品或原料药的性质有要求时，还应进行消毒以确保其适用性。

容器不得因与产品发生反应、向产品释放物质或产生吸附作用等而影响中间产品或原料药的质量。

可以重复使用的容器，应按书面操作规程清洁，并去除或涂毁容器上原有的标签。

需外运的中间产品或原料药的容器应采取适当的封闭措施，以便收货者能察觉到封闭状态的变化，并警惕内容物可能已有变动。

三、生物制品

与药品生产操作相比，生物制品的生产操作存在很多的特殊性，必须对这个特殊性进行研究，找到生产操作的特殊要求。

（一）原辅料的控制

生物制品生产用物料必须向有资质的，并且经过质量管理部门审计合格的供应商处采购，必须按照法规要求，与供应商签订物料质量及管理合同，以确保其物料的质量安全和稳定性。应明确规定原辅料的储运条件，到货入库前，物料必须经过验收，检验合格才能入库，等待备用。

值得注意的是，当原辅料的检验周期较长时，允许检验完成前投入使用，但只有全部检验结果符合标准时，才能放行相应的成品。

（二）细胞库系统和种子批

生产和检定用细胞需建立完善的细胞库系统（细胞种子、主细胞库和工作细胞库）。细胞库系统应包括细胞原始来源（核型分析、致瘤性）、群体倍增数、传代谱系、细胞是否为单一纯化细胞系、制备方法、最适保存条件等。细胞库系统的建立、维护和检定应符合《中国药典》的要求。

生产和检定用菌毒种应建立完善的种子批系统（原始种子、主种子批和工作种子批）。种子批系统应有菌毒种原始来源、菌毒种特征鉴定、传代谱系、菌毒种是否为单一纯化微生物、生产和培育特征、最适保存条件等完整资料。菌毒种种子批系统的建立、维护、保存和检定应符合《中国药典》的要求。

应通过连续生产批次产品的一致性确认种子批和细胞库的适用性。种子批和细胞库建立、保存和使用的方式，应能最大限度降低污染或变异的风险。种子批或细胞库与成品之间的传代数目（倍增次数、传代次数）应与已批准注册资料中的规定一致，不应随生产规模变化而改变。

应在适当受控环境下建立种子批和细胞库，以保护种子、细胞库和操作人员。在建立种子批和细胞库的过程中，不应在同一区域或由同一人同时处理其他活性或传染性物料（如病毒、细胞系或细胞株）。

只有经批准的人员才允许从事种子批和细胞库操作，且需在指定人员的监督下进行。接触种子批和细胞库的人员应经过批准。种子批与细胞库的来源、领用、制备、贮存及其稳定性和复苏、使用情况应当有记录。储藏容器应有明确的标签，并于适当温度下保存。库存台账应长期妥善保存。冷藏库的温度应有连续记录，液氮储藏条件应有适当的监测。任何偏离储藏条件的偏差及纠正措施都应记录。

不同种子批或细胞库的储藏方式应能避免差错、混淆、污染或交叉污染。生产用种子批和细胞库应在规定的储藏条件下分别妥善保存，只允许指定人员进入，以避免全部丢失的风险。

在储藏期间，装有主种子批、主细胞库或工作种子批、工作细胞库的全部容器应同等处理，另有批准或规定的按照批准或规定的条件储存。一旦取出使用，不得再返回库内储藏。

（三）生产操作的特殊要求

应按照《中国药典》中的“生物制品分批”的相关规定对生物制品分批并编制批号。

应证明培养基促进生长的特性。用于生产的培养基/培养液应与批准的一致，培养基中不得擅自添加未经批准的物质。培养基应进行适用性检查，并符合《中国药典》（2020 年版）的相关要求，禁止使用来自牛海绵状脑病疫区的牛源性材料。向发酵罐或其他容器中加料或从中取样时，应检查并确保管路连接正确，并在严格控制的条件下进行，确保不发生污染和差错。

产品的离心和混合过程可能会产生悬浮微粒，有必要对这些操作采取隔离措施，防止活性微生物的扩散。

培养基宜在线灭菌。向发酵罐、反应罐中通气、添加培养基、酸、碱、消泡剂等成分时尽可能使用可在线灭菌的过滤器。

应对任何病毒去除或灭活工序进行充分验证，并采取措施防止生产过程中已完成病毒去除或灭活处理的产品被再次污染。使用二类以上病原体（即使人或动物发生严重或非常严重疾病的病原体）强污染性材料进行制品生产时，对其排出的污物和可疑污染物品应有有效的原位消毒设施，单独灭菌或完全灭活后，方可移出工作区。

不同产品的纯化应当分别使用专用的层析介质。不同批次之间，应当对层析分离柱进行清洁或消毒。不得将同一层析分离介质用于生产的不同阶段。层析介质的保存、再生及使用寿命应当经过验证。应明确规定层析分离柱的合格标准、清洁或消毒方法。

对用于实验取样、检测或日常监测（如空气采样器）的用具和设备，应制定严格的清洁和消毒程序避免引起污染或者交叉污染。有些用具或设备要根据生产的风险等级进行评估，必要时做到专物专区专用。

四、血液制品

这里所指的血液制品特指各种人血浆蛋白类制品。由于生产血液制品用的原料血浆可能含有经血液传播疾病的病原体（如 HIV、HBV、HCV 等），为确保产品的安全性，必须对原料血浆及其来源进行严格控制，必须对生产工序进行严格控制，特别是病毒的去除和灭活工序。

（一）原料血浆的控制

生产企业对每批接收的原料血浆，应检查以下各项内容：①来源与法定部门批准的合法的单采血浆站一致；②运输过程中的温度监控记录；③血浆袋的包装完整无破损；④血浆袋上的标签内容；⑤血浆的检测报告。

原料血浆投料生产前，企业应对每一人份血浆进行全面复检，并有复检记录。原料血浆的质量应符合《中国药典》中《血液制品生产用人血浆》的要求。企业对复检不符合质量标准的原料血浆应按规定销毁，不得用于投料生产，销毁情况应写入年度质量回顾分析报告中。此外，用于检测的血浆样本及血浆样本留样不得用于生产。

每袋血浆上的标签应符合《中国药典》中的《血液制品生产用人血浆》的要求，至少包括供血浆者姓名（或识别号）、卡号、血型、血浆编号、采血浆日期、血浆重量及单采血浆站名称。原料血浆检疫期，原料血浆自采集至投料生产的时限应符合相关规定。

投产使用前，应对每批放行的原料血浆进行质量评价，确保至少符合下列要求：①来源与法定部门批准的合法的单采血浆站一致；②贮存过程中的温度监控记录；③已按既定规程、质量标准和检验方法，采用合格的体外诊断试剂对每袋血浆进行复检并符合要求；④复检中出现的偏差，已有解释或说明，或已经过彻底调查、适当处理和审核，并有相关记录；⑤已达到检疫期管理的要求；⑥血浆袋破损或复检不合格的血浆已剔除并按规定处理。

企业应建立原料血浆的追溯系统，记录每份血浆的来源，确保可向前追溯至供血浆者。原料血浆的追溯系统、供血浆者最后一次采集的血浆呈阴性之前至少 60 天内所采集的血浆。追溯中应注意充分尊重供血浆者的隐私。

企业应与单采浆站建立信息交换系统，确保在出现下述情况时可交换信息：①发现供血浆者不符合相关的健康标准；②以前病毒标记为阴性的供血浆者，在随后采集到的原料血浆中发现任何一种病毒标记为阳性；③原料血浆复验检结果不符合要求；④发现未按既定规程检测原料血浆中的特定病原体；⑤供血浆者患有经血液传播的疾病（如感染 HBV、HCV、HAV 和其他非甲、非乙、非丙型肝炎病毒、HIV－1、HIV－2 及目前所知的其他病原体）；⑥供血浆者患有克－雅病或变异型新克－雅病（CJD 或 vCJD）。

企业应制定规程，明确规定发生以上情况时所采取的措施。

如出现以上任何一种情况，应对使用相关原料血浆生产的血液制品批记录进行再评估。再评估应根据下列因素仔细考虑是否需要召回已发放批次的制品，如涉及的病原体、投料量、检疫期、制品特性和生产工艺等。

如发现已投料血浆中的某份血浆被 HIV、HBV、HCV 感染，应当停止全部产品的生产，封存用相应投料血浆所生产的组分、中间产品、待包装产品及成品，并立即向当地药品监督管理部门报告。企业应及时启动原因调查，进行风险评估，并采取相应的风险控制措施。风险控制措施关闭且调查结束后，用相应投料血浆所生产的组分、中间产品、待包装产品及成品应均予销毁。企业应当加强对单采血浆站的质量审核，督促单采血浆站严格执行国家有关法律法规及规范性文件对原料血浆采集、供应的相关规定。还应定期对单采血浆站进行现场质量审核，至少每半年一次，并有质量审核报告。

（二）生产和质量的控制

原料血浆、血浆分离组分、中间产品、成品的贮存，以及从单采血浆站到企业或企业内不同生产场地之间、企业到销售商或用户的运输过程中的温度监控记录应完整，温度符合要求，运输过程中出现的温度偏差，按照偏差处理规程进行处理，并有相关记录。

用于血浆中特定病原体（如 HIV－1、HIV－2、HBV、HCV）标记检查的体外诊断试剂应经药品监督管理部门批准，应视同原辅料进行验收入库、贮存、发放和使用。检验方法应经过确认或验证。

单份血浆按照生产规模混合后进行血液制品各组分的提取前，企业应当根据产品工艺特点逐一对所有合并容器中的合并血浆（或者分离冷沉淀后的合并血浆）留取有代表性样品，并将样品保存至血浆投料生产所有产品有效期届满后 1 年。合并血浆留样量应当满足规定病毒的核酸、病毒标志物检测及复测等的用量要求。合并血浆留样使用的容器应当满足留样期间样品保存、信息标识等的需要。企业应当按《中国药典》规定对合并血浆进行取样、检验，并均符合要求。

合并血浆检验结果不符合要求的不得继续用于生产，企业应当按照规定销毁，销毁情况应写入年度质量回顾分析报告中。用于检测的合并血浆样本及合并血浆样本留样不得用于生产。不合格原料血浆、中间产品、成品的处理应有安全、有效的操作规程和相应处理记录。

血浆破袋、合并后，应对均质的混合血浆（如冷沉淀物分离之后）取样、检验。经检验，下列特定疾病病原体标记应呈阴性：HBsAg、HIV－1 和 HIV－2 抗体、HCV 抗体。如检验结果确认呈阳性，则混合血浆不得继续用于生产，应予以销毁。采用阳性混合血浆生产的血液制品不得放行销售。

原料血浆解冻、破袋、化浆的操作人员应穿戴适当的防护服、面罩和手套。企业应当制定操作规程，定期对破袋、融浆的生产过程进行环境监测，并逐一对所有合并容器中的合并血浆进行微生物限度检查，尽可能降低操作过程中的微生物污染。

经过病毒去除或灭活处理的产品或中间产品与尚未处理的产品应有明显区分和标识，并应采用适当的方法避免不同产品的混淆、交叉污染，避免生产或质量控制操作发生遗漏或差错。不得用生产设施和设备进行病毒去除或灭活方法的验证，以避免生产受到验证用病毒的污染。此外，企业还应当对成品开展有关病毒污染和安全风险评估。经评估无法有效排除风险的，企业应当对成品开展有关病毒标志物检测，以确保质量安全。

企业对血液制品的放行应符合《生物制品批签发管理办法》的要求。

五、中药制剂

用于药品生产的中药材应当符合国家药品标准或者省、自治区、直辖市人民政府药品监督管理部门依法制定的地方药材标准。中药材使用前应按规定进行拣选、整理、剪切、洗涤、浸润或其他炮制加工，未经处理的中药材不得直接用于提取加工。

中药饮片生产企业应当建立中药饮片质量管理、风险防控和追溯体系，对中药饮片炮制、销售等活动实行全过程管理。中药饮片生产企业不得委托生产，不得外购中药饮片分包装或者改换包装后销售。同时，中药饮片应当有规范的包装和标签，直接接触中药饮片的包装材料应当符合药用要求。中药饮片标签内容应包括品名、药材来源、规格、药材产地（标注到县级行政区）、生产企业、产品批号、生产日期、保质期、执行标准、贮藏条件等，并附质量合格标识。

中药配方颗粒生产企业应当具备中药饮片炮制、提取、浓缩、干燥、制粒等完整的生产能力，自行炮制用于中药配方颗粒生产的中药饮片。生产企业应当履行药品全生命周期的主体责任和相关义务，实施生产全过程管理，遵循药品生产质量管理规范相关要求，建立追溯体系，具有风险管理能力。

中药注射剂所需的原药材采购后必须由企业自行加工处理。鲜用中药材采收后应在规定的期限内投料，可存放的鲜用中药材应采取适当的措施贮存，贮存的条件和期限应有规定并经验证确认，不得对产品质量和预定用途有不利影响。

在生产过程中应采取以下措施防止微生物污染：①处理后的中药材不得直接接触地面，不得露天干燥；②应使用流动的工艺用水洗涤拣选后的中药材，用过的水不得用于洗涤其他药材，不同的中药材不得同时在同一容器中洗涤；③毒性药材和饮片的操作应有防止污染和交叉污染的措施。

中药材洗涤、浸润、提取用工艺用水的质量标准不得低于饮用水标准，无菌制剂的提取用工艺用水应采用纯化水。

应有经批准的回收溶剂的方法，回收后溶剂的再使用不得对产品造成交叉污染，不得对产品的质量和安全性有不利影响。

六、临床试验用药品

临床试验用药品包括试验药物和安慰剂，已上市药品作为对照药品或试验药物时，也为临床试验用药品。临床试验用药品的制备和质量控制应当遵循GMP的相关基本原则以及数据可靠性要求，最大限度降低制备环节污染、交叉污染、混淆和差错的风险，确保临床试验用药品质量，保障受试者安全。

（一）制备管理

临床试验用药品制备应当尽可能采取措施防止污染、交叉污染以及混淆、差错。其制备管理应当持续改进、优化和提高，保证临床试验用药品符合质量要求。

临床试验用药品的关键制备工艺应当按照相关技术要求进行评估和论证。早期临床试验阶段，因试验药物制备工艺尚不能完全确定，应通过必要的监测以保证符合质量要求，保障受试者安全。确证性临床试验阶段进行工艺验证的，其范围和程度应当基于风险评估确定。如临床试验用药品为无菌药品的，灭菌工艺或无菌生产工艺的验证应当遵循现行相关技术要求，确保其无菌水平满足要求；临床试验用药品为生物制品的，还应当确保病毒等病原体或其他外源因子的灭活或去除效果，保障受试者安全。

临床试验用药品制备应当能够确保同一批次产品质量均一。在确定处方工艺后，应当确保临床试验用药品的批间质量一致。在不同的场地进行制备时，应当开展不同场地之间药物质量的可比性研究。

（二）对照药品管理

采用已上市药品进行对照试验时，应当确保对照药品的质量。盲法试验中，需要将对照药品进行改变包装、标签等操作时，应当充分评估并有数据（如稳定性、溶出度等）证明所进行的操作未对原产品的质量产生明显影响。盲法试验中，使用不同的包装材料重新包装的对照药品，其使用期限不应当超过原产品的有效期。盲法试验中，试验药物和对照药品使用期限不一致时，有效期标注应当以较近的使用期限为准。

采用安慰剂进行对照试验时，应当确定安慰剂的处方工艺，避免安慰剂的外观和性状引起破盲。制备安慰剂所用物料应当符合相应的质量要求。应当建立安慰剂的质量标准，检验合格方可放行用于临床试验。应当依据稳定性研究确定安慰剂的贮存条件和有效期。

七、中间产品（站）等管理

中间产品指完成部分加工步骤的产品，需进一步加工方可成为待包装产品。各工序生产的中间产品应按工艺规程规定的中间产品质量标准，作为上下工序交接验收的依据。车间应设立存放中间产品的中间站。

中间站应按合格、待验、不合格分别堆放，待中间产品检验合格后才能进入下一工序，并填写中间产品交接记录。不合格的中间产品应贴上不合格证，不得流入下一工序。

企业生产管理部门人员应按照工艺规程规定质量控制要点，进行工艺验证，及时预防、发现和消除事故差错，并做好工艺验证记录。应根据不同的产品剂型特点来设计工艺验证的内容和记录。

生产中所用的容器、转移容器等均应有标签，标明所生产药品的名称、规格和批号。

生产中发生的偏差或需要更改参数时，应有变更程序并有审批手续。

生产中发生事故，包括安全事故和质量事故，均应按制定的事故管理规程来进行处理、报告，并做好相关记录。

生产中应进行中间控制和必要的环境监测，并予以记录。中间控制也称过程控制，指为确保产品符合有关标准，生产中对工艺过程加以监控，以便在必要时进行调节。

对于生产工艺、设施设备有特殊要求的创新药或者临床急需等药品，经国务院药品监督管理部门批准，可以分段生产。

药品生产过程涉及多个生产地址的，药品上市许可持有人应当建立覆盖药品生产全过程和全部生产地址的统一的质量保证体系，确保药品生产过程持续符合法定要求。

第五节　包装操作

PPT

药品产品质量不仅包含内在质量，也包含外在质量，所以包装操作对产品质量起到十分重要的作用。在药品包装过程中要严格按包装操作规程进行，应特别注意采取措施防止污染和交叉污染、混淆或差错的风险。

一、包装概述

药品包装是指待包装品变成成品所需要的所有操作步骤，包括分装、贴签等。但无菌生产工艺中产品的无菌罐装，以及最终灭菌产品的罐装通常均不视为包装。

包装材料是指药品包装所用的材料，包括与药品直接接触的包装材料和容器、印刷包装材料，但不包括发运用的外包装材料。而包装生产管理一般指从包装操作至入库的过程。

药品的包装分内包装与外包装。内包装系指直接与药品接触的包装（如安瓿、注射剂瓶、片剂或胶囊剂泡罩包装铝箔等）。药品内包装的材料、容器更改时，应根据所选用药包材的材质，做稳定性试验，考察药包材与药品的相容性。外包装系指内包装以外的包装，按由里向外分为中包装和大包装。外包装应根据药品的特性选用不易破损、防潮、防冻、防虫鼠的包装，以保证药品在运输、贮藏过程中的质量。

在药品有效期内，药品包装自药品生产出厂、储存、运输，到药品使用完毕，发挥着保护药品质量、方便医疗使用的功能。因此，必须根据药品的特性要求和药包材的材质、配方及生产工艺，选择对光、热、冻、放射、氧、水蒸气等因素屏蔽阻隔性能优良，自身稳定性好、不与药品发生作用或互相迁移的包装材料和容器。

二、包装操作前的准备工作

包装操作的前提是，对生产过程中既符合工艺规程和操作规程要求，又符合质量标准的产品，方能进行包装操作，下达批包装指令。因此，包装操作前要做好以下准备工作。

（1）包装开始前应当进行检查，确保工作场所、包装生产线、印刷机及其他设备已处于清洁或待用状态，无上批遗留的产品、文件或与本批产品包装无关的物料。检查结果应当有记录。另外，还要（最好指定专人）核对待包装产品和所用包装材料的名称、规格、数量、质量状态，其相关信息是否与工艺规程相符，以避免差错和混淆。待包装产品、包装材料领用单或交接单要纳入批包装记录中，要有发放人和领用人的签名。

（2）包装操作前，还应当检查所领用的包装材料正确无误，核对待包装产品和所用包装材料的名称、规格、数量、质量状态，且与工艺规程相符。

（3）每一包装操作场所或包装生产线，应当有标识标明包装中的产品名称、规格、批号和批量的生产状态。有数条包装线同时进行包装时，应当采取隔离或其他有效防止污染、交叉污染或混淆的措施。

（4）待用分装容器在分装前应当保持清洁，避免容器中有玻璃碎屑、金属颗粒等污染物。

三、包装操作要求

一般情况下，不允许同一包装场所同时进行多条“内包装生产线”的生产。若有数条包装线同时包装生产时，应有物理隔离措施，防止人为差错的发生。

如果“外包装间”有数条包装线同时生产时，应采取物理隔离或其他有效措施（如包装前产品和物料的检查、包装过程的控制、状态标识、产品的密闭保护等），防止包装材料的误用和待包装产品发生污染、交叉污染和混淆。

产品分装、封口后应当及时贴签。未能及时贴签的，应当按照相关的操作规程操作，避免发生混淆或贴错标签等差错。

单独打印或包装过程中在线打印的信息（如产品批号或有效期）均应当进行检查，确保其正确无误，并予以记录。如手工打印，应当增加检查频次。

使用切割式标签或在包装线以外单独打印标签，应当采取专门措施，防止混淆。

应当对电子读码机、标签计数器或其他类似装置的功能进行检查，确保其准确运行。检查应当有记录。包装材料上印刷或模压的内容应当清晰，不易褪色和擦除。

包装期间，产品的中间控制检查应当至少包括下述内容：①包装外观及表面是否清洁、光滑、无破损；②包装是否完整；③产品和包装材料是否正确；④打印信息是否正确；⑤在线监控装置的功能是否正常。

样品从包装生产线取走后不应当再返还，以防止产品混淆或污染。

四、包装操作后的检查工作

因包装过程产生异常情况而需要重新包装产品的，必须经专门检查、调查并由指定人员批准。重新包装应当有详细记录。

在物料平衡检查中，发现待包装产品、印刷包装材料以及成品数量有显著差异时，应当进行调查，未得出结论前，成品不得放行。包装结束时，已打印批号的剩余包装材料应当由专人负责全部计数销毁，并有记录。如将未打印批号的印刷包装材料退库，应当按照操作规程执行。

五、临床试验用药品包装

临床试验用药品通常以独立包装的形式提供给临床试验中的受试者。为确保临床试验用药品包装和贴签的准确性，应当建立操作规程，明确防止贴错标签的措施，如进行标签数量平衡计算、清场、由指定的人员进行中间控制检查等。涉及盲法试验的，还应当采取有效措施防止试验药物与对照药品（含安慰剂）出现贴签错误。对于需要去除原有产品标签和包装的操作，应当采取相应措施防止试验药物与对照药品（含安慰剂）出现污染、交叉污染以及混淆、差错，此外，任何开启或更改包装的活动都应当能够被识别。

试验药物和对照药品通常不得在同一包装线同时包装。因临床试验需要在同一包装线同时包装的，应当有适当的操作规程及设备，并确保相关操作人员经过培训，避免发生混淆和差错。

临床试验用药品的标签应当清晰易辨，内外包装上通常包含下列内容：①临床试验申请人、临床试验用药品的名称等；②便于识别产品与包装操作的批号和（或）编号（用于盲法试验的临床试验用药品的标签信息应当能够保持盲态）；③临床试验编号或其他对应临床试验的唯一代码；④“仅用于临床试验”字样或类似说明；⑤有效期，以××××（年）/××（月）/××（日）等能明确表示年、月、日的方式表示；⑥规格和用法说明（可附使用说明书或其他提供给受试者的书面说明，内容应当符合临床试验方案要求）；⑦包装规格；⑧贮存条件；⑨如该临床试验用药品允许受试者带回家使用，必须进行特殊标注，避免误用。如内包装标签尺寸过小无法全部标明上述内容，应当至少标注上述①~④项。

若变更有效期，临床试验用药品应当粘贴附加标签，附加标签上应当标注新的有效期，同时覆盖原有的有效期。粘贴附加标签时不得覆盖原批号或药物编码。经申请人评估后，可在开展临床试验的机构进行变更有效期附加标签的粘贴操作。附加标签的粘贴操作应当按照申请人批准的操作规程进行，操作人员必须经培训并批准，操作现场需有人员复核确认。粘贴附加标签应当在临床试验相关文件或批记录中正确记录并确保可追溯。申请人应当对粘贴了附加标签的临床试验用药品进行质量审核。

应当根据临床试验方案的设盲要求，对临床试验用药品包装的外观相似性和其他特征的相似性进行检查并记录，确保设盲的有效性。

第六节　参数放行

PPT

所谓参数放行（Parametric Release），根据美国 21CFR211.167（联邦 21 号规范第 211 部分 167 条款“具体检验要求”）中的定义，即一种基于对行业已通过验证的灭菌程序的有效的质量控制、监测和对系统文件的管理，替代依赖于最终产品检验的无菌放行程序。欧洲质量组织（European Organization for Quality，EOQ）规定参数放行的概念为“基于药品生产过程中采集的数据信息以及与 GMP（药品生产质量管理规范）中参数放行的相关规定的符合程度，能够提供保证一批药品符合预定质量标准的放行系统”。我国参考美国、欧盟等的参数放行的原则要求，对参数放行的定义为“在严格实施药品生产质量管理规范（GMP）的基础上，根据监控、检查生产全过程所获得的信息，基于关键参数符合既定标准，对产品的无菌保证进行评价，以确认达到《中国药典》规定的非无菌概率（无菌保证水平，SAL）不高于 10^{-6}，从而替代最终产品无菌检查的放行系统”。

简而言之，参数放行是在 GMP 管理的基础上，采用药品生产全过程控制方法，避免了无菌检查方法在灵敏度和统计学方面的局限性，最大限度地确保产品放行和有效期内产品的无菌保障。

一、实施参数放行的重要性

美国在 20 世纪 60 ~70 年代发生了多起由大容量注射剂染菌造成患者伤害和死亡的严重药品不良反应事件，经调查后发现，灭菌设备及灭菌工艺的不完善等生产过程失控是造成产品污染的主要原因。大家逐渐认识到最终产品的无菌保证应主要依靠严格、系统的生产过程控制。美国百特公司（Baxter）于 1980 年起开始研究“大输液参数放行"，以替代成品无菌检验的放行系统。1985 年 1 月，美国 FDA 首次批准百特公司对其输液生产实行参数放行，1987 年，美国 FDA 正式颁布了参数放行法规指南，即

7132a. 13，参数放行由此正式进入药品生产企业的 GMP 管理。

自 20 世纪 80 年代起，经过 20 多年的不断完善，目前发达国家的药品监管部门已普遍接受参数放行的理念并付诸实践。美国、欧盟、加拿大、澳大利亚等对参数放行的批准及日常监管内容和形式基本一致，都是在现行 GMP 管理的基础上颁布参数放行指南和申报办法，由企业根据药品品种自愿提出申请。药品监管部门进行严格的资料审核和现场检查后，决定是否批准企业的申请。已获批准的药品如果发生重要因素的变更，如更换生产地址，还必须重新申请。批准后的日常监管除要求相关药品符合 GMP 管理以外，还必须符合专门的参数放行指南。

我国参考美国、欧盟等发达国家的参数放行指南，考察了参数放行的具体实践后，于 2005 年 3 月 1 日，由原国家食品药品监督管理部门下发了《关于开展药品参数放行试点工作的通知》，明确了我国药品生产过程中参数放行的地位和标准，批准无锡华瑞制药有限公司、广州百特医疗用品有限公司两家企业开始进行为期 2 年的参数放行试点，涉及的产品主要是由湿热灭菌法生产的大容量注射剂。这标志着参数放行正式进入我国药品生产和质量的 GMP 管理。目前试点工作已结束，但这两家企业至今一直按照国家药品监督管理局关于参数放行的要求采用双轨放行系统。

欧盟 GMP 指南附录 17（2001 年）“参数放行”中指出，由于无菌检验方法的统计学限制，最终产品的无菌检验只能提供一个发现无菌保证系统错误的机会。无菌药品的无菌特性并非依赖于最终的成品检验，而是取决于药品生产全过程中严格的质量管理。无菌检查只能反映被检样品在实验条件下的“无菌" 质量状况。无菌检验是一种破坏性试验，因此采用抽样检验的方法进行。以一个污染率为 5% 的灭菌批号为例，从该批中抽取 20 个样品做无菌检查，假定每个产品被抽到的概率相同且样本总量很大，按照二项分布定律，取不到污染样品的概率为 $P=0.95^{20}$，即此种无菌检查的误判率高达 36%。批产品的污染率越低，根据无菌检查结果来判定该批药品是否无菌的风险就越大。即使假设在检验过程中抽到了污染品，仍不能排除由于污染菌水平低、试验方法不当，如没有选用最佳培养条件等因素，导致无菌检查出现假阴性结果。此外，也不能排除另一种可能，即将已经发现的阳性结果当作“假阳性" 进行复检从而错失检出污染品的机会。凭无菌检查结果来判别批产品是否无菌，已经受到越来越多的质疑。

再者，美国于 1975 年在制药工业中率先引入了“相对无菌标准”的概念：对于最终灭菌产品，污染品存在概率不得超过百万分之一，即无菌保证值不低于 6（对于无菌灌装药品，无菌保证值不低于 3），该标准于 1980 年被美国药典所收载，20 世纪 80 年代后，也被欧洲药典第 2 版所收载。显而易见，这个无菌保证值也是无法通过传统的无菌检验得到的。

参数放行充分克服了单纯以抽样检验为手段的质量控制体系的缺陷，现代制药技术和质量控制方法不断发展，尤其是微生物杀灭理论研究和技术手段日臻成熟。如果在产品生产过程中，全过程质量控制得当，就可以保证无菌产品的质量而无须再进行无菌检验。这就为参数放行理论与实践提供了广阔的发展空间。

质量管理理论的发展使人们越来越深切地认识到，仅仅凭质量检验难以保证和提高产品质量，尤其是像药品这类一旦产生质量问题就会产生严重后果的产品。全面质量管理理论认为，产品质量的优劣不仅依靠检验方法，更依靠设计开发、生产控制及物流管理等产品制造的所有环节。也就是说，质量来自过程。药品生产的每一个过程和环节都必然会对药品的质量造成影响，而要保证和提高药品质量就必然需要从药品生产的所有环节和过程去考虑。参数放行体现了药品质量控制以生产过程控制为重心的基本思想，对无菌药品的质量控制从以前的“事后控制”转为“事前控制”和“事中控制”。实施参数放行并不是简单的取消无菌检查，而是强化生产过程的微生物控制，并利用对生产过程所涉及的其他因素，如设施、设备、仪器运转等所形成的关键参数控制来确保产品无菌。这个基于 GMP 管理理念的控制，比产品最终检验更科学、安全，可靠。国外发达国家药品监管部门在 GMP 的实施中，已经认识到参数放行在质量管理中的优越性，普遍对参数放行给予认可和重视，并形成这样的共识：参数放行过程控制既优于产品检验，更体现了 GMP 的精髓。

参数放行依赖于严密的工艺验证，包括严密的厂房设施和仪器设备验证，产品工艺过程监测所获得数据的回顾性验证，以及能够提供预期的质量保证的过程参数。参数放行实施过程中，关于灭菌过程的质量保证问题，常用的一个技术手段是“生物指示剂监控法”，就是将适量的生物指示剂、培养基制成“监控用生物指示剂”样品，置于灭菌器腔室的冷点处随药品一起灭菌，同时严格对灭菌过程的各项参数进行监控，灭菌后将指示剂样品置于合适条件下培养。培养后若无微生物生长，且所监控各项参数符合要求，则表示产品灭菌完全。“生物指示剂监控法”不仅可取代产品的无菌检查、消除实验操作及环境不当所造成的“假阳性”污染因素，更为重要的是，这种技术手段充分体现了验证“证明任何程序、生产过程、设备、物料、活动或系统确实能达到预期结果的有文件证明的一系列活动”的理念。由于验证活动的复杂性和多样性，极限试验比如挑战性试验在验证活动的实践中被广泛应用和发展，也就是指在正常设定的生产环境下，设想和设计出最坏情况（工序允许条件的下限及上限），确认设备、设施、活动或程序即使在此条件下也能正常发挥作用，生产出正常产品，以此来考察设备、设施、活动或程序的稳定性。参数放行中的“生物指示剂监控法”不但完整体现和印证了验证活动中的极限理论，并且对验证理论所需要的真实、同步、可比、可控、定量等因素也进行了引申和扩展，对进一步完善验证的理论与实践有着一定的指导意义。

从参数放行在国际上的实施情况和在我国的试点实践中可以看出，参数放行的实施必须建立在两大基础之上：①政策、法律的依据，此为最重要的基础；②技术水平与能力。参数放行需要多方面综合条件均达到较高水平才有可能实行，具体包括法律依据及政策环境、GMP 管理规范及基础、技术水平及装备要求、社会及企业的诚信体系、行业指导和政府的监管等。

因此，参数放行是在保持原监管方法的基础上，采用新的控制方法进一步将监管风险前置，最大限度地确保了产品放行和有效期内产品的无菌保障。符合我国《药品管理法》鼓励企业不断完善上市放行规程、提高药品质量水平的要求，体现了《药品注册管理办法》接纳新方法、新标准的科学性和适用性，避免了传统认知导致的局限。参数放行具有更严格的生产准入条件，需要有多年生产管理和质量控制的数据积累。

二、微生物及其灭菌理论概述

微生物（Microorganism）是以单细胞或聚集细胞形式独立存在于自然界的微小生物，具有广泛性、多样性和易变性。由于微生物及其代谢产物会对药品造成污染或者严重污染，所以必须采用有效的方法进行灭菌。灭菌工艺是指采用某种工程技术将物品内和（或）外所带有的微生物灭活或清除。为了便于理解灭菌工艺的原理，以下简要介绍一些相关微生物的基本概念和原理。

（一）微生物的特征和分类

微生物主要是以单个细胞生存，除大型真菌（蘑菇、霉菌）和藻类外，只有借助于显微镜（放大至少 40×10 倍）才能观察到微生物的形态及其他特征。根据微生物个体的结构和生理特征，微生物通常分为三大类别，即原核微生物（细菌和古细菌）、真核微生物和病毒。

1. 病毒（Virus） 是一类不具备生物细胞基本特征但带有特定遗传信息的微生物，它们往往兼具活性和非活性的特点，只有寄生于生命细胞的病毒才能显示活性。

绝大多数病毒不耐热（可在 100℃以下被灭活），对其他的物理和化学消毒手段也较敏感，对胁迫条件的耐受性和敏感度与常规的细菌细胞相似。病毒对宿主细胞具有专一性，人细胞病毒与动物细胞病毒之间通常不交叉寄生，但由于宿主细胞的相似性以及病毒的变异性，提高了人细胞病毒与动物细胞

（不同宿主）病毒交叉传染的概率，因此某些禽流感病毒能从鸟类传给人类。在现代制药工业，特别是生物制药领域，由于病毒颗粒能穿过除菌过滤系统，非最终灭菌的药品或生物制品较易被病毒污染。

2. 真核微生物（Eukaryotic Microorganisms） 是一类具有真核细胞结构的微生物，具有成型细胞核（Nucleus）和多种细胞器。真核微生物以真菌（Fungi）为主体，同时包括原生动物（Protozoa）和藻类。真菌包括单细胞酵母（Yeasts）、多细胞丝状霉菌（Mol - ds）和多细胞丝状，并能形成大型子实体的蘑菇（Mushrooms）。霉菌的分生孢子（Conidia）、子囊孢子（Ascospore）和蘑菇的担孢子（Basidiospores）均不耐热（在100℃以下被杀灭），因其体积大而易被滤过。在制药和食品工业，真核微生物会导致原料污染并产生真菌毒素，真菌孢子在空气中具有漂浮性，往往需要用熏蒸法（雾状过氧化氢、臭氧等）才能将其清除。

3. 原核微生物（Pmkayotic Microorganisms） 与真核细胞相比，原核微生物细胞没有成形细胞核，其DNA双链缩聚成拟核（Nucleoid），也没有固定形态的细胞器。根据进化路线不同，原核微生物分为细菌（Bacteria）和古细菌（Archaea）两大类。其中，作为原核微生物的主体，细菌种类繁多，形态结构多样，生理特性也各不相同，能在不同的环境条件下生存。根据细菌细胞间细胞壁结构的差异，细菌被分为两大类：革兰阳性（G^+）细菌和革兰阴性（G^-）细菌。这两类细菌在对细胞外不良条件的耐受能力上有很大差别。革兰阳性菌对物理性胁迫条件（如加热、高压渗透、高压、低水活度等）的耐受性强于革兰阴性细菌，但对化学性胁迫条件（如化学物质、溶菌酶、抗生素等）的耐受性弱于革兰阴性细菌。

热原是导致人体发热的有毒物质。研究发现，热原主要分为两大类：①来自革兰阴性菌（G^-）的脂多糖类（Lipopolysacharide），俗称为细菌内毒素，它分布于革兰阴性菌的细胞外膜；②主要来自革兰阳性菌（G^+）的肽聚糖（Peptidoglycan）和磷壁酸（Teichoic acid），它们是细菌细胞壁的主要组成成分。革兰阳性菌细胞壁层的厚度远大于革兰阴性菌，因此由肽聚糖和磷壁酸引起的热原反应主要由革兰阳性菌引起。就致热反应的效价（单位质量物品引起的热原反应程度）而言，致热能力最强的是革兰阴性杆菌的产物，其次是革兰阳性杆菌类。因热原的耐热性强，一般不能被常规的湿热灭菌工艺灭活。即使微生物被杀灭，热原物质依然会存在于死的细菌细胞或残留物中。控制热原的有效手段主要包括高温干热和反渗透。

细菌芽孢（Endospores）是对恶劣环境具有超强抵抗力的分化细胞（Differentiated Cells）。研究最多的是杆菌属（Bacillus）和生孢梭菌属（Clostridium）。细菌形成芽孢是对其遭遇不良生活环境时的保护反应。一旦形成芽孢，就细菌处于稳定的休眠状态，几乎停止呼吸代谢活动，并且可持续很长时间，直至遇到其适宜的生长环境时萌发而转化到正常的细胞状态。芽孢对外界恶劣环境条件的抵抗性是由以下因素决定的：①有多层超厚、坚硬、致密且结构复杂的孢壁；②芽孢内含水量极低，利于保护生命物质；③遗传物质和其他生化物质由特殊的酸溶性芽孢蛋白（Acid - Soluble Spore Protein）包裹；④特别的DNA修复系统。需要指出的是，芽孢的结构会随着其种类不同而有所变化，因此不同种芽孢对外界的抵抗力也不同。因为芽孢对恶劣环境具有超强抵抗力并且比较稳定，所以通常选用芽孢作为灭菌用生物指示剂。

（二）微生物的生长与控制

微生物的生长、存活和死亡是微生物学工作者每天都要面对和思考的主题之一，一个灭菌工艺的灭菌效果也是以微生物的死亡数量来评价的。通过了解细菌的生长、存活和死亡的相关因素，详细探讨微生物死亡的规律，可以为理解和评价灭菌工艺效果提供理论基础。

1. 影响细菌生长的因素 尽管在微生物控制和要求方面，食品、药品和化妆品均有所不同，但控制的原理大同小异，因为微生物的生长、存活和死亡遵循一定的规律。单细胞细菌以无性二分裂（Binaryfission）的方式生长。在适宜的条件下，特定细菌细胞的分裂生长速率是恒定的，以几何级数增长。微生物学实验表明，细菌的生长速度可用式 9－1 表示。

$$N_t = N_0 \times 2^n \tag{9-1}$$

式中，N_t 为在 t 时间的细胞数量；N_0 为起始细胞数量；n 为细胞分裂的代数。

细菌细胞的分裂和扩增速度非常快，如大肠埃希菌在适宜的生长条件下，大约 20 分钟其细胞数量就能增加 1 倍。

事实上，细菌细胞的分裂和生长会受到诸多条件的制约和影响。

（1）物理条件

1）温度：每种细菌只能在一定的温度范围内生长，因此有最低、最高和最适生长温度条件。根据最佳生长温度条件，细菌可被分为嗜冷菌（Psychrophile，最适生长温度为－5～15℃）、中温性细菌（Mesophiles，最适生长温度为 25～45℃）和高温性细菌（Hyperthermophiles，最适生长温度为 70～110℃）。

2）氧气：不同细菌生长时对氧气的需求各有不同，大致可分为以下 5 种：①需氧型（Obligate Anaerobes），只有在氧气下才能生长，通过有氧呼吸产生能量；②微需氧型（Microaerophiles），在低浓度氧气（2%～10%）下生长最佳，通过有氧呼吸获取能量；③厌氧型（Obligate Anaerobes），只有在无氧条件下才能生长，通过厌氧呼吸或发酵获取能量；④厌氧耐氧型（Aerotolerant Anaerobes），如同厌氧菌不以氧气为最终电子受体，但可以在有氧条件下生长，只通过发酵获取能量；⑤兼性厌氧型（Facultative Anaerobes），在有氧或无氧条件下均能生长，但通常在有氧条件下生长更佳，在有氧条件下进行有氧呼吸，在无氧条件下通过无氧呼吸获取能量。自然界中绝大多数细菌属于兼性厌氧型。

3）pH：根据细菌在最佳生长状态下 pH 要求，可将细菌分为以下 3 类：①中性细菌（Neutrophiles），在 pH 为 5～8 范围内生长最佳；②嗜酸性细菌（Acidopiles），在 pH 小于 5.5 环境中生长最佳；③嗜碱性细菌（Allaliphiles），在 pH 大于 8.5 环境中生长最佳。无论在酸性或碱性环境中，细菌细胞内的 pH 总是稳定在中性。

4）水活度：用来表示某特定环境中可被微生物吸取并利用的水的含量。水活度是用在特定温度下某被测定物中水的蒸发气压的比值来表示，其数值范围为 0～1.0。一般来说，绝大多数细菌要在水活度为 0.95 以上的环境中才能生长；少数革兰阳性细菌所需水活度可降到 0.9。霉菌和酵母菌可在水活度为 0.8 以上的环境中生长。多数嗜盐菌和耐旱型霉菌可在水活度为 0.61～0.8 的环境中生长。目前，尚未发现有微生物可在水活度为 0.6 以下的环境中生长。在水性溶液中，水活度与渗透压相互关联。在渗透压高的溶液中水活度相对较低。如 0.9% 生理盐水的水活度为 0.995；而 7% 氧化钠溶液的水活度为 0.96（约与 40% 蔗糖溶液的水活度相当）。对口服类制剂如片剂、胶囊、油性和糖浆类药物，水活度是控制和评价微生物生长的有效手段。将不同因子综合利用，能有效控制微生物的分裂和生长。

（2）营养要求　除了要具备适当的物理环境条件，微生物的生长还要依赖于化学营养物质。按能量的来源途径，细菌可分为光合营养菌（利用光作为主要能量来源）和化能营养菌（通过化合物的氧化和还原反应作为主要能量来源）。按碳的来源，细菌可分为自养菌（只需要二氧化碳）和异养菌（以有机碳化合物作为碳源）。因此，可将所有细菌按其不同的营养方式分为以下 4 类：光合自养菌、光合异养菌、化能自养菌和化能异养菌。

1）光合自养菌（Photoautotrophs）：主要指光合细菌，如绿硫菌、紫硫菌和蓝细菌。此类细菌利用光能通过光合作用将二氧化碳和水转化成碳水化合物和氧气。

2）光合异养菌（Photoheterotrophs）：包括绿色非硫化细菌和紫色非硫化细菌。它们虽利用光能作为能量来源，但不能将二氧化碳转化为能量物质。此类细菌利用有机化合物作为碳源。

3）化能自养菌（Chemolithoautotrophs）：利用无机化合物如氢、硫、氨、亚硝酸盐氮气或铁作为能源，并且以二氧化碳作为它们的主要碳源

4）化能异养菌（Chemooganoheterotrophs）：利用有机化合物作为能量和碳源，腐生菌利用死的有机物为营养；而寄生菌从活的宿主体内获取营养。绝大多数细菌，所有的原生动物、真菌和动物都属于化能有机异养型生物。

除了能源和碳源外，细菌生长还需要氮源合成氨基酸、核酸和能量物质 ATP，需要硫、磷、钠、钾、钙、铁等矿物质以及微量元素（锌、铜、锰、钼、硼等）。

2. 影响细菌存活的因素　当决定细菌存活的因素变化达到一定程度，细菌会处于非活跃状态（休眠）或死亡。但微生物在不同环境下的生理状态是复杂的，甚至有时难以界定其存活状态。

只有了解和掌握微生物的生长、存活条件，才能结合药品、食品或化妆品的特性对微生物进行有效且合理的控制。可根据产品的特性和对微生物的质量要求，制定多重措施控制微生物的生长和存活，利用多个不同胁迫条件的组合（如温度、防腐剂、水活度和 pH 等）协同性地抑制微生物生长。例如，绝大多数微生物在 pH 小于4.6 的环境下不能生长，但如果 pH 无法控制在4.6 以下，可以考虑增加控制环境的水活度和（或）降低温度等控制措施，或者通过增加防腐剂、冷藏或者辐射处理等方式来控制微生物的生长。

3. 微生物的死亡　微生物的活性通常是以其是否能在培养基上分裂生长作为判断依据，但这样的判断有时也显得非常困难，因为所采用的培养基及培养条件并不一定适合所有微生物细胞的分裂和生长。特别是当微生物细胞因受胁迫而受伤后，尽管没有死亡，但欲恢复其分裂和生长有相当的难度。因此用培养生长法判断微生物是否死亡有其局限性。当然，现在也采用多种非培养方法来评判微生物的活性，这种方法多依赖于光电学、分子生物学、生物化学，通过测定微生物细胞的某一生命体征是否正常作为判断依据。但是单个生命体征有时并不能反映出细胞的真实活性。因此，这些非培养方法的不足之处在于易产生假阳性结果。

研究发现，无论是通过物理还是化学方法杀灭某纯种单细胞，单位时间内死亡的微生物数量比例是相对稳定的。如果在某待灭菌样品内含有某特定纯种细菌的数量为 N，在单位时间内灭菌后残存的活菌数的百分比是 p，那么该样品经不同单位时间灭菌后残存的活菌数见表 9－8。

表 9－8　不同单位时间残存活菌数表

单位时间	0	1	2	3	4	5
残存活菌数	10^4	10^3	10^2	10^1	10^0	10^{-1}

由此可见，在特定的灭菌条件下，细菌数量是呈几何级数下降（死亡的细菌数相应地呈几何级数上升），且致死率可用常数 k 表示，按式 9－2 计算。

$$k = \frac{1}{t}\lg\frac{\text{起始微生物数量}}{\text{残存微生物数量}} \tag{9-2}$$

式中，t 为细菌经受消毒或灭菌的时间。

为了更直观地发现微生物死亡的规律，可采用微生物死亡半对数方程来体现微生物死亡与时间之间的线性关系，按式 9－3 计算。

$$\lg N = -\frac{U}{Dr} + \lg N_0 \tag{9-3}$$

式中，N 为经过时间 t 灭菌或消毒后的微生物数量；N_0 为起始微生物数量；U 为将物理时间转换成在特定测试温度下的等效时间；Dr 为在温度 T 下，使微生物数量下降 90% 所需要的时间。

由于微生物数量通常比较庞大，分析微生物数据时，往往采用微生物数量的对数值更加方便。通过微生物死亡规律的研究，有助于理解无菌保证标准与微生物存活率之间的关系，从而为灭菌工艺开发与设计提供理论基础。

三、与灭菌过程相关的数值

无论是在微生物控制领域还是其他生物学领域，都有必要了解如何通过数据来描述所发生事件的概率、试验条件、试验结果以及对数据偏差程度的计算。对最终灭菌产品而言，一个可靠并经过验证的灭菌程序应确保灭菌后产品中污染品的概率不得高于百万分之一。百万分之一是一个概率，无法对其做实际的检验，只能通过发现微生物的死亡规律加以推算而得出。

（一）微生物死亡与产品污染概率的逻辑关系

将污染品的概率控制在百万分之一以下是设计、验证和实施灭菌程序的最终目标。只要有活性微生物存在于任何一个独立产品单位中，该产品就是污染品。而当一个独立产品被确认为污染品时，其中至少要有一个活性微生物存在。也就是说，当一个独立产品单元中微生物数量少于一个时，就等于没有微生物存在。但是，灭菌的对象不是一个独立产品，而是由成千上万个独立产品组成的批产品。批产品类似于实验中的平行样品，即它们有相同的特性并接受相同的灭菌条件。所以当微生物在一个独立产品的含量少于一个时，需要将单个独立产品中的微生物数量转换成多少个独立产品中会含有一个微生物，即为污染品的概率，Possibility of non - Sterile Unit，PNSU）。假设某批产品（容积 100ml/瓶）在灭菌前产品中的微生物浓度（Bioburden）为 100 个/ml，污染菌的耐热性 =0. 5 分钟（表示在 121℃ 灭菌时，每经过 0. 5 分钟，微生物数量下降 90%，即一个自然对数单位），存活微生物的数量随着灭菌时间的延长而下降。具体变化见表 9 -9。

表 9 -9　湿热灭菌过程中，微生物数量在浓度、单位产品和整批产品中的对应关系

121℃暴热时间（min）	微生物浓度（CFU/ml）	单位产品中存活的微生物数量（×100）	污染品概率（PNSU）
0. 0	10	1000	
0. 5	1	100	
1. 0	0. 1	10	
1. 5	0. 01	1	
2. 0	0. 001	0. 1	1/10
2. 5	0. 0001	0. 01	1/100
3. 0	0. 00001	0. 001	1/1000
3. 5	0. 000001	0. 0001	1/10000
4. 0	0. 0000001	0. 00001	1/100000
4. 5	0. 00000001	0. 000001	1/1000000

将一个单位产品中的微生物数量转换成多少个产品中会存在一个微生物时，就把微生物的含量从一个具体的实际值转换成了概率值（微生物存在的概率即非无菌品的概率）。如表 9 -9 所示，起始单位产品内的微生物数量为 1.0×10^{3} 个，经过 121℃灭菌 4. 5 分钟后，单位产品内的微生物的数量降为 1.0×10^{-6}个，即相当于批产品中污染物的概率（PNSU）为百万分之一。

（二）灭菌后产品的污染率与无菌检查结果的相关性计算

一批产品经灭菌后，单个产品中微生物的存活率通常表示为 10^{-3}、10^{-6}、10^{-9} 等，相对应地，PNSU 分别为千分之一、百万分之一或十亿分之一。摆在我们面前的一个重要问题是，如何才能满足并证明一个灭菌批产品中污染品的概率符合设定的标准（如百万分之一）。有些人可能会错误地认为只要

从一批产品中抽取大量样品进行无菌检查就可以证明灭菌批产品中的污染品概率。目前，无菌药品或医疗器械产品所要求的无菌保证值为百万分之一，即一百万产品中污染品不超过一个。假设在一百万个产品中有一个污染品，如何才能证明这样的污染率呢？能通过抽样检查来达到这一目的吗？

在一批产品中，检查出污染品的概率（P）与取样量存在如式9－4所示的关系：

$$P = 1 - [(1 - N_U)^n] \tag{9-4}$$

式中，P 为检出污染品（无菌检查呈阳性结果）的概率；N_U 为灭菌后污染的概率；n 为样品数。

（三）灭菌用生物指示剂的特性及其使用

1. 生物指示剂的概念 生物指示剂（Biological Indicator，BI）是指对特定灭菌方式具有明确且稳定的耐受性微生物制备物。它由特定菌株的纯活性培养物制备而成。有时生物指示剂也被称为BI挑战系统（BI Challenge System）或微生物挑战系统（Microbiology Challenge System）。芽孢比生物生长态细胞对胁迫条件（除辐射外）具有更强大的耐受性，所以生物指示剂往往是用芽孢制成。由于生物指示剂对特定灭菌方式有明确且稳定的耐受性，可以用它来帮助开发一个产品的灭菌程序。生物指示剂也可以用来评价一个灭菌程序对被灭菌物品的灭菌效果，从而对灭菌程序进行性能确认和定期再确认。生物指示剂还被用来测试无菌隔离系统和无菌环境的消毒效果。针对不同的灭菌方式，选用不同的微生物制备生物指示剂（表9－10）。

表9－10 适用于不同灭菌方式的生物指示剂的一般特性要求（参照USP35，2012）

灭菌工艺	微生物芽孢	常见D值范围（min）	存活时间（min）	灭活时间（min）
湿热（121℃）	嗜热脂肪芽孢杆菌 生孢梭菌 枯草芽孢杆菌 凝结芽孢杆菌 $1\times10^5\times$孢子/指示剂	0.3～3	1.2～14	3～32
环氧乙烷600mg/L，54℃，相对湿度60%	枯草芽孢轩菌黑色变种 $1\times10^5\times$孢子/指示剂	2.5～5.8	10～27	25～68
干热（热空气，160℃）	枯草芽孢杆菌 $1\times10^5\times$孢子/指示剂	1～3	4～14	10～32

2. 生物指示剂的用途 生物指示剂因用途不同而有不同的包装方式，主要有三大类。

（1）载体型生物指示剂 将已知数量和耐受性的纯种孢子接种于固体材料（滤纸片或条、棉线、玻璃或金属薄片等）。此类生物指示剂一般要直接接触灭菌介质，灭菌后，再接种到营养培养基培养。

（2）芽孢悬液生物指示剂 使用前，将孢子悬浮液定量接种于被灭菌物品内或物品的表面。由于孢子在不同的载体介质内，或载体介质表面对灭菌剂的耐受性不同，有必要对孢子在具体使用条件下的耐受性进行测定和评价，这样有利于准确、客观、科学地评价灭菌工艺的灭菌效果。

（3）自含式生物指示剂 孢子悬浮液可能是单独包装于安瓿瓶，安瓿瓶内含有培养基和生长指示剂；或者将孢子接种于滤纸片并且与一个装有培养基的小管一并放入一个能穿透灭菌介质的小容器内。灭菌后，需将滤纸片与培养基混合后培养。需要指出的是，用于制备生物指示剂的材料不得与灭菌剂发生反应，或释放对孢子萌发、生长不利的化学物质。无论是商业性生产生物指示剂还是自制生物指示剂，生产程序和检验方法都必须符合相关标准。

3. 生物指示剂用微生物的基本要求

（1）依据《中国药典》，对生物指示剂用微生物的基本要求如下。

1）生物指示剂含有对灭菌模式有明确耐受性的微生物。

2）除了电离辐射外，微生物芽孢较菌体有更强的耐受性。

3）一般认为含芽孢的细菌更适合用于制备生物指示剂。

4）不同灭菌工艺使用不同的生物指示剂，制备生物指示剂所选用的微生物应具备以下特性：①菌种的耐受性应大于需灭菌物品中所有可能污染菌的耐受性；②菌种应无致病性；③菌株应稳定，存活期长，易于保存；④菌种易于培养；⑤生物指示剂的芽孢含量应在90%以上。

（2）为保证生物指示剂的正确使用，对使用者有如下要求。

1）应通过科学试验采集数据或收集相关资料证明所使用的生物指示剂与所要评价的灭菌工艺的条件相适应。

2）应建立生物指示剂质量标准，用于考核和评价每批生物指示剂的质量。

3）应向生产商获取并保存所购每批生物指示剂的质量证书。如条件允许，定期对生物指示剂生产设施和生产工艺进行质量审计。

4）如果无法获得生物指示剂的质量证书，或者使用条件超出了生物指示剂的标示范围，使用者必须对生物指示剂在实际使用条件下的性能进行测定和评价。

收到生物指示剂时，需要检测指示剂的微生物浓度和纯度。需要用专门的设备才能测定生物指示剂对灭菌剂的耐受性。使用者一般不具备测定生物指示剂耐受性的条件。因此使用者没必要自行测定生物指示剂的耐受性。即使有条件测定，在复核采购而来的生物指示剂的耐受性时，必须参照生物指示剂供应商的测定方法，否则，测得的耐受性与标示的耐受性值之间常常有很大的差异。

应定期检查生物指示剂的活性微生物数量和耐受性。一般来说，当生物指示剂的保存期超过12个月时。需检查生物指示剂的微生物含量和耐受性，确保生物指示剂的相关特性参数仍然在当初标示值的可接受范围内。

（四）热力灭菌中温度系数 z 值的测定与应用

1. 确定 z 值的方法 早在1920年，Biglow 和 Esty 阐述了一种用于评价热力杀灭微生物效果的方法——热致死时间法（Thermal - Death - Time，TDT）。该法将多个平行微生物孢子样品在不同温度下进行不同时间暴热处理，并对得到的阴性分数结果在 TDT 图表（F 值的对数值与温度）上作图。在一定温度下，热致死时间（TDT）被认为是介于使所有平行孢子样品仍能存活的最长暴热时间和使所有平行孢子样品都被灭活的最短暴热时间之间。为了提高数据的准确性和重现性，1924年 Esty 和 Willians 强调了在每个温度 - 暴热时间点增加平行孢子样品的必要性。Townsend、Esty、Bselt（1938年）进一步完善了 TDT 法，为 TDT 法用于测定 D 值（阴性分数法）奠定了理论基础，通过 TOT 法，他们得出以下3个结论：①TDT 曲线应高于所有的存活点（导致阳性结果的暴热时间）；②TDT 曲线应低于所有的灭活点（导致阴性结果的暴热时间）；③TDT 曲线的方向应当与存活/灭活点的方向平行。

TDT 法用于直接测定 z 值和 D 值的主要区别在于，测定 z 值时不需要已知孢子的起始数量和平行样品数；而测定 D 值时，孢子的起始数量和平行样品数量均需已知。

直至1950年左右，D 值用于评价微生物的耐热性才被认可和接受。此后，D 值一直被用来测定 z 值。测定时，将 D 值取对数与暴热温度作图。$\lg D$ 与温度关系图称为耐热性曲线（Thermal - Resistance，TR）。

2. z 值的测定 z 值是基于上述两种实验方法（热致死时间和曲线法）得到的数据而获得的。因此，要测定 z 值，需要进行大量的实验并采集数据。虽然说只要有两个温度点 D 值或阴性分数结果就可以算得 z 值。但是为了保证结果的可靠性和减少量差，有必要采集至少3个温度点的 D 值数据。进行 z 值计算时，除温度外，所有的数据都应来自相同的实验条件。否则，不同条件下的 D 值（温度条件除外）不能放在一起参加计算 z 值。

无论是采用热致死时间法还是耐热性曲线法，所得曲线一般总是呈线性状态（但也有例外，如因温度范围过宽）。z 值就是耐热性曲线（$\lg D$ 与温度）的斜率的负倒数，z 值总是呈正数。在计算物理值时，z 值通常取 10℃或 18F。但是，在对比平衡一个灭菌程序赋予产品的物理杀灭时间和生物杀灭时间 F 值的研究中，必须使用生物指示剂的实际 z 值来计算物理杀灭时间。

3. z 值的应用 作为温度系数，z 值的发现使转换计算不同温度下的热效应（杀灭微生物的效果）成为可能。一般来说，z 值主要有以下几大用途：①用于转换不同温度下的灭菌值；②计算在灭菌过程中升温和降温阶段的灭菌效果；③评价热效应对热敏性产品的稳定性（药品组分的化学稳定性和效价、食品的营养价值和口感等）影响。

（五）灭菌值 F_T 的概述

在设计和实施一个微生物工艺——湿热灭菌程序时，往往至少要执行以下 3 个主要步骤：①设定无菌质量校准（非无菌品的比率，PNSU）和工艺要求（灭菌值，F_T）；②根据要求的 F_T 值，开发和建立灭菌工艺程序参数，使灭菌程序能赋予在被灭菌物品内最低温度点的值不低于设定的 F_T 值；③验证并实施被开发的灭菌程序，确保被灭菌物品接收到预先设定的热力灭菌值（F_T）。F_T 值通常用在 121℃（或 250F 下）的等效灭菌值 F_0 表示。

为了评价一个湿热灭菌程序的灭菌效果是否充分，有必要采集和计算被灭菌程序赋予被灭菌物品在不同温度下的等效灭菌值 F_T，再积分得到一整个程序所赋予产品的等效 F_T。可以通过热致死时间图（等效灭菌时间线）来理解和计算在不同温度下的 F_T 值（在 121℃下的值 $F_{121℃}$ 被称为值 F_0）。

与残存曲线一样，不同微生物有不同的等效灭菌线。同一微生物孢子在不同介质环境中的等效灭菌线也不同。在设计和开发、建立并验证一个湿热灭菌工艺程序时，务必要对所使用的生物指示剂在相应灭菌物品中建立其热致死时间图。只有建立了热致死时间图（等效灭菌线）并找到温度系数 z 值，才能将不同温度下的灭菌效果转换成在参照温度（通常为 121℃）下的灭菌效果。

一个物品在经受热灭菌时，主要经历升温、保温和降温 3 个阶段。在升温和降温阶段，被灭菌物品内温度是不断变化的。尽管不在保温阶段，升温和降温阶段的高温（90℃以上）也具有一定的杀菌效力。不同灭菌程序在保温阶段的设定温度也会有所不同。因此，为了准确评价一个热力灭菌工艺程序赋予被灭菌物品的灭菌效果，需要将不同温度下的灭菌效果转换成一个参照温度（通常设为 121℃）下的灭菌效果。

四、最终湿热灭菌产品的无菌参数放行

参数放行是指利用批产品在生产过程中检测到的关键参数证明所有被灭菌产品均达到无菌保证要求，从而取代以无菌检查结果为产品放行依据的无菌保证放行程序。实施参数放行程序的前提条件是相关灭菌工艺程序经过充分验证，并且在灭菌程序运行过程中工艺条件始终受到有效的控制、检测和健全的文档记录。一个经过验证的灭菌程序在灭菌过程中必须能赋予被灭菌物品的无菌保证值不超过一百万分之一。

1985 年，美国 FDA 率先批准对最终灭菌物品实施无菌参数放行，随后，越来越多的国家批准实施这一方法。2020 年 10 月 1 日，中国医药质量管理协会发布实施了国内首个《湿热灭菌无菌产品参数放行要求》社团标准（标准编号：T/CAQP/3001－1－2020）。该标准规定了采用最终湿热灭菌工艺生产的无菌产品实施参数放行所需具备的基本条件及通用要求。

无菌参数放行程序的诞生和实施基于两大背景条件：①湿热灭菌工艺的原理已经非常清楚，工艺条件便于有效的控制和检测，灭菌程序赋予产品内微生物的致死率能通过关键灭菌参数准确计算或推断出来，且易于验证；②无菌检查试验本身存在局限性，无菌检查的灵敏度极低，取样量和检查结果相对于批产品的数量几乎没有统计学意义（无菌物能在培养基中生长，而且无菌检查也会受人为操作因素影响

而出现假阳性结果），这给批产品的无菌评价带来了困扰。因此，与无菌检查试验相比，实施参数放行能更加科学、有效地赋予被灭菌产品更高的无菌保证水平。此外，实施无菌参数放行将免除因等待无菌检查结果所需要的待检库存时间和库存压力，显著提高生产效率和经济效益。

参数放行不是简单用某些关键参数代替最终产品放行质量标准的无菌检查方法。作为产品质量控制体系的一部分，实施参数放行程序必须以良好的质量系统为基础。支持实施参数放行的质量系统至少要包含以下子系统：人员培训、生产设备/设施系统的设计和确认、生产工艺程序的开发、设计与验证、生产管理规范、变更管理和质量风险管理。实施参数放行的企业不但要建立比较完善的质量管理系统，而且是 GMP 的优秀实践者。此外，还需具备两个前提条件：①实施风险管理系统，识别可能造成微生物污染的所有风险点，确保产品的生物负荷在灭菌前低于规定的水平；②保证生产过程中具备可靠的灭菌工艺能力。

（一）人员要求

生产时能否对灭菌工艺程序进行有效的监测和控制，取决于生产操作和质量人员的素质。企业应配备足够数量熟悉灭菌设备、工艺和微生物知识的专业技术人员（专职无菌保证工程师和微生物师）承担相应的工作职责。专业技术人员应具有至少 3 年最终灭菌产品生产质量技术工作的实践经验。无菌保证工程师和微生物师应有专门的培训和考核计划，并按照要求记录。需要有一名或一名以上的灭菌监管人员在生产现场工作，他们有足够的能力和权力来判定生产是否符合参数放行程序的要求，或指出生产中所出现的故障或问题。灭菌线上和质量保证部门评审灭菌记录的关键工作人员均需要有良好的专业素质和足够的工作经验，他们的培训经历和工作职责均要有文档记录。

（二）产品设计

最终灭菌产品及其包装设计应利于高效灭菌，并且使灭菌后的产品在其有效期内始终保持无菌状态。需要验证容器包装系统经灭菌［通常采用最长灭菌时间和（或）最高灭菌温度］后对阻止微生物侵入的完好性。产品容器的完好性检查方法通常分类两类：①微生物检查法，将产品容器暴露于高浓度的细菌环境（菌悬液浸泡或雾化的菌悬液）中，检查容器内容物是否仍呈无菌状态；②物理检查法，即将容器浸泡于有颜色或含有某种化合物的溶液中，采用氦气检漏、检查压力和真空泄漏等。要求物理检查法的灵敏度和有效性不得低于微生物法。对于高温熔封的容器，在灭菌后必须做 100% 检漏。

（三）生产工艺设计

生产工艺包括从原料投入、加工、灭菌到包装等各个步骤在内的生产实践。产品各阶段的环境和工艺设应尽可能降低产品被微生物污染的可能性。产品在整个生产线上的流动需受到严格的控制和区分（如有效区分已加工和未加工的产品、已灭菌和未灭菌产品）。需严格控制生产用水的微生物学质量，以免生产设备或设施造成污染，进而造成产品污染。

（1）最终灭菌产品对无菌保证和热原质量均有严格要求，产品的无菌保证与灭菌前产品被污染的程度及污染菌的特性相关。因此，应严格监控被灭菌品灭菌前的微生物污染水平及污染菌的耐受性，并在生产的各个环节采取各种措施降低污染。灭菌前产品中污染菌的控制与监测方法应经过检验，为了尽可能减少灭菌前产品中的微生物污染，在生产工艺设计、环境设计以及生产活动中需考虑以下方面因素。

1）生产用设备/设施的设计、建造和安装应方便清洗和消毒。制定清洗和消毒 SOP 并明确清洁和消毒用试剂、周期和方式。

2）生产区的通风系统应受到有效控制（如经过滤、温/湿度控制），保持空气洁净，并有足够的压力和流速。空气和环境的洁净要求与相应的生产活动相匹配，如灌装区的环境要求一般要高于配制区。

3）灌装线上应安装具有除菌能力的过滤器（孔径通常为0.45μm或0.22μm），以滤除灌装前药/溶液中的微生物。

4）如果灌装前容器需要经过清洗，则需要对容器的清洗效果进行分析和评价。

5）应规定并执行药品从配制到灌装的最长时限、灌装后至灭菌前的最长等待时限。尤其是对于可能促进微生物生长或利于维持微生物活性的产品溶液，制定和执行这些时限才能保障产品安全。

6）操作人员的卫生状况、操作用工作服的卫生要求和操作规范均应有相应的SOP。

应制定一套综合性的生产环境微生物监控方案。方案中应对空气粒子、空气浮游菌、空气沉降菌、表面微生物等设立具体的警戒和纠偏限度标准，以减少环境对灭菌前产品造成微生物污染。同样，还要对生产中使用的各种原材料（包括水、配制用原料、与产品直接接触的压缩性气体、产品容器等）制定适当的微生物限度标准，并对其进行日常检验。

为了有效控制生产线上的卫生状况并确保灭菌后产品的无菌保证要求和热原质量要求，需要制订灭菌前产品中微生物污染状况的检验计划，检验方法应经过验证。

（2）有效、稳定并且受到准确控制的灭菌工艺系统是保障无菌工艺水平的关键，灭菌系统的设计与建造应当能够控制好灭菌前产品中的微生物污染水平。灭菌工艺系统通常包含灭菌柜、监测设备和控制设备，以及为灭菌柜提供支持的公用介质系统。灭菌系统中用于监测和控制关键参数与重要参数的仪器仪表均应经过校准。监控仪器仪表的校准应遵照相应的行业标准。实行参数放行的灭菌系统应定期进行再确认，并且有明确的维修计划，同时需要定期对所有监控仪器仪表进行校准。

温度是湿热灭菌系统的关键参数。在灭菌保温阶段，温度探头显示的温差应在规定的限度范围（通常为校准系统误差）内，从而证实并确保灭菌过程中温度控制的准确性。

（3）灭菌程序的开发是为了确保被灭菌产品在灭菌过程中既能够获得必要的物理杀灭效果（F_{PHY}），也同时能获得足够的生物杀灭效果（F_{BIO}或孢子下降对数单位），需要开发与相关产品相适应的灭菌程序，使批产品经灭菌后的污染率不超过百万分之一。

1）装载方式的开发：灭菌物品应按照特定的方式排列在装载车架上。对液体产品灭菌时，灭菌介质的能量是通过容器传递给液体的；而对带孔固体产品灭菌时，灭菌介质（饱和蒸汽）直接与产品表面接触。为了确认灭菌工艺效果，要对药品或工业器械产品进行分类，通常是以产品的物理特性进行分类，因为这些特性如容器大小、罐装体积、质量和物理结构等，会影响温度分布、热穿透，以及杀灭微生物的效果。在同类产品中，可以选出一个代表性产品作为主产品用于程序的开发和验证。对一个特定的灭菌程序而言，主产品应能代表同类产品中最难灭菌产品的特性。要根据同类产品的热穿透和生物指示剂耐热性资料来选择和确定主产品。值得注意的是，应选用最难被灭菌的产品或装载方式进行热穿透和温度分布实验。

2）程序参数的确定：在开发灭菌工艺程序时，需要选择和确定运行参数。开发和确定灭菌程序的运行参数，是为了确保产品在特定的装载方式下灭菌时能始终获得足够的物理和生物杀灭效果，同时产品的包装形式保持完整，产品组分和效价不会发生改变。每个参数都会有一个设定值，并且有允许波动的范围。波动范围的大小取决于灭菌工艺的运行能力、校验的允许误差和参数对灭菌效果的影响程度。在确定波动范围时，需要考虑下限值对灭菌效果的影响度、上限值对包装完整性和产品组分稳定性的影响。

灭菌程序的运行参数被分为关键参数和重要参数。

Ⅰ. 关键参数（Critical Parameters）：在灭菌过程中既受到控制又受到监测，并且能直接影响灭菌效果的数据，如果某一关键参数不合格，相关灭菌批产品需报废或重新灭菌（如果有数据资料证明二次灭菌不会影响产品的稳定性和包装完整性）。如保温时间、压力、温度和F_0值（只针对使用装载探头情形）为关键参数。一旦出现参数不合格，必须进行调查并采取纠偏措施，以杜绝再次发生。

Ⅱ. 重要参数（Key Parameters）：在灭菌过程中受到控制并可能监测到的参数，这些参数支持灭菌运行状态的稳定性。一旦发现有任一重要参数不合格，需要调查原因，并有书面说明相关偏差对相关灭菌程序灭菌效果的影响程度。灭菌时的加热和冷却时间往往是典型的重要参数。

在确定灭菌程序的控制策略时，应考虑在灭菌的下限能保证产品的无菌保证水平，上限值能保证产品在其有效期限内的完整性（包括包装密封性以及产品组分降解产物符合经批准的限定标准）。

（4）建立适当的产品隔离系统和追踪系统可以防止已灭菌产品与未灭菌产品发生混淆。除了采取物理性隔离措施和指示标记外，还可建立和实施有效的电子跟踪系统对生产线上的产品状态进行跟踪和监控。电子跟踪系统是通过固定在产品装载工具的条形码以及各个工段（如灭菌柜门边）的条形码扫描器对产品的生产状态进行监控，电子跟踪系统还可与配料、灌装、灭菌以及下游的外包装工艺软件相连，从而确保产品采用正确的灭菌程序灭菌。

（四）灭菌系统的验证

实施参数放行的灭菌工艺程序需经过验证。验证活动通常包括灭菌设备的确认（DQ、IQ 和 OQ）、适用于具体产品的灭菌工艺开发确认和产品在灭菌设备内的运行程序确认（PQ）。所有与灭菌产品有关的开发设计和确认活动均要遵照企业内部的质量管理系统和相关的法规要求。验证的目的是通过物理和微生物测定手段证明相关灭菌程序在规定的装载条件下能始终如一地赋予被灭菌产品的无菌保证值不超过 10^{-6}（非无菌产品的概率百万分之一）。

（五）日常维护与监控

当完成设备确认和工艺验证后，灭菌工艺的有效性还需通过持续的日常监控来维持。持续性监控的方法包括对灭菌批产品的灭菌程序参数的审查，制定并执行完善的变更管理规程，定期再确认和再验证，以及制定并执行维修保养计划。

批产品灭菌后的无菌放行与否取决于该批产品的灭菌运行参数是否符合相应的设定标准。以下列出了决定批产品无菌放行之前需要审查的项目数据。

（1）灭菌前半成品中的微生物含量（总菌量和耐热孢子的耐热性）在规定限度内，此项参数对依产品特性而设立的灭菌程序评价为关键参数。

（2）灭菌时产品的装载方式经过验证。

（3）灭菌系统本身在验证有效期内。

（4）灭菌程序运行的总体状态符合既定要求。

（5）灭菌装载探头（如采用）所测得的数据符合规定标准。

（6）所有的关键运行参数符合既定标准。如果有任何一个关键参数不符合相应标准，相关批产品必须报废（注意：此情况下，不允许再次采用无菌检查试验的合格结果来放行产品）。

（7）一旦某一关键参数或重要参数不合格，则要展开调查，找到问题的原因，并采取适当纠偏措施。

（8）如果某一关键参数或重要参数不合格，批产品无菌放行的评价必须得到质量部门的批准和认可。

（9）如果在运行过程中某微处理控制系统受到人为干涉，则必须有文档记录，并且要对该活动对灭菌程序的影响做出评价。

所建立的质量控制系统应确保：①所有维保工作和日常检测均按计划和 SOP 完成；②所有仪器仪表均经过校准且在有效期内。

（六）风险评估体系

参数放行程序是一套对灭菌工艺进行有效控制并持续性监测的系统，一个良好的风险评估体系有利于参数放行程序的实施。当对一个新产品或新的工艺实行参数放行时，有必要在产品灭菌工艺程序的开发阶段实施质量风险分析。如果是对已存在的产品或工艺实行参数放行，那么需要将相关的历史生产数据（如灭菌前产品的含菌量、无菌批产品的放行情况以及灭菌系统的确认和再确认总结报告）纳入质量风险分析中。

（1）风险分析主要考察在生产过程中每一潜在故障或事故发生的概率、对产品无菌保证产生负面影响的严重程度，以及被发现的难易程度。

（2）风险评估根据在风险分析中确定的风险优先次序（Risk Prioritization Ranking，RPR）进行。

1）工艺分析和确定风险的大小：风险分析是以故障类型与失效模式与影响分析（FMEA）为模板，首先找出各个生产环节可能会出现的故障（在生产过程中不希望发生的故障），然后确定每个故障的风险大小。最后，针对故障发生所采取的控制性措施，对故障发生的风险进行评估。无菌参数放行程序的实施主要决定于风险的控制性方案以及其对生产和放行非无菌产品的防范能力。在某些环节上需要采取多项防范措施才能将故障发生的风险降低。如果某一项目已采取可能的防范措施，其风险级别也还在中级以上，那么需要对风险进行进一步的评估并对级别的判断做出合理的评价。

针对无菌参数放行，可以对以下环节可能出现的故障风险进行分析和评估。

Ⅰ. 人员：在与灭菌工艺相关的各个环节，人员素质会影响设备设计、灭菌工艺设计和程序开发、灭菌工艺验证、灭菌程序运行，以及程序运行参数审核等。相关人员需要有良好的灭菌工程学和微生物学基础。

Ⅱ. 产品设计：产品包装的完整性是灭菌中潜在的故障风险。

Ⅲ. 灭菌系统：分析在灭菌过程中温度会发生偏移的风险。

Ⅳ. 灭菌工艺：评估灭菌前微生物含量控制、加工（已灭菌）产品与未加工（未灭菌）产品的区分，以及对灭菌运行参数审核的准确性。

Ⅴ. 验证：评估验证用生物指示剂是否经过充分认证、热穿透、分布试验是否充分、物理测定的灭菌效果（F_{PHY}）与生物测定的灭菌效果（F_{BIO}）是否一致等。

Ⅵ. 批产品的放行：潜在的风险包括加工（已灭菌）产品与未加工（未灭菌）产品没有区分开、灭菌记录未经充分审核。

2）防范措施的风险再评估：开发和采取适当的工程手段来控制和降低风险。在实施这些措施后，对故障的发生概率和发现概率进行评估。

3）风险的回顾与总结：为了确保所采取的措施对降低故障风险有效，而且没有因此产生新的故障风险，需要定期回顾和总结这些措施根据所发生的事故和相关的变更管理文档，进行回顾和总结。

五、美国 FDA 对实施参数放行的申报要求

任何最终灭菌药品和医疗器械的参数放行程序，均需事先向主管部门申报并获得批准后方可实施。但是，对要求申报的资料并没有统一的标准或详细规定。允许实施参数放行的国家的相关主管部门会颁布有关实施无菌参数放行的申报指南。下面以美国 FDA 颁发的申报指南为例，介绍所要申报的文件资料。

（一）风险评估总结报告

（1）对实施无菌参数放行的相关产品的灭菌工艺程序进行风险评估，找出有效的风险控制点，这些风险点会直接或间接地影响非无菌产品的放行。风险评估应涵盖无菌保证方案中的每个具体项目。

（2）风险的控制决策包括对可接受的残余风险的合理解释，解释时需要用以前的生产经验、历史数据和灭菌方面的理论知识加以论证。

（二）灭菌工艺程序

（1）描述相关灭菌工艺程序时应包括工艺的类型（饱和蒸汽、蒸汽－空气混合、过热水喷淋或热水浸没）、装载方式、装载监测指示系统和对所确定的关键运行参数的合理解释。

（2）介绍实施参数放行的合格标准。

（3）介绍产品的包装系统（包括主包装和外套包装），以及完整性验证结果。

（4）介绍如何对灭菌前产品中的微生物进行监控（总数量、耐热孢子的挑选和耐热性检测）。

（三）生产工艺

（1）详细介绍相关产品的生产设施和生产工艺流程。

（2）详细介绍设计空间与产品无菌保证之间的相关性。

（3）介绍生产流程中每个与微生物控制相关的环节及具体措施。

（4）介绍如何将已加工（灭过菌）产品与未加工（灭菌前）产品有效分开的措施。

（四）灭菌工艺程序验证总结

验证数据最终得出的结论确保灭菌程序生产非无菌产品的概率不超过百万分之一。

（五）无菌产品的放行程序

（1）上报的放行程序资料中应包括当某一关键参数不合格时需要采取的措施。

（2）介绍无菌参数放行的文档要求，控制系统的记录资料应能够证实该产品经过充分、有效灭菌。

（六）对历史生产状况的风险分析

需要进行风险分析的历史生产资料包括以下内容。

（1）灭菌前产品的微生物含量、孢子的耐热性资料。

（2）工艺程序的性能确认数据。

（3）无菌检查数据。

（4）从前申报的最终灭菌产品的数量和批准时间等。

综上，参数放行能够提升 GMP 管理与执行水平。参数放行必须在药品生产企业具有严格的、高水平的 GMP 管理系统之后实施，参数放行体现了药品质量控制以生产过程控制为中心的基本思路，将对无菌药物品的质量控制从“事后控制”前移到各关键的生产、控制环节；实施参数放行并不是简单地取消无菌检查，而是从原辅料开始就对微生物进行控制，并贯穿生产的各个阶段。通过控制生产过程所涉及的设施、设备、仪器运转等形成的关键参数来现实产品的无菌保证。

参数放行系统是一个具有较成熟、完善、严格的药品质量监测、控制和放行实施系统，这个系统与 GMP 有相同点，也有区别。参数放行系统中，只有关键参数符合预设标准，才能判定产品合格并放行，因此，它比 GMP 有更加具体的要求，它能把 GMP 的标准细化和量化，对生产准入条件要求更高。参数放行大大降低了高风险药品品种的无菌检验风险，保障产品质量安全，大大促进 GMP 管理水平的提升。

（梁　毅　黄　哲　张力凌　邹艳琳）

书网融合……

本章小结　　微课　　题库

第十章　质量保证与质量控制

学习目标

1. **掌握**　药品生产企业质量控制实验室的管理；持续稳定性考察的基本概念与内容；变更控制与偏差调查的基本概念与内容；纠正与预防措施的基本概念与内容；质量回顾的基本概念与内容。

2. **熟悉**　物料与产品放行的基本概念与内容；供应商的评估与批准的基本概念与内容。

3. **了解**　投诉与不良反应报告处理的基本流程。

4. 学会按照GMP要求，开展药品生产企业质量控制实验室的各项管理工作，包括药品持续稳定性考察、变更控制与偏差调查、纠正与预防措施工作开展、质量回顾工作。

质量保证（Quality Assurance，QA）是指为使人们确信某一产品、过程或服务的质量所必需的全部有计划、有组织的活动。也可以说QA的本质就是，在全面质量标准化管理条件下，按照客户的要求（标准）建立质量管理体系、运行体系，并生产出符合客户标准产品的全部活动。在当前生产力水平的条件下，质量控制（Quality Control，QC）就是指为达到质量标准所采取的作业技术和活动，用以不断评估，达到客户要求（标准）的情况，以期采取相应的措施予以纠正或者预防等。

质量保证和质量控制统一于质量管理，是相辅相成的两个方面。

PPT

第一节　质量管理概述

质量管理（Quality Management，QM）的概念和内容在本书第二章已经做了详细的阐述。简而言之，质量管理是指确定质量方针、目标和职责，并在通过诸如质量策划、质量控制、质量保证和质量改进的方法，使其实施的全部管理职能的所有活动。药品生产企业的质量管理是执行GMP标准的质量管理。

质量控制和质量保证相互依赖，它们的同时存在为各项工作的管理、执行和验证提供了联合的方法。尽管它们的活动具有不同的范围、不同的目的、不同的动机和不同的结果，但它们的互补性能使所有质量管理达到要求。同时，对于药品生产企业来说，这两者使得GMP标准有效运作，从而取得内部和外部的足够信任。

质量控制和质量保证的某些活动是相互关联的，如质量控制活动包括验证、审核等，验证和审核又属于质量保证的证实活动；而质量控制则侧重于控制的措施（作业技术和方法），质量保证则侧重于控制结果的证实，以提供充分的信任，它们在GMP中找到了集合。药品生产企业质量控制实验室是药品生产质量管理GMP条件下的质量保证与质量控制的统一。

质量保证与质量控制统一于质量管理，三者是相辅相成的。质量保证的人员必须具备必要资质，比如达到GMP中规定的学历、资历和经验的高级人才，需要全面掌握组织的过程定义，熟悉所参与项目所用的工程技术等，其最重要的职责在于系统层面的完善，侧重于问题的防范及对已发生问题的根源的探究及其对策的实施，从而减少偏差的产生。从事质量控制工作也必须具备一定资质的专门技术与管理人员，有足够的知识水平、技术技能与工作经验来确保质量控制工作的完成。药品生产企业的质量管理最重要的职责在于从组织层面上保障质量工作环境，确保GMP的正确实施。质量管理人员不仅要具备质量保证和质量控制的技能，还需具备专业的管理才能。因此，质量保证、质量控制、质量管理人员都必须有一定的 GMP 造诣。

第二节　质量控制实验室

PPT

药品质量控制实验室虽然是进行质量控制活动的主要场所，质量控制实验室的活动也是由其活动所需要的硬件、软件、人员和工作现场有机组合而成，也涉及生产、质量、物控和工程维护这 4 个方面，因此，也必须进行 GMP 管理。

质量控制实验室管理适用于产品生命周期过程中，产品质量形成的各个环节，具体包括产品研发后期、产品/技术转移、商业生产、产品贮存/运输、在市考察甚至产品退市等各个环节。其管理体系包括对实验室的构造、组织机构、文件系统和物料/产品的取样、检验等操作系统的管理。其工作围绕产品质量形成全过程的各个环节，对影响工作质量的人、机、料、法、环 5 大因素进行控制，并对质量活动成果进行分阶段验证，以便及时发现问题，采取相应措施，防止不合格重复发生，尽可能地减少损失。

实验室管理层应建立、执行和维护与其运行范围相适应的质量管理体系，包括所开展的检测、检验、验证、确认等活动。实验室的管理层应确保其政策、体系、程序、操作和要求，能保证检测结果的质量。

一、对布局的要求

质量控制实验室的设计应确保其适用于预定的用途，同时应满足药品监管部门和客户的要求，并能够避免混淆和交叉污染，应有足够的区域用于样品处置、留样和稳定性考察样品存放以及记录的保存。

质量控制实验室通常应与生产区、仓储区等其他区域分开。质量控制有 3 种基本检验，即化学检验、物理检测和生物检测，所以 3 个检测区域要分开，化学检验的容量分析和仪器分析要分开，生物检定、微生物和放射性同位素的实验室应彼此分开，无菌检查实验室、微生物限度检查实验室、抗生素效价测定实验室、阳性菌实验室也应彼此分开。

无论是化学分析所用的仪器分析，还是物理检测所用的仪器检测，均应设置专门的仪器室，使这些灵敏度高的仪器免受静电、震动、潮湿等因素的干扰。

实验室应设有专门的区域或房间用于清洗玻璃器皿、取样器具，以及其他用于样品测试的物件。

建立适当的程序用以安全处置废弃物，包括有毒废弃物（化学或生物）、试剂、样品、溶媒和空气过滤装置等。对一些剧毒物质包括遗传毒性物质进行称量或处理时，应有独立专用的设备和区域（如隔离器、层流工作台），应建立防止其毒性暴露和污染的程序。

二、对人员的要求

质量控制实验室的人员、设施、设备应当与企业所生产的产品性质、工艺和生产规模相适应。

质量控制负责人应当具有足够的管理实验室的资质和经验，可以管理同一企业的一个或多个实验室。

质量控制实验室的检验人员至少应当具有相关专业中专或高中以上学历，经过与所从事的检验操作相关的实践培训且通过考核，并具有基础理论知识和实际操作技能。所有人员的职责应当书面规定。

应制定有关培训的标准操作规程、方案或计划，并经质量管理负责人审核、批准后方可实施，由有资格的人员定期或不定期地对实验室人员进行培训，培训记录应保存，并对培训效果进行评估。培训形式及考核方式和标准可参照表 10－1。

表 10－1　培训形式及考核方式和标准示例

培训方式/工作效果	考核方式	考核标准
演讲	提问回答，笔试，相关负责人评价	提问回答评价级别分为优秀、良好、合格、不合格 笔试按考试分时计：90 分一下为优秀；75～90 分为良好，60～75 分为合格，60 分以下为不合格 相关负责人根据培训人员讨论时的表现对培训人员进行评价，评价级别分为优秀、良好、合格、不合格 现场操作按符合各项 SOP 要求程度，评价级别分为优秀、良好、合格、不合格
内部讨论	相关负责人评价	
自学	提问回答，笔试，相关负责人评价	
现场演示	现场操作，提问回答，笔试，相关负责人评价	
工作效果	相关负责人评价	

实验室工作人员应定期进行健康检查，并有记录。

三、对文件的要求

质量控制实验室的文件除应符合 GMP 关于文件管理（第八章）所列出的总体原则，大致分为以下几类文件。

（1）质量标准及分析方法。

（2）取样操作规程和记录。

（3）检验操作规程和记录（包括检验记录或实验室工作记事簿）。

（4）检验报告或证书。

（5）必要的环境监测操作规程、记录和报告。

（6）必要的检验方法验证报告和记录。

（7）必要分析仪器的确认方案及报告。

（8）分析仪器和设备使用、清洁、校准、维护的操作规程及记录。

（9）实验室试剂的管理规程及配制、使用记录等。

（10）实验室剧毒品、易制毒品的管理规程及记录。

质量控制实验室的所有文件应受控管理，包括起草、修订、发放、存档、销毁等。其中，质量标准可以是国家标准，或是企业在申请注册时所提出的标准；对于记录，在质量控制实验室的任何操作都应该有相应的操作规程，并且留有记录；对于实验室的相关仪器和设备，都要按相应的操作规程进行使用、清洁、校准和维护，并留有相关记录，以备复核及追溯。生产出的每批药品，包括中间产品、待包装产品，其检验过程要完全按照已生效并实施的操作规程进行，并且要有相关的完整的检验记录，以便追溯该批药品所有相关的质量检验情况，进一步确保药品的质量。与批记录相对应的所有控制记录必须至少保存至产品有效期后 1 年，确认和验证、稳定性考察的相关记录和报告等重要文件不得销毁。

除与批记录相关的资料信息外，还应当保存其他原始资料或记录，以方便查阅。

实验室在保存实验数据（如检验数据、环境监测数据、制药用水的微生物监测数据）时，建议采用便于趋势分析的方法保存，这样便于进行必要的分析，如质量回顾或风险分析等。

实验室应建立文件变更管理系统，以便及时将新的和修订的文件通知相关人员。一般情况下，文件的变更应由原审查责任人进行审查和批准，被指定的人员应获得进行审查和批准所依据的有关背景资料。若可行，更改的或新的内容应在文件或适当的附件中标明。

四、对取样的要求

实验室的取样工作是进行质量检验工作的基础，不但关系到检验结果是否准确、有效，更关系到所生产的药品质量问题，因此，实验室应有检验检测药品的取样、接收、完整性保护、传递、存储和安全处置的程序。

（1）取样的人员必须是经 QA 授权，有一定的学历、资历、经验并经过相关培训的人员，只有经过授权的人员才能够进入生产区和仓储区进行取样及调查。在现场取样时，应当由双人同时执行。

（2）取样人员在取样过程所做的任何操作，都要严格按照经批准的取样操作规程进行操作；取样操作规程应当具体描述：经授权的取样人情况；取样方法；取样所用器具；所取样品量；分样的方法；存放样品容器的类型和状态；取样后剩余部分及样品的处置和标识；取样注意事项，包括为降低取样过程产生的各种风险所采取的预防措施，尤其是无菌或有害物料的取样以及防止取样过程中污染和交叉污染的注意事项；样品贮存条件；取样器具的清洁方法和贮存要求等。

（3）取样方法应当科学、合理，以保证样品具有代表性。

（4）应根据要取样品来选择合适的取样器具，在使用完之后应该尽快清洁，必须在清洁、干燥的状态下保存，再次使用前应进行消毒。用于微生物检验样品或无菌产品取样的取样器具在使用前必须先灭菌，灭菌后的器具应在规定期限内使用，过期使用需重新灭菌。破损的取样器具必须有明确的标识并立即停止使用。

（5）样品的容器应当贴有标签，注明样品名称、批号、取样日期、取自哪一包装容器、取样人等信息；取样的样品应当按照规定的贮存要求保存。

五、对留样的要求

企业按规定保存的、用于药品质量追溯或调查的物料、产品样品为留样（Reserve/Retention Samples）。用于产品稳定性考察的样品不属于留样。

（一）留样的基本原则

（1）样品应按照法规或委托方的要求进行留样。留样应当能够代表被取样批次的物料或产品；也可抽取其他样品来监控生产过程中最重要的环节（如生产的开始或结束）。存放留样的容器应贴有标签，对于原辅料应注明产品名称、产品批号、取样日期、储存条件和储存期限等；对于成品的留样容器应注明产品名称、批号、失效期及留样的保留时间，同时留样需要有相应的记录。

（2）企业应制定相应规程来规定留样的使用，一般情况下，留样仅在特殊目的时才能使用，如调查、投诉。使用前需要得到质量管理负责人的批准。

（3）物料/产品已按照规定保存并超过保存期后需要进入报废程序，执行前需得到质量管理部门的批准，报废时可根据企业规定的流程进行，并对所有报废进行存档。

（二）物料留样的要求

（1）制剂生产用每批原辅料和与药品直接接触的包装材料均应当有留样。与药品直接接触的包装材料（如输液瓶），如成品已有留样，可不必单独留样。

（2）物料的留样量应当至少满足鉴别的需要。

（3）除稳定性较差的原辅料外，用于制剂生产的原辅料（不包括生产过程中使用的溶剂、气体或制药用水）和与药品直接接触的包装材料的留样应当至少保存至产品放行后 2 年。如果物料的有效期较短，则留样时间可相应缩短。

（4）物料的留样应当按照规定的条件贮存，必要时还应当适当包装密封。

（三）成品留样的要求

（1）每批药品均应当有留样；如果一批药品分成数次进行包装，则每次包装至少应当保留一件最小市售包装的成品。

（2）留样的包装形式应当与药品市售包装形式相同，原料药的留样如无法采用市售包装形式的，可采用模拟包装。

（3）每批药品的留样数量一般至少应当能够确保按照注册批准的质量标准完成两次全检（无菌检查和热原检查等除外）。

（4）如果不影响留样的包装完整性，保存期间内至少应当每年对留样进行一次目检观察，如有异常，应当进行彻底调查并采取相应的处理措施。

（5）留样观察应当有记录，记录样品名称、生产厂家、样品编号、接收日期、样品发放和转移的部门。

（6）留样应当按照注册批准的贮存条件至少保存至药品有效期后1年。

（7）如企业终止药品生产或关闭的，应当将留样转交受权单位保存，并告知当地药品监督管理部门，以便在必要时可随时取得留样。

六、对检验的要求

（1）物料和不同生产阶段产品的检验应当至少符合以下要求。

1）企业应当确保药品按照注册批准的方法进行全项检验。

2）符合下列情形之一的，应当对检验方法进行验证：采用新的检验方法；检验方法需变更的；采用《中国药典》及其他法定标准未收载的检验方法；法规规定的其他需要验证的检验方法。对不需要进行验证的检验方法，企业应当对检验方法进行确认，以确保检验数据准确、可靠。

3）检验应当有书面操作规程，规定所用方法、仪器和设备，检验操作规程的内容应当与经确认或验证的检验方法一致。

（2）检验应当有可追溯的记录并应当复核，确保结果与记录一致，且所有计算均应当严格核对。检验记录应当至少包括以下内容。

1）产品或物料的名称、剂型、规格、批号或供货批号，必要时注明供应商和生产商（如不同）的名称或来源。

2）依据的质量标准和检验操作规程。

3）检验所用的仪器或设备的型号和编号。

4）检验所用的试液和培养基的配制批号、对照品或标准品的来源和批号。

5）检验所用动物的相关信息。

6）检验过程，包括对照品溶液的配制、各项具体的检验操作，以及必要的环境温湿度。

7）检验结果，包括观察情况、计算和图谱或曲线图，以及依据的检验报告编号。

8）检验日期。

9）检验人员的签名和日期。

10）检验、计算复核人员的签名和日期。

（3）所有中间控制（包括生产人员所进行的中间控制），均应当按照经质量管理部门批准的方法进行，检验应当有记录。

（4）应当对实验室容量分析用玻璃仪器、试剂、试液、对照品以及培养基进行质量检查。

（5）必要时应当将检验用实验动物在使用前进行检验或隔离检疫。饲养和管理应当符合相关的实验动物管理规定。动物应当有标识，并应当保存使用的历史记录。

（6）质量控制实验室应当建立检验结果超标调查的操作规程。任何检验结果超标都必须按照操作规程进行完整的调查，并有相应的记录。

（7）检验过程中，除按照规定的操作规程进行操作外，还需要注意以下环节。

1）只有经过培训并考核通过的检验人员方可独立进行实验。对于中间产品或待包装产品，其检验可由生产人员进行，也可由中间控制实验室或质量控制实验室进行。

2）所用仪器和设备必须经过确认和校准且在校准有效期内，容量分析的玻璃仪器应经过校准且合格。

3）所用到的试剂、试液、标准品或对照品等应遵守相应的规定，并有明确的标识以便于追溯。

4）质量标准应与注册批准的保持一致，检验方法必须是批准的现行文本，检验操规程的内容应与经确认或验证的检验方法一致。

5）在实验过程中应严格遵守操作规程中的要求，避免因环境因素未达标而影响实结果的准确性。

6）在检验过程中，检验人员应及时并完整地填写检验记录和设备使用日志等相关记录。检验记录应由有资质的第二人进行复核，确保结果与记录一致。

7）实验结束后，检验人员应将剩余样品放回规定位置并在规定条件下贮存。

七、对试剂、试液、培养基和检定菌的要求

试剂一般按用途分为通用试剂、高纯试剂、分析试剂、仪器分析试剂、临床诊断试剂、生化试剂等。有 4 种常用规格：优级纯或一级品（GR，精密分析和科学研究工作）；分析纯或二级品（AR，重要分析和一般研究工作）；化学纯或三级品（CP，工矿及学校一般化学实验）；实验试剂（LP）。

试剂、试液、培养基和检定菌的管理应当至少符合以下要求。

（1）试剂和培养基应当从可靠的供应商处采购，必要时应当对供应商进行评估。

（2）应当有接收试剂、试液、培养基的记录，必要时，应当在试剂、试液、培养基的容器上标注接收日期；试剂的首次开启人，应将试剂的开启日期同时标注在试剂标签上并签名。实验室配制的试液，应有配制记录，包括使用的试剂名称、批号、用量等信息，配制的容器上应贴上标签，标签应注明试液名称、贮存条件以及试液配制人和配置日期。

（3）实验室用到的试剂、试液等都应有合理的有效期，对于采购的试剂和试药，应该遵守生产厂家规定的有效期，若生产厂家没有规定有效期的试剂，使用单位可根据合理的科学依据规定试剂的有效期。

（4）应当按照相关规定或使用说明配制、贮存和使用试剂、试液和培养基。特殊情况下，在接收或使用前，还应当对试剂进行鉴别或其他检验。

（5）试液和已配制的培养基应当标注配制批号、配制日期和配制人员姓名，并有配制（包括灭菌）记录。不稳定的试剂、试液和培养基应当标注有效期及特殊贮存条件。标准液、滴定液还应当标注最后一次标化的日期和校正因子，并有标化记录。

（6）配制的培养基应当进行适用性检查，并有相关记录。应当有培养基使用记录。

（7）应当有检验所需的各种检定菌，并建立检定菌保存、传代、使用、销毁的操作规程和相应记录。

（8）检定菌应当有适当的标识，内容至少包括菌种名称、编号、代次、传代日期、传代操作人。

（9）检定菌应当按照规定的条件贮存，贮存的方式和时间不应当对检定菌的生长特性有不利影响。

（10）应制定相应的试剂报废处理流程，根据不同的试剂、试药特性和相应的法规要求制定相应的报废流程，存放报废试剂的容器应粘贴标签，注明报废时机的类型、处理人签名和处理日期等信息。

八、对标准品或对照品的要求

标准品、对照品是指国家标准中用于鉴别、检查、含量测定的标准物质。企业可以选择相应的活性

物质，使用法定标准品/对照品进行标化，标化后的物质作为企业自制工作标准品。

企业应建立对标准品、对照品的管理规程，明确对其的管理和使用。

标准品或对照品的管理应当至少符合以下要求。

（1）标准品或对照品应当安排专人负责接收和管理并按照规定贮存和使用，并有接收记录。

（2）标准品或对照品应当有适当的标识，内容至少包括名称、批号、制备日期（如有）、有效期（如有）、首次开启日期、含量或效价、贮存条件。

（3）企业如需自制工作标准品或对照品，应当建立工作标准品或对照品的质量标准以及制备、鉴别、检验、批准和贮存的操作规程，每批工作标准品或对照品应当用法定标准品或对照品进行标化，并确定有效期，还应当通过定期标化证明工作标准品或对照品的效价或含量在有效期内保持稳定。标化的过程和结果应当有相应的记录。只要技术和经济条件允许，都应对内部标准物质进行核查。

（4）企业应有标准操作规程对标准品、对照品的储存、处置和分发等流程进行规定，以及说明使用的注意事项，首次开启者应该在标签上注明首次开启日期，并签名、签日期。

（5）当参考标准和标准物质（参考物质）用于实验室固定场所以外的检测、校准或抽样时，有必要制定附加的程序。

九、对原始数据的要求

只有完整的记录可以提供书面证据，证明分析的实际操作。原始数据的管理涉及从辅料到成品检验的各个环节。数据的可靠性、准确性、完成性和可追溯性非常关键。它不仅是完善的质量保证体系的需要，同时也是为审计提供强有力的证据。

实验室应建立有关原始数据的操作规程，明确其范围、填写、复核、更改和保存的要求。

（一）原始数据的概念

原始数据是最初观察和活动的结果，也是对项目、工艺或研究报告改进和评估的必要条件。原始数据可以采用纸质形式也可以采用电子形式，但需要在操作规程中予以规定。

原始数据包括手写原始数据和电子原始数据两类。

（二）原始数据的范围

原始数据的范围至少包括以下内容。

（1）取样记录。

（2）检验记录或实验室工作记事簿以及报告。

（3）从检验设备中打印的记录、图谱和曲线图等。

（4）实验室日志，包括检验台账、仪器的维护和使用日志、色谱柱使用记录等。

（5）检验设备和仪器的确认和校准记录。

（6）计量器具的校准记录。

（7）验证方案和报告。

（三）记录的填写、复核和更改

（1）记录应保持清洁，不得撕毁和任意涂改。不得使用铅笔、涂改液和橡皮。

（2）在检验过程中应及时记录检验过程和结果，并及时填写相应的记录、台账和日志。内容真实、完整准确、字迹清晰、易读、不易擦除。不得追溯性记录和提前记录。

（3）所有原始数据应真实、及时、清晰、完整和准确。

（4）原始数据需由第二个有资质的人进行复核，并签名和日期。复核过程中如果发现错误，由检验人员进行更正，并签名和日期。必要时，应说明更改理由。

（5）记录填写的任何更改都应遵循以下原则：在错误的地方画一条横线并使原有信息仍清晰可辨，书写正确信息后签名和日期。对于更改的记录，可在必要时说明理由的方式，也可采用所有更改必须加注更改理由的方式。企业所用的更改方式需要在操作规程中明确规定。

（四）原始数据的保存

原始数据的保存应遵循以下原则，并在相应规程中明确规定。

（1）所有原始数据必须保存。

（2）如果原始数据没有作为最终实验结果出具，它仍需要保存并注明其结果不被提供的原因。

（3）对于某些数据，如环境监测数据、制药用水的微生物和理化监测数据，建议对数据进行趋势分析并保存趋势分析报告，以便了解体系的整体状况。

（4）所有原始数据在审核批准后，原件均应在专门的储存区域集中存档，并用安全有序的方式进行管理和保存，以便授权人在文件的规定保存期内能很容易查阅。

（5）用电子方法保存的原始数据，应采用磁带、硬盘、纸质副本或其他方式进行备份，以确保记录的安全，且数据资料在保存期内便于查阅。同时，备份和原件应分别保存在不同房间或同一房间的不同安全区域（原件的保存区域安全性应高于备份的保存区域）。

（6）原始数据的借阅应遵从相应的操作规程，避免遗失。

（7）企业应建立规程规定所有记录的保存期限，超出保存期限的文件应按照规定进行销毁，不得随意丢弃。

第三节　物料与产品放行

PPT

放行（Release）是指对一批物料或产品进行质量评价，做出批准使用或投放市场或其他决定的操作。根据 GMP 规定，这里的物料包括原料、辅料和包装材料。产品包括药品的中间产品、待包装产品和成品。由于物料与产品性质不同，应当分别建立物料和产品批准放行的操作规程，明确批准放行的标准、职责，并有相应的记录。

一、物料放行的要求

所谓物料的放行，就是对物料的质量状况进行评估，决定其能不能投入使用的操作。物料的质量评价内容应当至少包括生产商的检验报告、物料包装完整性和密封性的检查情况及检验结果。物料的质量评价应当有明确的结论，如批准放行、不合格或其他决定。物料应当由质量管理部门指定人员签名批准放行。

物料能不能放行投入生产环节，具体评价操作工作如下。

（1）物料是否按要求进行验收入库，包括供应商是否经过批准、外包装是否完整、是否按要求提供相关文件等。

（2）物料是否按要求放置在正确的位置，并有相应标签和状态标识表明其信息和储存状态。

（3）物料的储存环境是否可确保其质量不受影响。

（4）物料的取样过程是否符合要求，包括取样器具、装样容器、取样环境、样品代表性、已开封物料的处理等。

（5）物料的各检验指标是否符合质量标准的要求。

（6）与本批物料相关的账、卡、单、台账、记录是否均按要求进行填写，且与实务或实际情况相符。

（7）物料接收、待验、取样、检验过程中所有与标准不相符合的偏差情况或超标结果是否均经过调查并已关闭。

（8）由质量管理部门授权的 QA 人员根据放行标准和程序对物料各过程进行审核，并签字给出放行意见（批准放行、退货或销毁等）。

二、中间产品放行的要求

GMP 中并没有针对中间产品单独进行要求，但由于成品的质量程度取决于中间产品的质量状态，因此，在进行中间产品放行时，仍可以参考 GMP 中对最终药品的放行要求。通常情况下，需要考虑如下内容。

（1）生产操作是否符合生产工艺、标准操作规程的要求；中间产品生产的收率、回收率、物料平衡等是否在可接受范围内；生产记录填写是否完整、及时，与生产实际情况相符。

（2）生产环境是否符合生产工艺及清洁规程的要求，暂存环境是否可确保其质量不受影响。

（3）清场是否符合清场规程的要求，并有清场记录和清场合格证。

（4）取样（如有）过程是否符合要求，各检验指标是否符合质量标准的要求。

（5）生产、取样、检测、暂存过程中所有与标准不相符合的偏差情况或超标结果是否均经过调查并已关闭。所有跟该批中间产品相关的变更均已按照规程处理完毕，需药品监督管理部门批准的已进行批准，需备案的已进行备案。

（6）由生产管理部门或者质量管理部门授权的 QA 或者其他人员根据放行标准和程序对中间产品各过程进行审核，并签字给出放行意见（批准放行、返工、重新加工、销毁等）。

三、成品放行的要求

成品的放行必须由质量受权人按规定的程序执行，而且这项工作不得委托他人，必须由质量受权人独立完成。成品放行应当至少符合以下要求。

（1）在批准放行前，应当对每批药品进行质量评价，保证药品及其生产应当符合药品管理法律法规，包括注册和 GMP 有关要求，并确认以下各项内容。

1）主要生产工艺和检验方法经过验证。

2）已完成所有必需的检查、检验，并综合考虑实际生产条件和生产记录。

3）所有必需的生产和质量控制均已完成并经相关主管人员签名。

4）变更已按照相关规程处理完毕，需要经药品监督管理部门批准的变更已得到批准。

5）对变更或偏差已完成所有必要的取样、检查、检验和审核。

6）所有与该批产品有关的偏差均已有明确的解释或说明，或者已经过彻底调查和适当处理；如偏差还涉及其他批次产品，应当一并处理。

（2）药品的质量评价应当有明确的结论，如批准放行、不合格或其他决定。

（3）每批药品均应当由质量受权人签名批准放行。

（4）值得注意的是，疫苗类制品、血液制品、用于血源筛查的体外诊断试剂以及国家药品监管部门规定的其他生物制品放行前还应当取得批签发合格证明。

（5）质量受权人在成品的放行时，还必须对与本批药品相关的所有记录整体进行审核，如物料放行相关记录、中间体放行相关记录、内外包记录、成品检验记录等，通常分为两大块，即执行后的批生产（包装）记录和执行后的批检验记录。执行后批生产（包装）记录指已经填写的本批相关的各工序生产记录，执行后批检验记录指已经填写的本批相关的中间产品及成品的检验记录。对执行后批生产（包装）记录进行审核时，需注意以下内容。

1）各工序产品名称、批号及生产规模是否正确。

2）各工序生产所依据的工艺规程是否是现行版本。

3）各工序所记录的设备信息是否可追溯到唯一特定的设备。

4）各工序是否有操作人员及复核人员签字。

5）各工序所用原料的批号是否记录，其检验记录/报告、放行记录是否可以追溯。

6）各工序所用原料实际用量是否均在理论用量的规定偏差范围内。

7）各工序关键参数、操作是否有记录，记录是否符合要求。

8）各工序中间控制步骤是否按要求执行，控制结果是否符合要求。

9）包装所用印刷包装材料的实样内容是否和主模板要求一致。

10）各工序收率、回收率、物料平衡等是否按照计算方法进行计算。

11）审核本批记录时，是否重新进行计算复核并签字，结果是否一致。

12）各工序是否按要求进行清场，并有清场合格证。

13）批记录中所有异常情况、偏离情况是否按要求进行记录。

14）批记录中所有异常情况、偏离情况是否启动偏差程序，并记录偏差编号以方便追溯。

15）所有偏差是否均已关闭并有质量保证部签字。

（6）质量受权人，在对批检验记录进行审核时，还必须注意以下内容。

1）各检验项对应产品名称、批号是否正确。

2）各检验项依据的质量标准和检验操作规程是否是现行版本。

3）检验记录中的仪器或设备信息是否可以追溯到特定唯一的设备。

4）检验记录是否可追溯到试液或培养基的配置记录、灭菌记录。

5）检验记录的微生物菌种信息是否可追溯到菌种的来源、培养和保存条件等。

6）检验记录上的原始数据是否和图谱中的一致，操作和复核人员是否签名/日期。

7）图谱上的信息是否和样品和检验方法信息一致，如测试日期、打印日期、打印保存路径和实际路径是否一致。

8）多张图谱次序是否符合实验进程的次序，无人为改动迹象。

9）检查并复核计算过程，确认数据是否同记录上的一致。

10）所有检验结果是否存在 OOS/OOT 结果，若存在，是否发起相关调查，并记录编号以追溯。

11）所有 OOS/OOT 结果是否关闭，是否有来自哪个保证部的最终批准。

12）检验报告与检验记录是否一致，检验项目的结论是否正确。

在对本批生产相关的批生产（包装）、批检验记录进行审核后，由质量受权人签字给出放行意见（批准放行、返工、重新加工、销毁等）。

如果药品是进行委托生产的，药品上市许可持有人应当履行产品上市放行等义务，监督受托方履行协议约定的义务，确保生产过程持续符合法定要求。

第四节　持续稳定性考察

PPT

持续稳定性考察（Continuous Stability Studies）就是在有效期内监控已上市药品的质量，以发现药品与生产相关的稳定性问题（如杂质含量或溶出度特性的变化等），并确定药品能够在标示的贮存条件下，符合质量标准的各项要求。

一、产品持续稳定性考察的分类

持续稳定性考察主要针对市售包装药品，但也需兼顾待包装产品。例如，当待包装产品在完成包装前，或从生产厂运输到包装厂，还需要长期贮存时，应当在相应的环境条件下，评估其对包装后产品稳定性的影响。此外，还应当考虑对贮存时间较长的中间产品进行考察。

企业有下列情况，则需要进行产品持续稳定性考察。

（1）企业新产品以及合同加工产品确定有效期与贮存运输条件提供科学数据时。

（2）为监控企业产品以及合同加工产品在有效期内质量时。

（3）由于重大变更或生产和包装有重大偏差的产品。

（4）任何采用非常规工艺重新加工、返工或有回收操作的批次。

（5）改变主要物料供应商时所做验证的批次。

二、对持续稳定性考察的要求

持续稳定性考察的时间应涵盖药品有效期，取样时间参照长期稳定性考察取样时间间隔。对持续稳定性考察时，应当制定相应的考察方案，考察结果应形成报告，并且关键人员，尤其是质量受权人，应了解持续稳定性考察的结果，并保存持续稳定性考察的结果以供药品监督管理部门审查。当持续稳定性考察不在待包装产品和成品的生产企业进行时，则相关各方之间应当有书面协议，且均应当保存持续稳定性考察的结果以供药品监督管理部门审查。

用于持续稳定性考察的设备（尤其是稳定性试验设备或设施）应当按照本教材第五章和第七章论述要求进行确认和维护。

考察批次数和检验频次应当能够获得足够的数据，以供趋势分析。通常情况下，每种规格、每种内包装形式的药品，至少每年应当考察一个批次，除非当年没有生产。持续稳定性考察需要对样品进行考察，根据不同情况，对样品批次的要求也有所不同。

对于企业新开发的产品和合同加工产品的持续稳定性考察，要求正常批量生产时，最初三批产品作为持续稳定性考察计划的样品，以进一步确认有效期。

为监控企业产品以及合同加工产品在有效期内质量所进行的持续稳定性考察，按产品不同规格，除当年没有生产外，每年随机抽取一批产品进行考察。

为企业新产品以及合同加工产品确定有效期与贮存运输条件提供科学数据所进行的持续稳定性考察，应要求考察连续试制的三批样品。

某些情况下，持续稳定性考察中应当额外增加批次数，如重大变更或生产和包装有重大偏差的药品应当列入稳定性考察。此外，重新加工、返工或回收的批次，也应当考虑列入考察，除非已经过验证和稳定性考察。作为产品持续稳定性考察的批次，除了留足持续稳定性考察样品外，还需要留足一次全检量样品。

三、持续稳定性考察方案的内容

持续稳定性考察的时间应当涵盖药品有效期，考察方案应当至少包括以下内容。

（1）每种规格、每个生产批量药品的考察批次数。

（2）相关的物理、化学、微生物和生物学检验方法，可考虑采用稳定性考察专属的检验方法。

（3）检验方法依据。

（4）合格标准。

（5）容器密封系统的描述。

（6）试验间隔时间（测试时间点）。

（7）贮存条件（应当采用与药品标示贮存条件相对应的《中国药典》规定的长期稳定性试验标准条件）。

（8）检验项目，如检验项目少于成品质量标准所包含的项目，应当说明理由。

在进行持续稳定性考察时，如果出现不符合质量标准的结果或重要的异常趋势时，质量管理部门应组织相关人员对其进行调查；对任何已确认的不符合质量标准的结果或重大不良趋势，企业都应当考虑是否可能对已上市药品造成影响，必要时应当实施召回，调查结果以及采取的措施应当报告当地药品监督管理部门。

当持续稳定性考察结束后，质量管理部门人员应根据所获得的全部持续稳定性考察数据，包括考察的阶段性总结，撰写总结报告，并由专门人员定期进行审核。质量管理部门应对持续稳定性考察总结报告进行统一保存，以便进行审核和追溯。

第五节　变更控制

PPT

在药品生产过程中，影响药品质量的因素，如人、机（包括设施、设备等）、料（原材料、辅料等）、法（方法、工艺）、环（环境、场所等）、文件等经常发生不同程度或不同形式的变更。一般来说，变更的主观目的是改进药品生产和管理过程中的某项内容，但是，从客观现实情况来看，如果这种变更得不到 GMP 标准化的控制，不但达不到主观改进的目标，甚至还会对药品质量带来危害。因此，企业应当建立变更控制系统，对所有影响产品质量的变更进行评估和管理。需要经药品监督管理部门批准的变更应当在得到批准后方可实施。

一、变更控制的概念与分类

各国法规和指南对变更控制的定义略有不同。根据欧盟 GMP 指南附录 15 的术语表，变更控制（Change Control）是由适当学科的合格代表对可能影响厂房、系统、设备或工艺的验证状态的变更提议或实际的变更进行审核的一个正式系统。其目的是使系统维持在验证状态而需要采取行动并对其进行记录。变更控制是一个管理工具或是一种方法、一个流程。变更控制的目的并不是控制变更的发生，而是对变更进行管理，确保变更有序进行。

（一）变更控制的适用范围

对于药品生产企业而言，发生变更的范围很广，这里讨论的变更仅仅与质量保证体系及 GMP 管理有关，涵盖质量管理体系要素的变更，包括原辅料的变更、标签和包装材料的变更、生产处方和生产工艺的变更、生产环境（或场所）的变更、质量标准的变更、检验方法的变更、有效期复检期的变更、贮存条件或稳定性方案的变更、计算机系统的变更、厂房设施及设备仪器的变更、公用系统的变更等。

（二）变更控制的分类

变更控制通常分为两类：计划外变更（Unplanned Changes）和计划变更（Planned Changes）。

1. 计划外变更　指在需要变更之前未预见到的变更，通常因组织环境的变化而成为必需。计划外的变更是意外的，需要立即采取行动的变更。例如，如果产品因任何问题从市场上召回，则视为计划外变更。

2. 计划变更　指通过适当的计划和固定的时间表来执行的变更。它的执行在适当的资源分配、批准和文档发生之前就已经计划好。例如，假设一台机器要更换为另一台机器。在这种情况下，更换过程在执行之前就已计划好，包括获取开始工作的区域、移动机器和安装活动。又比如改变温度控制范围，这可能是通过之前批次中发现的偏差或者 OOS 而做出的决定。变更在这种情况下成为针对偏差或者

OOS 的 CAPA（Corrective Actions and Preventive Actions）。

（1）根据变更的对象，可以把变更分为以下 3 类。

1）硬件的变更：如厂房设施、仪器设备、物料（原辅料和包装材料等）的变更等。

2）软件（文件）的变更：如质量标准、工艺规程、分析方法、标准操作规程的变更等。

3）工作现场的变更：如生产场所（地址）、生产环境的变更等。

（2）根据对产品质量的影响，通过风险评估，又将变更分为 3 类。

1）微小变更：对产品质量没有影响、无须验证的变更，比如由于国家药典或行业标准升级而进行同步更新等。

2）一般变更：对产品质量有直接或间接影响、需要确定是否需要验证/确认的变更，如物料生产工艺发生了变化等。

3）重大变更：对产品质量有重大影响，需要验证/确认，如果有可能还要经过药品监督管理部门的批准，如所使用物料本身发生了改变，关键设备的变更，处方与工艺的变更，物料及内包材的变更，供应商变更，分析方法的变更等。

二、变更的评估

在整个变更控制流程中，最重要的一环就是对于变更结果的评估。正确有效的评估可以帮助质量保证部门合理评价变更前的变更等级以及变更后的变更结果对药品质量的影响，从而使变更处于可控的范围之内。

变更都应当评估其对产品质量的潜在影响。企业可以根据变更的性质、范围、对产品质量潜在影响的程度将变更分类（如微小变更、一般变更、重大变更）。判断变更所需的验证、额外的检验以及稳定性考察应当有科学依据。在进行变更控制时，采用的技术处理方式有以下几种。

（1）通过风险管理的技术来评估变更的风险及法规的符合性，这个技术需要企业有良好的批记录或相关记录，并结合统计学有关方法进行评估。

（2）通过专家评估，也就是由开发、生产、质量、法规等专家进行评估，预先设定接受标准；变更实施后，应对变更的效果进行评估，避免对药品质量产生不良影响。

（3）通过本企业员工头脑风暴，或者积累的生产质量管理工作的经验进行分析。

三、变更控制的程序

根据 GMP 要求，变更控制也必须按照规定好的文件或者程序进行。企业应当建立变更控制的管理规程，规定各类变更的管理规则，明确包括变更的申请、评估、审核、批准和实施等在内的内容。质量管理部门应当指定专人负责变更控制。

企业在进行变更时，首先应当根据变更的性质、范围、对产品质量潜在影响的程度等方面来评估此变更对产品质量的潜在影响，与产品质量有关的变更应由申请部门提出，组织相关部门对变更项进行评估、制订实施计划，并明确实施职责后，由质量管理部门审核批准才可生效。变更批准至少应包括以下信息。

（1）所有支持变更的文件和数据。

（2）批准后应采取的行动。

（3）行动计划和责任分工。

与产品质量无关的变更由申请部门提出后，所属部门自行评估、制订实施计划并明确实施职责，最终由质量管理部门审核批准。变更实施应当有相应的完整记录。

变更实施后，与其有关的变更文件要及时修订，且质量管理部门应当对变更的文件和记录进行保存，并将变更前的文件进行回收。变更实施应当有相应的记录。

变更控制的流程如图 10－1 所示。

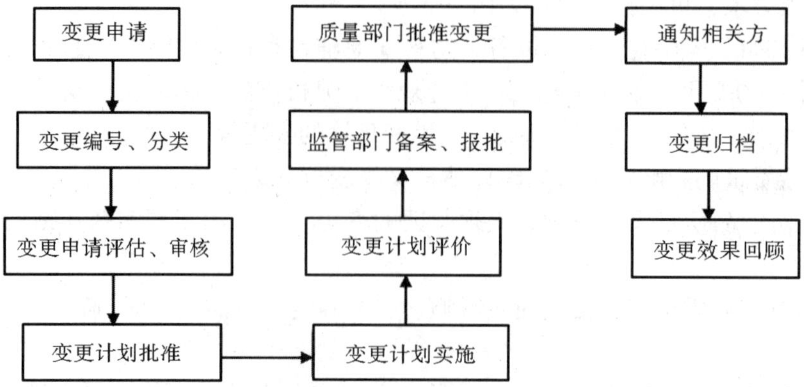

图 10－1　变更控制流程图

变更控制实施步骤如下。

第一步，变更申请提出时，提出变更的部门需向质量保证部门详细说明变更的理由或需要，质量部门的变更管理人员对申请的变更进行登记、编号、分类。

第二步，根据变更的分类确定变更申请的评估和审核流程，评估的内容包括对申请进行评价（同意或不同意）及理由，因实施变更而产生的费用及产品成本的增加或降低、是否需要进行现场对比实验、是否需要验证、是否需要增加产品的质量检查项、是否需要进行稳定性试验、对注册文件的影响等情况。

第三步，质量保证部对评估的意见进行汇总，由相关人员结合评估意见对该项变更申请及变更计划做出批准或不批准的决定，不批准的变更申请需注明理由并及时反馈给变更申请人，经批准的变更申请及变更计划，需将变更实施计划转发至各相关实施部门。如有异议，则可再次进行讨论和评估。

第四步，相关部门根据变更计划进行实施，质量保证部门变更计划的实施情况进行跟踪评价，以确认变更计划是否达到预期效果，对产品质量、质量管理体系是否存在影响。评价内容至少包括连续三批的对比试验结果、确认或验证项的结果、变更前后产品的稳定性试验结果对比。

第五步，对未达到预期效果的变更，质量保证部应重新组织评估，并做出处理意见。

第六步，在所有变更均达到预期效果后，若该变更需进行注册，则需向相关部门备案或报批，若不涉及注册，则由质量管理相关人员批准执行该变更。

第七步，对该变更相关规程文件进行制定或修订，对相关人员进行培训。

第八步，变更正式执行前，需报告或者通知相关方，如药品监管部门、供应商、签订质量协议的客户，若药品监管部门、客户等对该变更有异议，则需进一步汇报、沟通，协商解决。

第九步，变更控制管理人员对所有被批准实施的变更或被否决的变更文件进行归档。

第十步，变更实施后，在年度质量回顾中应对变更进行评估，以确认变更的目标已实现。

在变更的整个过程中，无论是已批准的变更或是被否决的变更文件，以及与之相关的资料，都应有记录，并由变更管理人员进行归档。

第六节　偏差处理

PPT

在药品的生产、检验与其他活动中，经常会发生没有按规定程序进行操作，或操作结果不符合规定标准，或者出现不好的趋势等情况，这些情况如果没得到正确及时的处理，就会对药品质量产生很大影响。

一、偏差的概念

根据 ICH Q7 中的定义，偏差（Deviation）是指对批准指令或规定标准的偏离。偏差有多种分类方法，按照偏差的来源，将偏差分为生产过程偏差和实验室检验结果偏差。实验室检验结果偏差也称为 OOS（Out of Specification），是指经检验得到的偏离预定范围的结果，是对“规定标准”的偏离，属于结果性偏差。生产过程偏差是指药品生产过程中出现的除检验结果之外的所有偏差。“生产过程偏差”中的“生产”涵盖制药企业内部包括生产操作、包装和贴签、物料管理、设施和设备管理、质量管理、验证、员工培训等与药品生产质量管理有关的所有活动。生产过程偏差中是对“批准指令”的偏离，属操作性偏差；但也有少数诸如物料平衡偏差属于结果性偏差。

偏差大小对产品质量的影响是不一样的，一般来说，把偏差分为微小偏差、主要偏差和重大偏差。

1. 微小偏差　偏差不足以影响产品的质量。引起偏差的原因比较明确，无须进行深入的调查，但企业需要记录，采取纠正和预防措施，并有回顾记录。

2. 主要偏差　偏差对产品质量产生实际或潜在的影响，且引起偏差的原因不一定明确。出现此类偏差时，质量管理部门应当进行深入的调查，查明原因，并且要及时采取纠正措施进行整改，使其不影响药品质量，并进行回顾确认，并将调查资料和记录一起保存以备追溯。

3. 重大偏差　偏差对于药品的质量、安全性或有效性产生严重的后果，或导致产品不合格。对于重大偏差的评估，除按规定的程序进行深入调查，查明出现原因外，还应该考虑是否需要对产品进行必要的检验，以确定偏差对产品有效期的影响；如果有需要，企业还应该对出现重大偏差的产品进行稳定性考察；企业对重大偏差进行建立调查后，应当采取正确的纠正措施，并建立长期的预防措施。有的偏差还需要向药品监管部门报告。

二、偏差分类的方法

对于药品生产企业而言，发生偏差难以避免。关键问题就是对偏差进行科学分类，评估偏差对产品质量的影响程度，然后采取相应的措施进行纠正和预防。一般来说，通过风险评估，借助相应的风险评估工具，比如失效模式效应分析方法进行偏差分类。质量风险具备 3 个要素：风险发生的可能性、风险的严重性、风险的可检测性，通过这 3 个维度，进行赋值分析，见表 10－2。

表 10－2　偏差风险评估

分值	可能性（P）	严重性（S）	可检测性（D）	风险优先数（RPN）	偏差级别
3	经常发生（多于每月 1 次）	直接影响产品质量，或影响工艺与质量数据的可靠性、完整性、可追溯性。不符合 GMP 或相关法规规定，有可能引起审计检查中的关键缺陷项	企业现有方法几乎不能发现	RPN＞9	重大偏差（高风险）
2	可能会发生（少于每月 1 次）	间接影响产品质量，或间接影响工艺与质量数据的可靠性、完整性、可追溯性。不完全符合 GMP 或相关法规规定，有可能引起审计检查中的一般缺陷项	定期检查可以发现	4≤RPN≤9	主要偏差（中风险）
1	偶然发生（少于每年 1 次）	间接影响产品质量，或间接影响工艺与质量数据的可靠性、完整性、可追溯性。可能对资源的浪费、成本的升高构成影响	能够很快发现，或有报警、在线监测，可以随时发现	RPN≤3	微小偏差（低风险）

偏差的风险等级划分是根据以上三要素综合考虑的结果。可通过风险优先数来计算，风险优先数 $RPN = P \times S \times D$，其中，P 为风险发生的可能性（Probability），S 为风险的严重性（Severity），D 为风险

的可检测性（Detectability）。RPN（max）=27，RPN（mid）=8，RPN（min）=1。根据 RPN 值及出现的概率，可规定 RPN≤3 时为低风险；4≤RPN≤9 时为中风险；RPN>9 时则为高风险，对应的偏差分别为微小偏差、主要偏差和重大偏差。

在发生偏差时，企业可通过查看批生产记录确定其发生的可能性，成立风险评估小组或邀请专家人员对企业现有控制方法的可检测性以及对产品可能产生的影响进行评估赋值，计算 RPN 值，可参照表 10-2 所示例的方式对偏差风险进行分级。如为微小偏差（Minor Deviation，低风险），应进行记录并解释，可在适当时候针对偏差发生的根本原因进行改进。如为主要偏差（Major Deviation，中等风险）和重大偏差（Critical Deviation，高风险），应立即制订纠正预防措施，并计划完成各项措施。根据偏差的等级确定纠正预防措施的实施程度，可以避免纠正预防措施过度增加成本或达不到预期的效果。图 10-2 为偏差风险评估结果。其中横轴表示 O 和 D 的乘积，纵轴表示 S 值，结合 3 个数值在图中的区域，确定偏差的风险级别。

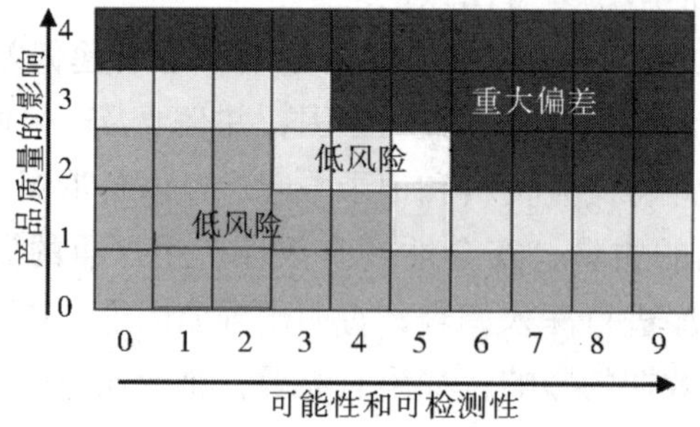

图 10-2 偏差风险评估结果示例

以上所举示例将偏差分为三个级别进行控制，各企业可以根据自身的管理体系、配套文件完善程度以及适用性、人员的素质、人员的培训程度等对偏差的分类维度及分类标准进行细化，以适应使用者的需求。另外，进行偏差分类的方法还有很多，企业也可根据产品与产品工艺特点进行选择，控制偏差发生以及发生程度。

三、偏差处理的流程

偏差应按规定的管理程序进行报告、调查、评估与处理，值得注意的是，偏差发生后，操作员工应立即停止有关操作，及时报告，只有质量管理部门或质量管理部门许可，有关人员才可以进行处理等事项。通常情况下，企业需要针对生产过程偏差和实验室检验结果偏差分别制定相应的管理规程，通过对偏差调查过程不同的细化程度来分别适应生产系统和质控系统对偏差调查的需求。

（一）生产过程偏差处理流程

1. 偏差识别及报告 当操作人员或管理人员发现任何与管理规程或者标准不符合的偏差，应立即向部门负责人及 QA 报告，由发现人员填写偏差报告详细描述偏差内容。若需采取不使偏差继续扩大或恶化的紧急措施，应在偏差报告中提出应急方案，并马上通知部门负责人和现场 QA，经确认后，执行相应紧急措施。对偏差涉及的物料、在线产品、中间产品、成品、包材或设备进行隔离，避免有问题的物料混淆或误用，可采用更换状态卡、移入待定区域等方法。

2. 偏差分类及处理建议 QA 接到偏差报告后首先进行编号，质量保证部门对偏差的风险等级进行评估分类，必要时，召开由相关部门组成的紧急会议评估对产品或过程的潜在影响，并形成初步处理建议，同时成立调查组对该偏差进行调查，指定的调查人员的资质、经验、职务等应与偏差产生的风险等级或复杂程度相适应（调查人员中应至少有 1 名 QA）。

3. 偏差调查 对确认为不影响产品质量的轻微偏差，由 QA 做出解释，并确认该行为、过程或状态得以正确纠正后，可以不进行调查，只需将对该偏差做出解释、纠正的措施等记录并归档。但对多个重复出现的同类轻微偏差，应对偏差的根本原因进行调查。通常情况下，由指定的质量管理人员对偏差进行调查，对于某些复杂的调查，需成立跨职能团队完成调查。偏差调查的主要内容包括：①与偏差发生过程中涉及的人员面谈；②回顾相关的规程、质量标准、检验方法、验证报告、设备校准记录、变更控制等；③复核涉及批号的批记录、清洁记录、维修记录、预防维修记录等；④复核产品、物料或留样；⑤回顾相关的投诉趋势、稳定性考察结果趋势、曾经发生过的类似不符合事件趋势；⑥必要时访问或审计供应商；⑦评价对前后批号的影响。

4. 偏差影响评估、纠正预防措施的制定 根据上一步骤调查的结果，质量保证部及相关部门组成小组会议，对偏差的影响范围和程度进行正确的评估，偏差影响评估通常包括：①对产品质量的影响，如对验证状态的影响、对上市许可/注册文件的影响、对客户质量协议的影响等；②是否需要对产品进行额外的检验以及对产品效期的影响，必要时，应对涉及的产品进行稳定性考察；③是否需要进行额外的文献查阅或实验室研究。偏差处理领导小组根据偏差调查报告阐述的根本原因、额外的文献查阅以及实验室研究资料，制定相应的纠正预防措施以及所涉及物料、产品的处理措施。

5. 偏差跟踪及关闭 根据偏差处理领导小组制定的纠正预防措施，确定实施的负责人和完成期限，QA 人员对纠正预防措施的实施、追踪、修改、关闭情况进行跟踪，经对所指定的应急措施以及纠正措施实施结果的有效性进行评估确认后，方可决定关闭偏差，偏差处理相关记录由质量保证部负责归档保存。

（二）实验室检验结果偏差 OOS 处理流程

OOS 结果报告检验结果偏差一旦出现，检验员应立即报告质量控制部经理，检验过程中的样品应予以保存以备调查，检验员及质量控制部经理应尽快进行实验室内部调查。

1. 实验室初步调查 由检验人员与质量控制部经理一起实施实验室调查以确定 OOS 结果的有效性，通常情况下，需调查：①检验人员是否使用了符合标准、经过校验并通过系统适应性确认的仪器；②回顾检验方法，确定遵循了相关规程和技术要求；③检查原始数据，包括图谱及其他相关的信息；④回顾检验结果及计算；⑤确认仪器性能，检查保留的溶液和玻璃器皿外观，确定使用了正确的容量瓶、无污染的玻璃器皿；⑥确定使用了适当的标准品、对照品、试剂及溶剂；⑦检查检验人员的培训历史及工作经验、人员资质。

2. 实验室初步调查结果确认 若实验室初步调查确定实验室错误，则由 QC 负责人指派一名经验丰富的检验人员和原检验人员共同对原始样品进行复检，根据实际需要制定检测次数 n。每人各检 n 次，若 n 次结果均合格，则取 n 次的平均值报告并制定相应的纠正预防措施；若 n 次结果有 1 次不合格，则判定 OOS 结果。

3. 取样调查 当实验室初步调查不能确定实验室错误时，需对样品和取样过程进行调查。若调查发现样品本身或取样过程存在错误，导致所取样品不具代表性，则需要进行再取样检验。再取样应填写申请表，由 QA 负责人批准后方可实施。再取样品由 QC 负责人指派一名经验丰富的检验人员和原检验人员共同重复实验，根据实际需要制定检验次数 n，每人各检 n 次，若 n 次结果均合格，取 n 次结果平均值报告，并制定相应的纠正预防措施，若 n 次结果有 1 次不合格，则判定为 OOS 结果。

4. 全面调查 当样品和取样过程调查未发现错误时，则需要启动全面调查。若样品为进厂原料，则由 QC 负责人指派一名经验丰富的检验人员和原检验人员共同对原始样品进行复检，根据实际需要制定检验次数 n，每人各检 n 次，若 n 次检验结果均合格，取 n 次结果平均值报告；若 n 次结果有 1 次不合格，则出具不合格报告。

若样品为中间产品或成品，则启动生产过程偏差调查，若调查确认为生产过程偏差，则由 QC 负责人指派一名经验丰富的检验人员和原检验人员共同对原始样品进行复检，根据实际情况制定检验次数 n，每人各检 n 次，若 n 次结果均合格，则取 n 次平均值报告并制定相应的纠正预防措施。

若调查并未确认为生产过程偏差，则由 QA 进行全面评估，若发现实验室初步调查、样品及取样过程调查、生产过程偏差调查存在有疑义的地方，则针对疑义处重新展开调查；若确定实验室初步调查、样品及取样过程调查、生产过程偏差调查均无误，则可将该结果认为一个逸出值，是待测样品检验时固有的波动，由 QA 批准进行复检。复检由 QC 负责人指派一名经验丰富的检验人员和原检验人员共同对原始样品进行复检，每人各检 3 次，若 6 次结果均合格，且其相对偏差不超过 1%，则取 6 次平均值报告；若 6 次结果均合格，但其相对偏差超过 1%，则将该批中间体或成品进行稳定性试验，并增加检测项目，若 6 个月的加速试验数据均比较稳定，则可批准放行，否则按照不合格品进行处理；若 6 次检验结果有 1 次不合格，则出具不合格报告，并制定相应的纠正预防措施。

企业各部门负责人应当确保所有人员都能够正确的执行生产工艺、质量标准、检验方法等操作规程，防止不必要的偏差的产生；但是有些偏差是不可避免的，所有企业应当建立偏差处理的操作规程，规定偏差的报告、记录、调查、处理以及所采取的纠正措施，并也有相应的记录可以追溯。

第七节　纠正措施与预防措施

PPT

当药品生产企业发生偏差以及其他问题后，企业应当建立纠正措施和预防措施系统，对偏差、投诉、召回、自检或外部检查结果、工艺性能和质量监测趋势等进行调查并采取纠正和预防措施。调查的深度和形式应当与风险的级别相适应。纠正措施和预防措施系统应当能够增进对产品和工艺的理解，改进产品和工艺。

一、纠正措施与预防措施的概念

纠正措施和预防措施（Corrective Action & Preventive Action，CAPA），是“纠正措施”和“预防措施”的合写，“纠正措施”是指为了防止又出现的不合格、缺陷或其他不希望的情况再次发生，消除其原因所采取的措施。“预防措施”是指为了防止潜在的不合格、缺陷或其他不希望情况的发生，消除其原因所采取的措施。

从纠正和预防措施的概念中我们能看出，纠正措施是对已经或正在出现的不符合情况采取的措施或手段，使之符合相关的规定和要求；预防措施，则是从某种“准现象”的出现或趋势的预测，即不符合尚属“未遂”阶段，有针对性地对可能出现的偏离或不符合而采取的措施或手段，使之不发生不符合或不再发生类似不符合情况。简而言之，纠正措施，是问题出现或不足、缺陷产生后的处理或补救，是一种被动性的处理方式；预防措施，则为问题未出现或尚未发生的事前防范性措施，以使质量活动不偏离、质量事故不发生，是一种主动性的处理方式。纠正措施和预防措施是连贯而统一的工作，但两者之间也存在差别，详见表 10－3。

表 10－3　纠正措施和预防措施的特点

	纠正措施	预防措施
目的	消除实际不合格原因	消除潜在不合格原因
性质	被动性处理方式	主动性处理方式
实施要求	确定并有效实施，将有关信息提交管理评审，提升企业质量管理水平	

二、纠正措施与预防措施实施的程序和内容

CAPA 是药品生产企业进行偏差纠正和持续改进的一部分，也是药品质量管理的核心内容，企业应当建立合适的纠正和预防措施系统，建立与之对应的操作规程，并严格实施。

（一）在 CAPA 操作规程的主要内容

一个完整的 CAPA 管理规程应包括以下内容。

（1）对投诉、召回、偏差、自检或外部检查结果、工艺性能和质量监测趋势以及其他来源的质量数据进行分析，确定已有和潜在的质量问题。必要时，应当采用适当的统计学方法。

（2）调查与产品、工艺和质量保证系统有关的原因。

（3）确定所需采取的纠正和预防措施，防止问题的再次发生。

（4）评估纠正和预防措施的合理性、有效性和充分性。

（5）对实施纠正和预防措施过程中所有发生的变更应当予以记录。

（6）确保相关信息已传递到质量受权人和预防问题再次发生的直接负责人。

（7）确保相关信息及其纠正和预防措施已通过高层管理人员的评审。

（二）CAPA 实施的主要内容

CAPA 的要求：需要调查和分析与药品、生产过程和质量体系有关的已产生或潜在的真正原因，并记录调查结果，通过记录，确定针对不合格要求所采取的纠正或预防措施的处理步骤，并有效实施，跟踪实施过程，确认实施结果，必要情况下，要做相关验证工作。纠正和预防措施还需将有关信息提交给管理部门进行评审，作为完善质量活动和进行经济分析改造的依据。但采取纠正措施和预防措施时应与问题的重要性及所承受的风险程度相适应。

可见在纠正和预防措施中，首先实施了纠正措施，这是必须和应该采取或实施的；在某些情况下预防措施是以纠正措施为前提和基础，为纠正措施的后续措施，且是纠正措施的深化、发展和“升华”。虽然两者是两个不同的工作阶段且不全相同的工作内容，但两者的工作内容是相互衔接和连贯的。

在下列情况下会发现药品生产企业关于药品生产过程或是整个质量体系的不合格、缺陷或是不希望发生的情况：①销售部反馈的客户投诉或是退货现象；②企业的召回事件；③QC 部门反馈的不合格品检验结果或是其他的偏差情况，如稳定性试验过程中；④工程维护部门实施维护和维修，对仪表进行校验的结果；⑤企业内部自检结果；⑥外部审计结果；⑦生产车间计算物料平衡或是收率；⑧整个药厂的环境监测；⑨年度质量体系回顾等。

恰当地使用上面所提及的各方面信息包括影响产品质量的有关过程，对不合格品评定结果、各种审核报告、评审报告、质量记录、顾客投诉，通过对这些信息仔细专业地分析，必要时，采用适当的统计学方法，发现、分析不合格的潜在原因。还有一个发现潜在不合格原因的方式是为企业成立专门的分析小组，定期地对企业内部的工艺性能和质量监测趋势进行科学的分析，这时就往往要根据各类批记录等记录，各类质量控制的统计表（图）、生产过程中的信息反馈、审核（或评审）工作中涉及的少量输入，由表及里地分析或预测不符合标准潜在的因素或可能隐患，剖析其深层次原因，最终找到根本潜在的可能造成不合格的原因。

当发现了企业内的不合格、缺陷或是不希望发生的现象，或是可能导致这些不合格、缺陷或是不希望发生的情况的潜在原因（趋势）时，就要及时启动纠正和预防措施。发现问题的人员将情况记录下来并报告给 QA 部门。

QA 部门收到不合格报告后，确定责任部门，并通知相关人员在准确地评估缺陷或问题的严重程度和影响范围的基础上对不合格的问题进行调查分析，调查的深度和形式应当与风险的级别相适应，找到

根本原因。在分析问题时，要采用必要的科学分析手段，尽可能地找出问题的根本原因。

造成不合格、缺陷或是潜在问题或不良趋势的原因可能存在于以下情况之中。

（1）生产工艺能力不足。

（2）工艺控制和检验问题，包括工艺控制不当，操作不符合程序规定，操作者、检验员不具备相应技能，缺乏培训，检验规程不全面、不准确等。

（3）工艺没有被有效地验证或是没有正确地执行工艺验证。

（4）工艺装备、测试设备和环境问题，包括设备能力不足，测试设备与要求不适应，设备缺乏维修保养，温度、湿度等环境条件对设备或检测的影响等。

（5）物料及生产现场管理问题使用未检验的物料或标识不清造成混料或错料，生产现场状态不清造成混淆等。

（6）分析方法不能满足要求或是没有正确地执行分析方法等。

可通过分析上述范畴的内容，来最终寻找到问题产生的原因。值得注意的是，在寻找到现已发生的问题的原因后，就可以为展开纠正措施奠定基础，但是还需进一步对产生这些问题的潜在原因进行具体分析，以期能够预防这些问题在企业中再次发生，这就是预防措施。

QA 部门及相关人员在找到根本原因后，要根据原因拟定相应的纠正和预防措施计划。一般而言，是要拟定出多套执行计划。药品生产企业要在备选计划中选择出既能消除问题根本原因，又与由此造成的风险大小相适应的有效措施，必要时要加以验证。

在拟定的纠正和预防措施计划中要确定缺陷项目事实，明确总负责人、具体的相关协作人员和实施步骤、预计的完成期限以及纠正和预防措施执行之后所预期达到的目的。

三、纠正措施与预防措施实施后跟踪和调查

QA 及相关拟定纠正和预防措施的部门将最终筛选出的计划进行研究分析，如果有必要，报企业负责人，通报质量受权人。企业负责人审核后，批准实施呈报给高层管理人员和质量受权人。高层管理人员和质量受权人对计划进行评估和审核。

（一）纠正和预防措施认可的原则

（1）相关部门针对缺陷项目的原因的分析要全面和系统，不能流于形式。

（2）制定的纠正和预防措施具有针对性、可操作性并与缺陷项目所带来的质量风险是相符合的。

（3）制定的纠正和预防措施能举一反三，避免类似问题的发生。

（4）有明确的责任人和完成期限。

（5）在执行纠正和预防措施之后，能有效地解决问题，并不产生其他负面影响。

（6）纠正和预防措施有较强的系统性，并能较好地防止不合格再次发生。

纠正和预防措施经过认可之后，还需对措施进行批准，一般是由企业质量管理负责人批准。这样做的目的是为纠正和预防措施实施创造有效条件，确保纠正和预防措施能够有效实施。如果纠正和预防措施涉及几个部门而不是单一某个部门的话，企业质量管理负责人需要加以协调。经过批准后的纠正和预防措施可由相关部门和人员付诸实施。

纠正和预防措施计划一经批准就可开展实施活动。为消除实际或潜在的不合格原因而采取的纠正和预防措施在实施过程中要有一定人力和物力的投入，投入多少应与问题大小、风险程度高低相适应，即用最佳成本获得规定药品质量标准要求和质量体系要求的有效性。在实施过程中要能找出其他类似的缺陷项目，能够举一反三，增大纠正和预防措施的范围和作用。

纠正和预防措施的完成期限要根据内容和难易程度而定，一般纠正和预防措施的完成期限规定如

下：严重缺陷项目一般为3个月；一般缺陷项目一般为1个月；性质轻微的缺陷项目可在现场立即进行纠正。

在执行纠正和预防措施的过程中可能会遇到计划之外的事，例如遇到某些客观原因不能按期完成。这时执行部门必须向企业质量管理负责人或质量管理部门说明原因，并请求延期，在得到质量负责人的批准后，方可修改纠正和预防措施的实施计划。

在纠正措施和预防措施的实施过程中和实施后，应由质量管理部门负责对其措施的可行性、有效性、合理性、充分性和可靠性进行跟踪及调查。通常在药品生产企业中，有QA负责建立并管理的相关程序，以确保跟踪确认正常有序的实施。

对纠正和预防措施进行跟踪确认的目的是能够促进相关部门采取和实施有效的纠正与预防措施，防止缺陷项目的再次发生，确认纠正和预防措施的有效性，确保消除存在的严重缺陷项目。根据缺陷项目的性质，可采取不同的纠正和预防措施跟踪确认方式。主要有文件检查、现场检查、提交纠正和预防措施实施方案在下一次企业自检中复查等确认方式。

（二）纠正措施和预防措施实施后跟踪与调查效果评估

纠正和预防措施的跟踪确认过程中要确认的实施及效果方面如下。

（1）计划要按规定时间完成；计划中的各项措施要全部完成。

（2）完成后的效果要达到预期的要求；措施完成情况要有详细记录。

（3）当措施执行引起了相关程序的更改的话，要确保程序更改的内容是有效的，更改的文件要按文件控制规定进行起草、批准和发放并得到执行。

（4）措施执行引起的相关文件资料，如验证文件、变更申请和培训资料记录等应是完整的。

实施的纠正和预防措施的过程和效果都应记录，发现问题时要记录发生的具体问题描述、调查分析问题的整个过程、批准人的意见及签名、执行措施的每一步骤的详细记录、跟踪确认过程对每一项目执行效果的记录等，这些记录作为质量活动或质量管理的重要输入，以利于持续改进和提高。

在纠正或预防措施中还必然会涉及质量体系及质量文件的变化，因为纠正和预防措施就是要使得产生问题和缺陷的质量体系或活动能够进行适当的改变后符合相关要求。这时必须要遵循文件修改程序进行起草、批准和发放并得到执行并予以记录。在拟定纠正和预防措施时，有些情况下需要做相关的验证活动，这也要形成完整的验证记录。验证后，若证明措施确实有效的、充分的和可靠的，那么就要对相关文件进行永久的更改，必要时可对人员提供适当的培训。所有关于纠正和预防措施的记录都由质量管理部门保存，有条件的企业还可以建立CAPA数据库，保证在发生问题时，可以有效地运行CAPA数据库。

第八节　供应商的评估和批准

PPT

由于药品生产所使用的物料质量水平是药品质量水平的基础，对物料供应商质量管理体系的评估就显得非常重要。

一、供应商分类及批准前提

由于不同的物料在工艺过程中所起的作用不一，不同的工艺可能对同一种物料的质量需求也不一，因此，药品生产企业需要对生产所用物料进行分类管理，与此相对应，物料的供应商通常也需要根据物料的分类和需求标准来进行分级管理。各企业应当结合自身品种和工艺的特点建立适合本企业的供应商分级管理标准，一般情况下，可根据物料对药品质量的影响程度、物料质量稳定性、物料用量及用途将物料分为关键物料和一般物料，则相应的供应商也可随之分为关键物料供应商和一般物料供应商来进行管理。其中，关键物料可包括生产所用的外购中间体、起始物料、在工艺中最后纯化步骤使用的物料、内包材及印刷性包装材料，以及其他影响产品质量并且现行工艺无法去除其影响的物料；一般物料可包括非印字的不直接接触产品的包装材料、生产区域的消耗品和对原料药的质量没有直接影响或影响可以被后续工艺步骤去除的物料。

进行关键物料供应商批准前，需确认以下工作是否完成：①供应商的调查问卷、质量协议等书面资料；②检查并对比供应商分析报告书上的结果和自己的检验数据（一般为前 3 个批次）；③物料小试或试生产的总结报告，必要时包括稳定性试验结果；④现场审计报告；⑤其他内部规程规定的数据和资料。

进行一般物料供应商批准前，通常需对以下工作进行确认：①供应商的调查问卷、质量协议等书面资料；②检查并对比供应商分析报告书上的结果和自己的检验数据（一般为前 3 个批次）；③通常不需要进行现场审计，但当发生特定的质量事件时（如供应商近期的供货经常出现不合格的批次），应考虑进行现场审计；④其他内部规程规定的数据和资料。

二、供应商的调查与审计

在选择供应商时，企业首先由物流管理部门根据企业所生产产品特点和生产需求向有意向的供应商发出供应商评鉴表；收到供应商填写的供应商评鉴表反馈后，企业对供应商进行初步分析筛选，与符合企业要求的供应商进行洽谈，对供应商的资质进行确认。通常情况下，供应商需提供以下资质证明材料：企业法人营业执照、机构代码证、国税登记证、受委托人身份证、委托书、生产（或经营）许可证、GSP 证书、原辅包备案登记平台登记号等，以上相关资料均需加盖供应商企业公章。

若供应商资质符合要求，有物流管理部门联系供应商提供样品，样品量应为全检量的 3 倍并附报告书，原材料和内包装材料需提供 3 个批号样品，外包装材料需提供一个批号样品。质量控制部根据公司批准的质量标准对样品进行检验，并出具检验报告。样品检验不合格，停止对该供应商的审查。样品检验合格，若该供应商为关键物料供应商，则进行关键物料供应商现场审计。若该供应商为一般物料供应商，则由质量管理部门批准进行供应商试用。

供应商提供的样品检验合格后，药品生产企业需制定供应商管理规程，由质量管理部门组织相关部门人员按规定定期对供应商进行现场审计，现场审计通常需对以下内容进行确认：①人员机构；②厂区设施；③设备；④物料管理；⑤生产工艺流程和生产管理；⑥质量管理；⑦文件检查；⑧产品的贮存与发运。完成现场审计后，审计小组跟供应商进行意见交换，并根据审计的情况提出要求整改的项目，供应商应在规定限期内整改完毕，由审计小组进行复查或确认。现场审计结束后，审计小组根据审计的情况填写审计报告，对供应商的质量评估独立地做出结论。若现场审计结论为不合格，重新选择潜在供应商。

三、供应商批准与管理

质量管理部门在对相关文件资料进行审核后，确认无误，即可批准试用供应商，在试用效期内，允许从该供应商处采购物料进行试生产。由物控部从经该供应商处采购物料，质量控制部检验合格后，生产部使用该物料试生产 3 批。

试生产结束后，如产品质量合格，由 QA 人员提出申请，经物控部、生产部、质量保证部审核后，交由质量管理负责人批准，批准后将该物料供应商列入合格供应商台账中；若试生产不合格，则取消其供货资格。

如通过经销商来采购生产厂家的产品，由物流管理部门提交经销商的基本情况调查表，质量管理负责人审批同意后，列入合格供应商台账。但经销供应物料的生产厂家必须经过公司相应的质量审计，且经销商需提供以下文件资料：营业执照、相应的产品经营许可证、厂家的检验报告单等。经销商代理的生产厂家要保持相对不变，产品的包装要保持固定不变，要有明确的品名、批号和生产厂家。物流管理部门负责监控经销商的合法性以及质量、信誉等保证能力，如发生变更，及时通知质量管理部门。

四、供应商变更管理

改变物料供应商，应当对新的供应商进行质量评估；改变主要物料供应商的，还需要对产品进行相关的验证及稳定性考察。

质量管理部门应当定期对合格物料供应商进行定期评价与复审，回顾分析物料质量检验结果、质量投诉和不合格处理记录。如物料出现质量问题，或生产条件、工艺、质量标准和检验方法等可能影响质量的关键因素发生重大改变时，还应当尽快进行相关的现场质量审计。

企业应当对每家物料供应商建立质量档案，档案内容应当包括供应商的资质证明文件、质量协议、质量标准、样品检验数据和报告、供应商的检验报告、现场质量审计报告、产品稳定性考察报告、定期的质量回顾分析报告等。

第九节　产品质量回顾

PPT

产品质量回顾（Product Quality Review，PQR）就是综合运用风险管理、统计学工具或技术等，对药品生产质量管理体系及其运行的方方面面和影响因素等，根据规定的程序进行分析和评价，形成书面报告，以确定生产过程和质量控制手段的有效性，并能及时发现可能存在的缺陷，制定改进及预防措施，以促进不断提高产品质量。有效的产品质量回顾不但可以确认现行生产工艺及控制方法的有效性，评估偏差控制、变更控制等系统的有效性，还能够通过产品质量回顾来寻找改进产品各项工艺或发现降低成本的途径。

一、产品质量回顾的分类与内容

企业应当建立产品质量回顾体系，按照已批准的操作规程，定期或者不定期对所有生产的药品按品种进行产品质量回顾分析，当然，企业的产品质量回顾的效果依赖企业日常收集数据的真实性、及时性、完整性和规范性。

（一）产品质量回顾产品分类

由于产品质量回顾内容很多，为了提高质量回顾的工作效率，药品生产企业须运用风险管理的理念，先将产品进行分类，然后再选取具有代表性的品种或规格进行质量回顾分析，举一反三。分类原则如下。

1. 生产工艺和质量控制相似、共线生产的非高风险类产品　可按剂型或产品系列进行分类。

2. 高风险产品　可按品种或产品系列进行分类。

3. 常年生产的产品　可按剂型、产品或产品系列进行分类。

4. 无菌原料药　可按产品或产品系列进行分类。

5. 该年度变更工艺或关键生产设备等变更的产品　如注射剂灌装设备变更、除菌过滤系统变更、灭菌设备改变，可按剂型、产品或产品系列进行分类。

6. 委托加工的产品　可按产品或产品系列进行分类。

当然，如果在分类过程中，如果剂型、中间控制、控制项目、公用设备设施等项目可以分类或合并的也可以依此进行。

（二）产品质量回顾的主要内容

（1）根据 GMP，企业至少应当对下列情形进行回顾分析。

1）产品所用原辅料的所有变更，尤其是来自新供应商的原辅料。

2）关键中间控制点及成品的检验结果。

3）所有不符合质量标准的批次及其调查。

4）所有重大偏差及相关的调查、所采取的整改措施和预防措施的有效性。

5）生产工艺或检验方法等的所有变更。

6）已批准或备案的药品注册所有变更。

7）稳定性考察的结果及任何不良趋势。

8）所有因质量原因造成的退货、投诉、召回及调查。

9）与产品工艺或设备相关的纠正措施的执行情况和效果。

10）新获批准和有变更的药品，按照注册要求上市后应当完成的工作情况。

11）相关设备和设施，如空调净化系统、水系统、压缩空气等的确认状态。

12）委托生产或检验的技术合同履行情况。

产品质量回顾完成后，应当对回顾分析的结果进行评估，提出是否需要采取纠正和预防措施，或进行再确认或再验证的评估意见及理由，并及时、有效地完成整改，并留有相关记录。

药品委托生产时，委托方和受托方之间应当有书面的技术协议，规定产品质量回顾分析中各方的责任，确保产品质量回顾分析按时进行并符合要求。

（2）通常情况下，药品生产企业产品质量回顾需要包括以下内容。

1）产品的基础信息，包括产品的名称、规格、包装形式、有效期/复验期、批量等。

2）每种产品的所有生产批号、生产日期、产品检验结果（物理、化学等）、关键中间控制检验结果、成品收率、产品最终放行情况（合格和不合格）等信息的汇总，并需对关键数据进行趋势分析。

3）对生产中涉及的关键工艺参数的统计及趋势评估，并与往年趋势进行对比分析。

4）对产品进行返工的原因、涉及数量及处理结果。

5）对所涉及的所有原料、包材、中间体、成品的所有检验结果超标的批次及其调查结果。

6）所有重大偏差及其调查报告（内容、原因），以及已经采取的纠正和预防措施的结果。

7）与产品相关的原料、包装材料的变更。

8）产品及其原料质量标准、内控标准及分析方法的变更。

9）对生产设施、设备、工艺参数等进行的所有变更（包括内容、申请时间及执行情况）。

10）产品的稳定性试验结果和任何不良趋势（包括试验原因、含量趋势图、异常点分析、各检验项目趋势总结等）。

11）所有与质量相关的退换货、投诉和召回的情况，以及对其进行的调查（包括发生的原因、涉及数量及其最终处理结果）。

12）与产品工艺或设备相关的纠正措施的执行情况和效果。

13）新获批准和有变更的药品，按照注册要求销售后应完成的工作情况。

14）生产相关设备和设施的验证，如 HVAC、纯化水系统等。

15）设备及仪器校验情况回顾。

16）人员培训及人员培训效果回顾。

17）自检情况的回顾，自检过程发现的问题、整改情况及跟踪检查情况。

18）药政部门检查的问题回顾，对药政部门监督检查过程中存在问题的整改情况。

19）第三方或下游供应商审计的问题回顾，对审计过程中存在问题的整改情况。

20）必要时需对之前完成的产品质量回顾报告中的纠正预防措施执行结果确认。

21）委托生产或检验的技术合同履行情况。

22）工艺用水日常监测数据趋势分析。

23）洁净区日常监测数据趋势分析。

二、产品质量回顾的工作流程

产品质量回顾计划的制定责任部门根据自己的产品制订质量回顾计划，在制订时，每种产品按照剂型分配责任人，专人专项；安排质量回顾时间时，可采取分散滚动的形式，在一年内分散进行产品质量回顾。

1. 信息收集与报告编制 信息收集时，各产品质量回顾负责人应联系相关部门，收集相关信息，并对所得的数据信息，运用统计等技术进行分析，进一步了解产品质量。报告时，应当写明分析所得的结论及相应异常数据的原因分析和改进措施。产品质量回顾报告应至少包括：①产品质量回顾具体计划，包括产品质量回顾的具体时间范围和回顾总结完成截止日期；②对产品质量回顾的总结，应包括数据趋势，根据所生产产品的检验数据和生产数据，以表或图的形式进行总结并给出评价性的结论，如质量稳定、某项指标有超标的趋势等；③对支持性数据回顾发现的问题；④需要采取的纠正和预防行动的建议；⑤纠正和预防行动的行动计划和责任人及完成时间；⑥之前产品质量回顾中纠正和预防措施的完成情况；⑦通过产品质量回顾，总结当前产品的生产情况及结论。

2. 报告的形成、审核与分发 在责任部门拟好产品质量回顾报告后，应提交给有关部门进行审核，如生产、工艺、注册、质量管理、质量控制等部门。经审核合格的质量回顾报告，由质量保证部门复印、分发给各相关部门，并将报告原件在质量管理部门留档永久保存。

3. 纠正与预防措施的实施与跟踪 其制定主要是各相关部门按照产品质量回顾报告中制定的改进措施及完成时间进行整改。预防与纠正措施跟踪是指相关产品质量回顾负责人对制定的预防与纠正措施进行跟踪，并将其执行情况汇总在下一年度回顾报告中。

三、产品质量回顾统计工具

在进行质量回顾时，需要将系统收集的与产品质量有关的各种数据运用风险管控的工具或者统计学方法对数据进行整理、加工和分析，进而得出各种图表，计算某些数据指标，从中找出质量变化的规律，从而实现对质量的控制。通常情况下，常用的方法有头脑风暴、鱼骨图、直方图、控制图等，还可以采用 FMEA、故障树、HACCP、排序与过滤、过程能力（PAT）等工具进行分析和寻找解决问题的方法，关于质量风险管理的工具及其使用，在本书第二章有详细阐述。

以下举个实例，即通过风险管理工具发现 OOT。

OOT（Out of Trend）超趋势结果：不符合预期趋势的稳定性结果，所述预期趋势来自其他稳定性批次的研究，或者来源于稳定性研究前面时间点收集到的数据。是指随生产时间的变化产生的在质量标准限度内，但是超出预期期望的一个结果或一系列结果（比如稳定性降解产物的增加）。起始原料和中间产品的趋势也可能产生 OOT。

产品质量统计分析中，利用质量控制图工具进行分析有 3SD 原则：产品质量指标的上下限至多偏离正态分布均值 3 个标准差。产品质量在合格范围内超过了 3SD 就是 OOT 了，单个的数据可能只需要关注、登记；连续出现等情况就必须按照偏差进行调查处理。

OOT 主要有以下几类。

（1）同一产品不同批次之间，超出历史典型值范围，如某产品的含量标准为 95.0% ~105.0% 成分含量历史典型值为 98.0% ~103.0%，但此次为 96.0%，构成一次异常检验结果。此类适用于样本数没有达到进行统计分析的数据。

（2）同一产品不同批次之间，检验结果超出 3SD，SD 可选择每年头生产的 20 ~ 30 个批次统计，也可以依据去年一年的数据进行统计，确定 SD 的数值，从而确定可控制的范围，超出范围即 OOT。

（3）当检验结果为边缘数据时，可判为 OOT。

（4）稳定性数据分析，依据统计分析，超出预订的趋势。

当 OOT 出现时，通常需要确定是产品原因或仅是操作或分析偏差，调查深度由 OOT 性质决定。

常用的 OOT 判断工具有阈值法、控制图法、非参数公差法等。

如下采用回归控制图法对 OOT 进行确认。

回归控制图（Regression Control Chart）是在对历史数据按照一定的回归方法建立工艺模型的基础上，依据假设检验原理构造的一种控制图。在稳定性试验 OOT 确认中，通常采用最小二乘法拟合历史数据，从而建立一元线性模型并以此作为中心线，然后根据一定置信水平建立上、下控制限。该法要求假定所有数据符合正态分布且相互独立，并在整个监测周期内变异性恒定或近似恒定，批间比较法还要求所有批次具体有相同的线性斜率。

回归控制图法适用于批内数据和批间数据的比较。对于批内比较，回归线拟合该批次的数据；对于批之间的比较，回归线拟合假设有相同斜率但可为不同批截距的特定产品的历史数据。在使用回归控制图法时，需要对截距、斜率和均方误差平方根进行估计。对于某一特定批次在特定时间点的预期结果的估计值可以按照以下公式计算：预期结果 = 截距 + 斜率 × 时间。而特定时间点的上、下控制限则可依据下面公式计算：预期结果 $\pm k \times s$。其中，k 是置信乘数，为根据所需置信水平而确定的正态分位数（$k=1$，置信水平 $p=95.44\%$；$k=2$，$p=99.73\%$；$k=3$，置信水平 $p=99.999998\%$）；s 为回归中数据的均方误差（MSE）的平方根。

在特定时间点中，稳定性试验数据点处于上述上、下控制限之内时则认为是可控的，不属于 OOT 结果；而当稳定性试验数据点处于上、下控制限之外时，则该点属于 OOT 结果，需要对其进行深入调查以确定产生趋势偏离的原因。在回归控制图法中，可以通过置信乘数 k 的选择来确定上、下控制限的宽度，进而控制出现假阳性结果和假阴性结果的概率。

某批药品的稳定性试验中前 18 个月的含量测定数据（均在质量标准限度内）见表 10 - 4，其中前 12 个月期间的数据用于设定该批的回归控制图的上、下控制限度。根据最小二乘法回归的原理，使用 EXCEL 计算得到回归方程的截距、斜率和均方误差平方根的估计值（如表 10 - 4 中部），并由此得到中心线回归模型方程 $R=-0.14T+100.98$ 和计算各时间点的预期结果 R^*。然后再依据 99.73% 的置信水平选择置信乘数 k 为 3，再根据方程 $R^* \pm ks$ 可得到上控限回归方程：$R=-0.14T+104.31$ 和下控制限回归方程：$R=-0.14T+97.65$。将中心线、上控线和下控线的三个回归方程在同一坐标图内作出（图 10 - 3），并均向前预测若干个周期（如 10 个月）。最后参照回归控制图（图 10 - 3），可以确认第 18 个月的数据点（图 10 - 3 中方形点）不在上、下控制线内，应当判定该含量测定结果为 OOT 结果。

表 10－4　某批药品稳定性试验 OOT 确认相关数据

时间 T（月）	含量 R（%）	截距	预期结果（R^*）	上控限（R^*+ks）	下控限（R^*-ks）
0	100.3	100.98	100.98	104.31	97.65
3	102.1	斜率（slope）	100.56	103.89	97.23
6	99.2	－0.14	100.14	103.47	96.81
9	99.7	乘数（k）	99.72	103.05	96.39
12	99.4	3	99.30	102.63	95.97
18	92.4	均方误差平方根（s）			
		1.11			

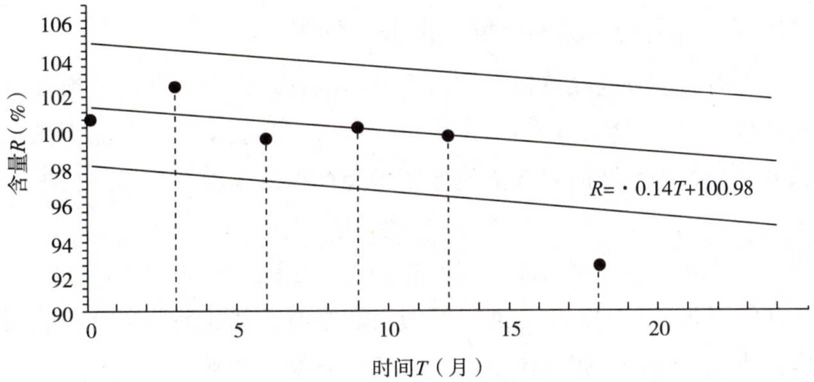

图 10－3　某批药品稳定性实验 OOT 确认回归控制图

第十节　投诉与不良反应报告

PPT

药品由于其质量要求的严格性，药品生产企业必须对有关本企业药品质量投诉、不良反应报告与监测工作予以高度的重视，体现药品生产企业应尽的社会义务。实际上有关企业药品的投诉与药品不良反应的报告，也是企业进行产品质量改进的重要源泉。2019 年新《药品管理法》确立了药品上市许可持有人制度，并明确药品上市许可持有人应对其产品履行不良反应监测及报告与处理责任。

一、药品不良反应报告

随着药品品种和使用数量的大幅度增加，不断增多的药品不良反应也逐渐引起了世界各国的注意。在 20 世纪 60 年代初“反应停”事件后，许多国家修订了本国的药品监管法规，建立了药品不良反应（Adverse Drug Reaction，ADR）监测报告制度。我国于 1989 年成立了专门的 ADR 监测机构——中国药品不良反应监测中心，1998 年中国正式成为 WHO 国际药品监察合作计划的正式成员国，并于 2004 年颁布了《药品不良反应与监测管理办法》，2010 年又对这个办法进行修订，新的《药品不良反应报告和监测管理办法》已于 2010 年 12 月 13 日由卫生部予以发布，自 2011 年 7 月 1 日起施行。自此，我国的 ADR 监测管理逐渐步入了正轨，从而加强上市药品的安全监管，规范了 ADR 报告和监测的管理。

（一）药品不良反应的概念

药品不良反应（ADR），是指合格药品在正常用法用量下出现的与用药目的无关的有害反应。严重药品不良反应，是指因使用药品引起以下损害情形之一的反应：导致死亡；危及生命；致癌、致畸、致出生缺陷；导致显著的或者永久的人体伤残或者器官功能的损伤；导致住院或者住院时间延长；导致其他重要医学事件，如不进行治疗可能出现上述所列情况的。

1. 新的药品不良反应 药品说明书中未载明的不良反应。说明书中已有描述，但不良反应发生的性质、程度、后果或者频率与说明书描述不一致或者更严重的，按照新的药品不良反应处理。

2. 药品群体不良事件 同一药品在使用过程中，在相对集中的时间、区域内，对一定数量人群的身体健康或者生命安全造成损害或者威胁，需要予以紧急处置的事件。同一药品指同一生产企业生产的同一药品名称、同一剂型、同一规格的药品。

3. 药品不良反应报告和监测 药品不良反应的发现、报告、评价和控制的过程。

4. 药品重点监测 为进一步了解药品的临床使用和不良反应发生情况，研究不良反应的发生特征、严重程度、发生率等，开展的药品安全性监测活动。

（二）药品上市许可持有人的药品不良反应报告与监测

药品上市许可持有人应当建立药品不良反应报告和监测管理制度。药品上市许可持有人应当设立专门机构并配备专职人员负责这个工作，药品上市许可持有人应当主动收集药品不良反应，对不良反应应当详细记录、评价、调查和处理，及时采取措施控制可能存在的风险，并按照要求向药品监督管理部门报告。

药品上市许可持有人获知或者发现可能与用药有关的不良反应，应当通过国家药品不良反应监测信息网络报告；不具备在线报告条件的，应当通过纸质报表报所在地药品不良反应监测机构，由所在地药品不良反应监测机构代为在线报告。报告内容应当真实、完整、准确。

药品上市许可持有人应当配合药品监督管理部门、卫生行政部门和药品不良反应监测机构对药品不良反应或者群体不良事件的调查，并提供调查所需的资料。药品生产企业应当建立并保存药品不良反应报告和监测档案。

药品上市许可持有人应当主动收集药品不良反应，获知或者发现药品不良反应后应当详细记录、分析和处理，填写《药品不良反应/事件报告表》。药品上市许可持有人发现或者获知新的、严重的药品不良反应应当在15日内报告，其中死亡病例必须立即报告；其他药品不良反应应当在30日内报告。有随访信息的，应当及时报告。药品生产企业应当对获知的死亡病例进行调查，详细了解死亡病例的基本信息、药品使用情况、不良反应发生及诊治情况等，并在15日内完成调查报告，报药品生产企业所在地的省级药品不良反应监测机构。

药品上市许可持有人获知或者发现药品群体不良事件后，应当立即通过电话或者传真等方式报所在地的县级药品监督管理部门、卫生行政部门和药品不良反应监测机构，必要时可以越级报告；同时填写《药品群体不良事件基本信息表》，对每一病例还应当及时填写《药品不良反应/事件报告表》，通过国家药品不良反应监测信息网络报告。药品生产企业获知药品群体不良事件后应当立即开展调查，详细了解药品群体不良事件的发生、药品使用、患者诊治，以及药品生产、储存、流通、既往类似不良事件等情况，在7日内完成调查报告，报所在地省级药品监督管理部门和药品不良反应监测机构；同时迅速开展自查，分析事件发生的原因，必要时应当暂停生产、销售、使用和召回相关药品，并报所在地省级药品监督管理部门。

药品上市许可持有人应当对本企业生产药品的不良反应报告和监测资料进行定期汇总分析，汇总国内外安全性信息，进行风险和效益评估，撰写定期安全性更新报告。定期安全性更新报告的撰写规范由国家药品不良反应监测中心负责制定。设立新药监测期的国产药品，应当自取得批准证明文件之日起每满1年提交一次定期安全性更新报告，直至首次再注册，之后每5年报告一次；其他国产药品，每5年报告一次。

药品上市许可持有人应当经常考察本企业生产药品的安全性，对新药监测期内的药品和首次进口5年内的药品，应当开展重点监测，并按要求对监测数据进行汇总、分析、评价和报告；对本企业生产的其他药品，应当根据安全性情况主动开展重点监测。

药品上市许可持有人应当对收集到的药品不良反应报告和监测资料进行分析、评价，并主动开展药品安全性研究。药品上市许可持有人对已确认发生严重不良反应的药品，应当通过各种有效途径将药品不良反应、合理用药信息及时告知医务人员、患者和公众；采取修改标签和说明书，暂停生产、销售、使用和召回等措施，减少和防止药品不良反应的重复发生。对不良反应大的药品，应当主动申请注销其批准证明文件。药品上市许可持有人应当将药品安全性信息及采取的措施报所在地省级药品监督管理部门和国家药品监督管理局。在药品不良反应报告和监测过程中获取的商业秘密、个人隐私、患者和报告者信息应当予以保密。

（三）药品上市许可持有人及相关机构在药品不良反应报告与监测中的法律责任

药品上市许可持有人未按照规定开展药品不良反应监测或者报告疑似药品不良反应的，责令限期改正，给予警告；逾期不改正的，责令停产停业整顿，并处10万元以上100万元以下的罚款。

药品经营企业未按照规定报告疑似药品不良反应的，责令限期改正，给予警告；逾期不改正的，责令停产停业整顿，并处5万元以上50万元以下的罚款。

医疗机构未按照规定报告疑似药品不良反应的，责令限期改正，给予警告；逾期不改正的，处5万元以上50万元以下的罚款。药品上市许可持有人违反药品不良反应报告与监测中相关规定，给药品使用者造成损害的，依法承担赔偿责任。

二、药品投诉

投诉（Complaints）即客户提出的对任何已经放行的产品有关安全性，有效性和质量（包括稳定性、产品性能、均一性），服务不满的书面的、电子的或口头的信息。药品生产企业应当建立操作规程，规定投诉登记、评价、调查和处理的程序，并规定因可能的产品缺陷发生投诉时所采取的措施，包括考虑是否有必要从市场召回药品。应充分培训并运行该系统，及时有效地接收、调查和处理投诉，调查导致质量缺陷的原因，并采取措施，防止再次发生类似的质量缺陷；生成和保存相应的记录和报告；通过进行投诉趋势分析，推动公司产品质量和质量管理体系的持续改进。

（一）投诉分类

企业可根据投诉的性质或投诉的严重程度进行分类，可以采用不同的分类标准，如投诉所隐含的潜在质量风险或法规符合性风险的大小、客户的重要程度、投诉涉及金融的大小等，也可以综合考虑各项指标建立复合分类标准。按投诉的严重程度可对用户投诉进行如下分类。

1. A类投诉 所投诉内容非本公司直接原因造成的，属产品出厂后运输、贮存不当或人为恶意破坏造成。

2. B类投诉 投诉内容不涉及产品内在质量，但属于公司直接原因，如标签打印不清楚等，或投诉产品内容不在放行前必检项目内，如产品颗粒度项目等。

3. C类投诉 投诉内容涉及产品质量，可能造成退货或产品召回后果，如异物混入、某项质量指标超标等。

（二）投诉分类处理

根据不同类别的投诉，企业应制定相应的处理程序，上例所示的分类方法可以进行如下处理措施。

1. A 类投诉 应立即答复或在 3 日内做出明确答复，如属误解问题，则需给予对方耐心、科学的解释，以消除用户的疑虑；如属个别缺陷问题，则给予对方道歉，征求公司领导意见，做好善后处理；如需调换产品及时联系相关部门做好调换产品的准备。

2. B 类投诉 用户投诉处理负责人应向用户简要说明已接到投诉。同时立即向主管领导汇报，如有必要，立即向药品监管或卫生行政部门报告，通知有关人员调查取证（批生产记录、包装记录、批现场监控记录、批检验记录、留样样品实物检测记录等）。查明原因后，提出处理意见，报主管负责人批准。1 ~3 周内做出明确答复。

3. C 类投诉 首先向用户简要说明已收到投诉，用户投诉 QA 立即组织有关 QA 人员详细审查批生产记录、批包装记录、批监控记录、批检验记录、贮存记录、留样记录，并立即对留样样品进行检查。1 个月内做出明确答复，如调查完成，可做出调查进度报告。一经确认属于企业产品质量问题，立即报告质量受权人。质量受权人召集有关部门人员，迅速磋商，做出紧急召回决定。若用户对本公司留样样品检测结果有异议，可与本公司协商检测样品采用本公司留样或用户处留样，双方可进行会检，对会检结果仍有异议，可将检测样品交权威部门检测机构进行确认。

（三）投诉处理流程

企业所有用户意见需及时转到用户投诉处理负责人手中，其他人员不得擅自处理。业余时间或节假日由门卫、厂值班员等负责接收用户投诉，并及时转告用户投诉处理负责人。所有接收投诉的人员应做好投诉记录，内容包括投诉人姓名、地址和电话；投诉产品名称、批号、投诉内容；收到投诉日期。

收到用户投诉后，用户投诉负责人应根据投诉内容进行评估，确定问题的性质和类别（如 A、B、C 三类），按批准的类别工作程序及时处理。首先及时对投诉信息进行确认，可以向用户所取照片，必要时现场核实等，若确认投诉事实不成立，立即答复客户。当核实投诉信息无法佐证时，对该投诉进行根本原因调查和影响评估，若确认属于本公司原因，制定纠正和预防措施并及时答复客户，若客户同意所指定的 CAPA 措施，则通知相关部门执行 CAPA 措施。其余情况下，需及时跟客户进行沟通，双方协商解决。发现或怀疑某批药品存在缺陷，应当考虑检查其他批次的药品，查明其是否受到影响。

对用户做出答复时，处理意见要明确，应以用户明白且易于接受为原则。

用户投诉处理负责人投诉调查和处理应当有记录，并注明所查相关批次产品的信息。每年均要将年度用户投诉、产品退货和用户专访等活动书面总结分析，应当定期回顾分析投诉记录，以便发现需要警觉、重复出现以及可能需要从市场召回药品的问题，并采取相应措施。将本年度总结与去年的年度总结进行比较。将总结和评价报送销售公司和质量部，并归档保存。质量部必须找出引起重复性用户投诉而需要特别注意的产品和生产过程（图 10 –4）。

所有活动内容均要详细记录，负责人签名，并分类归档，保存至产品有效期或厂负责期后 1 年。企业出现生产失误、药品变质或其他重大质量问题，应当及时采取相应措施，必要时还应当向当地药品监督管理部门报告。

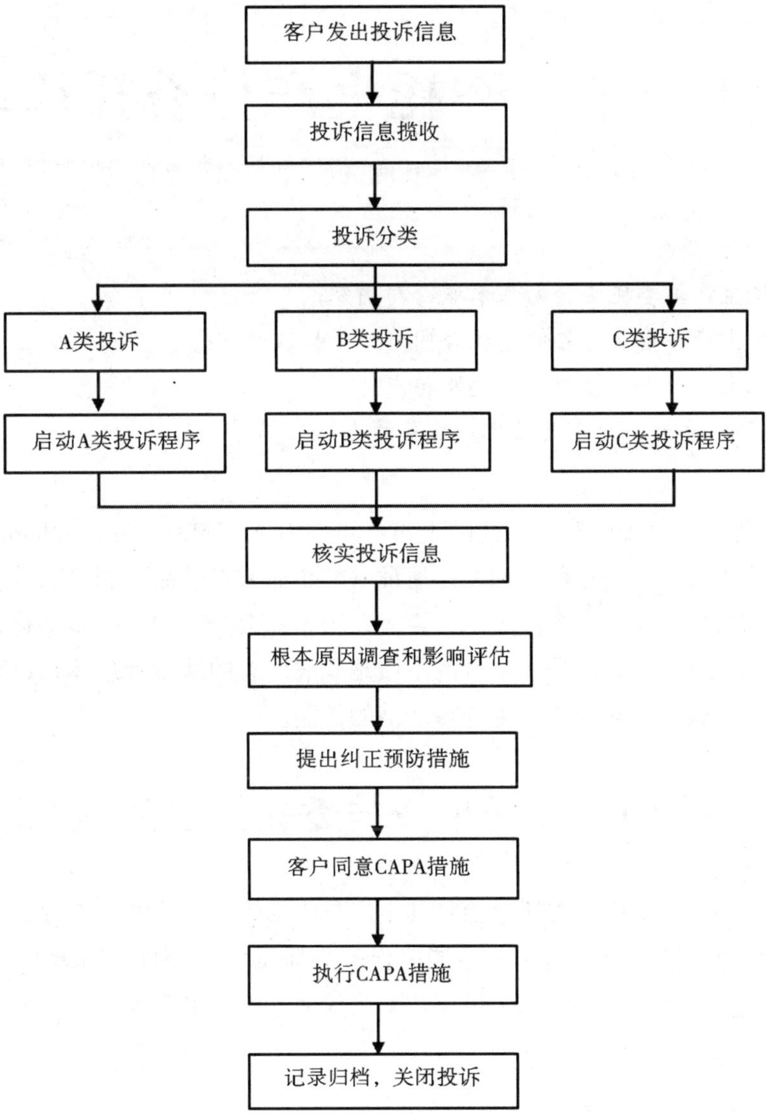

图 10－4　投诉处理流程图

（梁　毅　罗　迪　杨婧茹）

书网融合……

本章小结　　微课　　题库

第十一章　委托生产与委托检验

学习目标

1. **掌握**　委托生产与委托检验的基本概念与内容。
2. **熟悉**　委托生产与委托检验的委托合同与质量协议的概念、内容与要求。
3. **了解**　委托生产与委托检验的种类及特点。
4. 学会按照 GMP 要求，开展药品生产检验的委托工作。

2019 年新修订《药品管理法》确立了药品上市许可持有人（Marketing Authorization Holder，MAH）制度，定义药品上市许可持有人是指取得药品注册证书的企业或者药品研制机构等，允许药品上市许可持有人自行生产药品或委托药品生产企业生产。再者，随着社会分工的进一步细化，药品生产企业彼此之间的生产等委托工作也日益频繁。委托生产的本质是脱离原有的质量管理体系，要使得原有的质量管理模式得到良好的延展，就必须对委托行为进行严格的控制。

PPT

第一节　委托生产与委托检验的概念

对于委托企业来说，委托生产和委托检验是其生产与质量管理环节的一部分，该环节的质量管理应该与其他环节的要求保持一致。只有这样，才能确保药品质量的安全性、有效性、可控性。根据 GMP 规定，委托生产或委托检验的所有活动，包括在技术或其他方面拟采取的任何变更，均应当符合药品生产许可和注册的有关要求。

一、委托生产的概念

委托生产（Original Equipment Manufacture，OEM）的基本定义为“受托企业根据委托企业的要求和有关生产标准规范生产产品，产品所有权归委托企业，并由其对产品质量、市场销售及市场交易形态负责”。而现行 GMP 对药品委托生产（Contract Manufacture）的定义为“取得药品批准文号的主体，委托拥有药品生产资质的企业根据委托合同与质量协议进行的药品生产行为”。在药品委托生产形式中，药品委托生产主体提供药品的工艺、质量标准、规格等信息，受托主体根据委托生产要求进行药品生产活动，药品所有权归药品委托主体所有。委托生产的直接作用是降低产品的生产成本，优化资源配置，使专业化分工协作在更大范围、更深层次上展开。随着全球经济一体化和企业生存的需要，药品的委托生产也日益受到企业的关注。2019 年修订《药品管理法》正式实施后，部分药品上市许可持有人为仅有药品研发能力而不具备生产能力的企业或机构，药品委托生产成为其必备的工作。

委托生产的运作方式大致有 4 种。

1. 横向委托生产　平行同类企业的相互委托生产。

2. 纵向委托生产　非药品生产类药品上市许可持有人（MAH）的委托生产，药品生产经营企业沿产业链，委托上下游企业进行的委托生产。

3. 国际委托生产　根据国外（如美国、欧洲国家）实行的上市许可制度，在其药事管理法律法规体系下，获得药品上市许可的单位（包括自然人）可以将产品委托给任何一家通过政府认可的 GMP 生产企业生产。自然人委托某科研机构研制一种药物，药物开发成功后，可委托该机构申报，药品归属权（独占权）仍然归自然人所有；自然人可以委托某家符合条件的药品生产企业生产；成品的销售亦可外包。比如，许多欧美制药企业纷纷把新药开发中的非核心部分脱离出来，委托给发展中国家。因此，随着我国药品生产企业质量管理水平的不断提高，国际委托生产也会越来越多。

4. “医院”类别医疗机构中药制剂委托配制　根据《医疗机构制剂配制监督管理办法》规定，经省、自治区、直辖市药品监督管理部门批准，具有《医疗机构制剂许可证》且取得制剂批准文号，并属于“医院”类别的医疗机构的中药制剂，可以委托本省、自治区、直辖市内取得《医疗机构制剂许可证》的医疗机构或者药品生产企业进行制剂的配置。委托配置的制剂剂型应当与受托方持有的《医疗机构制剂许可证》所载明的范围一致。

二、委托检验的概念

委托检验（Contract Analysis）是指质量检验机构（多为各级药检所和高等院校）接受其他组织、企业或个人的委托，由委托方自行送样或由受托方组织抽取样品，根据委托方的要求、药品质量标准以及国家法律法规等，按标准规定的检验方法，在规定的环境条件下对药品样品的质量进行检验，并出具合法有效的检验报告，以便对样品或其所代表的药品批次的质量状况做出准确、可靠的评价结论的一种质量检验活动。

2004 年，国家药品监督管理部门下发了《关于药品 GMP 认证过程中有关具体事宜的通知》，规定“药品生产企业对放行出厂的制剂产品必须按药品标准项下的规定完成全部检验项目。除动物实验暂可委托检验外，其余各检验项目不得委托其他单位进行。菌、疫苗制品的动物实验不得委托检验。药品生产企业在对进厂原辅料、包装材料的检验中，如遇使用频次较少的大型检验仪器设备（如核磁、红外等），相应的检验项目可以向具有资质的单位进行委托检验”。自此，委托检验得到了国家药品监管部门的认可。

委托检验的方式，就目前样品的提供过程来看，大体有以下 3 种形式。

1. 送样委托检验/来样检验　样品由委托方自行从产品批中抽样送受托的质检机构，按委托方指定的标准或产品的标准进行检验。由于受托的质检机构对产品批次和抽样过程不了解，因此出具的检验报告仅针对样品本身质量。检验结论一般为“依据××标准检验，所送样品质量合格（不合格）”“依据委托方指定的标准检验，所送样品质量合格（不合格）”“依据委托方要求的检验项目，所送样品××项目合格（不合格）”。

2. 委托抽样检验　样品抽取、检验，直至对产品批做出质量判定等过程，均由受托的质量检验机构进行。这一形式在实际中最常见，受托的质检机构一般受企业或行政执法部门（非仲裁检验）或其他组织（非仲裁检验）的委托，整个检验过程都是质检机构严格按有关规定和标准进行的，因此出具的检验报告是对产品批质量而言，其做出的检验结论相对准确可靠。检验结论一般为“依据××标准检验，该批产品质量合格（不合格）”。

3. 委托仲裁检验　接受质量争议的双方或一方或司法机关，或质量技术监督行政主管部门，或工商行政机关等其他组织的委托，对产品质量进行仲裁检验。仲裁检验的样品，可由争议双方协商一致共同抽样，否则由质量技术监督部门组织抽样。与委托抽样相比，仲裁检验的性质是一种行政仲裁，更强调法制性、公正性，对于委托方不合乎有关仲裁检验法律法规的要求，检验机构检验时一概不予考虑。仲裁检验的结论必须针对整批产品而言，仲裁检验可看成委托抽样检验的一种特殊形式。

第二节　委托生产

PPT

委托生产就是把自己产品工艺的全部或一部分委托给其他有资质的企业进行生产，委托生产合同一旦签订，被委托企业就成为委托质量管理体系的一个环节，这个环节必须与委托企业质量管理体系“无缝衔接”。

一、药品委托生产的条件和要求

根据药品监管部门的规定，药品委托生产的条件和要求如下。

（1）委托方和受托方均应持有与委托生产药品相适应的《药品生产许可证》。

（2）委托方应当取得委托生产药品的批准文号。

（3）委托生产药品的双方应当签订书面合同，内容应当包括质量协议，明确双方的权利与义务，并具体规定双方在药品委托生产管理、质量控制等方面的质量责任及相关的技术事项，且应当符合国家有关药品监督管理的法律法规。

（4）委托方负责委托生产药品的质量。委托方应当对受托方的生产条件、技术水平和质量管理情况进行详细考查，向受托方提供委托生产药品的技术和质量文件，确认受托方具有受托生产的条件和能力。委托生产期间，委托方应当对委托生产的全过程进行指导和监督，负责委托生产药品的批准放行。

（5）受托方应当严格执行质量协议，有效控制生产过程，确保委托生产的药品及其生产活动符合注册和 GMP 等法律法规的要求。委托生产药品的质量标准应当执行国家药品标准，其药品名称、剂型、规格、处方、生产工艺、原料药来源、直接接触药品的包装材料和容器、包装规格、标签、说明书、批准文号等应当与委托方持有的药品批准证明文件的内容相同。

（6）委托方和受托方有关药品委托生产的所有活动应当符合药品注册、GMP 等法律法规的相关要求。

（7）在委托生产的药品包装、标签和说明书上，应当标明委托方企业名称和注册地址、受托方企业名称和生产地址。

（8）麻醉药品、精神药品、药品类易制毒化学品及其复方制剂、医疗用毒性药品、生物制品、多组分生化药品、中药注射剂和原料药不得委托生产。被委托的企业不得再次进行委托。

（9）放射性药品的委托生产按照有关法律法规规定办理。

二、委托生产申报

药品委托生产申请，由委托方所在地省、自治区、直辖市药品监督管理部门负责受理和审批。对于委托方和受托方不在同一省、自治区、直辖市的，委托方应当首先将《药品委托生产申请表》连同申请材料报受托方所在地省、自治区、直辖市药品监督管理部门审查；经审查同意后，方可按照上述内容申报。受托方所在地省、自治区、直辖市药品监督管理部门对药品委托生产的申报资料进行审查，并结合日常监管情况出具审查意见。对于首次申请，应当组织对受托方生产现场进行检查；对于延续申请，必要时，也可以组织检查。生产现场检查的重点是考核受托方的生产条件、技术水平和质量管理情况以及受托生产的药品处方、生产工艺、质量标准与委托方的一致性。

（一）委托生产的申报流程

（1）受托方同意受托生产，省局出具同意受托生产和通过 GMP 符合性检查的证明文件。

（2）持有人办理《药品生产许可证》，增加委托生产范围和地址。

（3）持有人更新注册信息，药品业务应用系统“药品注册审批与备案”模块，按变更生产场地备案。中等、重大注册事项发生关联变更的，应提出申请。

（4）受托方办理《药品生产许可证》，增加受托生产品种信息。

（二）委托生产的申请资料

（1）《药品委托生产申请表》（国家药品监督管理部门制定）。

（2）委托方和受托方的《药品生产许可证》、营业执照复印件。

（3）委托方对受托方生产和质量保证条件的考核情况。

（4）委托方拟委托生产药品的批准证明文件复印件并附质量标准、生产工艺、包装、标签和使用说明书实样。

（5）委托生产药品拟采用的包装、标签和使用说明书式样及色标。

（6）委托生产合同与质量协议。

（7）受托方所在地省级药品检验所出具的连续三批产品检验报告书。委托生产生物制品的，其三批样品由受托方所在地省级药品检验所抽取、封存，由中国食品药品检定研究院负责检验并出具检验报告书。

（8）受托方所在地市局出具的委托审核意见。

（9）受托方所在地市区局（委）出具的对企业技术人员、厂房、设施、设备等生产条件和能力，以及质检机构、检测设备等质量保证体系考核的现场核查报告，重点应描述三批试生产情况，包括委托品种的工艺与处方核查情况。

（三）药品委托生产延期申请材料

（1）药品委托生产申请表。

（2）委托方和受托方的《药品生产许可证》、营业执照复印件。

（3）前次批准的《药品委托生产批件》复印件。

（4）前次委托生产期间，生产、质量情况的总结。

（5）与前次《药品委托生产批件》发生变化的证明文件。

（6）委托方所在地市局（委）出具的委托审核意见。

（7）委托方所在地市局（委）出具的药品生产企业委托生产初审现场核查报告。

以上两项申请还应提交以下材料。

1）申请材料真实性的自我保证证明，并对材料做出如有虚假承担法律责任的承诺。

2）凡申请企业申报材料时，申请人不是法定代表人或负责人本人，企业应当提交《授权委托书》2 份，委托书应载明事项及权限。

3）按申请材料顺序制作目录。

委托方所在地省、自治区、直辖市药品监督管理部门接到药品委托生产申请后，应当在 5 个工作日内做出受理或者不予受理的决定，出具书面的《受理通知书》或者《不予受理通知书》，并注明日期。受理申请的药品监督管理部门应当自受理之日起 20 个工作日内，按照规定的条件对药品委托生产的申请进行审查，并做出决定；20 个工作日内不能做出决定的，经本部门负责人批准，可以延长 10 个工作日，并应当将延长期限的理由告知委托方。需要进行生产现场检查的，所需时间另计。生产现场检查时限由各省、自治区、直辖市药品监督管理部门确定，最长不得超过 40 个工作日。需企业补正材料的，现场检查发现缺陷内容要求企业整改的，对整改情况需进行现场核查的，所需时间不计算在上述期限内。

经审查符合规定的，予以批准，并自书面批准决定做出之日起 10 个工作日内向委托方发放《药品委托生产批件》；不符合规定的，书面通知委托方并说明理由。

《药品委托生产批件》有效期不得超过3年。委托生产双方的《药品生产许可证》或委托生产药品批准证明文件有效期届满未延续的，《药品委托生产批件》自行废止。《药品委托生产批件》有效期届满需要继续委托生产的，委托方应当在有效期届满3个月前，按照《药品委托生产监督管理规定》的要求，办理延期手续。

另外，《药品委托生产批件》载明的内容应当与委托生产双方的《药品生产许可证》及委托生产药品批准证明文件载明的相关内容一致。药品生产企业若接受境外制药厂商的委托在中国境内加工药品，应当在签署委托生产合同后30日内向所在地省、自治区、直辖市药品监督管理部门备案，并且所加工的药品不得以任何形式在中国境内销售、使用。委托方、受托方和委托生产药品中任一项发生实质性变化的，按照首次申请办理审批手续；同一受托方，受托生产地址不变但生产线发生变化的，按照延续申请办理审批手续，但须同时提交补充材料。委托生产合同提前终止的，委托方应当及时向所在地省、自治区、直辖市药品监督管理部门提交终止委托生产的申请，办理注销手续。

未经批准擅自委托或者接受委托生产药品，对委托方（Contract Giver）和受托方（Contract Acceptor）均依照《药品管理法》有关规定给予处罚。委托方未按照规定要求履行生产监督和质量管理责任的，依照《药品管理法》有关规定，给予警告，责令限期改正；逾期不改正的，责令其停止委托生产，《药品委托生产批件》到期后不予延续；情节严重、吊销《药品生产许可证》的，还应当注销《药品委托生产批件》。受托方未按照《药品生产质量管理规范》组织药品生产的，依照《药品管理法》相关规定予以处罚。

三、受托方的资质确认

对委托生产中的受托方，除了要求其必须是拥有《药品生产许可证》，且必须持有与其受托生产的药品相适应的生产条件与质量管理体系的药品生产企业外，还要求委托方应当对受托方进行评估，对受托方的条件、技术水平、质量管理情况进行现场考核，确认其具有完成受托工作的能力，并能保证符合GMP的要求。

委托方对其受托方的质量管理体系包括厂房、设备、工艺、质量管理、组织机构、实验室管理等所有因素进行审查，并在此基础上进行产品验证，从而确信受托方具备供应符合委托方质量标准产品的能力。这个考核工作也可以委托具备相应质量审计资质的第三方进行。

四、委托方和受托方的职责

在委托生产之前，委托方应向受托方提供委托生产过程中所有必要的资料，以使受托方能够按药品注册标准和其他法定要求，正确实施所委托的操作。具体资料包括相关生产工艺规程、产品质量标准、批生产记录以及各类操作规程和记录等。此外，委托方必须保证受托方充分了解与产品或操作相关的各种问题，包括产品或操作有可能对受托方的厂房、设备、人员及其他物料或产品造成的危害。

委托方必须对委托生产的全过程进行指导和监督。委托方可以向受托方派驻专人监督整个委托生产过程，确保整个委托生产过程符合生产工艺规程和GMP标准，包括审核批生产记录和偏差调查。最后，委托方应确保受托方用于生产药品的物料，受托方发运来的所有已生产的产品均符合相应的质量标准，或该产品已由质量受权人批准放行。

受托方应确保所有收到的物料、中间产品和待包装产品适用于预定用途，且负责在加工期间对委托方提供的所有物料进行保管，完成后完整的退还所有多余物料。在委托生产前，受托方必须具有足够的厂房、设备、人员以及相关的知识经验，满足委托方所委托的生产或检验工作的要求。受托方应确保用于生产的设施和设备符合委托生产合同的规定且已按 GMP 要求进行清洁、维修和保养并适用于预定用途。在委托生产过程中，受托方不得从事任何可能对委托生产或检验的产品质量有不利影响的活动，并严格按照委托方提供的生产流程和 GMP 的要求进行生产和质量控制。最后，受托方对生产过程应按规定及时、真实、准确地记录，并向委托方提供符合 GMP 要求的批生产记录。

PPT

第三节　委托检验

根据《药品管理法》及其实施条例，《药品注册管理办法》《药品生产监督管理办法》、GMP 的相关规定，药品生产企业对放行出厂的制剂产品必须按药品标准项下的规定完成全部检验项目。除动物实验暂可委托检验外，其余各检验项目不得委托其他单位进行。疫苗制品等的动物实验不得委托检验。药品生产企业在对进厂原辅料、包装材料的检验中，如遇使用频次较少的大型检验仪器设备（如核磁共振仪、红外光谱仪等），相应的检验项目可以向具有资质的单位进行委托检验。

上述检验项目如有委托行为，受托方应相对稳定，有关委托情况（包括变更受托方）必须报省级药品监督管理部门备案，备案资料一般包括如下资料。

（1）委托检验备案表（三份）。

（2）加盖委托方公章的委托检验合同（协议）原件或复印件。

（3）委托检验品种的质量标准。

（4）受托方相关资质证明文件和能力范围证书复印件（加盖受托方公章）。

（5）申请企业提供关于申报材料真实性的声明。

受委托承担委托检验的质量检验机构，必须经省级以上政府质量监督部门或者授权的部门考核合格后（双认可），方可承担产品质量检验工作。委托抽样检验和委托仲裁检验，受委托的质量检验机构应持有委托方的委托协议或委托授权书（证明），方可开展委托抽样检验工作，否则不能开展抽样工作。在生产活动中，企业应将委托行为纳入药品 GMP 自检的重点范畴。各级药品监督管理部门会对有药品检验委托行为的企业加强药品 GMP 监督检查。

PPT

第四节　委托合同与质量协议

合同（Contract）又称契约、协议，是平等的当事人之间设立、变更、终止民事权利义务关系的协议。委托合同是指受托人为委托人办理委托事务，委托人支付约定报酬或不支付报酬的合同。根据 GMP 第二百七十八条规定，为确保委托生产产品的质量和委托检验的准确性和可靠性，委托方和受托方必须签订书面合同，明确规定各方责任、委托生产或委托检验的内容及相关的技术事项。

（1）根据 GMP 的相关规定，药品委托生产合同应符合以下规定。

1）合同应当详细规定各自的产品生产和控制职责，其中的技术性条款应当由具有制药技术、检验专业知识和熟悉本规范的主管人员拟订。委托生产及检验的各项工作必须符合药品生产许可和药品注册的有关要求并经双方同意。

2）合同应当详细规定质量受权人批准放行每批药品的程序，确保每批产品都已按照药品注册的要求完成生产和检验。

3）合同应当规定何方负责物料的采购、检验、放行、生产和质量控制（包括中间控制），还应当规定何方负责取样和检验。

4）合同应当规定由受托方保存的生产、检验和发运记录及样品，委托方应当能够随时调阅或检查。

5）药品投诉、怀疑药品质量存在缺陷或药品召回时，委托方应当能够方便地查阅所有与评价产品质量相关的记录。

6）合同应当明确规定委托方可以对受托方进行检查或现场质量审计。

质量协议是指药品上市许可持有人与受托生产企业所签订的，用于履行委托双方关于药品质量保证义务的书面协议。

（2）根据《药品委托生产质量协议指南》（2020 年版），药品委托生产质量协议应符合以下规定。

1）质量协议双方应当遵守药品管理的法律法规和技术规范要求，履行 GMP 规定的相关权利和义务，以及质量协议的各项规定，并各自依法承担相应的法律责任。

2）质量协议应详细规定持有人和受托方的各项法律责任，并规定持有人依法对药品生产全过程中药品的安全性、有效性、质量可控性负责。

3）双方必须建立有效的沟通机制，在质量协议中确定技术质量直接联系人，及时就质量协议执行过程中遇到的问题进行沟通。当变更控制、偏差、检验结果超标/检验结果超趋势、质量投诉等方面工作出现争议时，双方应当及时开展沟通协调，确保在合法依规、风险可控的范围内妥善解决，沟通结果应当以书面的形式进行记录，并经双方签字确认后保存。

4）质量协议的起草应由持有人和受托方的质量管理部门及相关部门共同参与，其技术性条款应由具有制药技术、检验专业知识和熟悉 GMP 的主管人员拟订。

5）质量协议应在双方协商一致的前提下，由双方的法定代表人或者企业负责人（企业负责人可以委托质量负责人）签署后生效。

由以上可知，委托生产合同和质量协议应明确规定委托方和受托方各自的职责，赋予委托方监督检查的权限。针对物料采购、物料检验、药品生产、药品检验、药品召回和现场审计等，委托方负有监督检查职责。而且委托方有权随时调阅和检查药品生产全过程的记录和文件，保障药品生产过程中的质量安全、有效、可控。

根据 GMP 的相关规定，委托检验合同应当明确受托方有义务接受药品监督管理部门检查。而且，应当明文规定受托方是否在委托方的厂房内取样。

（柳鹏程　李明华　杨伟怡）

书网融合……

本章小结　　微课　　题库

第十二章　药品发运与召回

学习目标

1. **掌握**　药品召回，包括药品安全隐患评估与调查、药品召回过程控制评估。
2. **熟悉**　药品发运，包括药品出库管理与运输过程控制。
3. **了解**　美国、欧盟、日本药品召回管理的特点。
4. 学会按照 GMP 要求，开展药品召回与发运工作。

药品完成生产之后，通过发货运输进入流通领域，最后进入消费者手中，满足消费者对治疗疾病的需求。从质量链风险传递规律来看，发运是风险最高的环节，因此，不能有任何松懈，必须继续进行严格管控。在流通使用过程中发现任何问题，应立即采取措施，以免对患者造成危害。对此，建立药品召回制度就十分必要。药品召回是药品生产企业在发现药品存在安全隐患时必须履行的职责，而按照一定规程发运药品，并保存销售或发运的详细、规范的记录则是保证药品及时、全面召回的条件。

第一节　药品发运

PPT

药品发运（Product Release）是指药品生产企业将产品发送到经销商或用户的一系列操作，包括配货、运输等。药品出库发运也是关系到药品质量的重要环节，药品生产企业要严格把好药品出库发运质量关，加强药品出库发运的管理。

一、药品出库的管理

药品生产企业要制定药品出库管理制度，即出库检查与复核的管理制度，制订科学合理的药品出库复核程序，明确相关人员的质量责任。药品出库的原则、出库前的质量检查与校对的内容、出库复核记录的管理、相关人员的责任等都需要有严格的规定，并确保相关规定在实际操作中落实。药品出库时，要着重规范以下几个方面。

（1）药品出库应遵循“先产先出”“近期先出”和按批号发货的原则。“先产先出”“近期先出”以保证药品在有效期（Expiry Date）内使用；按批号发货原则以保证出库药品的可追踪性，便于药品的质量追踪。

（2）药品出库发运的零头包装合箱，只限两个批号为一个合箱，合箱外应当标明全部批号，并建立合箱记录。这样既可以避免由于不同批号的药品合箱过多而发生混乱，也可以确保每一批次的所有药品都有迹可循。

（3）药品出库时必须进行复核和质量检查，确保发运无误。复核和检查时，应按发货凭证对实物进行质量检查和数量、项目的核对，做到出库药品质量合格且与货单相符。麻醉药品、一类精神药品、医疗用毒性等特殊药品出库时应双人复核。

（4）每批产品均应当有发运记录，且发运记录的栏目设置要详细、全面，便于追查每一批药品的发出情况。每批产品均应当有发运记录，根据发运记录，必要时应当能够及时全部追回。发运记录内容应当包括：产品名称、规格、批号、数量、收货单位和地址、联系方式、发货日期、运输方式等。发运记录应当至少保存至药品有效期后 1 年。

二、药品的运输管理

药品的运输工作应根据“及时、准确、安全、经济”的原则，遵照国家有关商品运输的各项规定，合理地组织运输工具和力量，把药品安全及时地运达目的地。

（一）运输条件的控制

无论是企业自行运输，还是其他运输管理机构承办运输，运输机构或人员必须具备一定的资质，运输人员应当经过有关药品以及药品监管法律法规知识的培训并考核合格。运输人员应按照规定的程序和管理制度运输药品。

药品运输方式的选择关系到药品运输的成本和时间，应该根据药品流向、运输线路条件、运输工具状况及运输费用高低综合考虑，在药品能够安全到达的前提下，选择最快、最好、最省的运输方式，努力缩短运期。

运输车辆应具备与维护药品质量相匹配的条件，比如安装防光照、防雨、防高温高湿、防冷冻严寒、防干燥、防颠簸、防偷盗等装置。

（二）运输过程控制

药品运输时，应针对运送药品的包装条件及道路状况，采取相应的措施，防止药品的破损和混淆。在药品运输过程中要注意以下问题。

（1）药品运输时，要事先确定好运输线路和运输时间，应针对运送药品的包装条件及道路状况，采取相应的措施，防止药品的破损、混淆和其他损伤。

（2）药品发运前必须检查药品的名称、规格、单位、数量是否与随货同行发票相符，有无液体药品与固体药品合并装箱的情况，包装是否牢固和有无破漏，衬垫是否妥实，包装大小重量等是否符合相应的要求。

（3）填制运输单据应做到字迹清楚，项目齐全。发运药品应按每个到站（港）和每个收货单位分别填写运输交接单，也可用发货票的随货同行联代替。拼装整车必须分别给各收货单位填写运输交接单，并在药品包装上添加明显的区别标志。

（4）药品在装车前必须按照发运单核对。仔细检查发送标志和药品标志有无错漏、件数有无差错、运输标志选用是否正确等。然后办好运输交接手续，做出详细记录，并向运输部门有关人员清楚描述该批药品搬运装卸的注意事项。

（5）搬运、装卸药品应轻拿轻放，严格按照外包装图示标志（图 12－1）要求堆放和采取保护措施。一般说来，药品包装多为玻璃容器，易碎，怕撞击、重压，故搬运装卸时必须轻拿轻放，防止重摔，液体药品不得倒置。如发现药品包装破损、污染或影响运输安全时，不得发运。

图 12－1 包装储运图示标志

（6）各种药品在途中运输和站台堆放时，应注意防止日晒雨淋，以避免药品受潮湿、光、热的影响而变质。还应定期检查发运情况和待运药品情况，防止错运、漏运、错托等，并保持单据完备。对规定发运期限的药品，单据上要做明显标志。

PPT

第二节　药品召回

药品召回（Product Recall），是指药品上市许可持有人按照规定的程序收回已上市的存在质量问题或者其他安全隐患的药品，并采取相应措施，及时控制风险、消除隐患的活动。质量问题或者其他安全隐患，是指由于研制、生产、储存等原因导致药品不符合法定要求，或者其他可能使药品具有的危及人体健康和生命安全不合理危险。药品上市许可持有人应当建立和完善药品召回制度和产品召回系统，收集药品安全的相关信息，对可能存在的质量问题或者其他安全隐患进行调查、评估，及时召回存在质量问题或者其他安全隐患的药品。药品上市许可持有人、药品生产企业、药品经营企业、药品使用单位应当按规定建立并实施药品追溯制度，保存药品完整的购销记录，保证已上市药品的可溯源。

一、药品安全隐患的调查与评估

药品上市许可持有人应当建立健全药品质量保证体系和药品不良反应监测系统，收集、记录药品的质量问题与药品不良反应信息，并按规定及时向药品监督管理部门报告。持有人应当对药品可能存在的安全隐患进行调查。药品监督管理部门对药品可能存在的安全隐患开展调查时，药品生产企业应当积极予以协助。药品经营企业、使用单位应当配合药品生产企业或者药品监督管理部门开展有关药品安全隐患的调查，提供有关资料。

（一）药品安全隐患调查的内容

应当根据实际情况确定药品安全隐患调查的内容，可以包括以下内容。

（1）已发生的药品不良反应事件的种类、范围及原因。

（2）药品处方、生产工艺等是否符合相应药品标准、核准的生产工艺的要求。

（3）药品生产过程是否符合药品生产质量管理规范；生产过程中的变更是否符合药品注册管理和相关变更技术指导原则等规定。

（4）药品储存、运输等是否符合药品经营质量管理规范（GSP）。

（5）药品使用是否符合药品临床应用指导原则、临床诊疗指南和药品说明书和标签的规定等。

（6）药品主要使用人群的构成及比例。

（7）可能存在质量问题或者其他安全隐患的药品批次、数量及流通区域和范围。

（8）其他可能影响药品质量和安全的因素。

（二）药品安全隐患评估的内容

根据本教材第二章药品风险管理所阐述的原理和方法，进行风险评估，具体内容如下。

（1）该药品引发危害的可能性，以及是否已经对人体健康造成危害。

（2）对主要使用人群的危害。

（3）对特殊人群，尤其是高危人群的影响，如老年、儿童、孕妇、肝肾功能不全者、外科患者等。

（4）危害的严重程度与紧急程度。

（5）危害导致的后果。

（三）药品召回措施的实施

药品出现以下情况时，必须采取召回措施。

（1）药品留样观察中发现质量不合格情况。

（2）用户（患者、医生、客商）来信、客人投诉药品质量情况，经调查属实。

（3）药品监督管理部门抽检通报有质量问题的药品。

（4）用户反应有未知的药品不良反应，经调查属实。

（5）药品监督管理部门通报撤市、禁止或者没有被许可上市的药品。

（6）药品包装标签说明书内容或设计印刷存在缺陷，影响用药安全的药品。

（7）国家命令需要召回的药品等。

（四）药品召回的分类

1. 根据药品安全隐患的严重程度进行分类

（1）一级召回　使用该药品可能引起严重健康危害的。

（2）二级召回　使用该药品可能引起暂时的或者可逆的健康危害的。

（3）三级召回　使用该药品一般不会引起健康危害，但由于其他原因需要收回的。

不同等级的药品召回要求的召回时间有所不同，级别越高，就要求药品在越短的时间内召回。药品生产企业应当根据召回分级与药品销售和使用情况，科学地设计药品召回计划并组织实施。

2. 根据召回活动发起主体的不同进行分类

（1）主动召回　持有人经调查评估后确定药品存在质量问题或者其他安全隐患的，根据事件的严重程度，在没有官方强制的前提下主动对存在质量问题或者其他安全隐患的药品做出召回。

（2）责令召回　药品监督管理部门通过调查评估，认为持有人应当召回药品而未主动召回的。药品监督管理部门经对持有人主动召回结果审查，认为持有人召回药品不彻底的，责令召回。

二、药品召回管理

（一）人员管理

药品上市许可持有人应当指定专人负责组织、协调召回工作，并配备足够数量的人员。产品召回负责人应当独立于销售和市场部门，如产品召回负责人不是质量受权人，则应当向质量受权人通报召回处理情况。产品召回负责人应当能够迅速查阅到药品发运记录。因产品存在安全隐患决定从市场召回的，应当立即向当地药品监督管理部门报告。

（二）召回工作程序的管理

药品上市许可持有人应当对收集的信息进行分析，对可能存在安全隐患的药品按照要求进行调查评估，发现药品存在安全隐患应当立即停止销售，做出召回决定，及时公开召回信息。药品上市许可持有人做出药品召回决定的，应当在召回的时间内发出召回通知，通知到药品生产企业、药品经营企业、药品使用单位等，同时向所在地省、自治区、直辖市人民政府药品监督管理部门备案调查评估报告、召回计划和召回通知。

药品上市许可持有人应当制定药品召回信息公开制度，依法主动公开药品召回信息。持有人应通过企业官方网站或者药品相关行业媒体向社会发布召回信息，实施一级、二级召回，持有人还应当申请在所在地省、自治区、直辖市人民政府药品监督管理部门网站依法发布召回信息。

1. 召回通知的内容

（1）召回药品的具体情况，包括名称、规格、批次等基本信息。

（2）召回的原因。

（3）召回的等级。

（4）召回要求，如立即暂停生产、放行、销售、使用。

（5）转发召回通知。

（6）召回处理措施，如召回药品外包标识、隔离存放措施、储运措施、监督销毁等。

药品生产企业在启动药品召回后，一级召回在1日内，二级召回在3日内，三级召回在7日内，应当将调查评估报告和召回计划提交给所在地省、自治区、直辖市药品监督管理部门备案。省、自治区、直辖市药品监督管理部门应当将收到一级药品召回的调查评估报告和召回计划上报国家药品监督管理部门。召回过程中药品生产企业应对流通环节中其他医药企业仍有库存的相关产品立即封存，隔离存放，并应用清晰醒目的标志。召回过程中应注意做好相关记录，包括通知客户的记录，客户反馈的记录，召回产品到货的记录，并及时对召回情况进行评估等。

2. 召回的工作程序

（1）产品召回决策。

（2）成立召回任务组织。

（3）制订召回计划。

（4）召回计划的启动。

（5）召回产品的接受。

（6）召回产品的处理。

（7）召回总结报告。

（8）报告药品监督管理部门。

（9）纠正预防措施实施与评估。

（10）有关文件归档。

（11）召回系统的有效性评估。

省、自治区、直辖市药品监督管理部门可以根据实际情况组织专家对药品生产企业提交的召回计划进行评估，认为该企业所采取的措施不能有效消除安全隐患的，可以要求该企业采取扩大召回范围、缩短召回时间等更为有效的措施。若药品生产企业对上报的召回计划进行变更，应及时上报药品监督管理部门备案。

药品生产企业在实施召回的过程中，及时向所在地省、自治区、直辖市药品监督管理部门报告药品召回讲展。召回的过程应当有记录，并有最终报告。产品发运数量、已召回数量以及数量平衡情况应当在报告中予以说明。

召回过程中，持有人应当及时评估召回效果，发现召回不彻底的，应当变更召回计划，扩大召回范围或者重新召回。变更召回计划的，应当及时向所在地省、自治区、直辖市人民政府药品监督管理部门备案。

药品上市许可持有人应当按照《药品管理法》第八十二条规定，在召回完成后10个工作日内，将药品召回和处理情况向所在地省、自治区、直辖市人民政府药品监督管理部门和卫生健康主管部门报告。持有人应当在药品年度报告中说明报告期内药品召回情况。省、自治区、直辖市药品监督管理部门应当自收到总结报告之日起10日内对报告进行审查，并对召回效果进行评价，必要时组织专家进行审查和评价，审查和评价结论应当以书面形式通知药品生产企业。经过审查和评价，认为召回不彻底或者需要采取更为有效的措施的，药品监督管理部门应当要求药品生产企业重新召回或者扩大召回范围。

药品生产企业应定期对产品召回系统的有效性进行评估。

（三）已召回药品的管理

持有人应建立召回处理记录保存制度，对召回药品的处理应当有详细的记录，记录应当保存5年且不少于药品有效期后 1 年，记录内容包括品名、批号、规格、数量、退货和收回单位及地址、退货和收回原因及日期、处理意见等，并向企业所在地省、自治区、直辖市药品监督管理部门报告。一级召回每日上报，二级召回每 3 日上报，三级召回每 7 日上报。

持有人应当明确召回药品的标识及存放要求、召回药品的外包装标识应当与正常药品明显区别，并采取隔离存放措施防止差错、混淆。对需要特殊储存条件的，在其储存和转运过程中，应当保证储存条件符合规定。召回药品需要销毁的，应当在持有人、药品生产企业或者储存召回药品所在地县级以上人民政府药品监督管理部门或者公证机构监督下销毁。

对通过更换标签、修改并完善说明书、重新外包装等方式能够消除隐患的药品，以及对不符合药品标准但尚不影响安全性、有效性，且能够通过返工等方式解决该问题的中药饮片，可以经适当处理后再上市。相关处理操作应当符合相应药品质量管理规范等要求，不得延长药品有效期或者保质期。

（四）国外药品召回举措简介

美国、日本与欧盟在药品召回工作中，各有各的特点，现简单介绍如下。

1. 美国 美国 FDA 的 cGMP 中“退回的药品和回收处理”章节涉及召回的内容，与中国 GMP 中的要求大体相同。但是 FDA 强调“可追溯性”，即药品生产企业在销售过程中，必须极其详细地记载销售对象的各类信息，比如采购人身份信息、联系方式及办公地址等，并定期或者不定期进行验证，证明这些联系方式的有效性、变化情况等。还要求药品生产销售企业还要进行召回“演习”，并进行评估，以证明召回工作的有效性。

2. 欧盟 欧盟 GMP 指南第一部分药品基本要求中，“投诉与产品召回”章节的内容包括原则、人员组织、投诉和质量缺陷调查处理、调查与决定、根本原因分析和纠正预防措施、产品召回和其他潜在风险降低措施等，基本要求与中国类似。但是欧盟药品召回的特点是，要求药品上市许可持有人建立专门的召回系统和专职人员，具体执行召回工作，这些专职人员要有权随时翻阅药品销售记录，药品销售部门不得阻碍。此外，企业应当能够在任何时间迅速发起召回，某些情况下，为保护公众或动物的健康，可能需要在确定质量缺陷的根本原因和全部范围之前发起召回行动。

3. 日本 日本对于药品召回除了要求有严密的使用者信息及验证有效性工作之外，还要求医药企业有专门的药品召回系统，这个系统的人员要有一定的学历、资历和药品召回的经验。

（于 泳 张永秉 孙逸威）

书网融合……

本章小结　　微课　　题库

第十三章 自 检

学习目标

1. **掌握** 自检的概念以及自检工作的开展。
2. **熟悉** 自检项目及每个项目的内容。
3. **了解** 质量改进的概念与质量改进工作的开展。
4. 学会按照 GMP 要求，开展自检工作，找出问题并改进。

药品生产企业，应定期按照规定的程序，对自身质量管理体系各个要素，包括硬件、软件、人员等及其运行，对照 GMP 的标准进行自我审核（审计），以证实和 GMP 要求的一致性。自检的目的是药品生产企业通过实施纠正和预防措施来提高 GMP 执行的持续性、符合性、有效性，或是药品生产企业通过自检的方式进一步改进和提高其质量管理体系，以期获得质量更为满意的产品。

PPT

第一节 自检的概念

自检（Self－Quality Audit），又称内部质量审核或内部质量审计，是质量审核（质量审计）的一项重要内容。自检是一项自我检查纠正的活动，是一个药品生产企业为了保证产品质量、保证有效实施 GMP、不断持续提升其改善能力所开展的有计划、有目的的具体活动。旨在发现企业在生产和质量管理工作中存在的问题与隐患，采取必要的纠正和预防措施（CAPA），达到符合 GMP 并持续改进的目的。质量管理部门应当定期组织对企业进行自检，监控 GMP 的实施情况，评估企业是否符合 GMP 要求，并提出必要的纠正和预防措施。

一、质量审核的含义

审核（Audit）是为获得活动或有关结果符合标准的证据和对证据进行客观的评价，确定活动和有关结果符合预定的标准的程度，所进行的系统的、独立的、并形成文件的过程。ISO 9000：2015 中对质量审核的定义是“确定质量活动和有关结果是否符合计划的安排，以及这些安排是否有效实施并适合于对预定目标进行的有系统的、独立的检查。”质量审核有狭义和广义之分。狭义的质量审核就是对产品的审核，它从用户使用的观点出发对产品进行定期复查，以判断能否符合用户的需求并提出改进产品质量的建议。而广义的质量审核称为质量管理审核，这是对企业的质量方针、质量目标、质量计划和产品进行监督检查，对部门执行质量职能活动的情况进行评价、鉴定并提出改进意见。质量审核又称为“质量诊断”。质量审核的目的在于判断企业质量管理体系是否符合质量目标，发现其合理性或缺陷，为企业所生产产品的质量提供有价值的信息，对其质量改进的方向提供依据。

质量审核的定义表明，质量审核包括广泛的审核内容，包括质量体系（要素）审核、产品（或服务）质量审核，也包括过程（工序）质量审核。质量体系审核是质量审核的重要审核内容之一，是企业为了确认质量体系各要素的实施效果是否按照计划有效地进行质量活动，是否达到了规定的质量目标而进行的检查和评价活动。从而对企业质量管理活动做出综合评价，找出企业质量体系的优点和不足之处，并对质量体系提出改进建议。

二、质量体系内部审核——自检的含义

质量审核按审核的对象划分，可分为产品质量审核、工序质量审核和质量体系审核。其中质量体系审核从审核人员的立场和角度划分，可以分为第一方审核、第二方审核和第三方审核。第二方审核和第三方审核又称为外部质量体系审核。

1. 第一方审核 即内部质量体系审核，在 GMP 中称为自检，是一个企业或组织对其自身质量体系所进行的有目的的检查。

2. 第二方审核 是需方对供方质量体系进行的审核，由需方派出或需方委托人员代表对供方质量体系进行审核，审核的标准是需方对供方质量保证能力的要求。

3. 第三方审核 是第三方认证机构对企业的质量体系进行的审核或认证，由质量体系认证机构或其他监督管理机构派出审核组和审核员，按照国际标准或国内标准及规范对企业的质量体系进行的审核或认证过程。

第二节 自检工作的实施

PPT

药品生产企业按照 GMP 要求实施自检是企业保证与 GMP 要求一致的重要措施。定期进行自检，也是全面保障药品质量的基本要求，是药品质量改进的前提。所以，药品生产企业应重视对企业实施 GMP 情况的定期自检。

自检应当有计划、有程序，对机构与人员、厂房与设施、设备、物料与产品、确认与验证、文件管理、生产管理、质量控制与质量保证、委托生产与委托检验、产品发运与召回等项目定期进行检查。自检应当由企业指定人员进行独立、系统、全面的检查，也可由外部人员或专家进行独立的质量审计。自检应当有记录。自检完成后应当有自检报告，内容至少包括自检过程中观察到的所有情况、评价的结论以及提出纠正和预防措施的建议。自检情况应当报告企业高层管理人员。

一、自检人员的资质与条件

自检人员是实际进行审核的执行者，为保证审核的客观性和有效性，必须选择符合要求的质量审核人员。自检人员必须具备相应的学历要求，经过专门的培训，并具备相应的质量管理经验和处理质量问题的能力。对于自检人员的学历要求由企业自定，一般应具有相应专业的大学本科学历、良好的口头表达和写作能力、能够清楚明确地表达审核过程中发现的问题、进行相关的交流、表达自己的意见。自检人员应经过相应的定期培训和考核。培训和考核的内容包括审计、质量管理与质量体系方面的知识，审核过程中检查和提问方法，评价和报告的写法，在审核过程中主持审核会议，策划审核实施，对发现的质量体系问题进行分析指导的常识和技能等。

自检人员的经验也很重要，自检人员应具有相关工作经验，熟悉 GMP 的实施过程和要求，熟悉企业的基本情况，熟悉药品生产的工序控制和质量管理的基本要求，最好具有相关质量管理和质量审核经验，以便于开展工作。自检人员中应选拔一名担任自检负责人，自检负责人全权负责所有阶段的质量审核工作，并有权领导和指导自检人员开展自检工作。需特别注意的是，自检人员应与被检查部门无直接责任和利益关系，以保证检查的公正性和检查结论的可靠性。

自检人员也应具备相应的素质，有道德，表现为公正、可靠、认真和谨慎；思想活跃，表现为愿意考虑不同的意见或观点；善于沟通各部门，能够及时地对各部门的活动进行自检；果断，表现在能够根

据逻辑推理和分析及时得出结论；自立，表现为在同其他人的有效交往中，能够独立工作并发挥应有的作用。

二、自检人员的职责

严格执行质量审核程序，严格执行自检负责人分配的自检任务，并按时完成；讨论并明确自检的目标，履行接受的自检任务，与接受检查的企业各部门、各环节进行沟通合作，记录自检过程；汇总分析自检结果，写出自检报告，保证自检报告的内容真实准确，内容至少包括自检过程中观察到的所有情况、评价的结论以及提出纠正和预防措施的建议，由自检负责人审核签字，自检情况报企业高层管理人员。当有特殊要求时，验证自检人员提出的质量改进建议，保存自检记录和报告。

三、自检的项目

1. 组织与人员 按照GMP第三章的要求审核组织与人员的情况，包括生产质量管理组织结构，质量管理部门的独立性，关键人员如企业责任人、质量管理部门负责人、质量受权人、生产管理负责人等的履职情况，各个部门负责人和检验、生产操作人员、仓储管理人员、工程维保人员等人员的数量、学历；职位、职务变动情况；培训情况和记录、考核情况；人员卫生、生产人员健康档案情况等。

2. 厂房与设施 按照GMP第四章的规定审核厂房设施的情况，包括厂区环境、厂区划分与评估保持，厂房、仓储等建筑物状况和维保情况，厂房内部的区划、工艺流程、设备布置、洁净区（室）内部各个环境因子（因素）等的控制，各个设施如空调净化系统、空压系统等的状况和维保情况等。

3. 设备与仪器 按照GMP第五章的规定审核检查设备与仪器安装、运行、维护及维修和校验等情况，水系统的状况和维保、清洗灭菌消毒等的处理情况。

4. 物料与产品 按照GMP第六章的规定审核检查原料、辅料、包装材料、制剂半成品和成品的生产供销企业的审计，购入、运输、验收、贮存、养护、发放和使用情况；物料、成品、半成品和包装材料的标准，中药材购入是否符合条件；待验、合格、不合格物料的储存及处理；特殊物料的储存条件及处理；物料的保存期限；药品包装、说明书、标签的管理是否符合规定等。

5. 验证与确认 按照GMP第七章的要求审核检查验证与确认的情况，包括验证总计划的制订与实施，厂房设施、仪器设备的确认情况，工艺验证、分析方法验证、清洁验证情况，再验证等情况，验证方案、验证报告及验证负责人审核批准程序和签名等内容。

6. 文件管理 按照GMP第八章要求审核检查药品生产管理和质量管理的各项制度和记录、药品的生产管理和质量管理文件、SOP的完备性、建立文件的程序、文件的合法性等内容。

7. 生产管理 按照GMP第九章要求审核对生产工艺规程、岗位操作法和SOP的执行情况；批生产记录、批包装记录、批检验记录、清场记录的记录方法；生产区卫生情况；人员卫生情况；工作服的卫生情况；洁净室人员操作及进入的管理情况；洁净室消毒情况等内容。

8. 质量管理 按照GMP第十章的要求主要检查质量管理部门职责的落实情况，包括实验室管理、物料和产品放行、持续稳定性考察、变更控制、偏差处理、纠正措施和预防措施、供应商的评估和批准、产品质量回顾分析和处理投诉的记录等内容。

9. 产品发运与召回 按照GMP第十二章的要求主要检查销售记录、产品退货和回收及处理程序。

10. 前一次自检提出的质量改进建议的执行情况 检查上次自检后，历次客户审计、药监部门检查发现问题及改进、纠正和落实情况，并做记录。

四、自检的程序

自检程序一般分为6个阶段：自检启动、自检准备、自检实施、自检记录总结分析、提出自检报告、自检跟踪检查。

1. 自检启动 首先，确认担任自检的人员，并任命负责人。然后由自检负责人组织开会讨论，确定自检目的、自检的检查范围、自检的实施时间、自建的检查深度等项目。成立自检小组并进行有关文件和信息的收集、审阅等活动，确定自检的可行性以及实施自检时所需的时间与资源。

2. 自检准备 包括自检计划的编写、小组成员分工以及与接受自检部门的联系等活动。自检计划应结合自检的实施方案制订，如年度计划、滚动自检计划、集中自检计划等。自检计划的内容如下。

（1）自检的目的和范围。

（2）自检组成员名单、主要责任者、各部门陪同人员名单。

（3）自检的时间和地点、持续时间。

（4）保密的原则和责任。

（5）自检报告的编写人员、预期完成日期、呈送部门。

3. 自检实施 按照预定的计划实施自检，实施时首先要与接受检查部门进行初步联系，自检组成员与受检部门负责人及相关人员可以一起召开会议，主要是介绍、建立双方的联系，明确双方的责任以及具体的自检日程安排等内容。自检的过程中应有部门负责人员陪同，回答检查人员的提问，提供有关资料，接受自检组成员的指导，并记录自检中发现的问题，以便改进。自检要坚持以“客观证据”为原则；坚持自检依据与实际核对的原则；坚持独立、公正的原则。检查结束后应当召开总结会议，目的是向各部门通报自检中的缺陷并且对纠正和预防行动提出要求等。

4. 自检记录分析总结 自检完成后，对自检过程的记录进行分析，汇总、按部门按类别进行总结、分析。自检记录应包括受检部门、自检办法、自检结果、不合格情况说明、自检组自检记录等信息。应对自检项目有详细的说明，对合格和不合格的部分进行明确的区分，并且进行记录。格式见表 13－1。

表 13－1 GMP 自检记录

记录日期：

自检项目明细	本次与 GMP 要求符合情况	上次整改要求完成情况
自检意见及建议		

记录人：　　　　　　　　　　记录审核人：

5. 编制呈送自检报告 自检报告的内容包括报告名称、报告人、报告日期、自检结果的简要概述及主要问题、自检的项目及结论、主要存在问题、改进建议。自检报告一般应在 2 个工作日内呈送企业负责人和质量管理负责人，必要时抄送有关部门。自检的同时应当对自检的结果进行记录，记入自检结果汇总表（表 13－2），记录检查区域和检查结果，并且对检查出的结果进行关键性分析。

自检报告包括的内容如下。

（1）自检报告编号。

（2）自检的目的和范围。

(3) 检查部门及负责人。
(4) 自检的日期。
(5) 自检小组成员。
(6) 自检的依据。
(7) 缺陷项目的观察结果（不合格报告作为附件）。
(8) 自检工作综述及自检结论。
(9) 纠正措施完成的时限要求。
(10) 自检报告分发范围。
(11) 自检小组组长签字、日期。

表 13-2 自检结果汇总表

自检专题： 自检时间： 检查人：

检查车间及区域	检查房间	问题点描述	关键点/非关键点	备注
			关键点□非关键点□	
			关键点□非关键点□	
待讨论项目				
建议推广项目				

6. 自检跟踪检查 企业应对自检中发现的缺陷制定相应的纠正措施和预防措施，指定责任人、设定计划完成时限及目标等，要建立一个有效的追踪程序，追踪纠正和预防措施的执行情况。

PPT

第三节 质量改进

质量改进是药品生产企业自检的后续工作，必须按计划认真进行，否则自检工作就是无用功。

企业应当引进 CAPA 系统，即纠正和预防行动系统。企业通过自检，对质量管理体系及其运行进行一次彻查，能发现存在的问题（投诉）、偏差和隐患。根据 GMP，生产企业引入 CAPA（Corrective Action and Preventive Action）系统程序，进行纠偏、预防和改进。ISO 9000：2000 和 ISO 9000：2015 对质量改进的定义为“为向本组织及其客户提供更多的收益，在企业内部采取的目的是提升活动或过程效率、效益的各种措施”。质量改进是一种创造性地追求更高、更快目标的过程。质量改进是质量管理的灵魂。

质量改进的基本方法有 PDCA（P——plan、D——do、C——check、A——act）循环、统计工具和风险分析工具等方法。质量改进工具的基本原理就是找出导致质量问题的原因，主要是直接原因，针对问题的根源提出改进措施以达到质量管理的预期目标。质量改进建议的提出应直接针对自检中发现的问题，利用各种分析工具分析得出翔实可靠的结论，提出合理的、有针对性的建议。

质量改进的主要动力来自企业负责人。只有企业管理者认识到质量改进的重要性，才能组织推进质量改进的实施，所以自检中提出的质量改进建议应首先提交给企业负责人，并说明改进的必要性和紧迫性，说服企业负责人相信改进对企业经营管理的影响和重要性。

质量改进需要动员一切可用资源，建立质量改进机制。在企业内各部门建立质量改进机制，树立质量改进意识，授权合适的人员参与部门的质量改进研究和实施工作，并及时向部门负责人通报质量改进的进展情况。企业应建立质量改进的激励机制，促使质量改进工作的落实并取得好的效果。

质量改进的意义在于企业通过持续质量改进使 GMP 管理体系长期有效地运行，并且能使企业提高效率、效益。长期实施质量改进可以提高企业所有人员的质量意识，使其认识到过程对于产品质量的重要性，只有改进过程，才能实现最终产品质量的提高。企业只有不断改进质量，才能不断提高产品质量，满足顾客的需求，增强企业的信誉，提升竞争力，在竞争的环境中获得更多的利益。

第四节 自检工作实例

PPT

一、自检组织的建立与职责

1. 企业自检组织 一共分为3级。

（1）一级自检组织 是企业的最高级自检组织，负责企业自检活动整体的规划、实施和监控。一般由管理者代表负责，组织企业高层主管参加。

（2）二级自检组织 一般是部门级自检组织，主要职责是根据一级自检组织的规划和要求实施部门内部的自检。二级自检组织是三级自检组织中最重要的部分，是自检工作能否顺利、有效实施的关键环节。一般由部门经理负责，部门内相关成员参加。

（3）三级自检组织 一般是车间班或组级的自检组织，主要职责是根据二级自检组织的规划和要求实施车间或班组内的自检，三级自检组织是最接近操作活动且最容易发现问题的自检组织。三级自检组织一般可以由车间或班组负责人与相关人员参加。

企业三级自检组织形成了一张覆盖生产或经营全过程的自检网络，三级组织之间并没有直接的从属关系，他们的共同点是去发现问题和解决问题，因此可以相互联合，相互交叉，有利于实现全面的、全员的自检。

2. 企业自检组织人员 在自检组织中，人员应具有明确的角色和职责，以保证自检流程实施畅通。

（1）自检组织负责人 一般是企业、部门或班组负责人，主要的职责是与上级、下级或其他自检组织负责人保持联系，共同确认自检的标准或流程；制订详细的自检计划；组建自检团队；实施自检；全程监督自检工作的落实。自检组织负责人是自检实施的关键角色。

（2）自检组织成员 由自检组织负责人指定或委派，主要职责是按照既定的自检计划实施具体的自检活动；形成自检报告。

二、自检计划的制订与实施

企业自检组织的负责人负责制订下一个自检周期的自检计划，自检计划应包括需要接受自检的目标对象、自检的具体项目、自检的标准等，还应包括对上个自检周期发现问题的回顾。不同层次的自检计划其具体程度可以不同，二级和三级自检计划应更具体。自检计划应得到上级自检组织的批准或认同。

自检组织制订的自检计划需要和相关的部门或个人进行沟通，通过沟通实现检查前的告知以及对计划进行完善的目的，自检计划的认可和批准可以以签字的形式体现。

企业自检计划不是一成不变的，需要根据企业自身情况、其质量体系需要改进的内容等不断进行更新调整，以使该计划更能够达到预期目的。计划的更新可以随时进行，二级和一级自检组织的自检计划更新必须得到管理者代表的批准。

企业进行自检的项目应严格按照 GMP 要求，并按 GMP 条款的顺序制订。项目包括质量管理、机构与人员；厂房及设施；厂房及设备的维护；起始原料、中间体、原料药的贮存；设备；生产及中间控制；质量控制；文件；清洁卫生；验证及再验证计划；仪器及仪表的校准；药品的召回；投诉处理；标签管理；上次自检及整改的结果等。自检的频次就是指两次自检之间的周期。自检必须定期进行，以保证持续的改善得以进行。自检的频次不是固定的，企业根据自己的实际情况确定自检频次。自检频次的制定在不同的自检组织中有不同的基本原则。一般来讲，级别越低的自检组织其自检频次应相对高，级别高的自检组织自检频次相对低。比如三级自检组织的自检频次可以确定为每天一次或每周一次，二级自检组织可定为每月一次，而一级自检组织可以定为每季度或每年一次。

在自检开始前，应检查企业自检小组的组成及自检计划。自检开始后，不断检查自检报告的内容是否包括自检目的、结果、偏差、整改措施。自检完成后，形成整改计划，经批准的整改计划应及时实施完成，并对整改计划的实施情况进行跟踪检查。当出现质量事故或样品抽检不合格时，需检查企业专项质量审计报告。企业级级别（一级自检）自检至少每年一次，由企业质量管理部门对自检结果进行评估，并决定是否需要整改或再验证。

（黄 哲 杨 勇 邱鑫禹）

书网融合……

本章小结 微课 题库

第十四章　药品 GMP 认证与检查

学习目标

1. **掌握**　药品 GMP 检查的概念、内容与项目、检查分类。
2. **熟悉**　我国 GMP 检查发展渊源以及 GMP 检查法律依据。
3. **了解**　国外 GMP 检查、认证的基本内容。
4. 学会按照 GMP 规定的标准，开展 GMP 检查工作。

为了确保药品质量与质量安全，根据《药品管理法》及其实施条例等药事管理法律法规，国家药品监管部门制定了药品 GMP，并要求药品生产企业强制执行。药品监督管理部门必须对药品生产企业执行 GMP 的情况进行检查。国际上，欧美国家在 GMP 检查的同时，还会对检查合格的药品生产企业颁发检查合格的证书，所以，又把检查合格并颁发证书的监管模式称为“GMP 认证”。下游企业对上游企业或者企业对企业的检查一般称为“GMP 质量审计”。在欧盟国家，企业对企业的 GMP 审计也可以委托第三方进行。

第一节　我国药品 GMP 认证与检查发展概述

PPT

我国药品 GMP 认证与检查的发展经历了 5 个阶段（表 14－1）。

表 14－1　我国 GMP 的相关法规颁布及实施情况

时间	法规名称	颁布机构	效果
1982 年	《药品生产管理规范》（试行）	中国医药工业公司	标志着 GMP 开始引入中国
1988 年	《药品生产质量管理规范》（1988 年版）	国家卫生部	成为我国第一部 GMP 官方文件，并作为正式规范开始执行
1998 年	《药品生产质量管理规范》	国家药品监督管理局	逐步开始强制认证，标志着我国 GMP 管理迈入新阶段
2011 年	《药品生产质量管理规范》（2010 年修订）	国家卫生部	进一步提高药品生产的质量要求，基本与欧美国家 GMP 理念接轨
2019 年	《药品管理法》	国家药品监督管理局	确认取消 GMP 认证，与药品生产许可一并检查

第一阶段，中国医药工业公司于 1982 年颁布的《药品生产管理规范》（试行），1984 年修订为正式稿。该版本的 GMP 是一种行业规范，供药品生产企业参照执行。其标题中没有“质量”两字，它强调的是生产管理，也没有提到检查或者认证，也就是企业实施 GMP 是根据自己的实际情况，自愿进行。

第二阶段，根据 1985 年颁布的《药品管理法》及其实施办法的要求，卫生部于 1988 年颁布了《药品生产质量管理规范》，并于 1992 年颁布实施。对于 GMP 认证，要求企业参照自愿自行进行，从此，我国 GMP 认证与检查工作初步走上了轨道。

第三阶段，国家药品监督管理局成立后，在对 1992 年颁布实施的 GMP 修订的基础上，于 1999 年 6 月颁布了 1998 年国家药品监督管理局制订的《药品生产质量管理规范》修订案，随后又制订了《药品生产质量管理规范》（1998 年修订）附录。1998 年版 GMP 在原 1992 年版 GMP 的基础上从形式到内容均做了科学的调整，使得GMP更加具有可操作性，更加符合当时我国药品生产与质量管理水平的实际情况。自此，国家药品监督管理局开始强制推行药品GMP认证制度，规定药品生产企业必须符合GMP要求并通过GMP认证，取得“药品GMP证书”后方可生产，并规定2004年6月30日以前，我国所有药品制剂和原料药的生产必须符合GMP要求，并取得“药品GMP证书”；按国家药品监督管理局规定期限，到期未通过认证的企业（车间），一律停止生产药品。从此，我国药品GMP和药品GMP认证制度走上了常规化和法制化的道路，我国药品生产与质量管理水平也开始有了大幅度的提高。

第四阶段，国务院、国家卫生行政和药品监管部门审时度势，根据我国药品生产企业生产与质量管理水平的实际情况，以及国际药品生产质量监管的发展趋势和要求，颁布了2010年版GMP，并于2011年3月1日起正式实施。这个版本GMP主要以国际通用的欧盟药品GMP为蓝本，参考了WHO和美国GMP，结合我国药品生产与质量管理的实际水平制定。2010年修订GMP实际水平基本和欧盟药品GMP保持了一致，其颁布和实施使我国药品生产与质量管理水平再上台阶，为我国药品生产企业进入国际主流市场奠定了良好的基础。

第五阶段，2019年8月26日，第十三届全国人大常委会第十二次会议表决通过新修订的《药品管理法》，并于2019年12月1日正式实施。这是我国《药品管理法》自1984年制定以来的第二次全面修订。2019年修订《药品管理法》取消GMP认证，GMP认证工作与药品生产许可一并检查，且相关部门可随时对药品生产企业GMP的执行情况进行各类检查。所以取消GMP认证，在减少药品行政许可项目的同时，并不意味着监管的放松，而是逐渐转型为动态的事中与事后监管，监管力度从内容到形式反而增强，标志着我国药品生产监管进入动态GMP管理的新时代。

当前，药品的GMP检查范围已经向着药品质量的产业链上游扩展，也就是向着药品的研发领域及药品生产所需要的原料、辅料和包材领域进行扩展，这些领域都要求实施GMP并进行检查，同时，与药品相关相似的领域，如医疗器械、化妆品（医美产品）、食品等领域也要求实施GMP并进行检查。与GMP从内容到形式雷同或者类似的检查还有GLP、GCP、GSP等，也就是在药品的整个生命周期，以及所涉及的药事管理领域，“GXP”（“X”表示L、C、M、S、U、V等）普遍推行开来。

第二节 各国/地区GMP认证（检查）及其特点

PPT

美国于1963年开始制定药品GMP法规，对药品生产进行监控，成为最早强制推行药品GMP管控模式的国家。欧盟于1972年颁布GMP总则，1989年1月，欧盟第一版GMP指南出版，用于指导欧盟国家的药品生产。日本于1980年以法规形式颁发药品GMP，其现行版本为2004年修订，2013年日本为了申请加入PIC/S，将旧GMP和PIC/S的GMP整合，修订了GMP施行通知，随后为了更好地施行GMP省令（厚生省令），同年发布了药品GMP事例集。

了解国际上主流国家GMP认证检查情况，不仅可以提高我国药品GMP检查水平，还能为企业通过国际主流国家的GMP认证或者检查提供帮助。

一、美国

美国FDA的GMP认证（检查）认证分为六大系统，分别是质量系统、厂房设施和设备系统、物料系统、生产系统、包装和贴签系统、质量控制系统。FDA检查方式分为两种：一种为全面检查，这种检查方式主要适用于对企业了解很少或者对该企业在cGMP法规符合性上存在怀疑和疑惑的情况，全面检查应至少包括六大系统中的四个系统，同时必须包括质量系统；另一种为简略检查，这种检查方式适用于两年一次的定期再检查，在两年期间药品生产企业没有发生大规模的召回或者明显的质量缺陷事项或者仅在生产上有微小变化，缩略检查至少包括六大系统中的两个系统，同时必须包括质量系统。

美国 FDA 的 GMP 认证（检查）的特点如下。

1. 注重软件建设与管理 对质量管理文件系统的建立及运行要求很高，强调记录数据的真实性、规范性；对生产过程中的人员素质及人的实际工作能力要求较高，如涉及操作人员对所从事工作的理解及操作人员如何处理生产流程中的突发事件等。

2. 注重操作人员的职责与培训 如要求“每位从事药品生产、加工、包装或仓储的工作人员，应接受培训、教育且有实践经验，并完成委派的各项职务”。同时，对检查人员的职责规定严格细致，检查员作为检查机构的专职人员专门从事检查工作，包括申请资料审查、检查方案制定、现场检查、企业整改情况审核、检查报告撰写等。

3. 注重认证与检查的全面性和重点性协调统一 美国 FDA 在检查认证工作中，既强调生产企业质量管理工作全面性，又强调对关键环节、高风险的操作步骤的重视度。

值得重视的是，2005 年起，FDA 在对人用药品生产场所进行常规 cGMP 监督检查中，采用基于风险的生产场地选择模型。根据已批准的风险因素和权重进行评分排序，从而形成了优先场地监督检查清单（SSIL）。清单中评分越高的生产场地意味风险越高，优先被检查的机会也随之变大，SSIL 只对需要进行日常监督检查的场地进行优先排序，而对其他类型的检查不进行排序。该模型还用于制定检查频率，FDA 于 2012 年将《联邦食品、药品和化妆品法案》（FD&C 法案）第 510（h）节将“国内生产场地两年一次的检查频率”修订为“要求 FDA 检查国内和国外药品生产场地，需按照基于风险的时间表”，考虑场地的“已知安全风险”，即基于风险确定检查频率，从而替代了之前固有的检查频率。

二、欧盟

欧盟（EU）是一个集政治实体和经济实体于一身、在世界上具有重要影响的区域一体化组织。欧盟 GMP 是所有欧盟成员国必须达到的最低标准，我国药品生产企业进入欧洲市场也和进入美国一样，必须申请并获得欧盟 GMP 认证。申请欧盟 GMP 认证必须有一个程序来“启动（Trigger）”。对于制剂药品生产企业而言，GMP 认证检查的“启动程序”主要包括欧盟“药品上市许可证申请（MAA）”、通过欧盟进口商进口药品到欧盟以及成为欧盟制药公司的海外生产工厂等。对于原料药品生产企业而言，“启动程序”包括“欧洲药典适用性证书（CEP/COS）”申请和成为在欧盟上市的制剂药品生产企业的原料药供应商。

欧盟 GMP 认证（检查）的特点如下。

1. 注重风险管理 要求药品生产企业对于药品生产过程中所涉及的个各种情况，包括重要参数、偏差等都要做风险分析和质量回顾分析，及时发现问题或发现不良趋势并进行纠正与防范。

2. 重视质量管理体系的构建 要求企业重视日常管理，严格按照欧盟 GMP，从软件管理、硬件设施、生产现场等方面完善体系建设，加强药品生命全周期的风险管理、偏差处理、变更控制以及纠正与预防措施（CAPA）。

3. 强调硬件配置的不可替代性 为了防止人为因素的过多影响，欧盟 GMP 认为良好的硬件支持是避免人员违规操作的保证。

4. 检查频率依据产品本身的风险程度高低情况和历次的合规情况决定 英国药品和保健产品监管局（MHRA）基于风险而确定监督检查的对象，与 FDA 相似，依据之前的检查结果（包括之前的检查缺陷类型及数量情况）进行初步评级，然后根据其他一些“影响辨识能力的因素”进行修改，确定风险等级，最终确定下一次检查的时间。“影响辨识能力的因素”包括：对维持质量体系持续运行的重大影响；上次检查发现的缺陷整改完成情况；场地复杂情况；合规检查中出现的重大变更；场地使用了重大的减免因素。检查计划将风险等级分为 0 ~ Ⅴ共 6 个等级，0 级意味着应尽快检查，Ⅴ级代表着下次检查可以等待 30 个月并且检查的持续时间也可缩短一半。

三、日本

日本 PDMA 认证检查大致分为两种：①为取得制造销售许可所必需的 GMP 调查；②每 5 年更新一次的定期 GMP 调查。两种都在遵守 GMP 省令的基础上实施。日本药事法还规定，为取得医药品的制造销售许可，不仅该医药品制剂的生产厂商必须符合 GMP 的标准，其原料药的供应商也必须符合 GMP 标准。

日本 GMP 认证（检查）的特点如下。

1. 强调质量管理体系过程和要素的整体协调　日本的 GMP 主体结构分为“软管理”和“硬管理”两部分。“软管理”将管理标准与人员要求紧密结合，使得各类人员能非常明了自己工作职责，并能认清自己在整个体系中的位置，便于更好地执行 GMP 规范。“硬管理”分为生产商、进口商两大部分，每个部分再按不同品种逐项列出，这样使得整个 GMP 的硬件要求非常明确，并且进行了相互比较式的纵向排列，这就让阅读或使用规范的人员容易记忆，并在认证过程中严格贯彻。

2. 内容全面细致　日本和美国、欧盟等国家一样，执行的是 cGMP，即动态药品生产管理规范，cGMP 关注的重心放在工作现场的软件执行效率等方面。这就要求在软件的认证方面，不仅要全面、细致和准确，而且要针对性地执行和操作。

3. 药品生产企业也拥有自身的 GMP　在日本，大多数的药品生产企业拥有自己企业的 GMP，从实践上看，每个药品生产企业产品工艺因企业硬件等因素限制会有千差万别，只有密切结合企业自身工艺特点，GMP 的实施和认证才有意义。

第三节　GMP 检查

PPT

一、药品 GMP 检查

取消 GMP 认证，将 GMP 认证证书和药品生产许可证两证合一，旨在减少过多的行政许可，并加强日常监督检查力度，实现 GMP 常态化监管。

2019 年 7 月，国务院办公厅发布文件《关于建立职业化专业化药品检查员队伍的意见》，文件显示，职业化专业化药品检查员是指经药品监管部门认定，依法对管理相对人从事药品研制、生产等场所、活动进行合规确认和风险研判的人员，是加强药品监管、保障药品安全的重要支撑力量。国家建立药品检查员队伍的目的在于构建起基本满足药品监管要求的职业化专业化药品检查员队伍体系，进一步完善以专职检查员为主体、兼职检查员为补充的职业化专业化药品检查员队伍，形成权责明确、协作顺畅、覆盖全面的药品监督检查工作体系。所以尽管取消了 GMP 认证，但对职业化、专业化药品检查员队伍的建设，一定程度上体现了药品监管部门将对企业的日常检查和飞行检查等增加检查力度和频率的决心。GMP 检查的方式主要有跟踪检查、飞行检查、注册现场检查和一致性评价检查。

1. GMP 跟踪检查　也是日常检查，基本是计划性检查，是基于上一年度国家药品检查、抽检、不良反应监测、投诉举报等方面发现的问题和风险信号订立年度跟踪检查计划进行检查，同时，根据重点监管工作需要及风险评估结果，会适时增加或者减少被检查企业名单。

2. GMP 飞行检查　也是突击检查，基本是非计划性检查，指药品监督管理部门根据监管需要随时对药品生产企业所实施的现场检查。飞行检查主要针对高风险生产企业，或者涉嫌违反药品 GMP 等药事管理法律法规，或被知情人举报有严重危害药品质量与安全的药品生产企业。飞行检查的特点如下。

（1）行动的隐密性和突然性　飞行检查安排即使在组织实施部门内也是相对隐密的。一旦决定检查，迅速实施，企业所在地药品监督管理部门也是在最后时限才得到通知。

（2）现场的灵活性　检查前一般只制定检查预案，主要确定现场检查重点。检查组现场检查的具体时间及步骤由检查组根据检查需要确定，确保检查质量。

（3）记录的即时性　检查员要在现场检查过程中即时填写飞行检查工作记录。进入每一工作现场，均要根据具体情况填写好检查内容、接触人员、情况记录等项内容。

3. GMP 注册现场检查　该检查为计划性检查，药品监督管理部门对所受理药品注册申请批准上市前的样品批量生产过程等进行实地检查，确认其是否与核定的或申报的生产工艺相符合。

4. 仿制药一致性评价现场检查　该检查为计划性检查，是对申报品种的生产条件和能力及其动态生产过程进行检查，确认相关生产和质量控制活动与申报的处方、生产工艺、生产条件、质量标准的一致性，以及药品生产是否符合 GMP 要求。仿制药一致性评价现场检查的基本要求如下。

（1）真实性　开展一致性评价工作应当坚持诚实守信，确保申报资料与原始记录的真实性，禁止任何虚假行为。

（2）一致性　现场检查与所抽样品的生产批量应当与拟供应市场的商业化生产规模（批量）一致，并且与用于生物等效性研究、临床研究、体外评价的产品生产规模（批量）一致。用于生物等效性研究、临床研究、体外评价的产品生产、现场检查与所抽样品的生产以及拟供应市场产品的商业化生产的工艺、处方、原辅料来源、生产设备应当一致。涉及处方和生产工艺变更的，应经充分的研究和验证，确保药品商业化生产的可行性。必要时，可对研究现场开展延伸检查。

（3）数据可靠性　应当规范一致性评价过程中的记录与数据的管理，保证数据记录准确真实、清晰可追溯、原始一致、及时同步记录、能归属到人、完整持久，并且采取必要的措施确保数据可靠性。

（4）合规性　一致性评价过程应当在符合药品相关法规和质量管理体系的条件下开展，并且具有相应的管理规程，确保工作受控、合规。一致性评价中涉及的生产和质量管理活动，应当符合 GMP 及相关附录的要求。

二、主要检查项目

在现场检查中，药品监管部门的检查人员将对药品生产企业 GMP 实施情况的方方面面做认真的研判。由于药品生产企业需要检查的内容涉及很多方面和细节，检查人员一般都是对照事先设定好的检查计划进行检查，检查计划的制订往往根据规定好的检查项目来安排。

检查项目分为一般项目和重点项目，如果企业在被检查过程中出现重点检查项目不合格数量多的情况，也就是有严重缺陷或有多项主要缺陷，表明企业未能对产品生产全过程进行有效控制，或者一般缺陷的整改情况或计划不能证明企业能够采取必要的措施进行改正的，整个药品 GMP 认证就会被判定为"不符合"。当然，如果一般项目不合格数量过多，也会被认为有严重缺陷，整个药品 GMP 认证就有可能会被判定为"不符合"。

（一）机构与人员方面的检查项目

药品生产和质量治理的组织机构对保证药品生产全过程受控至关重要；适当的组织机构及人员配置是保证药品质量的关键因素；人员的职责必须以文件形式明确规定；培训是实施药品 GMP 的重要环节。

1. 一般项目

（1）企业应配备一定数量的与药品生产相适应的，具有相应的专业知识、生产经验及工作能力，并能正确履行其职责的管理人员和技术人员。

（2）企业应建有对各级员工进行 GMP 和专业技术、岗位操作知识、安全知识等方面的培训制度、培训计划和培训档案。

（3）从事药品生产操作的人员应通过相应的专业技术上岗前培训和继续培训，具有基础理论知识和实际操作技能。

（4）从事原料药生产的人员应接受原料药生产特定操作的有关知识培训。

（5）中药材、中药饮片验收人员应通过相关知识的培训后上岗，具有识别药材真伪、优劣的技能。

（6）从事高生物活性、高毒性、强污染性、高致敏性及有特殊要求的药品生产操作和质量检验人员应通过专业的技术培训后上岗。

（7）从事生物制品制造的全体人员（包括清洁人员、维修人员）均应根据其生产的制品和所从事的生产操作要求进行专业（卫生学、微生物学等）和安全防护培训。

（8）进入洁净区的工作人员（包括维修、辅助人员）应定期进行卫生和微生物学基础知识、洁净作业等方面的培训及考核。

（9）应按 GMP 要求对各级员工进行定期培训和考核。

（10）查看企业组织机构图，检查生产质量治理组织机构及功能设置是否涵盖生产、质量、物料仓储、设备、销售及人员治理等内容，并有负责培训的职能部门/人员。

2. 重点项目

（1）企业应建立药品生产和质量管理机构，明确各级机构和人员的职责。

（2）关键人员，包括企业负责人、生产管理负责人、质量管理负责人和质量受权人，应具有药学本科或相关专业以上学历，并具有法规要求的药品生产和质量管理经验，应对 GMP 的实施和产品质量负责。

（3）生物制品生产企业关键人员，包括生产和质量管理负责人等，应具有相应的专业知识（细菌学、病毒学、生物学、分子生物学、生物化学、免疫学、医学、药学等），并有丰富的实践经验以确保在其生产、质量管理中履行其职责。

（4）中药制剂生产企业主管药品生产和质量的负责人应具有中药专业知识。

（5）生产管理和质量管理的部门负责人应具有药学或相关专业本科以上学历，并具有法规要求的药品生产和质量管理的实践经验，有能力对药品生产和质量管理中的实际问题做出正确的判断和处理。

（6）药品生产管理部门和质量管理部门负责人不得互相兼任。

（7）企业负责人和各级管理人员应定期接受药品管理法律法规培训。

（8）从事药品质量检验的人员应通过相应专业技术上岗前培训和继续培训，具有基础理论知识和实际操作技能。

（二）厂房与设施方面的检查项目

药品生产的厂房与设施是实施药品 GMP 的先决条件，其布局、设计和建筑应利于避免交叉污染和差错，便于清洁及日常维护。

1. 一般项目

（1）企业的生产环境应整洁；厂区地面、路面及运输等不应对药品生产造成污染；生产、行政、生活和辅助区总体布局应合理，不得互相妨碍。

（2）厂房应按生产工艺流程及所要求的空气洁净度级别进行合理布局。

（3）同一厂房内的生产操作和相邻厂房之间的生产操作不得相互妨碍。

（4）厂房应有防止昆虫和其他动物进入的有效设施。

（5）洁净室（区）的内表面应平整光滑、无裂缝、接口严密、无颗粒物脱落、耐受清洗和消毒。

（6）洁净室（区）的墙壁与地面的交界处应成弧形或采取其他措施，以减少灰尘积聚和便于清洁。

（7）中药生产的非洁净厂房地面、墙壁、天棚等内表面应平整，易于清洁，不易脱落，无霉迹。

（8）生产区应有与生产规模相适应的面积和空间用以安置设备、物料，便于生产操作，避免差错和交叉污染。

（9）中药材炮制中的蒸、炒、炙、煅等厂房应与其生产规模相适应，并有良好的通风、除尘、除烟、降温等设施。

（10）中药材、中药饮片的提取、浓缩等厂房应与其生产规模相适应，并有良好的排风和防止污染及交叉污染等设施。

（11）净选药材的厂房应设拣选工作台，工作台表面应平整、不易产生脱落物。

（12）净选药材的厂房应有必要的通风除尘设施。

（13）原料药中间产品的质量检验与生产环境有交叉影响时，其检验场所不应设置在该生产区域内。

（14）贮存区应有与生产规模相适应的面积和空间用于存放物料、中间产品、待验品和成品，避免差错和交叉污染。

（15）易燃、易爆、有毒、有害物质的生产和贮存的厂房设施应符合国家有关规定。

（16）洁净室（区）内各种管道、灯具、风口以及其他公用设施应易于清洁。

（17）洁净室（区）应根据生产要求提供足够的照明。主要工作室的照度应达到 300lX；对照度有特殊要求的生产部位应设置局部照明。厂房应有应急照明设施。

（18）洁净室（区）空气的微生物数和尘粒数应定期监测，监测结果应记录存档。洁净室（区）在静态条件下检测的尘埃粒子数、浮游菌数或沉降菌数应符合规定。

（19）非最终灭菌的无菌制剂应在百级区域下进行动态监测微生物数。

（20）洁净室（区）的净化空气如可循环使用，应采取有效措施避免污染和交叉污染。

（21）空气净化系统应按规定清洁、维修、保养并做记录。

（22）空气洁净度等级不同的相邻房间（区域）之间或规定保持相对负压的相邻房间（区域）之间的静压差应符合规定，应有指示压差的装置，并记录压差。

（23）空气洁净度等级相同的区域内，产尘量大的操作室应保持相对负压。

（24）非创伤面外用中药制剂及其他特殊的中药制剂生产厂房门窗应能密闭，必要时有良好的除湿、排风、除尘、降温等设施，人员、物料进出及生产操作应参照洁净室（区）管理。

（25）用于直接入药的净药材和干膏的配料、粉碎、混合、过筛等厂房门窗应能密闭，有良好的通风、除尘等设施，人员、物料进出及生产操作应参照洁净室（区）管理。

（26）洁净室（区）的温度和相对湿度应与药品生产工艺要求相适应。无特殊要求时，温度应控制在 18 ~26℃，相对湿度应控制在 45% ~65% 。

（27）不同空气洁净度级别的洁净室（区）之间的人员和物料出入，应有防止交叉污染的措施。

（28）专用于生产孢子形成体的设备，当加工处理一种制品时应集中生产，某一设施或一套设施中分期轮换生产芽孢菌制品时，在规定时间内应只生产一种制品。

（29）生物制品生产的厂房与设施不得对原材料、中间体和成品存在潜在污染。

（30）用于加工处理生物活体的生物制品生产操作区和设备应便于清洁和去除污染，能耐受熏蒸消毒。

（31）中药材的前处理、提取、浓缩和动物脏器、组织的洗涤或处理等生产操作应与其制剂生产严格分开。

（32）厂房必要时应有防尘及捕尘设施。

（33）中药材的筛选、切制、粉碎等生产操作的厂房应安装捕尘设施。

（34）与药品直接接触的干燥用空气、压缩空气和惰性气体应经净化处理，符合生产要求。

（35）仓储区应保持清洁和干燥，应安装照明和通风设施。仓储区的温度、湿度控制应符合储存要求，按规定定期监测。

（36）如仓储区设物料取样室，取样环境的空气洁净级别应与生产要求一致。如不在取样室取样，取样时应有防止污染和交叉污染的措施。

（37）质量管理部门根据需要设置的实验室、中药标本室、留样观察以及其他各类实验室应与药品生产区分开。

（38）生物检定、微生物限度检定和放射性同位素检定等应分室进行。

（39）有特殊要求的仪器、仪表应安放在专门的仪器室内，应有防止静电、震动、潮湿或其他外界因素影响的设施。

（40）实验动物房应与其他区域严格分开，实验动物应符合国家有关规定。

2. 重点项目

（1）中药材的库房应分别设置原料库与净料库，毒性药材、贵细药材应分别设置专库或专柜。

（2）进入洁净室（区）的空气必须净化，并根据生产工艺要求划分空气洁净度级别。

（3）产尘量大的洁净室（区）经捕尘处理不能避免交叉污染时，其空气净化系统不得利用回风。

（4）洁净室（区）的窗户、天棚及进入室内的管道、风口、灯具与墙壁或天棚的连接部位应密封。

（5）洁净室（区）的水池、地漏不得对药品产生污染，100 级洁净室（区）内不得设置地漏。

（6）10000 级洁净室（区）使用的传输设备不得穿越空气洁净度较低级别区域。

（7）洁净室（区）与非洁净室（区）之间应设置缓冲设施，洁净室（区）人流、物流走向应合理。

（8）生产青霉素类等高致敏性药品应使用独立的厂房与设施、独立的空气净化系统，分装室应保持相对负压。排至室外的废气应经净化处理并符合要求，排风口应远离其他空气净化系统的进风口。

（9）生产 β－内酰胺结构类药品应使用专用设备和独立的空气净化系统，并与其他药品生产区域严格分开。

（10）避孕药品生产厂房与其他药品生产厂房应分开，应装有独立的专用空气净化系统。生产性激素类避孕药品的空气净化系统的气体排放应经净化处理。

（11）生产激素类、抗肿瘤类化学药品应避免与其他药品使用同一设备和空气净化系统；不能避免与其他药品交替使用同一设备和空气净化系统时，应采取有效的防护、清洁措施并进行必要的验证。

（12）生产用菌毒种与非生产用菌毒种、生产用细胞与非生产用细胞、强毒与弱毒、死毒与活毒、脱毒前与脱毒后的制品和活疫苗与灭活疫苗、人血液制品、预防制品等加工或灌装不得同时在同一生产厂房内进行。

（13）生产用菌毒种与非生产用菌毒种、生产用细胞与非生产用细胞、强毒与弱毒、死毒与活毒、脱毒前与脱毒后的制品和活疫苗与灭活疫苗、人血液制品、预防制品等贮存应严格分开。

（14）不同种类的活疫苗的处理及灌装应彼此分开。

（15）强毒微生物操作区应与相邻区域保持相对负压，应有独立的空气净化系统。

（16）芽孢菌制品操作区应与相邻区域保持相对负压，应有独立的空气净化系统，排出的空气不应循环使用，芽孢菌操作直至灭活过程完成之前应使用专用设备。

（17）各类生物制品生产过程中涉及高危致病因子的操作，其空气净化系统等设施应符合特殊要求。

（18）生物制品生产过程中使用某些特定活生物体阶段的设备应专用，应在隔离或封闭系统内进行。

（19）卡介苗生产厂房和结核菌素生产厂房应与其他制品生产厂房严格分开，卡介苗生产设备要专用。

（20）炭疽杆菌、肉毒梭状芽孢杆菌和破伤风梭状芽孢杆菌制品应在相应专用设施内生产。

（21）聚合酶链反应试剂（PCR）的生产和检定应在各自独立的建筑物中进行，防止扩增时形成的气溶胶造成交叉污染。

（22）生产人免疫缺陷病毒（HIV）等检测试剂在使用阳性样品时，应有符合相应规定的防护措施和设施。

（23）生产用种子批和细胞库应在规定贮存条件下专库存放，应只允许指定的人员进入。

（24）以人血、人血浆或动物脏器、组织为原料生产的制品应使用专用设备，应与其他生物制品的生产严格分开。

（25）未使用密闭系统生物发酵罐生产的生物制品不得在同一区域同时生产（如单克隆抗体和重组DNA 制品）。

（26）各种灭活疫苗（包括重组 DNA 产品）、类毒素及细胞提取物，在其灭活或消毒后可以与其他无菌制品交替使用同一灌装间和灌装、冻干设施。但在一种制品分装后，应进行有效的清洁和消毒，清洁消毒效果应定期验证。

（27）操作有致病作用的微生物应在专门的区域内进行，应保持相对负压。

（28）有菌（毒）操作区与无菌（毒）操作区应有各自独立的空气净化系统，来自病原体操作区的空气不得循环使用，来自危险度为二类以上病原体的空气应通过除菌过滤器排放，滤器的性能应定期检查。

（29）使用二类以上病原体强污染性材料进行制品生产时，对其排出污物应有有效的消毒设施。

（30）根据药品生产工艺要求，洁净室（区）内设置的称量室或备料室，空气洁净度等级应与生产要求一致，应有捕尘和防止交叉污染的措施。

（31）用于生物制品生产的动物室、质量检定动物室应与制品生产区分开。

（32）生物制品所使用动物的饲养管理要求，应符合实验动物管理规定。

（三）设备管理方面的检查项目

设备的设计和安装应有利于避免交叉污染和差错并便于清洁及日常维护。

1. 一般项目

（1）设备的设计、选型、安装应符合生产要求，应易于清洗、消毒或灭菌，应便于生产操作和维修、保养，应能防止差错和减少污染。

（2）生物制品生产使用的管道系统、阀门和通气过滤器应便于清洁和灭菌，封闭性容器（如发酵罐）应使用蒸汽灭菌。

（3）与药品直接接触的设备表面应光洁、平整、易清洗或消毒、耐腐蚀，不与药品发生化学变化或吸附药品。

（4）洁净室（区）内设备保温层表面应平整、光洁、不得有颗粒性等物质脱落。

（5）无菌药品生产中与药液接触的设备、容器具、管路、阀门、输送泵等应采用优质耐腐蚀材质，管路的安装应尽量减少连接或焊接。

（6）生产过程中应避免使用易碎、易脱屑、易长霉的器具；使用筛网时应有防止因筛网断裂而造成污染的措施。

（7）原料药生产中难以清洁的特定类型的设备可专用于特定的中间产品、原料药的生产或贮存。

（8）与中药材、中药饮片直接接触的工具、容器表面，应整洁、易清洗消毒、不易产生脱落物。

（9）设备所用的润滑剂、冷却剂等不得对药品或容器造成污染。

（10）与设备连接的主要固定管道应标明管内物料名称、流向。

（11）水处理及其配套系统的设计、安装和维护应能确保供水达到设定的质量标准。

（12）用于生产和检验的仪器、仪表、量具、衡器等，其适用范围和精密度应符合生产和检验要求，应有明显的合格标志，应定期校验。

（13）生产设备应有明显的状态标志。

（14）生产设备应定期维修、保养。设备安装、维修、保养的操作不得影响产品的质量。

（15）不合格的设备如有可能应搬出生产区，未搬出前应有明显状态标志。

（16）非无菌药品的干燥设备进风口应有过滤装置，出风口应有防止空气倒流装置。

（17）生产、检验设备应有使用、维修、保养记录，并由专人管理。

（18）生产用模具的采购、验收、保管、维护、发放及报废应制定相应管理制度，应设专人专柜保管。

2. 重点项目

（1）无菌药品生产用灭菌柜应具有自动监测、记录装置，其能力应与生产批量相适应。

（2）无菌药品生产中过滤器材不得吸附药液组分和释放异物，禁止使用含有石棉的过滤器材。

（3）纯化水的制备、储存和分配应能防止微生物的滋生和污染。

（4）注射用水的制备、储存和分配应能防止微生物的滋生和污染，储罐的通气口应安装不脱落纤维的疏水性除菌滤器，储存应采用 80℃以上保温、65℃以上保温循环或 4℃以下保温循环。生物制品生产用注射用水应在制备后 6 小时内使用；制备后 4 小时内灭菌 72 小时内使用。

（5）储罐和输送管道所用材料应无毒、耐腐蚀，管道的设计和安装应避免死角、盲管，应规定储罐和管道清洗、灭菌周期。

（6）生物制品生产过程中污染病原体的物品和设备应与未用过的灭菌物品和设备分开，并有明显状态标志。

（四）物料管理方面的检查项目

物料管理系统应具有可追溯性，从成品客户可查到原料批号，从客户投诉可查到其原因与生产过程偏差是否相关；物料有质量标准、标识（如代号、名称、批号等），并有有效期或贮存期规定，不使用无标准物料；遵循“先进先出”原则，接近有效期物料需及时复检，不使用超过有效期物料。

1. 一般项目

（1）药品生产所用物料的购入、贮存、发放、使用等应制定管理制度。

（2）应有能准确反映物料数量变化及去向的相关记录。

（3）物料应按品种、规格、批号分别存放。

（4）原料药生产中难以精确按批号分开的大批量、大容量原料、溶媒等物料入库时应编号；其收、发、存、用应制定相应的管理制度。

（5）直接接触药品的包装材料应经过批准。

（6）药品生产用中药材应按质量标准购入，产地应保持相对稳定。

（7）购入的中药材、中药饮片应有详细记录，每件包装上应附有明显标记，标明品名、规格、数量、产地、来源、采收（加工）日期。

（8）毒性药材、易燃易爆等药材外包装上应有明显的规定标志。

（9）鲜用中药材的购进、管理、使用应符合工艺要求。

（10）物料应从符合规定的供应商处购进并相对固定，变更供应商需要申报的应按规定申报，供应商应经评估确定。对供应商评估情况、供应商资质证明文件、质量管理体系情况、购买合同等资料应齐全，并归档。

（11）购进的物料应严格执行验收、抽样检验等程序，并按规定入库。

（12）对温度、湿度或其他条件有特殊要求的物料、中间产品和成品应按规定条件贮存。

（13）固体原料和液体原料应分开贮存；挥发性物料应避免污染其他物料；炮制、整理加工后的净药材应使用清洁容器或包装，应与未加工、炮制的药材严格分开。

（14）中药材、中药饮片的贮存、养护应按规程进行。

（15）生物制品用动物源性的原材料使用时应详细记录，内容至少包括动物来源、动物繁殖和饲养条件、动物的健康情况。

（16）用于疫苗生产的动物应是清洁级以上的动物。

（17）易燃、易爆和其他危险品的验收、贮存、保管应严格执行国家有关规定。

（18）物料应按规定的使用期限贮存，贮存期内如有特殊情况应及时复验。

（19）标签、说明书应经企业质量管理部门校对无误后印制、发放、使用。

（20）印有与标签内容相同的药品包装物，应按标签管理。

（21）标签、说明书应由专人保管、领用。

（22）标签、说明书应按品种、规格专柜或专库存放，应凭批包装指令发放。

（23）标签应计数发放，由领用人核对、签名。标签使用数、残损数及剩余数之和应与领用数相符。印有批号的残损标签或剩余标签应由专人负责计数销毁。

2. 重点项目

（1）药品生产所用物料应符合药品标准、包装材料标准、生物制品规程或其他有关标准，不得对药品的质量产生不良影响。

（2）进口原料药、中药材、中药饮片应具有《进口药品注册证》或《医药产品注册证》或《进口药品批件》，应符合药品进口手续，应有并有口岸药品检验所的药品检验报告。

（3）非无菌药品上直接印字所用油墨应符合食用标准要求。

（4）物料应按批取样检验。

（5）待验、合格、不合格物料应严格管理。不合格的物料应专区存放，应有易于识别的明显标志，并按有关规定及时处理。如采用计算机控制系统，应能确保对不合格物料及不合格产品不放行。

（6）麻醉药品、精神药品、毒性药品（包括药材）的验收、贮存、保管应严格执行国家有关规定。

（7）菌毒种的验收、贮存、保管、使用、销毁应执行国家有关医学微生物菌种保管的规定。

（8）应建立生物制品生产用菌毒种的原始种子批、主代种子批和工作种子批系统。种子批系统应有菌毒种原始来源、菌毒种特征鉴定、传代谱系、菌毒种应为单一纯微生物、生产和培育特征、最适保存条件等完整资料。

（9）应建立生物制品生产用细胞的原始细胞库、主代细胞库和工作细胞库系统。细胞库系统应包括细胞原始来源（核型分析、致瘤性）、群体倍增数、传代谱系、制备方法、最适保存条件等，细胞应为单一纯化细胞系。

（10）药品标签、说明书应与药品监督管理部门批准的内容、式样、文字相一致。

（11）标签发放、使用、销毁应有记录。

（五）卫生管理方面的检查项目

保持良好的卫生状态是防止药品在生产过程中遭受污染的重要措施，卫生涉及环境、人员、厂房、设备、物料、容器、清洁剂、消毒剂、洁具与工艺过程等各个方面。应制定各种书面规程，确保药品生产全过程处于良好卫生状态。

1. 一般项目

（1）药品生产企业应有防止污染的卫生措施，应制定各项卫生管理制度，并由专人负责。

（2）洁净室（区）内应使用无脱落物、易清洗、易消毒的卫生工具，卫生工具应存放于对产品不造成污染的指定地点，并限定使用区域。

（3）药品生产车间、工序、岗位应按生产和空气洁净度等级的要求制定厂房清洁规程，内容应包括清洁方法、程序、间隔时间，使用的清洁剂或消毒剂，清洁工具的清洁方法和存放地点。

（4）药品生产车间、工序、岗位应按生产和空气洁净度等级的要求制定设备清洁规程，内容应包括清洁方法、程序、间隔时间，使用的清洁剂或消毒剂，清洁工具的清洁方法和存放地点。

（5）药品生产车间、工序、岗位应按生产和空气洁净度等级的要求制定容器清洁规程，内容应包括清洁方法、程序、间隔时间，使用的清洁剂或消毒剂，清洁工具的清洁方法和存放地点。

（6）生产区不得存放非生产物品和个人杂物，生产中的废弃物应及时处理。

（7）更衣室、浴室及厕所的设置不应对洁净室（区）产生不良影响。

（8）工作服的选材、式样及穿戴方式应与生产操作和空气洁净度等级要求相一致，并不得混用。洁净工作服的质地应光滑、不产生静电、不脱落纤维和颗粒物。

（9）无菌工作服应能包盖全部头发、胡须及脚部，并能阻留人体脱落物。

（10）不同空气洁净度级别使用的工作服应分别清洗、整理，必要时消毒或灭菌，工作服洗涤、灭菌时不应带入附加的颗粒物质，应制定工作服清洗周期。

（11）100000 级以上区域的洁净工作服应在洁净室（区）内洗涤、干燥、整理。

（12）洁净室（区）应限于该区域生产操作人员和经批准的人员进入，人员数量应严格控制，对进入洁净室（区）的临时外来人员应进行指导和监督。

（13）无菌操作区人员数量应与生产空间相适应，其确定依据应符合要求。

（14）从事生物制品生产操作的人员应与动物饲养人员分开。

（15）进入洁净室（区）的人员不得化妆和佩戴饰物，不得裸手直接接触药品；100 级洁净室（区）内操作人员不得裸手操作，当不可避免时手部应及时消毒。

（16）洁净室（区）应定期消毒；使用的消毒剂不得对设备、物料和成品产生污染，消毒剂品种应定期更换，以防止产生耐药菌株。

（17）应制定消毒剂的配制规程并有配制记录。

（18）生产生物制品的洁净区和需要消毒的区域，应使用一种以上的消毒方式，应定期轮换使用，并进行检测，以防止产生耐药菌株。

（19）药品生产人员应有健康档案，直接接触药品的生产人员应每年至少体检一次。传染病、皮肤病患者和体表有伤口者不得从事直接接触药品的生产。

（20）生物制品生产、维修、检验和动物饲养的操作人员、管理人员，应接种相应疫苗并定期进行体检。

（21）患有传染病、皮肤病、皮肤有伤口者和对生物制品质量产生潜在不利影响的人员，不得进入生产区进行操作或进行质量检验。

（22）应建立员工主动报告身体不适应生产情况的制度。

2. 重点项目

（1）原料药生产更换品种时，应对设备进行彻底的清洁。在同一设备连续生产同一品种，如有影响产品质量的残留物，更换批次时，也应对设备进行彻底的清洁。

（2）在含有霍乱、鼠疫苗、人类免疫缺陷病毒（HIV）、乙肝病毒（HBV）等高危病原体的生产操作结束后，对可疑的污染物品应在原位消毒，并单独灭菌后，方可移出工作区。

（3）在生物制品生产区内，没有经过明确规定的去污染处理，生产人员不得由操作活微生物或动物的区域到操作其他制品或微生物的操作区域。与生产过程无关的人员不得进入生产控制区，必须进入时，应穿着无菌防护服。

（六）验证方面的检查项目

验证是证明任何程序、生产过程、设备、物料、活动或系统能达到预期结果有文件证明的一系列活动。预期结果即是原则上合格标准。验证是企业定标及达标运行基础。验证文件是有效实施 GMP 的重要证据。已验证过状态也必须持续监控。

1. 一般项目 验证过程中的数据和分析内容应以文件形式归档保存，验证文件应包括验证方案、验证报告、评价和建议、批准人等。

2. 重点项目

（1）企业应有验证总计划，进行药品生产验证，应根据验证对象建立验证小组，提出验证项目，制定验证方案，并组织实施。

（2）药品生产验证内容应包括空气净化系统、工艺用水系统、生产工艺及其变更、设备清洗、主要原辅材料变更。

（3）关键设备及无菌药品的验证内容应包括灭菌设备、药液滤过及灌封（分装）系统。

（4）生产一定周期后，应进行再验证。

（5）验证工作完成后应写出验证报告，由验证工作负责人审核、批准。

（七）文件管理方面的检查项目

实施 GMP 必须有良好的文件系统。文件系统能够避免可能由口头交流所引起的信息差错，并保证批生产与质量控制全过程记录具有可追溯性。企业必须有质量标准、生产方法、指令、标准操作规程以及各种记录。

1. 一般项目

（1）药品生产企业应有设施和设备的使用、维护、保养、检修等制度和记录。

（2）药品生产企业应有物料采购、验收、生产操作、检验、发放、成品销售和用户投诉等制度和记录。

（3）药品生产企业应有不合格品管理、物料退库和报废、紧急情况处理制度和记录。

（4）岗位操作法的内容应包括生产操作方法和要点，重点操作的复核、复查，中间产品质量标准及控制，安全和劳动保护，设备维修、清洗，异常情况处理和报告，工艺卫生和环境卫生等。

（5）标准操作规程的内容应包括题目、编号、制定人及制定日期、审核人及审核日期、批准人及批准日期、颁发部门、生效日期、分发部门、标题及正文。

（6）批生产记录内容应包括产品名称、规格、生产批号、生产日期、操作者、复核者的签名，有关操作与设备，相关生产阶段的产品数量，物料平衡的计算，生产过程的控制记录及特殊问题记录。

（7）药品生产企业应有药品的申请和审批文件。

（8）药品生产企业应建立文件的起草、修订、审查、批准、撤销、印制、分发、收回及保管的管理制度。

（9）分发、使用的文件应为批准的现行文本。已撤销和过时的文件除留档备查外，不得在工作现场出现。

（10）生产管理文件和质量管理文件应满足以下要求。

1）文件的标题应能清楚地说明文件的性质。

2）各类文件应有便于识别其文本、类别的系统编码和日期。

3）文件使用的语言应确切、易懂。

4）填写数据时应有足够的空格。

5）文件制定、审查和批准的责任应明确，应有责任人签名。

2. 重点项目

（1）生产工艺规程的内容应包括品名、剂型、处方和确定的批量，生产工艺的操作要求，物料、中间产品、成品的质量标准和技术参数及贮存注意事项，物料平衡的计算方法，成品容器、包装材料的要求等。

（2）药品生产企业应有物料、中间产品和成品质量标准及检验操作规程。

（3）药品生产企业应有产品质量稳定性考察计划、原始数据和分析汇总报告。

（4）每批产品应有批检验记录。

（八）生产管理方面的检查项目

生产必须严格遵循第七章所述各种文件，以确保生产药品质量。

1. 一般项目

（1）每批产品应按产量和数量的物料平衡进行检查。如有显著差异，应查明原因，在得出合理解释、确认无潜在质量事故后，方可按正常产品处理。

（2）中药制剂生产中所需贵细、毒性药材或饮片应按规定监控投料，并有记录。

（3）批生产记录应及时填写、字迹清晰、内容真实、数据完整，并由操作人及复核人签名。

（4）批生产记录应保持整洁、不得撕毁和任意涂改；更改时，应在更改处签名，并使原数据仍可辨认。

（5）批生产记录应按批号归档，至少保存至药品有效期后 1 年。

（6）生产前应确认无上次生产遗留物，并将相关记录纳入下一批生产记录中。

（7）生产中应有防止尘埃粒子产生和扩散的措施。

（8）生产过程中应防止物料及产品所产生的气体、蒸汽、喷雾物或生物体等引起的交叉污染。

（9）无菌药品生产中，应采取措施避免物料、容器和设备最终清洗后的二次污染。

（10）无菌药品生产用直接接触药品的包装材料、设备和其他物品的清洗、干燥、灭菌到使用时间间隔应有规定。

（11）每一生产操作间或生产用设备、容器应有所生产的产品或物料名称、批号、数量等状态标志。

（12）生产中的中间产品应规定贮存期和贮存条件。

（13）原料药生产使用敞口设备或打开设备操作时，应有避免污染的措施。

（14）药品生产过程中，物料、中间产品在厂房内或厂房间的流转应有避免混淆和污染的措施。

（15）中药制剂生产过程中，中药材不应直接接触地面。

（16）含有毒性药材的药品生产操作，应有防止交叉污染的特殊措施。

（17）拣选后药材的洗涤应使用流动水，用过的水不应用于洗涤其他药材，不同药性的药材不应在一起洗涤。

（18）洗涤后的药材及切制和炮制品不应露天干燥。

（19）中药材、中间产品、成品的灭菌方法应以不改变药材的药效和质量为原则。

（20）直接入药的药材粉末，配料前应做微生物检查。

（21）中药材使用前应按规定进行拣选、整理、剪切、炮制、洗涤等加工，需要浸润的中药材应做到药透水尽。

（22）工艺用水应根据验证结果，规定检验周期，定期检验，检验应有记录。

（23）产品应有批包装记录，批包装记录的内容应包括待包装产品的名称、批号、规格；印有批号的标签和使用说明书以及产品合格证；待包装产品和包装材料的领取数量及发放人、领用人、核对人签名；已包装产品的数量；前次包装操作的清场记录（副本）及本次包装清场记录（正本）；本次包装操作完成后的检验核对结果、核对人签名；生产操作负责人签名。

（24）药品零头包装应只限两个批号为一个合箱，包装箱外应标明合箱药品的批号，并建立合箱记录。

（25）原料药生产中，对可以重复使用的包装容器，应根据书面程序清洗干净，并去除原有的标签。

（26）每批药品的每一生产阶段完成后应由生产操作人员清场，填写清场记录。清场记录内容应包括工序、品名、生产批号、清场日期、检查项目及结果、清场负责人及复查人签名。清场记录应纳入批生产记录。

2. 重点项目

（1）药品应严格按照注册批准的工艺生产。

（2）生产工艺规程、岗位操作法或标准操作规程不得任意更改，如需更改时应按规定程序执行。

（3）原料药应按注册批准的工艺生产。批生产记录应反映生产的全过程。连续生产的批生产记录，可为该批产品各工序生产操作和质量监控的记录。

（4）药品应按规定划分生产批次，并编制生产批号。

（5）不同品种、规格的生产操作不得在同一操作间同时进行。

（6）有数条包装线同时进行包装时，应采取隔离或其他有效防止污染或混淆的设施。

（7）无菌药品生产用直接接触药品的包装材料不得回收使用。

（8）无菌药品的药液从配制到灭菌或除菌过滤的时间间隔应有规定。

（9）无菌药品生产用物料、容器、设备或其他物品需进入无菌作业区时应经过消毒或灭菌处理。

（10）非无菌药品液体制剂配制、过滤、灌封、灭菌等过程应在规定时间内完成。

（11）药品生产过程中，不合格的中间产品，应明确标示并不得流入下道工序；因特殊原因需处理使用时，应按规定的书面程序处理并有记录。

（12）应建立原料药生产发酵用菌种保管、使用、贮存、复壮、筛选等管理制度，并有记录。

（13）应根据产品工艺规程选用工艺用水，工艺用水应符合质量标准。

（九）质量管理方面的检查项目

质量管理部门独立于生产管理部门，这是 GMP 基本原则。质量管理包括取样、质量标准、检验、组织、文件、物料或产品审核批准放行等方面。物料或产品未经质量管理部门认定合格前不得发放使用或投放市场。

1. 一般项目

（1）质量管理部门应配备一定数量的质量管理和检验人员，应有与药品生产规模、品种、检验要求相适应的场所、仪器、设备。

（2）质量管理部门应制定和修订物料、中间产品和产品的内控标准和检验操作规程，应制定取样和留样制度。

（3）原料药留样包装应与产品包装相同或使用模拟包装，应保存在与产品标签说明相符的条件下，并按留样管理规定进行观察。

（4）质量管理部门应制定检验用设备、仪器、试剂、试液、标准品（或对照品）、滴定液、培养基、实验动物等管理办法。

（5）生物制品生产企业应使用由国家药品检验机构统一制备、标化和分发的国家标准品，应根据国家标准品制备其工作标准品。

（6）原料药生产用的物料因特殊原因需处理使用时，应有审批程序，并经企业质量管理负责人批准后发放使用。

（7）对生物制品原材料、原液、半成品及成品应严格按照《中国药典》或国家药品监督管理部门批准的质量标准进行检定。

（8）质量管理部门应按规定监测洁净室（区）的尘粒数和微生物数。

（9）质量管理部门应评价原料、中间产品及成品的质量稳定性，为确定物料贮存期、药品有效期提供依据。

（10）质量管理部门应制定和执行偏差处理程序，所有偏差应有记录，重大偏差应有调查报告。

（11）质量管理部门应会同有关部门对主要物料供应商质量体系进行评估，并履行质量否决权。当变更供应商时，质量管理部门应履行审查批准变更程序。

（12）企业应根据工艺要求、物料的特性以及对供应商质量体系的审核情况，确定原料药生产用物料的质量控制项目。

2. 重点项目

（1）药品生产企业的质量管理部门应负责药品生产全过程的质量管理和检验，应受企业负责人直接领导，并能独立履行其职责。

（2）质量管理部门应有物料和中间产品使用、成品放行的决定权。

（3）生物制品生产用的主要原辅料（包括血液制品的原料血浆）应符合质量标准，并由质量管理部门检验合格签证发放。

（4）药品放行前应由质量管理部门对有关记录进行审核。审核内容应包括配料、称重过程中的复核情况；各生产工序检查记录；清场记录；中间产品质量检验结果；偏差处理；成品检验结果等。符合要求并有审核人员签字后方可放行。

（5）质量管理部门应审核不合格品处理程序。

（6）质量管理部门应对物料、中间产品和成品进行取样、检验、留样，并按试验原始数据如实出具检验报告。

（7）最终灭菌的无菌药品成品的无菌检查应按灭菌柜次取样检验。

（十）产品销售与收回方面的检查项目

药品销售必须列入管理系统，使销售记录具有可追溯性，必要时能追查并及时收回售出药品。药品退货、收回及处理均应遵循经批准的规程。

1. 一般项目

（1）销售记录应保存至药品有效期后1年。未规定有效期的药品，其销售记录应保存3年。

（2）药品生产企业应建立药品退货和收回的书面程序，并有记录。药品退货和收回记录内容应包括品名、批号、规格、数量、退货和收回单位及地址、退货和收回原因及日期、处理意见。

（3）因质量原因退货或收回的药品制剂，应在质量管理部门监督下销毁，涉及其他批号时，应同时处理。

（4）企业应建立药品不良反应监测和报告制度，应指定专门机构或人员负责管理。

（5）对用户的药品质量投诉和药品不良反应应有详细记录并及时调查处理。对药品不良反应应及时向当地药品监督管理部门报告。

2. 重点项目

（1）每批药品均应有销售记录。根据销售记录应能追查每批药品的售出情况，必要时应能及时全部收回。销售记录内容应包括品名、剂型、批号、规格、数量、收货单位和地址、发货日期。

（2）药品生产出现重大质量问题时，应及时向当地药品监督管理部门报告。

（十一）自检方面的检查项目

自检是检查、评估企业是否符合 GMP 手段，也是提高 GMP 实施水平的重要方法。自检应定期进行，自检中发现缺陷项应制订整改计划进行整改。

药品生产企业应定期组织自检。自检应按预定的程序，对执行规范要求的全部情况定期进行检查，对缺陷进行改正。

自检完成后应形成自检报告，内容应包括自检的结果、评价的结论以及改进措施和建议。

（梁　毅　范哲辰　蒋　漪）

书网融合……

本章小结　　题库